Dennis Paschke

Mikroökonomie

anschaulich dargestellt

3. überarbeitete und erweiterte Auflage
   mit zahlreichen Abbildungen und aktuellen Beispielen

PD-Verlag

Bibliografische Information Der Deutschen Bibliothek

Die Deutsche Bibliothek verzeichnet diese Publikation in der
Deutschen Nationalbibliografie; detaillierte bibliografische Daten
sind im Internet über http://dnb.ddb.de abrufbar.

1. Auflage Januar 2003 (ISBN 3-930737-76-0)
2. überarbeitete Auflage Januar 2005, 3. - 6. Tausend (ISBN 3-930737-77-9)
3. überarbeitete und erweiterte Auflage Dezember 2008, 7. - 11. Tausend

©Copyright 2003 - 2008 by PD-Verlag, Everstorfer Str. 19, 21258 Heidenau,
http://www.pd-verlag.de, Tel. 04182/ 401037, Fax: 04182/ 401038
Druck: CPI books GmbH, Leck

ISBN 978-3-86707-483-4

Für Phi

Vorwort

Das vorliegende Buch bietet einen umfangreichen Einblick in die Theorien der Mikroökonomie. Einen Anspruch auf Vollständigkeit zu erheben, wäre aber vermessen. Stattdessen richtet sich der Inhalt mit seinem Themenkomplex an den Anforderungen einer Vorlesung "Mikroökonomie" in einem wirschaftswissenschaftlichen Grundstudium aus. Die angeführten Modelle und Theorien werden ausführlich erklärt und miteinander in Zusammenhang gebracht. Ich bin zuversichtlich, dass jede mikroökonomische Vorlesung im Grundstudium anhand der dargestellten Themen nachvollzogen werden kann. Darüber hinaus werden beispielhaft aktuelle Themen aufgegriffen, um die Theorien anschaulicher zu machen und einen Anstoß für ein vertiefendes Studium einzelner Probleme zu geben. Dies richtet sich natürlich nach der Interessenlage jedes Einzelnen. Auf einen einführenden Teil zu fortgeschrittenen Themen wurde absichtlich verzichtet und stattdessen der anschaulichen Darstellung mit zahlreichen Grafiken Vorzug gegeben. Die Studienordnungen der einzelnen Universitäten und Fachhochschulen unterscheiden sich in einigen Bereichen voneinander. Einige Hochschulen bieten spezielle einführende Vorlesungen, in denen die Volkswirtschaft im Allgemeinen vorgestellt wird und weniger Unterscheidungen zwischen Mikro- und Makroökonomie gemacht werden. Einige tun dies aber auch nicht und bieten stattdessen eine Vorlesung über die Methodik der Wirtschaftswissenschaft an. Eine Einführung volkswirtschaftlicher Begriffe und Modelle bietet mein Buch "Grundlagen der Volkswirtschaftslehre - anschaulich dargestellt". Konzeptionell baue ich auf diese Grundlagen auf und eine gewisse Vorbildung ist sicher nicht von Nachteil. Dennoch, da einige Hochschulen direkt mit einer mikroökonomischen Vorlesung beginnen, sind die Grundlagen im vorliegenden Buch noch einmal komprimiert dargestellt. Dieses macht die Lektüre relativ unabhängig vom Vorwissen.

Die Einführung dient der Erläuterung wesentlicher volkswirtschaftlicher Begriffe und Konzepte und bietet einen kurzen geschichtlichen Überblick. Im ersten Teil wird der Markt erläutert. Hier finden im Wesentlichen kurze intuitive Herleitungen statt, die in späteren Teilen fundiert und vertieft werden. Hier wird auch und eine Einführung in die Methodik geboten. Der zweite Teil ist der Haushaltstheorie gewidmet. Die grundlegenden Konzepte für die Entscheidungsbildung der Nachfrageseite werden eingeführt und angewandt. Es wird gezeigt, wie Haushalte alleine oder gemeinsam ihren Nutzen maximieren können. Die gleiche Vorgehensweise findet im dritten Teil auf der Unternehmensseite statt. Die Unternehmenstheorie klärt über die Ziele der Produzenten auf und zeigt wie diese ihre Ziele erreichen können. Zum Abschluss des dritten Teils wird die Angebotsentscheidung der Unternehmen in den drei grundsätzlichen Marktformen, dem Konkurrenzmarkt, dem Monopol und dem Oligopol erläutert. Der vierte und letzte Teil rückt schließlich die Gesellschaft im Ganzen in den Mittelpunkt der Betrachtungen. Zunächst werden Angebot und Nachfrage in Zusammenhang gebracht und ein allgemeines Gleichgewicht hergeleitet. Von dort aus wird gezeigt, dass ein Markt in manchen Fällen auch nicht funktioniert. Marktversagen weist dem Staat eine Rolle im Wirtschaftsgeschehen zu. Dies ist aber nicht seine einzige Rolle wie das letzte Kapitel zeigt.

In dieser vorliegenden dritten Auflage ist sämtliches Zahlenmaterial aktualisiert und die Beispiele sind soweit notwendig durch aktuelle Beispiele abgelöst worden. Ich hoffe weiterhin eine umfangreiche Hilfestellung bei Verständnisschwierigkeiten der Materie zu geben. Für den Zuspruch, die Nachfragen und die Hinweise auf Fehler von Lesern bedanke ich mich herzlich. Ein Austausch mit Lesern ist immer gewinnbringend für die weitere Verbesserung der Inhalte des Buches. Daher freue ich mich auch in der Zukunft über konstruktive Kritik und Anregungen von Lesern. Viel Spaß bei der Lektüre.

Bei der Arbeit an diesem Buch habe ich einige persönliche Schulden aufgebaut, die ich hoffe, in der Zukunft tilgen zu können. In zweifacher Hinsicht danke ich Peter Dörsam. Erstens für das Verlegen dieses Buches und zweitens für die umfangreichen und konstruktiven Hinweise bei der Durchsicht des ersten Entwurfes. Für viele Hinweise und Verbesserungsvorschläge und für seine ständige Bereitschaft zu Diskussionen kurz vor der Fertigstellung danke ich Sebastian Braun. Mein besonderer Dank gilt meiner Schwester Yvonne Främke, die das Korrekturlesen übernommen hat und mich als ökonomisch unvoreingenommene Leserin auf Verständnisschwierigkeiten aufmerksam gemacht hat.

Dennis Paschke

Inhaltsverzeichnis

Symbolverzeichnis

α	Gewichtungsfaktor
β	Gewichtungsfaktor
b	Betriebsgröße
b^*	Optimale Betriebsgröße
BG	Budgetgerade eines Haushaltes
c_i	Konsummöglichkeiten eines Haushaltes in Periode i (mit i = 1,2,...)
CV	Kompensatorische Variation
D	Nachfrage (auch Nachfragefunktion)
D^{-1}	Inverse Nachfragefunktion
D_M	Marktnachfrage (auch Marktnachfragefunktion)
D_R	Residualnachfrage
D_R^{-1}	Inverse Residualnachfrage
e	Elastizität
e_k	Kreuzpreiselastizität
e_m	Einkommenselastizität
EE	Einkommenseffekt
EV	Äquivalente Kompensation
f_i	Input i/ Produktionsfaktor i (mit i = 1,2,...)
F	Gesamtheit aller Produktionsfaktoren
GW	Gegenwartswert
i	Nominalzins
I	Indifferenzkurve; Investitionen (auch Nettoinvestitionen)
I_{Brutto}	Bruttoinvestitionen
I_{Ersatz}	Ersatzinvestitionen
K	Kapital
K_{FuE}	Fixkostenanteil aus Forschung und Entwicklung
ΔK	Absolute Kapitalveränderung
K'	Grenzkosten
K_f	Fixe Gesamtkosten
K_g	Gesamtkosten
K_v	Variable Gesamtkosten
k_f	Fixe Stückkosten
k_y	Gesamte Stuckkosten (auch Durchschnittskosten)
k_v	Variable Stückkosten
KR	Konsumentenrente
l	Aufgegebene Freizeit; Arbeitszeit
L	Lagrangefunktion

LK'	Langfristige Grenzkosten
LK_g	Langfristige Gesamtkosten
λ	Lagrangemultiplikator
m	Einkommen eines Haushaltes
MEM	Minimale effiziente Menge
MNM	Minimale notwendige Menge
MP	Grenzprodukt
MPV	Grenzproduktwert, Wert des Grenzproduktes
MRS	Grenzrate der Substitution
MRT	Grenzrate der Transformation
MTS	Grenzrate der technischen Substitution
MU	Grenznutzen
MU_x	Grenznutzen von Gut x
O	Organisation / Management
p	Preis
Δp	Absolute Preisänderung
p^0	Gleichgewichtspreis im Konkurrenzmarkt
p^B	Bruttopreis vor Steuern
p_F	Preise der Produktionsfaktoren
p_i	Preis des Gutes i (mit i = 1,2,...)
p_k	Preis eines Komplementärgutes
p^m	Monopolpreis
p^N	Nettopreis nach Steuern
p_s	Preis eines Substitutionsgutes
p_y	Preis des Güterbündels y
P	Marktpreisgerade
π	Inflation; Stückgewinn
Π	Gewinn
Pr	Präferenzen
PE	Preiseffekt
PR	Produzentenrente
q	Aufzinsungsfaktor
Q	Qualität
r	Realzins
r_K	Realer Kreditzins
r_Ω	Realer Sparzins
R	Erlöse
R'	Grenzerlöse
S	Angebot (auch Angebotsfunktion)
S^{-1}	Inverse Angebotsfunktion
SE	Substitutionseffekt
t	Steuersatz
T	Steuereinnahmen
TK	Triffin'scher Koeffizient
u	Nutzen (auch Nutzenfunktion)
Δu	Nutzenänderung
v	Indirekte Nutzenfunktion

w_i	Preis des Inputs i (mit i = 1,2,...)
Ω	Ersparnisse/ Vermögen
W	Technisches Wissen; Wohlfahrtsfunktion
x	Menge eines Gutes
x_i	Menge des Gutes i (mit i = 1,2,...)
Δx	Absolute Mengenänderung
Δx_i^{EE}	Absolute Mengenänderung des Gutes i aufgrund des Einkommenseffektes
Δx_i^m	Absolute Mengenänderung des Gutes i aufgrund einer Einkommensänderung
$\Delta x_i\,\big|_{\overline{U}}$	Absolute Mengenänderung bei konstantem Nutzen
$\Delta x_i\,\big|_{\overline{x}}$	Absolute Mengenänderung unter der Annahme das Ausgangsbündel weiterhin nachfragen zu können.
x^0	Gleichgewichtsmenge im Konkurrenzmarkt
X	Güterbündel
y	Output
Y	Güterbündel
Z	Güterbündel
ZW	Zukunftswert

Anmerkungen:

- eine Größe versehen mit einem Oberstrich (z.B. $\overline{u}$) gilt als konstant;

- kleine Vorzeichen in Klammern unter einer Funktion (z.B. $\frac{\partial T}{\partial t} = \overline{w}_{(+)}$) geben die Richtung der Wirkung an; im Beispiel: $\overline{w}$ hat einen positiven Einfluss auf die Steigung von T; steigt $\overline{w}$, steigt auch T (und umgekehrt).

1
Jeder ist ein Ökonom

Lernziele:

- Der Begriff *Ökonomie* steht für die *Wissenschaft der Wirtschaft* und ist Synonym für die *Volkswirtschaft*.
- Die Wirtschaft findet Tag für Tag auf Märkten statt, auf denen jeder Mensch sowohl Anbieter als auch Nachfrager sein kann.
- Das System aus einer Vielzahl von Märkten heißt *Wirtschaft*.
- Das Grundproblem der Ökonomie ist die Knappheit aller Ressourcen und Güter.
- Die Wirtschaftsakteure, die Konsumenten, die Firmen und der Staat müssen jeweils ihre Situation optimieren.

Wirtschaftswissenschaften sind ein Synonym für Ökonomie. Sofern das Ohr nicht daran gewöhnt ist, klingt Letzteres interessanter. Es bedeutet sofort etwas neues, da der Begriff unbekannt ist, vielleicht etwas aufregendes. Wirtschaftswissenschaften hingegen klingt eher neutral, sachlich, beschreibend. Das ist es tatsächlich auch. Die **Ökonomie** ist die **Wissenschaft der Wirtschaft**. Aber das ist bei weitem nicht das Einzige. Man stelle sich eine Studentin vor, die an ihrem ersten Tag auf den Campus der noch unbekannten Universität tritt und fragt: "Wo geht's denn hier zu den Wirtschaftswissenschaften?" Die wohl intuitiv korrekte Antwort der Befragten wäre eine Wegbeschreibung. Überraschender wäre die folgende Antwort: "Du stehst doch mitten drin!" Falsch wäre die Antwort aber dennoch nicht, obwohl die Frage sicher auf die Wegbeschreibung abzielte. In der Tat stünde die Studentin bereits mitten in der Ökonomie. Das Wort beschreibt nicht nur die wissenschaftliche Lehre der Volkswirtschaft, sondern ist auch ein Synonym für die **Volkswirtschaft** selbst.

Jeder Mensch ist ein Ökonom. Sicherlich in den meisten Fällen eher unbewusst und bestimmt nicht im wissenschaftlichen Sinne, aber ganz bestimmt im Sinne des Lebens. Was macht denn einen Ökonomen aus? Womit beschäftigt sich die Ökonomie? Ein **Ökonom** ist zweierlei. Erstens, jemand der sich mit der wissenschaftlichen Ökonomie beschäftigt. Dies kann geschehen an einer Universität, einem Forschungsinstitut, einer internationalen Organisation oder auch in einem großen Konzern. Vor allem Banken und Versicherungen haben eigene volkswirtschaftliche Abteilungen. Die Art der Beschäftigung mit der Volkswirtschaft ist in dieser Kategorie sicher sehr unterschiedlich. Ein Ökonom an einer Universität oder in einem Forschungsinstitut wird sich mehr in der eigentlichen Theorie bewegen und die Lehre gestalten, während der Volkswirt in einem privatwirtschaftlich organisierten Betrieb, zum Beispiel einer Bank, indirekt zu mehr Umsatz und Gewinn beitragen soll. Zweitens ist ein Ökonom, wer ökonomische Entscheidungen trifft.[1] Das macht aber letztlich jeder.

Man denke zurück an die Schulzeit. Das Taschengeld war immer knapp oder zumindest nicht ausreichend für die ganzen Wünsche, die am Tage auftraten. Eigentlich darf man es zwar nicht, aber wer verlässt nicht das Schulgelände in der Pause und geht zu einem Kiosk. Zwei Euro in der Tasche stellt sich sofort die Frage, was will ich haben und was kann ich mir leisten? Häufig will man mehr als man sich tatsächlich leisten kann und man muss eine ökonomische Entscheidung treffen. Wie kann mit den vorhandenen zwei Euro das höchste Zufriedenheitsniveau erreicht werden? Eine Tüte Chips und zwei Dosen Cola oder lieber doch ein Schokokussbrötchen und eine Flasche Kakao. Egal für was man sich entscheidet, man hat seine knappen Mittel aus eigener Sicht optimal eingesetzt. Das ist dann auch schon die Hauptbeschäftigung in der Ökonomie. Die **Verteilung** knapper Mittel bzw. **Ressourcen,** um den **Bedarf** möglichst optimal zu decken. Mittel ist ein umgängliches Wort für Geld in welcher Form auch immer. Ressourcen sind **Produktionsfaktoren** zur Herstellung eines **Gutes** oder eines **Güterbündels.** *Jeder Gegenstand, der hergestellt oder zur Herstellung anderer Gegenstände verwendet wird und die menschlichen Bedürfnisse im weitesten Sinne befriedigen kann, ist ein Gut.* Güter sind nicht nur **körperliche Gegenstände**, sondern auch **Dienstleistungen**. Man kann auch sagen alles, was man eintauschen oder einkaufen kann. Damit ist auch gesagt, dass Güter nicht unbedingt einen Preis haben müssen. Bestimmte Güter werden auch ohne die Weitergabe von Geld vergeben und haben umgangssprachlich keinen Preis. Allerdings haben diese Güter immer noch einen Wert wie hoch dieser auch immer sein mag. Mehrere Güter zusam-

---

[1]Original von Jacob Viner: "Economics is what economists do!" (vgl. Horst Siebert 1996, S. 5).

mengefasst, nennt man ein Güterbündel. Dies bedeutet nicht eine größere
Anzahl von ein und demselben Gut. Mehrere unterschiedliche Güter erge-
ben ein Güterbündel. *Produktionsfaktoren werden bei der Herstellung eines
Gutes verwendet. Sie können in einem Gut untergehen, d.h. Teil des Gu-
tes werden oder im Herstellungsprozess Verwendung finden, zum Beispiel
Maschinen und andere Werkzeuge.*

Die Dose Cola aus dem kleinen obigen Beispiel ist ein Gut. Die Produktionsfaktoren, die in diesem Gut untergehen, sind vor allem Zucker, Wasser
und Geschmacksstoffe. Da man die Flüssigkeit schlecht aus einem Hahn
direkt an den Kunden verkaufen kann, benötigt man noch ein Gefäß, die
Dose. In ihr geht Aluminium und vielleicht noch ein paar andere Metalle
in einer Legierung unter, dazu noch Farbe für die Werbung auf der Außenhaut. Zur Herstellung werden Maschinen zum Einschmelzen des Metalls,
zum Stanzen der erkalteten Metallplatten und Formen der Dose verwendet. Weitere Maschinen zur Herstellung des Getränkes selber, eventuell
große Tanks zur zeitweiligen Zwischenlagerung bevor die Dosen von einer
weiteren Maschine gefüllt werden. Man benötigt Arbeitskräfte zur Betäti-
gung und Überwachung der Maschinen. Zur eigentlichen Herstellung dürfte
der Anteil menschlicher Arbeitskraft in diesem Fall relativ gering sein. Die
Herstellung und Abfüllung von Erfrischungsgetränken ist weitgehend auto-
matisiert. Bisher sind das nur die direkt verwendeten Produktionsfaktoren.
Darüber hinaus gibt es weitere, die indirekt an einer Dose Cola beteiligt
sind. Sämtliche Maschinen müssen selbst hergestellt werden. Die Metalle zur Herstellung der Dose werden in Form von Erz in einem Bergwerk
abgebaut. Es gibt jede Menge Bedarf, unterschiedlichste Güter von ihrem
Herstellungsort an den Ort für die weitere Verarbeitung zu bringen. Man
benötigt einen Verpackungsmittelingenieur, der die Dose entwirft und einen
Grafiker für das Layout der Außenhaut. Die Herstellung muss organisiert
werden, dafür ist Verwaltungspersonal in vielerlei Hinsicht nötig. Bis die
Dose Cola in einem Kiosk zum Kauf bereitsteht, haben schon eine Unmenge
ökonomischer Prozesse stattgefunden. Bei allen ging es um die Frage, wie
knappe Mittel möglichst optimal eingesetzt werden. Nicht nur der Konsum
eines Gutes, ist ein ökonomischer Prozess, dem eine Entscheidung voraus-
geht, sondern die gesamte Herstellung besteht aus vielen einzelnen solcher
Prozesse.

Abgesehen von wenigen Gütern, produziert ein Mensch all die Konsumgüter nicht mehr selbst. Ein selbstgebackenes Brot wird noch von einigen Menschen für den privaten Verbrauch hergestellt. Aber schon die Zuta-

ten sind fast ausschließlich gekauft. Wer hat in seinem Garten schon ein kleines Weizenfeld und könnte aus den Weizenkörnern Mehl mahlen? Die meisten Güter, die ein Mensch an einem ganz normalen Tag konsumiert, werden für ihn von anderen Menschen hergestellt. Er kauft die Güter. Dazu braucht er einen **Markt**. Tagtäglich tritt jeder Mensch an einer Vielzahl von Märkten auf. Man nennt ihn dann einen **Marktteilnehmer**. Jeder kann sowohl **Nachfrager** als auch **Anbieter** sein. Die meisten Menschen sind Nachfrager von vielen Dingen darunter von all ihren Konsumgütern. Anbieter sind sie hingegen nur im Falle ihrer Arbeitskraft. Diese tauschen sie gegen Geld, welches wiederum gegen Güter getauscht wird. **Geld** ist eigentlich ein **Tauschmittel**.

Das System aus einer Vielzahl von Märkten, an denen Güter getauscht werden und zwischen denen Güter getauscht werden, wird umgangssprachlich als **Wirtschaft** bezeichnet. Etwas formeller klingt die Definition von Wirtschaft folgendermaßen: *Wirtschaft ist die Summe aller Maßnahmen zur planvollen Deckung des menschlichen Bedarfs durch Erzeugung, Herstellung und Verteilung knapper Güter.* Wozu aber der ganze Aufwand Mittel einzusetzen, um knappe Güter zu kaufen, warum wird nicht einfach mehr hergestellt?

Da greift das **Grundproblem der Ökonomie**, die Knappheit. Alle Güter auf dieser Erde sind knapp. Die Erde ist groß aber dennoch begrenzt. Die Oberfläche der Erde ist begrenzt, vor allem die dem Menschen nutzbringende Oberfläche. Im engeren Sinne gibt es keine unendliche Ressource. Nicht einmal die Sonnenenergie wird der Menschheit nach physikalischer Erkenntnis unendlich lange zur Verfügung stehen.[2] Ressourcen wie Öl, Metalle, Trinkwasser, saubere Luft sind endlich. Gerade im Bereich der fossilen Brennstoffe werden immer wieder Prognosen veröffentlicht. Wann die Quellen wirklich versiegen, ist allerdings noch immer ungewiss. Inwieweit die Menschheit die natürlichen Quellen ausbeuten kann, ist auch eine Frage des Preises wie später noch gezeigt wird. Die Arbeitskraft der Menschen ist ebenfalls nicht im Überfluss vorhanden. Hiermit ist nicht die wirtschaftliche Arbeitskraft gemeint, die angesichts der teils hohen Arbeitslosigkeit in einigen Ländern in gewisser Weise tatsächlich im Überfluss vorhanden zu sein scheint. Die physische Arbeitskraft der Menschen ist aber letztlich begrenzt. Liegen zum Einsatz nur begrenzte Mittel vor, können daraus zu

---

[2]Die Atmosphäre der Sonne wird sich voraussichtlich in ein paar Milliarden Jahren bis zum Mars ausdehnen. In etwa fünf Milliarden Jahren wird sie dabei auf ihrem Weg die Erde "verspeisen". Spätestens dann hat die Menschheit keinen Gewinn mehr aus der Energie der Sonne. Die Sonne selbst wird möglicherweise als kleiner ausgebrannter Stern im Universum enden. (vgl. Michio Kaku 1994, S. 218-220.)

keinem Zeitpunkt unendlich viele Güter erstellt werden. Es gibt daher ein Knappheitsproblem.

Dies führt zum Nachdenken über den besten Einsatz der Mittel. Ein gutes Beispiel ist das eigene Monatsgehalt. Um den Bedarf zu decken, muss man **haushalten**. Im Sinne der Volkswirtschaft nenn man diese Handlung auch **wirtschaften**. Da eine Wirtschaft sehr groß und im Ganzen unübersichtlich ist, scheint **Arbeitsteilung** die beste Lösung zu sein. Genau das ist sie. Arbeitsteilung findet heute nicht nur in privaten Haushalten statt, dort vielleicht sogar am wenigsten, sondern in Firmen, Regionen und längst auch global. Der durchschnittliche Konsument hat dabei nur begrenzte Informationen. Jeder kann den Preis von Erdbeeren auf einem Wochenmarkt einschätzen. Sind die Erdbeeren heute teuer oder nicht? Aber wie sieht es bei dem Kauf von Aluminium zur Herstellung einer Cola Dose aus? Welcher Preis ist für eine Tonne Aluminium gerechtfertigt? Darüber hinaus kann nicht jeder Mensch seine eigene Dose herstellen. Eine Wirtschaft braucht daher **Institutionen**. Dies sind im weiteren Sinne Normen, Regeln, Vorschriften und Gesetze. Im engeren Sinne staatliche Institutionen zur Organisation der öffentlichen Wirtschaft und **Firmen** zur Organisation der Privatwirtschaft. Firmen entscheiden genau wie Konsumenten über den optimalen Einsatz ihrer Mittel. In diesem Fall von Kapital. Welche Rohstoffe werden zur Herstellung welches Gutes in welcher Menge eingekauft?

Zusammengefasst besteht eine Volkswirtschaft aus drei verschiedenen **Wirtschaftsakteuren**: Konsumenten, Firmen und der Staat. Alle sind in einer mehr oder weniger großen Zahl vorhanden. Alle entscheiden über den Einsatz knapper Mittel zum Erwerb bzw. knapper Güter. Die allgemeine Zielsetzung lautet Maximierung. Der Konsument maximiert seinen **Nutzen** und die Firma ihren **Gewinn**. Der Staat maximiert ebenfalls den Nutzen allerdings auf gesamtwirtschaftlicher Ebene.

Die Eingangs erwähnte Studentin ist tatsächlich schon eine Ökonomin. Nichts desto trotz steht ihr das Studium noch bevor. Dabei ist dieses Studium mitten im Leben. Allerdings auch nicht einfach, sondern nach einer Anekdote schwerer als Physik:

> "Professor Planck in Berlin, der berühmte Entdecker der Quanten-Theorie, hat mir einmal erzählt, in jungen Jahren darüber nachgedacht zu haben, Ökonomie zu studieren, er fand es aber zu schwer. Professor Planck kann die gesamte notwendige Mathematik in den Wirtschaftswissenschaften leicht in wenigen

Tagen verstehen. Das meinte er nicht. Die Fülle der Logik und
Intuition und das breite Wissen von Fakten, die meistens nicht
sehr präzise sind, welche zur Interpretation der ökonomischen Ge-
schehnisse in ihrer höchsten Form erforderlich ist, ist tatsächlich
über die Maßen schwer für diejenigen, deren Gabe die Vorstellungskraft ist und die Ausdauer zur Untersuchung der Auswirkungen und Bedingungen vergleichsweise simpler Fakten, die mit
einem hohen Grad an Genauigkeit bekannt sind."[3]

Die Meinungen hierüber werden gerade bei Physikern und Volkswirten eher
unterschiedlich sein. Eine Tatsache ist die **Komplexität der Wirtschaft**
und die Schwierigkeit, die Gesamtheit aller Prozesse in diesem großen System zu verstehen. Die Volkswirtschaftslehre hat aber bereits seit ihrer
eigentlichen Entstehung im 18. Jahrhundert viele Veränderungen erfahren,
von denen das heutige Studium in didaktischer Hinsicht profitiert. Die Methodik und die Vorgehensweise ist ein Thema im ersten Teil dieses Buches.
Die Entdeckung der Mikroökonomie ist eine Entdeckung des alltäglichen
Wirtschaften eines jeden Menschen in einer Marktwirtschaft. Für die Beantwortung vieler Fragen wird die Lektüre hilfreich sein.

Hierzu zählen zum Beispiel die Fragen: warum steigen und fallen die
Ölpreise wie sie es in den letzten Jahren in extremen Ausmaßen getan
haben? Warum kostet eine Dose Cola 30 Cent? Warum große Staatsbe-
triebe wie die Deutsche Telekom, die Bahn oder die Post in Deutschland
und in vielen anderen Ländern privatisiert werden. Warum Großbritannien über eine erneute quasi Verstaatlichung ihres Eisenbahnschienennet-
zes nachdenkt. Wieso ist die Arbeitslosigkeit ein so drückendes Problem?
Wieso sind die Vertragshändler der deutschen Automobilkonzerne der europäischen Wettbewerbsaufsicht ein solcher Dorn im Auge? Wozu dienen
eigentlich die Steuerzahlungen und welches sollten die Aufgaben des Staates sein?

Viele Fragen werden nicht direkt beantwortet, es werden aber Argumente geliefert und Denkanstöße gegeben. Nach dem Studium ist die auf dem
Campus stehende Studentin eine Ökonomin im engeren, im wissenschaftlichen Sinne. Sie wird in der Lage sein, die Antworten selbst zu finden.
Zunächst geht es aber zeitlich zurück, zu den Anfängen der Wirtschafts-
lehre, zu den ersten Fragen und auch Antworten.

---

[3]John M. Keynes in: John M. Keynes 1966, S. 25, Fußnote 1 (eigene Übersetzung).

2

Mikroökonomie - eine kurze Geschichte

Lernziele:

- Die Volkswirtschaftslehre unterteilt sich heute in *Mikroökonomie, Makroökonomie* und *Finanzwissenschaft.*

- Die geistigen Grundlagen der heutigen Ökonomie finden sich im alten Testament, in der griechischen und römischen Philosophie sowie den Staatslehren des 17. und 18. Jh.

- Der Vater der liberalen Wirtschaftsordnung und Begründer der ökonomischen Analyse ist Adam Smith (1723 - 1790).

- Die Klassik befasste sich hauptsächlich mit der Analyse der Angebotsseite, die Grenznutzenschule mit der Nachfrage; die Neoklassik führte schließlich Wohlfahrtsanalysen durch.

Die folgende kurze, fast stichwortartige Einführung in die Geschichte der Ökonomie mag zu Beginn vielleicht etwas verwirren. Da viele Begriffe noch neu sind und unerklärt bleiben, erschließt sich der Zusammenhang nicht immer direkt. Empfehlenswert ist es, dieses kurze Kapitel nach der vollständigen Lektüre noch einmal zu lesen. Die Zusammenfassung ist nicht vollständig und erhebt nicht den Anspruch dies zu sein. Einige Ergänzungen wird es im Zusammenhang mit der Erläuterung der heutigen Mikroökonomie in den weiteren Teilen dieses Buches geben. Warum aber überhaupt das Ganze? Ein Bild braucht einen Hintergrund. Ein Stillleben hört auch nicht mit dem Stillleben, zum Beispiel einem Obst und Blumen Arrangement, auf. Es ist vor einem Hintergrund platziert, der irgendwie zum Bild gehört. Man wird die Entwicklungen der ökonomischen Geschichte in den folgenden Modellen und Theorien wieder entdecken. Die heutigen Entwicklungen können so in den historischen Kontext mindestens grob eingeordnet werden. Damit entsteht ein komplettes Bild der Mikroökonomie vor dem geistigen Auge. Die Kenntnis der ökonomischen Geschichte hilft im weiteren Sinne auch bei der Bewertung der vorzustellenden Modelle. Ein Modell oder eine Theorie, die mehr als zweihundert Jahre der Kritik von allen Seiten ausgesetzt war aber dennoch überdauert hat, kann so schlecht nicht sein. Hingegen sind neueste Erkenntnisse nicht immer uneingeschränkt zu akzeptieren. Berechtigte Zweifel an den frühen Modellen ist in einzelnen Fällen angebracht und wird soweit es den Rahmen nicht sprengt hier aufgezeigt werden. Diese sollten aber auch als Anregung verstanden werden, das Wissen in speziellen Interessensgebieten zu vertiefen.

Grundsätzlich wird Volkswirtschaftslehre heute in **Mikroökonomie** (Mikro) und **Makroökonomie** (Makro) unterteilt. Eine klare Trennungslinie ist nicht zu ziehen. Die meisten Universitäten separieren die beiden Subdisziplinen zwar organisatorisch aber beide Bereiche verschmelzen fachlich. Eigentlich getrennte Vorlesungen verzahnen das Wissen. Tatsächlich besteht eine Überschneidung zwischen den beiden Subdisziplinen. Mikro befasst sich mit dem Verhalten einzelner Wirtschaftsakteure bzw. einzelner Märkte. Werden **Mikromodelle** untersucht befindet sich der Analyst auf dem Boden könnte man sagen. Er steht neben dem Nachfrager oder Anbieter und flüstert diesem ins Ohr wie er seinen Nutzen oder Gewinn maximieren kann. Makro ist simpel ausgedrückt die Summe aller Mikromodelle. Ganz so einfach ist es zwar auch wieder nicht aber von der Analyse her stimmt es. **Makromodelle** analysieren die Situation einer Volkswirtschaft im Ganzen, einzelne Gütermärkte sind von untergeordneter Bedeutung. Zur Untersuchung makroökonomischer Modelle steigt man am besten in die Luft und betrachtet sich das Geschehen von oben. Nur so hat man den gesamten Überblick. Die Entwicklung einer separaten Makroökonomie und die Makroanalyse kann auf das Ende der 1930er Jahre datiert werden. Als Gründer dieser Subdisziplin gilt **John Maynard Keynes** (1883-1946). Der Vollständigkeit halber sei auch die **Finanzwissenschaft** erwähnt. Dieser spezielle Bereich volkswirtschaftlicher Analyse nimmt sich der Rolle des Staates separat an. Auch hier besteht keine strikte Trennungslinie, sondern zahlreiche Verbindungen sowohl in den Mikro- als auch den Makrobereich.

Die eigentliche ökonomische Analyse beginnt mit der sogenannten **Klassik**. Hier speziell mit **Adam Smith**[1] (1723 - 1790). Die geistigen Grundlagen der heutigen Ökonomie sind allerdings schon viel früher gelegt worden.

---

[1]Adam Smith, schottischer Philosoph und Ökonom; Professor für Logik an der Universität Glasgow, Schottland (1751), für Moralische Philosophie (1752), Rektor der Universität (1787). Veröffentlichungen: The Theory of Moral Sentiments (1759); An Inquiry into the Nature and Causes of the Wealth of Nations (1776).

Erste ökonomische Ideen bzw. Grundlagen finden sich im **alten Testament**[2] sowie bei den griechischen und römischen Philosophen. Es handelt sich nicht um ausgearbeitete Theorien oder Wirtschaftsmodelle. Jedoch um grundlegende Erkenntnisse über Eigentumsrechte, Freiheitsrechte, Steuern und Abgaben und dem Sinn für das Handeln. **Platon**[3] (427-347 v. Chr.) erkannte bereits die unterschiedlichen Talente der Menschen und verband sie in seiner Idee vom perfekten Staat mit Arbeitsteilung. Sein Schüler **Aristoteles**[4] (384-322 v. Chr.) beschrieb den **zoon politikon**, das gesellige Wesen. Er meinte damit den Menschen, der zu seiner Vervollkommnung die Gesellschaft anderer Menschen braucht. Aristoteles trug darüber hinaus viele Ideen zum Tauschhandel und zur Funktion des Geldes bei.

Wenn auch Parallelen bis in die Zeit vor Christus zurückführen, ist die eigentliche geistige Basis der modernen Ökonomie erst im 17. und 18. Jh. zu finden. Philosophen wie **Thomas Hobbes**[5] (1588-1679), **John Locke**[6] (1632-1704), **Charles de Montesquieu**[7] (1689-1755) und **Jean Jacques Rousseau**[8] (1712-1778) bieten staatliche Grundgerüste auf denen sich die wirtschaftlichen Theorien entwickelt haben. Thomas Hobbes verbreitete die Vorstellung eines absolut egoistischen Menschen. Der natürliche Zustand einer menschlichen Gesellschaft ist damit Anarchie. Es gibt nach Hobbes nur diese Möglichkeit oder die vollkommene Unterwerfung in einem Staat. Er beschrieb den Staat als einen großen Leviathan[9], als einen absolutistischen Staat. Dem widersprach John Locke, der die Vorstellung der absoluten Gleichheit unter den Menschen in einem Staat hatte. Für John Locke konnte der Staat nur als eine direkte Demokratie bestehen. Montesquieu differenzierte hier schon mehr und erkannte drei wesentliche Staatsformen: Monarchie, Republik und Diktatur. Die beste Form war für ihn eine gewählte Demokratie (Republik). Er vertrat die Idee, eine solche kann nur mit einer ausgewogenen Gewaltenteilung zwischen Legislative, Judikative und Exekutive bestehen. Diese Gewaltenteilung ist bis heute die Grundlage in allen Demokratien nach westlichem Muster. Jean Jacques Rousseau war Vordenker einer Verfassung. Nach ihm werden alle Menschen

---

[2]z.B.: 1. Mose 41, 33-35; 3. Mose 25, 10-13; 1. Könige 5, 7 + 8; Amos 8, 4-6.
[3]Im wirtschaftlichen Bereich relevante Veröffentlichung: Politeia (The Republic) (360 v.Chr.); zehn Bücher über den Staat.
[4]Im wesentlichen wichtiges Werk in diesem Zusammenhang: Nikomachische Ethik (Nicomachean Ethics) (350 v.Chr.); zehn Bücher über den Staat.
[5]Hauptwerk über den Staat und die Staatslehren: Der Leviathan (1660).
[6]Hauptwerk der Staatslehre: Two Treatises of Government (1690).
[7]Hauptwerk der Staatslehre: On the Spirit of Laws (1748).
[8]Hauptwerk der Staatslehre: Der Gesellschaftsvertrag (1762).
[9]Der Leviathan ist ein biblisches Ungeheuer.

gut geboren und nur durch das Erschaffen von Institutionen, wie die eines Staates, in unterschiedliche Klassen verwiesen. Mittels eines Gesellschaftsvertrages strebte er einen Ausgleich zwischen der Freiheit des Menschen und der notwendigen Macht des Staates an.

Die genannten Theorien stehen zwar in engem Zusammenhang mit der wirtschaftlichen Analyse sind jedoch keinesfalls als eine solche zu verstehen. Die Grundmauern der heutigen Wirtschaftswissenschaften bauen auf das Gerüst von Theorien der Klassik. Der Vater der **liberalen Wirtschaftsordnung** ist Adam Smith. Die Periode der Klassik beginnt im Allgemeinen mit der Veröffentlichung des ,,Wohlstands der Nationen" 1776 und endet mit **John Stuart Mill**[10] (1806-1873) Mitte des 19. Jh. Adam Smith ist zwar nicht so sehr der Urheber vieler Theorien doch hat er die damals bestehenden Theorien, Ideen und Philosophien vereint. Adam Smith war der Apostel des ökonomischen Liberalismus.[11] Er forderte eine Politik des **Laisser-faire** und setzte die Meilensteine der ökonomischen Analyse: Produktion, Wertlehre und Allokation. Das grundsätzliche Streben eines jeden Menschen nach seinem eigenen Vorteil führt gesamtgesellschaftlich zu einem Optimum an Wohlstand. Dies ist in Kürze Smith's Prinzip der **unsichtbaren Hand**. Dabei ist der Mensch mit der Schaffung durch die Natur friedlich und hat eine Aversion sich gegen seine Mitmenschen zu erheben. Die grundlegende Friedfertigkeit des Menschen ermöglicht es ihm trotz seines eigenen Egoismus oder gerade wegen diesem, Arbeit zu teilen und Handel zu treiben. Mit diesem smithschen Menschenbild ist die Forderung nach einer möglichst liberalen Wirtschaftsordnung ein muss. Allerdings glaubte Smith nicht an eine reibungslose Wirtschaft. Fehlentwicklungen ergeben sich nach ihm aus Staatseingriffen und unnötigem Protektionismus.

Grundsätzlich uneinheitlich wird die Frage bewertet ob Smith der größere Ökonom im Sinne der Theorie war oder **David Ricardo**[12] (1772-1823). Ohne Zweifel stützte Smith sich mehr auf historische Zusammenhänge und empirische Belege. Während Ricardo mit Sicherheit der größere Wissenschaftler im ökonomischen Sinne gewesen ist. Vielleicht ist Adam Smith nur das Glück des Erstgeboren zugute gekommen. Diese Frage kann an dieser Stelle nicht diskutiert werden. Ricardo war in vielen Bereichen analytisch

---

[10]Mill ist bereits nicht mehr tatsächlich der Klassik zuzurechnen, er war auch schon ein Mitglied der Grenznutzenschule. Sein wirtschaftliches Hauptwerk: Principles of Political Economy (1848), Utilitarianism (Erstveröffentlichung als Abdruck in Fraser's Magazin 1861; Nachdruck in Buchform 1863)

[11]Eric Roll 1992, S. 132.

[12]Hauptwerk: On the Principles of Political Economy (1817).

wesentlich genauer als Smith. Er erarbeitete ein fast komplettes Modell
eines Vollbeschäftigungsgleichgewichts. Dabei hielt er sich an **Say's Gesetz**[13] wonach sich jedes Angebot die eigene Nachfrage schafft. Trifft dieses
Gesetz zu, kann es nie zu einem überreichlichen Angebot kommen. **Thomas Robert Malthus**[14] (1766-1834), ein weiterer Klassiker, hatte hierzu
eine konträre Meinung. Zwei Thesen gehen aus seiner Bevölkerungstheorie
hervor. Erstens, die Bevölkerung ist durch das Angebot zur Deckung der
Grundbedürfnisse begrenzt. Zweitens, die Bevölkerung wächst dort, wo
das Angebot zur Deckung der Grundbedürfnisse wächst. Hiernach muss
erst ein zu großes Angebot vorhanden sein bevor die Bevölkerung wächst.
Der Streit zwischen Ricardo, Malthus und anderen ist als die **General-
Glut-Kontroverse** bekannt.

Zusammengefasst, die Klassik befasste sich hauptsächlich mit der Analyse der Angebotsseite, diskutierte die Arbeitswertlehre und suchte nach einem objektiven real konstanten Wertmesser. Weiterhin erkannten die Klassiker schon damals die sinkende Grenzproduktivität der Produktionsfaktoren. Tatsächlich wurde das **Gesetz sinkender Grenzerträge** schon 1767
von **Turgot**[15] formuliert.

Die folgende sogenannte **Grenzrevolution**[16] beschäftigte sich
hauptsächlich mit der Analyse der Nachfrageseite. Als ein Maßstab
für den Wert eines Gutes wurde der Nutzen herangezogen. Da die Klassik
bereits Grenzbetrachtungen in ihrer Analyse kannte, ist die Frage zu
stellen, ob es sich nicht vielmehr um eine **Grenznutzen Revolution**[17]
gehandelt hat. Modelle zum Tauschverhalten der Konsumenten sind
entstanden. Man trachtete danach die Frage der Einflussfaktoren des
individuellen Tauschverhaltens zu beantworten. Hauptvertreter dieser
Schule waren **William Stanley Jevons**[18] (1835-1882), **Léon Walras**[19]

---

[13]Jean-Baptiste Say (1767-1832); Hauptwerk: A Treatise on Political Economy, or the production,
distribution and consumption of wealth (1803).

[14]Das Werk, welches zur sogenannten General-Glut-Kontroverse führte, ist: An Essay on the Principle
of Population, as it affects the Future Improvement of Society (1798).

[15]Anne-Robert-Jacques Turgot (1727-1781) wird nicht mit zur klassischen Schule gezählt, hatte aber
großen Einfluss auf Adam Smith in den 1760er Jahren als Smith in Frankreich lebte.

[16]auch: Marginalist Revolution

[17]Auch der Begriff Revolution scheint nicht zwingend angebracht zu sein. Die Periode streckte sich grob
über einen Zeitraum von 50 Jahren was eine Revolution fraglich erscheinen lässt. Nicht zu bezweifeln sind
die einzelnen Beiträge der Hauptvertreter dieser Schule zur ökonomischen Analyse, doch besagt dies nichts
über den Gesamtbeitrag der Grenznutzenschule im Verhältnis zur Klassik oder Neoklassik.

[18]Im Falle von Jevons ist die Benennung eines Hauptwerkes schon viel schwieriger. Er hat zahlreiche Veröffentlichungen zu verschiedensten teilweise auch recht speziellen Themen. Als seine Hauptwerke
könnte man bezeichnen: The Theorie of Political Economy (1871); Principles of Science: A Treatise on
logic and scientific method (1874); Money and the Mechanism of Exchange (1875).

[19]Hauptwerke: Éléments d'économie politique pure, ou théorie de la richesse sociale (Elements of Pure

(1834-1910) und **Carl Menger**[20] (1840-1921). Jevons ist bekannt für sein **Gesetz des sinkenden Grenznutzen** sowie ein Pionier auf dem Gebiet der Arbeitsangebotsanalyse. Das Opportunitätskostenprinzip geht auf Menger zurück. Walras war der Vorreiter einer Theorie des gesamtgesellschaftlichen Gleichgewichts welches nicht auf dem Nutzenprinzip beruhte. Dies war zur damaligen Zeit eine sehr fortgeschrittene Aufgabe weshalb Walras auch als der Ökonom der Ökonomen[21] bezeichnet wird.

Die Grenznutzenschule, ob Revolution oder nicht, bereitete den Boden für die **Neoklassik**. Eine Schule, die sich nach der Grenznutzenschule wieder mehr auf die Werte der Klassik berief. Die Liste der Ökonomen der Neoklassik beginnt häufig mit **Alfred Marshall**[22] (1842-1924) obwohl auch diese Zuordnung diskutabel ist. Allerdings führt er als erster eine Wohlfahrtsanalyse ein und ist damit Vorreiter der heutigen **Wohlfahrtstheorie**. Diese wurde später von seinem Schüler **Arthur Cecil Pigou**[23] (1877-1959), der zum Kern der sogenannten Cambridge Neoklassikern gehörte, wesentlich weiterentwickelt. Ein noch heute oft gebrauchtes Konzept, die **Konsumentenrente**, wurde von Alfred Marshall entwickelt. Darüber hinaus entwickelte sich die Definition der **repräsentativen Firma**, eine Art Durchschnittsfirma in einem Industriezweig. Sowie eine klare Unterscheidung der Analyse in unterschiedliche Zeitabschnitte. Marshall war der erste, der eine **Short-Run-** (kurzfristige) und **Long-Run** (langfristige) Analyse explizit differenzierte. Bereits Walras hatte ein Modell für ein gesamtgesellschaftliches Gleichgewicht entwickelt, obwohl seine Vorstellungen über die Entstehung des Angebots wenig stark ausgeprägt waren. Auch dieses Manko hat Marshall mit der Einführung seiner **Produktionstheorie** behoben. Neben den bereits erwähnten Ökonomen sind **Heinrich Dietzel** (1857-1935), **Gustav Kassel** (1866-1945) und **Adolf Weber** (1876-1963) den Neoklassikern zuzurechnen.

Economics, or the theory of social wealth; 1874); Théorie mathématique de la richesse sociale (Mathematical Theory of Social Wealth; 1883).

[20]Hauptwerk: Grundsätze der politischen Ökonomie (1871).

[21]vgl. Eric Roll 1992, S. 358

[22]Eines seiner Hauptwerke sind sicher seine: Principles of Economics: an introductory text (1890).

[23]Hauptwerke: Wealth and Welfare (1912), The Economics of Welfare (1920).

Teil I
Der Markt

3

Am Anfang ist das Modell

Lernziele:

- Rationalität ist die wichtigste Grundannahme ökonomischer Grundmodelle.

- Opportunitätskosten oder Alternativkosten sind der entgangene Nutzen bzw. Gewinn der nächstbesten Alternative.

- Der ökonomische Gewinn bezieht alle Kosten, auch Opportunitätskosten, mit ein und ist daher sofern eine durchschnittliche Marktrendite erwirtschaftet wird gleich Null.

- Eines der wichtigsten Unterscheidungskriterien für Marktformen ist die Anzahl der Marktteilnehmer; danach werden das Monopol, das Olipopol und das Polypol unterschieden.

Das **Grundproblem der Mikroökonomie** ist die Frage der Verteilung, auch **Allokation** genannt, von knappen Gütern. Die mikroökonomische Theorie beschäftigt sich daher letztlich immer mit der Beantwortung eben dieser Frage. Die im Kapitel 1 beschriebene Komplexität der Wirtschaft im Allgemeinen macht es dabei für das menschliche Gehirn unmöglich, das System aus unendlich vielen **Variablen** im Ganzen zu verstehen. Das Problem kann man sich auch geometrisch vorstellen. Dabei ist die Ökonomie ein Raum mit vielen Dimensionen. Die menschliche Vorstellungskraft endet aber in der dritten Dimension. Es ist notwendig, um Antworten auf die Fragen zu finden, wie die eine oder andere Variable die Allokation beeinflusst, die Ökonomie in kleine Einheiten zu unterteilen. Hierzu benutzt der Ökonom **Modelle**.

Es ist wichtig zu verstehen, dass Modelle an sich die Realität nicht in voller Gänze widerspiegeln. Sie stellen einen modellhaften Idealfall dar. Dies gilt insbesondere für die grundlegenden Modelle, die im Folgenden erläutert werden. Sicher stellt sich häufig die Frage, ob das Ergebnis eines Modells denn überhaupt realistisch ist, obwohl zum Beispiel in der ak-

tuellen Wirtschaftspolitik gerade anderes beobachtet werden kann.[1] Diese
Frage sollte nicht dazu genutzt werden, um das Modell in Bausch und Bogen als unrealistisch abzulehnen. Die Diskrepanz zwischen den Ergebnissen
eines Modells und der Realität ist häufig auf simplifizierte Annahmen im
Modell zurückzuführen. Es sollte zum tieferen Nachdenken anregen. Zeigt
sich in der Realität eine andere Reaktion als das Modell erwarten lässt,
sollte zunächst versucht werden, den Grund dafür in den gemachten Annahmen zu suchen. Hiermit testet man die Konsistenz und Aussagekraft
eines Modells. Was ist ein Modell?

3.1   Das Modell

Ein Modell setzt sich nicht anders als im Modellbau aus verschiedenen
Bauteilen zusammen. Die wesentlichen Bauteile eines Modells in der Ökonomie sind die **Annahmen** oder auch **Hypothesen**, die Variablen, der
zugrunde liegende **Markt** und die **Marktteilnehmer**.

Bei den Annahmen unterscheidet man zwischen **Grundannahmen** und
Modellannahmen. Grundannahmen bestehen grundsätzlich immer und
beschränken sich auf wenige wesentliche Normen und Verhaltensweisen.
Modellannahmen sind hingegen spezielle Annahmen eines speziellen Modells. Sie werden getroffen, um zu vereinfachen und gezielt das Zusam-
menwirken bestimmter Variablen in bestimmten Situationen erklären zu
können. Vor allem die Grundannahmen sollten näher beschrieben werden.

---

[1]In einem späteren Kapitel wird gezeigt, dass Wettbewerb immer die beste Alternative in einem Markt
ist. Dies führt zum Beispiel zu der Forderung der Privatisierung staatlichen Eigentums und der Imple-
mentierung von Wettbewerb auf früheren Monopolmärkten. Die Privatisierung der Energieversorgung in
Kalifornien sowie die des Gleissystems der britischen Eisenbahn, lassen an dieser pauschalen Forderung
durchaus Zweifel aufkommen. Pacific Gas and Electric (PG&E) einer der zwei großen Energieversorger
in Kalifornien ging 2001 in die Insolvenz. Der zweite große Energieversorger, Southern California Edison
(SCE) wurde im gleichen Jahr durch einen Notfallplan durch den Bundesstaat Kalifornien gerettet. Railtrack, das britische Unternehmen, in dessen Besitz das Gleissystem war, hat im Oktober 2001 Insolvenz
beantragt. Railtrack ist inzwischen in einer neuen Firma, Network Rail, aufgegangen und ist abhängig
von Staatsgarantien. Eben diese Beispiele sollen nicht dazu führen, lange bewährte Modelle voreilig als
realitätsfern abzulehnen, sondern die Analyse in diesen Fällen zu vertiefen, um herauszufinden, warum in
diesem Fall ein anderes als das Modellergebnis vorteilhaft ist. Der Analyst sollte sich eine eigene fundierte
Meinung bilden.

3.1.1 Grundannahmen

3.1.1.1 Rationalität

Die wichtigste Grundannahme in den Wirtschaftswissenschaften ist die der **Rationalität** der Marktteilnehmer. Es wird häufig unterstellt, dass Marktteilnehmer rational handeln. Jede Aktion, die am Markt stattfindet, beruht daher auf einer bewussten Entscheidung. Diese Entscheidung ist die beste Entscheidung, die diese Person in dieser theoretisch denkbaren Situation treffen kann.

Rationalität verlangt erstens, dass jeder Marktteilnehmer zunächst alle ihm zur Verfügung stehenden Möglichkeiten auflistet. Dies mag banal klingen, ist aber wichtig, um eine realistische Entscheidung treffen zu können. Eine Studentin hat zum Beispiel zu entscheiden, wie sie zur Uni kommt. Wenn sie in ihre Überlegungen wirklich alle Möglichkeiten einbezieht, d.h. auch die Benutzung eines Autos, kommt sie vielleicht zu dem Ergebnis, dass das Auto die beste Wahl wäre. Nur leider steht ihr kein Auto zur Verfügung. Die Möglichkeit des Autos muss daher von vornherein aus der Entscheidungsfindung ausgeklammert werden.

Zweitens, verlangt Rationalität, dass alle zur Verfügung stehenden Informationen sowie alle Informationen, die zusätzlich zu beschaffen sind, in den Entscheidungsprozess mit einbezogen werden. Auch diese Voraussetzung ist außerordentlich wichtig. Die Studentin, die nach der für sie besten Möglichkeit sucht zur Uni zu gelangen, sollte ihre Entscheidung nicht alleine auf die Tatsache der Informationen stützen, die sie schon die letzten Male immer gehabt hat. Sie kennt die Kosten der Busfahrkarte und weiß, dass ihre Eltern die gesamten Kosten des Autos tragen. Diese Informationen stehen ihr zur Verfügung und würden vor dem Hintergrund des Kostenkriteriums zur Ablehnung der öffentlichen Verkehrsmittel führen. Darüber hinaus macht es aber Sinn, weitere Informationen zu sammeln. Dies können zum Beispiel die Verkehrsnachrichten sein. Wird hier ein Stau bekannt gegeben oder eine Straßensperre wegen Bauarbeiten, die es an anderen Tagen nicht gibt, können diese Informationen die Entscheidung der Studentin erheblich beeinflussen.

Nach dem Auflisten aller zur Verfügung stehenden Möglichkeiten und Zusammenstellung aller zu erhaltenden Informationen, sollte die rational handelnde Marktteilnehmerin die Möglichkeiten in eine Rangordnung bringen. Diese richtet sich nach ihren **Präferenzen**. Bequemlichkeit ist zum Beispiel eine Präferenz, aber auch Kostenbewusstsein, Sicherheit etc. Die

Studentin ordnet alle Möglichkeiten anhand ihrer Präferenzen. Ist sie sehr bequem, wird das Auto an erster Stelle stehen, danach das Verkehrsmittel, dass nach ihrer Einschätzung die zweitbeste Alternative ist, zum Beispiel der Bus. Ist die Studentin sehr sportlich, wird sie das Fahrrad als beste Möglichkeit ansehen und das Auto womöglich erst als letzte Alternative.

Die erstellte Rangordnung ermöglicht es der Marktteilnehmerin die für sie beste Alternative auszuwählen. Diese Alternative ist dann die rationale Möglichkeit in der analysierten Situation. Die Annahme der Rationalität unterstellt daher immer die bestmögliche Wahl. Manchmal erscheint diese Grundannahme fraglich. Ein einfaches Zahlenbeispiel macht dies deutlich.

Eine Person bietet ein Spiel an. Es wird eine Münze geworfen. Bei Kopf erhält der Mitspieler EUR 10 bei Zahl muss er 50 Cent bezahlen. Es gibt zwei Möglichkeiten, die bei einer Münze zu jeweils 50% eintreten können, die Münze landet Kopf-Oben oder Zahl-Oben.[2] Ohne großartige Wahrscheinlichkeitsrechnung leuchtet es ein, dass der Gewinn dieses Spiels im Durchschnitt EUR 4,75[3] beträgt. In einer Fußgängerzone zum Beispiel wird man sicherlich sehr schnell sehr viele Mitspieler gewinnen können. Ein anderes Spiel sieht folgendermaßen aus: bei Kopf gewinnt der Mitspieler EUR 10 Millionen, bei Zahl muss er EUR 9.999.990,50 zahlen. Wie viele Mitspieler wird man jetzt noch in der Fußgängerzone gewinnen können? Natürlich scheiden viele aus, die gar nicht in der Lage wären bei Zahl ihren Verlust auszugleichen. Aber nur wenige, die sich das Spiel leisten könnten, werden es tatsächlich spielen. Wie sieht denn der Gewinn aus? Nicht überraschend sind die Zahlen so gewählt, dass der durchschnittliche Gewinn wie im ersten Fall EUR 4,75[4] beträgt. Hat ein und dieselbe Person, die ihre Entscheidung ausschließlich nach dem durchschnittlichen Gewinn fällt,[5] zu diesen beiden Spielen unterschiedliche Ansichten, d.h. würde sie das erste Spiel spielen und das zweite nicht oder umgekehrt, handelt diese Person nicht rational im Sinne der Definition. Die Person müsste ihre Risikoeinstellung ändern.[6]

---

[2]Auch hier wird eine Vereinfachung vorgenommen. Genaugenommen gibt es drei mögliche Endsituationen. Die Münze könnte erstens mit Kopf-Oben landen, zweitens mit Zahl-Oben und drittens könnte sie hochkant landen. Da diese Wahrscheinlichkeit aber sehr gering ist, wird sie in diesem Fall außer Acht gelassen. Des weiteren wird unterstellt, dass es sich um eine ideale Münze handelt. Beide Seiten der Münze sind daher gleich schwer und besitzen die gleichen Eigenschaften, sie treten mit der gleichen Wahrscheinlichkeit ein.

[3]Die Rechnung sieht wie folgt aus: $0,5 \cdot EUR\ 10 - 0,5 \cdot EUR\ 0,50 = EUR\ 4,75$.

[4]Die Rechnung: $0,5 \cdot EUR\ 10.000.000 - 0,5 \cdot EUR\ 9.999.990,50 = EUR\ 4,75$.

[5]Eine solche Person wird risiko-neutral genannt.

[6]Dies ist die Rolle der mathematischen Theorie in der Ökonomie. Sie ermöglicht es einem Analysten Kenntnisse über sein eigenes Handeln zu erhalten und dies bei zukünftigen Handlungen zu berücksichtigen (vgl. Hamouda, Rowley 1996, S. 44).

Rationalität, wird von John Maynard Keynes[7] gesagt, sei nicht immer vorhanden. Keynes schrieb vor allem den Spekulanten nicht rationales Verhalten zu. Ein Beispiel hierfür sei die Euphorie, auch *animal spirit* genannt, die an der Börse manchmal entsteht und für Schwankungen in der Wirtschaft sorgen kann. Ein relativ aktuelles Beispiel sind die Verwerfungen der Börsenkurse am Neuen Markt in Deutschland und an vielen Technologiebörsen weltweit. Ein weiteres die *Subprime*-Krise, die ihren Ursprung auch in spekulativen Übertreibungen im amerikanischen Immobilienmarkt hat.

3.1.1.2 Mehr ist besser

Die Annahme ‚mehr ist besser' ist eine zweite Grundannahme. Hiermit wird die Forderung nach dem jeweils höchsten Level der Befriedigung unterstrichen. Sie gilt nur, wie später noch genauer erklärt wird, solange keine Sättigung erreicht ist. Dieser Annahme liegt eine weitere klassische Annahme zugrunde. Die **Bedürfnisse** des Menschen sind unendlich.[8] Man unterscheidet Bedürfnisse in **Grundbedürfnisse** (Verpflegung, Wohnung), **gewöhnliche Bedürfnisse** (Körperpflege, Möbel, Radio, Fernseher), die hauptsächlich von dem Kulturbereich abhängen, in dem der Betreffende lebt und **Luxusbedürfnisse**. Die Grundbedürfnisse und die gewöhnlichen Bedürfnisse sind jeweils als endlich anzunehmen. Selbst wenn Essen gar nichts kostet, würde eine Person nicht unendlich viel davon zu sich nehmen. Die Menge ist begrenzt. Begrenzt sind darüber hinaus die gewöhnlichen Bedürfnisse. Es gibt keinen Grund eine unendliche Anzahl von Fernsehern oder Radiogeräten zu kaufen. Der Wunsch nach einer Qualitätssteigerung und/oder zusätzlichen Funktionen bei einem bestimmten Produkt kann hingegen unbegrenzt sein. Dies fällt unter die Luxusbedürfnisse, die

---

[7]John Maynard Keynes (1883 – 1946), britischer Nationalökonom, Mathematiker, Diplomat und Politiker. Sein Hauptwerk, „Allgemeine Theorie der Beschäftigung, des Zinses und des Geldes", wurde 1936 verlegt. Er vertrat England auf der Friedenskonferenz von Versailles nach dem ersten Weltkrieg und nahm ab 1942 einen Sitz im britischen Oberhaus wahr.

[8]Die Annahme, dass die Bedürfnisse eines Menschen unendlich sind, soll hier und im Folgenden gelten. Es ist eine klassische Annahme. Es gibt allerdings durchaus Stimmen, die Zweifel an dieser Annahme hegen. Verwiesen sei hier auf T.R. Malthus, der in seinen Briefen an J.B. Say die Frage stellt, ob jeder Mensch für die Erhöhung seiner Lebensgenüsse bereit sei, Untätigkeit aufzugeben. Ein Einwand, den man eingeschränkt gelten lassen kann, wenn angenommen wird, dass die Menschen zu einem gewissen Grade *faul* sind. In dem Fall würden sie nicht alles daransetzen, ihre materiellen Lebensgenüsse zu erhöhen. Es kann dem entgegengehalten werden, dass auch *Faulheit*, d.h. Freizeit ein Lebensgenuss sein kann. Die Bedürfnisse nach materiellen Gütern wären zwar begrenzt, die gesamten Bedürfnisse des Menschen jedoch nicht. Thomas Robert Malthus war britischer Nationalökonom (1766 – 1834). (vgl. Thomas R. Malthus in: Karl Diehl und Paul Mombert 1913, S. 36, 43).

in der Regel als unbegrenzt angenommen werden. Der Bereich der Luxusbedürfnisse ist nicht abzugrenzen. Ein Mensch wird im ökonomischen Sinne niemals wunschlos glücklich sein, wie es ein Sprichwort suggeriert. Die Wohnung kann immer noch größer werden, das Auto eine bessere Ausstattung erhalten, die Segeljacht immer länger werden etc.[9] Jeder Mensch kennt wohl aus persönlichen Erfahrungen den Zustand der Zufriedenheit nach einer größeren Anschaffung. Weitere Wünsche scheinen nicht offen, doch nach einiger Zeit denkt man schon wieder über neue Anschaffungen nach.

Ein hoher Grad der Befriedung von Bedürfnissen ist daher besser als ein niedrigerer Grad. Bedürfnisse sind dabei nicht nur materieller Art. Die Annahme ist nicht gleichzusetzen mit: Je größer der Konsum, desto besser. Diese Gleichung kann nur für ein Individuum gelten, nicht jedoch pauschal.[10] Das liegt daran, dass der materielle Konsum dem menschlichen Wunsch nach einem gewissen qualitativen Wohlstand entgegensteht. Güter, die produziert werden, haben einen gewissen negativen Effekt auf die Umwelt. Es entstehen beispielsweise Abgase. Je höher der Konsum, desto höher, ceteris paribus[11], die Abgase, desto geringer die saubere Luft. Luftverschmutzung verursacht Allergien, Erkrankungen der Atemwege und anderes. Die einfache **Konsummaximierung** kann nicht gewünscht sein. Neben dem Konsum gibt es daher ein umfassenderes Kriterium, den **Nutzen**[12]. Dieser ist eine rein individuelle Größe und hängt von dem Geschmack und den Präferenzen einer Person ab.

Wenn sich eine Person zwischen zwei Güterbündel entscheiden muss, wählt die Person das Bündel, das einen höheren Konsum beinhaltet. Indifferent ist eine Konsumentin dann, wenn es ihr egal ist, ob sie das eine oder das andere Güterbündel kauft. **Indifferenz** bedeutet Unentschiedenheit oder Neutralität gegenüber Gütern. Eine Kundin sucht in einem Kaufhaus zum Beispiel etwas zum Anziehen. Sie findet eine Jeans und ein

---

[9]Der Übergang von gewöhnlichen Bedürfnissen zu Luxusbedürfnissen ist fließend und abhängig von der Gesellschaft. Ein einfacher Fernseher wird in Deutschland in der Regel nicht als ein Luxusbedürfnis verstanden. Wohl aber die neueste Version eines Fernsehers mit einer großen Anzahl technischer Raffinessen. In einem Entwicklungsland wird hingegen auch der einfache Fernseher häufig als Luxusbedürfnis betrachtet.

[10]Der Konsum eines Individuums kann negative Auswirkungen auf das Leben eines anderes Individuums haben. Solche sogenannten negativen externen Effekte (vgl. Kap. 14.1) führen dazu, dass die materielle Konsummaximierung für eine Gesellschaft nicht optimal sein kann.

[11]ceteris paribus:= unter sonst gleichen Bedingungen; ist ein häufig verwendeter Ausdruck in der Volkswirtschaftslehre. Dieser lateinische Ausdruck besagt, dass sämtliche bis auf die eine gerade betrachtete Variable konstant bleiben. Hiermit wird der isolierte Einfluss einer Variable ausgedrückt.

[12]vgl. Kap. 5.1

weiße Bluse. Die weiße Bluse gibt es in vergleichbarer Qualität von einem Markenhersteller und von einem No-Name-Hersteller. Die Markenware ist erwartungsgemäß teurer, die Bluse des No-Name-Herstellers würde es der Kundin ermöglichen noch etwas anderes zu konsumieren. Da die Kundin sich nichts aus einer Marke macht, sie somit indifferent ist zwischen den beiden weißen Blusen, muss sie unter der Annahme ‚mehr ist besser' die Jeans und die No-Name-Bluse wählen. Damit hat sie sowohl ihren Konsum als auch ihren Nutzen maximiert. In letzter Konsequenz maximiert eine Person immer ihren Nutzen.

3.1.1.3 Weniger ist besser

Auf der Konsumseite, d.h. bei den Haushalten gilt grundsätzlich ‚mehr ist besser', auf der Seite der Produzenten macht es daher Sinn, nach einer **Kostenminimierung** zu suchen. Dies ist die einzig logische Möglichkeit in der Produktion. Kostenminimierung bedeutet nicht die Minimierung der absoluten Kosten. Dies aus dem Grunde nicht, weil das absolute Kostenminimum bei Null wäre. Es würden keine Kosten entstehen. Ohne Kosten kann aber auch keine Produktion stattfinden. Gesucht ist vielmehr die relative Kostenminimierung. Dabei steht das **Prinzip der effizienten Produktion** im Vordergrund.

Nach diesem Prinzip kann ein Unternehmer das **Maximierungsprinzip** oder das **Minimierungsprinzip** verfolgen. Das Maximierungsprinzip sucht nach dem maximalen Output bei gegebenem Input. Dieses Prinzip wird ein Anbieter dann wählen, wenn seine Ressourcen aus irgendwelchen Gründen begrenzt sind. Zu beobachten ist dieses Prinzip zum Beispiel auf einer Auktion. Bei der Versteigerung eines Gemäldes ist der Input, die Ressource, definitiv beschränkt. Es gibt nur das eine Bild, wenn man von möglichen Fälschungen einmal absieht. Dieses eine Original ist der maximale Output, er ist bereits produziert. Der Verkäufer wird auf der Auktion versuchen, den höchsten Preis zu erzielen. Dass der höchste Preis immer der Beste für den Verkauf eines Produktes ist, wäre ein möglicher Schluss. Später wird noch genauer erläutert, warum dies alleine kein ausreichendes Kriterium ist.[13] Der Anbieter sucht nach der optimalen **Preis-Mengen-Kombination**. Hierzu ein einfaches Beispiel:

Ein Herr fragt einen Händler nach einem Preis für einen Herrenanzug. Der Händler nennt ihm EUR 750 als Preis für einen Anzug. Dabei hat der

---

[13]vgl. Kap. 10

Händler einen Einkaufspreis für jeden Anzug von EUR 500. Nach kurzer
Zeit erhält der Händler einen Anruf von dem Kunden. Dieser sagt ihm, er
hätte noch zwei Freunde, die bereit wären einen Anzug bei ihm zu kaufen,
aber nur EUR 700 zahlen wollen. Ob der Händler auch drei Anzüge für
EUR 700 verkaufen würde? Wie sieht das Ergebnis aus?

Tabelle 3.1: Die Preisentscheidung eines Händlers

	1 Anzug	3 Anzüge
Kosten	EUR 500	EUR 1.500
Erlöse	EUR 750	EUR 2.100
Gewinn = Erlöse - Kosten	EUR 250	EUR 600

Offensichtlich würde der Händler einen Preis von EUR 700 verlangen
und nicht den höheren Preis, obwohl er auch dort einen Käufer hätte.

Das obige Beispiel ist denn auch gleich eines für das Maximierungsprinzip
auf der Seite des Händlers. Hiernach wird aus einem gegebenen Input der
größtmögliche Output erzeugt. Im Falle des Händlers sind die drei Anzüge
der Input, die er zum optimalen Preis verkaufen möchte. Der Schneider,
der die Anzüge herstellt orientiert sich nach der Auftragsvergabe am Minimierungsprinzip. Er kann drei Anzüge für insgesamt EUR 1.500 verkaufen.
Er wird diese Anzüge so günstig wie möglich herstellen. Denkbar ist ein
Preisnachlass bei seinem Stofflieferanten, weil er die Menge für drei Anzüge
anstatt nur für einen bestellt. Sofern automatisierte Technik genutzt wird,
ist auch diese für drei Anzüge im Verhältnis billiger als für nur einen, denn
auch bei drei Anzügen fallen nur einmal die Kosten der anfänglichen Ein-
richtung einer Maschine an. Je größer die Bestellung für den Schneider ist,
desto geringer werden am Anfang die Kosten pro Anzug.

3.1.2   Modellannahmen

Trifft man für ein bestimmtes Modell oder eine spezielle Analyse zusätzliche Annahmen, so handelt es sich nicht um Grundannahmen, sondern um
Modellannahmen. Modellannahmen wechseln daher von Modell zu Modell,
die Grundannahmen nicht.

Was kann man sich unter Modellannahmen vorstellen? Ein paar wich-
tige Beispiele sollen Erwähnung finden. Dies ist keine erschöpfende Liste.
Eine der wohl häufigsten Modellannahmen ist die zeitliche Betrachtung.
Es spielt eine wesentliche Rolle, jedenfalls in den meisten Modellen, ob
kurzfristige oder langfristige Auswirkungen modelliert werden sollen. Der
Ökonom spricht bei einer kurzfristigen Betrachtung auch vom **short run**

bzw. dem **long run** bei einer langfristigen Betrachtung. Wo wird der Unterschied deutlich?

Eine kurzfristige Perspektive schließt Anpassungsprozesse aus. Es gibt **Fixkosten**. Diese entstehen durch den Einsatz von Produktionsfaktoren, die fix sind, zum Beispiel ein Fabrikgebäude. Kurzfristig erzeugt dies Miet- und Unterhaltskosten, die unabhängig von der Produktion sind. Langfristig finden Anpassungsprozesse statt. Das Fabrikgebäude kann an geringere Kapazitäten angepasst werden. Die Fixkosten würden dann sinken und wären in diesem Sinne nicht mehr fix. Da sich ein Unternehmen langfristig jedem Umweltzustand anpassen kann, werden alle Kosten einer langfristigen Analyse als **variable Kosten** betrachtet. Der Unterschied zwischen einer kurz- und einer langfristigen Analyse wird bei vielen Variablen deutlich. Es macht unter Umständen Sinn, Preise kurzfristig als stabil anzunehmen. Langfristig werden Preise eher variabel sein und sich anderen Gegebenheiten anpassen. Dies gilt zum Beispiel auch für Löhne, der Preis der Arbeit. Kurzfristig sind sie in Deutschland, aber auch in anderen Ländern, durch Tarifverträge relativ stabil. Langfristig können die Löhne aber steigen oder fallen. Auch ein umgekehrter Zusammenhang kann beobachtet werden. Zu nennen sind hier Aktienkurse oder Aktienfondskurse. Kurzfristig zwar volatil, langfristig werfen viele Standardwerte und diversifizierte Aktienfonds aber eine relativ konstante Rendite ab.[14]

Zum Verständnis eines Modells und dessen Aussagekraft ist es immer wichtig die Annahmen, sowohl die Grundannahmen als auch die Modellannahmen zu verinnerlichen. Ohne die Kenntnis der Annahmen sind viele Modellergebnisse irrelevant. Es sei an dieser Stelle noch einmal auf den Unterschied zwischen unrealistisch und irrelevant hingewiesen. Milton Friedman[15] nimmt an, dass jegliche Annahme entweder eine falsche Beschreibung liefert oder unrealistisch ist.[16] Diese Tatsache führe dazu, dass theoretischen Modellen jegliche praktische Relevanz fehle. Ernstzunehmender-

---

[14]Der Aktienfonds *Fondak* der Cominvest hat zum Beispiel in den 58 Jahren seit Auflage des Fonds 1950 eine durchschnittliche jährliche Rendite von 10,62% (30.10.1950 - 30.09.2008). In den vergangenen zehn Jahren betrug die Rendite 5,62% pro Jahr (30.09.1998 - 30.09.2008). Langfristig ist die Rendite recht stabil, kurzfristig schwankt sie jedoch teils erheblich. Vom 31.10.2000 bis 31.10.2001 weist der Fonds eine negative Rendite von 22,43% auf. (Quelle: cominvest Asset Management GmbH)

[15]Milton Friedman (1912-2006) wurde in den USA als Kind Österreichisch-Ungarischer Einwanderer geboren. Seine wissenschaftliche Karriere begann an der Rutgers University wo er zunächst Mathematik, später Ökonomie studierte. 1946 übernahm Friedman seine erste Lehrtätigkeit an der University of Chicago und war gleichzeitig Direktor im National Bureau of Economic Research. Friedman brachte sich in die US-amerikanische Politik als Wirtschaftsberater von Senator Goldwater (Präsidentschaftskandidat 1964) und Richard Nixon (US Präsident 1969-1974) ein. 1976 wurde ihm der Wirtschaftsnobelpreis für seine Arbeiten in der Konsumtheorie, Geldtheorie und Stabilitätspolitik verliehen.

[16]vgl. Milton Friedman 1953, S. 14

weise sei dies nicht als die Auffassung von Milton Friedman zu betrachten, so Ernest Nagel. Nagel hebt weiter hervor, dass in vielen Wissenschaften Phänomene unter *reinen* Bedingungen untersucht werden, sogenannte idealtypische Fälle. Er schließt: Deshalb seien solche Untersuchungen nicht sinnlos, sondern lieferten im Gegenteil Antworten auf spezielle Fragen.[17] Modelle werden daher von irrelevanten Einflüssen geschützt, um Antworten darauf zu erhalten, wie zwei oder auch mehr Variablen sich gegenseitig beeinflussen. Die Annahmen müssen dabei jedoch realistisch bleiben.

3.1.3 Opportunitätskosten und ökonomischer Gewinn

Die Grundlage jedes Wirtschaftens ist der Einsatz von Produktionsfaktoren. Kurz gesagt bedeutet dies den Verbrauch von Ressourcen. Mit Hilfe der Ressourcen wird in Kombination mit Maschinenkraft und/oder menschlicher Arbeit ein Gut produziert. Sowohl die Ressourcen als auch die Maschinen und die Arbeitskraft müssen bezahlt werden. Sie verursachen Kosten. Ressourcen werden in Form von Rohstoffen gekauft. Maschinen erzeugen Kosten bei der Anschaffung und im Betrieb. Menschliche Arbeitskraft erzeugt Kosten in Form von Lohn.

Die Annahme der Rationalität wurde bereits ausführlich erläutert. Diese Annahme wird durch das **Opportunitätskostenkonzept**, auch **Alternativkostenkonzept**, auf eine konzeptionelle Basis gestellt. Im allgemeinen Sprachgebrauch werden Kosten häufig mit einer Summe an **Geld** gleich gesetzt. Geld ist jedoch letztlich nichts weiter als ein **modernes Tauschmittel** oder **Wertmesser**. Dies wird später noch genauer erläutert.[18] Im Moment reicht es zu verstehen, dass Geld in der Tat nur Papier ist oder im Zweifelsfall eine relativ kleine Menge an wertmäßig eher schlechtem Metall. Die noch relativ neuen Euro-Scheine selbst haben praktisch keinen Wert. Die Bevölkerung setzt aber Vertrauen in die Stabilität der Währung, d.h. des Geldes, und tauscht diese letztlich gegen Güter ein. Diesen **Tausch** versteht man im Allgemeinen als **Kauf**. Geld ist im ökonomischen Sinne eine monetäre[19] Maßeinheit. Was gibt eine Person, sei es ein Produzent, der Investitionen tätigt oder ein Konsument, der Güter konsumiert, nun wirklich auf? Die eigentlichen Kosten einer Investition oder des Konsums ist nicht das Geld, sondern die Aufgabe der nächstbesten Alternative. Hierher

---

[17]vgl. Ernest Nagel 1963
[18]vgl. Kap. 3.2, Kasten *Das Geld*
[19]monetär:= geldlich, das Geld betreffend; vom lateinischen Wort ‚moneto' was ‚ausmünzen' bedeutet. Die ‚Ausmünzung' ist das Prägen von Münzen.

rührt auch der Name Alternativkosten.[20]

Noch einmal zurück zu der Studentin. Bevor sie überhaupt überlegt, ob sie mit dem Bus, mit dem Auto oder auf eine ganz andere Art zur Uni kommt, hat sie sich überlegt, ob sie überhaupt zur Uni fahren will. Sie hat sich zunächst überlegt, ob sie ein Studium beginnen möchte oder nicht. Die rationale Studentin hat dabei an alles gedacht. Sie hat Kosten und Erträge gegeneinander abgewogen und muss zu dem Schluss gekommen sein, dass die Erträge oder auch der Nutzen des Studiums höher sind als die Kosten. Aber was genau sind die Kosten des Studiums? Hierunter fallen eventuelle Semestergebühren, die täglichen Fahrtkosten, Kosten für Bücher und anderes Lernmaterial. Diese Kosten werden im Allgemeinen in Deutschland gar nicht einmal so hoch sein, denn die Kosten des Studiums werden in Deutschland, zumindest an vielen staatlichen Universitäten, weitestgehend sozialisiert. Das bedeutet, die Kosten werden von der Allgemeinheit getragen und aus Steuergeldern finanziert. Während in Deutschland[21] die Studiengebühren häufig nur bei wenigen Euro pro Semester liegen, zahlt der schottische Student regelmäßig GBP 1000 pro Semester. In den USA betragen die Studiengebühren teilweise mehr als 10.000 Dollar pro Semester.

Zu den allgemeinen Kosten, die direkt im Zusammenhang mit der Universität und dem Studium entstehen, kommen noch die Opportunitätskosten. Die Studentin könnte anstatt zu studieren eine bezahlte Tätigkeit aufnehmen. Während der Zeit des Studiums könnte sie bereits ihre Karriere in einem Unternehmen in Angriff nehmen und könnte unter Umständen in der gleichen Zeit einen gut bezahlten Posten erreichen. Angenommen die Studentin macht statt des Studiums eine zweijährige kaufmännische Lehre und arbeitet anschließend in diesem Unternehmen. Innerhalb von fünf Jahren, in etwa die Zeit, die man für ein Studium veranschlagen kann, erhält sie Einkommen zwischen EUR 80.000 und EUR 100.000. Dies sind die Opportunitätskosten des Studiums. Sie machen den Bärenanteil der Kosten des Studiums aus. Die rationale Entscheidung ein Studium zu beginnen, sollte diese Kosten bedacht haben. Die Studentin geht daher davon aus, durch

[20]Der Begriff Opportunitätskosten enthält den lateinischen Ausdruck ,opportunitas:= Angemessenheit, Möglichkeit.

[21]In Hamburg beträgt der Semesterbeitrag pro Student im Wintersemester 2008/2009 EUR 375, welcher von fast allen Studenten nachgelagert gezahlt werden kann; dav. entfallend EUR 104 auf die Dauerkarte der hamburgischen öffentlichen Verkehrsmittel, HVV. Der Rest von EUR 271 sind allgemeine Studiengebühren. Außerdem muss noch ein Verwaltungskostenbeitrag in Höhe von EUR 50 pro Semester gezahlt werden. Die Semesterbeiträge und Studiengebühren variieren zwar von Stadt zu Stadt, sind aber nur bei den privaten Universitäten als erheblicher Teil der Studienkosten zu bezeichnen.

das Studium die Möglichkeit zu erhalten, während ihrer Lebensarbeitszeit, die durch das Studium um fünf Jahre verkürzt wurde, diese Kosten mindestens kompensieren zu können. Die Opportunitätskosten sind daher auch mit ein Grund, weshalb Akademiker in der Regel einen höheren Lohn nach ihrem Studium haben als gleichaltrige Nicht-Akademiker.[22] Durch die Entscheidung für das Studium verzichtet die Studentin auf das Einkommen. Der Verzicht auf eine Alternative, sind die Opportunitätskosten.

Opportunitätskosten fallen sowohl auf der Konsumseite, als auch auf der Produktionsseite an. Auf der Konsumseite bestehen die Opportunitätskosten aus dem entgangenen Nutzen anderer Güter. Ein kleiner Junge hat im Sommer zum Beispiel die Wahl, zwei Kugeln Eis oder eine Tüte Pommes Frites für seinen Euro zu kaufen. Entscheidet er sich für die zwei Kugeln Eis, kosten diese eine Tüte Pommes Frites. Um das Konzept noch etwas klarer zu machen, kann man Folgendes konstruieren. Der Freund dieses Jungen hat ebenfalls einen Euro, entscheidet sich aber zunächst für eine Tüte Pommes Frites. Nachdem der Junge mit seinem Eis aus dem Eisladen und sein Freund aus dem Kiosk nebenan mit einer Tüte Pommes Frites in der Hand heraustritt, überlegen es sich beide noch einmal anders. Sie können jetzt einfach die Tüte Pommes Frites gegen die zwei Kugeln Eis tauschen. Beide haben den gleichen geldlichen Wert. Der Nutzen des einen ist aber mit dem Verlust des anderen verbunden. Wenn die beiden Jungen indifferent zwischen den beiden Gütern sind, ist der Nutzengewinn durch das eine Gut so groß wie der Nutzenverlust des anderen Gutes.

Es gibt noch weitere Kosten, die ebenfalls in dem Konzept der Opportunitätskosten enthalten sind, über die häufig aber nicht im Sinne von Kosten nachgedacht wird. Diese Kosten sind die *Zeit*. Zeit ist ganz offensichtlich für jeden Menschen, egal ob reich oder arm, ein knappes Gut. Jeder Person stehen nur maximal 24 Stunden am Tag zur Verfügung. Eine realistische Rechnung lässt sogar nur viel weniger übrig, denn man kann nicht auf Dauer die Nächte durchmachen. Zieht man den regelmäßigen Schlaf von vielleicht sechs Stunden ab, verbleiben tatsächlich nur 18 Stunden täglich, um den eigenen Nutzen zu maximieren. Jede Person überlegt sich daher, was die einzelnen Aktivitäten am Tag wert sind. Wie viel sollen für Sport,

---

[22]Lester C. Thurow hat die Theorie der *Job Competition* in den 1970er Jahren entwickelt. Sie besagt, das Arbeitnehmer nicht aufgrund dessen eingestellt werden, was sie bereits können, sondern aufgrund ihrer Bildungsmöglichkeiten. Dabei geht Thurow davon aus, dass Akademiker grundsätzlich schneller lernen und sich neue Dinge aneignen können. Auf dieser Basis erklärt Thurow den Einkommensunterschied zwischen Akademikern und Nicht-Akademikern durch geringere Schulungskosten im Unternehmen (vgl. Lester Thurow 1975). Lester C. Thurow ist ordentlicher Professor für Management und Economics am Massachusetts Institute of Technology, Cambridge, MA, USA.

Freunde, Familie und Arbeit genutzt werden? Umgangssprachlich wird die
Zeit sogar sehr häufig mit Kosten in Verbindung gebracht. Sagt man doch:
"Die ganze Arbeit geht auf Kosten meiner Familie"; "Zeit ist Geld."

Auch die Produktion eines Gutes erzeugt Opportunitätskosten. Eine Unternehmung wird sich überlegen, ob sie die eine oder die andere Investition
tätigt. Sie tut dies mit dem Wissen, dass die Entscheidung für die eine den
Verzicht auf die andere bedeutet. Es wurde bereits gezeigt, dass in der Produktion grundsätzlich die Devise ,weniger ist besser' gilt. Je geringer die
Opportunitätskosten der Produktion sind, desto höher ist der Gewinn unter sonst gleichen Bedingungen. Der Nutzen aus der Produktion drückt sich
bei Unternehmen indirekt im **Umsatz** aus. Umsatz ist Menge mal Preis.
Zieht man vom Umsatz die Kosten ab, so erhält man den tatsächlichen
Nutzen der Produktion, den **Gewinn**. Der Kostenbegriff in der Volkswirtschaftslehre umfasst die gesamten Opportunitätskosten der Produktion.
Hierin enthalten sind auf der einen Seite tatsächliche Ausgaben, zum Beispiel der Kauf von Rohstoffen, die Kosten der Energie zum Betrieb der
Maschinen und die Löhne der Arbeiter. Darüber hinaus sind aber auch
die **Kosten der Kapitalbindung** enthalten. Anstatt sein Vermögen in
eine Fabrik zu investieren, könnte ein Unternehmer auch die nächstbeste
Alternative am Kapitalmarkt wählen. Dort erhält er Zinsen auf sein Kapital. Zudem könnte er einer weiteren bezahlten Tätigkeit als Angestellter
nachgehen. Der Unternehmer hat sich aber für die Investition entschieden. Er erwartet daher, einen mindestens ebenso hohen Gewinn, wie er
aus der Kapitalanlage und seiner Arbeit als Angestellter erhalten würde.
Den unternehmerischen Lohn kann man auch als Arbeitslohn bezeichnen.
In diesem Fall würde er in den regelmäßigen Lohnkosten enthalten sein.
Der Gewinn, der nach Abzug des **Unternehmerlohns** übrigbleibt, muss
daher mindestens so hoch sein wie die Opportunitätskosten des Kapitals.
Diese sind der Gewinn, den der Unternehmer am Kapitalmarkt erzielen
könnte. Zieht man auch diese Kosten vom Gewinn ab, verbleibt in einem
Modell unter Wettbewerb weder ein Gewinn noch ein Verlust. In der Ko-
stenrechnung stünde eine schwarze Null.

Der Unternehmer hat deswegen aber nicht schlecht gewirtschaftet. Er hat
sogar einen betriebswirtschaftlichen Gewinn erzielt. Jedoch keinen **ökonomischen Gewinn**. Der Unternehmer hat die **durchschnittliche Marktrendite** erwirtschaftet. Diese Situation wird noch häufiger im Folgenden
auftreten und beschreibt das Gleichgewicht auf einem Wettbewerbsmarkt.

Es sollen noch ein paar weitere Begriffe und Vergleiche gezeigt werden.

Auch ein **ökonomischer Verlust** bedeutet nicht unbedingt den Konkurs des Unternehmens, zumindest kurzfristig nicht. Es kann immer noch ein betriebswirtschaftlicher Gewinn erzielt werden. Allerdings wird in diesem Fall weniger als die durchschnittliche Marktrendite erzielt. Bei einer langfristigen Betrachtung würde der Unternehmer den Markt verlassen und sein Unternehmen aufgeben, denn er könnte mit der Arbeit als Angestellter plus der Kapitalmarkterträge mehr verdienen und ein höheres Konsumniveau erreichen. Hingegen bedeutet ein ökonomischer Gewinn eine Rendite, die über der durchschnittlichen Marktrendite liegt. Kurzfristig hat auch dies kaum Auswirkungen. Langfristig veranlasst eine solche Situation weitere Unternehmer an diesem Markt anzubieten. Das Angebot wird daher vergrößert und die Situation für den ersten Unternehmer verändert sich.[23]

3.1.4 Die Variablen

In den einfachsten ökonomischen Modellen wird der Einfluss einer **Variablen** auf eine andere untersucht. Das am häufigsten vorkommende Modell in der Mikroökonomie untersucht den Zusammenhang zwischen Preis und Menge. Der Preis und die Menge sind in einem Modell mit zwei Gleichungen **endogene Variable**. Diese werden im Gegensatz zu **exogenen Variablen** in dem jeweiligen Modell selbst bestimmt. Exogene Variable sind hingegen von äußeren Faktoren beeinflusste festgelegte Größen. Sie verändern zwar das Ergebnis des Modells, können jedoch nicht mehr im Modell verändert werden.

Eine einfache Form eines mathematischen Modells ist folgende lineare Funktionsgleichung:

$$f(x) = x.$$

In diesem Fall gibt es zwei Variable, x und $f(x)$ was häufig y genannt wird. Sowohl x als auch $f(x)$ können zu Beginn gewählt werden, um die jeweils andere Größe zu berechnen. Die zuerst gewählte Variable ist die exogene Variable in diesem Modell, die andere ist die endogene.

Vorstellbar sind aber auch Modelle mit drei oder mehr Variablen. Diese können dann wie folgt aussehen:

$$f(x_1, x_2, ..., x_n) = x_1 + x_2 + ... + x_n.$$

Da dieses Modell weiterhin nur eine Gleichung besitzt, kann nur eine Variable, im Modell bestimmt werden. Dies ist die endogene Variable des

---

[23]vgl. Kap. 10

Modells. Alle weiteren Variablen sind exogen und müssen vorgegeben sein, um eine eindeutige Lösung zu erhalten. Auch in ökonomischen Modellen gibt es theoretisch unendlich viele Variablen. Im Zusammenhang mit den einführenden Erklärungen der Nachfragekurve und der Angebotskurve werden einige noch genauer erläutert. Um die Modelle eindeutig lösen zu können, werden Modellannahmen getroffen. Man trifft Annahmen zum Beispiel auch, indem einzelne Variablen einfach als konstant vorausgesetzt werden, damit spielen sie für die Relation der Ergebnisse keine Rolle mehr, nur noch für die absolute Höhe. Ziel ist es, so viele Annahmen zu treffen, dass man eindeutige Ergebnisse erhält. Die Modellannahmen simplifizieren das ökonomische Modell, was gewollt ist, wie bereits erklärt. Die Ökonomie könne nicht ohne vereinfachende Annahmen leben, so Lester Thurow. Der Trick sei es, die richtigen Annahmen zur richtigen Zeit zu treffen. Das Urteil müsse hierbei von der empirischen Forschung ausgehen. Die Welt müsse so beschrieben werden wie sie sei und nicht wie die Lehrbücher erzählten wie sie sein solle.[24]

Ein Großteil der vereinfachenden Modelle in diesem Buch arbeiten mit nur zwei Variablen. Dies ist der Preis und die Menge. In den jeweiligen Modellen sind viele Annahmen getroffen, die kritisch betrachtet werden sollten. Nur mit der Verinnerlichung der Annahmen kann das Ergebnis eines Modells richtig interpretiert werden. Darüber hinaus geben die Annahmen auch immer Anlass zu Fragen: Was wäre wenn? Was wäre, wenn einzelne Annahmen nicht bestünden? Auf welche Variable hätte dies eine Auswirkung? Würde dies das Ergebnis des Modells verändern? Das nur zwei Variablen, der Preis und die Menge verwandt werden, hat auch didaktische Gründe. Dies ist die einzige Möglichkeit, das Ergebnis auf einfache Weise grafisch überprüfen zu können. Die gebotenen Grafiken dienen daher im Folgenden nicht der Verwirrung, auch wenn es vielleicht auf den ersten Blick manchmal so scheinen mag. Vielmehr sollte jedes Modell gerade an der Grafik nachvollziehbar sein. Durch die Grafik hat man die Möglichkeit, auf einfache Weise mit den Variablen zu spielen und damit unterschiedliche Situationen analysieren zu können.

Der Preis und die Menge werden als Variable häufig beansprucht, weil sie letzten Endes die Allokation, somit die Verteilung, des Gutes beeinflussen. Zur Erinnerung: Das Grundproblem der Mikroökonomie ist die Frage der Allokation knapper Güter. Dabei ist die Menge eines Gutes die Grundlage dessen, was überhaupt verteilt werden kann. Der Preis beschreibt den

---

[24]vgl. Lester Thurow 1983, S. 237

Wert einer Einheit dieses Gutes. Die Menge kann grundsätzlich in jeglichen Maßeinheiten dargestellt werden. Es gibt einen Preis pro Kilo, einen Preis pro Stunde, etc. Sehr häufig wird der Preis ausgedrückt in allgemeinen Geldeinheiten (GE). Dies macht das Modell grundsätzlich variabler und unabhängig von bestimmten Währungseinheiten, die für wirtschaftliche Modelle zunächst nachrangig sind. Als Beispiel ist der Preis der Menge Arbeit zu betrachten. Es spielt keine Rolle, ob der Preis ausgedrückt wird *pro Arbeitsstunde* oder *pro Arbeiter*. Dies macht nur einen Unterschied in der absoluten Betrachtung. Selbstverständlich ist der absolute Preis eines Arbeitstages höher, als der Preis einer Arbeitsstunde. In der Ökonomie geht es aber um den relativen Preis. Es handelt sich um einen Vergleich. Überlegt ein Arbeitgeber, ob er Arbeiter A oder Arbeiter B einstellen soll, spielt unter der Voraussetzung[25], dass beide Arbeiter die gleiche Vorbildung mitbringen und die gleiche Erfahrung haben, nur der Preis eine Rolle. Der Arbeitgeber wird denjenigen einstellen, der einen geringeren Lohn verlangt. Ob dabei die beiden Stundenlöhne, Tageslöhne oder Monatslöhne verglichen werden, ist irrelevant.

Der Preis kann auf zwei unterschiedliche Arten dargestellt werden. Zum einen als ein **Numéraire**, zum anderen in Form von Geld.[26] Ein Numéraire ist ein Gut, das als Werteinheit dient. Die Preise aller Güter werden dann im Verhältnis zu diesem Gut ausgedrückt. Dies ist in der Geschichte in fast allen Volkswirtschaften vorgekommen. Neben Gold sind auch viele andere Güter, meist Güter, die in einer bestimmten Region ein gängiges Gut waren, als Wertmesser genutzt worden. Nimmt man Gold als das Numéraire einer Volkswirtschaft, drückt man sämtliche Güterpreise in Gold aus. Ein Radio ist dann vier Goldeinheiten wert, ein Fernseher 16. Die Höhe hängt natürlich wiederum von der Einheit des Goldes ab und die Größenordnung ist hier nur beispielhaft gewählt. Neben dem Numéraire kann auch ein künstlicher Wertmesser oder auch buchhalterischer Wertmesser geschaffen werden. Dies ist in den modernen Volkswirtschaften im 20. Jh. das Geld. Geld wurde bereits näher im Hinblick auf die Opportunitätskosten beschrieben. Wohl haben die meisten Länder unterschiedliches Geld, Pfund Sterling, US-Dollar, Japanischer Yen oder Euro, aber alle nutzen einen

---

[25]Hier folgt eine vereinfachende Annahme, die in diesem Fall Sinn macht, um herauszuarbeiten, inwiefern der Preis der Arbeit die Entscheidung des Arbeitgebers beeinflusst.

[26]Die Unterscheidung ist angreifbar. Im engeren Sinne ist Geld auch ein Gut. Ein Numéraire als Werteinheit kann auch Geld sein. Die Unterscheidung an dieser Stelle entspringt der Umgangssprache, man sagt zum Beispiel: Gut A ist zwei Einheiten von Gut B wert bzw. hat einen Preis, ausgedrückt in Geld, von x Geldeinheiten.

künstlich geschaffenen Wert als Maßeinheit. Hiermit werden aber nicht nur Kosten ausgedrückt, sondern auch der Gewinn. Der Wert eines Gutes erzeugt beim Käufer grundsätzlich Kosten. Der Konsument wird sich immer fragen, was ein Radio kostet. Der Unternehmer hingegen fragt am Ende, was er durch den Verkauf eines Radios gewinnt.

3.2 Marktmodelle

Der *Markt* wurde schon mehrfach erwähnt. Was ist der *Markt* und wie versteht ihn die Ökonomie? Es sei vorweg gesagt, dass eine schlussendlich befriedigende Antwort nicht existiert. Dies liegt nicht daran, dass man *Markt* nicht definieren kann, sondern daran, dass er viele unterschiedliche Formen der Definition besitzt. Das erste was einem einfallen könnte, wenn man an *Markt* denkt, ist der Wochenmarkt, der Weihnachtsmarkt oder der Trödelmarkt.

Das ist alles richtig, doch sollte vielmehr die Frage beantwortet werden: was eigentlich auf diesen Märkten passiert? Letztlich kann man den gesamten Markt darauf reduzieren, dass eine Ware oder ein Gut gegen eine andere Ware oder ein anderes Gut getauscht wird. Die ursprüngliche Form des Marktes, der schon vor Hunderten von Jahren im sogenannten Morgenland existiert hat, sah nur derartige Tauschgeschäfte, Gut gegen Gut, vor. An die Stelle des zweiten Gutes ist schließlich aus Gründen der Praktikabilität ein allgemein akzeptiertes Tauschmittel[27] getreten. Zunächst war dieses Tauschmittel eine **Naturalie**, die in der bestimmten Region oder Gemeinschaft gängig war. Dieses sogenannte **Naturalgeld** wurde später durch modernes **Papiergeld** und **Münzen** ersetzt.

Der Markt wie ihn die Ökonomie versteht ist weniger ein Ort als eine Tat; der Markt, d.h.: tauschen. Getauscht bzw. gekauft werden kann eigentlich alles, was man sich vorstellen kann. Der allseits bekannte Ausspruch "alles ist käuflich, sofern der Preis stimmt" ist nicht sinnentleert, stößt jedoch, man kann wohl sagen glücklicherweise, an moralische Grenzen.

Es gibt die unterschiedlichsten Arten von Märkten. Eine Unterscheidung kann nach vielerlei Kategorien getroffen werden. Hier sind legale und illegale Märkte zu unterscheiden. Zu den ersten gehört der Arbeitsmarkt, zu den zweiten der Schwarzmarkt. Märkte können aber auch nach denen

---

[27]Dieses Tauschmittel ist im eigentlichen Sinne des Wortes immer noch ein Gut. Trotzdem soll es hier von den Gütern am Markt unterschieden werden. Das Tauschmittel ist nicht das Ziel des Tausches auf dem Markt, sondern vielmehr das Mittel zum Zweck.

auf ihnen gehandelten Waren oder Dienstleistungen kategorisiert werden. Beispiele sind hier der Aktienmarkt, der Geldmarkt oder der Goldmarkt. Ursprünglich rühren hier auch die Begriffe Fischmarkt und Trödelmarkt her. Obwohl sich hinter dem weit bekannten Hamburger Fischmarkt heute weit mehr versteckt als nur der Verkauf von Fischen. Auch Trödelmärkte verkaufen nicht mehr nur Trödel, sondern teilweise auch Antiquitäten mit nicht unerheblichem Wert. Zeigen soll dies, dass eine Kategorisierung von Märkten in vielerlei Hinsicht möglich ist und vorgenommen wird. Es folgen einige Kategorisierungen, von denen zwei noch ausführlicher, nach

---

Das Geld

Geld ist das moderne Tauschmittel. Geld hatte aber nicht immer die Form, die es heute hat. Begonnen hat alles mit dem Tauschhandel. Dieser begann mit der Zeit, als Jäger und Fischer zu Hirten und Sammler zu Ackerbauern wurden. Nicht jeder wollte seinen Lebensbedarf mehr alleine decken und man betrieb Handel untereinander.

Zunächst tauschte man direkt Waren gegen Waren. Dies barg jedoch Schwierigkeiten, die Adam Smith wie folgt beschrieb: "ein Metzger [hat] mehr Fleisch im Laden, als er selbst essen kann, und Brauer und Bäcker würden gerne etwas davon kaufen. Ist nun der Metzger für seinen unmittelbaren Bedarf damit bereits ausreichend versorgt, so wird es in diesem Fall zu keinem Handel kommen können"[a]. Die Völker wählten daraufhin allgemein akzeptierte Naturalien als Tauschgüter, auch Naturalgeld genannt. Dieses Naturalgeld hatte den Vorteil, oft von höherem Wert zu sein daher reichte schon eine kleinere Menge für ein zugrundeliegendes Tauschgeschäft. Dies machte die Aufbewahrung des Naturalgeldes leichter. Darüber hinaus machte eine ständige Werteinheit den Wertevergleich von unterschiedlichen Waren einfacher. Naturalgeld ist häufig einfach eine gängige Ware der Umgebung gewesen. Dies konnte Tee sein, aber auch Reis, Gewürze oder bestimmte Tiere. Eines der ersten Gelder dieser Art ist die Kauri Muschel, eine Muschel die aus der Gegend der Malediven stammt. Diese Muschel diente bereits 1500 v.Chr. in China als ein Geldmittel. Selbst im 19. Jh. wurde die Kauri Muschel noch als Währung benutzt. Um ca. 680 v. Chr. begannen die Griechen standardisierte Metallstücke zu prägen. Die Münze war geschaffen. Gold- und Silbermünzen sind in Europa noch bis ins 19. Jh. hinein gängiges Zahlungsmittel gewesen. Jedoch hat der Metallgehalt immer mehr abgenommen. Der eigentliche Wert der Münze, der Metallwert, ist immer geringer geworden. Dies ist auch bei modernen Münzen der Fall.[b]

Ca. 700 n. Chr. sind in China bereits sogenannte Wertscheine eingeführt worden. Diese Wertscheine sind das erste Papiergeld. Marco Polo bemerkte dass jeder gern einen Schein nehme, weil die Leute, wohin sie im Reich des großen Khan auch gingen, damit einkaufen und verkaufen könnten, als ob es pures Gold sei.[c] Papiergeld ist in Europa zuerst von den Schweden Ende des 17. Jh. eingeführt worden. Die Verbreitung des Papiergeldes begann im 18. Jh. mit dem Rückgang der Gold- und Silbermünzen. 1698 hat das Papiergeld nach Schätzungen einen Anteil von mehr als 56% des umlaufenden Geldes in England und Wales.[d]

a vgl. Adam Smith 1996, S. 23
b Die kleinste Euromünze, die Ein-Cent-Münze, hat mit ihren 2,3 g einen Metallwert von 0,2 Cent. Das Metall macht nur 20% des Nominalwertes der Münze aus. Im Durchschnitt aller Euromünzen (1-, 2-, 5-, 10-, 20-, 50-Cent, 1-, 2-Euro) beträgt der Metallwert nur 11% des Nominalwertes der jeweiligen Münze (Metallpreise vom Juni 2007 der London Metal Exchange).
c vgl. René Sedillot 1992
d vgl. Glyn Davies 1996, S. 279

ökonomischen Aspekten gegliedert wie sie in späteren Modellen wieder auf-
tauchen, beschrieben werden:

- Vollkommene oder unvollkommene Märkte;

- Offene oder geschlossene Märkte bzw. freie oder regulierte Märkte;

- Anzahl der Marktteilnehmer;

- Punkt- oder Gebietsmärkte;

- Inländische oder ausländische Märkte;

- Homogene oder heterogene Märkte.

3.2.1 Vollkommene oder unvollkommene Märkte

Vorweg sei gesagt, dass der **vollkommene Markt** nicht existiert, sondern ein theoretisches Modell ist. Für das Verständnis der allgemeinen
Wirkungsweisen von volkswirtschaftlichen Werkzeugen ist die Betrachtung
dieses Marktes, der die Wunschvorstellung der Ökonomen darstellt, sehr
sinnvoll. Die Ökonomie trifft zur Beschreibung eines vollkommenen Marktes sechs Annahmen, die erfüllt sein müssen:

1. Unendlich viele Marktteilnehmer auf beiden Seiten
   Sowohl die Nachfrage als auch das Angebot eines einzelnen Markt-
   teilnehmers hat keinen Einfluss auf den Marktpreis. Der Anteil der
   Nachfrage bzw. des Angebots einer Person bzw. eines Unternehmens
   im Verhältnis zur Marktnachfrage bzw. zum Marktangebot ist unerheblich.

2. Homogenität der Güter
   Die Güter müssen auf einem vollkommenen Markt homogen, d.h.
   gleichartig sein und zwar in jeder Hinsicht. Die Güter dürfen sich
   in keiner Weise objektiv voneinander unterscheiden lassen. Man sagt
   auch, es dürfen keine sachlichen Präferenzen bestehen.

3. Keine örtlichen Präferenzen
   Es darf für keinen Marktteilnehmer ein Vor- oder Nachteil entstehen,
   ob er dicht am Markt wohnt oder nicht, d.h. alle Güter sind überall in der gleichen Stückzahl verfügbar. Mit anderen Worten, es wird
   angenommen, dass keine Transportkosten anfallen.

4. Keine zeitlichen Präferenzen
   Es darf für keinen Marktteilnehmer ein Vor- bzw. Nachteil entstehen,

wenn er die Ware schneller bzw. langsamer besorgen kann als ein anderer Marktteilnehmer, d.h. die Güter sind zu jeder Zeit in einer ausreichenden Menge vorhanden. Damit wird zum Beispiel ausgeschlossen, dass es saisonale Preisschwankungen gibt.

5. Keine persönlichen Präferenzen
Ein Marktteilnehmer darf keinen persönlichen Vorteil gegenüber einem anderen Marktteilnehmer haben. Hiermit werden Preisnachlässe aufgrund von langjährigen Kundenbeziehungen ausgeschlossen.

6. Vollkommene Transparenz
Informationen müssen sachlich, räumlich und auch zeitlich unbegrenzt vorhanden sein, d.h. jeder Marktteilnehmer erhält die gleichen Informationen wie alle anderen. Dieser Zustand wird als **Informationssymmetrie** bezeichnet. Diese Annahme schließt aus, dass ein Marktteilnehmer einen zu hohen Preis für ein Gut bezahlt, weil er nicht wusste, dass an einem anderen Ort ein günstigerer Preis besteht. Marktteilnehmer sind aufgrund der Symmetrie der Informationen auch in der Lage die Waren und Dienstleistungen angemessen zu bewerten. Der Käufer kennt den Wert der Ware genauso wie der Verkäufer.

Erfüllt ein Markt all diese Annahmen spricht man von einem vollkommenen Markt. Der **Aktienmarkt** kommt dem vollkommenen Markt am nächsten, allerdings erreicht auch dieser nicht die theoretische Perfektion. Man betrachte die Schar der Anleger und den Aktienmarkt. Jegliche Art von Präferenzen können hier ausgeschlossen werden. Es ist egal von wo man Aktien kauft und nahezu egal an welcher Börse man kauft. Außerdem kann man bei der Abnahme einer größeren Anzahl von Stücken nicht mit einem niedrigeren Preis rechnen. Des weiteren spielt es keine Rolle, wann die Aktien gekauft wurden, denn steigt der Wert der Aktien, dann steigt er bei allen Aktien, egal wie lange der Kauf schon zurückliegt. Alle Aktien eines Unternehmens sind gleich. Dank des Informationskanals des Internets sind die Anleger auch hinsichtlich der Informationen nahezu gleichgestellt. Letztlich gibt es nahezu unendlich viele Marktteilnehmer auf beiden Seiten.

Sehr oft ist in dem vorherigen Abschnitt das Wort nahezu benutzt worden, was darauf hindeutet sich in der Art und Weise deuten, dass auch am Aktienmarkt viele Annahmen nicht exakt erfüllt sind. Zumindest nicht so perfekt wie die Theorie dies annimmt. Trotzdem bleibt der Aktienmarkt

ein gutes Beispiel für einen vollkommenen Markt.[28] Erfüllt ein Markt eine
der oben genannten sechs Grundannahmen nicht, spricht man von einem
unvollkommenen Markt.

3.2.2 Märkte mit und ohne Barrieren

Einen Markt, der keine Beschränkungen bezüglich des Markteintritts oder
des Marktaustrittes hat, nennt man einen **offenen Markt**. Weist ein
Markt hingegen Barrieren auf, so spricht man von einem **geschlossenen
Markt**.

Marktzugangsbeschränkungen können wirtschaftliche oder politische
Gründe haben. Zu den wirtschaftlichen Gründen zählen zum Beispiel hohe
Anlaufkosten, d.h. es müssen zunächst hohe Investitionen getätigt werden,
die sich erst nach Ablauf einer relativ langen Produktionsphase bezahlt machen. In diesem Fall amortisieren[29] sich die Investitionen erst nach längerer
Zeit. Hohe Kosten sind zunächst abschreckend für ein Unternehmen, um
in einem Markt zu investieren. Weitere wirtschaftliche Gründe können ein
bereits entwickelter Markt mit etablierten Marken sein. Ein neuer Autoher-
steller hat es heute schwer, sich gegen die bereits gestandenen Produzenten
durchzusetzen.

Politische Gründe für Marktbeschränkungen sind vor allem **Regulierungen**, d.h. Auflagen, Verordnungen und Gesetze, die beachtet werden
müssen und so die Produktion erschweren oder gar unmöglich machen.
Neben den Regulierungen, auf die später noch genauer eingegangen wird,
zählen auch gesellschaftliche Unruhen, Revolten oder gar Kriege zu Marktbeschränkungen. Ein Unternehmer, der einen neuen Standort für seine Fabrik sucht, wird Mitte 2008 eine Produktion im friedlichen Polen, Tsche-
chien oder Ungarn gegenüber einer Krisenregion wie zum Beispiel dem
Kaukasus vorziehen.

Gerade in Deutschland, aber auch in anderen Ländern, sind die Zugangsbeschränkungen auch auf die Tarifparteien zurückzuführen. Dadurch, dass
ein Tarifvertrag auch für nicht gewerkschaftlich organisierte Arbeitnehmer

---

[28]Die Beschreibung des Aktienmarktes ist hier simplifiziert und mehr oder weniger aus der Sicht eines
Kleinanlegers vorgenommen worden. Auch am Aktienmarkt gibt es Präferenzen, vor allem persönliche.
Viele Käufer von größeren Aktienpaketen machen die Geschäfte immer wieder mit dem gleichen Makler.
Auch gibt es trotz Arbitragegeschäften geringe Unterschiede in den Preisen der einzelnen Börsen. Für
einen Kleinanleger sind diese, häufig nur wenige Cents ausmachenden Unterschiede eher unerheblich.
Beim Kauf von großen Paketen können durchaus Preisnachlässe vom aktuellen Handelspreis verhandelt
werden. Bei Übernahmen ist es sogar üblich, teilweise erhebliche Preisaufschläge zu zahlen.
[29]Eine Investition hat sich amortisiert, wenn die Einnahmen die gesamten Kosten der Investition decken.

gilt, kann kein Arbeitnehmer seine Arbeitskraft unter Tarif anbieten. Somit ist der Tariflohn eine Zugangsbeschränkung des Arbeitsmarktes. Auch
viel diskutierte Umweltabgaben oder Ökosteuern zählen zu Regulierungen.
Ein gewinnmaximierender Unternehmer wird, ceteris paribus, in dem Land
produzieren, wo die Umweltrestriktionen am geringsten und damit die Kosten für Umweltmaßnahmen am niedrigsten sind.

Doch man kann nicht pauschal sagen, dass Zugangsbeschränkungen, vor
allem politische, immer unsinnig sind. Dies betrifft unter anderem Regulierungen zugunsten der Umwelt, die einzelne Unternehmer oder Konsumenten benachteiligen mögen, aber für die Gesellschaft insgesamt positiv sein
können. Auch ist es sicherlich sinnvoll, jemandem die Bezeichnung *Arzt* nur
aufgrund einer abgelegten Prüfung zu verleihen. Diese Voraussetzung führt
zu einem weitgehenden Vertrauen in die Fähigkeit der Ärzte, doch stellt sie
eine Zugangsbeschränkung zum Markt für Mediziner dar.[30] Ob Marktzugangsbeschränkungen ökonomisch oder gesellschaftlich sinnvoll sind, muss
letztlich eine genaue Abwägung von Kosten und Nutzen zeigen.

3.2.3 Eine Übersicht über verschiedene Marktformen

Es wurden Kategorisierungen der Märkte nach vollkommenen und unvollkommenen sowie nach offenen und zumindest teilweise geschlossenen vorgenommen. In diesem Kapitel soll eine weitere wichtige Einteilung nach dem
Kriterium der *Anzahl der Marktteilnehmer auf beiden Seiten* vorgenommen werden. Anderen Kriterien, wie auch die vorher genannten, werden
im Folgenden vernachlässigt.[31]

Nach diesem Kriterium gibt es drei verschiedene Marktformen, die man
unterscheiden kann. Zum einen den **Konkurrenzmarkt** oder auch **das
Polypol** (vollkommener Markt). Dieser Markt zeichnet sich dadurch aus,
dass sowohl auf der Angebotsseite, als auch auf der Nachfrageseite sehr
viele Teilnehmer am Markt sind. Bei einem **Oligopol** stehen sich hingegen nur wenige Nachfrager bzw. Anbieter gegenüber. Reduzieren sich die
Marktteilnehmer noch weiter und ist es schließlich nur noch einer auf jeder Marktseite, spricht man von einem **Monopol**. Zwischen dem Monopol
und dem Oligopol können noch unterschiedliche Einstufungen vorgenommen werden. Zu erwähnen ist das **Duopol**, in dem es nicht nur einen Anbieter bzw. Nachfrager gibt, sondern zwei. Zugegebenermaßen ist die Ein-

---

[30]vgl. Horst Siebert 1996, S.110f
[31]vgl. Kap. 3.2

teilung nicht sehr scharf, denn es wird lediglich von einem, was noch klar
identifiziert werden kann, danach aber von wenigen oder vielen Teilneh-
mern gesprochen. Wo ist die Grenze zwischen *wenig* und *viel*? Diese Frage
soll zunächst vernachlässigt werden. In einem späteren Kapitel[32] werden
Möglichkeiten beschrieben, mit denen eine genauere Einteilung erfolgen
kann. Der Vollständigkeit halber sei darauf verwiesen, dass die Einteilung
der Märkte bezüglich der Anzahl der Marktteilnehmer wesentlich auf die
relativen Anteile zurückzuführen ist.

Neben diesen reinen Formen des Monopols, des Oligopols und des Po-
lypols gibt es noch Mischformen. Einem Anbieter können wenige oder gar
viele Nachfrager gegenüberstehen, genauso können auch wenige Anbieter
einem Nachfrager begegnen. Der erste Fall lag zum Beispiel lange Jahre
bei der Deutschen Telekom vor und ist heute noch durch das Briefmonopol
der Deutschen Post gekennzeichnet. Der zweite Fall mag vielleicht überraschen, aber betrachtet man den Straßenbau, so liegt genau ein solcher vor.
Wenige Baufirmen stehen hier als Anbieter dem einzigen Nachfrager, dem
Staat, gegenüber.[33] Ähnlich verhält es sich in der Rüstungsindustrie. Die
folgende Tabelle gibt einen Überblick mit Beispielen für die verschiedenen
möglichen Marktformen.

Bezogen auf die Vollkommenheit des Marktes ist ein Polypol dem vollkommenen Markt und dem offenen Markt am nächsten. Viele Anbieter gibt
es auf beiden Seiten und durch die Konkurrenzsituation muss der Markt
relativ transparent sein, da die Konsumenten nur so zum Kauf der Produkte gebracht werden können. Die Güter sind in ihrem eigentlichen Zustand
homogen. Man kann zum Beispiel sagen, dass Waschmittel gleich Waschmittel ist. Fragt man jedoch die Waschmittelproduzenten, so gilt diese
Aussage nicht. Vor allem durch Marketing, aber auch durch kleine Variationen werden aus homogenen Gütern heterogene, die den Käufer von der
individuellen Leistung des Produktes überzeugen sollen, man nennt dies
Produktdifferenzierung. So ist *Megaperls* wohl auch nicht anders als
Ultraweich oder *Farbschonend*. Die Präferenzen sind wenigstens weitestgehend eingeschränkt. Sie sind weiterhin vorhanden, da es sich um subjektive
Einschätzungen handelt. Objektiv betrachtet sind die Produkte dennoch
weitestgehend homogen. In der Stadt ist für gewöhnlich eine Ladenpassa-
ge neben der anderen. So können örtliche oder zeitliche Präferenzen kaum

---

[32]vgl. Kap. 12.4

[33]Die private Nachfrage nach Straßen beschränkt sich auf wenige Zufahrten zu großen Anwesen oder
privaten Clubs. Etwas größere Aufträge kommen von Großunternehmen bei der Gestaltung ihrer Firmen-
sitze. Im Verhältnis zum öffentlichen Straßenbau ist der Anteil aber sehr gering.

ausschlaggebend für einen Kauf sein. Persönliche Präferenzen bezogen auf Marken oder auf die nette Verkäuferin oder den netten Verkäufer, sind aber auch hier nicht zu verhindern. Wie schon oben erwähnt, der vollkommene Markt existiert nur im Modell.

Tabelle 3.2: Marktformen mit Beispielen

Nachfrager / Anbieter	einer	wenige	viele
einer	zweiseitiges (bilaterales) Monopol (Space-Shuttle)	beschränktes Angebotsmonopol (Stationierung von Satelliten)	Angebotsmonopol (Post bei Briefsendungen bis 50g, bis 31.12.2007)
wenige	beschränktes Nachfragemonopol (Straßenbau)	zweiseitiges Oligopol (Hochgeschwindig-keitszüge)	Angebotsoligopol (Fluglinien)
viele	Nachfragemonopol (Markt für Staatsaufträge)	Nachfrageoligopol	Polypol (Einzelhandel)

3.2.4 Die Marktteilnehmer

Um einen Markt sinnvoll erscheinen zu lassen, werden Akteure gebraucht. Ein Wochenmarkt, auf dem weder Verkaufsstände noch Käufer sind, kann kaum als ein Wochenmarkt bezeichnet werden. Wer sind die **Akteure** oder auch **Marktteilnehmer** in ökonomischen Modellen?

Für gewöhnlich analysiert die Mikroökonomie am Anfang Modelle auf der Ebene eines einzelnen **Individuums** oder einer einzelnen **Firma**. Ein Individuum ist eine Person, die, um am Markt handeln zu können, mindestens eines der folgenden drei Dinge benötigt:

1. Einkommen;

2. Vermögen, Ersparnisse;

3. Arbeitskraft.

Die Nachfrage, die von den Individuen generiert wird, kann nur mit mindestens einem dieser Voraussetzungen erfüllt werden. Das **Einkommen** generiert sich wiederum aus der Arbeitskraft, die gegen **Lohn** eingetauscht wird oder aus den **Ersparnissen** bzw. dem **Vermögen**. Hier können Zinseinkommen entstehen. Das Vermögen bzw. die Ersparnisse werden in der Ökonomie meistens als **Ausstattung** bezeichnet oder auch als **anfängliche Ausstattung**, um die mögliche Veränderung im Laufe der Analyse deutlich zu machen. In den meisten Modellen sind die Terme Individuum und **Haushalte** gleichgesetzt. Bei den Haushalten spricht man normalerweise auch einfach von **Konsumenten** oder **Nachfragern**. Im Falle des Arbeitsmarktes stimmt diese Terminologie nicht mehr. Hier sind logischerweise die Haushalte die Anbieter von Arbeitskraft. Nachfrager sind in diesem Fall die Firmen.

Eine Firma oder auch das **Unternehmen**[34] ist eine Produktionseinheit und wird ebenfalls als ein individueller Entscheidungsträger betrachtet. Im Sinne von *Entscheidung* ist eine betriebswirtschaftliche Analyse in der Mikroökonomie unerheblich. Es ist nicht von Interesse, ob es unter Umständen mehrere Personen sind, die in einer Firma Entscheidungsrechte besitzen. Eine Firma besitzt **Produktionsmittel** und **Ressourcen**, die zusammen mit einer Technologie dazu benutzt werden, Produkte oder Güter, was auch Dienstleistungen sein können, herzustellen. Auch die Produktionsmittel oder die Ressourcen können bei einer Firma zu der anfänglichen Ausstattung gehören oder auf entsprechenden Märkten nachgefragt, d.h. gekauft werden. Die Unternehmung wird grundsätzlich auf einem Markt mit einem Haushalt als zweitem Akteur auch als **Anbieter** oder **Produzent** bezeichnet.

Der Unterschied zwischen Konsumenten und Produzenten bzw. den Haushalten und den Firmen ist das Ziel ihrer wirtschaftlichen Aktivität am Markt. Konsumenten kaufen und verkaufen Güter und Dienstleistungen mit dem Ziel des **Konsums**. Firmen kaufen und verkaufen Güter und Dienstleistungen mit der Absicht **Gewinn** zu erzielen. Während Konsumenten generell Güter verbrauchen, d.h. konsumieren, investieren Firmen, um neue Güter herzustellen.

---

[34]Der ökonomische Terminus *Firma* ist denn auch nicht mit dem betriebswirtschaftlichen gleichzusetzen, wo es sich um den Namen eines Unternehmens handelt. Die *Firma* im ökonomischen Sinne ist das Unternehmen.

3.3 Methodik und Analyse

Bei der Festlegung von exogenen und endogenen Variablen beginnen die einfachen ökonomischen Modelle damit nur zwei Variablen als endogen anzunehmen und die restlichen Variablen festzusetzen. Diese Methode bildet die einfachsten Modellsituationen auf der Ebene eines einzelnen Haushaltes oder einer einzelnen Firma auf einem ganz speziellen Markt nach. Durch die Hinzunahme weiterer endogener Variablen wird das entsprechende Modell immer komplexer und sollte auch realistischer werden. Durch die Aggregation von mehreren Modellen einzelwirtschaftlicher Zusammenhänge gelangt man zu einem Marktmodell, in dem allgemeingültige Aussagen getroffen werden können.

Systematisiert nach dem jeweiligen Untersuchungsgegenstand existieren in der Welt der Wissenschaft Geisteswissenschaften, Naturwissenschaften und Human- bzw. Gesellschaftswissenschaften. Die Ökonomie zählt zu den letzteren. Nicht nur das, Ronald Coase[35] bescheinigt der Ökonomie die am weitesten entwickelte Gesellschaftswissenschaft zu sein. Sie sei nicht nur ein Bündel von Theorien und Werkzeugen, sondern die Wissenschaft der rationalen Entscheidung.[36] Ziel aller Modelle und letztlich auch aller Theorien ist es, die Realität erklären zu können und **Voraussagen** sogenannte **Prognosen** für die Zukunft treffen zu können.

Was ist eine **Theorie**? Dies ist ein Bündel von Definitionen, Bedingungen und Hypothesen. Zur Entwicklung einer Theorie wird zunächst mit der **induktiven Methode**, d.h. eine Ableitung des Allgemeinen aus dem Speziellen, eine Hypothese getroffen. Anhand eines Modells soll diese Aussage nach Möglichkeit bewiesen werden. Die Ergebnisse eines Modells, die nach der **deduktiven Methode**, d.h. die Ableitung des Speziellen aus dem Allgemeinen, abgeleitet werden, nennt man **Theoreme**, bewiesene Gesetze, oder Schlussfolgerung.

Aufgrund der Annahme der Rationalität reduziert sich ein Modell in der Ökonomie auf die Suche nach einem **Optimum**. Da jeder einzelne Marktteilnehmer immer die für ihn beste Entscheidung sucht und letztlich trifft. Die modellierten Theorien sollen dabei helfen, die optimale Entscheidung im Vorwege bestmöglich voraussagen zu können. Die Tatsache, ob

---

[35]Ronald H. Coase (geb. 1910) war Dozent und Professor an zahlreichen Universitäten während seiner Karriere (darunter: Dundee, Liverpool, London School of Economics, Chicago); Hauptwerke: ‚The nature of the Firm' (1937) und ‚The Problem of Social Costs' (1961); 1964 bis 1982 Herausgeber des ‚Journal of Law and Economics', 1991 Nobelpreis in Wirtschaftswissenschaften.

[36]vgl. Richard Posner 1993, S. 207

eine Theorie eine präzise und brauchbare Vorhersage liefern könne, sei das entscheidende Merkmal, um zwischen guten und schlechten Theorien unterscheiden zu können.[37] Diese Anmerkung von Milton Friedman ist aber nicht unumstritten und geht schon deshalb zu weit, weil eine Definition von *präzise und brauchbar* niemals eindeutig sein kann. Mill schränkt in diesem Sinne ein, dass es sich nur um tendenzielle Aussagen handele. Keine Theorie treffe immer und überall zu.[38]

Schon immer musste die Mikroökonomie, dies betrifft aber auch andere Nicht-Naturwissenschaften, mit dem Problem eines nicht vorhandenen Labors fertig werden. Können naturwissenschaftliche Theoreme im Labor untersucht werden, um letztlich die Theorie zu überprüfen, ist dies in den Wirtschaftswissenschaften nicht möglich. Das Erheben von Daten, um Theoreme empirisch zu überprüfen, ist mit Schwierigkeiten verbunden. Marktteilnehmer verhalten sich nicht immer gleich. Beobachtungen, die in der Vergangenheit zu einem bestimmten Verhalten geführt haben, können in der Zukunft zu einem anderen Verhalten führen. Die Handlungen oder der Charakter der Akteure wird sich im Zeitablauf unter Umständen verändern. Ein gutes Beispiel ist das Verhalten junger Menschen und alter Menschen. Obwohl der Mensch der gleiche bleibt, wird sich sein Verhalten und auch Charakter im Zeitablauf verändern. Die Zeit der Veränderung erstreckt sich aber über einen relativ langen Zeitraum. Will man überprüfen, ob eine Theorie bei einer gleichen Gruppe von Menschen auch im Alter noch Bestand hat, muss man vielleicht einige Jahrzehnte warten. Dagegen können die Naturwissenschaften in der Regel in sehr kurzen Zeitabständen überprüfen, ob sich das Verhalten bestimmter Elemente verändert oder sich nach dem Gesetz verhält. Physikalisch kann bei Wasser vorausgesagt werden, dass es bei einem bestimmten Luftdruck bei genau 100 ° C anfängt zu kochen. Macht man diese Beobachtung nur einmal, ist es noch kein Gesetz. Kann man aber die Theorie praktisch unendlich mal in kurzer Zeit beweisen, kann man Theoreme in kurzer Zeit empirisch belegen. Das fehlende Labor bleibt ein zentrales Problem in den Wirtschaftswissenschaften. Versuche, wie sie in den Naturwissenschaften vorgenommen werden, sind fast gar nicht möglich.

Bevor im Weiteren grundlegende und auch einige fortgeschrittene Modelle der Mikroökonomie dargestellt und erläutert werden sowie ihr Nutzen beschrieben wird, soll zum Abschluss dieses Kapitels noch kurz auf die

---

[37]vgl. Daniel Hausman 1989, S. 115
[38]vgl. ebenda, S. 116

unterschiedlichen Arten der Analyse eingegangen werden.

Es gibt unterschiedliche Arten der **ökonomischen Analyse**. Zu nennen sind hier die **statische, komparativ statische** und **dynamische** Analyse. Darüber hinaus gibt es eine **ex-post-** und eine **ex-ante-** sowie eine **Partial-** und eine **Totalanalyse**. Die ex-post Analyse ist eine nachträgliche Analyse einer bestimmten Situation während die ex-ante Analyse auf die Zukunft ausgerichtet ist und daher nur mit Plangrößen und Erwartungen arbeiten kann. Partial- und Totalanalysen unterscheiden sich darin ob jeweils eine Gesamtheit oder nur eine Teilmenge analysiert wird. Dies kann sich auf vieles beziehen, zum Beispiel auf eine Totalanalyse einer Marktwirtschaft oder aber die Partialanalyse eines bestimmten Teilmarktes in dieser Wirtschaft. Diese Unterscheidungen sind alle recht logisch und werden häufig benutzt ohne speziell darauf hinzuweisen. Entscheidender in der ökonomischen Analyse sind die drei zuerst genannten Arten.

Die statische- bzw. komparativ statische- bzw. dynamische Analyse unterscheiden sich durch den Faktor Zeit. Während sich in der statischen Analyse alle Variablen auf den gleichen Zeitpunkt beziehen, ist die Zeit ein Parameter in der komparativ statischen Analyse. Es werden zwei unterschiedliche statische Zeitpunkte untersucht. Eine Situation ist zeitlich vor einem gewissen Ereignis, zum Beispiel einer Preiserhöhung, die zweite befindet sich zeitlich nach diesem Ereignis. Typischerweise ist der Anfang- und Endpunkt einer komparativ statischen Betrachtung ein Gleichgewicht. Der Ausgangspunkt kann regelmäßig ein Ungleichgewicht. Außer Acht gelassen wird in der komparativ statischen Analyse der **Anpassungsprozess**. Wichtig sind nur die beiden statischen Situationen vor und nach einem Ereignis. Wie sich eine Marktwirtschaft von der Ausgangssituation zu einem Gleichgewicht bewegt hat, welche Anpassungsschritte notwendig waren, wird nicht betrachtet. Dies ist Aufgabe einer dynamischen Analyse. Die Zeit ist nicht mehr nur ein fester Parameter, sondern die endogenen Variablen des Modells sind eine Funktion in Abhängigkeit von der Zeit. Verbal ausgedrückt besteht der Unterschied einer komparativ statischen Analyse zu einer dynamischen Analyse darin, dass man in der ersten sagt: "der Preis *ist* gestiegen, wie sieht das neue Gleichgewicht aus", während man in der zweiten beschreibt: "der Preis *steigt* und wie (bzw. ob) der Markt gegen ein neues Gleichgewicht konvergiert".

Es leuchtet ein, dass die **Komplexität** und damit die Verständnisschwierigkeit mit der Zunahme der Dynamik in den Modellen ebenfalls zunimmt. In einer statischen Analysen gibt es außer zwischen den endogenen Varia-

blen keine Interdependenzen. In der komparativ statischen Analyse sollten
für jeden Zeitpunkt auch die Modellannahmen erneut hinterfragt werden,
denn die Veränderung des Gleichgewichts kann auf bestimmte Annahmen
zurückzuführen sein, beispielsweise ein Markt vor und nach der Privatisierung eines Staatsbetriebes. Bei der Untersuchung der beiden Gleichgewichte kann im ersten Fall in der Regel ein Monopol vorausgesetzt werden. Im
zweiten Fall wird es in der Regel Konkurrenz geben.[39] Die Untersuchung
des neuen Gleichgewichts unter monopolistischen Bedingungen würde zu
unsinnigen Ergebnissen führen.

Die Anpassungsprozesse in einem dynamischen Modell können unter
Umständen eine sehr lange Zeit in Anspruch nehmen. Je langfristiger eine
Analyse ist, desto wahrscheinlicher ist es, dass sich alle Variablen während
dieser Zeit verändern. Damit wird das Modell sehr komplex.

---

[39]Zumindest wird es in der Regel Konkurrenz geben. Später wird noch ein natürliches Monopol vorgestellt, dieses besteht auch unter den Bedingungen des freien Wettbewerbs (vgl. Kap. 11.4)

4

Angebot und Nachfrage

Lernziele:

- Angebot und Nachfrage hängen von unterschiedlichen Variablen ab.
- Angebot und Nachfrage bestimmen den Preis.
- Der Markt koordiniert Angebot und Nachfrage, es entsteht ein Marktgleichgewicht.
- Der Käufer eines Gutes zahlt den Marktpreis an den Verkäufer; beide können mit diesem Geschäft aber ihren Wohlstand möglicherweise steigern.

Das folgende Kapitel dient dazu, einen Überblick über ein grundlegendes Marktmodell zu bekommen. Es handelt sich um ein einfaches **Marktgleichgewichtsmodell**. Der Preis wird letztlich in Abhängigkeit der am Markt verkauften Menge ausgedrückt. Die Menge hängt wiederum ab von **Angebot** und **Nachfrage**. Dabei wird man sehen, dass die Nachfrage mit sinkendem Preis zunimmt, während das Angebot abnimmt. Das Marktgleichgewicht ist im Schnittpunkt von Nachfragekurve und Angebotskurve erreicht. In diesem Punkt sind Nachfrage und Angebot identisch. Bevor das Marktgleichgewicht jedoch beschrieben wird, sollte das Augenmerk auf die einzelnen Komponenten gelenkt werden.

4.1 Die Entstehung der Nachfragekurve

Auf jedem Markt kann ein **Höchstpreis** festgestellt werden. Dies ist der höchste Preis, zu dem noch irgendeine Person ein bestimmtes Gut, zum Beispiel Erdbeeren, nachfragt. Irgendjemand muss schließlich bereit sein, den höchsten Preis zu zahlen. Die Gründe, die diese Person haben kann, sind vielfältig. Vielleicht liebt sie Erdbeeren über alles oder hat sehr viel Geld. Angenommen, die Person ist bereit, für ein Kilo Erdbeeren EUR

5 zu bezahlen. Diesen Preis, zu dem eine Person bereit ist, ein Gut zu kaufen, wird **Reservationspreis** (auch: **Vorbehaltspreis, Prohibitivpreis**) genannt. Der Reservationspreis ist der Preis, bei dem die Person gerade noch nachfragen würde, man sagt, dass die Person zu diesem Preis *indifferent zwischen Kauf und Nichtkauf* ist. Kann eine Person ein Gut zu ihrem Reservationspreis kaufen, geht sie ein schlichtes Tauschgeschäft ein. Sie besitzt im Sinne von Wert hinterher nicht mehr als vorher. Hatte die Person in diesem Beispiel vorher noch EUR 5, so hat sie nach dem Kauf ein Kilo Erdbeeren, die für diese Person den gleichen Wert haben. Wertmäßig ist es der Person egal, ob sie die Erdbeeren zum Reservationspreis kauft oder nicht.

Nimmt man weiter an, der nächstbeste niedrigere Preis, den eine Person bereit ist für die Erdbeeren auszugeben, liege bei EUR 4,50. Bei einem Preis von EUR 4,25 sind schließlich weitere zwei Personen bereit, Erdbeeren zu kaufen. Wenn auf dem Markt ein Preis von EUR 4,25 für die Erdbeeren pro Kilogramm verlangt werden würde, könnten genau 4 kg Erdbeeren abgesetzt werden.

Die Anzahl der Käufer steigt mit sinkendem Preis. *Je niedriger der Preis für ein Produkt ist, desto mehr Käufer finden sich, d.h. desto größer ist die Nachfrage.* Kostet ein Produkt schließlich gar nichts mehr, d.h. es hat einen Preis von EUR 0, wäre die Nachfrage sehr groß. Natürlich würde es immer noch Personen geben, die trotzdem keine Erdbeeren nachfragen, weil sie einfach keine mögen. Stephen King hat im April 2000 eines der ersten vollständigen e-books herausgegeben. Trotzdem es anfangs kostenlos zur Verfügung gestellt wurde, war die Nachfrage dennoch begrenzt, wenn auch sehr hoch. Am ersten Tag fanden ca. 700.000[1] Downloads statt.

Der Preis eines Gutes hat eine sogenannte **Bewertungsfunktion**. Er signalisiert wie hoch die Konsumenten ein Gut schätzen. Die zunehmende Nachfrage bei abnehmendem Preis ist in Abbildung 4.1 anhand einer Treppenfunktion dargestellt (gepunktete Linie; die Einheiten sollen hier unabhängig von den oben gewählten beispielhaften Zahlen sein). Die Darstellung einer **Nachfragekurve** in Form einer Treppenfunktion nennt man eine **diskrete Darstellung**.[2] Ein **diskretes Merkmal** liegt dann vor,

---

[1]Die Zahl stammt von der Internetseite www.amazon.de unter der Rubrik ‚Rezensionen' der deutschen Taschenbuchausgabe des genannten e-books "Riding the Bullet". Angaben vom 05.12.00.

[2]Die beschreibende Statistik unterscheidet zwischen quantitativen und qualitativen Merkmalen, wobei Merkmale interessierende Eigenschaften einer statistischen Einheit sind, im Falle der Abbildung 4.1 die Anzahl der Käufer und der Preis. Ein quantitatives Merkmal liegt vor, wenn die Größe, die ein Merkmal annehmen kann, natürlicherweise eine Zahl ist. Dies ist sowohl bei der Anzahl der Käufer, als auch beim Preis gegeben. Andererseits spricht man von einem qualitativen Merkmal.

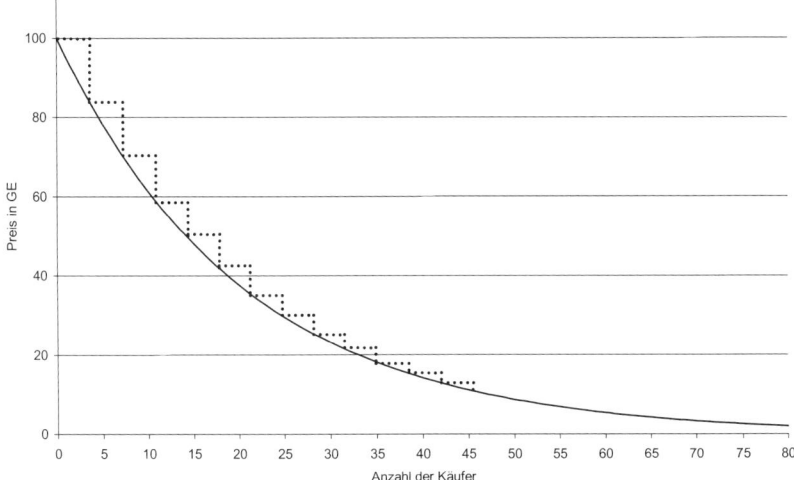

Abbildung 4.1: Die Nachfragekurve

wenn das Merkmal nur ganz bestimmte Zahlen annehmen kann. Es gibt nur ganze Käufer und keine halben. Daher kann sich die Nachfrage nur von einem auf den anderen Käufer verändern, nicht jedoch zwischen diesen Käufern. Auch der Preis ist ein diskretes quantitatives Merkmal.[3]

Die Darstellung der Nachfragekurve als Treppenfunktion ist sehr genau. Es ist aus rechentechnischen Gründen praktikabler sie in der ökonomischen Analyse als eine **stetige Funktion**[4] darzustellen. Sind die Preisabstufungen nur sehr klein und ist die Anzahl der Käufer sehr groß wird die Treppenfunktion als eine durchgehende Linie, die der eigentlichen Treppenfunktion sehr nahe kommt, veranschaulicht. Die Stufen werden wie in Abbildung 4.1 einfach ausgeglichen. Im Folgenden wird die Nachfragekurve, wie sehr häufig in der Literatur, aus rechentechnischen Gründen meist durch eine Gerade veranschaulicht.

---

[3]Die beschreibende Statistik spricht bei Preisen von einem approximativ stetigen quantitativen Merkmal. Dies ist immer dann der Fall, wenn die möglichen Ausprägungen streng mathematisch gesehen zwar diskret sind (es gibt in der Regel keine Preise mit einem halben Cent, eine Ausnahme sind die Benzinpreise, die mit zehntel Cent angegeben werden; streng mathematisch ist das Merkmal dennoch diskret), wenn die Ausprägungen aber so dicht beieinander liegen, dass sie besser mit der Beschreibungsmethode für stetige Merkmale untersucht werden. (vgl. Norbert Thiel 1999, S. 15)

[4]Ist eine Funktion auf einem Intervall wohldefiniert und weist keine Sprungstellen auf, ist sie stetig auf diesem Intervall. "Eine Funktion ist sozusagen stetig, wenn man sie "ohne den Stift abzusetzen" zeichnen kann" (vgl. Peter Dörsam 2002, S. 175).

Die Nachfragekurve stellt eine mathematische Funktion dar, die **Nach-fragefunktion** D (demand := engl. Nachfrage). Diese beschreibt die nach-gefragte Menge x zum jeweiligen Preis p:

$$x = D(p).$$

Umformen der Gleichung ergibt die sogenannte **inverse Nachfragefunktion**. In diesem Fall betrachtet man den Preis in Abhängigkeit von der nachgefragten Menge:

$$p = D^{-1}(x).$$

4.1.1 Einflussgrößen der Nachfrage

Im obigen Beispiel ist immer von Personen gesprochen worden, die ein Gut nachgefragt haben. Im Folgenden wird von **Haushalten** gesprochen, damit keine Differenzen zu der bereits existierenden Fachliteratur bestehen.

War bisher die Nachfrage nur vom Preis eines Gutes beeinflusst, werden jetzt weitere Einflussfaktoren eingeführt. Fragt man sich selbst, so stellt man schnell fest, dass die Entscheidung zwischen kaufen und nicht kau-fen von vielen weiteren Größen abhängt. Was sind die Einflussgrößen der Nachfrage eines einzelnen Haushaltes?

1. Preis
   Der Einfluss des Preises auf die Nachfrage eines Haushaltes ist bereits erläutert worden.

2. Haushaltseinkommen
   Das Einkommen eines Haushaltes ist ebenfalls entscheidend für die Nachfrage des Haushaltes. Je mehr finanzielle Mittel einem Haushalt zur Verfügung stehen, desto eher ist er bereit, mehr für sein eigenes Wohl auszugeben.

3. Qualität
   Ebenso bedeutend ist die Qualität des Gutes. Jeder rational handelnde Mensch ist bereit, für ein Gut hoher Qualität einen höheren Preis zu zahlen als für ein Gut minderer Qualität.

4. Präferenzen
   Diese drücken aus, wie sehr man ein Gut schätzt. Sie sind rein persönli-cher Natur. Zum einen gibt es zeitliche Präferenzen, d.h. benötigt man ein Gut sehr dringend, ist man bereit, mehr dafür zu bezahlen als für ein Gut, auf das man auch noch eine Weile warten kann. Es gibt

auch örtliche Präferenzen, denn ein Bürger ist bereit, beim *Kaufmann um die Ecke* mehr für ein Gut zu bezahlen, als beim nächsten Supermarkt, zu dem er erst eine halbe Stunde fahren muss. Schließlich gibt es auch persönliche Präferenzen. Man kauft eine Ware lieber bei einem bekannten Geschäft, wo man freundlich bedient wird, als nur wenige Euro oder gar Cents zu sparen, wenn man in einem großen Kaufhaus einkauft. Die persönlichen Präferenzen hängen vor allem von den Gewohnheiten eines Menschen ab. Sehr viele Jugendliche zeigen ihre persönlichen Präferenzen schon beim Kauf einer Jeans. Das Bevorzugen einer Markenjeans vor einer *no name*-Jeans ist auch eine Präferenz.

5. Preis eines Substitutionsgutes
Ein **Substitutionsgut** ist ein Gut, das ein anderes substituieren, d.h. ersetzen kann. Beispiele hierfür sind Weißbrot und Schwarzbrot. Steigt der Preis für Weißbrot stark an, werden immer mehr Haushalte Schwarzbrot kaufen, da sie auch davon satt werden. Auf eine längere Zeit betrachtet sind auch Heizöl und Erdgas gegeneinander austauschbar. Eine nachhaltig starke Preiserhöhung von Heizöl, führt dazu, dass neugebaute Heizungsanlagen mit Erdgas betrieben werden. Auch kann sich unter diesen Umständen eine Investition in die Umrüstung einer alten Anlage, die noch mit Heizöl betrieben wird, lohnen. Wir folgern daraus, *je teurer ein Gut A wird, desto stärker wird die Nachfrage nach einem vorhandenen Substitutionsgut B sein. Genauso steigt natürlich die Nachfrage nach dem Gut A, je teurer das vorhandene Substitutionsgut B wird.*

6. Preis eines Komplementärgutes
Während ein Substitutionsgut ein Gut ist, das ein anderes ersetzen kann, ist ein **Komplementärgut** ein Gut, das in der Regel nur in Verbindung mit einem anderen wirklich sinnvoll ist. Um Gut A richtig nutzen zu können, muss man ebenfalls das Komplementärgut B besitzen. Steigt nun der Preis von Gut B, wird der Gesamtpreis der beiden Güter A und B ebenfalls steigen. Mit steigendem Preis geht allerdings die Nachfrage zurück. Komplementärgüter sind zum Beispiel Kaffee und Dosenmilch, Autos und Benzin sowie ein Drucker und die dazugehörige Druckerpatrone. Eine Druckerpatrone ist sicher kein selbstständiges Gut, da ihr Gebrauch mit dem Gebrauch von Druckern zusammenhängt, genauso wie ein Auto ohne Straßen oder Benzin kei-

nen Sinn macht. Wir halten fest: *je teurer ein Komplementärgut B wird, desto geringer wird die Nachfrage nach dem Gut A.*

7. Netzeffekte

Netzeffekte kann man sinnvoll mit *Verbreitung* beschreiben. Die Nachfrage nach einem Gut A wird zunehmen, wenn die sinnvolle Nutzung des Gutes von einer großen Anzahl dieses Gutes abhängig ist. Ein Telefon ist nur dann etwas Wert, wenn man auch jemanden anrufen kann, somit steigt die Nachfrage nach Telefonen mit der Anzahl der Benutzer. Ein relativ neues Beispiel für Netzeffekte sind die schon vorher erwähnten e-books. Die technischen Geräte sind so teuer, dass die Nachfrage relativ gering ist. Solange aber nicht eine genügende Anzahl von e-books auf dem Markt ist, wird es von den Verlagen auch keine ausreichende Auswahl an Download-Angeboten geben. Umgekehrt werden viele Verbraucher mit dem Kauf eines e-books solange warten, bis die Auswahl an Romanen und anderen Büchern als Download im Internet groß genug ist. Netzeffekte sind heute wichtiger als in früheren Jahrhunderten. Aufgrund der modernen Technik, verbreiten sich technische Neuheiten immer schneller. Gary Gardner beschreibt den "Weg des Wechsels" sehr anschaulich. Es habe 5000 Jahre gedauert, bis sich die Menschen von der Selbstversorgung der Agrarwirtschaft untergeordnet haben. Doch seit der industriellen Revolution und speziell in den vergangenen 100 Jahren habe sich die Verbreitung neuer Techniken exponentiell beschleunigt. Nach 46 Jahren wäre ein Viertel der Haushalte in den USA mit Strom ausgestattet gewesen. Die gleiche Durchdringungsrate erreichte das Telefon in 35 Jahren, der Fernseher in 26, der Computer in 16, das Handy in 13 und das Internet in nur 7.[5] Die Zahlen mögen für die EU zwar von den hier genannten abweichen, aber die Richtung wird auch dort zu beobachten sein.

Wodurch die Nachfrage nach einem Gut bestimmt wird, ist ausreichend erläutert. Es sollte weitergehend noch beantwortet werden, wie sich die Nachfrage verändert. Hier sind grundsätzlich zwei Möglichkeiten zu unterscheiden, die anhand einer Nachfragefunktion gezeigt werden sollen.

Die vereinfachte Nachfragefunktion $D(p)$ ist bereits bekannt. Ebenfalls ist ausgeführt worden, dass die Nachfrage D außer vom Preis p von weiteren Variablen abhängt. Dies sind: das Einkommen m, die Qualität Q, die Präferenzen Pr, der Preis des Substitutionsgutes p_s und der Preis des Kom-

---

[5]vgl. Gary Gardner 2001, S. 191

plementärgutes p_k. Folglich kann die Nachfragefunktion auch geschrieben werden als:

$$x = D(p, m, Q, \text{Pr}, p_s, p_k).$$

Bei späteren Modellen werden in den allermeisten Fällen Beziehungen zwischen zwei variablen Größen hergestellt, zum Beispiel zwischen der Menge und dem Preis. Die anderen Variablen werden als bereits gegeben vorausgesetzt. Der Unterschied zwischen endogenen und exogenen Variablen wurde bereits erläutert.[6]

Grundsätzlich gilt: *Verändert sich eine endogene Variable, verändert sich die Nachfrage entlang der Nachfragekurve. Verändert sich hingegen eine exogene Variable, führt dies zu einer Verschiebung der Nachfragekurve nach links oder rechts.*

In Tabelle 4.1 und Abbildung 4.2 soll das **Verhalten der Nachfragekurve** bei der Veränderung der Variablen verdeutlicht werden. In der Spalte *Veränderung* sind sowohl die positiven als auch die negativen Veränderungen enthalten, sowohl Preiserhöhungen als auch -senkungen. Wer die Grafiken aufmerksam betrachtet, stellt fest, dass die endogenen Variablen auf den Achsen angezeigt werden.[7]

Tabelle 4.1: Veränderungen der Nachfrage in einem einfachen Modell

Abbildung	positive Veränderung der Nachfrage	negative Veränderung der Nachfrage
4.2 (a)	Preis p sinkt	Preis p steigt
4.2 (b), (c)	Einkommen m, Qualität Q, Präferenzen Pr, Preis Substitutionsgut p_s steigt, Preis Komplementärgut p_k sinkt	Preis Komplementärgut p_k steigt, Einkommen m, Qualität Q, Präferenzen Pr, Preis Substitutionsgut p_s sinkt

Merke: *Verändert man die Variablen auf den Achsen, d.h. die endogenen Variablen, verändert sich die Nachfrage entlang der Nachfragekurve. Alle anderen Veränderungen, sprich exogene, führen zu einer Verschiebung der Nachfragekurve.*

Eine Verschiebung der Nachfragekurve nach links oder rechts, kann natürlich auch mit einer Preisveränderung einhergehen. Allerdings muss das nicht der Fall sein. Die Konsumenten wären sicherlich bereit, eine bessere Qualität mit einem höheren Preis zu bezahlen. Aufgrund der Menge-

---

[6]vgl. Kap. 3.1.4

[7]Dies gilt nur bei höchstens drei endogenen Variablen. Eine grafische Darstellung mit mehr als drei Dimensionen ist nicht möglich. Grundsätzlich kann ein Modell jedoch mehr als drei endogene Variablen haben. Die Anzahl der endogenen Variablen ist von der Anzahl der Gleichungen in einem Modell abhängig.

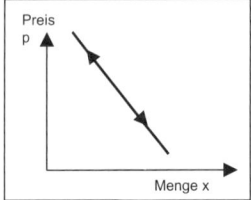

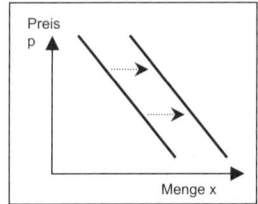

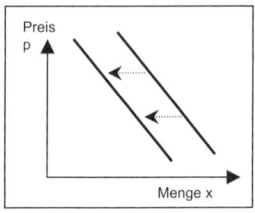

(a) positive und negative Veränderung der Nachfrage entlang der Nachfragekurve

(b) Ausweitung der Nachfrage durch Verschiebung der Nachfragekurve

(c) Reduzierung der Nachfrage durch Verschiebung der Nachfragekurve

Abbildung 4.2: Veränderung der Nachfrage in einem einfachen Modell

nerhöhung wird jedoch der Produzent, vielleicht gar keine Preiserhöhung durchsetzen wollen oder können. Zu diesem Zeitpunkt soll es ausreichen, zu erkennen, dass die Nachfrage steigt oder sinkt, unabhängig davon, ob sich damit auch der Preis verändert.

Es sind bisher schon recht viele Einflussfaktoren für die Nachfrage beschrieben worden. Doch sind das längst nicht alle. Man kann das Spektrum der Einflussfaktoren nahezu beliebig erweitern. Alle erdenklichen Umweltzustände sind fremdbestimmend für die Nachfrage. So ist die Menge an bestimmten Gütern, die ein Haushalt nachfragt auch abhängig von vielen sozialen Komponenten. Eine große Rolle spielen die Erziehung, das Alter und die Weltanschauung. Die Erziehung hat einen Einfluss darauf, ob ein Konsument eher spartanisch oder im Überfluss lebt. Das Alter eines Konsumenten beeinflusst sein Konsumverhalten hinsichtlich der Menge und der Art der Nachfrage. In viele Familien kann man beobachten, dass die ältere Generation weniger neue Güter kauft als die junge Generation. Vor allem fällt aber die Nachfrage nach unterschiedlichen Gütern auf. Nur wenige junge Menschen werden einen Treppenlift nachfragen. Ältere Menschen interessieren sich hingegen nicht mehr für den neuesten DVD-Player. Ein umweltbewusster Mensch wird sich gegenüber einem technisch begeisterten Menschen beim Konsum ebenfalls anders verhalten, meist zurückhaltender.

Die Nachfrage ist selbst von so banalen Dingen wie dem Wetter abhängig. Ein verregneter Sommer bringt sicherlich nicht soviel Geld in die Kassen der Freibäder wie ein heißer und trockener Sommer. Doch die eben genannten Einflussfaktoren sind ganz spezieller Art und daher nicht bei allen Produkten zu bemerken. Das Wetter wird zum Beispiel die Nachfrage nach Weißbrot schwerlich beeinflussen. Vor diesem Hintergrund beschränken sich die Ökonomen meistens auf die allgemeinen Einflussfaktoren, die auch hier ausführlich behandelt wurden. Es ist nur wichtig zu wissen, worauf in einem speziellen Fall noch geachtet werden muss.

Merke: *Die Nachfragefunktion ist nahezu beliebig erweiterbar; sie kann auch lauten* $x = D(p, m, Q, \mathrm{Pr}, p_s, p_k, Alter, Wetter, ...)$.

4.1.2 Die Nachfragekurven

Die Vereinfachung der Nachfragekurve zu einer Geraden wurde bereits verdeutlicht. Von der Steigung der Nachfragekurve lässt sich auf die Veränderung der Nachfrage im Falle der Veränderung einer anderen endogenen Variablen schließen. Im einfachsten Beispiel der Nachfragefunktion ist die Menge der Nachfrage vom Preis abhängig. *Je flacher die Nachfragekurve verläuft, desto mehr reagiert ein Haushalt auf Preisveränderungen. Je größer die Steigung der Nachfragekurve vom Betrag her, desto geringer ist die Veränderung der Menge bei einer Preisänderung.* Dieser Zusammenhang wird später noch ausführlicher im Rahmen der **Nachfrageelastizitäten** beschrieben. Zunächst soll die Tatsache genügen, dass die Nachfrage sehr unterschiedlich auf Preisveränderungen reagieren kann. Eine Preissteigerung bei Brot um zehn Prozent würde voraussichtlich nur zu einem sehr geringen Rückgang der Nachfrage nach Brot führen. Brot zählt zu den lebenswichtigen Gütern. Eine gleiche Preiserhöhung bei Schokolade würde vermutlich zu einem viel stärkeren Rückgang der Nachfrage führen. Der Schokoladenkonsum würde reduziert werden. Die Konsumenten würden entweder ganz auf Süßigkeiten verzichten oder auf andere Arten wie Kekse oder Müsliriegel umsteigen. Dies nennt man substituieren.

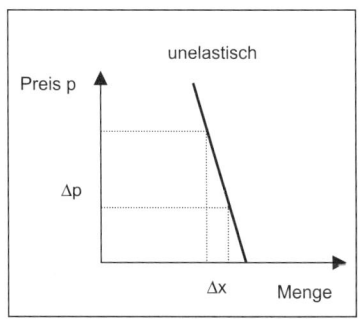

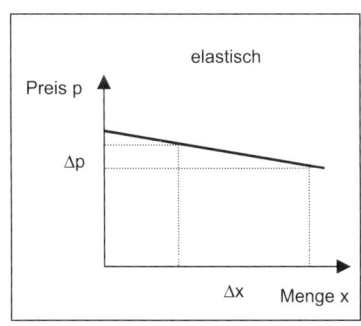

(a) Unelastische Nachfrage   (b) Elastische Nachfrage

Abbildung 4.3: Vermutliche Brotnachfrage (a), vermutliche Schokoladennachfrage (b)

In diesem Kontext ist es wichtig, die Nachfrage einmal im Zeitablauf
zu betrachten. Kurzfristig (short run) ist die Nachfrage eher **unelastisch**
und die Nachfragekurve damit sehr steil. Woran liegt das? Die Nachfrage
der Konsumenten unterliegt meistens Kapazitätsrestriktionen. Das frühere
Beispiel der Erdbeeren macht dies deutlich. Bei einem bestimmten Preis
kauft ein Konsument ein Kilo Erdbeeren, die er als Nachtisch für seine
Gäste kauft. Selbst wenn der Preis auf Null sinken würde, d.h. der Marktverkäufer würde dem Konsumenten die Erdbeeren schenken, würde die
Nachfrage nicht ins Unendliche steigen. Der Konsument müsste sich Gedanken darüber machen, wo er die Erdbeeren lagern kann, damit er sie über
eine längere Zeit relativ gut erhalten essen kann. In Einzelfällen würde die
Nachfrage trotz des sehr günstigen Preises, der Konsument bekommt die
Erdbeeren geschenkt, überhaupt nicht zunehmen. Der Konsument würde
sich vielleicht einfach über die geringere Ausgabe für das Essen für seine
Gäste freuen und von dannen ziehen. Vielleicht würde er auch eine Schale
mehr abnehmen und beim Essen über den netten Erdbeerverkäufer plau-
dern.

Könnte sich ein Konsument langfristig darauf einstellen, dass der Erd-
beerverkäufer ihm die Erdbeeren schenkt, würde er anfangen seine Familie,
Freunde und Nachbarn zu fragen, ob er Erdbeeren für sie mitbringen soll-
te. Er könnte diese Erdbeeren dann zu einem günstigen Preis unter seinen
Freunden weiterverkaufen und auf diese Weise sogar Geld verdienen. Die
Nachfrage nach Erdbeeren wäre in diesem Fall sicherlich sehr groß.

Bisher ist die Nachfrage eines einzelnen Haushaltes in einer Volkswirtschaft untersucht worden. Diese Betrachtungsweise ist bei einem Einstieg
in die mikroökonomische Analyse sinnvoll. Eine Erweiterung der Analyse
führt aber unweigerlich zu einem Modell der Marktnachfrage. Die gesamte Nachfrage setzt sich aus vielen einzelnen Haushalten zusammen. *Die*
Marktnachfrage, *ergibt sich aus der horizontalen Summe der Nachfra-*
ge aller einzelnen Haushalte. Das Summieren der Nachfrage der einzelnen
Haushalte zu einer Marktnachfrage wird **horizontale Aggregation der**
Nachfrage genannt. Es handelt sich hierbei um eine **Aggregation der**
Mengen. Diese kann leicht mit einer **Aggregation der Preise**, bei der
es sich um eine **vertikale Aggregation** handelt, verwechselt werden. Ab-
bildung 4.4 verdeutlicht die horizontale Aggregation.

Es existieren am Markt zwei Preisgrenzen, die eine bei p^*, die andere
bei p^{**}. Im Bereich oberhalb von p^* wird das Gut nur von Haushalt I
nachgefragt, im Bereich unter p^* wird das Gut sowohl von Haushalt I als

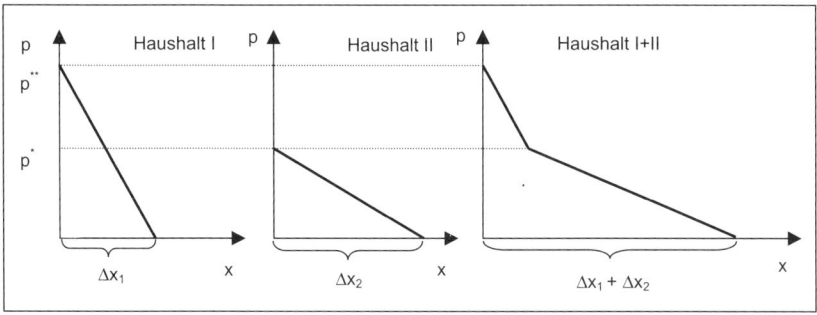

Abbildung 4.4: Die horizontale Aggregation der Nachfrage

auch von Haushalt II nachgefragt. Oberhalb von p^{**} wird das Gut gar nicht mehr nachgefragt.

Bei der Aggregation der Nachfragekurven von nur zwei Haushalten entsteht, ein Knick im Verlauf der Kurve. Aggregiert man unendlich viele Nachfragekurven zu einer Marktnachfrage, so glättet sich der Verlauf und es entsteht eine Kurve wie in Abbildung 4.1 bereits schematisch dargestellt.

4.2 Die Entstehung der Angebotskurve

Neben der Nachfrage ist auch das **Angebot** für die Preisbildung von Bedeutung. Die Entstehung der **Angebotskurve** kann analog zur Nachfragekurve entwickelt werden.

Stellt man sich noch einmal den Wochenmarkt vor, auf dem speziell Erdbeeren verkauft wurden. Auf der Nachfrageseite wurde gefragt, wer bereit ist, den höchsten Preis zu zahlen, auf der Angebotsseite ist diese Fragestellung jedoch nachrangig. Natürlich ist jeder Anbieter bereit, seine Waren zu einem sehr hohen Preis anzubieten. Es muss hier also gefragt werden, wer bereit ist, den günstigsten Preis für seine Erdbeeren zu akzeptieren. Ein Anbieter sei bereit, seine Erdbeeren für EUR 2 pro Kilo zu verkaufen. Bei einem Preis von EUR 2,25 pro Kilo ist dann ein zweiter bereit, seine Erdbeeren zu verkaufen und bei einem Kilopreis von EUR 2,50 finden sich zwei weitere Anbieter. Man erkennt sehr schnell, dass sich auch hier eine Treppenfunktion entwickelt, die allerdings eine *positive Steigung* hat. Man kann diese Treppe nach oben gehen. Der Hintergrund ist klar, zu einem niedrigen Preis werden sich nur wenige Anbieter finden. *Je höher der Preis, desto mehr Anbieter erachten es als reizvoll, ihre Waren am Markt anzubieten.*

Der Angebotspreis hat für die Anbieter eine **Anreizfunktion**.
Vereinfacht kann man die **Angebotskurve**, vergleichbar mit der Nachfragekurve, auch schlicht als eine aufsteigende Gerade darstellen (Abbildung 4.5). Ausgedrückt in mathematischer Form ergibt sich eine Funktion, bei der die angebotene Menge x gleich dem Angebot S (supply:= engl. Angebot) in Abhängigkeit des Preises p ist. Die **Angebotsfunktion** lautet:

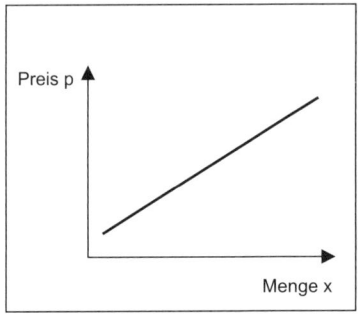

Abbildung 4.5: Die Angebotskurve

$$x = S(p)$$

oder als **inverse Angebotsfunktion**:

$$p = S^{-1}(x).$$

Wovon hängt das Angebot ab? Es ist zunächst natürlich, wie durch die Funktion beschrieben, abhängig vom Preis eines Gutes. Andere Faktoren sind ebenfalls von Bedeutung.

4.2.1 Einflussgrößen des Angebots

Das Angebot wird vergleichbar zur Nachfrage von exogenen und endogenen Variablen beeinflusst. Die endogene Variable, die zu einer Veränderung des Angebotes *entlang* der Angebotskurve führt, ist auch in diesem vereinfachten zweidimensionalen Modell der Preis p. Ergänzt man das Modell um exogene Variablen, stellt sich die Angebotsfunktion in folgender Art und Weise dar:

$$x = S(p, p_F, p_y, W, O).$$

Fünf endogene bzw. exogene Variablen können als wesentliche Einflussfaktoren für die an dieser Stelle notwendigen Zwecke ausgemacht werden:

1. Das Angebot ist vom Preis abhängig. Dieser Zusammenhang wurde schon ausführlich erläutert.

2. Weiter ist es von den Preisen der Produktionsfaktoren p_F abhängig. Dies sind Mittel, zum Beispiel Rohstoffe und Arbeitskraft, mit deren Hilfe Produkte erzeugt werden können. *Je höher die Kosten dieser*

Produktionsfaktoren sind, d.h. ihr Preis, desto teurer wird die Herstellung eines Produktes und desto weniger Unternehmen werden bereit sein, ihr Produkt zu einem bestimmten Preis anzubieten.

3. Das Angebot ist auch von den Preisen sämtlicher anderer Güter abhängig. Häufig werden in ökonomischen Modellen nur zwei Gütermengen verwendet: x_1 und x_2. Hier steht x_1 für die Menge eines einzelnen Gutes, während x_2 die Menge aller anderen Güter (Güterbündel) darstellt.

   Der Zusammenhang zwischen dem Preis von x_2 und der Menge von x_1 mag nicht sofort einleuchten. Ein Unternehmer produziere nicht nur ein Produkt, sondern zwei Produkte oder wie es in der Praxis häufig der Fall ist, eine Vielzahl von Produkten. Es ist sinnvoll anzunehmen, dass dieses Unternehmen seine Produktionsmöglichkeiten zunächst auf jenes Produkt konzentrieren wird, welches den höchsten Gewinn abwirft. Erst wenn von diesem Produkt weitere Mengen nicht mehr nachgefragt werden, wird das Unternehmen noch vorhandene Produktionskapazitäten zur Herstellung anderer Güter verwenden. In der Folge wird das Gut mit dem zweithöchsten Gewinnbeitrag produziert und so weiter. Angenommen Gut A und Gut B werden am Markt in gleicher Stückzahl zum gleichen Preis angeboten und beide Produkte erzeugen die gleichen Herstellungskosten. Steigt nun der Preis für Gut B, dann steigt auch der Gewinn, d.h. der Anteil des Preises, der nach Abzug der Kosten noch verbleibt. Natürlich wird das Unternehmen jetzt entscheiden, von Gut B mehr herzustellen als von Gut A. Vorausgesetzt die Nachfrage lässt eine erhöhte Produktion zu. *Je höher der Preis von x_2 ist, desto geringer ist die produzierte Menge von x_1.*

4. Das Angebot eines Gutes A ist auch vom technischen Wissen W abhängig. Technisches Know-how und damit technischer Fortschritt führt in den allermeisten Fällen zur Reduzierung der Herstellungskosten eines Gutes. Ein Unternehmen kann eine größere Anzahl des Gutes A bei gleichbleibenden Kosten herstellen.

5. Letztlich beeinflusst auch das Management bzw. die Organisation O eines Unternehmens, vor allem das Marketing[8] den Absatz eines Produktes. Das Marketing dient dazu, den Absatz eines Produktes zu

---

[8]Der Begriff Marketing soll hier wie umgangssprachlich mit Werbung belegt sein. In der Betriebswirtschaftslehre beschreibt Marketing in der Unternehmenstheorie die Absatzpolitik eines Unternehmens insgesamt.

steigern. Je mehr ein Gut beworben wird, desto mehr sollte auch abgesetzt und somit angeboten werden.

Die Angebotskurve verschiebt sich nach links oder rechts, soweit die Einflussgrößen exogen sind. Demzufolge ist dies in einem p-x-Diagramm bei der Veränderung der Einflussgrößen p_F, p_y, W und O der Fall.[9]

4.2.2 Die Angebotskurven

Ein kurzer Blick auf unterschiedliche Angebotskurven ist sicher ratsam um das Weitere besser verstehen zu können. Es handelt sich zunächst nur um einen Überblick. Im Zusammenhang mit der Unternehmenstheorie werden die einzelnen Angebotskurven näher untersucht und noch weiter differenziert. Ein Zusammenhang besteht auch mit den **Angebotselastizitäten**[10].

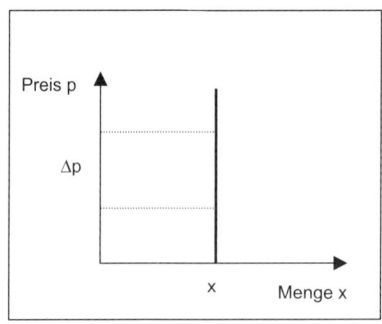
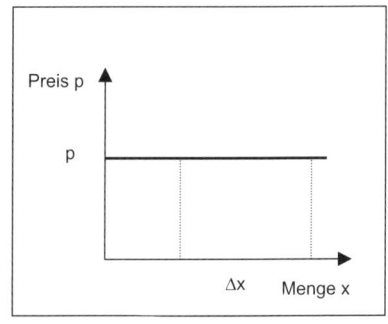

(a) Vollkommen unelastisches Angebot   (b) Vollkommen elastisches Angebot

Abbildung 4.6: Vollkommen unelastisches und vollkommen elastisches Angebot

Vergleichbar zur Nachfrage ist auch das Angebot unterschiedlich elastisch, d.h. es reagiert unterschiedlich stark bei verschiedensten Voraussetzungen. Die beiden Extremfälle eines **vollkommen unelastischen** (Abbildung 4.6 (a)) bzw. eines **vollkommen elastischen** (Abbildung 4.6 (b)) Angebots werden häufig für vereinfachte Modelle verwendet. Ersteres ist ein **konstantes** Angebot, letzteres entsteht langfristig auf einem vollkommenen Markt. Die Unterscheidung ist am ehesten bei jeweils einer kurzfristigen bzw. langfristigen Betrachtung zu verstehen. Noch einmal der Erdbeermarkt: kurzfristig, d.h. in diesem Fall innerhalb eines Tages, ist

---

[9]vgl. Kap. 4.1.1; Tabelle 4.1
[10]vgl. Kap. 10.3

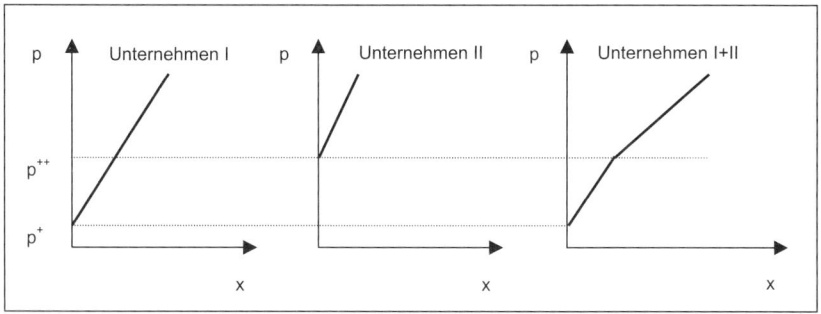

Abbildung 4.7: Die horizontale Aggregation des Angebots

das Angebot konstant. Jeder Erdbeerverkäufer bringt am Morgen eine bestimmte Menge Erdbeeren mit. Im Verlauf des Markttages kann dieses Angebot nicht mehr aufgestockt werden. Es steht von Beginn an fest. Eine Aufstockung ist unwahrscheinlich, weil die Erdbeeren erst auf dem Feld gepflückt werden müssten. Der zeitliche Aufwand hierbei ist relativ groß und eine Nachlieferung würde womöglich erst nach Marktschluss eintreffen und wäre damit wertlos, weil die Erdbeeren bis zum nächsten Verkaufstag verdorben wären. Über einen längeren Zeitraum, zum Beispiel ein Jahr, ist das Angebot konstant. Es gibt nur eine bestimmte Anzahl an Erdbeerpflanzen. Sicher schwankt auch bei einer festen Anzahl an Pflanzen die Zahl der Erdbeeren je nach Wetterlage erheblich, doch kaum innerhalb einer Saison. Ein erfahrener Erdbeerbauer kann zu Beginn des Jahres bei der Anpflanzung eine recht genaue Schätzung abgeben wie groß die Erdbeerernte bei gutem und wie groß bei schlechtem Wetter ist. Beeinflusst werden kann die Menge durch den Bauern nur über die Anzahl der Pflanzen. Daher ist die Erdbeermenge bei bestimmten Wetterkonditionen konstant für die gesamte Saison. Langfristig trifft das jedoch nicht zu. Ist die Nachfrage in der letzten Saison erheblich größer gewesen als das Angebot und ist die gleiche Lage in der neuen Saison auch zu erwarten, wird eine größere Anzahl an Erdbeerpflanzen gepflanzt werden. Das Angebot kann im Extremfall zu einem bestimmten Preis sehr groß sein. Wie sich diese Situation durch die Marktkräfte ergibt, wird noch herausgearbeitet.

Jedes Unternehmen hat seine eigene Angebotsfunktion. Sie ergibt sich aus der individuellen Kostensituation des Unternehmens. Einzelheiten hierzu kommen später.[11] Im Rahmen der Volkswirtschaft ist neben der indi-

---

[11]vgl. Kap. 10.3

viduellen Angebotsfunktion eines Unternehmens das **Marktangebot** des gesamten Marktes von ausschlaggebender Bedeutung. Um dieses zu erhalten, werden die einzelnen Funktionen, vergleichbar mit der Entwicklung der Marktnachfrage, einfach horizontal aggregiert (Abbildung 4.7). Unterhalb des Preises p^+ findet kein Angebot statt. Bis zu einem Preis von p^{++} bietet nur Unternehmen I an. Oberhalb von p^{++} bieten hingegen beide Unternehmen an.

4.3 Das Marktgleichgewicht und Soziale Wohlfahrt

4.3.1 Das Marktgleichgewicht

Der Preis bildet sich aus Angebot und Nachfrage. Die beiden Elemente sind ausführlich beschrieben worden. Abbildung 4.8 stellt das entgegengesetzte Verhalten von Angebot und Nachfrage noch einmal anschaulich dar. Der Punkt, der für die folgenden Betrachtungen von Wichtigkeit ist, ist der Schnittpunkt der beiden Geraden, das **Marktgleichgewicht**. In diesem Punkt (x^0, p^0) sind Angebot und Nachfrage gleich.

In diesem Gleichgewicht wird der Markt leergekauft. Im Hinblick auf Abbildung 4.8 bezeichnet man p^0 als **Gleichgewichtspreis**. Wählen die Anbieter den höheren Preis p^{II}, ist die Menge x^{II}, die zu diesem Preis angeboten wird größer als die nachgefragte Menge x^I. Dieses am Markt überschüssige Angebot nennt man einen **Angebotsüberhang** (auch: **Nachfragedefizit**). Wählen die Anbieter hingegen einen Preis p^I, ist die nachgefragte Menge größer als die angebotene Menge. In diesem Fall sprechen Ökonomen von einem **Nachfrageüberhang** (auch: **Angebotsdefizit**).

Jeder Anbieter, der einen Preis oberhalb von p^0 wählt, wird auf keine Nachfrage mehr stoßen. Er wird daher mit seinem Preis auf den Gleichgewichtspreis zurückgehen müssen, um seine Ware absetzen zu können. Eine solche Marktsituation heißt daher **Käufermarkt**, da der Käufer seine Preisvorstellungen durchsetzen kann. Jedes zu diesem Preis p^I oder einem anderen Preis unterhalb des Gleichgewichtspreises anbietende Unternehmen wird seinen Preis auf den Gleichgewichtspreis erhöhen. Es entsteht ein **Verkäufermarkt**. Die zum Gleichgewichtspreis abgesetzte Menge x^0 nennt man die **Gleichgewichtsmenge**. Das Gleichgewicht kann durch gleichsetzen der inversen Nachfrage- und Angebotsfunktion berechnet werden.

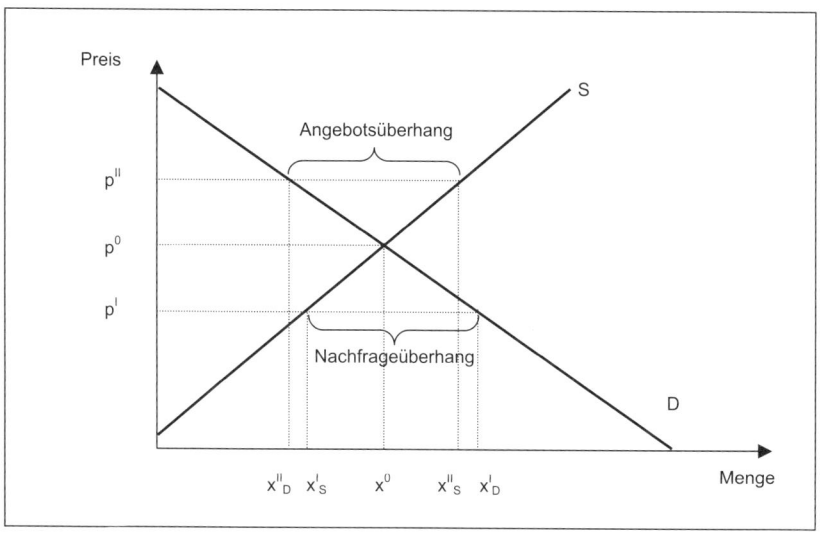

Abbildung 4.8: Das Marktgleichgewicht

Beispiel zur Berechnung von p^0 und x^0:

Gegeben sind die Nachfragefunktion $D(x) = -5x + 125$ und die Angebotsfunktion $S(x) = 3x + 5$. Gleichsetzen der beiden Funktionen ergibt zunächst die Gleichgewichtsmenge:

$$-5x + 125 = 3x + 5$$
$$\Leftrightarrow \quad x = 15.$$

Einsetzen in eine der gegebenen Funktionen: $S(15) = 3 * 15 + 5 = 50$. Da es sich um ein Gleichgewicht handelt muss gelten: $D(15) = -5 * 15 + 125 = 50$. Der Gleichgewichtspreis ist $p = 50 \ GE$.

4.3.2 Die Soziale Wohlfahrt

Am Markt ergibt sich im Gleichgewicht nur ein Preis, der Gleichgewichtspreis. Alle Konsumenten, die einen Reservationspreis haben, der kleiner als der Gleichgewichtspreis ist, können demnach nicht als Käufer auf dem Markt auftreten, da sie nicht bereit sind, den höheren Gleichgewichtspreis zu bezahlen. Die Konsumenten, die bereit sind mehr als den Gleichgewichtspreis zu bezahlen, erhalten dagegen das Gut zum Gleichgewichts-

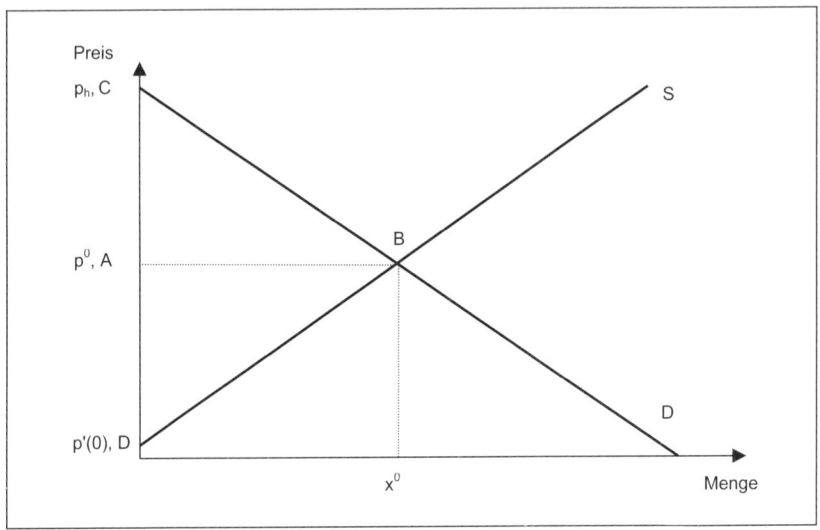

Abbildung 4.9: Die Soziale Wohlfahrt

preis. Obwohl sie dem Gut einen höheren Wert, ihren Reservationspreis, beimessen. Angenommen der Preis betrage im Marktgleichgewicht EUR 15. Ist der Reservationspreis eines Konsumenten EUR 18, so erzielt er beim Kauf eine Rente von EUR 3.

Ökonomen nennen die Differenz zwischen Reservations- und Gleichgewichtspreis die **Rente des Konsumenten**. Aggregiert man die individuellen Renten aller Konsumenten an einem Markt erhält man die **Konsumentenrente**. Diese beiden Konzepte sollten scharf getrennt werden. Die Rente eines Konsumenten ist ein individuelles Maß für den Vorteil eines Einzelnen gegenüber dem Gleichgewichtspreis. Die Konsumentenrente erfasst den gesamten Vorteil aller Konsumenten mit einem Reservationspreis größer dem Gleichgewichtspreis. *Graphisch ist die Konsumentenrente in Abbildung 4.9 die Fläche ABC. Allgemein ausgedrückt ist es die Fläche zwischen der Nachfragekurve und dem Gleichgewichtspreis.*

Die Konsumentenrente lässt sich im Fall linearer Funktionen von inverser Nachfrage leicht rechnerisch bestimmen. Liegt dagegen eine mathematisch kompliziertere Funktion vor, erschwert sich die rechnerische Ermittlung. Mit genügend Geduld kommt man allerdings auch hier auf sinnvolle Ergebnisse. Die Berechnung der Konsumentenrente sollte man sich unbedingt einprägen, da diese in vielen Bereichen der Wohlfahrtstheorie eine Rolle spielt. Die Konsumentenrente KR ermittelt man in einem einfachen linearen Modell wie folgt:

$$KR = \frac{1}{2} * (p_h - p^0) * x^0 \text{ (mit } p_h := \text{ höchster Preis).}$$

Ist die inverse Nachfragefunktion keine lineare Funktion, kann die Konsumentenrente nur über ein Integral gelöst werden:

$$KR = \int\limits_0^{x^0} (D(x) - p^0)\,dx.$$

Für die meisten, wenn nicht gar für alle Modelle, die in einem wirtschaftswissenschaftlichen Grundstudium untersucht werden, reicht jedoch die erste Gleichung für die linearen Funktionen.

Ähnlich wie auf der Seite der Nachfrage verhält es sich auch auf der Seite der Anbieter bzw. der Produzenten. Es gibt Produzenten, die bereit wären, ein Gut zu einem Preis der kleiner ist als p^0 anzubieten, da der Gleichgewichtspreis gezahlt wird, erhalten sie eine Rente, die **Rente des Produzenten**. Der Anbieter, der bereit ist, nur einen Preis von EUR 10 zu verlangen, erhält bei einem Gleichgewichtspreis von EUR 15 genau EUR 5 mehr als es seinen Vorstellungen entsprach. Die Summe der Renten ist die **Produzentenrente**. *Diese entspricht dem Dreieck ADB in Abbildung 4.9. Im Allgemeinen entspricht die Produzentenrente der Fläche zwischen der Angebotskurve und dem Gleichgewichtspreis.* Die Produzentenrente ermittelt sich mathematisch wie folgt:

- bei linearer inverser Angebotsfunktion: $PR = \frac{1}{2} * (p^0 - p'(0)) * x^0$;

- bei nicht linearer Angebotsfunktionen: $PR = \int\limits_0^{x^0} (p^0 - S(x))\,dx.$

Die Rente jedes Konsumenten und jedes Produzenten stellt den Wert seines Vorteils im Marktgleichgewicht dar. Nach der Grundannahme *mehr ist besser*[12] erhalten beide die Möglichkeit, weitere Güter zu kaufen.

Die Summe der Konsumenten- und Produzentenrente ergibt die **Soziale Wohlfahrt**. Dieses Maß dient später dazu zu untersuchen, ob Marktstrukturen effizient oder ineffizient sind. Hierzu werden auch noch weitere Möglichkeiten vorgestellt werden, aber zunächst ist die Soziale Wohlfahrt das am einfachsten zu berechnende Maß. Die beiden Bestandteile,

---

[12]vgl. Kap. 3.1.1.2

die Konsumentenrente und die Produzentenrente, geben dabei Auskunft über die Verteilung der Wohlfahrt. Dies wird später noch wichtig sein. Der Vollständigkeit halber sei noch einmal auf Abbildung 4.9 verwiesen. Die Soziale Wohlfahrt ist die Fläche DBC. Mathematisch lässt sie sich einfach aus der Summe von Konsumenten- und Produzentenrente bilden.

Teil II
Konsumenten und Haushalte
(Haushaltstheorie)

5

Die Konsumentscheidung und ihre Grundlagen

Lernziele:

- Konsumenten bewerten Güter regelmäßig mit *Nutzen*; dabei wird in den Grundmodellen in der Regel angenommen, dass der Grenznutzen positiv jedoch abnehmend ist.

- Indifferenzkurven sind der geometrische Ort aller Güterkombinationen mit dem jeweils gleichen Nutzenniveau.

- Die Menge aller mit vorhandenem Budget realisierbaren Konsumkombinationen wird die Budgetmenge genannt. Sie wird von der Budgetgeraden begrenzt, die alle maximal möglichen Konsumbündel darstellt.

- Das Haushaltsoptimum ist der Punkt, an dem der Nutzen eines Haushaltes maximiert ist. In diesem Punkt konsumiert der Haushalt den nach seinen Präferenzen besten Gütermix, den er für sein Budget erhalten kann.

5.1 Wozu nutzt der Nutzen

Was ist ein Gut wert? Diese Frage hat viele Antworten. Im Laufe der historischen Entwicklung der Ökonomie gab es die unterschiedlichsten Konzepte. Adam Smith hatte insgesamt vier verschiedene Maßstäbe. Beispielsweise machte er einen Unterschied zwischen dem Wert eines Gutes beim Gebrauch und dem Wert eines Gutes beim Kauf. Letzteres führt letztlich auf den Tauschwert oder den Preis zurück. Ersteres ist ein von jedem einzelnen Konsumenten abhängiges Konzept. Beispiel: Ein Heimwerker wird den Wert eines Hammers mit Sicherheit höher einschätzen als eine Person mit *zwei linken Händen*. In der Regel bewerten weibliche Konsumenten einen Lippenstift höher als ein männlicher Konsument. Ein Schwimmer wird eine Badehose zu schätzen wissen, ein Hockeyspieler hingegen weni-

ger, wenn er kein begeisterter Freizeitschwimmer ist. Die Frage des Wertes
eines Gutes hängt daher in der Konsumtheorie im Wesentlichen von der
Person des Konsumenten ab. Die Frage ist: Was nutzt mir das Gut?
Der erste Ökonom, der den Begriff **Nutzen** einführte war **Jeremy Bentham**[1] (1748 - 1832). Er definierte den Begriff noch wesentlich weitgehender
als die moderne Mikroökonomie. Darüber hinaus bot Bentham kein Konzept an, mit dem der Nutzen berechnet werden konnte. Dies kam erst ein
paar Jahrzehnte später. Die ersten Nutzen-Konzepte sowie die Definition des Grenznutzens wurden unabhängig von Walras, Jevons und Menger
entwickelt.

5.1.1 Gesamtnutzen und Grenznutzen eines Gutes

Das Nutzenkonzept ermöglicht es jeder Konsumentin prinzipiell jedes Gut
zu bewerten. Dabei wird ganz einfach jeder Menge eines Gutes eine bestimmte Zahl zugeordnet. Die absolute Höhe der Zahlen spielt dabei keine
Rolle. Die folgende Tabelle[2] beschreibt den Nutzen, den eine bestimmte
Konsumentin von Schokolade am Tag hat.

Tabelle 5.1: Der Nutzen von Schokolade

Menge an Schokolade [g] pro Tag	Gesamtnutzen	Grenznutzen
0	0	0
50	2,75	2,75
100	5,00	2,25
150	6,75	1,75
200	8,00	1,25
250	8,75	0,75
300	9,00	0,25
350	8,75	-0,25
...	...	...

Mit den ersten 50g am Tag ist der Nutzen der Konsumentin von dem
süßen Geschmack positiv. Der **Gesamtnutzen** steigt von 0 auf 2,75. Weitere 50g Schokolade, d.h. insgesamt 100g Schokolade, erhöhen ihren Nutzen um 2,25 auf 5,00. Und so weiter und so fort. Die rechte Spalte ist mit
Grenznutzen überschrieben. *Der Grenznutzen, MU (engl.= marginal utility), ist der zusätzliche Nutzen beim Konsum einer weiteren marginalen*

---

[1]Die Hauptwerke, in denen Bentham eine Beziehung zum Nutzen herstellt: An Introduction to the
Principles of Morals and Legislation (privat gedruckt 1780; veröffentlicht 1789), A Table of the Springs
of Action, Shewing the Several Species of Pleasures and Pains, of which Man's Nature is Susceptible
(gedruckt 1815; veröffentlicht 1817).
[2]In der folgenden Tabelle ist keine bewusste Funktion zugrunde gelegt worden. Die Zahlen sind lediglich
beispielhaft.

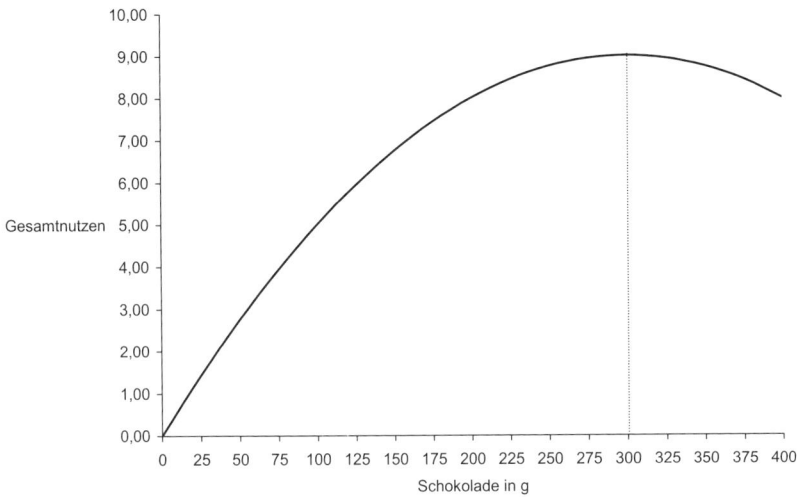

Abbildung 5.1: Gesamtnutzen von Schokolade pro Tag

Einheit eines Gutes. Der Grenznutzen gibt die Veränderung des Gesamt-nutzens wieder. Formal gesprochen ist der Grenznutzen die Steigung der Gesamtnutzenfunktion. Die Zahlen im Tabelle 5.1 weisen ein Maximum des Gesamtnutzens aus. Wieso dass? Es gibt eine einfache logische Begründung für ein Maximum beim Gesamtnutzen: Überdruss. Die Konsumentin hat mit 300g Schokolade praktisch den ganzen Tag während der Arbeit Schoko-lade gegessen. Am Abend zu Hause ist sie einfach satt bzw. empfindet kein Verlangen mehr nach Schokolade. Bietet man ihr weitere 50g an, sinkt ihr Gesamtnutzen, der Grenznutzen wird negativ. Die Abbildungen 5.1 und 5.2 stellen sowohl den Gesamtnutzen als auch den Grenznutzen eines typi-schen Konsumguts dar. In beiden Abbildungen kann der Punkt der **Sätti-gung** erkannt werden. Der Gesamtnutzen vom Schokoladenkonsum nimmt zunächst zu. Der Grenznutzen nimmt bereits mit dem ersten Gramm ab. Nachdem die Konsumentin mehr als 300 g Schokolade am Tag gegessen hat, ist ihr Grenznutzen von einem weiteren Gramm gleich Null. Dies ist die Stelle, an der die Nutzenfunktion ihr Maximum erreicht.

Es wurde bereits betont, dass die absolute Höhe der Zahlen, die den Nut-zen der Konsumentin ausdrücken nicht von Bedeutung sind. Dies stimmt nur im Falle eines **ordinalen Nutzens**. *Ist bei der Nutzenordnung bzw.*

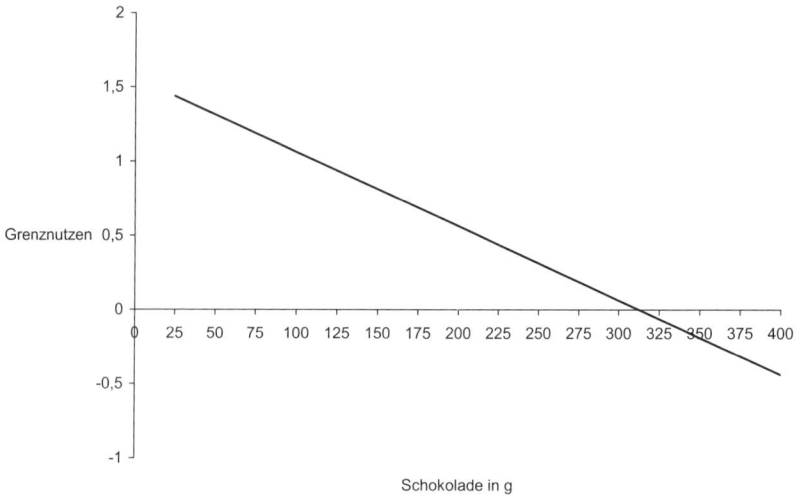

Abbildung 5.2: Grenznutzen von Schokolade pro Tag

Reihung nur die Reihenfolge von Bedeutung, wird der Nutzen als ordinal bezeichnet. Nur die Ordnung ist von Bedeutung. Ist die Darstellung der Nutzenordnung in Tabelle 5.1 einmalig? Die Antwort lautet: Nein. Ein ordinaler Nutzen hat noch weitere Eigenschaften. Was passiert, wenn man den Nutzen aus Tabelle 5.1 mit 2 multipliziert? Ganz offensichtlich passiert, was die Ordnung anbelangt nichts. Das überrascht nicht weiter, da auf jede Zahl die gleiche Rechenanweisung angewendet wurde. Ein weiteres Beispiel: der ursprüngliche Nutzen wird mit 2 multipliziert und die Zahl 5 hinzuaddiert. Das Ergebnis zeigt Tabelle 5.3. Auch hier ändert sich die Reihenfolge nicht. Der Grenznutzen ist in diesem Fall jedoch identisch mit dem Grenznutzen in Tabelle 5.2. Zur Erinnerung: Der Grenznutzen ist die Steigung des Gesamtnutzens. Die Steigung einer Funktion wird durch ihre erste Ableitung dargestellt. Bei der Ableitung einer Funktion fällt ein konstanter Term (+5) allerdings weg. Der Gesamtnutzen ist in Tabelle 5.3 zwar verschieden von dem in Tabelle 5.2, der Grenznutzen aus diesem Grunde jedoch nicht. Ein letztes Beispiel: der ursprüngliche Nutzen wird mit sich selbst multipliziert, d.h. quadriert. Das Ergebnis ist in Tabelle 5.4 dargestellt. Die Reihenfolge hat sich auch diesmal nicht geändert.

Tabelle 5.2: Der Nutzen von Schokolade II

I	II	III	IV	V
Menge an Schokolade [g] pro Tag	Gesamtnutzen	Gesamtnutzen (Spalte II * 2)	Grenznutzen (Spalte II)	Grenznutzen (Spalte III)
0	0	0	0	0
50	2,75	5,50	2,75	5,50
100	5,00	10,00	2,25	4,50
150	6,75	13,50	1,75	3,50
200	8,00	16,00	1,25	2,50
250	8,75	17,50	0,75	1,50
300	9,00	18,00	0,25	0,50
350	8,75	17,50	-0,25	-0,50

Tabelle 5.3: Der Nutzen von Schokolade III

I	II	III	IV	V
Menge an Schokolade [g] pro Tag	Gesamtnutzen	Gesamtnutzen (Spalte II * 2+5)	Grenznutzen (Spalte II)	Grenznutzen (Spalte III)
0	0	5	0	5
50	2,75	10,50	2,75	5,50
100	5,00	15,00	2,25	4,50
150	6,75	18,50	1,75	3,50
200	8,00	21,00	1,25	2,50
250	8,75	22,50	0,75	1,50
300	9,00	23,00	0,25	0,50
350	8,75	22,50	-0,25	-0,50

Tabelle 5.4: Der Nutzen von Schokolade IV

I	II	III	IV	V
Menge an Schokolade [g] pro Tag	Gesamtnutzen	Gesamtnutzen (Spalte II)^2	Grenznutzen (von Spalte II)	Grenznutzen (von Spalte III)
0	0	0	0	0
50	2,75	7,5625	2,75	7,5625
100	5,00	25,00	2,25	17,4375
150	6,75	45,5625	1,75	20,5625
200	8,00	64,00	1,25	18,4375
250	8,75	76,5625	0,75	12,5625
300	9,00	81,00	0,25	4,4375
350	8,75	76,5625	-0,25	-4,4375

Jede sogenannte **monotone Transformation** einer Nutzenfunktion ergibt die gleiche Nutzenordnung. Damit gibt es unendlich viele Möglichkeiten, die Nutzenordnung einer Konsumentin auszudrücken (endlich mal kein Knappheitsproblem). Der Nutzen wird allgemein mit u (engl.= utility) bezeichnet. Die Nutzenfunktion eines einzelnen Gutes ist $u = f(x)$. Einige Beispiele für monotone Transformationen:

1. Multiplikation: $u = a * x$ mit $a > 0$;

2. Multiplikation und Addition: $u = a * x + b$ mit $a > 0$;

3. Potenzieren: $u = x^a$ mit $a > 0$.

Als die Idee des Nutzens als Maß für die Befriedigung der Konsumenten im 19. Jh. aufkam, war das Konzept kein ordinales Nutzenkonzept, sondern ein sogenanntes kardinales. Man benutzte **Kardinalzahlen**, d.h. absolute Zahlen, um den Wert des Gutes auszudrücken. Der **kardinale Nutzen** setzt zwei Dinge voraus. Erstens, die Konsumentin kann sagen, ob Gut x besser ist als Gut y. Zweitens, die Konsumentin kann sagen wie viel besser Gut x gegenüber Gut y ist. Angenommen Gut x sei Schokolade und Gut y seien Erdbeeren. Weiter angenommen, die Konsumentin zieht Schokolade den Erdbeeren vor. Bei einem kardinalen Nutzenkonzept muss die Konsumentin nun in der Lage sein, genau zu beziffern wie stark sie Schokolade den Erdbeeren vorzieht. Haben die Erdbeeren beispielsweise einen Nutzen von $u_{Erdbeeren} = 10$, hat die Schokolade dann einen Nutzen von $u_{Schoko} = 15$ oder $u_{Schoko} = 20$? Die Größe der Zahl ist in diesem Falle wichtig. Mit anderen Worten, die Differenz zwischen u_1 und u_2, welche Güter es auch sein mögen, ist von ausschlaggebender Bedeutung. Die Beispiele 1 und 2 für eine monotone Transformation verändern daher auch eine kardinale Nutzenmessung nicht. Die Differenz bleibt bei allen Gütern relativ gesehen gleich. Transformation 3 hingegen verändert die Bewertung der Güter bei kardinaler Nutzenmessung.

Kardinaler Nutzen spielt in einigen ökonomischen Bereichen eine Rolle, soll hier jedoch zunächst keine weitere Beachtung finden. Ob eine solche Nutzenordnung in absoluten Zahlen objektiv eine Geltung haben kann, ist durchaus in Frage zu stellen. Im Folgenden wird zunächst immer ein ordinaler Nutzen unterstellt.

5.1.2 Das Gesetz des abnehmenden Grenznutzens und eine Nutzenfunktion für alle Güter

Der Grenznutzen eines jeden beliebigen Gutes nimmt bei steigender Menge des Gutes ab. Diese Annahme kann bereits in dem obigen Schokoladenbeispiel beobachtet werden. Sie macht einen intuitiven Sinn. Je weniger man von etwas besitzt, desto mehr begehrt man dieses Gut. Vorausgesetzt, man mag das Gut überhaupt. Besitzt man bereits eine große Menge eines Gutes, ist eine weitere Einheit von geringerer Bedeutung. Tatsächlich kann man das **Gesetz des abnehmenden Grenznutzens** unter anderem explizit in der Arbeit von Menger finden:

> "Die Befriedigung des Nahrungsbedürfnisses bis zu jenem Puncte, wo hiedurch das Leben gesichert ist, hat für jeden Menschen die volle Bedeutung der Erhaltung seines Lebens, die darüber hinausgehende Consumtion hat bis zu einem gewissen Puncte für die Menschen die Bedeutung der Erhaltung ihrer Gesundheit, [...], die auch darüber hinausreichende Consumtion hat [...] lediglich die Bedeutung eines [...] überdies sich immer mehr abschwächenden Genusses, bis die Consumtion endlich an eine gewisse Grenze gelangt, wo die Befriedigung des Nahrungsbedürfnisses [...] dem Consumenten [...] gleichgiltig zu werden beginnt, um bei der etwaigen Fortsetzung derselben zur Pein zu werden[.]"[3]

Mit der Erreichung des Punktes, an dem der Konsum gleichgültig wird, erreicht die Konsumentin ihren **Sättigungspunkt** für das bestimmte Gut. Die zugehörige Menge ist die **Sättigungsmenge**.

Die Nutzenfunktion soll jetzt erweitert werden zu einer Nutzenfunktion für zwei Güter. Dabei handelt es sich wie schon bekannt bei dem ersten Gut um ein einzelnes, bestimmtes Gut. Das zweite Gut repräsentiert die Menge aller anderen Güter. Die Nutzenfunktion lautet dann allgemein:

$$u = f(x_1, x_2).$$

Die bekannte Zusammenfassung der Güter zu einem einzelnen und einem Bündel macht nun auch anschaulich Sinn. Die folgende Darstellung der allgemeinen Nutzenfunktion hat bereits drei Dimensionen und ist daher gerade noch grafisch darstellbar, was vieles erleichtert. Die Funktion kann beispielsweise wie in Abbildung 5.3 aussehen.

---

[3]Carl Menger 1871, S. 91

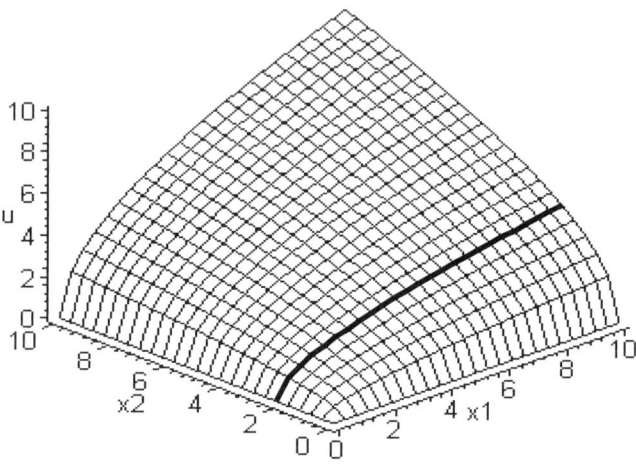

Abbildung 5.3: Das Nutzengebirge

Die Funktion stellt das sogenannte **Nutzengebirge** dar. Schneidet man
nun vertikal durch den Graphen (dargestellt durch die durchgezogene dicke
schwarze Linie) erhält man wiederum die Entwicklung des Nutzens eines
einzelnen Gutes unter der Annahme, dass sich die Menge des anderen Gutes
nicht verändert, d.h. ceteris paribus. Der dargestellte vertikale Schnitt in
Abbildung 5.3 zeigt die Entwicklung des Nutzens des Gutes x_1 wenn $x_2 =$
2 ist. Die entstehende Nutzenkurve für Gut x_1 ähnelt der in Abbildung
5.1. Die dortige Darstellung gilt daher nur, obwohl an der Stelle nicht
erwähnt, unter der ceteris paribus Bedingung für alle anderen Güter. Die
Grenznutzenfunktion eines einzelnen Gutes, zum Beispiel x_1, ist formal die
partielle Ableitung der Nutzenfunktion $u(x_1, x_2)$ nach x_1. Das heißt:

$$\frac{\partial u(x_1, x_2)}{\partial x_1} = MU_{x_1} = Grenznutzen(x_1).$$

Es ist häufig sinnvoll, verschiedene Berechnungsarten einzelner Größen zu
kennen. Dies ermöglicht es in unterschiedlichen Situationen die entsprechenden Größen aus verschiedenen Variablen errechnen zu können. Eine
andere Möglichkeit den Grenznutzen von x_1 zu berechnen ist:

Per Definition gilt: der Grenznutzen von x_1 ist die Veränderung des Nutzens (Δu) in Abhängigkeit einer Veränderung der Menge des Gutes x_1 (Δx_1):[4]

$$\Rightarrow MU_{x_1} = \frac{u(x_1 + \Delta x_1, x_2) - u(x_1, x_2)}{\Delta x_1} = \frac{\Delta u}{\Delta x_1}$$

$$\Leftrightarrow \Delta u = \Delta x_1 * MU_{x_1}.$$

Für das zweite Gut gilt entsprechend: $\Delta u = \Delta x_2 * MU_{x_2}$. Der Grenznutzen lässt sich daher einfach aus dem Bruch $\Delta u/\Delta x_i$ (mit $i = 1, 2$) berechnen. Die obige Umstellung der Gleichungen nach Δu zeigt auch bereits eine einfache Berechnung der Veränderung des Gesamtnutzens bei der Veränderung der konsumierten Menge nur eines Gutes. Man multipliziert die veränderte Menge des fraglichen Gutes einfach mit dessen Grenznutzen und erhält die Veränderung des Gesamtnutzens näherungsweise. Für eine exakte Bestimmung müssen Differentiale verwendet werden.

5.2 Die Präferenzen

5.2.1 Die Präferenzordnung mit Annahmen

Die Konsumentin hat in dieser Welt praktisch die Qual der Wahl. Sie will konsumieren, soviel steht fest. Aber was? Es gibt eine Unmenge an Gütern oder Güterbündeln. Nachdem die Konsumentin nun das Nutzenkonzept kennt, ist sie in der Lage, ihre Präferenzen zu bewerten. Präferenzen, die Vorzüge der Konsumentin, ermöglichen es ihr auszuwählen bzw. einzuordnen. Normalerweise wird jede Konsumentin eine Rangliste aufstellen, nach Wichtigkeit geordnet, nach der sie die gewünschten Güter schließlich kaufen will. Man nennt diese Art der Rangordnung auch die Präferenzordnung.

Angenommen seien zwei **Güterbündel** X und Y. Um die Sache am Anfang nicht zu schwierig zu gestalten, enthalte jedes Bündel nur zwei Güter. Das Bündel X besteht aus x_1 und x_2. Analog dazu enthält Y die Güter y_1 und y_2. Es wird weiter angenommen, dass x_1 und y_1 ein einzelnes Gut repräsentieren. Hingegen stehen x_2 und y_2 jeweils für den gesamten Rest aller Güter im entsprechenden Bündel. Es geht jetzt um die Frage, welches Bündel von der Konsumentin präferiert wird. Es werden folgende Differenzierungen vorgenommen:

---

[4]Der Bruch $\Delta u/\Delta x$ wird auch Differenzenquotient genannt. Für eine unendlich kleine Veränderung des Grenznutzens schreibt man du/dx. Dieser Quotient wird auch als Differentialquotient bezeichnet. du und dx heißen Differenziale.

1. Wenn die Konsumentin entweder das Bündel X dem Bündel Y vorzieht *oder* Y dem X, spricht man von einer Präferenz für X *oder* Y. Man schreibt:[5]

$$X \geq Y \text{ (sprich: } X \text{ wird } Y \text{ vorgezogen)}$$

oder

$$Y \geq X \text{ (sprich: } Y \text{ wird } X \text{ vorgezogen).}$$

Die größer oder gleich Zeichen machen deutlich, dass die beiden Bündel zumindest teilweise auch gleich sein können, man spricht daher nur von einer **schwachen Präferenz**. Diese Beziehung ist die grundlegende Beziehung, aus der alle weiteren abgeleitet werden können.

2. Wählt die Konsumentin bei mehreren Wahlmöglichkeiten im Zeitablauf manchmal Bündel X und manchmal Bündel Y sagt man, dass sie indifferent oder unentschieden zwischen den beiden Bündeln ist. Man schreibt:

$$X \sim Y \text{ (sprich: indifferent zwischen } X \text{ und } Y \text{).}$$

Diese Beziehung ergibt sich aus der vorherigen wenn gilt:

$$X \geq Y \text{ und } Y \geq X.$$

Die Konsumentin glaubt in diesem Fall, dass X mindestens genau so gut ist wie Y, gleichzeitig aber hält sie Y für mindestens genau so gut wie X. Beide Bündel sind für sie gleich gut.

3. Wählt die Konsumentin hingegen immer X aus, wenn sie sich zwischen den Bündeln X und Y entscheiden muss, spricht man von **starken Präferenzen**. Man schreibt:

$$X > Y (\text{sprich: } x \text{ wird } Y \text{ streng vorgezogen).}$$

Diese Beziehung ergibt sich aus der ersten wenn gilt:

$$X \geq Y \text{ und nicht } Y \geq X.$$

Das Bündel X wird dem Bündel Y vorgezogen, aber gleichzeitig gilt nicht, dass Y mindestens genauso gut ist wie X. Wenn ein Bündel aber nicht mindestens so gut ist wie ein anderes, tja, dann muss es schlechter sein. Mindestens so gut bedeutet immer genau so gut oder besser. Gelten beide Beziehungen nicht, kann das Bündel nur schlechter sein. Man sagt auch: X **dominiert** Y.

---

[5]Entgegen der Umgangssprache bedeutet *vorgezogen* in diesem Fall *besser oder gleich*.

Ein kleines Beispiel kann alles noch etwas verdeutlichen. Das einzelne Gut in jedem Bündel seien Erdbeeren. Der andere Teil jedes Bündels ist eine Mischung aus allen restlichen Konsumgütern. Wie stellen sich die drei eben beschriebenen Beziehungen grafisch dar? In Abbildung 5.4 gelten die folgende Beziehungen:

1. $X \geq Y$ *oder* $Y \geq X$;

2. $Y \geq Z$ *oder* $Z \geq Y$;

3. $X > Z$.

Die Konsumentin zieht das X-Bündel dem Y-Bündel vor oder sie zieht das Y-Bündel dem X-Bündel vor. Ohne nähere Angaben von der Konsumentin kann keine bestimmte Aussage darüber getroffen werden, welches Bündel eventuell bevorzugt wird oder ob die Konsumentin indifferent zwischen den beiden Bündeln ist. Gleiches gilt für die Beziehung zwischen Y und Z. Eine konkrete Aussage kann auf der Basis der vorhandenen Informationen nicht getroffen werden. Es ist hingegen eindeutig, dass Z von X dominiert wird. Das X-Bündel beinhaltet mehr von beiden Gütern ($x_1 > z_1$; $x_2 > z_2$) im Vergleich zum Z-Bündel. Die Konsumentin würde sich nie für Z entscheiden.[6]

Man stellt für gewöhnlich einige Anforderungen an Präferenzen. Unter Beachtung dieser Annahmen können Aussagen darüber getroffen werden, ob sich die Konsumentin rational verhält. Die Annahmen sind:

1. **Vergleichbarkeit**
   Jegliche zwei Bundel X und Y müssen verglichen und in eine Ordnung gebracht werden, so dass mindestens eines dem anderen vorgezogen wird. Mit dieser Annahme wird das *Oder*-Kriterium (schwache Präferenz) erfüllt. Natürlich kann gleichzeitig auch der umgekehrte Fall möglich sein. Die Konsumentin zieht jedes Bündel dem anderen vor und ist damit indifferent zwischen den Bündeln. Präferenzen müssen die Eigenschaft der Vergleichbarkeit erfüllen, um eine Basis für anstehende ökonomische Analysen zu sein. Warum? Es wird immer argumentiert, eine Konsumentin handele rational. Dies bedeutet es muss ihr möglich sein, alle Möglichkeiten, die ihr zur Auswahl stehen aufzulisten und die für sie beste zu wählen. Dazu muss sie aber alle Paare von Möglichkeiten vergleichen können. Die Annahme der

---

[6]Die Beziehung unter Punkt 2 dient bei der Betrachtung von allen drei Bündeln nur der Vollständigkeit an dieser Stelle. Sie kommt aufgrund der Dominanz von X über Z niemals zum Tragen.

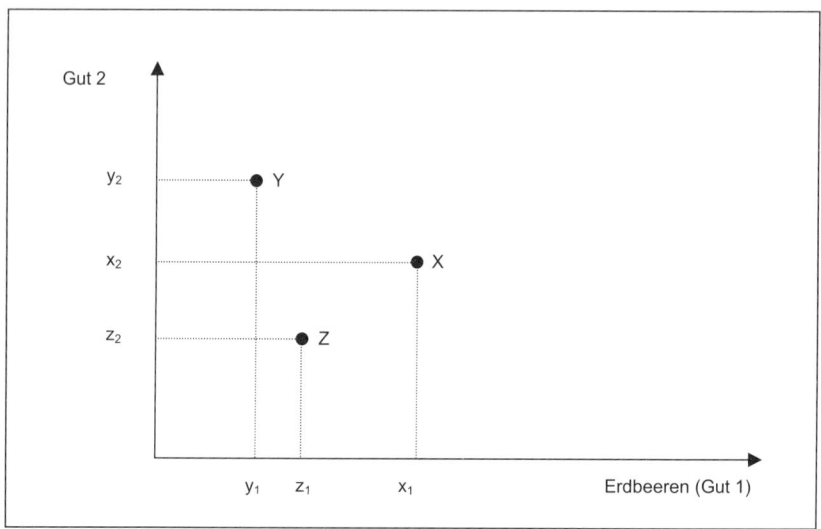

Abbildung 5.4: Die Präferenzordnung

Vergleichbarkeit wird häufig auch **Vollständigkeit der Präferenz-ordnung** genannt.

2. **Reflexivität**
Ein Bündel ist mindestens so gut wie ein Bündel gleicher Ausstattung. Noch einfacher, es ist mindestens so gut wie es selbst. Diese Annahme leuchtet unmittelbar ein. Zwei identisch zusammengesetzte Bündel X und Y sind objektiv nicht voneinander zu unterscheiden, daher sind sie gleich gut.

3. **Transitivität**
Transitive Präferenzen nennt man auch **konsistent**. Dies ist dann gegeben, wenn für alle Bündel gilt:

$$X \geq Y \ und \ Y \geq Z$$
$$\Rightarrow \ X \geq Z.$$

Noch einmal in Worten. Das Bündel X wird dem Bündel Y vorgezogen. Dieses wird aber gleichzeitig Z vorgezogen. Das heißt bei transitiven bzw. konsistenten Präferenzen muss X ebenfalls dem Bündel Z vorgezogen werden. Ist dies nicht der Fall, würde es bedeuten, dass sich die Konsumentin niemals entscheiden könnte, was sie wählen soll,

wenn sie sich einer Wahl zwischen X, Y und Z gegenüber sieht.
Ein Beispiel: Die Bündel unterscheiden sich nur in einem Gut. X
enthält Äpfel, Y Birnen und Z enthält Bananen. Zwischen den beiden Bündeln X und Y zieht die Konsumentin X vor. Sie mag Äpfel
mindestens genauso gerne wie Birnen. Bei der Wahl zwischen Y und
Z, bevorzugt die Konsumentin Y. Sie mag Birnen daher mindestens
so gerne wie Bananen. Es kann davon ausgegangen werden, dass die
Konsumentin X gegenüber Z bevorzugt. Die Konsumentin mag Äpfel
mindestens genauso gerne wie Birnen und diese mindestens genauso
gerne wie Bananen. Eine konsistente Präferenzordnung verlangt, dass
die Konsumentin die Äpfel dann mindestens genauso gerne mag wie
Bananen. Würde sie die Bananen den Äpfeln streng vorziehen, wäre
dies **inkonsistent** mit ihrer Präferenzordnung.

4. **Monotonie**
Mehr ist immer besser. Diese Annahme ist bereits erläutert worden.
Formal gesprochen verlangt sie, dass $X > Y$ gilt, sofern das Bündel
X mindestens von einem Gut eine größere Menge enthält als Bündel
Y und gleichviel von allen anderen Gütern. Aber ist diese Annahme
nicht etwas merkwürdig? Angenommen die Konsumentin hat bereits
ihr Nutzenmaximum erreicht. Zusätzlicher Konsum würde zu einem
negativen Grenznutzen führen und damit zu einem geringeren Gesamtnutzen. Diese Situation ist für alle ökonomischen Untersuchungen aber völlig irrelevant, da solches Handeln einer Konsumentin nicht
rational wäre.
Die Namensgebung *Monotonie* leitet sich in diesem Fall von der mono-
tonen Steigung der Nutzenfunktion vor ihrem Maximum ab. Es wird
lediglich verdeutlicht, dass nur die Analyse der Nutzenfunktion vor
dem Sättigungspunkt hier von Interesse ist.

5.2.1.1 Indifferenzkurven

In Abbildung 5.4 wird Bündel Z von X dominiert und daher nie von der
Konsumentin ausgewählt werden. Konstruiert wird nun eine Situation, in
der keines der Bündel von einem der anderen dominiert wird. Keines der
drei Bündel in Abbildung 5.5 beinhaltet mehr von Gut 1 und Gut 2 im
Vergleich zu einem anderen Bündel. Das X-Bündel beinhaltet am meisten
von Gut 2 aber am wenigsten von Gut 1. Im Y-Bündel ist weniger von
Gut 2 enthalten gegenüber X aber mehr von Gut 1. Das Z-Bündel enthält

am meisten von Gut 1 aber am wenigsten von Gut 2. Alle Bündel könnten
demnach möglicherweise den anderen vorgezogen werden. Eine bestimmte
Konsumentin kann auch indifferent zwischen allen drei Bündeln sein.
Die Abbildungen 5.5 und 5.6 zeigen eine Präferenzordnung einer Konsumentin. Abbildung 5.6 zeigt darüber hinaus eine Indifferenzkurve einer
Konsumentin. *Diese ist der geometrische Ort aller Güterkombinationen
mit dem gleichen Nutzenniveau.* Mit nur drei einzelnen Bündeln gibt es
noch keine Kurve. Diese entsteht erst unter der Annahme unendlich vieler
Güterbündel. Die Bündel X, Y und Z sind als Beispiele für bestimmte Güterbündel auf der Indifferenzkurve noch einmal eingezeichnet. Alle
Bündel auf der Indifferenzkurve sind Bündel, zwischen denen die Konsumentin indifferent ist. Sie kann sich nicht für eines entscheiden bzw. ist
mit jedem Bündel gleich zufrieden. Alle Bündel oberhalb der Indifferenzkurve sind Bündel, die gegenüber den Bündeln auf der Indifferenzkurve
vorgezogen werden. Alle Bündel unterhalb der Kurve werden als nachteilig betrachtet. Dabei liegt jedes einzelne Bündel wieder auf einer neuen
Indifferenzkurve. Durch jedes beliebige Bündel kann eine Indifferenzkurve gezeichnet werden. Kurven, die durch Bündel verlaufen, die vorgezogen
werden, spiegeln ein höheres Nutzenniveau wider. Dies sind alle Kurven
rechts oberhalb der in Abbildung 5.6 eingezeichneten Kurve. Links unterhalb spiegeln die Indifferenzkurven ein niedrigeres Nutzenniveau wider.
Wie später noch gezeigt wird, handelt es sich bei der dargestellten Kurve in Abbildung 5.6 um eine **normale Indifferenzkurve**, die **normale
Präferenzen** darstellt. Bei einigen besonderen Präferenzen können die Indifferenzkurven auch andere Formen annehmen.

Wie sieht der grafische Zusammenhang zwischen der Nutzenfunktion
$u(x_1, x_2)$ und der Indifferenzkurve aus? Für diesen Fall macht man einen
horizontalen Schnitt durch das schon bekannte Nutzengebirge.

In Abbildung 5.7 sind drei horizontale Schnitte durch dicke schwarze Linien gekennzeichnet. Reduziert man die dreidimensionale Grafik des Nutzengebirges auf nur noch zwei Dimensionen, erhält man drei Kurven (gestrichelte Linien). Dabei wird das Gebirge praktisch zusammengedrückt, bis
es mit dem Erdboden gleich ist. Die drei Kurven sind die Indifferenzkurven
zwischen dem ersten und dem zweiten Gut. Sie repräsentieren drei spezielle
Nutzenniveaus. Je weiter oben der horizontale Schnitt vorgenommen wurde, desto höher ist der Nutzen der Konsumentin. In der zweidimensionalen
Ebene bedeutet dies, je weiter im Hintergrund die gestrichelte Linie bei
dieser Perspektive liegt, desto höher ist der Nutzen.

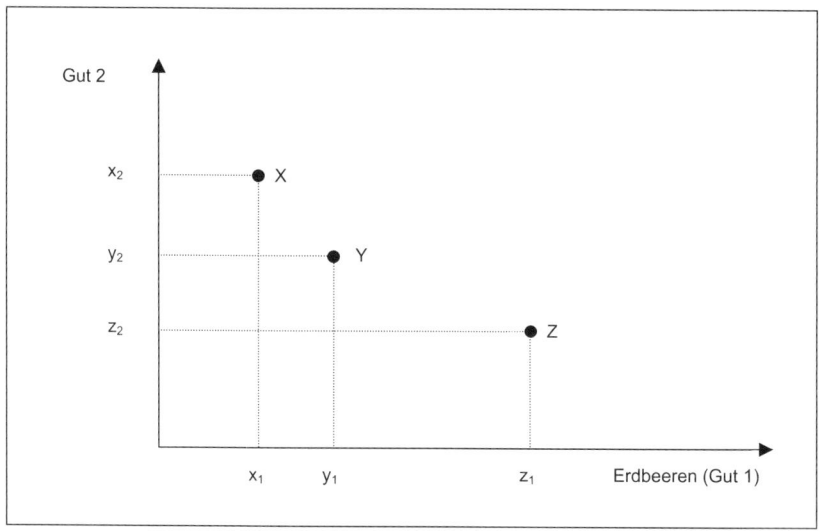

Abbildung 5.5: Indifferente Güterbündel einer bestimmten Konsumentin

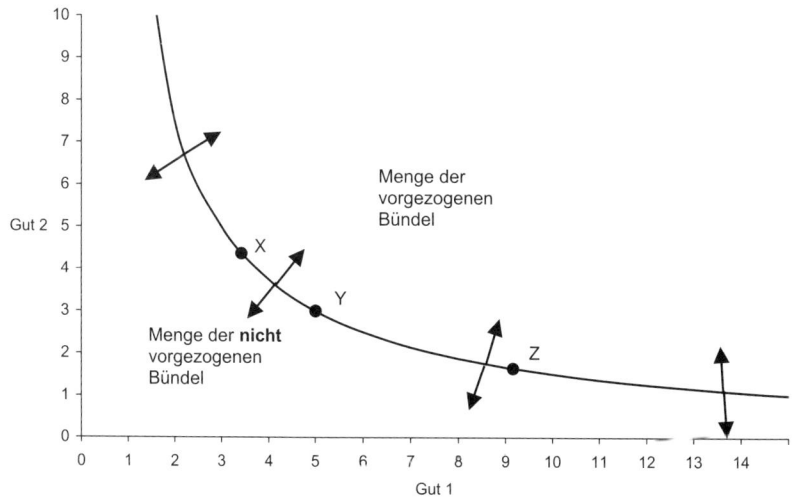

Abbildung 5.6: Indifferenzkurve für eine unendliche Anzahl von Güterbündeln

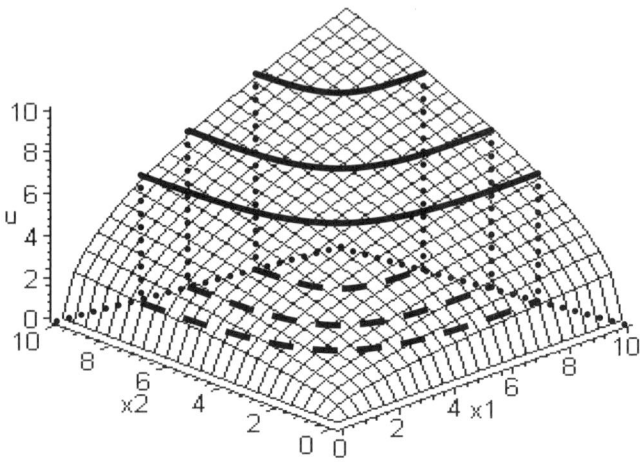

Abbildung 5.7: Die Indifferenzkurven als horizontaler Schnitt durch das Nutzengebirge

Die zweidimensionale Darstellung ist in Abbildung 5.8 dargestellt. Die Schar von Indifferenzkurven ist aus einer gewöhnlichen Nutzenfunktion entstanden. Indifferenzkurven können unterschiedliche Formen annehmen, wie im Folgenden noch gezeigt wird. Eine generelle Aussage kann aber trotzdem getroffen werden. *Indifferenzkurven, die eine Präferenzordnung repräsentieren und die auf unterschiedlichen Nutzenniveaus liegen, können sich niemals schneiden.*

5.2.1.2   Normale Präferenzen

Wann bezeichnet die Ökonomie Präferenzen als normal? Nun, wenn sie sich wie in Abbildung 5.6 veranschaulicht darstellen lassen. Was bedeutet das aber? Welche grundsätzliche Eigenschaft liegt der dargestellten Schar von Indifferenzkurven zugrunde?

Hierzu überlegt man, welche Situation für die Konsumentin am besten ist. Die Konsumentin hat zwei Bündel X und Y. Beide enthalten wie nun schon gewohnt zwei Güter. Welche Möglichkeiten gibt es für die Konsumentin? Sie kann entweder X oder Y konsumieren. Es macht für sie allerdings keinen Unterschied. Sie ist schließlich indifferent zwischen beiden Bündeln. Würde die Konsumentin aber vielleicht einen Mix aus beiden vorziehen?

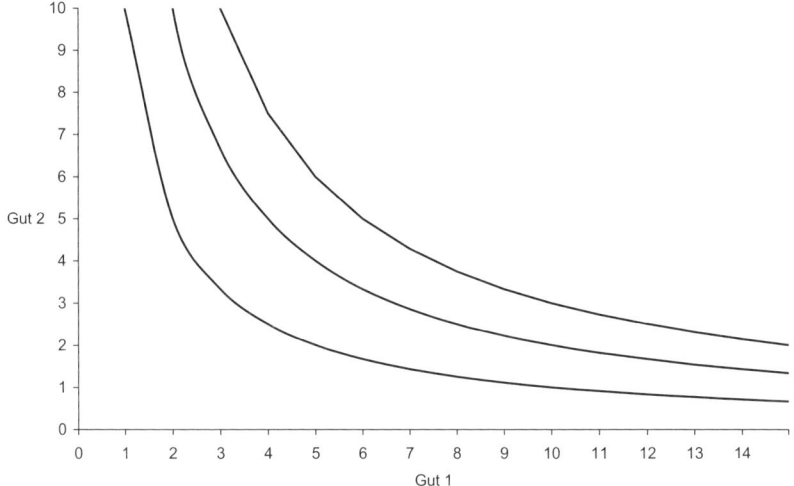

Abbildung 5.8: Schar von Indifferenzkurven bei normalen Präferenzen

Der gewogene Durchschnitt beider Bündel bei gleicher Gewichtung aller Güter ist:

$$\frac{1}{2}X + \frac{1}{2}Y = (\frac{1}{2}x_1 + \frac{1}{2}x_2 + \frac{1}{2}y_1 + \frac{1}{2}y_2).$$

Abbildung 5.9 macht deutlich, dass der Nutzen des Durchschnittsbündels größer ist als der Nutzen der Bündel X oder Y für sich genommen. Das Durchschnittsbündel liegt auf einer höheren Indifferenzkurve. Im Allgemeinen kann man schreiben:

$$(\alpha x_1 + (1 - \alpha)y_1 + \alpha x_2 + (1 - \alpha)y_2) \geq (x_1, x_2) \sim (y_1, y_2) \quad \text{für } 0 \leq \alpha \leq 1.$$

Jedes durchschnittliche Bündel soll bei normalen Präferenzen den Extrema, zwischen denen eine Konsumentin indifferent ist, vorgezogen werden. Dies kann man sich vielleicht am besten an einem Einkaufskorb für die tägliche gesunde Ernährung vorstellen. Eintöniges Essen ist ungesund. Der gesunde Einkaufskorb ist daher abwechslungsreich gefüllt und dem eintönigen immer vorzuziehen.

Die Annahme, dass der gewogene Durchschnitt zweier Bündel einen höheren Nutzen hat als die beiden Bündel selbst, führt zu einem bestimmten geometrischen Muster. Die Indifferenzkurve muss **konvex** sein. Genau genommen soll sie sogar **streng konvex** sein. Eine Funktion ist kon-

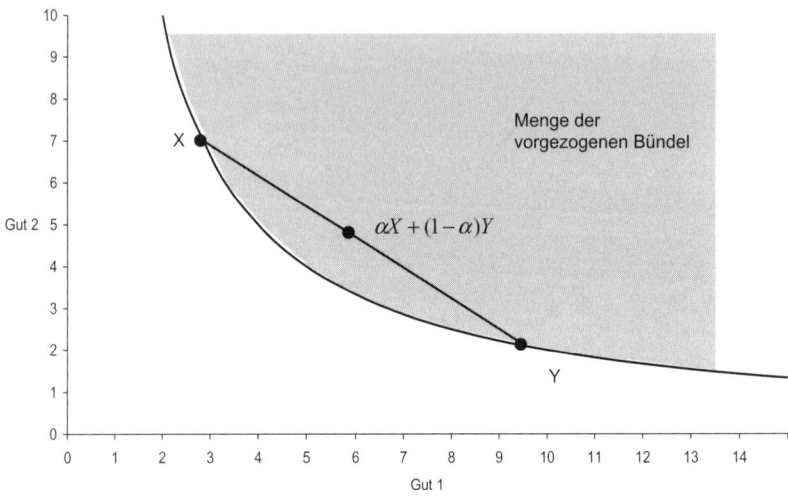

Abbildung 5.9: Durchschnitte sind besser als Extreme

vex, wenn zwei Punkte durch eine Verbindungslinie oberhalb der Funktion verbunden werden können. Bildhaft gesprochen macht die Funktion eine *Linkskurve*. Die Verbindungslinie zwischen Punkt X und Punkt Y liegt oberhalb der Indifferenzkurve in der vorherigen Abbildung. Formal gesprochen ist eine Funktion konvex, wenn ihre Steigung immer zunimmt. Der erste Blick auf die gezeichnete Indifferenzkurve mag jetzt verwirren, aber es stimmt. Die Steigung der Steigung soll positiv sein. Die gezeichnete Kurve hat ein Gefälle, d.h. eine negative Steigung. Mit größeren Werten auf der X-Achse (die horizontale Achse) nimmt das Gefälle aber ab. Mit anderen Wort die negative Steigung ist immer weniger negativ, d.h. sie steigt.

Eine Indifferenzkurve, die gerade Abschnitte besitzt, d.h. nicht *rund* ist wie in der vorherigen Zeichnung, erfüllt nicht die Anforderungen an normale Präferenzen. Eine solche Funktion ist nur konvex, nicht jedoch streng konvex. Eine streng konvexe Indifferenzkurve muss daher *rund* sein.[7]

---

[7]Das tiefergehende Studium der Mikroökonomie wird einem keine Wahl lassen, Indifferenzkurven zu betrachten, die nicht streng konvex sind, sondern lediglich konvex. W. M. Gorman argumentiert, dass streng konvexe Indifferenzkurven gar der Intuition widersprechen. Die meisten Menschen trügen lieber zwei gleiche Socken und keinen Mix aus zwei unterschiedlichen Paaren. Ebenso mixten die meisten Menschen ihre Getränke nicht, sondern trinken sie pur (vgl. W.M. Gorman 1957, S. 40). Der erste Einwand scheint intuitiv richtig, aber der zweite ist sicher eine Frage des Anlasses, zu dem getrunken wird. Diese Diskussion ist interessant, führt an dieser Stelle aber zu weit. Auch im Folgenden wird in diesem Buch

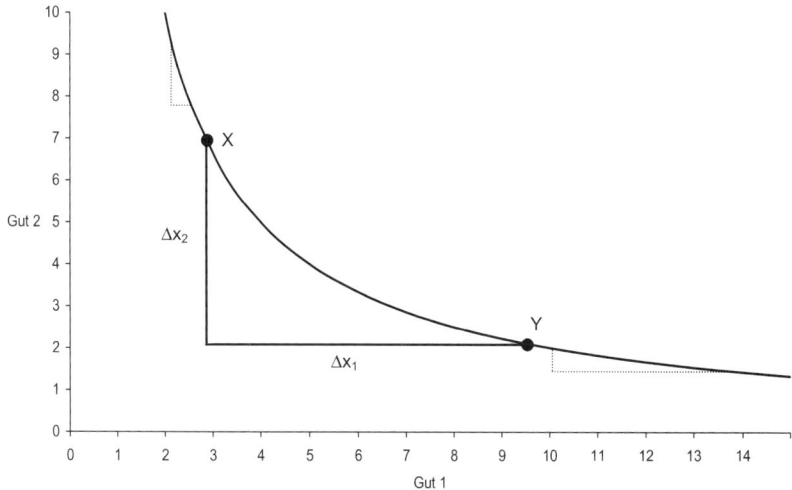

Abbildung 5.10: Die Grenzrate der Substitution

Wozu nutzt die Analyse von Indifferenzkurven ökonomisch? Dazu überlegt man am besten, was die Kurve eigentlich aussagt. Abbildung 5.10 gibt
Aufschluss darüber. Bündel X besteht aus einer bestimmten Kombination
(x_1, x_2), Bündel Y aus einer anderen ganz bestimmten Kombination $(y_1,
y_2)$. Annahmegemäß ist die Konsumentin zwischen beiden Bündeln indif-
ferent, d.h. sie bewertet beide gleich hoch. Dabei enthält X offensichtlich
eine kleinere Einheit des Gutes 1 $(x_1 < y_1)$, hingegen enthält es mehr vom
zweiten Gut $(x_2 > y_2)$ im Verhältnis zu Bündel Y.

Was muss die Konsumentin tun, damit Bündel X zum Beispiel eine gleiche Zusammensetzung hat wie Bündel Y? Da beide Bündel den gleichen
Nutzen für die Konsumentin haben, muss die Konsumentin immer bereit
sein Δx_2 aufzugeben, wenn sie dafür Δx_1 erhält. Mit anderen Worten Δx_2
muss für die Konsumentin den gleichen Wert haben wie Δx_1. Sie ist immer bereit, Δx_2 gegen Δx_1 zu tauschen, man sagt auch: zu substituieren.
Das Verhältnis $\Delta x_2/\Delta x_1$ ist gleichzeitig die Steigung der Verbindungslinie
zwischen den Punkten X und Y. Man nennt den Bruch auch die **inne-**

Gut 2 in der Regel als ein Güterbündel angenommen, in dem alle Güter außer Gut 1 enthalten sind.
Mit dieser Annahme können die Schwierigkeiten bei der Betrachtung spezieller Indifferenzkurven für zwei
einzelne Güter vernachlässigt werden. Nicht streng konvexe Indifferenzkurven erschweren die Analyse
erheblich und bringen an dieser Stelle keinen Verständnisgewinn.

re Tausch- oder *innere Substitutionsrate*. *Innere* weil diese Rate nur zwischen X und Y gilt. Sucht man sich zwei beliebige andere Punkte, ist das Verhältnis ein anderes. Die beiden weiteren mit gestrichelten Linien eingezeichneten Steigungsdreiecke machen dies mehr als deutlich. Die senkrechte gestrichelte Linie stellt jeweils Δx_2, die horizontale Δx_1 dar. Die *innere* Substitutionsrate ist jeweils verschieden. Verringert man den Abstand zwischen zwei Punkten auf der Indifferenzkurve bis er unendlich klein ist, erhält man die tatsächliche Steigung der Indifferenzkurve, die in jedem Punkt das **Tauschverhältnis** bzw. **Substitutionsverhältnis** zwischen Gut 2 und Gut 1 bestimmt. Dieses Substitutionsverhältnis heißt die **Grenzrate der Substitution** (auch: Marginal Rate of Substitution (MRS)):[8]

$$MRS = -\frac{dx_2}{dx_1}.$$

Die Grenzrate der Substitution lässt sich auch mit Hilfe des schon bekannten Grenznutzens berechnen. Die Nutzenreduzierung durch geringeren Konsum von x_2 ist:

$$\Delta u = -\Delta x_2 * MU_{x_2}.$$

Die Nutzenerhöhung durch stärkeren Konsum von x_1 ist hingegen:

$$\Delta u = \Delta x_1 * MU_{x_1}.$$

Da beide Bündel X und Y weiterhin auf der gleichen Indifferenzkurve liegen und den gleichen Gesamtnutzen haben, muss die gesamte Nutzenänderung gleich Null sein, d.h.:

$$\Delta x_1 * MU_{x_1} + \Delta x_2 * MU_{x_2} = 0 \qquad |-\Delta x_2 * MU_{x_2}$$
$$\Leftrightarrow \Delta x_1 * MU_{x_1} = -\Delta x_2 * MU_{x_2} \qquad |:\Delta x_1| : MU_{x_2}$$
$$\Leftrightarrow -\frac{\Delta x_2}{\Delta x_1} = \frac{MU_{x_1}}{MU_{x_2}} = MRS.$$

Beachte, dass in der letzten Zeile auf der linken Seite x_2 durch x_1 steht, während auf der rechten Seite der Grenznutzen von x_1 durch den Grenznutzen von x_2 geteilt wird. Dies kann leicht verwirren.

Die Grenzrate der Substitution $(-dx_2/dx_1)$ ist im Falle von normalen Präferenzen immer eine negative Zahl, wie auch die Steigung der Indifferenzkurve negativ ist. Schließlich gibt die Konsumentin eine bestimmte

---

[8]Das negative Vorzeichen ergibt sich aus der Substitution der beiden Güter. Unter der Annahme eines konstanten Nutzenniveaus, muss von einem Gut etwas aufgegeben werden, um von dem anderen Gut etwas zu erhalten. Wird etwas von x_2 aufgegeben (negatives Vorzeichen im Zähler), erhält die Konsumentin etwas von x_1 (positives Vorzeichen im Nenner). Minus durch Plus ergibt Minus.

Menge von x_2 auf (daher negatives Vorzeichen im Zähler) und erhält eine bestimmte Menge von x_1 (daher positives Vorzeichen im Nenner). Minus durch Plus ergibt bekanntlich Minus.

Die Grenzrate der Substitution ist ein sehr wichtiges Konzept und wird weiterhin eine große Rolle spielen in den folgenden Kapiteln. Die bis hier angebotene Erklärung ist recht formal. Man kann noch eine weitere Interpretation anbieten. Die Konsumentin kann zum Beispiel den Wunsch hegen, eine marginale Einheit, d.h. eine zusätzliche Einheit des ersten Gutes haben zu wollen. Diese Einheit hat einen bestimmten Wert oder man kann auch sagen einen Preis. Was ist dieser Preis? Ganz einfach: Δx_2. Die Konsumentin ist bereit, bei einer bestimmten Ausstattung genau diese Menge Δx_2 auszugeben, d.h. zu bezahlen, um eine zusätzliche Einheit von x_1 zu erhalten. Anders ausgedrückt, Δx_2 *ist die* **marginale Zahlungsbereitschaft** *der Konsumentin für eine zusätzliche Einheit von x_1 bei einer gegebenen Ausstattung.* Die marginale Zahlungsbereitschaft beschreibt, was die Konsumentin höchstens ausgeben würde, um eine marginale Einheit vom ersten Gut zu erhalten.

5.2.1.3   Nicht normale Präferenzen

Nachdem die normalen Präferenzen ausführlich erläutert wurden, sollen in diesem Abschnitt noch einige Besonderheiten bei **nicht normalen Präferenzen** aufgezeigt werden.

Zunächst der entgegengesetzte Fall der vorher erläuterten Präferenzen bei Gütern, die Präferenzen bei Bads. Ein **Bad**[9] sind Dienstleistungen und Service, die von der Gesellschaft oder einem Einzelnen negativ bewertet werden. Der Nutzen der Konsumentin steigt, wenn sie weniger von den besagten Gütern hat. Eine Konsumentin mag zum Beispiel Erbsen aber keine Wurzeln. Gerade diese zwei Gemüsesorten werden aber oft gemeinsam gereicht. Wie sehen die Indifferenzkurven im Falle von Erbsen und Wurzeln aus? Im Fall normaler Präferenzen war die Konsumentin bereit etwas aufzugeben, wenn sie auf der anderen Seite auch etwas erhalten hat. Was muss im Falle eines Bads passieren, damit die Konsumentin, wenn sie mehr von den Wurzeln erhält, immer noch auf der gleichen Indifferenzkur-

---

[9]Dieser Begriff wird in der Umgangssprache eigentlich nicht verwendet. Er leitet sich wie das Gut aus dem Englischen ab. Das Gut kommt von *Good*. In englischen Textbüchern wird für ein Gut, dass den Nutzen einer Konsumentin oder eine Gesellschaft mit zunehmender Menge reduziert, der Begriff *Bad* verwendet. Die Übersetzung dieses Ausdrucks in ein *Schlecht* wird nur sehr selten in der deutschsprachigen Literatur verwendet.

ve ist? Sie wird mehr Erbsen verlangen. Die Indifferenzkurve hat in dem
Fall nur eines Bads eine positive Steigung. Zu beachten ist in Abbildung
5.11 (a), dass das höhere Nutzenniveau links oben liegt anstatt rechts oben
wie im Fall der normalen Präferenzen.

Der Fall wird in Abbildung 5.11 (b) noch etwas erweitert. Es gibt leider
nicht mal mehr Erbsen, sondern pures Wurzelgemüse und Gewürzgurken.
Die Konsumentin mag beides nicht. In einem bestimmten Verhältnis ist
sie bereit, beides gegeneinander zu substituieren, auch wenn es keinen Un-
terschied für sie macht. Am Höchsten ist ihr Nutzen in diesem Fall im
Nullpunkt. Sie muss dann weder Wurzeln noch Mais aus Anstand vor den
Gastgebern konsumieren. Das höhere Nutzenniveau liegt daher in diesem
Fall links unten. Die Indifferenzkurve macht keine Links-, sondern eine
Rechtskurve. Die Kurve ist **konkav**, nicht konvex. Eine Verbindungslinie
zwischen zwei beliebigen Punkten liegt unterhalb der Funktion. Der Nutzen eines gewogenen Durchschnitts aus zwei Bündeln ist kleiner als der
Nutzen der beiden Bündel selbst. Im Falle von zwei Bads kann dies nicht
intuitiv begründet werden. Eine Indifferenzkurve kann aber ebenfalls bei
zwei Gütern konkav sein. Dies ist dann der Fall, wenn zwei Güter analysiert werden, die man für gewöhnlich nicht gemeinsam, sondern lieber
getrennt konsumiert. Eine Konsumentin mag zwar Hamburger und Schokolade, doch nicht zusammen. In diesem Fall wäre der Durchschnitt von
zum Beispiel einem halben Hamburger und einer halben Tafel Schokolade
für sie weniger wert, als der Hamburger oder die Schokolade alleine.

Zwei weitere Besonderheiten, **perfekte Substitute** und **perfekte
Komplemente** sollen kurz erläutert werden. Substitutionsgüter sind
Güter, die durch andere ersetzt, substituiert, werden können. *Perfekte Substitute ersetzen das jeweils andere Gut voll und ganz, ohne eine Nutzen-
veränderung bei der Konsumentin hervorzurufen. Perfekte Komplemente
sind hingegen Güter, die unter allen Umständen zusammengehören und
getrennt voneinander keinen Nutzen bringen.* Wie sehen die Indifferenzkurven in diesen beiden Fällen aus?

Abbildung 5.12 veranschaulicht diese Besonderheiten. Indifferenzkurven
für perfekte Substitute haben eine negative Steigung. Das macht Sinn,
wie man sich schnell verdeutlichen kann. Erhält eine Konsumentin bei einer bestimmten Anfangsausstattung, zum Beispiel 2 weiße Becher und 4
schwarze Becher, einen zusätzlichen weißen Becher, wird sie bereit sein
einen schwarzen Becher aufzugeben. Um das gleiche Nutzenniveau halten
zu können, d.h. auf der gleichen Indifferenzkurve zu bleiben, ist im Falle

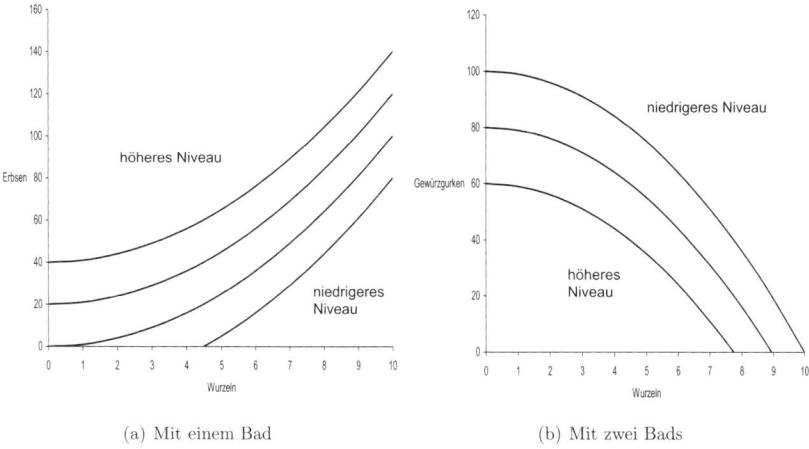

(a) Mit einem Bad   (b) Mit zwei Bads

Abbildung 5.11: Indifferenzkurven mit *Bads*

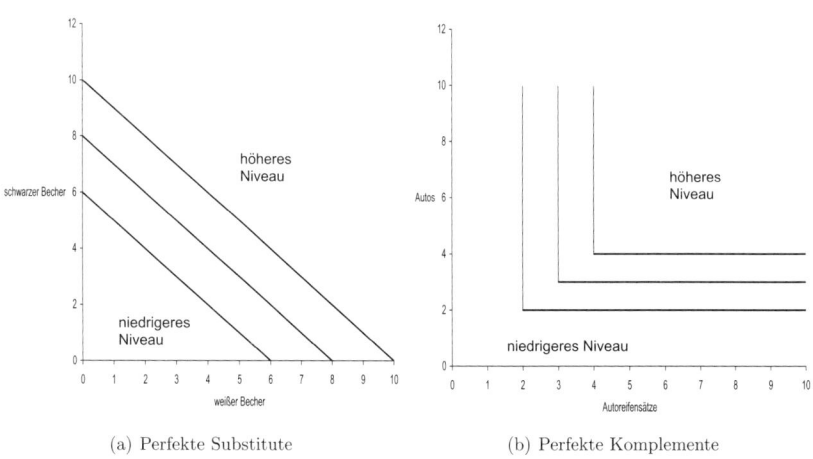

(a) Perfekte Substitute   (b) Perfekte Komplemente

Abbildung 5.12: Indifferenzkurven bei Substituten und Komplementen

der perfekten Substitute nur die Gesamtanzahl wichtig. Die Konsumentin hat in diesem kleinen Beispiel am Anfang sechs Becher. Da die Becher bis auf die Farbe gleich sind und die gleiche Funktion erfüllen ist es ihr egal wie sich die Farben auf die Gesamtanzahl der Becher verteilt. Die Konsumentin sei indifferent zwischen den Farben, sie beachtet nur die Funktion der Becher. *Wichtig ist ebenfalls, dass die Indifferenzkurve in diesem Fall immer eine Gerade sein muss. Das Tauschverhältnis bzw. die Grenzrate der Substitution ist konstant.*

Ganz anders sehen Indifferenzkurven bei Gütern aus, die perfekte Komplemente sind. Angenommen ein Auto und ein Satz Autoreifen. Im Normalfall hat eine Konsumentin, wenn sie ein Auto besitzt, auch einen Satz Autoreifen in ihrem Besitz. Dies sind die vier Reifen, die sich auf den Felgen des Autos befinden. Hat die Konsumentin in ihrer Familie zwei Autos, wird sie zwei Sätze an Autoreifen haben. Sie befindet sich in Abbildung 5.12 (b) in der linken unteren Ecke im Punkt (2, 2). Es ist nun möglich, dass die Konsumentin einen neuen Satz Autoreifen zum Geburtstag geschenkt bekommt, obwohl ihre alten Reifen noch nicht abgefahren sind. Wohin bewegt sich die Konsumentin in der Abbildung? Obwohl sie mehr besitzt, wird sie auf der gleichen Indifferenzkurve und damit auf dem gleichen Nutzenniveau verharren. Warum? Tja, die zusätzlichen Autoreifen werden nur in der Garage liegen und spenden keinen weiteren Nutzen. Ein Auto fährt mit zwei Reifensätzen nicht etwa schneller oder besser als mit einem. Die Konsumentin und ihr Haushalt verharren auf der untersten Indifferenzkurve in Abbildung 5.12 (b). Sie bewegen sich lediglich zum Punkt (3, 2). Eine Woche später wird das älteste Kind 18 Jahre und kauft sich einen Gebrauchtwagen, bei dem die Reifen tatsächlich abgefahren sind und erneuert werden müssen. Das Kind zieht die neuen Reifen auf, die noch in der Garage liegen. Nun besitzt der Haushalt drei Autos und drei Sätze an Autoreifen und ist auf einer höheren Indifferenzkurve. *Die Steigung der Indifferenzkurven ist in diesem speziellen Fall perfekter Komplemente entweder Null oder unendlich.*

5.2.2   Bestimmung von Indifferenzkurven

5.2.2.1   Bestimmung bei normalen Präferenzen

Eine einfache Nutzenfunktion, die eine weithin wichtige Rolle spielt, ist $u(x_1, x_2) = x_1 x_2$. Wie kann hieraus eine Indifferenzkurve berechnet werden? Eine Indifferenzkurve spiegelt immer ein bestimmtes Nutzenniveau wider.

Dieses Niveau u ist konstant für alle Kombinationen x_1 und x_2. Zunächst muss daher das Nutzenniveau $\bar{u}$ festgelegt werden. Anschließend löst man die Gleichung $\bar{u} = x_1 x_2$ nach x_2 auf. Es ergibt sich:

$$\bar{u} = x_1 x_2$$
$$\Leftrightarrow \ x_2 = \frac{\bar{u}}{x_1}.$$

Dies ist eine gewöhnliche Funktion mit zwei Variablen, die sich leicht in einer Grafik darstellen lässt. Für $\bar{u} = 10, 20, 30$ zeigt Abbildung 5.8 die entsprechenden Kurven. Die speziell gewählte Nutzenfunktion ist eine von einer unendlichen Anzahl sogenannter **Cobb-Douglas Nutzenfunktionen**[10]. Die Cobb-Douglas Funktion lautet allgemein:

$$u(x_1, x_2) = x_1^\alpha x_2^\beta \quad \text{mit } \alpha, \beta > 0.$$

Mit ein paar einfachen Umformungen ergibt sich eine weitere sehr nützliche Schreibweise:

$$u(x_1, x_2) = x_1^\alpha x_2^\beta \qquad\qquad \bigg| \wedge \frac{1}{\alpha + \beta}$$

$$\Leftrightarrow v(x_1, x_2) = \left(x_1^\alpha x_2^\beta\right)^{\frac{1}{\alpha+\beta}} \qquad \text{mit } u(x_1, x_2)^{\frac{1}{\alpha+\beta}} = v(x_1, x_2)$$

$$\Leftrightarrow v(x_1, x_2) = \left(x_1^\alpha\right)^{\frac{1}{\alpha+\beta}} \left(x_2^\beta\right)^{\frac{1}{\alpha+\beta}}$$

$$\Leftrightarrow v(x_1, x_2) = x_1^{\alpha * \frac{1}{\alpha+\beta}} * x_2^{\beta * \frac{1}{\alpha+\beta}}$$

$$\Leftrightarrow v(x_1, x_2) = x_1^{\frac{\alpha}{\alpha+\beta}} * x_2^{\frac{\beta}{\alpha+\beta}} \qquad \text{mit } \gamma = \frac{\alpha}{\alpha + \beta}$$

$$\Leftrightarrow v(x_1, x_2) = x_1^\gamma x_2^{1-\gamma}.$$

Die Gleichung sagt aus, dass es immer eine monotone Transformation einer Cobb-Douglas Funktion gibt, deren Exponenten sich zu eins addieren und die dieselbe Nutzenordnung widerspiegelt wie die ursprüngliche Cobb-Douglas Nutzenfunktion, deren Exponenten addiert ungleich eins waren.

5.2.2.2 Bestimmung bei besonderen Präferenzen

Vier spezielle Präferenzordnungen wurden vorher bereits erläutert. Der Fall eines Guts und eines Bads, der Fall zweier Bads, perfekte Substitute und perfekte Komplemente. Wie können in diesen Fällen die Gleichungen für

---

[10] Paul Howard Douglas (1892 - 1976): lehrte in den 1920er Jahren unter anderem an der University of Chicago; seit 1932 mehr Politiker als Wissenschaftler, 1948 - 1966 US-Senator für Michigan State. Charles W. Cobb: Professor der Mathematik am Amherst College. Die Cobb-Douglas Funktion wurde im Jahr 1928 originär zur Produktionsanalyse entwickelt.

die Indifferenzkurven aussehen? Um dies herauszufinden kann ein mathematischer Weg oder durch eine Mischung aus probieren und nachdenken eingeschlagen werden. Hier soll der zweite Weg gewählt werden.

Zunächst das Beispiel mit einem Gut und einem Bad. Gut 1 ist das Bad, Gut 2 ist das Gut. Was passiert mit dem Nutzen, wenn eine Konsumentin dazu gezwungen ist, die Menge des Bads zu erhöhen? Der Nutzen sinkt, d.h. das Vorzeichen des Gutes 1, des Bads, muss negativ sein. Das Vorzeichen des Gutes 2 muss hingegen positiv sein, denn eine Erhöhung der Menge von Gut 2 erhöht auch den Nutzen insgesamt. Folgende Nutzenfunktion erfüllt beispielsweise die Bedingungen:

$$u(\underset{(Bad)}{x_1}, \underset{(Gut)}{x_2}) = -x_1^\alpha + x_2^\beta.$$

Die dazugehörige Gleichung für Indifferenzkurven bei konstantem $\bar{u}$ lautet:

$$\bar{u} = -x_1^\alpha + x_2^\beta$$
$$\Leftrightarrow \quad x_2^\beta = x_1^\alpha + \bar{u}$$
$$\Leftrightarrow \quad x_2 = \left(x_1^\alpha + \bar{u}\right)^{\frac{1}{\beta}}.$$

Eine solche Indifferenzkurve wurde bereits in Abbildung 5.11 (a) für spezielle Fälle dargestellt.Unter Umständen kann eine Indifferenzkurve mit einem Gut und einem Bad auch eine Gerade sein. In diesem Fall wären $\alpha, \beta = 1$ und das Gut und das Bad werden in einem konstanten Verhältnis getauscht. Nun wird das eine Gut mit einem weiteren Bad ersetzt. In diesem Fall ergibt sich der Nutzen aus der Summe beider Bads. Dabei gilt jedoch, dass das höchste Nutzenniveau im Nullpunkt liegt. Sobald entweder eine positive Menge von Bad 1 oder von Bad 2 oder gar von beiden konsumiert wird, verändert sich das Nutzenniveau negativ. Die Nutzenfunktion und die Gleichung für die Indifferenzkurven lauten:

$$u(\underset{(Bad)}{x_1}, \underset{(Bad)}{x_2}) = -x_1^\alpha - x_2^\beta$$
$$\Leftrightarrow \quad x_2^\beta = -\left(x_1^\alpha\right) - \bar{u}$$
$$\Leftrightarrow \quad x_2 = -\left(x_1^\alpha + \bar{u}\right)^{\frac{1}{\beta}}.$$

Gerade diese letzte Bedingung ist sehr wichtig, um den Fall zweier Bads erkennen zu können. Eine positive Veränderung des Nutzens kann nur herbeigeführt werden, indem die Menge mindestens eines Bads reduziert wird.

Eine ähnliche Nutzenfunktion beschreibt auch den Fall der perfekten Substitute. Zwei wichtige Unterscheidungen sind allerdings zu machen. Erstens muss die Indifferenzkurve im Falle perfekter Substitute immer eine Gerade sein, d.h. die Steigung und damit die MRS ist konstant. Viel wichtiger ist aber zweitens, dass eine positive Nutzenänderung durch eine Erhöhung der Menge mindestens eines Gutes herbeigeführt wird. Die Nutzenfunktion und die Gleichung für die Indifferenzkurven lauten:

$$u(x_1, x_2) = \alpha x_1 + \beta x_2$$
$$\Leftrightarrow \quad x_2 = -\frac{\alpha}{\beta} x_1 + \frac{1}{\beta} \bar{u}$$

hierbei gilt:

$$\Delta u = \alpha \Delta x_1 + \beta \Delta x_2.$$

Es verbleibt der Fall perfekter Komplemente. Der Nutzen ergibt sich in diesem Fall aus der Menge der zusammengehörigen Paare. Besitzt die Familie ein Auto und einen Satz Reifen, besitzt sie insgesamt ein zusammengehöriges Paar. Solange sich nur eines der beiden Güter erhöht, verharrt der Nutzen auf seinem ursprünglichen Niveau. Es muss gelten: $u(1, 1) = u(1, 2) = u(1, 3)$ und so weiter. Erhöhen sich jedoch beide Komponenten gilt die Beziehung $u(1, 1) < u(2, 2) < u(3, 3)$ und so fort. Daraus lässt sich die Nutzenfunktion

$$u(x_1, x_2) = \min\{x_1, x_2\}$$

ableiten. Die Indifferenzkurve lässt sich in diesem Fall nur durch ein System von Ungleichungen darstellen:

$$\bar{u} = \begin{cases} x_1 & \text{für } x_2 \geq x_1 \\ x_2 & \text{für } x_1 > x_2. \end{cases}$$

5.3 Das Budget

5.3.1 Budgetrestriktion und Konsummöglichkeitenmenge

Bekannt ist bis dato das Ziel der Konsumentin, **Nutzenmaximierung**, und die relative Bewertung der Güter in einem Güterbündel. Die Konsumentin weiß bisher aber noch nicht, wie viel sie sich überhaupt leisten kann. Darüber macht sie sich jetzt Gedanken.

Der Ursprung jeder Konsumentin ist die Geburt, bei der sie nichts besitzt außer ihrem Leben. Im Laufe des Lebens lernt die Konsumentin. Man sagt nicht umsonst: *Man lernt ein Leben lang.* Mit dem Lernen baut die Konsumentin sich selbst Kapital auf. Was ist das für Kapital? Dies ist erstens Humankapital, d.h. Wissen und ein bestimmtes Bildungs- bzw. Ausbildungsniveau, zweitens Geld und drittens Sachkapital, Grund und Boden,

Immobilien, Gemälde, Antiquitäten etc. Wichtig ist zunächst das Humankapital, weil es die Grundlage zum Erwerb der anderen Kapitalien ist. Humankapital ist Wissen, Verständnis, Bildung etc. Die Konsumentin hat sich durch eine bestimmte Schulbildung, Ausbildung, vielleicht einem Studium, beruflicher Praxis und zusätzlicher Fort- und Weiterbildung dieses Humankapital aufgebaut. Es befähigt sie, Arbeit zu verrichten. Der Schulabschluss und die Ausbildung zu einem Tischler ermöglicht die Arbeit als Tischler, ein VWL Studium zu einem Job in einer Bank oder Versicherung zum Beispiel. Die Konsumentin besitzt im Wesentlichen ihre Arbeitskraft, die sie anbietet, um Lohn dafür zu erhalten.

Arbeit ist ein Produktionsfaktor, sogar ein originärer. Firmen benötigen diesen Faktor zur Produktion und sind daher bereit, einen gewissen Preis dafür zu bezahlen. Die Konsumentin erhält also Lohn. Dazu hat sie vielleicht Einnahmen aus weiteren Kapitalien. Dies können Zinsen oder Dividenden aus Wertpapieren sein oder Mieteinnahmen aus Immobilien. An dieser Stelle soll es nicht weiter von Interesse sein, wo das Geld, mit dem die Konsumentin ihren Konsum stillen kann, tatsächlich herkommt. Es wird angenommen, sie habe ein **Einkommen** in Höhe von m Geldeinheiten.

Es gibt weiterhin die bekannten Güter x_1 und x_2 zu kaufen, d.h. zu konsumieren. Die Konsumentin kann sich nun überlegen, welchen Konsum sie mit ihrem Einkommen bestreiten kann. Ihr Einkommen stellt dabei eine Restriktion dar. Auf jeden Fall kann sie nicht mehr als ihr Einkommen konsumieren.[11] Was kann sie tun? Sie kann ihr Einkommen für x_1 ausgeben und bezahlt hierfür den Preis p_1 oder bzw. und sie zahlt Preis p_2 um Gut x_2 zu erwerben. Dabei kann entweder das gesamte Einkommen oder ein Teil davon für den Konsum eingesetzt werden. Alle Möglichkeiten lassen sich durch die einfache Ungleichung:

$$p_1 x_1 + p_2 x_2 \leq m$$

darstellen. Diese Ungleichung wird die **Budgetrestriktion** einer Konsumentin genannt. Wenn das Budget ausgeschöpft wird, ergibt sich aus obiger Beziehung eine Geradengleichung, die **Budgetgerade**. Welches sind die maximalen Mengen, die sich die Konsumentin jeweils von x_1 und x_2 leisten kann? Hierzu wird x_1 bzw. x_2 gleich Null gesetzt und die Gleichung

---

[11]An dieser Stelle wird noch angenommen, dass die Kreditaufnahme nicht möglich ist bzw. im Einkommen enthalten ist. Es wurde ein Einkommen von m angenommen, was ebenfalls eine Kreditaufnahme enthalten könnte. Dies ist hier nicht weiter von Bedeutung. Die Möglichkeit einer Kreditaufnahme und wie diese die Entscheidung einer Konsumentin beeinflusst, wird in einem späteren Kapitel untersucht (siehe Kap. 7.1.2).

nach dem jeweils anderen Gut aufgelöst.

$$x_1 = 0: \qquad\qquad x_2^{\mathrm{max}} = \frac{m}{p_2}$$

$$x_2 = 0: \qquad\qquad x_1^{\mathrm{max}} = \frac{m}{p_1}.$$

In einem zwei-Güter-Koordinatenkreuz sind diese beiden Punkte genau die Schnittpunkte mit der vertikalen bzw. horizontalen Achse. In Abbildung 5.13 ist die Budgetgerade eingezeichnet. Wie groß ist die Steigung dieser Geraden? Auflösung der Budgetgleichung nach x_1 bzw. x_2 und Bildung der ersten Ableitung ergibt:

Auflösen nach x_1 bzw. x_2:

$$p_1 x_1 + p_2 x_2 = m \qquad\qquad\qquad p_1 x_1 + p_2 x_2 = m$$

$$\Leftrightarrow x_1 = \frac{m}{p_1} - \frac{p_2}{p_1} x_2 \qquad\qquad \Leftrightarrow x_2 = \frac{m}{p_2} - \frac{p_1}{p_2} x_1.$$

1. Ableitungen bilden:

$$\frac{dx_1}{dx_2} = -\frac{p_2}{p_1} \qquad\qquad\qquad \frac{dx_2}{dx_1} = -\frac{p_1}{p_2}.$$

Die Steigung der Budgetgerade ist gleich dem negativen Verhältnis der Preise. Neben Abbildung 5.13 kann ein Beispiel das Ganze noch besser veranschaulichen. Es seien das Einkommen $m = 200$, der Preis des ersten Gutes $p_1 = 20$ EUR und der Preis des zweiten Gutes $p_2 = 25$ EUR. Die Budgetgerade lautet dann: $200 = 20x_1 + 25x_2$.

Aufgelöst nach:

$$x_1 = \frac{200}{20} - \frac{25}{20} x_2 \qquad\qquad x_2 = \frac{200}{25} - \frac{20}{25} x_1$$

$$\Leftrightarrow x_1 = 10 - 1,25 x_2 \qquad\qquad \Leftrightarrow x_2 = 8 - 0,8 x_1.$$

1. Ableitungen:

$$\frac{dx_1}{dx_2} = -\frac{25}{20} = -1,25 \qquad\qquad \frac{dx_2}{dx_1} = -\frac{20}{25} = -0.8.$$

Bei gegebenem Einkommen und gegebenen Preisen kann eine maximale Menge von 10 Einheiten von x_1 bzw. von 8 Einheiten von x_2 konsumiert werden. Die jeweiligen Ableitungen geben die **relativen Preise** wieder x_1 kostet das 0,8-fache von x_2 oder umgekehrt ist x_2 das 1,25-fache von x_1

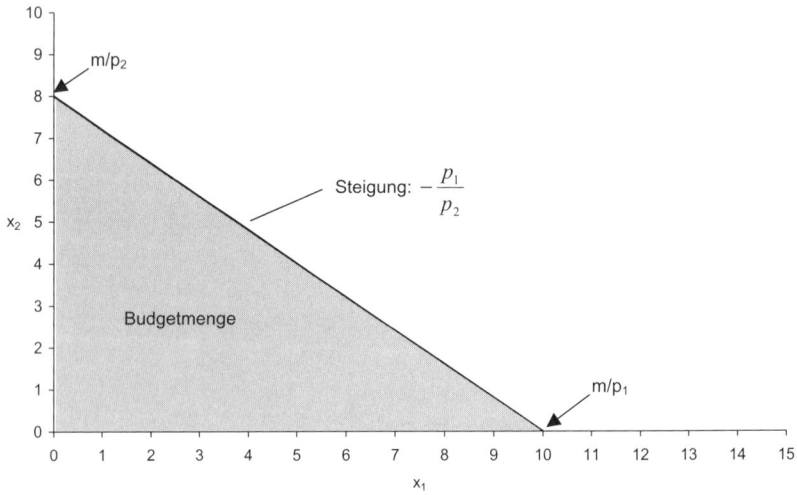

Abbildung 5.13: Die Budgetgerade

wert. Für gewöhnlich steht x_1 auf der Abszisse (horizontale Achse) und x_2 auf der Ordinate (vertikale Achse). Im Folgenden wird daher immer nur eine der Ableitungen, nämlich dx_2/dx_1 benutzt werden. Da dx_1/dx_2 der Kehrwert von dx_2/dx_1 ist, kann der andere Wert leicht berechnet werden. Was sagt die **Steigung der Budgetgeraden** aus? Der relative Preis der Güter gibt an, in welchem Verhältnis der Markt die beiden Güter gegeneinander tauscht. Im vorherigen Beispiel muss die Konsumentin den Konsum von x_2 um EUR 20 $(0, 8x_2)$ reduzieren, um eine zusätzliche Einheit von x_1 zu erhalten. Man kann auch sagen Gut 1 hat Opportunitätskosten von EUR 20.

Die Budgetgerade beschränkt eine Dreiecksfläche in Abbildung 5.13. Alle Punkte auf der Geraden stellen diejenigen Kombinationen dar, bei denen das gesamte Budget verzehrt wird. Die Konsumentin gibt jeden Cent ihres Einkommens aus. Gibt sie jedoch weniger aus, konsumiert sie eine beliebige Kombination (x_1, x_2) unterhalb der Budgetgeraden. *Die Menge aller möglichen Kombinationen wird die **Budgetmenge** genannt, manchmal einfach nur das **Budget** oder auch die **Konsummöglichkeitenmenge**. Diese Menge wird von der Budgetgeraden, diese heißt auch **Budgetrestriktion**, begrenzt. Sie stellt den maximal möglichen Konsum dar.*

5.3.2 Das Verhalten der Budgetgeraden

Was sind nun die **Eigenschaften der Budgetgerade?** Was passiert, wenn sich die Preise oder das Einkommen ändern? Angenommen der Preis p_1 von Gut 1 steigt. In diesem Fall wird der Bruch m/p_1 kleiner werden. Der Achsenabschnitt auf der horizontalen Achse wird daher kürzer und die Budgetgerade steiler. Sinkt p_1 hingegen, wird der Bruch m/p_1 größer und die Budgetgerade wird flacher. Wie verhält es sich mit Preisänderungen bei Gut 2? Steigt oder fällt p_2, hat dies Auswirkungen auf den Bruch m/p_2. Steigt p_2, wird der Bruch kleiner und die Budgetgerade flacher. Bei einem

---

Die Wirkung verschiedener Steuern

Der Staat finanziert sich größtenteils über die Erhebung von Steuern. Die Steuererhebung kann auf unterschiedliche Art und Weise erfolgen. An dieser Stelle soll die Problematik von pauschalen Konsumsteuern kurz angerissen werden. Das Gegenteil einer pauschalen Konsumsteuer auf alle Güter ist eine Steuer auf ganz bestimmte Güter. Die Mehrwert- bzw. Umsatzsteuer wird in Deutschland pauschal auf alle Güter erhoben.[a] Die Mineralöl- oder Tabaksteuer können als ein Beispiel für Steuern auf bestimmte Güter angeführt werden.

Was passiert bei der Steuererhebung auf bestimmte Güter, z.B. Benzin? Im Falle der Mineralölsteuer verteuert sich der Preis für Benzin um 65,45 Cent/l.[b] Die Verbraucherin zahlt letztlich einen Preis von $p + t$, wobei t der genannte Steuersatz pro Liter Benzin ist. Ungeachtet des tatsächlichen Steuersatzes kann man mit Sicherheit eine Preiserhöhung festhalten. Benzin sei Gut x_1. In diesem Fall wird der Bruch $m/p_1 + t$ kleiner und die Budgetgerade gegenüber ihrer ursprünglichen Position steiler. Die Erhebung einer Mehrwertsteuer, die zusätzlich auf den Benzinpreis erhoben wird, führt dagegen nicht zu einer Veränderung der Steigung der Budgetgeraden, sondern zu einer Verschiebung. Die Mehrwertsteuer wird in Höhe von 19% erhoben. Dies hat keine andere Wirkung als die Reduzierung des Einkommens. Die Konsumentin zahlt einen Preis für alle Güter von $(1 + t)p_i$. Die Budgetgerade verschiebt sich nach innen und verkleinert die Konsummöglichkeitenmenge der Konsumentin.

Ein armer Haushalt, der sein gesamtes Einkommen zum Leben ausgeben muss, sieht seine Konsummöglichkeiten eingeschränkt. Ein reicher Haushalt, der mehr konsumiert als er zum Leben bräuchte, kann einer Steuererhöhung mit der Reduzierung seines Konsums begegnen. Der reiche Haushalt kann verhältnismäßig geringer von einer pauschalen Konsumsteuer betroffen sein, auch wenn beide Haushalte den gleichen Steuersatz bezahlen müssen. Aus diesem Grunde kann eine pauschale Konsumsteuer als sozial ungerecht oder unausgewogen bezeichnet werden.

Im Falle der Mineralölsteuer hat jede Konsumentin die Möglichkeit den Konsum des nach der Steuer teureren Gutes zu reduzieren. Steigt die Mineralölsteuer um 5 Cent/l kann die Konsumentin ihre Nachfrage nach Benzin entsprechend einschränken.

Pauschale Konsumsteuern sind sozial unausgewogen. Allerdings sind Steuern auf individuelle Güter nicht unbedingt gerecht. Im Falle der Mineralölsteuer wird sich ein Pendler ungerechter behandelt fühlen als ein regelmäßiger Benutzer der öffentlichen Verkehrsmittel in einer Stadt. Der Pendler hat unter Umständen aber nicht die Möglichkeit auf Bus und Bahn umzusteigen, selbst wenn er wollte.

---

a Die Mehrwertsteuer (MwSt.) bzw. Umsatzsteuer (USt.) ist in der Höhe durch den §12 Abs. 1 des Umsatzsteuergesetzes (UStG.) auf 19 v. Hundert festgelegt. Abs. 2 lässt für einige Waren und Dienstleistungen einen ermäßigten Satz von 7 v. Hundert zu. Auch gibt es Güter, die insgesamt von der MwSt. ausgenommen sind. Das hier angesprochene Problem gilt allerdings für beide positiven Steuersätze.

b Energiesteuergesetz (EnergieStG) §2 Abs. 1; Steuer für 1 l Benzin mit einem Schwefelgehalt von höchstens 10 mg/kg.

fallenden Preis p_2 wird der Bruch größer und die Budgetgerade steiler. Was passiert, wenn sich nicht die Preise verändern, sondern das Einkommen steigt? Man schaut sich einfach wieder die Brüche an. Was passiert mit den Achsenabschnitten in diesem Fall? Beide Brüche, m/p_1 und m/p_2, bewegen sich in die gleiche Richtung. Ein steigendes Einkommen führt zu einer Verschiebung der Budgetgeraden nach außen. Fällt das Einkommen, verschiebt sich die Gerade nach innen. Dies ist auch logisch. Zur Erinnerung, die Fläche unterhalb der Budgetgeraden ist die Budgetmenge, d.h. die Menge aller Kombinationen, die sich die Konsumentin leisten kann. Erhöht sich das Einkommen, wird sich die Konsumentin auch mehr leisten können, d.h. die Budgetmenge muss größer werden. Die Gerade verschiebt sich nach außen.

Verlagert sich die Gerade aufgrund eines fallenden Einkommens weiter nach innen, wird die Budgetmenge kleiner. Die Konsumentin kann sich weniger Kombinationen leisten. Klar, ihr Einkommen ist schließlich kleiner. Diese Schlussfolgerungen gelten natürlich nur ceteris paribus. Die Veränderungen werden in Abbildung 5.14 und in der folgenden Tabelle noch einmal veranschaulicht und zusammengefasst.

Wie sich die Budgetgerade verändert, wenn sich sowohl beide Preise als auch das Einkommen verändern, kann man nicht generell sagen. In einem solchen Fall hängt es von den relativen Veränderungen ab. Angenommen das Einkommen steigt um 10%. Steigen beide Preise zur gleichen Zeit ebenfalls um genau 10%, verharrt die Budgetgerade an Ort und Stelle. Es findet keine Verschiebung statt. Das vorher angeführte Beispiel macht dies klar. Das Einkommen beträgt vor der Erhöhung EUR 200. Die Preise wurden mit $p_1 = 20$ und $p_2 = 25$ angenommen. In diesem Fall kann die Konsumentin maximal 10 Einheiten von x_1 oder 8 Einheiten von x_2 konsumieren. Nun steigt das Einkommen auf EUR 220 und die Preise jeweils auf EUR 22 (p_1) bzw. EUR 27,50 (p_2). Man sieht, dass die Konsumentin genau die gleichen maximalen Mengen von beiden Gütern konsumieren kann ($220/22 = 10$; $220/27,50 = 8$).

Tabelle 5.5: Die Veränderung der Budgetgeraden

p_1 steigt	p_1 fällt	p_2 steigt	p_2 fällt	m steigt	m fällt
m/p_1 wird kleiner	m/p_1 wird größer	m/p_2 wird kleiner	m/p_2 wird größer	m/p_i wird größer	m/p_i wird kleiner
Budgetgerade wird steiler	Budgetgerade wird flacher	Budgetgerade wird flacher	Budgetgerade wird steiler	Budgetgerade verschiebt sich nach außen	Budgetgerade verschiebt sich nach innen

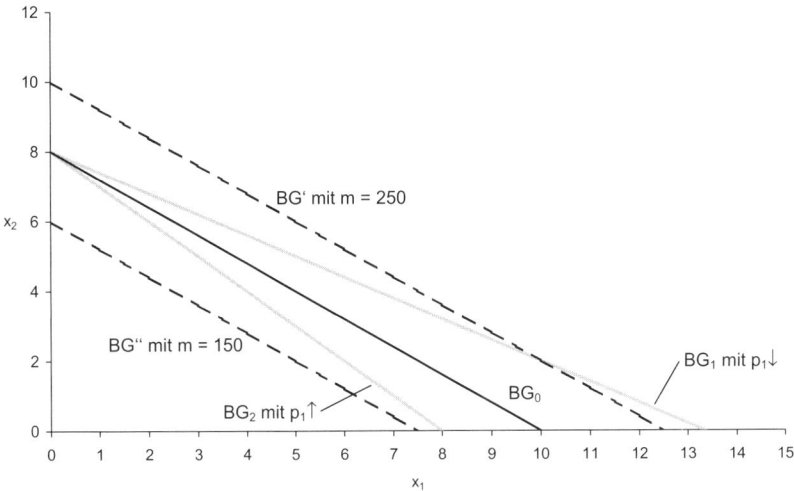

Anmerkungen zur Abbildung: Die durchgezogene Linie (BG_0) ist die ursprüngliche Budgetgerade $200 = 20x_1 + 25x_2$. Bei der Geraden BG_1 ist $p_1 = 15$, daher ist die Gerade flacher gegenüber der ursprünglichen Geraden. BG_2 ist steiler, da $p_1 = 25$. Die beiden gestrichelten Linien stellen verschobene Budgetgeraden dar. Das Einkommen beträgt $m = 250$ (BG') bzw. $m = 150$ (BG'').

Abbildung 5.14: Das Verhalten der Budgetgeraden

5.3.3 Beispiele für besondere Budgetgeraden

Budgetgeraden sind nicht immer Geraden. Eigentlich handelt es sich hierbei nur um einen speziellen Fall. *Eine Budgetgerade ist immer dann eine Gerade, wenn dass Verhältnis der Preise von Gut 1 und Gut 2 konstant ist.* Werden **Rationierungen**, **Mengenrabatte** oder **zweistufige Tarife** eingeführt, ist dies nicht mehr der Fall.

Rationierungen gehen meistens vom Staat aus. Sie werden in Notsituationen bei bestimmten Gütern implementiert. In Kriegszeiten bzw. Krisenzeiten werden Nahrungsmittel oft rationiert, um jeder betroffenen Person wenigstens das Nötigste zum Leben zu geben. Auch Medikamente sind ein häufiges Beispiel für rationierte Güter. Wird nur eines der beiden Güter rationiert, sieht die Budgetgerade wie in Abbildung 5.15 (a) aus. Der rechte Teil der gleichen Abbildung zeigt eine Budgetgerade mit zwei rationierten Gütern.

Bei der Rationierung nur eines Gutes kann die Konsumentin höchstens die rationierte Menge des Gutes 1 nachfragen. Bis zur rationierten Menge

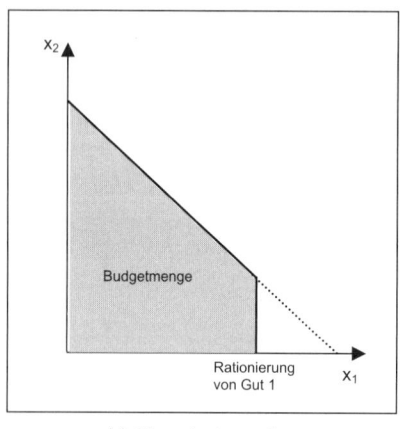 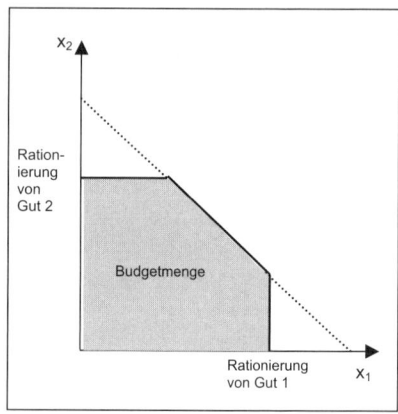

(a) Ein rationiertes Gut   (b) Zwei rationierte Güter

Abbildung 5.15: Budgetgeraden mit rationierten Gütern

ist die Budgetgerade weiterhin eine Gerade. Die Budgetmenge wird mit Erreichen der rationierten Menge des Gutes 1 abgeschnitten. Zur Erinnerung,
die Budgetmenge ist die Menge aller zum Konsum möglichen Güterkombinationen. Die Kombinationen unterhalb der gestrichelten Linie und rechts
der senkrechten Linie in Abbildung 5.15 (a) stellen nun keine praktikablen
Möglichkeiten mehr dar. Sind beide Güter rationiert, wie in Grafik (b)
veranschaulicht, werden weitere Güterkombinationen verhindert.

Bei Verbrauch von Energie in Form von Strom werden häufig Mengenrabatte eingeräumt. Dies trifft sicher weniger bei privaten Haushalten zu
als bei großen Konzernen. Die Budgetgerade sieht dann wie in Abbildung
5.16 (a) aus. Die gestrichelte Linie ist die theoretische Budgetgerade bei
konstantem Verhältnis der Preise von Strom und Gut 2. Nimmt der Konzern weniger Strom als die Menge A ab, ist der Preis höher. Die Steigung
der Budgetgeraden wird von dem Bruch

$$\frac{\text{Preis}_{\text{Strom}}}{p_2}$$

repräsentiert. Der Preis p_2 wird als konstant angenommen. Die Veränderung der Steigung hängt nur vom Strompreis ab. Je größer dieser ist, desto
steiler ist die Budgetgerade. Die Steigung ist daher vom Betrag her bei der
Abnahme einer Menge kleiner als A (hoher Strompreis) größer als bei der
Abnahme einer Menge größer als A (niedriger Strompreis).

Ein weiteres Beispiel ist in Abbildung 5.16 (b) gezeigt. Die standardmäßi-

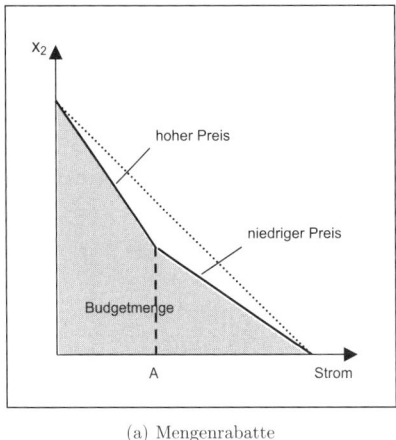 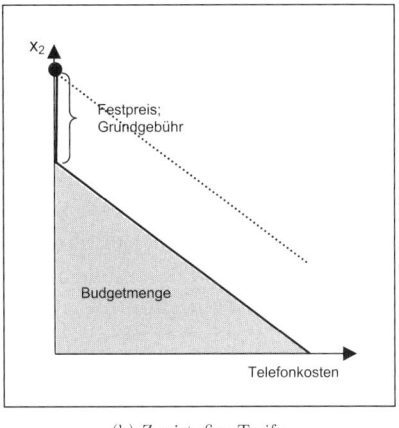

(a) Mengenrabatte   (b) Zweistufige Tarife

Abbildung 5.16: Budgetgerade mit Mengenrabatten und zweistufigen Tarifen

ge Telefonrechnung eines privaten Haushaltes setzt sich in Deutschland aus zwei Teilen zusammen. Erstens einer Grundgebühr und zweitens dem Preis pro Telefonminute mal der Anzahl der telefonierten Minuten.[12] Selbst wenn eine Familie für einen Monat in den Urlaub fährt, fällt die vertraglich vereinbarte Grundgebühr an. Die Kosten für zusätzliche Telefongespräche sind in diesem Fall natürlich Null. Die monatliche Grundgebühr schränkt den möglichen Konsum des zweiten Gutes ein. Sie hat die gleiche Wirkung wie eine generelle Reduzierung des Einkommens. Da die Grundgebühr bezahlt werden muss, komme was wolle, steht dieser Anteil des Einkommens nicht mehr dem Konsum zur Verfügung. Die gestrichelte Linie stellt die theoretische Budgetgerade bei einer Grundgebühr von Null Euro dar. Die tatsächliche Budgetgerade ist dieser theoretischen gegenüber nach innen verschoben. Die Budgetmenge wird verkleinert. Zu beachten ist, dass die Budgetgerade mit Grundgebühr diskontinuierlich verläuft. Entscheidet sich der Haushalt generell für ein Telefon, verschiebt sich die Budgetgerade nach unten (durchgezogenen Linie). Der Haushalt kann ein Telefon aber auch generell ablehnen. Die Budget*gerade* ist dann nur noch ein **Budgetpunkt** (in der Abbildung am oberen Ende der geschweiften Klammer markiert). Der Haushalt konsumiert nur Gut 2.

---

[12]In der Grundgebühr sind teilweise bereits die Kosten für Telefongespräche enthalten. Zum Beispiel ist das Telefonieren am Sonntag kostenlos, wenn man einen bestimmten Vertrag abschließt. Hiermit ist dann eine höhere Grundgebühr verbunden. Diese Unterscheidung ist an dieser Stelle unerheblich.

5.4 Die optimale Entscheidung

In diesem Abschnitt sollen die vorher beschriebenen Konzepte nun zusammengeführt werden. Es wird eine **optimale Konsumentscheidung** gesucht. Hierbei können zwei Methoden angewandt werden. Solange sich die Analyse im zweidimensionalen Bereich bewegt, ist eine grafische Analyse zu empfehlen. Erst im Bereich von mehr als zwei Dimensionen muss man zu mathematischen Lösungsansätzen greifen. Beide Methoden werden im Folgenden vorgestellt und an Beispielen erläutert.

Bisher ist die Nutzen- bzw. Präferenzordnung der Konsumentin bekannt. Diese gibt wieder, was für die Konsumentin wünschenswert wäre. Hier stößt man wieder auf das Knappheitsproblem. Die Konsumentin will unter normalen Präferenzen und der Annahme unendlicher Bedürfnisse versuchen, die höchste Indifferenzkurve zu erreichen. Die Budgetrestriktion gibt die Schranken hierbei vor. Das Budget macht deutlich, was möglich ist. Es stehen hier also zwei Punkte gegenüber: erstens, was ist wünschenswert? Zweitens, was ist möglich? Das Optimum liegt dort, wie in Kürze gezeigt wird, wo unter Ausnutzung der Möglichkeiten ein Höchstmaß an Wünschen erfüllt ist.

5.4.1 Die grafische Analyse

Die grafische Analyse beginnt man, indem man Indifferenzkurven und Budgetgeraden in eine Grafik einträgt. In diesem Fall werden einfach Abbildung 5.8 und 5.13 übereinandergelegt. Die Ausführungen zur Budgetgeraden und zur Budgetmenge machen deutlich, dass die Budgetmenge zwar die Menge aller zum Konsum möglichen Güterkombinationen darstellt. Für eine optimale Entscheidung unter der Annahme der Nutzenmaximierung können nur Kombinationen auf der Budgetgeraden ausgewählt werden.[13] *Für alle Güterkombinationen innerhalb der Budgetmenge und nicht auf der Budgetgeraden, gibt es immer eine Güterkombination auf dieser, von der sie dominiert werden.* Als Beispiele sind die Punkte b und c in Abbildung 5.17 eingetragen worden. Diese Punkte werden von B bzw. C dominiert. Vergleichbar zu b und c hat jeder Punkt unterhalb der Budgetgeraden mindestens einen Punkt auf der Budgetgeraden, der ihn dominiert. **Optimale Güterkombinationen** können daher nur auf der Budgetgeraden liegen. Gleichzeitig müssen sie auf einer Indifferenzkurve liegen. Es seien

---

[13]Es sei hier und im Folgenden zunächst davon ausgegangen, dass nicht gespart werden kann.

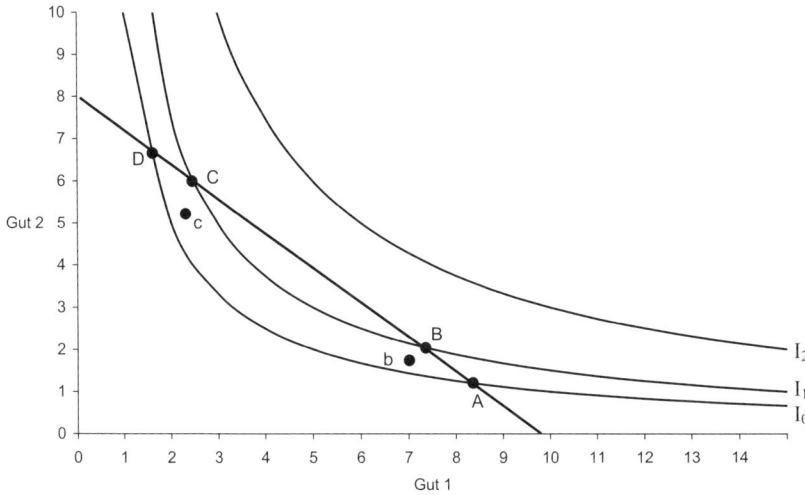

Abbildung 5.17: Indifferenzkurven und die Budgetgerade

in Abbildung 5.17 vier verschiedene Punkte A, B, C und D betrachtet. Die Konsumentin ist zwischen A und D sowie zwischen B und C jeweils indifferent. Wie sieht der Vergleich der beiden Paare aus? Ganz offensichtlich liegen B und C auf einer höheren Indifferenzkurve als A und D. Die Konsumentin wird niemals A oder D auswählen. Wird sie sich aber für B bzw. C entscheiden? Oder gibt es noch bessere Kombinationen, die einen höheren Nutzen haben?

Man erinnere sich, dass durch jedes beliebige Bündel eine Indifferenzkurve gezogen werden kann. Die Antwort auf die eben gestellte Frage lautet demnach ja. Es gibt Bündel, die besser sind als B bzw. C. Alle Bündel zwischen der Indifferenzkurve I_1 und der Budgetgeraden liegen auf einer höheren Indifferenzkurve als I_1. Verschiebt man die Indifferenzkurve I_1 nach rechts oben, ergibt sich irgendwann nur noch ein einzelner Schnittpunkt mit der Budgetgeraden. Um genau zu sein, handelt es sich nicht einmal mehr um einen Schnittpunkt, sondern nur noch um eine Berührung, einen sogenannten **Tangentialpunkt**. Punkt E in Abbildung 5.18 stellt einen solchen Tangentialpunkt dar. Punkt E auf der neu bezeichneten Indifferenzkurve I' ist das gesuchte optimale Güterbündel. Es gibt kein Güterbündel auf einer Indifferenzkurve rechts oberhalb von I', welches sich

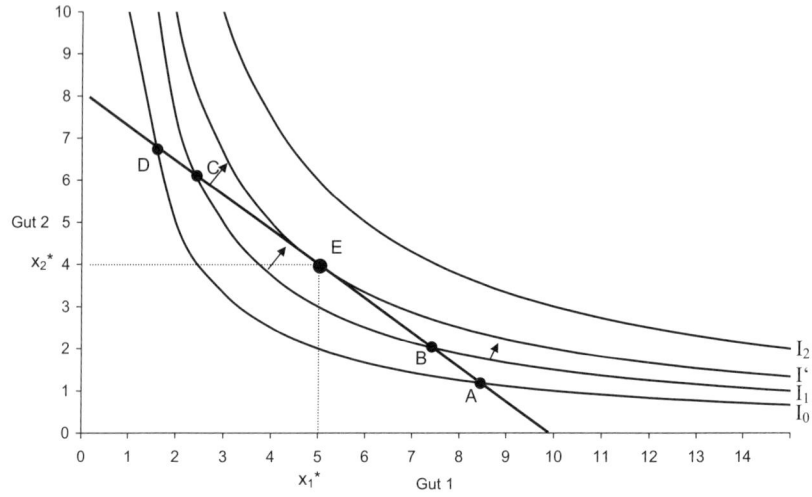

Abbildung 5.18: Das optimale Güterbündel

die Konsumentin bei der gegebenen Budgetgerade leisten könnte. In einem Tangentialpunkt ist die Steigung der Budgetgeraden identisch mit der Steigung der Indifferenzkurve. Ein paar formale Eigenschaften des optimalen Güterbündels sollen kurz erläutert werden. Die Steigung der Budgetgeraden ist gleich dem negativen Verhältnis der Preise der beiden Güter p_1/p_2. Die Grenzrate der Substitution lautet $-\Delta x_2/\Delta x_1$. Im Punkt E, dem **Haushaltsoptimum**, müssen beide Werte gleich sein. Es gilt im Haushaltsoptimum:

$$-\frac{\Delta x_2}{\Delta x_1} = \frac{p_1}{p_2}.$$

Da die Grenzrate der Substitution gleich dem reziproken Wert, dem umgekehrten Verhältnis, der Grenznutzen ist, gilt im Haushaltsoptimum auch:

$$-\frac{\Delta x_2}{\Delta x_1} = \frac{MU_1}{MU_2}.$$

Insgesamt also:

$$\frac{MU_1}{MU_2} = \frac{p_1}{p_2}.$$

Nach einfacher Umformung ergibt sich:

$$\frac{MU_1}{MU_2} = \frac{p_1}{p_2} \qquad | * MU_2| : p_1$$

$$\Leftrightarrow \frac{MU_1}{p_1} = \frac{MU_2}{p_2}.$$

Der Haushalt wird demnach so lange einen gewissen Teil eines Gutes aufgeben und gegen einen bestimmten Teil des anderen Gutes eintauschen, bis das Verhältnis der Grenznutzen zum Preis bei jedem Gut gleich ist. Zum Verständnis ein kleines Beispiel. Eine Studentin kommt aus dem Schwimmbad und möchte das 2 Euro Stück, welches sie als Pfand in den Schrank stecken musste, in Süßigkeiten anlegen. Ihr Budget ist m = 200 Cent. Zur Auswahl stehen Lollis (x_1) zum Preis von 20 Cent, Schokoriegel (x_2) zum Preis von 35 Cent und Päckchen Kaugummis (x_3) zum Preis von 50 Cent. Die Studentin ist wohlvertraut mit dem Nutzenkonzept. Ihr Grenznutzen entwickelt sich für die einzelnen Güter wie folgt:

Tabelle 5.6: Das optimale Güterbündel einer Studentin

Stückzahl	x_1 (Lolli)	$p_1 = 20$	x_2 (S-riegel)	$p_2 = 35$	x_3 (Kaug.)	$p_3 = 50$
	MU	MU/p	MU	MU/p	MU	MU/p
1	105	5,25	210	6	150	3
2	85	4,25	105	3	100	2
3	70	3,5	52,5	1,5	60	1,2
4	60	3	26,25	0,75	30	0,6

Mit zunehmender Menge der Güter wird der Grenznutzen immer kleiner und daher bei konstantem Preis auch das Verhältnis MU/p. Um das optimale Bündel zu finden, vergleicht man einfach alle Verhältnisse von Grenznutzen zu Preis. Das größte Verhältnis ist beim Schokoriegel. Pro Einheit ihres eingesetzten Geldes bekommt die Studentin mit dem Kauf eines Schokoriegels den größten Nutzen. Sie kauft einen. Ihr Gesamtnutzen beträgt jetzt 210 und ihre Ausgaben bisher 35 Cent. Sie vergleicht weiter und stellt fest, dass das nächstgrößte Verhältnis bei Lollis ist. Sie kauft einen und gleich noch einen und noch einen. Das Verhältnis von Grenznutzen zu Preis ist jeweils am größten. Sie hat nun einen Schokoriegel und drei Lollis gekauft (Gesamtnutzen: 470; Ausgaben: 95). Wenn die Studentin sich nach diesen Einkäufen wieder ihrer Tabelle zuwendet, findet sie gleich dreimal das gleiche Verhältnis von Grenznutzen und Preis. Sie kauft daher noch einen weiteren Lolli, einen Schokoriegel und eine Packung Kaugummis (Gesamtnutzen: 785; Ausgaben: 200). Das optimale Güterbündel der Studentin ist $(4x_1, 2x_2, x_3)$. Desweiteren gilt:

$$\frac{MU_1}{p_1} = \frac{MU_2}{p_2} = \frac{MU_3}{p_3}.$$

Wenn ihre Anfangsausstattung 4 Packungen Kaugummis wären (Wert 200 Cent) würde die Studentin solange Kaugummipäckchen aufgeben und gegen Schokoriegel und Lollis eintauschen, bis die obige Gleichung erreicht wäre. Ein einziges Beispiel reicht aus, um dies klar zu erkennen und alle Zweifel auszuräumen. Gibt die Studentin von ihren vier Packungen Kaugummi das vierte Päckchen auf, reduziert sich ihr Gesamtnutzen um 30 (Zeile 6, Spalte 6). Mit dem Wert dieses einen Päckchens von 50 Cent kann sie jedoch einen Schokoriegel kaufen. Ihr Nutzen erhöht sich damit um 210 und sie hat noch 15 Cent über. Wenn sie weiter tauscht, wird die obige Gleichung irgendwann erreicht werden.

Die grafische Lösung des Optimierungsproblems ist eine gute und einfache Hilfe, um mathematische Schwierigkeiten zu vermeiden. Nichts desto trotz ist sie häufig mit Fehlern behaftet. Zeichnungen sind, dies gilt gerade für Handzeichnungen, nicht besonders genau. Darüber hinaus scheitert die grafische Lösung bereits fast vollständig in der dritten Dimension und auf jeden Fall in der vierten Dimension. Hierzu wird ein mathematischer Ansatz zur Lösung des Optimierungsproblems benötigt, die sogenannte **Lagrangetechnik**. Die Lösung eines Optimierungsproblems mit Hilfe des Lagrangeansatzes wird im Appendix zu diesem Kapitel anhand einer Funktion mit zwei Variablen und einer **Nebenbedingung** erläutert.

5.4.2   Optimale Entscheidung bei nicht normalen Präferenzen

Auch bei der Suche nach dem optimalen Güterbündel gibt es Besonderheiten, wenn die Präferenzen nicht normal sind. Der einfachste Fall sind hierbei konkave Präferenzen. Diese Art von Präferenzen tritt bei zwei Bads auf. Das Optimierungsproblem dreht sich einfach um. Die Konsumentin wird nicht maximieren, sondern minimieren. Für gewöhnlich wird sie daher keines der beiden Güter konsumieren. Damit befindet sie sich auf der Indifferenzkurve, die eine Tangente an den Ursprung eines Koordinatenkreuzes ist. Abbildung 5.19(a) verdeutlicht diese Art der Optimierung.

Eine besondere Lösung entsteht auch bei nur einem Bad. Abbildung 5.19 (b) bezieht sich auf das schon früher verwendete Beispiel von Erbsen und

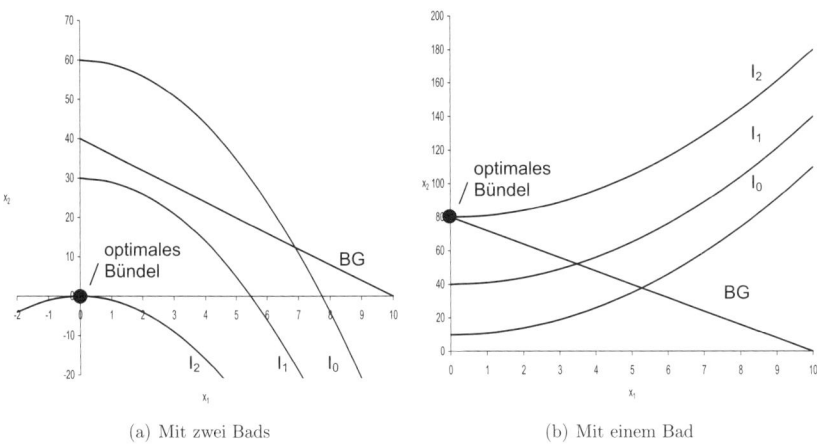

(a) Mit zwei Bads   (b) Mit einem Bad

Abbildung 5.19: Optimierung mit Bads

Wurzeln.[14] Die Wurzeln sind das Bad. Dies sei x_1 in Abbildung 5.19 (b). Im Optimum wird die Konsumentin nicht eine einzige Wurzel haben wollen. Man verschiebt einfach die Indifferenzkurve soweit nach oben, bis man auf den äußersten Schnittpunkt der Budgetgeraden mit der vertikalen Achsen trifft. Man nennt dies auch **Randlösungen** oder **Extremlösungen**.

Randlösungen erhält man auch im Fall von perfekten Substituten. Dieses Ergebnis macht auch intuitiv Sinn. Ein Beispiel für perfekte Substitute sind schwarze und weiße Becher. Wenn keine Farbpräferenzen bestehen, würde die Konsumentin die Farbe wählen, die zu einem niedrigeren Preis zu haben ist. Sie könnte dann mehr Becher kaufen. Bei diesen Beispielen sollte man sich davon freimachen, die Budgetgerade als eine Einkommensrestriktion zu betrachten. Es wird hier nicht ein Gut gegen alle anderen, sondern nur Becher gegen Becher substituiert. Die Budgetgerade ist weiterhin eine Restriktion, dass ist richtig. Es muss aber nicht unbedingt das Einkommen der Konsumentin sein. Welche Konsumentin würde schon ihr Einkommen für Becher ausgeben? Egal ob schwarz oder weiß, es gibt nur einen bestimmten Bedarf an Bechern. Die Budgetrestriktion ist hierbei mehr als eine Wunschausgabe zu betrachten. Die Konsumentin geht einkaufen mit dem Ziel nicht mehr als eine bestimmte Summe für Becher auszugeben. Diese Summe stellt dann zusammen mit den Preisen der beiden Substitute die Budgetgerade dar. Das Modell macht weiterhin Sinn. Abbildung 5.20

---

[14]vgl. Kap. 5.2.1.3

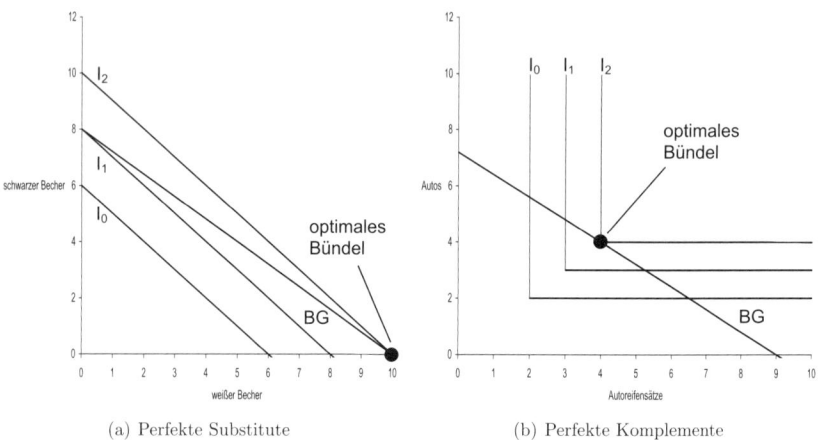

(a) Perfekte Substitute   (b) Perfekte Komplemente

Abbildung 5.20: Optimierung mit perfekten Substituten und Komplementen

(a) veranschaulicht noch einmal die optimale Entscheidung bei perfekten Substituten.

Das optimale Güterbündel bei perfekten Komplementen kann man wie in Abbildung 5.20(b) finden. In diesem Fall ist zu beachten, dass die Lösung immer eine *Ecke* ist. Die Konsumentin wird im Optimum immer von beiden Gütern das gleiche Verhältnis kaufen. Wie bereits argumentiert wurde, erhöht eine unterschiedliche Anzahl nicht das Nutzenniveau und führt damit nicht zu einer besseren Situation.

5.5 Appendix

Die grafische Lösung des Optimierungsproblems bei Entscheidungen (siehe Kap. 5.4.1) ist häufig eine gute und einfache Hilfe, um mathematische Schwierigkeiten zu vermeiden. Allerdings sind Zeichnungen, dies gilt gerade für Handzeichnungen, nicht besonders genau. Im Studium sind die Zahlen und Funktionen wie auch in den Lehrbüchern zwar meistens so gewählt, dass ganze Zahlen herauskommen, aber man sollte sich darauf nicht verlassen. Die grafische Lösung ist nicht nur durch Ungenauigkeit belastet, sondern scheitert fast vollständig in der dritten Dimension und auf jeden Fall in der vierten Dimension. Hierzu wird ein mathematischer Ansatz zur Lösung des Optimierungsproblems benötigt, die sogenannte **Lagrangetechnik**[15]. Die Lösung eines Optimierungsproblems mit Hilfe des Lagrangeansatzes wird im Folgenden anhand einer Funktion mit zwei Variablen und einer **Nebenbedingung** erläutert. Die am Anfang schnell verwirrende formale Sprache sollte auf keinen Fall abschrecken, diesen Ansatz selbst an einem Beispiel durchzurechnen. Im wirtschaftswissenschaftlichen Studium trifft man sehr häufig auf eben diese mathematische Technik.

Der Abbildung 5.18 liegt die Nutzenfunktion $u(x_1, x_2) = x_1 x_2$ zugrunde. Die Budgetbeschränkung in dieser Abbildung ergibt sich aus dem schon vorher verwendeten Beispiel[16] $20x_1 + 25x_2 \leq 200$. Aus der Abbildung scheint ersichtlich, dass das optimale Güterbündel $(x_1^*, x_2^*) = (5, 4)$ ist. Ist dies das genaue Güterbündel? Oder ist die Zeichnung ungenau? Man wird sehen.

Der Lagrangeansatz:

Umstellen der Budgetgerade, hier Nebenbedingung (NB) genannt, so dass sie gleich Null ist:

$$NB : 20x_1 + 25x_2 - 200 = 0.$$

Aufstellung der **Lagrangefunktion**:

$$L(x_1, x_2, \lambda) = u(x_1, x_2) - \lambda(20x_1 + 25x_2 - 200)$$
$$\Leftrightarrow \quad L(x_1, x_2, \lambda) = x_1 x_2 - \lambda(20x_1 + 25x_2 - 200).$$

Das Finden eines Optimums bedeutet im Falle der hier unterstellten normalen Präferenzen eigentlich nichts anderes, als das Finden eines Maximums. Ein Maximum ist eine Extremstelle, die man über den Weg der ersten Ableitung findet. Es müssen daher die **partiellen Ableitungen der Lagrangefunktion** nach allen Parametern, dies sind x_1, x_2 und λ, gebildet und gleich Null gesetzt werden.

---

[15]Für eine ausführliche und anschauliche Darstellung der Lagrangetechnik mit Beispielaufgaben, siehe Peter Dörsam 2006.

[16]vgl. Kap. 5.3.1

Die partiellen Ableitungen lauten:

$$\frac{\partial L}{\partial x_1} = x_2 - 20\lambda$$

$$\frac{\partial L}{\partial x_2} = x_1 - 25\lambda$$

$$\frac{\partial L}{\partial \lambda} = 20x_1 + 25x_2 - 200$$

Nullsetzen der partiellen Ableitungen nach x_1, x_2 und nach λ auflösen:

$$\frac{\partial L}{\partial x_1} = x_2 - 20\lambda \overset{!}{=} 0 \quad \Leftrightarrow \quad \lambda = \frac{x_2}{20} \tag{5.1}$$

$$\frac{\partial L}{\partial x_2} = x_1 - 25\lambda \overset{!}{=} 0 \quad \Leftrightarrow \quad \lambda = \frac{x_1}{25} \tag{5.2}$$

Gleichsetzen von 5.1 und 5.2 und auflösen nach x_2:

$$\frac{x_2}{20} = \frac{x_1}{25} \quad \Leftrightarrow \quad x_2 = \frac{4}{5}x_1 \tag{5.3}$$

Substituieren von 5.3 in die partielle Ableitung nach λ:

$$20x_1 + 25\left(\tfrac{4}{5}x_1\right) - 200 = 0$$
$$\Leftrightarrow \quad 20x_1 + 20x_1 = 200$$
$$\Leftrightarrow \quad x_1 = 5.$$

Resubstituieren in 5.3:

$$x_2 = \frac{4}{5} * 5 = 4.$$

Das optimale Güterbündel lautet daher tatsächlich (5, 4). Der Nutzen beträgt in diesem Beispiel: u(5,4)=20.

Nachdem das **Lagrangeschema** nun an einem Beispiel erläutert wurde, sollen noch einige Anmerkungen zu einer allgemeinen Cobb-Douglas Nutzenfunktion gemacht werden. Dies erleichtert einige Schritte in der Zukunft.

Eine allgemeine Cobb-Douglas Nutzenfunktion lautet:[17,18]

$$u(x_1, x_2) = x_1^\alpha x_2^\beta \text{ mit } \alpha, \beta > 0.$$

Die allgemeine Lagrangefunktion lautet dann:

$$L(x_1, x_2, \lambda) = x_1^\alpha x_2^\beta - \lambda(p_1 x_1 + p_2 x_2 - m).$$

Partielle Ableitungen:

$$\frac{\partial L}{\partial x_1} = \alpha x_1^{\alpha-1} x_2^\beta - \lambda p_1$$

$$\frac{\partial L}{\partial x_2} = \beta x_1^\alpha x_2^{\beta-1} - \lambda p_2$$

$$\frac{\partial L}{\partial \lambda} = p_1 x_1 + p_2 x_2 - m$$

---

[17]siehe Kap. 5.2.2.1

[18]Ein weiteres Beispiel einer allgemein Cobb-Douglas Nutzenfunktion kann lauten:
$u(x_1, x_2) = A \cdot x_1^\alpha x_2^\beta$ mit $\alpha, \beta > 0$; $A > 0$.

Setzt man beide Ableitungen gleich Null und löst nach λ auf, erhält man den folgenden Ausdruck:

$$\frac{\alpha x_1^{\alpha-1} x_2^{\beta}}{p_1} = \frac{\beta x_1^{\alpha} x_2^{\beta-1}}{p_2}.$$

Umformungen ergeben:[19]

$$\frac{\alpha}{\beta} \frac{x_2}{x_1} = \frac{p_1}{p_2}$$

$$\Leftrightarrow \quad x_2 = \frac{\beta}{\alpha} x_1 \frac{p_1}{p_2}.$$

Substituieren des Ausdrucks für x_2 in der dritten partiellen Ableitung und umformen nach x_1:

$$p_1 x_1 + p_2 \left(\frac{\beta}{\alpha} x_1 \frac{p_1}{p_2} \right) - m = 0$$

$$\Leftrightarrow \quad x_1 = \frac{\alpha}{\alpha+\beta} \frac{m}{p_1}.$$

Vergleichbar gilt für x_2:

$$\Leftrightarrow x_2 = \frac{\beta}{\alpha + \beta} \frac{m}{p_2}.$$

Diese beiden Ausdrücke nennt man die **Nachfragefunktionen** der Güter x_1 und x_2.

---

[19]Teilt man durch den Zähler auf der rechten Seite und multipliziert mit dem Nenner auf der linken, stehen beide Terme, die x_1, x_2 enthalten, auf der linken Seite und das Verhältnis der Preise auf der rechten. Zur Erinnerung: $x_1^{\alpha-1}/x_1^{\alpha} = x_1^{-1} = 1/x_1$.

6

Die Nachfrage nach Gütern

Lernziele:

- Je stärker die Nachfrage auf Situationsänderungen, z.b. eigene Preisveränderungen, reagiert desto elastischer ist sie.

- Für ein gewöhnliches Gut gilt: die Nachfrage sinkt bei steigendem Preis. Bei einem Giffe-Gut gilt: die Nachfrage steigt, weil der Preis des Gutes steigt.

- Für ein (lebens)notwendiges Gut gilt: die Nachfrage steigt mit steigendem Einkommen. Für ein inferiores Gut gilt: die Nachfrage sinkt mit steigendem Einkommen.

- Ein Giffen-Gut ist immer auch ein inferiores Gut, dieses aber nicht immer ein Giffen-Gut.

- Die Mengenänderung der Nachfrage aufgrund einer Preisänderung wird Preiseffekt genannt. Er setzt sich zusammen aus dem Substitutions- und dem Einkommenseffekt.

Bisher hat sich die Konsumentin angeeignet, wie sie ihren Nutzen maximieren und eine optimale Entscheidung zum Kauf von Gütern fällen kann. In diesem Abschnitt soll dieser Kauf nun getätigt werden. Die Nachfragekurve wurde bereits im ersten Abschnitt kurz vorgestellt. Hier wird jetzt auch genauer erläutert, wie sie aus einem Entscheidungsmodell einer Konsumentin abgeleitet werden kann. Mit der Nachfragekurve hat die Konsumentin eine grafische Möglichkeit, ihre Entscheidung bei der Veränderung des Preises eines Gutes zu überdenken. Darüber hinaus wird eine Möglichkeit erklärt, wie sich die Konsumentin bei einer Einkommensänderung verhält. Die Begriffe der Preiselastizität und der Einkommenselastizität werden noch einmal genauer erläutert.

Zunächst wird die Nachfrage eines einzelnen Haushaltes bzw. einer einzelnen Konsumentin untersucht und erläutert. Im Anschluss wird die Marktnachfrage hergeleitet und einige ihrer Eigenschaften erklärt.

6.1 Die individuelle Nachfragekurve

Im vorherigen Kapitel sind schon einmal die Nachfragefunktionen beim speziellen Beispiel einer Cobb-Douglas Nutzenfunktion aufgetaucht. Die Cobb-Douglas Funktion ist eine spezielle Form der Nutzenfunktion, wenn sie auch sehr häufig vorkommt. Weshalb sie als **normale Nutzenfunktion** bezeichnet wurde. Doch wie kann man die Nachfragefunktion allgemein herleiten? Es gibt wieder zwei Güter x_1 und x_2. Man betrachte x_2 einmal als eine feststehende Einheit, d.h. die Menge des Gutes x_2 ändert sich nicht. Jetzt kann ausprobiert werden, wie sich der Nutzen ändert, wenn die Menge des ersten Gutes variiert wird. Dieses Konzept wurde bereits als das Konzept des Grenznutzens, in diesem Fall des Grenznutzens des ersten Gutes, erläutert. Beachtet man hierbei zusätzlich die Budgetrestriktion, erhält man die Nachfragefunktion des Gutes. Die Nachfragefunktion eines Gutes ist daher nichts anderes als die partielle Ableitung der Nutzenfunktion nach dem gesuchten Gut unter Beachtung der Budgetrestriktion. Im Allgemeinen schreibt man die Nachfragefunktion als:

$$x_1 = x_1^*(p_1, p_2, m);$$
$$x_2 = x_2^*(p_1, p_2, m).$$

Die nachgefragte Menge x_1 bzw. x_2 verhält sich nach der Funktion x_1^* bzw. x_2^* und ist abhängig von den Preisen der beiden Güter und dem Einkommen. Der Blick ein paar Seiten zurück auf die Nachfragefunktion bei Cobb-Douglas Nutzenfunktionen[1] mag auf den ersten Blick etwas verwirren, weil die Funktionen anders aussehen. Die Nachfragefunktionen bei Cobb-Douglas Nutzenfunktionen lauteten:

$$x_1 = \frac{\alpha}{\alpha + \beta} \frac{m}{p_1};$$
$$x_2 = \frac{\beta}{\alpha + \beta} \frac{m}{p_2}.$$

Tatsächlich folgen diese beiden Funktionen aber der allgemeinen Funktion wie eben dargestellt. Die nachgefragte Menge x_1 ist tatsächlich von p_1 und von m abhängig. Was ist aber mit der Abhängigkeit von p_2? Indirekt ist sie vorhanden. Um diese Nachfragefunktionen bei Cobb-Douglas Nutzenfunktionen zu erhalten, wurde die Lagrangefunktion jeweils nach x_1 bzw. x_2 abgeleitet. Bei der Ableitung wird die jeweils andere Variable als Konstante

---

[1] vgl. Appendix zu Kap. 5

betrachtet. Konstante fallen bei Ableitungen aber einfach weg.[2] Dies macht auch intuitiv Sinn. Eine Konsumentin will sich zum Beispiel wieder einmal Erdbeeren kaufen. Der direkte Kauf der Erdbeeren wird nur vom Preis der Erdbeeren abhängen. Die Konsumentin hatte sich bereits bei der Suche des optimalen Güterbündels dafür entschieden, einen bestimmten Anteil ihres Einkommens für Erdbeeren auszugeben. Die tatsächlich nachgefragte Menge hängt jetzt vom aktuellen Tagespreis ab. Geht sie auf den Markt und die Erdbeeren kosten weniger als erwartet, wird sie mehr kaufen und umgekehrt. Ob sich der Preis der anderen Güter nun verändert hat oder nicht, ist unerheblich. Für ihre nächste Entscheidung wird sie allerdings einen eventuell anderen Preis für die Erdbeeren in Betracht ziehen und danach die Verhältnisse der Grenznutzen der jeweiligen Güter zu ihrem Preis ausgleichen. Zur Erinnerung, im Optimum muss folgende Gleichung erfüllt sein:

$$\frac{MU_1}{p_1} = \frac{MU_2}{p_2} = MRS.$$

Nachfragefunktionen haben eine ganz bestimmte Eigenschaft. Sie sind **homogen vom Grade Null**. Multipliziert man alle Variablen einer Nachfragefunktion, d.h. die Preise und das Einkommen mit einer Konstanten, verändern sich die nachgefragten Mengen nicht. Dies kann man an der obigen Gleichung verdeutlichen:

$$\frac{MU_1}{p_1} = \frac{MU_2}{p_2} \qquad | \text{ Preise } * k$$
$$\Leftrightarrow \frac{MU_1}{kp_1} = \frac{MU_2}{kp_2}$$
$$\Leftrightarrow \frac{MU_1}{MU_2} = \frac{kp_1}{kp_2}$$
$$\Leftrightarrow \frac{MU_1}{MU_2} = \frac{p_1}{p_2}.$$

Nach einfachen Umformungen erhält man: das Verhältnis der Grenznutzen ist gleich dem Verhältnis der Preise. Diese Gleichung ist bereits bekannt. Sind nun die Preise wie hier mit einer Konstanten k multipliziert worden, so kürzt sich dieses k heraus. *Multipliziert man alle Variablen einer Nachfragefunktion mit einer Konstanten k, verändert sich das Verhältnis der nachgefragten Mengen nach den einzelnen Gütern und damit das optimale*

---

[2] Als Beispiel sollte man einmal die Ableitung einer einfachen linearen Funktion berechnen: $y = x + 3$. Die erste Ableitung lautet dann: $y' = 1$. Die Konstante 3 fällt weg. Ebenso verhält es sich bei der Ableitung der Nutzenfunktion unter Beachtung der Budgetbeschränkung.

Güterbündel nicht. Die Eigenschaft der **Homogenität vom Grade Null** mag bei den Nachfragefunktionen noch nicht großartig beeindrucken. Zu einem späteren Zeitpunkt wird aber gerade diese Eigenschaft für weitere Schlussfolgerungen verwendet.

6.1.1   Herleitung der Nachfragekurve

Die Nachfragefunktion soll jetzt grafisch hergeleitet werden.[3] Hierzu bedient man sich der Grafik über die optimale Entscheidung und nimmt ein paar Veränderungen vor. Die Nachfragefunktion in einer zweidimensionalen Grafik soll vom Preis des Gutes abhängen. Man sucht daher eine Funktion, bei der die nachgefragte Menge vom Preis des Gutes abhängt. Tatsächlich stellt man also nicht die Nachfragefunktion, sondern die inverse Nachfragefunktion dar.[4]

Im oberen Teil der folgenden Abbildung sind Budgetgeraden und Indifferenzkurven dargestellt. Die Budgetgerade BG_0 ist die ursprüngliche Budgetgerade. Der Preis von x_1 ist in diesem Fall p_1. Sinkt nun eben dieser Preis zunächst auf p_1' und dann weiter auf p_1'' wird die Budgetgerade immer flacher wie gezeigt. Die Konsumentin erreicht durch die Preissenkung bei Gut x_1 ein immer höheres Nutzenniveau. Sie bewegt sich vom Niveau I_0 auf I_1 und schließlich auf I_2. Die Linie, die man hierbei durch ihre optimalen Bündel ziehen kann, nennt man den **Preis-Expansionspfad** bzw. die **Preis-Konsumkurve**. Entlang dieser Kurve expandiert die Konsumentin ihre Menge von Gut x_1 bei immer weiter fallendem Preis. *In anderen Worten ist die Preis-Konsumkurve der geometrische Ort aller optimalen Bündel bei gegebenen Präferenzen.* Die Preis-Mengen-Entscheidung auf ein gewöhnliches Preis-Mengen-Diagramm des Gutes x_1 übertragen, erhält man den unteren Teil der nächsten Abbildung. Der Preis ist auf der vertikalen Achse abgetragen, die nachgefragte Menge auf der horizontalen. Im oberen Teil der Abbildung galt, dass p_1 größer ist als p_1', welcher wiederum größer ist als p_1''. So sind die Preise auf der vertikalen Achse abgetragen. Die jeweils optimale Menge des Gutes x_1 zu allen drei Preisen ist vom oberen Teil der Abbildung auf den unteren übertragen worden.

Man erkennt, dass die Konsumentin zum Preis p_1 die optimale Menge x_1 und zum Preis p_1' die optimale Menge x_1' nachfragt. Die Nachfrage ist bei geringerem Preis größer. Sinkt der Preis weiter auf p_1'', steigt die Nachfrage

---

[3]Eine erste Herleitung wurde bereits in Kap. 4.1 vorgenommen. Dabei hatte allerdings die Intuition Vorrang, nach der eine Konsumentin mehr kauft je billiger das Gut ist.

[4]vgl. Kap. 4.1

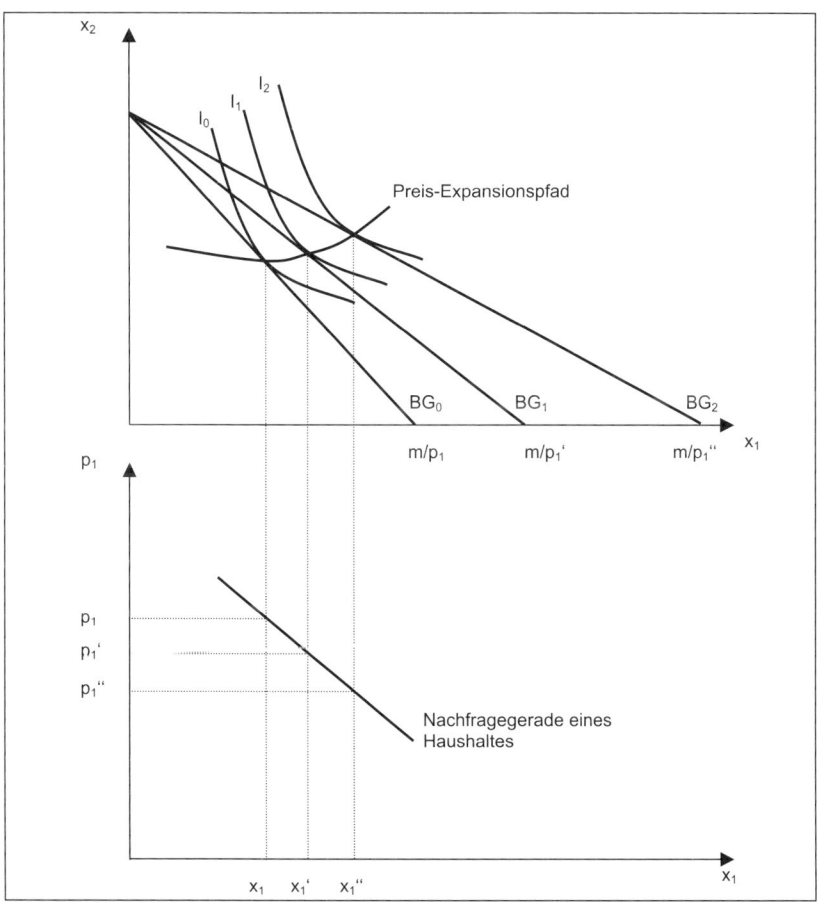

Abbildung 6.1: Der Preis-Expansionspfad und die Nachfragefunktion

noch weiter. Das Ergebnis ist die im Normalfall negativ geneigte Nachfragekurve. Das es sich in diesem Fall nicht um eine Kurve im engeren Sinne, sondern um eine Gerade handelt, ist nur eine Vereinfachung. In der Regel hat die Nachfragekurve eine negative Steigung.[5] Bei weiteren Analysen wird aus Vereinfachungsgründen häufig eine Gerade als Nachfrage gewählt. Viele Rechnungen werden dadurch leichter und die Aussagekraft leidet nicht darunter. Im Normalfall wird ein Haushalt immer mehr von einem bestimmten Gut nachfragen, wenn der Preis des betroffenen Gutes sinkt. Hieraus ergibt sich schließlich die negative Steigung der Nachfragekurve. Sie ist nur bei gewöhnlichen Gütern zu beobachten. Wie im nächsten Kapitel erläutert wird, gibt es auch Güter, bei denen die Nachfrage mit sinkendem Preis zurückgeht.

6.1.2 Die eigene (direkte) Preiselastizität

Bisher wurde festgehalten, dass die Nachfrage mit sinkendem Preis zunimmt. Umgekehrt gilt daher natürlich auch ein Rückgang der Nachfrage bei steigendem Preis. Wie stark reagiert aber die Konsumentin auf eine Preisänderung? Dies drückt man mit der eigenen oder **direkten Preiselastizität** aus. Meistens wird sie nur als **Preiselastizität** bezeichnet. *Die Preiselastizität gibt an, wie sich die Nachfrage nach einem Gut x_1 verändert, wenn sich der Preis des Gutes ändert.* Zur Berechnung setzt man die prozentuale Veränderung der Menge ins Verhältnis zur prozentualen Veränderung der Preise und erhält ε[6]:

$$\varepsilon = \frac{\text{prozentuale Veränderung der Menge des Gutes } x_1}{\text{prozentuale Veränderung des Preises des Gutes } x_1}$$

Die prozentuale Veränderung der Menge und des Preises lässt sich darstellen als:

- prozentuale Veränderung der Menge: $\frac{\Delta x_1}{x_1}$;
- prozentuale Veränderung des Preises: $\frac{\Delta p_1}{p_1}$.

Hieraus ergibt sich die Elastizität:

$$\varepsilon = \frac{\Delta x_1 / x_1}{\Delta p_1 / p_1} = \frac{\Delta x_1}{\Delta p_1} \cdot \frac{p_1}{x_1}.$$

---

[5]Ein Giffen-Gut liefert ein Beispiel für eine Nachfragekurve mit positiver Steigung (vgl. Kap. 6.1.2).
[6]Die eigene Preiselastizität wird in der Literatur auch mit η (sprich: Eta) bezeichnet.

Dies gibt die Preiselastizität bei einer beliebigen Veränderung des Preises an. Lässt man den Abstand zwischen dem ursprünglichen Preis und dem neuen Preis, die Preisveränderung, unendlich klein werden, ergibt sich:

$$\varepsilon = \frac{\partial x_1}{\partial p_1} \cdot \frac{p_1}{x_1} = \frac{\partial x_1^*(p_1, p_2, m)}{\partial p_1} \cdot \frac{p_1}{x_1^*(p_1, p_2, m)}.$$

Die Preiselastizität ist daher nichts anderes als die Ableitung der Nachfragefunktion nach dem Preis, multipliziert mit dem Verhältnis des Preises zur nachgefragten Menge.

Weitere Berechnungen und Eigenschaften der Preiselastizität werden im Appendix zu diesem Kapitel ausführlich diskutiert. Welche unterschiedlichen Ergebnisse kann die Preiselastizität annehmen und wie können diese charakterisiert werden?

Die Preiselastizität ist in der Regel größer oder kleiner Null. Im Extremfall genau Null oder unendlich. Die beiden Extremfälle sollen zuerst behandelt werden. Eine Elastizität von Null bedeutet keine Veränderung der nachgefragten Menge auf jede Preisänderung. *Eine beliebig große Preisänderung führt keine Mengenänderung in der Nachfrage mit sich.* Dieses Ergebnis ist von untergeordneter Bedeutung. Die Gleichung der Elastizität ist ein Produkt. Null kann nur dann ein Ergebnis sein, wenn einer der beiden Zähler Null ist. Entweder müsste daher der Preis gleich Null sein oder die Mengenänderung. Die Untersuchung eines kostenlosen Gutes ist aufgrund seiner Seltenheit wenig aufregend. Andererseits ist die Annahme, dass sich die Menge bei einer unendlich großen Preisänderung überhaupt nicht verändert, ebenso in Frage zu stellen. Was würde man als Marktverkäufer machen, wenn man feststellt, dass die Kunden jeden Tag 100 kg Erdbeeren kaufen egal wie hoch der Preis ist. Man würde den Preis verdoppeln und verdoppeln und verdoppeln. Man müsste ihn unendlich groß machen. Dabei würde man immer noch 100 kg absetzen. Auch das scheint eher fraglich. Ein solcher Fall wird eine **vollkommen unelastische Nachfrage** genannt. Die Nachfragekurve entspräche einer senkrechten Geraden auf der vertikalen Achse eines Diagramms. Der umgekehrte Fall einer unendlich großen Elastizität ergibt sich bei einer horizontalen Nachfragekurve. *Auf eine unendlich kleine Preisänderung folgt eine unendlich große Mengenänderung, d.h. die kleinstmögliche Preiserhöhung führt zu einem Rückgang der Nachfrage auf Null.* Nun, die kleinstmögliche Preisänderung in der wirklichen Welt wäre ein Cent. Ist ein Gut vorstellbar, dass diese Annahme erfüllt? Vielleicht kann man einen Fall konstruieren, aber letztlich

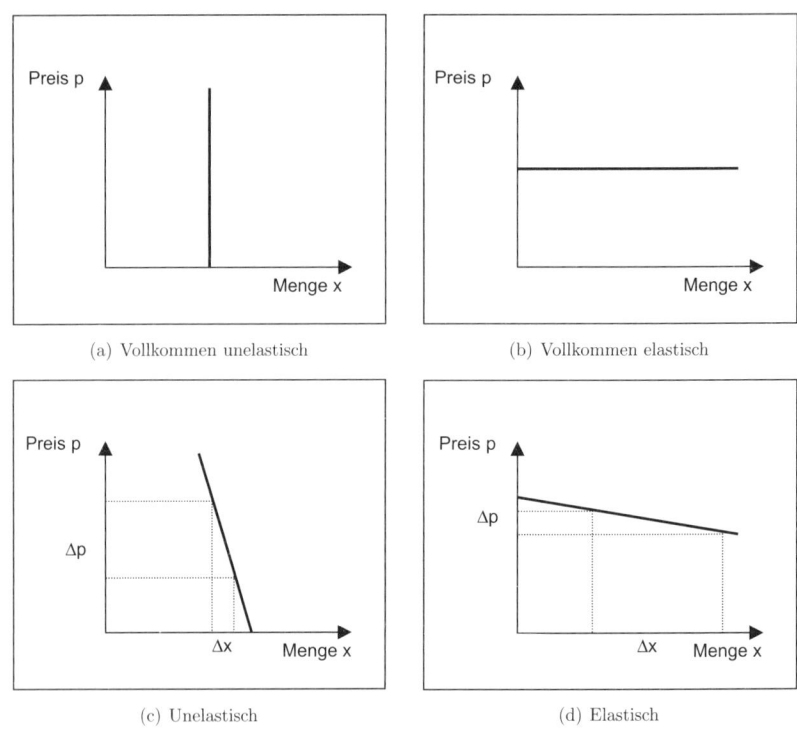

(a) Vollkommen unelastisch   (b) Vollkommen elastisch

(c) Unelastisch   (d) Elastisch

Abbildung 6.2: Unterschiedlich elastische Nachfragekurven

ist auch die **vollkommen elastische Nachfrage** nur Theorie.[7]

Allerdings kann sich die Nachfrage tatsächlich diesen beiden Extremfällen annähern (Abbildung 6.2). Eine Elastizität größer eins wird als **elastisch** bezeichnet. *Eine Preisänderung führt in diesem Fall zu einer verhältnismäßig stärkeren Änderung der Nachfrage.* So würde eine 1%ige Preiserhöhung im Normalfall[8] zu einer Nachfragereduzierung von mehr als einem Prozent führen. Elastizitäten kleiner als eins werden als **unelastisch** bezeichnet. *Eine Preisänderung führt zu einer verhältnismäßig geringeren Änderung der Nachfrage.* Erhöhte sich der Preis um ein Prozent, reduzierte sich die Nachfrage um weniger als ein Prozent.

---

[7]Sowohl die vollkommen unelastische als auch die vollkommen elastische Nachfrage ist nur als ein mathematischer Grenzfall zu betrachten. In der Realität wird auf eine Preisänderung immer auch eine gewisse Mengenänderung folgen.

[8]Im Normalfall bedeutet, dass es sich um ein gewöhnliches Gut handelt, nicht um ein Giffen-Gut.

Es folgt ein Beispiel zu Preiselastizitäten. Der Marktpreis für ein Kilo Erdbeeren an einem bestimmten Tag sei EUR 2. Der Marktverkäufer kann 25 Kilo in der ersten Stunde absetzen. Nun möchte er gerne wissen, wie seine Kunden auf eine Preiserhöhung reagieren. Er erhöht den Preis auf EUR 2,10. In der nächsten Stunde verkauft er nur noch 23 Kilo. Es wird angenommen, dass der Verkaufsrückgang ausschließlich auf den erhöhten Preis zurückzuführen ist und nicht auf eventuell einfach weniger Kunden in der zweiten Stunde. Der Verkäufer könnte diesen Test zum Beispiel an mehreren Tagen hintereinander wiederholen. Der Rückgang der verkauften Menge entspräche dann einem Durchschnitt. Wie groß ist die Preiselastizität? Sie ist:

$$\frac{-2}{0.10} \cdot \frac{2}{25} = -1,6.$$

Die Nachfrage nach Erdbeeren ist elastisch. Obwohl der Preis nur um fünf Prozent erhöht wurde, ist die Nachfrage um acht Prozent zurückgegangen. Worauf hier das Augenmerk gelegt werden soll, ist das Vorzeichen der Preiselastizität. Sie ist negativ. Dies ist der normale Fall. Der zweite Bruch auf der linken Seite kann niemals negativ sein. Negative Mengen oder Preise gibt es nicht. Der erste Bruch ist im Normalfall allerdings immer negativ. Es gilt in der Regel, dass eine Preissenkung (d.h. Nenner ist negativ) eine Mengenerhöhung zur Folge hat. Eine Preiserhöhung hat eine Mengenreduzierung (d.h. Zähler negativ) zur Folge. Ein Gut, dass dieser Charakteristik folgt, nennt man ein **gewöhnliches Gut**. *Bei einem gewöhnlichen Gut ist die eigene (direkte) Preiselastizität der Nachfrage immer negativ. Ist die eigene (direkte) Preiselastizität der Nachfrage eines Gutes positiv, handelt es sich um ein Giffen-Gut.* Das **Giffen-Gut** ist nach einem Ökonomen des 19. Jh., der dieses Phänomen zuerst beschrieben hat, benannt. Gibt es Giffen-Güter überhaupt?

Mit anderen Worten verlangt ein Giffen-Gut, dass die Nachfrage nach diesem steigt, weil sein Preis steigt. Giffen hat Kartoffeln als Giffen-Güter bezeichnet. Unter der Situation, die er damals bei der Bevölkerung Irlands im 19. Jh. beobachten konnte, stimmt das. Die Bevölkerung lebte damals in Armut. Das Hauptnahrungsmittel waren Kartoffeln. Einige Familien haben sicher ihr gesamtes Einkommen für Kartoffeln ausgegeben. Unter diesen Umständen führte ein starker Preisverfall zu einem Rückgang der Nachfrage nach Kartoffeln. Die Familien haben nach dem Preisverfall einen Teil ihres Einkommens für Fleisch ausgegeben. Angenommen eine Familie hat ein Einkommen von 20 Geldeinheiten (GE). Um satt zu werden, gibt sie 20

GE für Kartoffeln aus. Nach einem Preisfall müssten nur noch 15 GE für die gleiche Menge Kartoffeln aufgebracht werden. Da jetzt noch andere Nahrungsmittel gekauft werden können, ist eine gleichgroße Menge an Kartoffeln aber nicht mehr notwendig. Die Nachfrage geht zurück. Dieses Beispiel eines Giffen-Gutes ist zwar plausibel, aber auch selten in der Realität. Vor allem ist zu beachten, dass hier noch eine zweite Annahme gilt. Das besagte Giffen-Gut muss bereits einen Großteil des Einkommens verschlingen. Im heutigen Deutschland lässt sich kaum argumentieren, dass mit einem starken Preisanstieg bei Kartoffeln die Nachfrage zunehmen würde. Man würde Kartoffeln mit Nudeln oder Reis substituieren.

6.1.3   Die indirekte (Kreuz-) Preiselastizität

Bis hierher ist nur beschrieben worden, wie man die Reaktion der Nachfrage bei einer Veränderung des eigenen Preises eines Gutes bestimmt. Wie bereits erklärt wurde, kauft die Konsumentin aber immer ein Güterbündel. Im einfachsten Beispiel der perfekten Substitute ist schnell zu erkennen, dass die Nachfrage nach einem Gut besonders auch vom Preis anderer Güter abhängt. Das vorher benutzte Beispiel der schwarzen und weißen Becher macht dies deutlich. Sind die weißen Becher günstiger zu haben als die schwarzen, wird kein einziger schwarzer Becher nachgefragt. Nun kann sich die Nachfrage nach schwarzen Bechern, die bisher Null war, auch bei konstantem Preis für schwarze Becher dramatisch ändern. Steigt der Preis der weißen Becher über den der schwarzen Becher, werden nur noch schwarze Becher, jedoch keine weißen mehr nachgefragt. Auch in anderen Fällen hängt die Nachfrage eines Gutes vom Preis anderer Güter ab. Die Grenzrate der Substitution gibt schließlich das Tauschverhältnis zweier Güter in Abhängigkeit ihrer Preise an. Man kann diesen Gedankengang auch von einer anderen Seite betrachten. Hintergrund aller Analysen ist immer die Frage der optimalen Verteilung knapper Mittel. Das Einkommen ist eben nicht in beliebiger Höhe vorhanden. Da eine Konsumentin im Optimum ihr gesamtes Einkommen annahmegemäß ausgibt, kann eine Preisänderung bei einem Gut zu einer Nachfrageänderung bei einem anderen Gut führen. Bei einer Preiselastizität vom Betrage kleiner Eins verknappt eine Preissteigerung bei Gut 1 die Mittel. Ist die eigene Preiselastizität von Gut 1 im Extremfall gleich Null, d.h. die Nachfrage ist konstant, muss notwendigerweise weniger von einem anderen Gut konsumiert werden. Sonst würde die Budgetrestriktion nicht eingehalten werden. Es gibt neben der eigenen

Preiselastizität daher noch eine **indirekte** oder auch **Kreuzpreiselastizität**. *Diese gibt an, wie sich die Nachfrage nach einem Gut x_1 verändert, wenn sich der Preis des Gutes x_2 ändert.* Die Berechnung folgt der vorher dargestellten Methode:

$$\varepsilon_k = \frac{\text{prozentuale Veränderung der Menge des Gutes } x_1}{\text{prozentuale Veränderung des Preises des Gutes } x_2}.$$

Die Veränderung der Nachfrage bei einer unendlich kleinen Preisänderung eines anderen Gutes lässt sich damit schreiben als:

$$\varepsilon_k = \frac{\partial x_1}{\partial p_2} \cdot \frac{p_2}{x_1} = \frac{\partial x_1^*(p_1, p_2, m)}{\partial p_2} \cdot \frac{p_2}{x_1^*(p_1, p_2, m)}.$$

Die Kreuzpreiselastizität ist die Ableitung der Nachfragefunktion nach dem Preis des anderen Gutes multipliziert mit dem Verhältnis dieses Preises zur nachgefragten Menge. Auch die Kreuzpreiselastizität lässt sich in Form des natürlichen Logarithmus darstellen. Die Herleitung folgt der für die eigene Preiselastizität (siehe Appendix zu diesem Kapitel):

$$\varepsilon_k = \frac{\partial \ln x_1}{\partial \ln p_2}.$$

Welche Aussagekraft haben die Ergebnisse der Kreuzpreiselastizität? Der absolute Wert gibt wie vorher schon beschrieben einfach an, ob die Reaktion auf eine Preisänderung elastisch oder unelastisch ist. Je größer der Wert desto elastischer ist die Nachfrage. Das Ergebnis gibt aber auch Auskunft über den Charakter der beiden zugrundeliegenden Güter. Ist die Kreuzpreiselastizität gleich Null, sind die beiden Güter branchenfremd. Erhöht sich zum Beispiel der Preis von Hopfen, wird dies die Nachfrage nach Butter nicht beeinflussen. Wurde nicht gerade ein Zusammenhang zwischen der Knappheit der Mittel und der Nachfrage eines anderen Gutes hergestellt? Ja, dies gilt aber nur dann, wenn die beiden Güter einen irgendwie gearteten Einfluss aufeinander haben. Im Haushaltsoptimum gilt die folgende Gleichung:

$$\frac{MU_1}{p_1} = \frac{MU_2}{p_2}.$$

Angenommen p_2 ist der Preis für Hopfen. Gut 2 ist also Hopfen und Gut 1 ist Butter. Steigt nun der Preis für Hopfen, verkleinert sich der zweite Bruch. Es gilt dann:

$$\frac{MU_1}{p_1} > \frac{MU_2}{p_2}.$$

Die Gleichheitsbeziehung kann nun auf zweierlei Art und Weise wieder
hergestellt werden. Entweder man verkleinert die Grenznutzen des ersten Gutes, was bei vorausgesetztem abnehmendem Grenznutzen bei einer
erhöhten Nachfrage nach Gut 1 der Fall wäre. Da sich der Grenznutzen
von Hopfen dabei aber nicht verändert, setzt dies eine konstante Nachfrage nach Hopfen voraus. Bei höherem Preis bedeutet dies insgesamt höhere
Ausgaben. Erhöht man nun noch die Menge an Butter, kann das Budget nicht mehr ausreichen. Eine erhöhte Nachfrage nach Butter kann nur
mit einer geringeren Nachfrage nach Hopfen einhergehen. Auch wenn die
Reaktion von jeder Konsumentin abhängt, ist die Substitution von Hopfen gegen Butter eher unwahrscheinlich. Warum sollte die Konsumentin
die Butter beim gleichen Butterpreis mit einmal anders bewerten? Wahrscheinlich wird die Gleichheitsbeziehung alleine durch eine Erhöhung des
Grenznutzens von Hopfen wiederhergestellt. Die nachgefragte Menge an
Hopfen geht also zurück. Unter der Annahme, dass Hopfen ein gewöhnliches Gut ist, lassen die Ausführungen zur eigenen Preiselastizität genau
dies erwarten. Bei steigendem Preis würde die Nachfrage zurückgehen.

Sind die Güter hingegen Substitute, ist die Kreuzpreiselastizität auf jeden Fall größer Null. Die Gleichung zur Kreuzpreiselastizität macht dies
deutlich:

$$\varepsilon_k = \frac{\partial x_1}{\partial p_2} \cdot \frac{p_2}{x_1}.$$

Wichtig ist nur der vordere Bruch auf der rechten Seite. Der hintere muss
schließlich immer positiv sein, da grundsätzlich positive Preise und Mengen
angenommen werden. Steigt nun der Preis p_2, was passiert dann mit der
Nachfrage nach Gut 1, wenn dies ein Substitut von Gut 2 ist? Die Nachfrage wird steigen. Zähler und Nenner des ersten Bruchs sind daher, wie
auch das Ergebnis, positiv. Fällt der Preis, d.h. der Nenner ist negativ, fällt
auch die Nachfrage nach Gut 1. Der gesamte Bruch ist daher wieder positiv
und die Kreuzpreiselastizität ebenfalls. Umgekehrt verhält es sich bei kom-
plementären Gütern. Ein steigender Preis führt zu einem Rückgang der
Nachfrage des Komplements, ein fallender zu einer Zunahme. Der Bruch
ist jedoch auf jeden Fall negativ. Damit muss auch die Kreuzpreiselastizität
insgesamt negativ sein.

6.1.4 Die Engelkurve

In diesem Kapitel steht die **Engelkurve**[9] im Mittelpunkt. Sie folgt einem ähnlichen Konzept wie der Preis-Expansionspfad und leitet sich aus dem **Einkommens-Expansionspfad** bzw. der **Einkommens-Konsumkurve** her. *Die Engelkurve beschreibt die Veränderung des Nachfrageverhaltens eines Haushaltes bei einer Veränderung des Einkommens. Sie ist der geometrische Ort des Nutzenmaximums eines bestimmten Haushaltes für jedes beliebige Einkommen bei gegebener Präferenzordnung.* Wurde beim Preisexpansionspfad noch beobachtet, wie sich die Nachfrage bei einer Preisveränderung verhält, ist das Einkommen die entscheidende Variable der Engelkurve. Mit einer Erhöhung des Einkommens verschiebt sich die Budgetgerade nach rechts außen. Ceteris paribus erreicht der Haushalt eine höhere Indifferenzkurve und damit ein höheres Nutzenmaximum. Am einfachsten leitet man einmal eine Engelkurve grafisch wie in Abbildung 6.3 her.

Die beispielhafte Engelkurve in Abbildung 6.3 zeigt, dass die Nachfrage des Haushaltes mit zunehmendem Einkommen verhältnismäßig weniger stark steigt. Die Erhöhung des Einkommens von m' auf m'' ist größer als die dazugehörige Zunahme der Nachfrage von x_1' auf x_1''. Die gezeigte Engelkurve ist nur ein Beispiel. Die Engelkurve kann vielerlei Formen haben.

Im Falle der beiden Spezialfälle perfekter Substitute und perfekter Komplemente ist die Engelkurve eine aufsteigende Gerade. Perfekte Substitute setzen dabei voraus, dass der relative Preis von Gut 1 kleiner ist als der Preis von Gut 2. Denn nur dann wird der Haushalt überhaupt Gut 1 nachfragen. Der Einkommens-Expansionspfad fällt in diesem Fall mit der horizontalen Achse zusammen. Jede konstante Einkommenserhöhung führt dann zu einer Erhöhung der Nachfrage nach Gut 1 in Höhe von $\Delta m/p_1$.[10]

Perfekte Komplemente haben sowohl einen steigenden linearen Einkommens-Expansionspfad, dieser geht durch die Ecken in den Indifferenzkurven, als auch eine steigende lineare Engelkurve. Im Gegensatz zu

---

[9]Die Engelkurve geht auf den deutschen Statistiker Ernst Engel (1821 - 1896) zurück. Dieser hatte allerdings ursprünglich den Zusammenhang zwischen steigendem Einkommen und den Ausgaben für bestimmte Güter hergestellt und nicht zwischen Einkommen und Mengen. Engel hat die These aufgestellt, die heute als Engelsches Gesetz bezeichnet wird, dass die Ausgabenanteile für Nahrungsmittel mit steigendem Einkommen sinken. Nahrungsmittel sind danach wie noch gezeigt wird, notwendige Güter (vgl. Ernst Engel 1857).

[10]Die Abstände zwischen m/p_1 und m'/p_1 bzw. m'/p_1 und m''/p_1 sind nicht notwendiger weise eins zu eins auf den unteren Teil der Abbildung zu übertragen. Dies wäre nur dann der Fall, wenn $p_1 = 1$. Die Abstände sind hier beispielhaft wie dargestellt gewählt, um das typische Aussehen der Engelkurve zu veranschaulichen.

perfekten Substituten ist die Engelkurve bei perfekten Komplementen für
beide Güter gleich. Denn perfekte Komplemente werden immer nur gemeinsam in einem festen Verhältnis konsumiert. Steigt die Nachfrage nach
Gut 1 mit zunehmendem Einkommen, steigt die Nachfrage nach Gut 2
im gleichen Verhältnis. Ist Gut 2 allerdings ein perfektes Substitut von
Gut 1 und ist der Preis von Gut 2 höher als derjenige von Gut 1, fällt
die Engelkurve für Gut 2 mit der horizontalen Achse zusammen. Es wird
keine positive Menge von Gut 2 konsumiert, unabhängig von der Höhe des
Einkommens.

6.1.5 Einkommenselastizitäten

*Die Einkommenselastizität gibt an, wie sich die Nachfrage nach ei-
nem Gut x_1 verändert, wenn sich das Einkommen eines Haushaltes ändert.*
Zur Berechnung geht man vergleichbar wie bei der Berechnung der eigenen Preiselastizität vor. Setze die prozentuale Veränderung der Menge ins
Verhältnis zur prozentualen Veränderung des Einkommens. Man erhält ε_m:

$$\varepsilon_m = \frac{\text{prozentuale Veränderung der Menge des Gutes } x_1}{\text{prozentuale Veränderung des Einkommens}}$$

Eine unendlich kleine prozentuale Veränderung der Menge und des Einkommens lässt sich darstellen als:

- prozentuale Veränderung der Menge: $\frac{\partial x_1}{x_1}$;

- prozentuale Veränderung des Einkommens: $\frac{\partial m}{m}$.

Hieraus ergibt sich die Einkommenselastizität vergleichbar zur eigenen
Preiselastizität als:

$$\varepsilon_m = \frac{\partial x_1}{\partial m} \cdot \frac{m}{x_1} = \frac{\partial x_1^*(p_1, p_2, m)}{\partial m} \cdot \frac{m}{x_1^*(p_1, p_2, m)}.$$

Die Einkommenselastizität ist gleich der Ableitung der Nachfragefunktion
nach dem Einkommen multipliziert mit dem Verhältnis des Einkommens
zur nachgefragten Menge. Auch die Einkommenselastizität kann in der
später hilfreichen Form des natürlichen Logarithmus dargestellt werden,
wobei die Herleitung analog der Herleitung der eigenen Preiselastizität ist
(siehe Appendix zu diesem Kapitel):

$$\varepsilon_m = \frac{\partial \ln x_1}{\partial \ln m}.$$

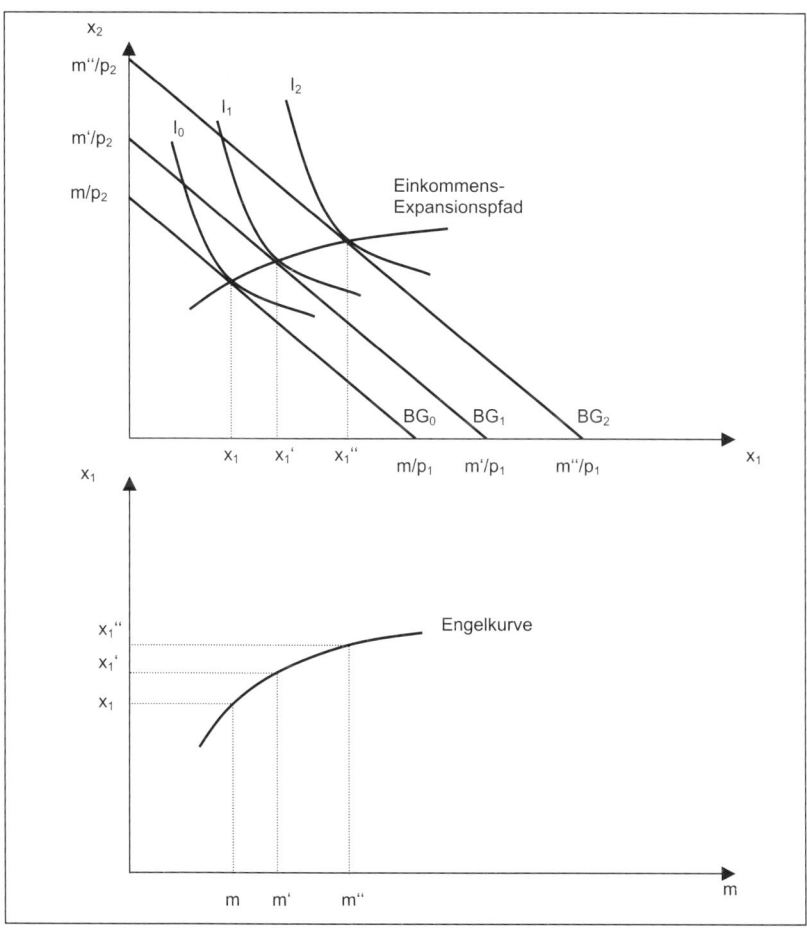

Abbildung 6.3: Herleitung der Engelkurve

Welche Werte kann die Einkommenselastizität annehmen? Im Zusammenhang mit Abbildung 6.3 wurde die dort dargestellte Engelkurve bereits als normal bezeichnet. In der Tat kann normalerweise beobachtet werden, dass die Nachfrage nach einem Gut mit zunehmendem Einkommen steigt. Güter, die diese Charakteristik aufweisen, werden daher **normale Güter** oder **superior** genannt. Im praktischen Leben wird regelmäßig auch das Wort "unnormal" verwendet. Manchmal ist tatsächlich unklar, ob diese Bezeichnung immer zutreffend ist, doch zumindest in der Ökonomie ist sie es definitionsgemäß. Geht die Nachfrage nach einem Gut mit zunehmendem Einkommen zurück, ist dies unnormal. Man spricht von einem **inferioren Gut**. Normale Güter sind alltäglich zu beobachten. Wie ist es mit inferioren Gütern?

Bei genauerem Überlegen können auch hier schnell Beispiele gefunden werden. Die Nachkriegsgeneration kennt zum Beispiel noch das Gut "Brot von gestern". Ärmere oder sparsame Familien haben kein frisches Brot beim Bäcker gekauft, sondern die Brote vom vorherigen Tag, die es billiger gab. Mit zunehmendem Einkommen wurde sicher weniger von diesem Gut nachgefragt. Heute gibt es kaum noch "Brot von gestern", bereits am Abend des gleichen Tages werden die noch vorhandenen Auslagen reduziert und möglichst verkauft. Ein weiteres Beispiel ist Haferschleim, um hungrige Kinder zu sättigen. Auch der Konsum und damit die Nachfrage nach Haferschleim geht mit steigendem Einkommen zurück. Mit anderen Worten ist nahezu jedes qualitativ minderwertige Gut ein inferiores Gut. Dabei muss der Verlauf nicht konsistent sein. Eine sehr arme Familie hat mit steigendem Einkommen zunächst vielleicht sogar mehr "Brot von gestern" gekauft. Damit wäre dieses Gut ein normales Gut. Entscheidend ist, dass sich dieses Verhalten ab einem bestimmten Einkommensniveau umkehrt. Güter können daher ihre Eigenschaft mit Zunahme des Einkommens ändern. Melanie Lührmann zeigt, dass Zucker ein inferiores Gut ist. Sie weist daraufhin, dass ärmere Haushalte Marmelade häufig selbst herstellten. Diese müssten daher Zucker nachfragen. Mit steigendem Einkommen würde Marmelade immer mehr als Fertigprodukt gekauft, weshalb der Zuckerkonsum zurückgehe.[11]

Im Bereich positiver Einkommenselastizitäten kann man weitere Unterscheidungen machen. **Luxusgüter** weisen eine **progressive Einkommenselastizität** auf. Die Elastizität ist für diese Güter größer als Eins. Mit zunehmendem Einkommen steigt die konsumierte Menge dieser Güter

---

[11]vgl. Melanie Lührmann 1998, S. 27

verhältnismäßig stärker. Man bezeichnet dies auch als den **Snobeffekt**. Solche Güter sind zum Beispiel Champagner und teure Autos. Man hat voraussichtlich noch nie etwas von einem Menschen gehört, der mehrere Kleinwagen sein Eigen nennt. Aber reiche Menschen haben durchaus mehrere Sportwagen oder verschiedene Luxuskarossen in der Garage stehen. Güter mit einer Einkommenselastizität zwischen Null und Eins sind (lebens)notwendige Güter. Die Elastizität verhält sich **degressiv** bzw. **relativ inferior**. Relativ inferior drückt aus, dass die Nachfrage mit steigendem Einkommen zwar nicht absolut abnimmt, aber verhältnismäßig. Beispiele sind, wie Ernst Engel im 19. Jh. schon behauptete, alle alltäglichen Nahrungsmittel. Wird man am Anfang bei steigendem Einkommen mehr Brot kaufen, so wird die Zunahme der nachgefragten Menge immer kleiner werden. Dies lässt sich auch auf den abnehmenden Grenznutzen zurückführen. Mehr als eine bestimmte Anzahl an Broten kann innerhalb einer gegebenen Zeit nicht verbraucht werden. Eine zusätzliche Einheit an Einkommen wird den Konsum dann nicht mehr erhöhen. Ein Kind wird seine Nachfrage nach Süßigkeiten mit zunehmendem Taschengeld, was als Einkommen gilt, erhöhen. Irgendwann hat dieses Kind aber vielleicht einen Nebenjob und verdient sich noch etwas Geld hinzu. Nicht nur aus Vernunftgründen wird der Süßigkeitenkonsum normalerweise nicht proportional mit dem Einkommen steigen. (Lebens)notwendige Güter weisen irgendwann eine Sättigung auf.

6.2   Der Einkommens- und Substitutionseffekt

Dass Preisänderungen einen Einfluss auf die Nachfrage haben, ist bereits bekannt. Auch Einkommensänderungen verändern die Nachfrage. Beide Effekte sind nicht getrennt zu betrachten, sondern haben einen Zusammenhang. Hierzu verwendet man die Erkenntnis aus Kapitel 6.1, wonach Nachfragefunktionen homogen vom Grade Null sind. Im Zusammenhang mit **Eulers Theorem**[12] kann folgende Aussage hergeleitet werden:

Eulers Theorem:

---

[12]Leonhard Euler (1707 - 1783), Mathematiker; arbeitete zunächst am Hof des russischen Zaren, anschließend in Berlin auf Ruf Friedrich des Großen und verbrachte seine letzten Jahre wiederum in Russland am Hofe von Katharina der Großen.

Jede Funktion $f(x_1; x_2)$ ist homogen vom Grade r, wenn gilt:

$$\frac{\partial f}{\partial x_1} x_1 + \frac{\partial f}{\partial x_2} x_2 = r f.$$

Für eine Nachfragefunktion $x_1^*(p_1, p_2, m)$ vom Grade Null, d.h. mit $r = 0$ (in diesem Fall $rf = 0$), bedeutet dies:

$$\frac{\partial x_1^*}{\partial p_1} p_1 + \frac{\partial x_1^*}{\partial p_2} p_2 + \frac{\partial x_1^*}{\partial m} m = 0.$$

Teilt man diese Gleichung durch x_1^* erhält man:

$$\frac{\partial x_1^*}{\partial p_1} \frac{p_1}{x_1^*} + \frac{\partial x_1^*}{\partial p_2} \frac{p_2}{x_1^*} + \frac{\partial x_1^*}{\partial m} \frac{m}{x_1^*} = 0$$

$$\Leftrightarrow \frac{\partial x_1^*}{\partial p_1} \frac{p_1}{x_1^*} + \frac{\partial x_1^*}{\partial p_2} \frac{p_2}{x_1^*} = -\frac{\partial x_1^*}{\partial m} \frac{m}{x_1^*}.$$

Die Summe der direkten und indirekten Preiselastizitäten von Gut 1 ist also gleich dessen negativer Einkommenselastizität. Allgemein:

$$\sum_{j=1}^{n} \frac{\partial x_i^*}{\partial p_j} \frac{p_j}{x_i^*} = -\frac{\partial x_i^*}{\partial m} \frac{m}{x_i^*} \text{mit } i = 1, 2, \ldots$$

Im Allgemeinen ist die Summe aller direkten und indirekten Preiselastizitäten eines bestimmten Gutes, gleich dessen negativer Einkommenselastizität.

Die Preiselastizitäten geben das Ausmaß der Reaktion der Nachfrage auf Preisänderungen an. Der Hintergrund dieser Änderung soll jetzt noch einmal beleuchtet werden. Bisher steht nur fest, dass die Nachfrage reagiert. Warum aber? Welche Effekte hat eine Preisänderung ökonomisch gesprochen?

6.2.1 Der Slutsky-Preiseffekt

Eugen Slutsky[13] (1880 - 1948) hat zwei **Preiseffekte** unterschieden: den **Einkommens-** und den **Substitutionseffekt**. Diese beiden Begriffe sollen kurz erläutert werden. Hierzu betrachtet man am besten ein Beispiel.

---

[13]Eugen (oder Eugene oder Yevgeni) Slutsky, Jurist und Lehrer am Kiev Institute of Commerce; veröffentlichte 1915 seine Untersuchungen über die Nachfrage. Die Aufteilung des Preiseffektes in einen Substitutions- und einen Einkommenseffekt wurde zunächst von den Ökonomen der Zeit nicht beachtet. Erst in den 1930er Jahren, als Sir John Hicks (1904 - 1989) unabhängig ähnliche Effekte feststellte, wurde auch die Arbeit Slutsky's wahrgenommen.

Es werden wieder einmal die Erdbeeren auf dem Wochenmarkt bemüht. Es wurde bereits mehrfach erklärt, dass die Nachfrage nach Erdbeeren mit sinkendem Preis steigt, andere Güter werden verhältnismäßig teurer. Unter normalen Präferenzen wird ein Haushalt andere Obstsorten mit den nun relativ günstigeren Erdbeeren substituieren. Dies ist der **Substitutionseffekt einer Preisänderung**. Durch die Preissenkung verändert sich am Markt das Substitutionsverhältnis, zu dem Erdbeeren gegen andere Güter getauscht werden können.

Die Preissenkung hat aber auch noch einen Effekt auf das Einkommen. Der Haushalt wird feststellen, dass sein Einkommen mit den sinkenden Preisen an Kaufkraft gewonnen hat. Mit der gleichen Menge an Einkommen kann eine größere Menge an Erdbeeren nachgefragt werden. Oder umgekehrt, wenn der Haushalt weiterhin die gleiche Menge nachfragen will, muss er einen kleineren Teil seines Einkommens dafür hergeben. Dies ist der **Einkommenseffekt einer Preisänderung**.

Die Änderung der Nachfrage aufgrund einer Preisänderung ergibt sich aus der Summe des Einkommens- und Substitutionseffektes. Diese Mengenänderung der Nachfrage nennt man den **Gesamteffekt einer Preisänderung** *oder den* **Preiseffekt**. Im Folgenden soll zunächst genauer analysiert werden, was diese beiden Effekte sind. Hierzu ist eine Grafik sehr anschaulich. Im Anschluss werden die nächsten beiden Unterkapitel kurz auf die Berechnung dieser beiden Effekte eingehen. Doch zunächst die grafische Aufteilung der beiden Effekte. Abbildung 6.4 zeigt den Preiseffekt PE zerlegt in den Einkommenseffekt EE und den Substitutionseffekt SE.

Ein Haushalt hat eine gegebene Budgetgerade BG_0 und befindet sich auf der ursprünglichen Indifferenzkurve I_0. Der Haushalt fragt das *Ausgangsbündel* nach. Nun sinkt der Preis von Gut 1, in diesem Beispiel der Erdbeeren von p_1 auf p_1'. Das relative Preisverhältnis der beiden Güter verändert sich. Dies wird, wie bekannt, ausgedrückt durch die Veränderung der Steigung der Budgetgeraden. Im Falle einer Preissenkung bei Gut 1 wird die Budgetgerade flacher. Der Haushalt sieht sich nach der Preisreduzierung mit der Budgetgeraden BG_1 konfrontiert. Er wird das *endgültige Bündel* nachfragen. Dieses Bündel befindet sich auf einer höheren Indifferenzkurve I_2 und enthält mehr von Gut 1. Soweit eigentlich nichts neues. Diese Art der Analyse wurde schon mehrfach durchgeführt. Es werden zwei Haushaltsoptima bei verschiedenen Preisen verglichen. Zum Preis p_1 ist das *Ausgangsbündel* optimal. Sinkt der Preis auf p_1', ist das *endgültige Bündel* ein Optimum. Jetzt kann die Analyse aber weitergeführt werden, indem

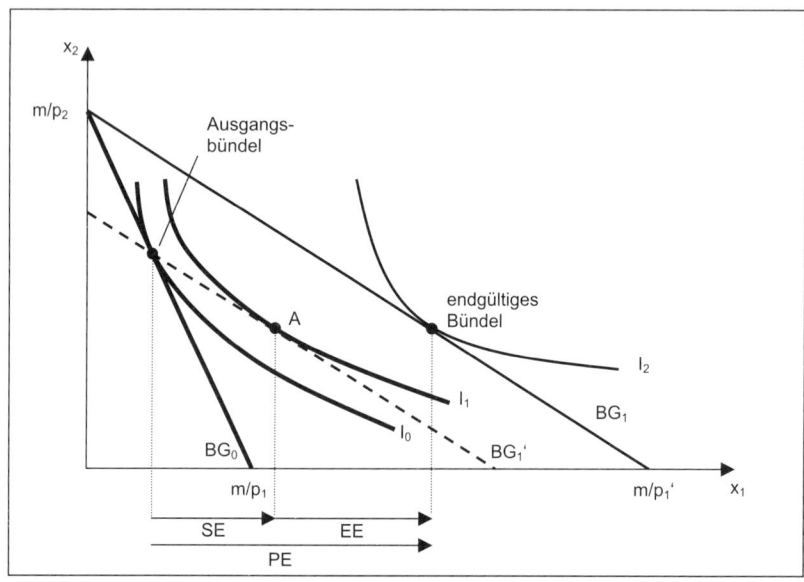

Abbildung 6.4: Der Einkommens- und Substitutionseffekt nach Slutsky bei einem normalen Gut

man untersucht, wie der Haushalt genau diesen Punkt erreicht.

Die Preissenkung hat einen Substitutionseffekt. *Dieser beschreibt die Veränderung der Nachfrage eines Haushaltes aufgrund einer Preisänderung, unter der hypothetischen Annahme, das Einkommen würde sich gleichzeitig so verändern, dass der Haushalt gerade noch das Ausgangsbündel nachfragen könnte.* Man will nur wissen, inwieweit der Haushalt ein Gut aufgrund der Preisänderung substituiert. Grafisch verschiebt man die Budgetgerade BG_1 einfach soweit nach unten, bis sie das *Ausgangsbündel* schneidet. Die Indifferenzkurve I_1, die auf einem höheren Nutzenniveau liegt als I_0, hat einen Tangentialpunkt mit der hypothetischen Budgetgeraden BG_1'. Der Haushalt könnte sich das *Ausgangsbündel* weiterhin leisten, aufgrund des veränderten Substitutionsverhältnisses ist es aber nicht mehr das optimale Bündel. Bündel A ist *optimal* für die hypothetische Budgetgerade.

Der Substitutionseffekt einer Preisveränderung ist immer negativ, d.h. gegenläufig zur Veränderung der Nachfrage. *Sinkt (steigt) der Preis von Gut 1, steigt (sinkt) die Nachfrage nach diesem.* Das *optimale* Bündel nach der Substitution ist nur hypothetisch optimal. Der Substitutionseffekt ist nur ein Teil des Preiseffektes. *Der Einkommenseffekt ist der zusätzliche Effekt einer Preisänderung auf die Nachfrage.* Der Preiseffekt abzüglich des Substitutionseffektes ist der Einkommenseffekt. Der Einkommenseffekt ist bei einem normalen Gut positiv und verstärkt den Preiseffekt. *Ein steigendes (fallendes) Einkommen führt zu einer höheren (niedrigeren) Nachfrage.* Diese Eigenschaft verhält sich bei anderen Güterarten anders.

Ein inferiores Gut hat eine negative Einkommenselastizität. Der Einkommenseffekt ist negativ. *Wenn das Einkommen steigt (fällt), wird die Nachfrage sinken (steigen).* Der Substitutionseffekt ist unabhängig von der Art eines Gutes immer negativ.[14] Die beiden Effekte wirken gegen einander. Eine Preissenkung führt zunächst zu einer Steigerung der Nachfrage aufgrund des Substitutionseffektes. Die Steigerung fällt allerdings aufgrund des negativen Einkommenseffektes im Vergleich zu einem normalen Gut geringer aus (Abbildung 6.5, a).

Ein Giffen-Gut stellt einen Spezialfall eines inferioren Gutes dar. *Der gesamte Preiseffekt ist hier positiv. Sinkt (steigt) der Preis, dann sinkt (steigt) die Nachfrage.* Wie teilt sich dies auf den Substitutions- und den Einkommenseffekt auf? Der Substitutionseffekt ist auch hier immer gegensätzlich zur Preisveränderung, d.h. negativ. Wenn nun der Preiseffekt insgesamt bei einem Giffen-Gut die gleiche Richtung wie die Preisänderung haben muss, der Substitutionseffekt aber gegensätzlich ist, muss der Einkommenseffekt den Substitutionseffekt übersteigen. Abbildung 6.5 (b) stellt diesen Fall für eine Preissenkung dar.

An dieser Stelle sei noch einmal ausdrücklich darauf hingewiesen, dass ein Giffen-Gut immer auch ein inferiores Gut sein muss. Der Einkommenseffekt und der Substitutionseffekt verhalten sich bei beiden Gütern gegensätzlich. Ein Giffen-Gut ist der Spezialfall eines inferioren Gutes, bei dem der Einkommenseffekt größer als der Substitutionseffekt ist. Mit anderen Worten, der Einkommenseffekt ist bei einem Giffen-Gut noch *gegensätzlicher* als bei

---

[14]Man beachte die unterschiedlichen Beziehungen, die beim Substitutions- und Einkommenseffekt betrachtet werden. Ein negativer Effekt bedeutet, dass die Richtung der Nachfrageveränderung entgegengesetzt zu der Richtung der Änderung der zugrundeliegenden Variablen ist. Beim Substitutionseffekt wird die Beziehung "Preis-Menge" analysiert, während es beim Einkommenseffekt die Beziehung "Einkommen-Menge" ist.
Wenn beide Effekte negativ sind, wirken sie gegeneinander. Bei einem fallenden Preis bedeutet ein negativer Substitutionseffekt, dass die Nachfrage steigt. Ein negativer Einkommenseffekt beschreibt die fallende Nachfrage bei steigendem Einkommen. Fallende Preise führen zu einem realen Anstieg des Einkommens. Die Nachfrage steigt dann aufgrund des Substitutionseffektes, sinkt aber aufgrund des Einkommenseffektes. Beide Effekte sind gegenläufig.

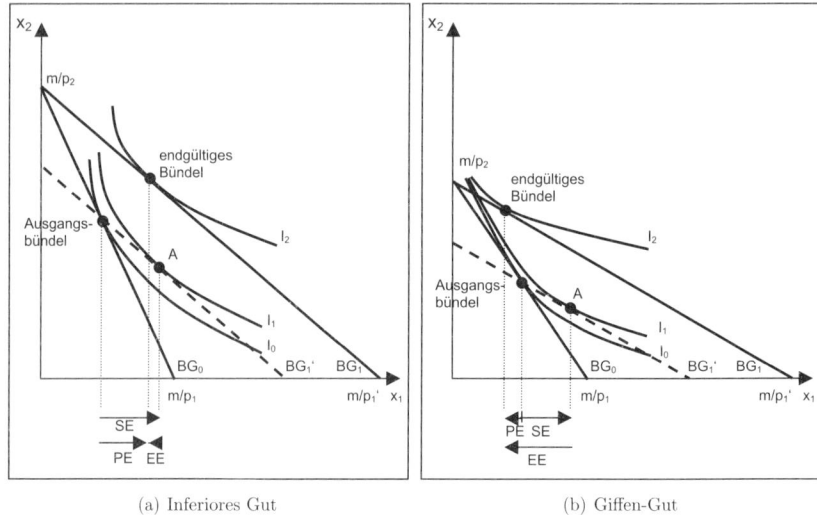

(a) Inferiores Gut   (b) Giffen-Gut

Abbildung 6.5: Slutsky-Preiseffekt bei einem inferioren und bei einem Giffen-Gut

einem inferioren Gut, bei dem der Substitutionseffekt nur abgeschwächt wird. *Das Giffen-Gut ist ein Spezialfall eines inferioren Gutes, es gilt daher nicht der umgekehrte Fall: ein inferiores Gut ist nicht immer auch ein Giffen-Gut.*

Es sollten noch ein paar Dinge hervorgehoben und festgehalten werden. Erstens, der Substitutionseffekt verhält sich bei allen Gütern immer gegensätzlich zur Preisänderung. Zweitens, eine so stringente Aussage kann beim Einkommenseffekt nicht getroffen werden. Der Einkommenseffekt wirkt bei einem normalen Gut in die gleiche Richtung wie der Substitutionseffekt und verstärkt diesen daher. Ist das Gut inferior, wirkt der Einkommenseffekt in die entgegengesetzte Richtung des Substitutionseffektes.

Es wurde bereits daraufhin gedeutet, dass die Zerlegung des Preiseffektes auf Slutsky zurück geht. Die eigentliche **Slutsky-Gleichung** lautet:

$$\frac{\Delta x_i}{\Delta p_i} = \left.\frac{\Delta x_i}{\Delta p_i}\right|_{\bar{X}} - x\left(\frac{\Delta x_i}{\Delta m}\right).$$

Der Term auf der linken Seite der Gleichung ist der gesamte Preiseffekt, die Veränderung der Nachfrage aufgrund einer Preisänderung. Die rechte Seite stellt den Substitutionseffekt und den Einkommenseffekt dar. Der linke

Term auf der rechten Seite der Gleichung ist der Substitutionseffekt. Hier wird mathematisch beschrieben, wie die Nachfrage auf eine Preisänderung unter der Annahme einer konstanten Kaufkraft ($\bar{X}$) reagiert. Der rechte Term auf der rechten Seiten beschreibt den Einkommenseffekt. Man kann diese Gleichung intuitiv herleiten. Was im Appendix zu diesem Kapitel gemacht wird. Es ergibt sich folgende vereinfachte Schreibweise:

$$\Delta x_1 = \Delta x_1|_{\bar{X}} + \Delta x_1^{EE}.$$

Am besten sieht man sich hierzu ein Beispiel an, um nicht verwirrt zu werden oder vorhandene Verwirrungen zu beseitigen. Wie lassen sich der Substitutionseffekt und der Einkommenseffekt berechnen?

6.2.2   Ein Beispiel zum Slutsky-Preiseffekt

6.2.2.1   Ein Beispiel zum Substitutionseffekt

Angenommen die Nachfrage nach Erdbeeren folge einer Cobb-Douglas Nachfragefunktion:

$$x_1 = 5 + \frac{m_1}{5p_1}.$$

Das ursprüngliche Einkommen betrage EUR 100, der ursprüngliche Preis für die Erdbeeren sei EUR 4 pro kg. Unter diesen Voraussetzungen fragt der Haushalt 10 kg Erdbeeren nach $(5 + 100/(5*4) = 10)$. Nun soll der Preis auf EUR 3 pro kg sinken. Der Haushalt fragt bei diesem Preis $11^2/_3$ kg nach $(5 + 100/(5*3) = 11,\bar{6})$. Um den Substitutionseffekt berechnen zu können, muss zunächst die Einkommenskompensation berechnet werden. Da der Preis sinkt, kann dem Haushalt Geld weggenommen werden und er könnte trotzdem noch die gleiche Menge Erdbeeren wie vor der Preissenkung nachfragen. Das fordert der Slutsky-Substitutionseffekt. Das heißt:

$$\Delta m = 10 * (-1) = -10.$$

Reduziert man das Einkommen des Haushaltes um EUR 10 auf EUR 90, wird sich der Haushalt weiterhin das *Ausgangsbündel* leisten können. Der Substitutionseffekt ist nun die Reaktion der Nachfrage auf die Preissenkung unter dieser Bedingung. Die ursprüngliche Nachfrage betrug 10 kg. Mit den neuen Preisen fragt der Haushalt folgende Menge nach:

$$\Delta x_1|_{\bar{X}} = 5 + 90/(5*3) - 10 = 1.$$

Der Substitutionseffekt beträgt 1kg.

6.2.2.2   Ein Beispiel zum Einkommenseffekt

Auf ähnliche Weise kann der Einkommenseffekt berechnet werden. Das Einkommen erhöht sich hypothetisch durch die Preissenkung um EUR 10 von EUR 90 auf EUR 100. Wie verändert sich hierdurch die Nachfrage? Dies zeigt folgende Gleichung:

$$\Delta x_1^{EE} = 5 + 100/(5*3) - 11 = 2/3.$$

Der Einkommenseffekt beträgt 2/3 kg.

6.2.2.3   Das komplette Beispiel zum Preiseffekt

Die Berechnung des Preiseffekts ist nun nach getaner Vorarbeit ganz einfach. Schließlich ist bereits bekannt das Folgendes gilt:

$$\frac{\Delta x_i}{\Delta p_i} = \frac{\Delta x_i}{\Delta p_i}\bigg|_{\bar{X}} - x\left(\frac{\Delta x_i}{\Delta m}\right)$$
$$\Leftrightarrow \Delta x_1 = \Delta x_1|_{\bar{X}} + \Delta x_1^{EE}$$
$$\Leftrightarrow PE = SE + EE$$
$$\Leftrightarrow PE = 1 + 2/3 = 1\frac{2}{3}.$$

Die am Anfang dieses Beispiels berechnete Nachfrageveränderung ist also bestätigt und die beiden Komponenten sind richtig bestimmt.

6.2.3   Der Hicks-Preiseffekt

Der Slutsky-Substitutionseffekt wird unter der Annahme berechnet, dass die Kaufkraft konstant bleibt. Es gibt noch eine andere Definition eines Substitutionseffektes. Der sogenannte **Hicks-Substitutionseffekt** nimmt eine Einkommenskompensation vor, so dass der Haushalt auf demselben Nutzenniveau verharrt wie vor der Preisänderung. Der gesamte **Hicks-Preiseffekt** für normale Güter und die Spezialfälle inferiore Güter und Giffen-Güter ist in den Abbildungen 6.6 und 6.7 dargestellt.

Nach einer Preissenkung sieht sich ein Haushalt der Budgetgerade BG_1 gegenüber. Die Einkommenskompensation nach Hicks wird durch die hypothetische Budgetgerade BG_1' dargestellt. Diese Budgetgerade geht nicht wie beim Slutsky-Preiseffekt durch das *Ausgangsbündel*, sondern ist eine Tangente an die ursprüngliche Budgetgerade I_0. Nicht die Kaufkraft, sondern

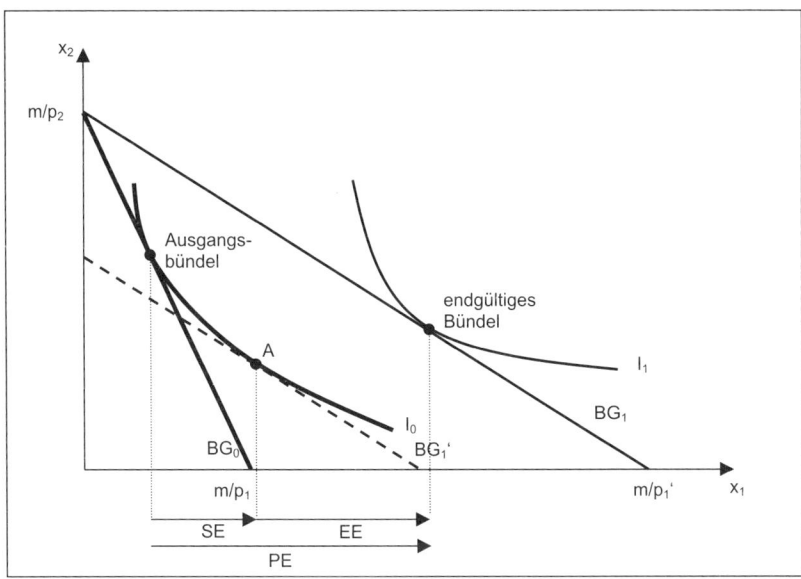

Abbildung 6.6: Der Einkommens- und Substitutionseffekt nach Hicks bei einem normalen Gut

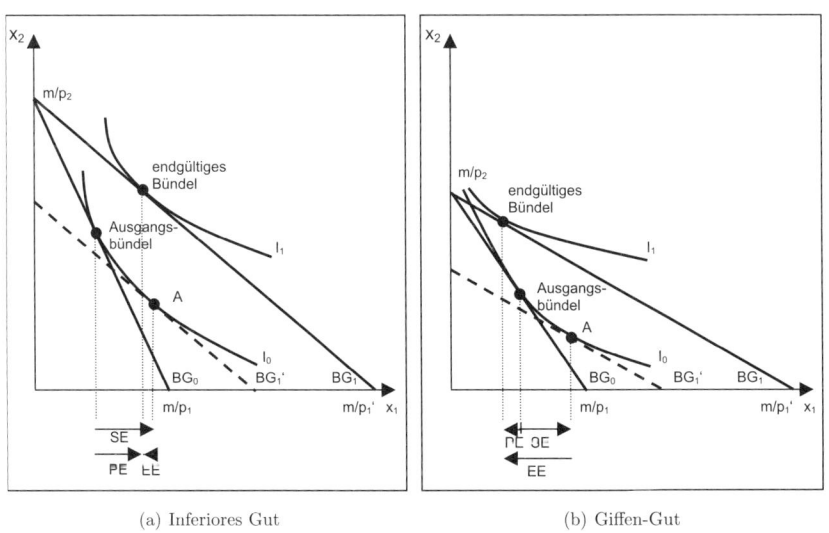

(a) Inferiores Gut (b) Giffen-Gut

Abbildung 6.7: Hicks-Preiseffekt bei einem inferioren und bei einem Giffen-Gut

der Nutzen ist konstant. Die Kaufkraft ist bei dieser Einkommenskompensation gesunken. Der Haushalt hat mit der hypothetischen Budgetgeraden nicht mehr die Möglichkeit, das *Ausgangsbündel* nachzufragen. Wenn es auch eine kleine Unterscheidung in der Definition der beiden Substitutionseffekte nach Hicks und Slutsky gibt, haben sie die gleichen Eigenschaften. Der Hicks-Substitutionseffekt ist für alle Güterarten immer negativ. Der Einkommenseffekt hängt auch hier von der Art der Güter ab. Er ist positiv für normale Güter und negativ für inferiore Güter.

Die Slutsky-Gleichung gilt im Grunde weiterhin. Der gesamte Hicks-Preiseffekt ist nach wie vor die Summe aus dem Substitutions- und dem Einkommenseffekt. Allerdings in diesem Fall aus der Summe des Hicks-Substitutionseffektes und dem Einkommenseffekt. Die Slutsky-Gleichung muss leicht variiert werden. Für eine endlich kleine Preisänderung gilt:

$$\frac{\Delta x_i}{\Delta p_i} = \frac{\Delta x_i}{\Delta p_i}\bigg|_{\bar{U}} - x\left(\frac{\Delta x_i}{\Delta m}\right).$$

Der Unterschied liegt in der Annahme eines konstanten Nutzens $\bar{U}$ anstatt einer konstanten Kaufkraft $\bar{X}$. Für kleine Preisänderungen sind die Ergebnisse der beiden Preiseffekte fast identisch.

6.2.4   Zusammenfassung des Slutsky- und Hicks-Preiseffektes

Die folgende Tabelle fast die Substitutions-, Einkommens- und die gesamten Preiseffekte bei normalen und inferioren Gütern noch einmal zusammen. Die Tabelle gilt sowohl für den Slutsky- als auch für den Hicks-Preiseffekt.

Tabelle 6.1: Substitutions-, Einkommens-, Preiseffekte

	Substitutionseffekt	Einkommenseffekt	Preiseffekt
normales Gut	negativ	positiv	negativ
inferiores Gut	negativ	negativ	negativ wenn nicht Giffen-Gut
Giffen-Gut	negativ	negativ und größer als Substitutionseffekt	positiv

6.3   Die Marktnachfrage

Das bisher beobachtete Verhalten bezog sich auf einen einzelnen Haushalt. Im nächsten Teil dieses Buches wird die Unternehmenstheorie vorgestellt werden. Innerhalb der Unternehmenstheorie wird das Verhalten von Firmen am Markt untersucht. Es ist einleuchtend, dass das Verhalten der Firmen vom Verhalten ihrer Kunden abhängt. Im Normalfall sieht sich eine Firma allerdings nicht nur einem Kunden gegenüber, obwohl dieser Zustand auftreten kann,[15] sondern einer großen Menge. Diese Tatsache ist natürlich jedem bekannt. Die riesigen Kaufhäuser in den Innenstädten sind in der Regel überfüllt von Menschen. Alles Kunden einer einzigen Firma, der Kaufhausfirma. Auch die zahlreichen Einkaufszentren sind voll mit Kunden, die ihr Geld ausgeben möchten. Ein Einkaufszentrum beherbergt zwar im Gegensatz zu einem Kaufhaus viele verschiedene Firmen, doch auch hier gibt es mehr als einen Kunden pro Firma. Die Unternehmen können daher bei ihrer Produktionsplanung und Preisgestaltung nicht auf einen einzelnen Kunden eingehen, sondern werden die Gesamtheit ihrer Kunden betrachten. Gegebenenfalls werden mehrere Kundengruppen unterschiedlich behandelt. Gerade ein Kaufhausunternehmen wird die einzelnen Abteilungen unterschiedlich steuern. In der Lebensmittelabteilung werden Kunden anders auf Preisveränderungen reagieren als in der Abteilung für Oberbekleidung oder bei den Spielwaren. Die Firma wird dies bei der Preisgestaltung in den einzelnen Abteilungen berücksichtigen. Die genaue Art und Weise der Preisgestaltung wird erst später beschrieben. Die genannten Argumente machen jedoch deutlich, dass eine individuelle Nachfragekurve kein angemessenes Kriterium sein kann, das Angebot zu steuern. Im Folgenden wird daher die **Marktnachfrage** hergeleitet. Diese ergibt sich aus der Summe der Nachfragen der einzelnen Haushalte.

6.3.1 Horizontale Aggregation

Die erste Möglichkeit eine Marktnachfrage zu ermitteln, ist die **horizontale Aggregation** der einzelnen Nachfragekurven. Aggregation bedeutet Zusammenfassung. Diese Art der Aggregation wird bei **privaten Gütern** angewendet. *Private Güter sind Güter, bei denen das Ausschlussprinzip gilt. Vom Konsum des Gutes können die Individuen ausgeschlossen werden, die nicht bereit sind den Preis des Gutes zu zahlen.* Das Gegenteil von privaten Gütern sind **öffentliche Güter**. *Bei öffentlichen Gütern greift das Ausschlussprinzip nicht. Allen KonsumentInnen wird das Gut im selben Ausmaß zur Verfügung gestellt.* Vor weiteren Erklärungen sollte die Marktnachfrage erst einmal hergeleitet werden, damit man weiß, wovon eigentlich die Rede ist.

---

[15]In einem solchen Fall spricht man von einem Nachfragemonopol (vgl. Tabelle 3.2).

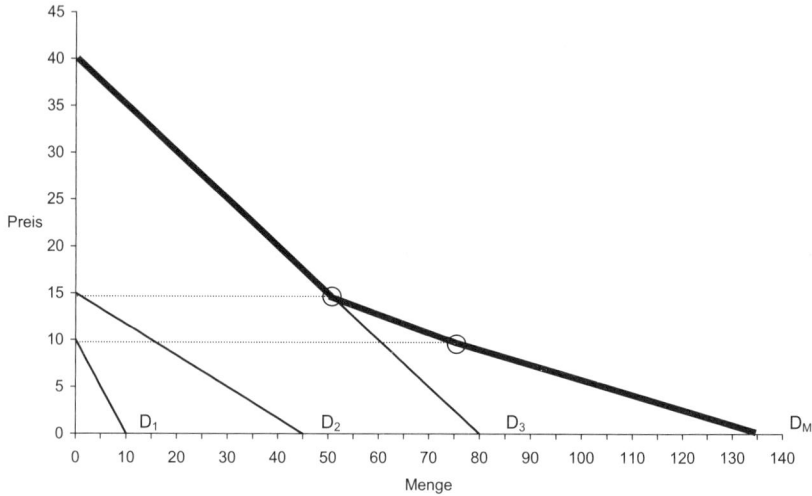

Abbildung 6.8: Die horizontale Aggregation der Nachfrage

Die horizontale Aggregation ist eine Zusammenfassung über die Mengen. Angenommen es gibt drei Haushalte als Nachfrager auf einem Markt. Um die Marktnachfrage zu erhalten, addiert man bei jedem Preis alle Mengen zusammen. In Abbildung 6.8 soll der Haushalt mit der Nachfragefunktion D_1 der erste Haushalt, der mit D_2 der zweite Haushalt und der mit D_3 der dritte Haushalt sein. Der dritte Haushalt hat einen Reservationspreis von EUR 40, der zweite von EUR 15 und der erste von nur EUR 10. Solange der Preis oberhalb von EUR 15 liegt, fragt daher nur Haushalt drei nach. Die Marktnachfragefunktion D_M ist daher gleich mit der Nachfragefunktion dieses Haushaltes. Erreicht der Preis schließlich EUR 15 bei einer Menge von 50 Stück, beginnt auch der zweite Haushalt nachzufragen (erste Knickstelle). Zwischen EUR 15 und EUR 10 fragen Haushalt drei und zwei beide nach. Die Marktnachfrage wird aufgrund der absolut zunehmenden Menge flacher. Ein weiterer Knick entsteht beim Preis von EUR 10 (zweite Knickstelle), wenn der erste Haushalt ebenfalls beginnt nachzufragen. Der Markt ist bei einer Menge von insgesamt 135 Stück und einem Preis von EUR 0 gesättigt.

Das grafische Beispiel soll noch einmal in Zahlen ausgedrückt werden. Der Grafik liegen drei inverse Nachfragefunktionen zugrunde. Die Betonung liegt dabei auf inverse. Die gängige Darstellung von Nachfragefunktionen und später auch Angebotsfunktionen ist die inverse, d.h. der Preis wird in Abhängigkeit der Menge ausgedrückt. Grafisch ist dies nur eine Frage der Definition, natürlich könnte man auch die Menge in Abhängigkeit vom Preis darstellen. Wie gesagt, dies ist nur sehr ungewöhnlich und soll daher auch hier keine Anwendung finden. Zur horizontalen Aggregation stellt die inverse Nachfragekurve allerdings ein kleines Problem dar. Doch zunächst zum Beispiel. Die inversen Nachfragefunktionen seien:

$$D_1^{-1}(x) = -x + 10$$
$$D_2^{-1}(x) = -\tfrac{1}{3}x + 15$$
$$D_3^{-1}(x) = -\tfrac{1}{2}x + 40.$$

Für eine horizontale Aggregation wäre es angenehm die Funktionen einfach addieren zu können. Hierbei muss man aber auf die Art der Darstellung aufpassen. Die inversen Nachfragefunktionen stellen den Preis in Abhängigkeit der Menge dar, es müssen aber Mengen addiert werden. Die Konstante am Ende jeder Funktion stellt den jeweiligen Reservationspreis dar. Würde man einfach alle drei Funktionen addieren, erhielte man eine Konstante von $65(10 + 15 + 40)$. Dies würde bei der Marktnachfrage einen Reservationspreis von EUR 65 implizieren. Doch das ist falsch, der Reservationspreis der Marktnachfrage kann nicht höher sein als der höchste Reservationspreis der individuellen Nachfragefunktionen, d.h. er kann in diesem Beispiel nicht höher sein als EUR 40. Was ist passiert? Bei der Addition inverser Nachfragefunktionen addiert man Preise und keine Mengen. Man nimmt also keine horizontale, sondern eine **vertikale Aggregation** vor. Diese wird erst im nächsten Kapitel beschrieben. Die horizontale Aggregation fordert daher die Darstellung in nicht inverser Form. Alle Gleichungen müssen umgeformt werden. Es ergibt sich:

$$D_1(p) = -p + 10$$
$$D_2(p) = -3p + 45$$
$$D_3(p) = -2p + 80.$$

Die inverse Form hat allerdings den Vorteil, dass sie über die Knickstellen Aufschluss gibt. Die Marktnachfrage hat drei Abschnitte:

$$
\begin{aligned}
p &> 15 & D_M(p) &= -2p + 80 \\
15 &\geq p > 10 & D_M(p) &= -2p + 80 + (-3p + 45) \\
& & \Leftrightarrow D_M(p) &= -5p + 125 \\
p &\leq 10 & D_M(p) &= -5p + 125 + (-p + 10) \\
& & \Leftrightarrow D_M(p) &= -6p + 135.
\end{aligned}
$$

Zusammenfassend lautet die Marktnachfrage:

$$D_M(p) = \begin{cases} -2p + 80 & p > 15 \\ -5p + 125 & 15 \geq p > 10 \\ -6p + 135 & p \leq 10. \end{cases}$$

Diese Nachfragefunktion ist für den Bereich $40 \geq p \geq 0$ in Abbildung 6.8 als dickere Linie dargestellt. Die Darstellung ist wieder in inverser Form.

6.3.2 Vertikale Aggregation

Anders als bei der horizontalen Aggregation werden bei der vertikalen Aggregation nicht die Mengen, sondern die Preise addiert. Im vorherigen Kapitel wurde bereits angedeutet, dass eine solche Art der Aggregation bei öffentlichen Gütern vorgenommen wird. Die Untersuchung der Rolle des Staates ist in der Ökonomie mehr oder weniger im Bereich Finanzwissenschaften angesiedelt. Es gibt allerdings fachliche Überlappungen. Öffentliche Güter spielen daher auch in der Mikroökonomie eine Rolle. Öffentliche Güter werden in der Regel vom Staat zur Verfügung gestellt. Dabei kann die Herstellung durchaus von privaten Firmen durchgeführt werden.

Öffentliche Güter[16] weisen im Gegensatz zu privaten Gütern zwei spezielle Charakteristika auf.[17] Erstens kann niemand vom Gebrauch dieser Güter ausgeschlossen werden, zweitens ist ihr Konsum nicht rivalisierend. Ein Beispiel ist die Straßenbeleuchtung. Wenn eine Straße beleuchtet wird, profitiert jeder davon, der die Straße benutzt. Es können keine Ausnahmen gemacht werden. Ein Grund zur Errichtung von Straßenlaternen kann zum Beispiel die Verhinderung oder mindestens die Senkung von Gewalttaten gegenüber Frauen sein. Doch wenn die Laternen ihr Licht ausstrahlen, profitieren auch Männer davon. Niemand kann also vom Konsum ausgeschlossen werden. Der Konsum ist auch nicht rivalisierend. Nur weil bereits eine Person durch das Licht der Laterne läuft, hört die Laterne nicht auf für eine andere Person zu strahlen. Denkbar ist natürlich, dass sich ein Personenkreis um die einzige Laterne in einer Straße gebildet hat. Eine neu hinzukommende Person steht unter Umständen so weit von der Laterne entfernt, dass die Wirkung des Lichts keinen Einfluss mehr hat. Aber dieser Extremfall soll an dieser Stelle vernachlässigt werden.

---

[16]In der Finanzwissenschaft wird eine Unterscheidung zwischen reinen öffentlichen Gütern und unreinen öffentlichen Gütern gemacht. Unreine öffentliche Güter weisen die oben folgenden Charakteristika nicht notwendigerweise auf. An dieser Stelle werden öffentliche Güter mit reinen öffentlichen Gütern gleichgesetzt.

[17]vgl. Brown, Jackson 1998, S. 34-36

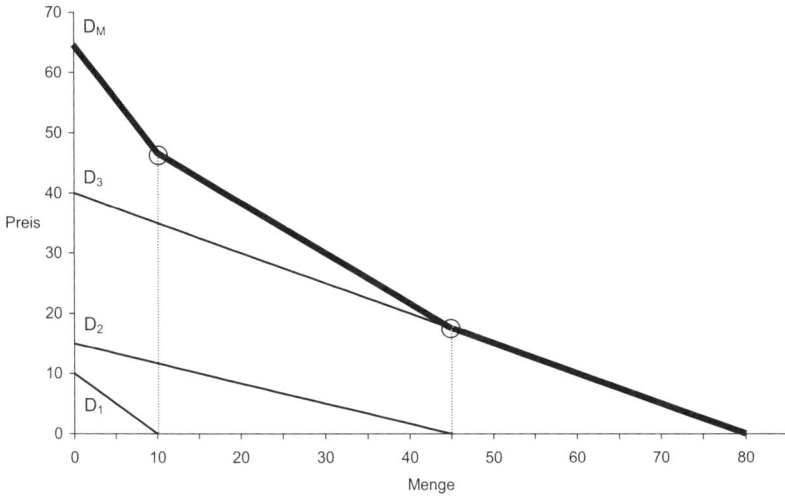

Abbildung 6.9: Die vertikale Aggregation der Nachfrage

Die zwei Charakteristika öffentlicher Güter führen dazu, dass sich die
Marktnachfrage aus einer vertikalen Aggregation ergibt. Der Staat entscheidet über das Angebot anhand der gesamten Zahlungsbereitschaft der
Nachfrager. Angenommen eine Gemeinde denkt über eine neue Beleuchtung ihres kleinen Dorfmarktplatzes nach. Die Gemeinde kann die lau-
fenden Kosten zwar tragen, muss aber für die Errichtung eine einmalige
Abgabe von den Bürgern einfordern. Die Gemeinde bestehe aus drei Haushalten. Wie groß ist in diesem Fall die Marktnachfrage? Abbildung 6.9, in
der die vertikale Aggregation der Nachfrage dargestellt ist, gibt darüber
Auskunft.

Die Nachfrage ergibt sich aus der gesamten Zahlungsbereitschaft. Bei
einer Menge von 80 Stück, zum Beispiel 80 Laternen, die den Dorfplatz
umsäumen, ist keiner der Haushalte mehr bereit, etwas dafür zu bezahlen.
Die Haushalte halten eine so große Anzahl für unnötig. Wird die Anzahl
der Laternen bei der Planung verringert, weist Haushalt drei eine positive
Zahlungsbereitschaft auf. Werden die Laternen auf 45 reduziert, findet auch
Haushalt zwei Gefallen an dem Projekt. Haushalt eins empfindet dagegen
eine Menge von zehn Laternen als vollkommen ausreichend zur Beleuchtung des kleinen Platzes. Erst bei dieser Größenordnung des Projektes weist

Haushalt eins eine positive Zahlungsbereitschaft auf. Das Problem des Angebots soll zunächst grundsätzlich außer Acht gelassen werden. Nur der Vollständigkeit halber sei erwähnt, dass die Gemeinde sich für das Projekt entscheiden wird, wenn die Zahlungsbereitschaft am Markt in irgendeinem Fall die Kosten des Projektes deckt.

Die hier dargestellte Nachfrage nach einem öffentlichen Gut, bei der jeder einzelne Haushalt seinen Nutzen ehrlich an gibt und auch bereit ist diesen zu bezahlen, ist ein optimales Ergebnis. In der Realität kann ein solches Ergebnis kaum erreicht werden. Es setzt einen sogenannten *weisen Diktator* voraus, der den Nutzen jedes einzelnen Haushaltes exakt kennt und dessen Ziel die gesamtgesellschaftliche Nutzenmaximierung ist.

Die mathematische Berechnung einer Marktnachfrage bei vertikaler Funktion ähnelt der vorher bei horizontaler Aggregation dargestellten. Vorsicht ist auch hier bei der Darstellung der Funktionen geboten. Die vertikale Aggregation findet über die Preise statt, man addiert daher die inversen Nachfragefunktionen.

Der Unterschied zwischen diesen beiden Arten der Aggregation ist durch die Grafiken offensichtlich. Im Falle eines privaten Gutes (horizontale Aggregation), sind die Haushalte **Preisnehmer** und legen die nachgefragte Menge fest. Bei öffentlichen Gütern sind sie hingegen **Mengennehmer** und bestimmen ihren individuellen Preis.[18]

---

[18]vgl. Brown, Jackson 1998, S. 63-65

6.4 Appendix

6.4.1 Darstellung der Preiselastizität mittels des natürlichen Logarithmus

Man kann die Preiselastizität auch mittels des natürlichen Logarithmus darstellen. Da diese Darstellung häufig in der Literatur gewählt wird, soll sie an dieser Stelle kurz hergeleitet werden.

$$\varepsilon = \frac{\partial \ln x_1}{\partial \ln p_1} \qquad\qquad\qquad\qquad\qquad | \cdot \frac{\partial x_1}{\partial x_1}$$

$$\Leftrightarrow \varepsilon = \frac{\partial \ln x_1}{\partial x_1} \cdot \frac{\partial x_1}{\partial \ln p_1} \qquad |\text{wobei } \tfrac{\partial \ln x_1}{\partial x_1} \text{ die Ableitung des } ln \text{ ist, die lautet: } \tfrac{1}{x_1}$$

$$\Leftrightarrow \varepsilon = \frac{1}{x_1} \cdot \frac{\partial x_1}{\partial \ln p_1}. \tag{6.1}$$

Weiterhin gilt:

$$\frac{\partial x_1}{\partial p_1} = \frac{\partial x_1}{\partial \ln p_1} \cdot \frac{\partial \ln p_1}{\partial p_1} = \frac{\partial x_1}{\partial \ln p_1} \cdot \frac{1}{p_1}$$

$$\Rightarrow \frac{\partial x_1}{\partial \ln p_1} = \frac{\partial x_1}{\partial p_1} \cdot p_1;$$

Einsetzen in Gleichung 6.1:

$$\varepsilon = \frac{1}{x_1} \cdot \frac{\partial x_1}{\partial p_1} \cdot p_1 = \frac{\partial \ln x_1}{\partial \ln p_1}.$$

Für weitere Ausführungen dient am besten ein Beispiel und eine Grafik. Damit wird vieles leichter und verständlicher. Es soll eine lineare inverse Nachfragefunktion der Art $p_1 = a - bx_1$ angenommen werden. Lineare Funktionen haben die Eigenschaft, dass sie sehr leicht gezeichnet werden können. Es müssen hierzu nur zwei Punkte bekannt sein. Am leichtesten lassen sich die beiden Schnittpunkte mit den Achsen ermitteln. Ist die nachgefragte Menge Null, wird der Preis a betragen. Bei einem Preis von Null ist dagegen die Menge x_1 gleich a/b. Die Nachfragefunktion ist in Abbildung 6.10 gezeigt.

Der Ausdruck für die Preiselastizität kann nun mit Hilfe der Nachfragefunktion sowohl in Abhängigkeit des Preises als auch in Abhängigkeit der Menge ausgedrückt werden. Die Preiselastizität lautete:

$$\varepsilon = \frac{\partial x_1}{\partial p_1} \cdot \frac{p_1}{x_1}.$$

Die Steigung der inversen Nachfragekurve $\partial p_1 / \partial x_1 = -b$. Der linke Bruch in der Elastizitätsformel ist daher gleich $1/-b$. Hieraus ergibt sich die Elastizität abhängig von x_1:

$$\varepsilon = -\frac{1}{b} \cdot \frac{a - bx_1}{x_1},$$

bzw. abhängig von p_1:

$$\varepsilon = -\frac{1}{b} \cdot \frac{p_1}{(a - p_1/b)} = -\frac{p_1}{a - p_1}.$$

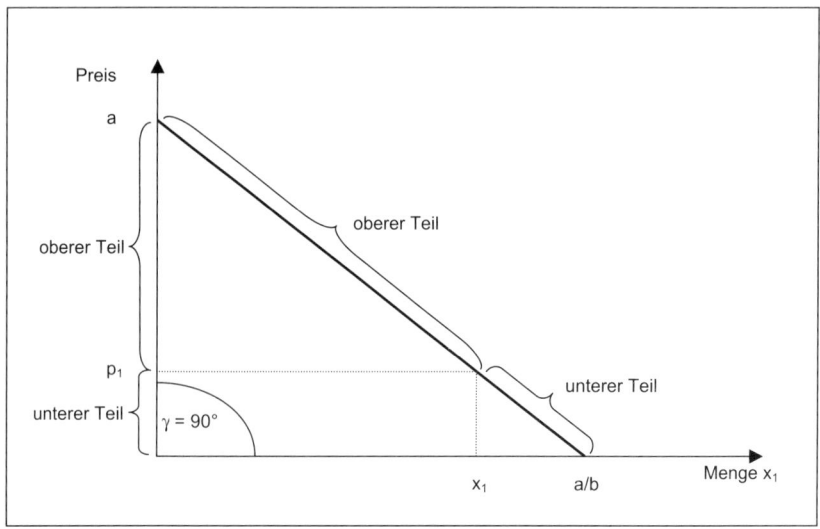

Abbildung 6.10: Eine allgemeine lineare Nachfragefunktion

Der Punkt (x_1, p_1) teilt die Gerade der Nachfragefunktion in zwei Teile. Abbildung 6.10 weist schon auf einen weiteren Zusammenhang dabei hin. Liegt eine lineare Nachfragefunktion zugrunde, gilt:

$$\varepsilon = -\frac{\text{unterer Teil}}{\text{oberer Teil}} = \frac{x_1 - a/b}{x_1} = -\frac{p_1}{a - p_1}.$$

Aufgrund mathematischer Bedingungen gilt, dass das Verhältnis des unteren Teils zum oberen Teil der Nachfragegeraden das gleiche Verhältnis ist wie das Verhältnis der beiden Teile der vertikalen Achse und der horizontalen Achse.[19] Diese sind jeweils durch x_1 bzw. p_1 in zwei Teile geteilt. Es ist daher nachvollziehbar, das die Preiselastizität bei einem Preis von $a/2$ und einer nachgefragten Menge $\frac{1}{2} * \frac{a}{b}$ gleich Eins sein muss. In einem solchen Fall wird $a/2$ durch $a/2$ bzw. $\frac{1}{2} * \frac{a}{b}$ durch $\frac{1}{2} * \frac{a}{b}$ geteilt. Beide Brüche ergeben Eins. Je dichter der Preis dem Höchstpreis a kommt, desto größer wird die Preiselastizität. Denn der *obere Teil* wird immer kleiner, weshalb der Bruch *unterer Teil : oberer Teil* immer größer wird und letztlich gegen unendlich geht. Je näher der Preis an Null herankommt, desto kleiner wird die Preiselastizität. Ist der Preis Null, ist auch die Elastizität Null. Die unterschiedlichen Preiselastizitäten auf den unterschiedlichen Abschnitten einer Nachfragegeraden sind in Abbildung 6.11 dargestellt.

---

[19]Der dargestellte Zusammenhang wird in der Mathematik als Strahlensatz bezeichnet. Dieser lautet bezogen auf Abbildung 6.10 (auch für $\gamma = 90°$): Werden zwei sich im Punkt a schneidende Geraden von zwei Geraden geschnitten, die zueinander parallel sind, so gilt: *oberer Teil : unterer Teil* $= (a - p_1) : p_1 = x_1 : (a/b - x_1)$.

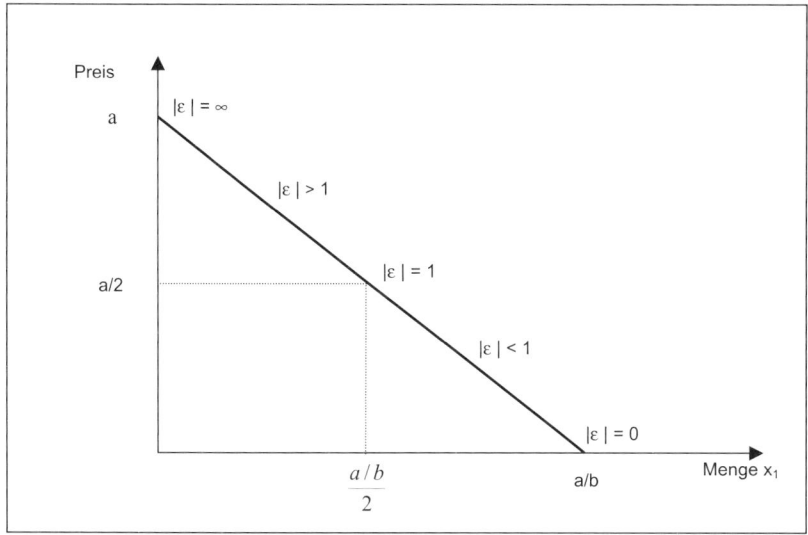

Abbildung 6.11: Veränderung der Preiselastizität bei einer linearen Nachfragefunktion

6.4.2 Herleitung der Slutsky-Gleichung

Die Nachfragefunktion für Gut 1 sei:

$$x_1 = D(p_1, m).$$

Die Nachfrage nach Gut 1 hängt vom Preis des Gutes und vom Einkommen ab. Alle anderen Variablen, die gewöhnlich die Nachfrage beeinflussen, zum Beispiel der Preis des Gutes 2, werden als konstant angenommen und können daher vernachlässigt werden. Der Preis p_1 verändert sich nun um Δp_1. Für diese Preisänderung soll der Haushalt kompensiert werden. Es soll ihm ermöglicht werden, zum neuen Preis $p_1 + \Delta p_1$ die gleiche Menge x_1 nachfragen zu können. Wie muss sich daher das Einkommen ändern? Der Haushalt musste vor der Preisänderung für die Menge x_1 das Einkommen $x_1 p_1$ aufwänden.

• Einkommen vor Preisänderung: $m = x_1 p_1$;

• Einkommen nach der Preisänderung: $m' = x_1(p_1 + \Delta p_1)$.

Zieht man die erste Gleichung von der zweiten ab, erhält man die notwendige Einkommensänderung:

$$m' - m = x_1 p_1 + x_1 \Delta p_1 - x_1 p_1$$
$$\Leftrightarrow \quad \Delta m = x_1 \Delta p_1.$$

Die Preisveränderung ist jetzt kompensiert. Wie die Slutsky-Gleichung fordert, ergibt sich eine kompensierte Änderung der Nachfrage aus zwei Einzeleffekten, einer Preisänderung

Δp_1 und einer Einkommensänderung Δm, d.h.[20]

$$\Delta x_1 = \frac{\partial x_1}{\partial p_1}\Delta p_1 + \frac{\partial x_1}{\partial m}\Delta m \qquad\qquad | : \Delta p_1$$

$$\Leftrightarrow \frac{\Delta x_1}{\Delta p_1} = \frac{\partial x_1}{\partial p_1} + \frac{\partial x_1}{\partial m}\frac{\Delta m}{\Delta p_1}.$$

Annahmegemäß liegt eine kompensierte Nachfrageänderung vor, d.h. $\Delta x_1/\Delta p_1$ ist eine Nachfrageänderung bei der eine Einkommenskompensation in der Art und Weise stattfindet, dass der Haushalt trotz der Preisänderung gerade noch das *Ausgangsbündel* nachfragen kann. Weiterhin ergibt sich aus $\Delta m = x_1\Delta p_1$, dass $x_1 = \Delta m/\Delta p_1$. Man kann also schreiben:

$$\left.\frac{\Delta x_1}{\Delta p_1}\right|_{\bar{X}} = \frac{\partial x_1}{\partial p_1} + x_1\frac{\partial x_1}{\partial m}$$

$$\Leftrightarrow \frac{\partial x_1}{\partial p_1} = \left.\frac{\Delta x_1}{\Delta p_1}\right|_{\bar{X}} - x_1\frac{\partial x_1}{\partial m}.$$

Dieser Ausdruck sieht der in Kapitel 6.2.1 dargestellten Slutsky-Gleichung schon sehr ähnlich. Er ist sogar derselbe unter der Annahme einer endlich kleinen Preisänderung. In diesem Fall gilt:

$$\frac{\Delta x_1}{\Delta p_1} = \left.\frac{\Delta x_1}{\Delta p_1}\right|_{\bar{X}} - x_1\left(\frac{\Delta x_1}{\Delta m}\right).$$

Der senkrechte Strich mit dem Index $\bar{X}$ wird gesprochen als: unter der Bedingung einer konstanten Kaufkraft, wobei $\bar{X}$ das *Ausgangsbündel* symbolisiert. Herleitung der Slutsky-Gleichung:

Die Slutsky-Nachfragefunktion lautet $x_1|_{\bar{X}}(p_1, p_2, \bar{x}_1, \bar{x}_2)$. Sie geht davon aus, dass ein Haushalt nach einer Preisänderung genau soviel Einkommen besitzt, um das ursprüngliche Bündel $(\bar{x}_1, \bar{x}_2)$ bei den neuen Preisen p_1 und p_2 nachfragen zu können. Nach der Preisänderung beträgt das neue Einkommen $m' = p_1\bar{x}_1 + p_2\bar{x}_2$. Die Slutsky-Identität lautet:

$$x_1|_{\bar{X}}(p_1, p_2, \bar{x}_1, \bar{x}_2) \equiv x_1(p_1, p_2, p_1\bar{x}_1 + p_2\bar{x}_2) = x_1(p_1, p_2, m').$$

Ableitung nach zum Beispiel p_1 ergibt:

$$\frac{\partial x_1|_{\bar{X}}(p_1, p_2, \bar{x}_1, \bar{x}_2)}{\partial p_1} = \frac{\partial x_1(p_1, p_2, m')}{\partial p_1} + \frac{\partial x_1(p_1, p_2, m')}{\partial m}\bar{x}_1$$

$$\Leftrightarrow \left.\frac{\partial x_1}{\partial p_1}\right|_{\bar{X}} = \frac{\partial x_1}{\partial p_1} + \frac{\partial x_1}{\partial m}\bar{x}_1$$

$$\Leftrightarrow \frac{\partial x_1}{\partial p_1} = \left.\frac{\partial x_1}{\partial p_1}\right|_{\bar{X}} - \frac{\partial x_1}{\partial m}\bar{x}_1.$$

---

[20]Ausgangspunkt ist das totale Differential, d.h. die Funktionswertänderung dx_1 bei gleichzeitiger Änderung aller Variablen (in diesem Fall p_1 und m). Das totale Differential von x_1 lautet:

$$dx_1 = \frac{\partial x_1}{\partial p_1}dp_1 + \frac{\partial x_1}{\partial m}dm$$

Für eine endlich kleine Änderung kann als Approximation der obige Ausdruck Δx_1 verwendet werden.

(Bei der Ableitung muss die Kettenregel auf die Funktion $x_1(p_1, p_2, p_1\bar{x}_1 + p_2\bar{x}_2)$ angewandt werden.)

Unter der Annahme einer endlich großen Preisänderung (Δp_1) ergibt sich die dargestellte Slutsky-Gleichung. Man beachte, dass der Substitutionseffekt mathematisch immer negativ ist. Wenn der Preis sinkt (steigt), wird die Nachfrage steigen (sinken). Der Einkommenseffekt kann positiv (normales Gut) oder negativ (inferiores Gut, Giffen-Gut) sein. Das negative Vorzeichen vor dem Einkommenseffekt auf der rechten Seiten ergibt sich aus dem gegenläufigen Verhalten von ∂p_1 und ∂m (wenn der Preis sinkt (steigt), steigt (sinkt) das Einkommen).

Die Darstellung der Slutsky-Gleichung nennt man die Darstellung in Änderungsraten. Sie mag etwas kompliziert aussehen, ist aber teilweise nützlich. Man kann die Darstellung auch etwas vereinfachen. Es gilt: $x_1 = \Delta m / \Delta p_1$. Diesen Ausdruck kann man in den rechten Term auf der rechten Seite einsetzen, Δm kürzt sich heraus und übrig bleibt ein Bruch $-\Delta x_1^m / \Delta p_1$[21]. Es ergibt sich:

$$\frac{\Delta x_1}{\Delta p_1} = \left.\frac{\Delta x_1}{\Delta p_1}\right|_{\bar{X}} - \frac{\Delta x_1^m}{\Delta p_1} \qquad | * \Delta p_1$$

$$\Leftrightarrow \Delta x_1 = \Delta x_1|_{\bar{X}} - \Delta x_1^m.$$

Bei dieser Schreibweise wird es sich als nützlich herausstellen, den Einkommenseffekt als positiven Wert darzustellen. Folgende Definition soll gelten:

$$-\Delta x_1^m = \Delta x_1^{EE}$$

$$\Rightarrow \quad \Delta x_1 = \Delta x_1|_{\bar{X}} + \Delta x_1^{EE}.$$

---

[21]Die Index m wird hier angebracht, um dieses Δx_1 von der gesamten Nachfrageveränderung zu unterscheiden, da das Unterscheidungsmerkmal Δm nicht mehr vorhanden ist.

7

Tausch - die Interaktion zur Nutzenmaximierung

Lernziele:

- Nominale Werte sind ausgedrückt in den Preisen jeweiliger Perioden; reale Werte beziehen sich auf die Preise einer bestimmten Periode.

- Eine Schuldnerin bleibt bei *fallenden* Zinsen Schuldnerin; *steigt* der Zins hingegen wird sie möglicherweise zu einer Gläubigerin.

- Eine Gläubigerin bleibt bei *steigendem* Zins Gläubigerin; *fällt* der Zins hingegen wird sie möglicherweise zu einer Schuldnerin.

- Tausch kann den Nutzen aller Personen, die am Tausch teilnehmen, erhöhen, ohne dass die Gesamtmenge vorhandener Güter steigt.

- Eine Verteilung heißt pareto-optimal, wenn keine Person mehr besser gestellt werden kann, ohne eine andere schlechter zu stellen.

- Das Pareto-Kriterium ermöglicht den Effizienzvergleich von Verteilungen, ist aber kein Maßstab für die gerechte Verteilung von vorhandenen Gütern.

Bisher hatte eine Konsumentin bzw. ein Haushalt nur eine recht kurze Lebenszeit von einer Periode. Die optimale Entscheidung wurde über die Verteilung des Einkommens auf unterschiedliche Güter getroffen. Da der Haushalt keine weitere Periode kannte, bestand kein Anreiz zum **Sparen**. Hätte der Haushalt nicht sein gesamtes Einkommen ausgegeben, wäre sein Nutzen am Ende der Periode einfach geringer gewesen. Es bestand jedoch keine Möglichkeit die **Ersparnisse** in der Zukunft einzusetzen, um den Nutzen in der nächsten Periode gegebenenfalls zu erhöhen. Die Realität sieht etwas anders aus. Bereits mit dem ersten Taschengeld kommen Kinder zu der Überzeugung, sich morgen mehr leisten zu können, wenn sie heute weniger ausgeben. Diese Überzeugung entsteht häufig durch den Einfluss der Eltern aber auch sicher durch Intuition. Nach dem Besuch der ersten

Schulwochen und dem Erlernen der mathematischen Grundlagen ist Sparen eine offensichtlich gute Möglichkeit, um den Konsum morgen zu steigern. Ein Kind steht in einem Eisladen und möchte gerne ein Spaghettieis essen. Das Eis kostet EUR 3. Das Kind bekommt jeden Tag EUR 2, um sich in der Caféteria der Schule etwas Essbares kaufen zu können. Das Kind gibt die Euros aber lieber für weniger gesunde, dafür aber schmackhaftere Dinge aus, zum Beispiel Eis im Sommer. Das Kind wird schnell feststellen, dass es sich das Spaghettieis nur leisten kann, wenn es heute weniger ausgibt. Es wird also sparen, um morgen EUR 3 anstatt nur EUR 2 zu haben. Genau das Gleiche kann jeder Haushalt mit seinem Einkommen tun. Auf diese Weise kann gegenwärtiger Nutzen in die Zukunft verschoben werden. Einzelne Konsumenten tun dies für größere Anschaffungen, Familien für den großen Sommerurlaub und Großeltern, um ihren Enkeln zum Geburtstag oder zu Weihnachten eine größere Freude zu machen. Es gibt tagtäglich viele Entscheidungen zum Sparen. Die **Kreditaufnahme** wird ebenfalls im weiteren Sinne als Sparen bezeichnet. Vielleicht mag das etwas eigenartig klingen, aber es ist tatsächlich so. Die Aufnahme eines Kredites ist **vorgezogenes Sparen**. Der **Gläubiger**, im Normalfall eine Bank, wird nach der Kreditaufnahme eine monatliche oder vierteljährliche Rückzahlung verlangen. Diese Rückzahlung muss wohl oder übel aus dem zukünftigen Einkommen getätigt werden. In der Zukunft kann der Haushalt daher nicht mehr über sein gesamtes Einkommen verfügen, da bereits in der Gegenwart ein Teil dieses Einkommens ausgegeben wurde. Der Haushalt muss in der Zukunft sparen.

Die Nutzenverschiebungen zwischen Gegenwart und Zukunft aufgrund von Sparen und Kreditaufnahme werden durch **Zinsen** noch verstärkt. Zinsen sind auf der einen Seite Erträge und auf der anderen Seite Kosten. Ein Haushalt mit positiven Ersparnissen wird sich über Zinsen freuen, denn sie erhöhen die Ersparnisse und damit den zukünftigen Nutzen. Hat ein Haushalt einen Kredit aufgenommen, d.h. er hat negative Ersparnisse, wird er den Zins als Kosten betrachten. Dieses Kapitel wird sich ausführlich mit der Entscheidung von Haushalten über mehr als eine Periode befassen. Um eine grafische Analyse bieten zu können, werden nur zwei Perioden angenommen. Zur Erläuterung der grundlegenden ökonomischen Ideen ist der Zwei-Perioden Fall ausreichend.

Dieses Kapitel wird sich mit der Nutzenoptimierung durch Tausch über zwei Perioden und zwischen Haushalten befassen. Hierbei spielen unterschiedliche Präferenzen und **relative Preise** eine Rolle. Entgegen naiver

Erwartungen lässt sich der Nutzen durch Tausch steigern, ohne die Gesamtmenge der Güter zu verändern. Diese Tatsache spielt auch im **Handel** zwischen Volkswirtschaften eine Rolle. Im Zuge dieser Analyse wird auch ein Kriterium zur Messung der Effizienz eingeführt, die **Pareto-Effizienz**. Mit diesem Maß besteht die Möglichkeit, unterschiedliche Tauschergebnisse zu vergleichen und zu bewerten.

7.1 Tausche Gegenwart mit Zukunft!

7.1.1 Der einfache Zwei-Perioden Fall

Ein Haushalt besteht in der folgenden Analyse für zwei Perioden, t_1 und t_2. Ein Haushalt erhält Einkommen in beiden Perioden. Das Einkommen in der ersten Periode ist m_1, das der zweiten Periode m_2. Der Haushalt hat in diesem einfachen Zwei-Perioden Fall keine Möglichkeit, einen Kredit aufzunehmen. Auch werden keine Zinsen gezahlt. Die maximalen Konsummöglichkeiten des Haushaltes sind daher:

$$c_1 = m_1 \tag{7.1}$$
$$c_2 = m_2 + (m_1 - c_1). \tag{7.2}$$

In der Volkswirtschaft gibt es keinen Kredit. In Periode t_1 kann der Haushalt daher höchstens sein Einkommen ausgeben. In Periode t_2 hat er allerdings die Möglichkeit, neben seinem Einkommen m_2 auch noch die Ersparnisse aus Periode t_1 ausgeben zu können. Die Ersparnisse aus der ersten Periode ergeben sich aus dem Einkommen m_1 minus dem Konsum c_1. Gibt der Haushalt sein gesamtes Einkommen in der ersten Periode aus, wird c_1 gleich m_1 sein und daher c_2 gleich m_2. Ist c_1 kleiner als m_1, muss c_2 größer sein als m_2. Da keine Zinsen existieren, können die Ersparnisse eins zu eins von der Gegenwart in die Zukunft übertragen werden. Gibt der Haushalt nur die Hälfte seines Einkommens m_1 aus, wird der Konsum $c_2 = m_2 + 1/2 m_1$ sein. Der Anteil des zusätzlichen Konsums in Periode t_2 bewegt sich proportional zur Höhe der Ersparnisse. Die Budgetbeschränkung in diesem einfachen Zwei-Perioden Fall ist in Abbildung 7.1 dargestellt. Die Steigung der Budgetgeraden links von m_1 ist gleich -1. Innerhalb einer Periode wurde gezeigt, dass die Steigung der Budgetgeraden gleich dem negativen Verhältnis der Güterpreise ist.[1] Dies ist auch bei zwei Perioden der Fall. Man kann den Konsum c_1 und c_2 als Konsumbündel in Periode eins und

---

[1]vgl. Kap. 5.3.1

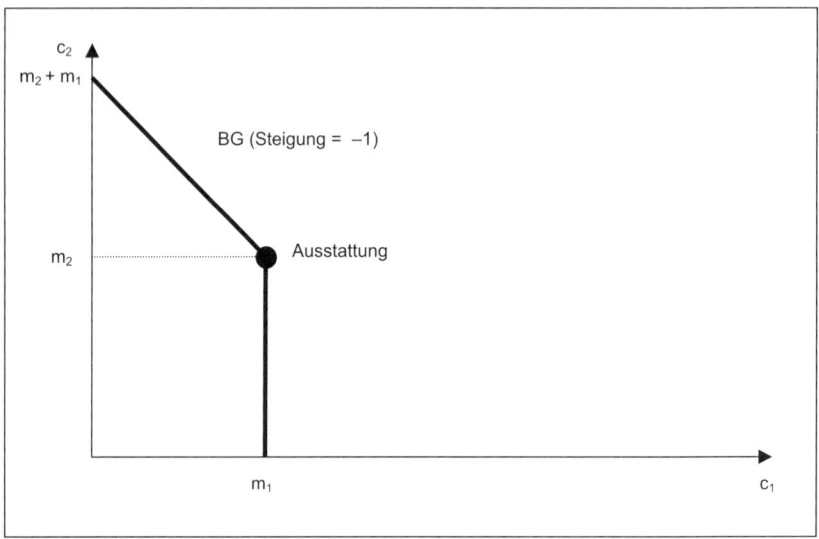

Abbildung 7.1: Die Budgetbeschränkung bei zwei Perioden ohne Kredit und Zinsen

zwei bezeichnen. Kostet eine Gütereinheit in Periode eins eine Geldeinheit, kann man bei gleichbleibenden Preisen die gleiche Menge in der Zukunft kaufen. Der Preis von Konsumbündel c_2 ist der gleiche wie von Bündel c_1. Das Preisverhältnis ist 1 und die Steigung der Budgetgeraden -1.

7.1.2 Kredit und Zinsen

Es wird nun zunächst ein Zins r eingeführt. Der Haushalt erhält Zinsen auf seine Ersparnisse. Seine maximalen Konsummöglichkeiten verändern sich dadurch wie folgt:

$$c_1 = m_1 \qquad (7.3)$$
$$c_2 = m_2 + (m_1 - c_1) + r(m_1 - c_1)$$
$$= m_2 + (1 + r)(m_1 - c_1). \qquad (7.4)$$

In der ersten Periode kann weiterhin nur das Einkommen konsumiert werden. Entscheidet sich der Haushalt allerdings weniger als m_1 zu konsumieren, wird die Differenz $m_1 - c_1$ positiv sein. Auf diese Differenz, die Ersparnisse aus Periode eins, wird der Zins r gezahlt. In der zweiten Periode stehen dem Haushalt dann die Mittel aus seinem Einkommen m_2

sowie die Ersparnisse $m_1 - c_1$ sowie die Zinsen $r(m_1 - c_1)$ zur Verfügung. Angenommen der Haushalt konsumiert in Periode eins überhaupt nichts. Weiter sei angenommen, das Einkommen der zweiten Periode sei Null. Das Konsumbündel in Periode zwei sieht wie folgt aus:

$$c_2 = (1 + r)m_1.$$

Der Haushalt gibt in Periode eins Konsum in Höhe von m_1 auf, erhält dafür aber in Periode 2 Waren im Wert von $(1 + r)m_1$. Es gilt daher:

$$c_2 = (1 + r)m_1 \qquad (7.5)$$
$$\Leftrightarrow \quad c_2 = m_1 + rm_1;$$

oder

$$c_2 = (1 + r)m_1$$
$$\Leftrightarrow \quad \tfrac{1}{1+r}c_2 = m_1. \qquad (7.6)$$

Ganz offensichtlich ist der Konsum in Periode zwei verhältnismäßig günstiger geworden. Welchen Anteil seines Einkommens m_1 muss der Haushalt bei einem Zinssatz von r in der ersten Periode sparen, um Waren im Wert von m_1 in der zweiten Periode kaufen zu können? Die Antwort ist: $1/(1 + r) * m_1$. Spart der Haushalt diese Menge seines Einkommens, erhält er auf diese Menge Zinsen. Aus $1/(1+r) * m_1$ mal $(1 + r)$ wird aber wieder m_1 genau dass, was der Haushalt für den Konsum von Waren im Wert von m_1 benötigt. Am besten man ordnet kurz die Gedanken. Wie hoch ist der Konsum in der zweiten Periode, wenn in der ersten Periode nichts konsumiert wurde ($c_1 = 0$)? Der Konsum ist:

$$c_2 = m_2 + (1 + r)(m_1 - c_1)$$
$$\Leftrightarrow \quad c_2 = m_2 + (1 + r)m_1.$$

Die grafische Darstellung in Abbildung 7.2 sieht der Abbildung 7.1 sehr ähnlich. Mit einem einzigen Unterschied, die Steigung der Budgetgeraden links von m_1 ist nicht -1, sondern $-(1 + r)$.

Der Haushalt soll nun noch die Möglichkeit erhalten, einen Kredit aufzunehmen. Die Konsummöglichkeiten verändern sich wie folgt:

$$c_1 = m_1 + \frac{m_2 - c_2}{(1 + r)} \qquad (7.7)$$
$$c_2 = m_2 + (m_1 - c_1) + r(m_1 - c_1)$$
$$= m_2 + (1 + r)(m_1 - c_1). \qquad (7.8)$$

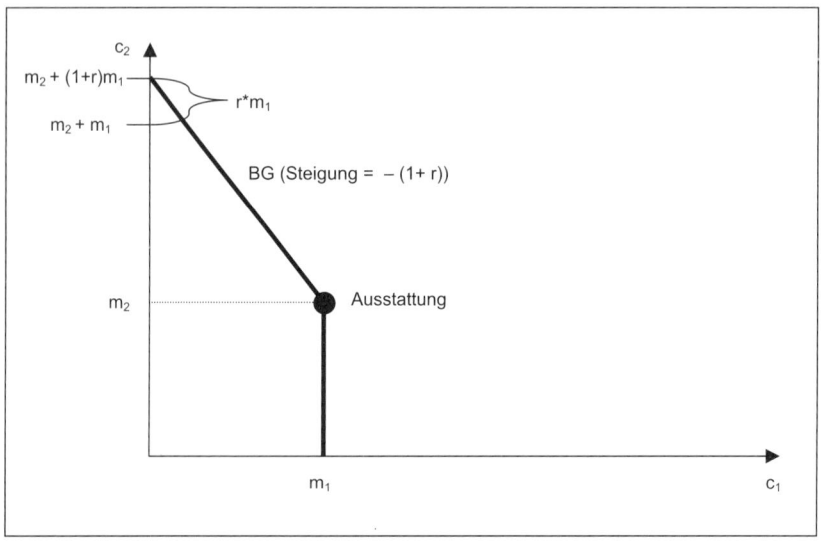

Abbildung 7.2: Die Budgetbeschränkung bei zwei Perioden mit Zinsen, ohne Kredit

Durch die Kreditaufnahme hat sich an den Konsummöglichkeiten in Periode zwei nicht viel geändert. Gleichung 7.8 ist identisch mit Gleichung 7.4, als Kredite nicht zugelassen waren. Eine Einschränkung muss allerdings gemacht werden. Die Differenz $m_1 - c_1$ kann jetzt auch negativ sein. Dies war ohne Kredit nicht möglich. Woher kommt die Gleichung 7.7? Es wurde eben festgestellt, dass der Haushalt maximal $1/(1 + r) * m_1$ sparen muss, um in der nächsten Periode m_1 zur Verfügung zu haben. Nun geht die Argumentation genau andersherum. Der Haushalt weiß, er erhält ein Einkommen m_2 in Periode zwei. Nimmt er in Periode eins einen Kredit auf, muss er diesen in Periode zwei zurückzahlen. Seine maximale Zahlungskraft ist m_2. Daher kann er nur $1/(1 + r) * m_2$ als Kredit aufnehmen. Inklusive Zinsen wird dieser Betrag genau m_2 sein in der zweiten Periode. Die Budgetgerade verändert sich jetzt auch grafisch. Sie ist nicht mehr abgeknickt, sondern eine Gerade mit negativer Steigung in Höhe von -(1+r) (Abbildung 7.3).

Die Gleichungen 7.7 und 7.8 können jetzt noch jeweils leicht umgeformt werden. Man bringt jeweils alle Terme mit c auf die eine Seite, alle mit m

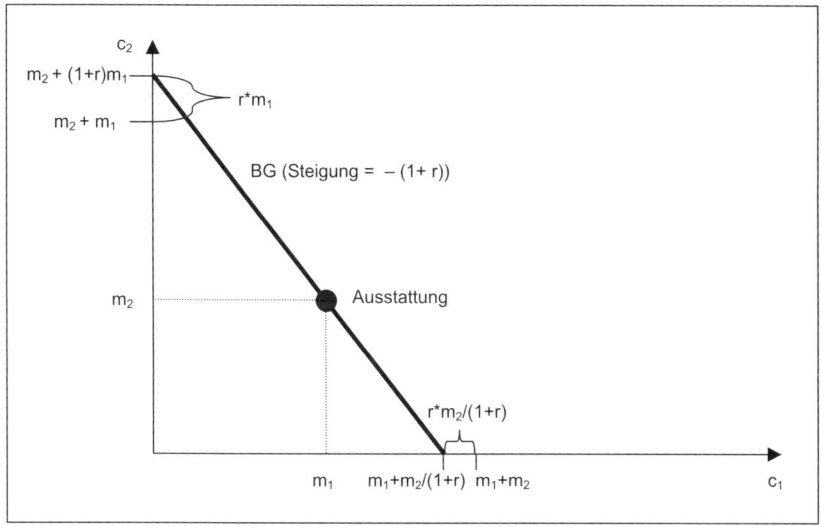

Abbildung 7.3: Die Budgetbeschränkung bei zwei Perioden mitZinsen, mit Kredit

auf die andere. Es ergibt sich:

$$c_1 + \frac{c_2}{1+r} = m_1 + \frac{m_2}{1+r} \qquad (7.9)$$

$$(1+r)c_1 + c_2 = (1+r)m_1 + m_2. \qquad (7.10)$$

Beide Gleichungen drücken dasselbe aus, das Budget der beiden Perioden. Der Unterschied liegt im Zeitpunkt der Betrachtung. Gleichung 7.9 stellt den sogenannten **Gegenwartswert** des Budgets dar. Gleichung 7.10 den sogenannten **Zukunftswert**. Die Gegenwart sei Periode t_1. Gegenwärtig hat c_1 einen Wert von c_1, m_1 einen Wert von m_1. Jedoch ist c_2 in der Gegenwart nicht c_2 wert. Es ist weniger Wert. Der Wert beträgt $c_2/(1+r)$. Gleiches gilt auch für das Einkommen m_2. Den Gegenwartswert eines zukünftigen Einkommens oder eines Gutes, dass erst in der Zukunft gekauft wird, erhält man durch **Abzinsen**. *Der Gegenwartswert drückt alle Werte in gegenwärtigen Preisen aus. Die Preise der Periode eins sind gleich 1. Der Zukunftswert drückt alle Werte in zukünftigen Preisen aus. Die Preise der Periode zwei sind gleich 1.* Den Zukunftswert eines Einkommens bzw. eines Gutes, das erst in der Zukunft gekauft wird, erhält man durch **Aufzinsen**.

7.1.3   Kaufkraftverlust - Inflation als negativer Zins

Zinsen tragen dazu bei, dass sich eine bestimmte Summe Geld im Zeitablauf vermehrt. Wichtig ist der sogenannte **Zinseszinseffekt**, d.h. die Zinsen auf die Zinsen. Ersparnisse Ω von EUR 100 erwirtschaften bei einem Zinssatz von $r = 10\%$ pro Jahr einen Zins von EUR 10. Die Ersparnisse sind nach einem Jahr auf EUR 110 angewachsen. Verharrt der Zins auf diesem Niveau, bringt das zweite Jahr einen Zins von EUR 11 und die Ersparnisse wachsen auf EUR 121.

- Zeitpunkt der Geldanlage: $\Omega = 100$;

- Nach dem 1. Jahr: $\Omega = 100 * (1 + r) = 100 * 1,1 = 110$;

- Nach dem 2. Jahr: $\Omega = 110 * 1,1 = 121$.

Das gleiche Ergebnis erhält man auch bei der Benutzung eines sogenannten Aufzinsungsfaktors. Die EUR 100 werden insgesamt zweimal verzinst, man kann daher nach dem 2. Jahr auch schreiben: $\Omega = 100 * 1,1 * 1,1 = 100 * 1,1^2 = 121$. Die anfänglichen EUR 100 werden mit $1,1^2$ aufgezinst. Dieser Aufzinsungsfaktor soll q genannt werden. Er setzt sich zusammen aus: $(1 + r)^n = q^n$. Die Ersparnisse folgen daher einer **Exponentialfunktion** der Form:

$$\Omega(q) = \Omega_0 * q^n.$$

Hierbei sind $\Omega(q)$ die Höhe der aktuellen Ersparnisse nach n Jahre, wenn ein Betrag von Ω_0 für die Anzahl dieser Jahre mit q aufgezinst wurde. Erstaunlich an Exponentialfunktionen ist ihr überproportionaler Anstieg. Eine Verdoppelung der Anzahl der Jahre führt dazu, dass sich die Zinsen mehr als verdoppeln. Anfängliche EUR 100 wachsen innerhalb von fünf Jahren auf EUR 161,05 ($100 * 1,1^5$), nach zehn Jahre ergibt sich ein Betrag von EUR 259,37. Der Anstieg beträgt in den ersten fünf Jahren EUR 61,05, in der zweiten Hälfte der zehnjährigen Periode allerdings EUR 98,32. Dieser exponentielle Anstieg führt zu teilweise überraschenden Ergebnissen.

Hätten Maria und Joseph für ihren göttlichen Sohn Jesus einen Cent auf die Bank getragen, so hätte sich bei einer durchschnittlichen Verzinsung von 5% heute ein riesiges Vermögen ergeben:

$$\Omega = 0,01 * 1,05^{2009}$$
$$\approx 37.000.000.000.000.000.000.000.000.000.000.000.000.$$

Dies ist eine Zahl mit 39 Nullen. Bei einem Goldpreis von EUR 800 pro Unze könnte jeder der fast sieben Milliarden Menschen auf der Erde 10 Goldkugeln von der Größe der Erde erhalten. Dies ist ein sagenhaftes Wachstum. Ein weiteres Beispiel sollte genügen, um die Schnelligkeit, mit der exponentielle Funktionen wachsen, zu verdeutlichen. Ein Schachbrett hat 64 Felder. Legt man auf das erste Feld einen Reiskorn und verdoppelt die Anzahl der Reiskörner mit jedem weiteren Feld, d.h. zwei Reiskörner auf das zweite Feld, vier auf das dritte usw., muss man auf das letzte Feld über 9 Trillionen Reiskörner legen. Diese Zahl ergibt sich aus folgender Reihe, Anzahl der Reiskörner auf Feld:

1: $2^0 = 1$

2: $2^1 = 2$

3: $2^2 = 4$

4: $2^3 = 8$

5: ...

64: $2^{63} = 9,2 * 10^{18}$

Die Summe aller Reiskörner beträgt:[2]

$$\text{Anzahl der Reiskörner} = 2^{64} - 1 = 18,4 * 10^{18}.$$

Doch wieviel ist das? Ganz offensichtlich sehr viel. Es handelt sich hierbei um ca. 369 Milliarden Tonnen.[3] Die Weltreisproduktion betrug im Jahre

---

[2]Die allgemeine Form zur Berechnung der ersten n Folgenglieder einer geometrischen Reihe lautet:

$$s_n = a_1 * \frac{q^n - 1}{q - 1}.$$

Wobei a_1 das erste Folgenglied (hier: $a_1 = 1$), n die Anzahl der Folgenglieder (hier: $n = 64$) und q der konstante Faktor zwischen zwei Folgengliedern (hier: $q = 2$) ist. Für das Reis-Beispiel ergibt sich:

$$s_{64} = a_1 * \frac{q^n - 1}{q - 1} = 1 * \frac{2^{64} - 1}{2 - 1} = 2^{64} - 1.$$

(vgl. Peter Dörsam 2002, S. 136-139).

[3]Bei der Annahme eines Gewichts von 20 Milligramm pro Reiskorn.

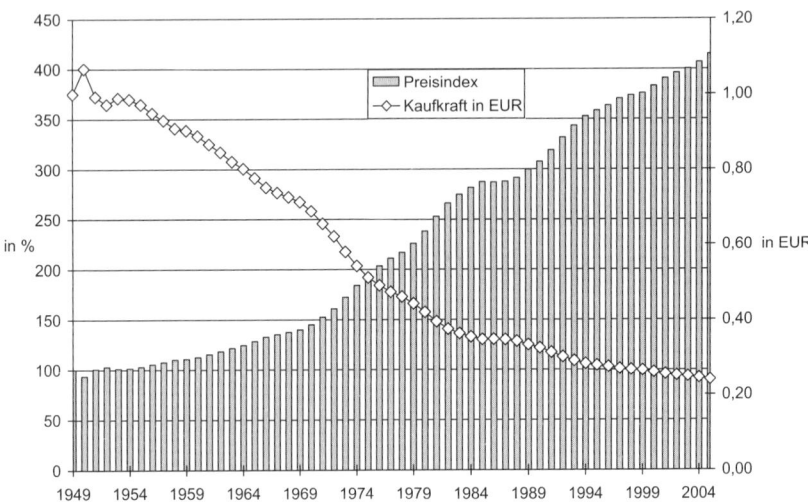

a) Quelle: Statistisches Bundesamt. Von 1949 bis Januar 1961 Entwicklung des Preisindex für die Lebenshaltung von 4-Personen-Haushalten von Arbeitern und Angestellten mit mittlerem Einkommen im früheren Bundesgebiet (jew. Gebietsstand); von Januar 1961 bis Januar 1990 Entwicklung des Preisindex für die Lebenshaltung aller privaten Haushalte im früheren Bundesgebiet. Ab Januar 1991 Verbraucherpreisindex für Deutschland.

Abbildung 7.4: Entwicklung des Preisniveaus und der Kaufkraft in Deutschland

2003 nur 589 Millionen Tonnen[4]. Auf ein Schachbrett würde bei dieser Aufgabenstellung die Weltreisernte der nächsten 6 Jahrhunderte passen. Diese beiden Beispiele führen wirklich anschaulich das Verhalten von Exponentialfunktionen vor Augen. Hiermit sollte auf der einen Seite die Wichtigkeit von Zinszahlungen, aber auch das Verhalten anderer kumulativer Werte verdeutlicht werden. Im Folgenden wird die **Inflation** im Mittelpunkt stehen.

Inflation nennt man die Veränderungsrate von Preisen bezogen auf einen bestimmten Zeitraum, meistens ein Jahr. Die durchschnittliche Inflation im Jahre 2007 betrug in Deutschland 2,3%[5]. Diese Inflation ist gemessen am **harmonisierten Verbraucherpreisindex**. Die Zahl beschreibt eine durchschnittliche Verteuerung der Lebenshaltungskosten. Die Inflation kann als eine Art **negativer Zins** beschrieben werden. Wo der Zins das Vermögen erhöht, lässt die Inflation die Kaufkraft schrumpfen. Die **Kaufkraft** ist der Kehrwert des Preisindex. Abbildung 7.4 zeigt die Entwicklung

---

[4]Quelle: FAOSTAT Daten, 2004.
[5]Quelle: Deutsche Bundesbank

des **Preisniveaus** und der Kaufkraft in Deutschland seit 1949. Der Preisindex ist von 100 auf mehr als 400 im Jahre 2005 gestiegen. Die Preise haben sich seit 1949 vervierfacht. Demgegenüber ist die Kaufkraft eines Euro auf weniger als ein Viertel gesunken. Bekam ein Konsument 1949 noch Waren im Gegenwert von einem Euro, so erhält er heute für die gleiche Summe Geld nur noch Waren im Gegenwert von 24 Cent bezogen auf die Preise von 1949.[6]

Was bedeutet Inflation in der mikroökonomischen Analyse der Entscheidung eines Haushaltes? Zunächst sei wieder eine Wirtschaft ohne Zinsen angenommen. Bei einer Inflation von 5% pro Periode wird der Haushalt mit seinem Einkommen m_1 in der zweiten Periode einen Kaufkraftverlust hinnehmen. Das Einkommen hat nur noch eine Kaufkraft von $m_1/(1,05)$. Die Inflation und der damit verbundene Verlust an Kaufkraft ist indirekt mit ein Grund für **Zinszahlungen** auf der anderen Seite. Angenommen die Inflation sei weiter 5%, der Haushalt kann für seine Ersparnisse aber 5% Zinsen erwarten, dann beträgt der Wert seines Einkommens m_1 in der zweiten Periode weiterhin m_1. Auf der einen Seite wird eine **Abzinsung** in Höhe der Inflation vorgenommen, auf der anderen Seite wird eine **Aufzinsung** in Höhe der Zinsen vorgenommen. Letztlich gleichen sich beide Effekte aus, denn:

$$1,05 * m_1/1,05 = m_1.$$

Obwohl also ein **Nominalzins** von 5% gezahlt wurde, hat die Kaufkraft nicht zugenommen. Wichtig ist hierbei die Unterscheidung zwischen Vermögen und Kaufkraft. Angenommen das Einkommen m_1 betrage EUR 100 und der Zins i sowie die Inflation π betragen jeweils 5%. Wie entwickeln sich Vermögen und Kaufkraft?

Vermögen: $1,05 * 100 = 105$;

Kaufkraft: $1,05 * 100/1,05 = 100$.

Der Haushalt kann auf seinem Kontoauszug durchaus eine Steigerung seines Vermögens feststellen. Es steigt von EUR 100 auf EUR 105. Dadurch das die Preise um 5% gestiegen sind kann der Haushalt sich zu den neuen Preisen nicht mehr kaufen als mit EUR 100 in der letzten Periode. Man sagt, das Einkommen hat nominal, nicht aber real zugenommen. *Das nominale Einkommen bezieht sich auf die Preise der jeweiligen Periode.*

---

[6]1949 galt der Euro selbstverständlich noch nicht als Zahlungsmittel; der Vergleich ist an dieser Stelle als rechnerische Einheit zu verstehen.

Das **reale Einkommen** *bezieht sich auf die Preise einer bestimmten Periode.* Der Unterschied zwischen einer nominalen und einer realen Steigerung ist daher sehr wichtig. Den Unterschied zwischen nominal und real muss man aber auch nicht erst beim Ergebnis machen, sondern man kann den Effekt auch auf die Zinsen übertragen. Wie hoch ist im vorherigen Beispiel die reale Verzinsung? Sie ist offensichtlich Null, schließlich hat sich das Einkommen real nicht verändert. Daraus könnte man die Vermutung ableiten, das der Realzins r gleich dem Nominalzins i minus der Inflation π ist. Diese Vermutung ist nicht ganz richtig. Den realen Wert des Einkommens m_1 in Periode t_2 erhält man durch:

$$\text{Realer Wert } m_1 \text{ in } t_2 \text{ (Beispiel): } m_1^r = 1,05 * 100/1,05 = 100;$$

$$\text{Allgemeine Definition: } m_t^r = \frac{(1+i)}{(1+\pi)} * m_t;$$

$$\text{Definition des Realzinses } r\text{: } 1+r = \frac{1+i}{1+\pi}.$$

Mit ein paar einfachen Umformungen kann man schnell eine Vorschrift zur Berechnung des **Realzinses** finden:

$$1 + r = \frac{1+i}{1+\pi} \qquad\qquad | - 1$$

$$\Leftrightarrow r = \frac{1+i}{1+\pi} - 1$$

$$\Leftrightarrow r = \frac{1+i}{1+\pi} - \frac{1+\pi}{1+\pi}$$

$$\Leftrightarrow r = \frac{i-\pi}{1+\pi}. \tag{7.11}$$

Diese Gleichung in etwas anderer Form wurde bereits von **Irving Fisher**[7] 1896 hergeleitet und wird nach ihm die **Fisher Gleichung** genannt:

$$r = \frac{i-\pi}{1+\pi} \qquad\qquad | * (1+\pi)$$

$$\Leftrightarrow (1+\pi)r = i - \pi$$

$$\Leftrightarrow r + r\pi = i - \pi$$

$$\Leftrightarrow i = r + \pi + r\pi. \tag{7.12}$$

---

[7]Irving Fisher (1867-1947) war ein früher amerikanischer Neoklassiker. Seine Hauptarbeiten bewegen sich im Rahmen der Kapital- und Investitionstheorie (vgl. Irving Fisher 1896).

Wie groß war der Realzins in Deutschland im Jahre 2007 wenn der Nominalzins 4% war? Der Realzins betrug:

$$r = \frac{0,04 - 0,02}{1 + 0,02} = 0,0196.$$

Die Rechnung sieht in einem Land mit hoher Inflation um einiges anders aus. In Simbabwe betrug die Inflationsrate 2007 10.500%[8]. Wie groß war der Realzins in Simbabwe wenn der Nominalzins 10.502% war? Er war:

$$r = \frac{105,02 - 105}{1 + 105} = 0,0002.$$

Die oben abgeleitete Vermutung, dass der Realzins die Differenz aus Nominalzins und Inflationsrate ist, gilt nur als Näherungswert für Länder mit kleinen Inflationsraten. Nach dieser Vermutung hätten der Realzins mit den gegebenen Zahlen in Deutschland und Simbabwe gleich sein müssen. Die Beispiele zeigen aber einen deutlichen Unterschied. Um die Berechnung im Weiteren einfacher zu machen, wird bei der Bestimmung eines Realzinses immer angenommen, dass die Inflation niedrig ist. Für kleine Werte von π strebt der Nenner in der vorherigen Gleichung 7.11 gegen 1. In der vorherigen Gleichung 7.12, der Fisher Gleichung, ist der Wert $r\pi$ für kleine Werte von r und π zu vernachlässigen. Aus beiden Gleichungen folgt in diesem Fall:

$$r \approx i - \pi \; \textbf{Fishers Realzinstheorem};$$
$$i \approx r + \pi \; \textbf{Fishers Nominalzinstheorem}.$$

Die Inflation wirkt als eine Art negativer Zins, indem sie den Nominalzins mindestens auf einen niedrigeren Realzins senkt und damit einen geringeren Vermögenszuwachs in Preisen der Periode t verursacht. In besonderen Fällen können die Realzinsen sogar negativ sein. Negative reale Zinsen sind möglich, wenn die Inflation sprunghaft ansteigt und die Nominalzinsen, die kürzlich noch attraktiv erschienen übersteigen. Dies ist vor allem bei hohen Inflationsraten kurzfristig möglich. Ein Haushalt kann sich dafür entscheiden, seine Ersparnisse zu einem Zinssatz von 30% anzulegen. Bei einer angenommenen Inflation von 25% ist dies durchaus sinnvoll. Steigt nun die Inflation kurzfristig sprunghaft auf über 30%, ergibt sich ein negativer realer Zins. Für gewöhnlich haben Länder mit hohen Inflationsraten daher auch höhere reale Zinsen als Länder mit niedrigeren Inflationsraten, so entsteht ein Puffer zum Schutz gegen steigende Inflationsraten. Aus Gründen

---

[8]Quelle: OECD

der Vollständigkeit sei erwähnt, dass ein negativer Nominalzins in der Praxis nicht bestehen kann. Ein negativer Nominalzins pro Jahr würde von einem Kreditgeber, zum Beispiel einer Bank, verlangen, dem Kreditnehmer Zinsen auszuzahlen und nicht welche zu verlangen. Aus der Sicht eines Haushaltes, der sich Geld von der Bank leiht, mag das attraktiv klingen. Ein Haushalt, der seine Ersparnisse zu einer Bank trägt bekommt bei einem negativen Nominalzins nach einem Jahr weniger Geld ausgezahlt als er der Bank gegeben hat. Es wäre besser gewesen, das Geld im Küchenschrank oder unter der Matratze aufzubewahren. Das folgende Kapitel wird ein zusammenfassendes Zahlenbeispiel zu Kredit und Zinsen sowie Inflation bieten. Die Auswirkungen auf die Entscheidung eines Haushaltes wird ebenfalls beschrieben.

7.1.4 Die optimale Entscheidung einer Konsumentin über zwei Perioden

Im Folgenden werden drei Zahlenbeispiele aufgeführt werden. Das erste dient dabei lediglich der Veranschaulichung und sollte keine weiteren Verständnisschwierigkeiten mehr bereiten. In den weiteren zwei Beispielen wird auf eine bestimmte Konsumentin mit einer ganz bestimmten Nutzenfunktion eingegangen werden. In den Beispielen wird das Einkommen in Geldeinheiten gemessen. Die Inflation wird als gegeben angenommen. Es gibt einen Realzins für Ersparnisse r_Ω und einen anderen Realzins für die Aufnahme von Krediten r_K.

- Beispiel 1

Einkommen in Periode 1:	$m_1 = 2000$
Einkommen in Periode 2:	$m_2 = 2200$
Realzins für Ersparnisse:	$r_\Omega = 5\%$
Realzins für Kredite:	$r_K = 10\%$

Welche Möglichkeiten hat die Konsumentin nun ihr Einkommen auf die unterschiedlichen Perioden zu verteilen? Die Antwort ist: unendlich viele. Da die tatsächliche Nutzenfunktion in diesem Fall unbekannt ist, gibt es keine Anhaltspunkte darüber, wie die Konsumentin gegenwärtigen Konsum gegenüber zukünftigem Konsum einschätzt. Die tatsächliche Verteilung hängt daher von den Größen c_1 und c_2

ab. Diese Unterscheidung wird erst im zweiten Beispiel vorgenommen. Hier soll nur noch einmal die Berechnung des Gegenwartswertes
(GW) und des Zukunftswertes (ZW) der Summe der Einkommen verdeutlicht werden:

$$GW = 2000 + \frac{1}{1+0,1}2200 = 4000$$
$$ZW = (1 + 0,05)2000 + 2200 = 4300.$$

Ganz offensichtlich ist das absolute Einkommen in der Zukunft größer
als in der Gegenwart. Zur Erinnerung, es wurde bereits mit dem
Realzins r kalkuliert, d.h. die Preisentwicklung wurde bereits berücksichtigt. Vor diesem Hintergrund ist das Einkommen in der Zukunft
tatsächlich mehr wert als in der Gegenwart. Die Realverzinsung ist
positiv, daher ist das Einkommen unter Beachtung der Preisveränderungen mehr wert als in der Gegenwart. Rational würde es erscheinen,
wenn eine Konsumentin unter diesen Umständen ihren Konsum soweit
wie möglich in die Zukunft verlagert. Natürlich muss sie bestimmte
Dinge zum Überleben kaufen, aber alle nicht notwendigen Güter bzw.
alle Luxusgüter sollte sie nicht heute, sondern in möglichst ferner Zukunft kaufen. All diese Güter wären verhältnismäßig billiger und sie
könnte sich die Güter in einem größeren Umfang leisten. Wie haben
sich die Realzinsen in der Vergangenheit tatsächlich verhalten? In der
Zeit von 1968 bis 1998 weisen die kurzfristigen Realzinsen in Deutschland einen Durchschnitt von 2,8% auf. In der gleichen Zeit lagen sie in
den USA bei 3,2%. Über den gesamten Zeitraum hat es keine Periode
mit negativen Realzinsen in diesen beiden Wirtschaftsräumen gegeben. Der Durchschnitt der langfristigen Realzinsen betrug in Deutschland in diesem Zeitraum 4,1%, in den USA 3,1%.[9] Ein Vergleich der
langfristigen Realzinsen von Japan, den USA und der Eurozone in den
90er Jahren weisen ebenfalls bis auf eine Ausnahme von 4 Quartalen
für Japan nur positive Realzinsen aus. Vom zweiten Quartal 1997 bis
einschließlich des ersten Quartals 1998 waren die Realzinsen in Japan
negativ.[10] Betrachtet man diese tatsächlichen Realzinsen, scheint es
überhaupt gar keinen Grund für gegenwärtigen Konsum zu geben. Eigentlich müssten die Konsumenten alles sparen.
Dies wäre tatsächlich der rationale Schluss, wenn eine Konsumentin
zwischen gegenwärtigem Konsum und zukünftigem Konsum indiffe-

---

[9]Quelle: EZB
[10]Quelle: EZB

rent ist. Es ihr also nichts ausmacht, weitere fünf Jahre auf einen Fernseher zu warten. Ein Fernseher bringt aber unter Umständen einen gewissen Nutzen mit sich. Ein neuerer Fernseher kann diesen Nutzen steigern. Die Ersparnisse gehen daher auf Kosten eines geringeren Nutzens. Ein gutes Beispiel ist ein Eigenheim. Die Durchschnittsfamilie kann das Eigenheim nicht bar bezahlen. Oft kann die junge Familie nur 10% bis 20% der Kosten eines Eigenheims aufbringen. Der Rest muss finanziert werden. Verhalten sich alle Inhaber von Eigenheimen, die dieses Eigenheim nicht bar bezahlen konnten, irrational? Nein, sie sind nur nicht indifferent zwischen gegenwärtigem und zukünftigem Konsum. Sie bevorzugen den gegenwärtigen Konsum. Der Hausbau ist gegenwärtig zwar teurer, dafür kann die Familie das Haus schon jetzt nutzen. Wieviele Menschen hegen noch den Wunsch nach einem Eigenheim mit Rasenfläche, auf der die Kinder spielen können, wenn die Kinder bereits auf eigenen Beinen stehen? Die Vorteile eines Eigenheims wollen junge Familien am Anfang ihres Lebens genießen. Durchaus kann es aber auch möglich sein, dass eine Konsumentin es dennoch bevorzugt zu sparen. Diese beiden Unterschiede sollen an zwei Beispielen veranschaulicht werden.

- Beispiel 2

Nutzenfunktion einer Konsumentin:	$u(c_1, c_2) = c_1^{\frac{3}{4}} c_2^{\frac{1}{4}}$
Einkommen in Periode 1:	$m_1 = 2000$
Einkommen in Periode 2:	$m_2 = 2200$
Realzins für Ersparnisse:	$r_\Omega = 5\%$
Realzins für Kredite:	$r_K = 10\%$

Zur Vereinfachung sei angenommen, dass der Preis der Konsumgüter 1 GE betrage. Die Konsumentin kann ihren Gesamtnutzen nur aus der Summe ihrer Einkommen stillen. Dabei stellt sich die Frage, welcher Konsum wird höher bewertet, der gegenwärtige oder der zukünftige? Ein Blick auf die Nutzenfunktion gibt die Anwort. Der Konsum in t_1 wird von der Konsumentin mit $\frac{3}{4}$ gewichtet. Mit $\frac{1}{4}$ gewichtet die Konsumentin den Konsum in t_2. Mit Hilfe der Nachfragefunktion, einer Cobb-Douglas Nutzenfunktion[11], kann man herausfinden, wie die Konsumentin ihren Konsum über die zwei Perioden planen wird.

---

[11]siehe Kap. 5.5

Nachfragefunktion einer CD-Nutzenfunktion: $c_1 = \frac{\alpha}{\alpha+\beta} \frac{m}{p_1}$. Eingesetzt ergibt sich:

$$c_1 = \frac{3/4}{3/4+1/4} \frac{m}{1}$$
$$\Leftrightarrow \ c_1 = \frac{3}{4}m.$$

Das Einkommen m bezieht sich in diesem Fall auf das gesamte Einkommen aus beiden Perioden. Da die Konsumentin gegenwärtigen Konsum zukünftigem vorzieht, wird sie eine Schuldnerin werden. Sie wird dreiviertel von ihrem Gesamteinkommen in der ersten Periode verwenden. Ihr Nutzen setzt sich daher wie folgt zusammen:

$$u(c_1, c_2) = c_1^{\frac{3}{4}} c_2^{\frac{1}{4}}$$
$$\Leftrightarrow \left[\frac{3}{4}\left(m_1 + \frac{m_2}{1+r_K}\right)\right]^{\frac{3}{4}} * \left[\frac{1}{4}\left((1+r_K)*m_1 + m_2\right)\right]^{\frac{1}{4}} = c_1^{\frac{3}{4}} c_2^{\frac{1}{4}}$$
$$\Leftrightarrow \left[\frac{3}{4}\left(2000 + \frac{2200}{1,1}\right)\right]^{\frac{3}{4}} * \left[\frac{1}{4}\left(1,1*2000 + 2200\right)\right]^{\frac{1}{4}} = c_1^{\frac{3}{4}} c_2^{\frac{1}{4}}$$
$$\Leftrightarrow [3000]^{\frac{3}{4}} * [1100]^{\frac{1}{4}} = 2334,5.$$

Der Ausgangspunkt der Rechnung ist der Gegenwartswert des gesamten Einkommens. Von dem die Konsumentin 3/4 in der ersten Periode verwendet. Der Gegenwartswert des gesamten Einkommens für eine Schuldnerin ist $GW = 2000 + 2200/1, 1 = 4000$. Die Konsumentin nutzt ihr Einkommen m_1 und zusätzliche 1000 GE ($3/4*4000 = 3000$) in der ersten Periode. In der zweiten Periode kann die Konsumentin dann nur noch die Differenz von m_2 abzüglich des Kredites konsumieren. Explizit verwendet die Konsumentin ihr Einkommen wie folgt:

$$c_1^* = \frac{3}{4}GW = \frac{3}{4}(2000 + 2200/1,1) = 3000$$
$$c_2^* = m_2 - 1,1*1000 = 2200 - 1100 = 1100.$$

Aufgrund ihrer Präferenz für gegenwärtigen Konsum wird die Konsumentin zu einer Schuldnerin. Sie nimmt einen Kredit in der ersten Periode auf, den sie inklusive Zinsen in der zweiten Periode zurückzahlen muss. Der Sparzins kommt für diese Konsumentin nicht in Betracht.

Abbildung 7.5 stellt die Indifferenzkurve einer Schuldnerin dar. Im Gegensatz zur Anfangsausstattung im Punkt (m_1, m_2) wird die Konsumentin eine Entscheidung rechts von m_1 und unterhalb von m_2 treffen. Ihre optimale Entscheidung ist im Punkt (c_1^*, c_2^*). Beim Verlauf ihrer Indifferenzkurven befindet sich die Konsumentin in diesem Punkt auf einer höheren Indifferenzkurve als bei der ursprünglichen Ausstattung.

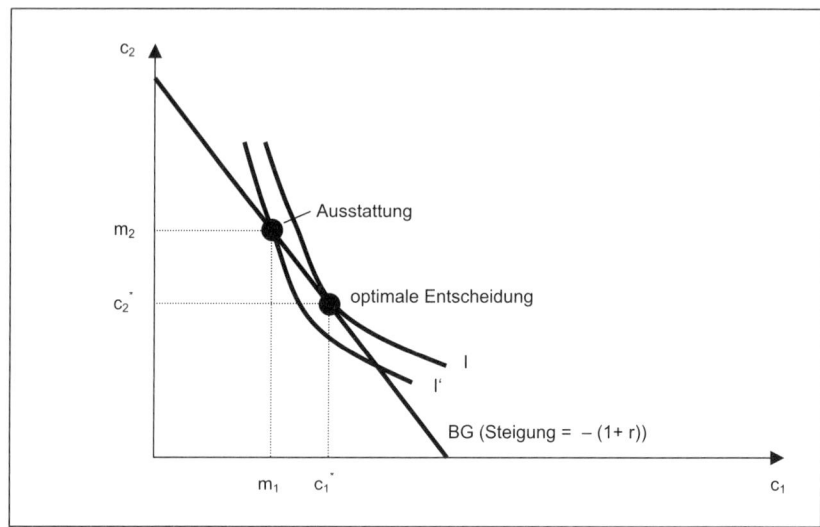

Abbildung 7.5: Indifferenzkurve einer Schuldnerin

• Beispiel 3

Nutzenfunktion einer Konsumentin:	$u(c_1, c_2) = c_1^{\frac{1}{4}} c_2^{\frac{3}{4}}$
Einkommen in Periode 1:	$m_1 = 2000$
Einkommen in Periode 2:	$m_2 = 2200$
Realzins für Ersparnisse:	$r_\Omega = 5\%$
Realzins für Kredite:	$r_K = 10\%$

Gegenüber Beispiel 2 ist in diesem dritten Beispiel lediglich die Nutzenfunktion variiert worden. Alle anderen Daten sind gleich geblieben. Die Konsumentin zieht jetzt zukünftigen Konsum gegenwärtigem vor. Das Ergebnis lautet wie folgt:

$$u(c_1, c_2) = c_1^{\frac{1}{4}} c_2^{\frac{3}{4}}$$

$$\Leftrightarrow \left[\frac{1}{4}\left(m_1 + \frac{m_2}{1+r_\Omega}\right)\right]^{\frac{1}{4}} * \left[\frac{3}{4}\left((1+r_\Omega)*m_1 + m_2\right)\right]^{\frac{3}{4}} = c_1^{\frac{1}{4}} c_2^{\frac{3}{4}}$$

$$\Leftrightarrow \left[\frac{1}{4}\left(2000 + \frac{2200}{1,05}\right)\right]^{\frac{1}{4}} * \left[\frac{3}{4}\left(1,05*2000 + 2200\right)\right]^{\frac{3}{4}} = c_1^{\frac{1}{4}} c_2^{\frac{3}{4}}$$

$$\Leftrightarrow [1023,81]^{\frac{1}{4}} * [3225]^{\frac{3}{4}} = 2420,8.$$

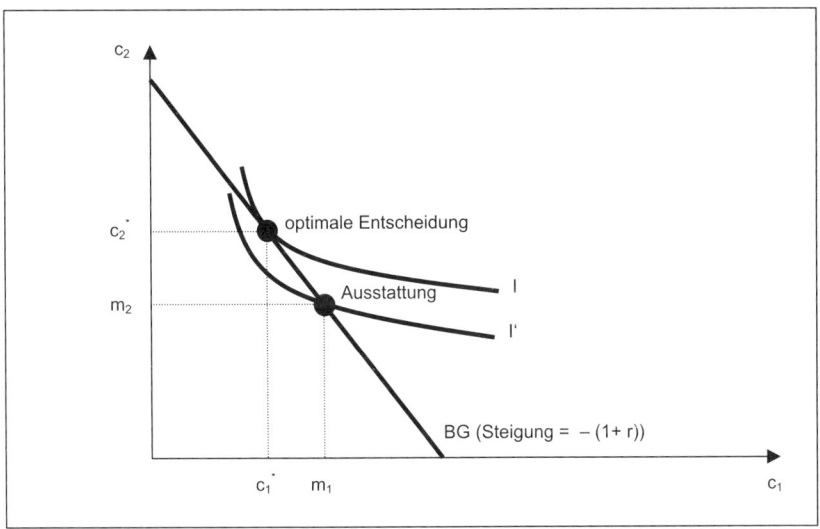

Abbildung 7.6: Indifferenzkurve einer Gläubigerin

Der Ausgangspunkt der Rechnung ist jetzt der Zukunftswert des gesamten Einkommens. Von dem die Konsumentin 3/4 in der zweiten Periode verwendet. Der Zukunftswert des gesamten Einkommens für eine Schuldnerin ist $ZW = (1 + 0,05)2000 + 2200 = 4300$. Die Konsumentin nutzt ihr Einkommen m_2 und zusätzliche 1025 GE ($3/4 * 4300 = 3225$) in der zweiten Periode. In der ersten Periode wird die Konsumentin dann nur noch die Differenz von m_1 abzüglich der Ersparnisse konsumieren. Das Einkommen verwendet die Konsumentin wie folgt:

$$c_1^* = m_1 - 1025/1,05 = 2000 - 976,19 = 1023,81$$
$$c_2^* = \tfrac{3}{4}ZW = \tfrac{3}{4}(1,05 * 2000 + 2200) = 3225.$$

Aufgrund ihrer Präferenz für zukünftigen Konsum wird die Konsumentin zu einer Gläubigerin. Sie spart in der ersten Periode und verwendet diese Ersparnisse inklusive Zinsen in der zweiten Periode. Der Kreditzins kommt für die Konsumentin nicht in Betracht.

Abbildung 7.6 stellt die Indifferenzkurve einer Gläubigerin dar. Im Gegensatz zur Anfangsausstattung im Punkt (m_1, m_2) wird die Konsumentin eine Entscheidung links von m_1 und oberhalb von m_2 treffen. Ihre optimale Entscheidung ist im Punkt (c_1^*, c_2^*). Beim Verlauf ihrer

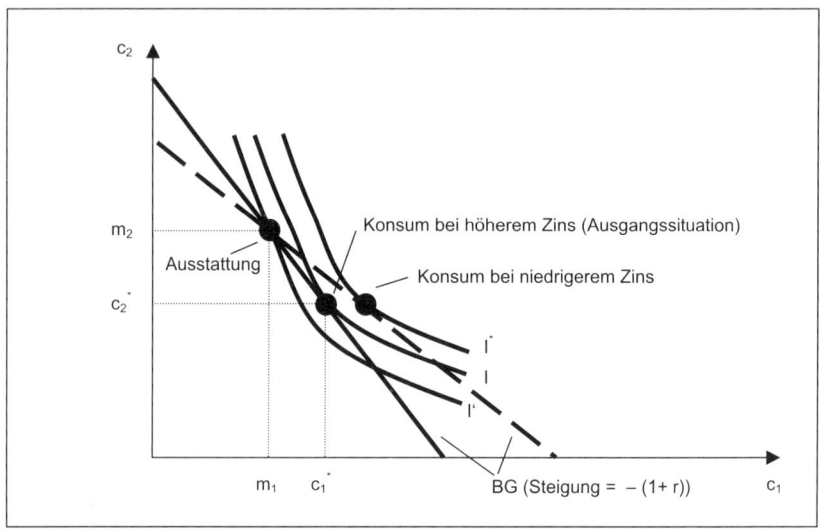

Abbildung 7.7: Verhalten einer Schuldnerin bei fallendem Zins

Indifferenzkurven befindet sich die Konsumentin in diesem Punkt auf einer höheren Indifferenzkurve als bei der ursprünglichen Ausstattung.

Nachdem nun die grundsätzliche Entscheidung eine Schuldnerin oder Gläubigerin zu sein, erläutert wurde, sollte man analysieren, wie sich die jeweilige Konsumentin bei sich ändernden Bedingungen verhält. Einfluss auf die Entscheidung haben die Präferenzen und der Zins. Die Herleitung einer Präferenzordnung und wie diese ausgedrückt in Indifferenzkurven die Entscheidung einer Konsumentin beeinflusst, wurde bereits ausführlich erläutert. Alle Faktoren, die eine Konsumentin dazu bewegen, ihre Präferenzen zu ändern, werden Einfluss darauf haben, ob diese Konsumentin eine Schuldnerin oder eine Gläubigerin ist. Der Einfluss auf Präferenzen hängt jedoch von rein subjektiven Faktoren ab und soll an dieser Stelle nicht weiter untersucht werden. Es gibt aber auch einen objektiv zu messenden Faktor, der die Entscheidung einer Konsumentin zu sparen oder zu schulden beeinflusst: der Zins. In einer gegebenen Situation kann eine Konsumentin bei jedem Zinsniveau sowohl Gläubigerin als auch Schuldnerin sein. Dies wurde in den beiden vorherigen Abbildungen dargestellt. Interessant ist nun die Frage, ob diese Entscheidung nach einer Zinsänderung beibehalten oder revidiert wird.

Eine Konsumentin sei Schuldnerin. Der zur Zeit am Markt herrschende Zins führt sie zu dieser Entscheidung. Was wird diese Schuldnerin bei einem fallenden Zins tun? Sie wird Schuldnerin bleiben, denn die Aufnahme eines Kredites wird jetzt noch billiger als vorher. Der neue Zins ist niedriger als der alte. War die Schuldnerin bei dem höheren alten Zins bereit, einen Kredit aufzunehmen, wird sie es zu einem niedrigeren Zins erst recht sein. Diese Situation ist in Abbildung 7.7 dargestellt. Die Budgetgerade hat die Steigung $-(1+r)$. Sinkt der Zins, muss die Steigung daher vom Betrag her geringer werden und die Budgetgerade wird flacher verlaufen. Sie dreht sich um die ursprüngliche Ausstattung (neue Budgetgerade: gestrichelte Linie). Die Konsumentin erreicht die Indifferenzkurve I^* und ist weiterhin Schuldnerin. *Eine Schuldnerin wird mit fallendem Zins besser gestellt. Die Zinsaufwendungen in der Folgeperiode sinken. Sie kann daher in der Ausgangsperiode ihren Konsum steigern und eine höhere Indifferenzkurve erreichen. Eine Schuldnerin bleibt bei fallendem Zins eine Schuldnerin.*

Nun wird ein steigender Zins angenommen. Die Kosten eines Kredites steigen. Die Zinsen, die in der nächsten Periode zusammen mit dem geliehenen Geld zurückgezahlt werden müssen, steigen. Leider kann keine so klare Aussage wie im vorherigen Fall bei fallenden Zinsen getroffen werden. Die Aussage muss etwas differenziert werden. Angenommen die Schuldnerin bleibt Schuldnerin nach der Zinserhöhung. In diesem Fall ist sie mit Sicherheit schlechter gestellt (Abbildung 7.8).

Die neue Budgetgerade (gestrichelte Linie) ist steiler als die ursprüngliche. Der neue Konsum bei höherem Zins befindet sich auf der niedrigeren Indifferenzkurve I^*. Der Zins kann allerdings soweit steigen, dass eine Schuldnerin zur Gläubigerin wird. Wann das der Fall ist, darüber kann keine Aussage getroffen werden. In Abbildung 7.8 wird die Konsumentin erst bei einem sehr hohen Zins, wenn die Budgetgerade fast vertikal ist, zu einer Gläubigerin werden. Zusammenfassend kann man sagen, *je stärker der Zins steigt, desto wahrscheinlicher wird eine Schuldnerin zu einer Gläubigerin. Bleibt eine Schuldnerin bei steigendem Zins Schuldnerin, ist sie schlechter gestellt als vor der Zinserhöhung. Wird sie hingegen Gläubigerin, muss sie mindestens gleichgestellt sein gegenüber der Situation vor der Zinserhöhung.*

Ist eine Konsumentin zu Beginn der Beobachtung eine Gläubigerin, verhält sie sich genau gegensätzlich zur Schuldnerin. Wenn der Zins steigt, wird eine Gläubigerin auf jeden Fall eine Gläubigerin bleiben. Selbst wenn sie nur die gleiche Menge spart wie vor der Zinserhöhung, kann sie aufgrund

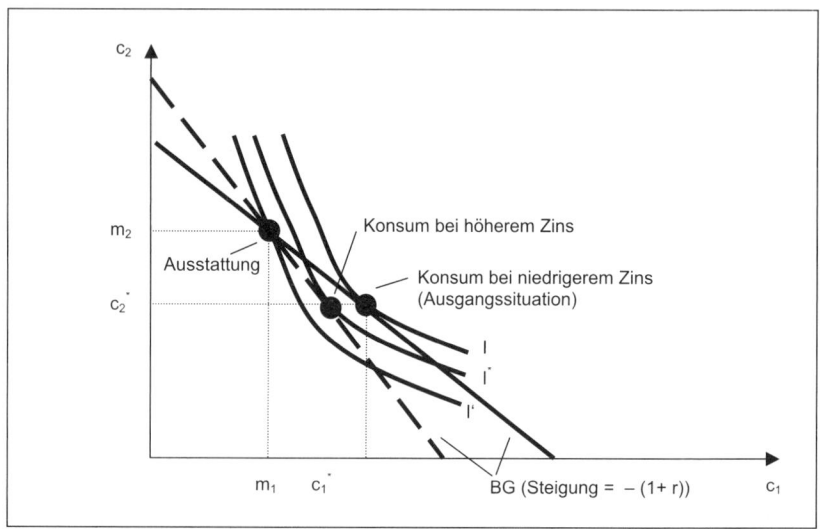

Abbildung 7.8: Verhalten einer Schuldnerin bei steigendem Zins

der Zinserhöhung ihren Konsum in der zweiten Periode steigern. Es wäre intuitiv auch unlogisch, wenn sich eine Konsumentin erst dann zu einem Kredit entscheidet, wenn die Zinsen steigen.[12] *Eine Gläubigerin wird bei steigenden Zinsen Gläubigerin bleiben* (Abbildung 7.9). Die Konsumentscheidung der Gläubigerin wird nach der Zinserhöhung auf der höheren Indifferenzkurve I^* sein.

Fällt nun der Zins, wird eine Gläubigerin auf jeden Fall schlechter gestellt, wenn sie eine Gläubigerin bleibt. Bei gleichen Ersparnissen wie vor der Zinssenkung, kann sie aufgrund der Zinssenkung ihren Konsum in der zweiten Periode nicht mehr aufrechterhalten. Ihre Konsumentscheidung wird bei dem niedrigeren Zins auf der schlechteren Indifferenzkurve I^* liegen (Abbildung 7.10). Angenommen der Zins sinkt auf Null, wie wird sich eine Gläubigerin verhalten? Eine sichere Aussage kann darüber nicht getroffen werden. Vielleicht wird die Gläubigerin weiterhin lieber in der Zu-

---

[12]Dies ist zumindest dann unlogisch, wenn der Zins das einzige Auswahlkriterium ist. Unter Umständen können natürlich andere Dinge eine Rolle spielen. Aufgrund eines Arbeitsplatzwechsels geht eine Familie zum Beispiel in eine andere Stadt. Wenn sie dort anstatt in einer Wohnung in ein Einfamilienhaus ziehen möchte, wird sie einen Kredit brauchen. Dabei spielt es eine untergeordnete Rolle, ob die Zinsen vor einem halben Jahr vielleicht noch etwas niedriger waren. Vor einem halben Jahr hat sich die Familie aufgrund der ungewissen beruflichen Zukunft gegen ein Haus entschieden, nicht aufgrund zu hoher Zinsen. Trotz der nun höheren Zinsen kann eine Entscheidung zur Kreditaufnahme rational sein.

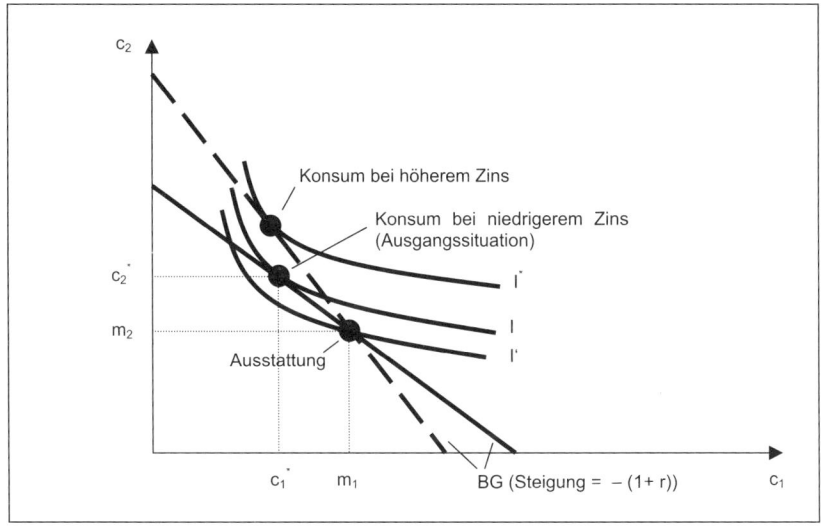

Abbildung 7.9: Verhalten einer Gläubigerin bei steigendem Zins

kunft konsumieren. Aber möglich ist es durchaus, dass sie zu einer Schuldnerin wird. Der zukünftige Konsum kann durch Ersparnisse nicht gesteigert werden. Es macht daher keinen Unterschied, ob Geld oder Güter in die Zukunft transportiert werden. Sie kann ebensogut alles heute konsumieren. Diese Annahme macht deutlich, dass eine Gläubigerin nach einer Zinssenkung gegebenenfalls zu einer Schuldnerin werden kann. *Eine Gläubigerin wird bei fallenden Zinsen in der Regel schlechter gestellt im Vergleich zur Situation vor der Zinssenkung. Ob sie Gläubigerin bleibt oder gar Schuldnerin wird, kann nicht genau bestimmt werden.*

7.2 Tauschpartner gesucht

7.2.1 Vorteile vom Tausch mit anderen Marktteilnehmern

Im vorherigen Kapitel wurde gezeigt, dass eine Konsumentin ihren Nutzen steigern kann, wenn sie gegenwärtigen Konsum mit zukünftigem tauscht. Diese Entscheidung ist der Konsumentin alleine überlassen. Ihre Entscheidung ist unabhängig von den Entscheidungen anderer Konsumentinnen. Tausch kann aber auch auf eine andere Art und Weise stattfinden. Güter können mit anderen Konsumentinnen getauscht werden. In einem solchen

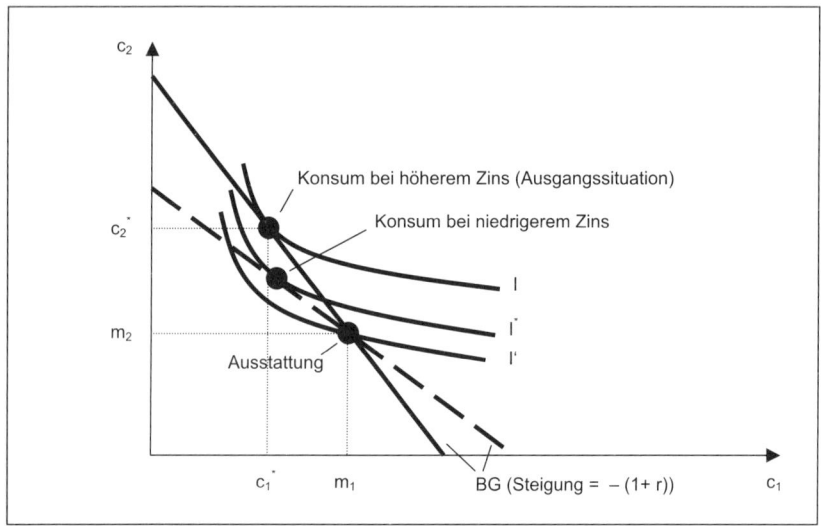

Abbildung 7.10: Verhalten einer Gläubigerin bei fallendem Zins

Fall hängt die Entscheidung zum Tausch von einer anderen Konsumentin ab. Tausch wird grundsätzlich nur dann stattfinden, wenn er für beide Teilnehmer vorteilhaft ist oder mindestens nicht nachteilig. Umgangssprachlich wird der Begriff Tausch meistens mit einer Aktivität verbunden, bei der Güter getauscht werden ohne das Geld eine Rolle spielt. Kinder tauschen Spielsachen, Sammler tauschen alles mögliche und Liebespaare tauschen Zärtlichkeiten. Sobald Geld eine Rolle spielt spricht man meistens vom Handel. Man sagt, der Marktschreier und sein Kunde sind handelseinig geworden. Der Begriff des internationalen Tausches existiert nicht, Volkswirtschaften handeln. Schließlich gibt es auch keine Welttauschorganisation, sondern eine **Welthandelsorganisation**[13]. Vom Prinzip her sind die beiden Aktivitäten allerdings gleich. Die folgenden einfachen Beispiele zur Beschreibung der Theorie lassen sich daher auch auf internationale Handelsbeziehungen übertragen. Ein Zusammenhang, der deutlich macht, weshalb nationaler und internationaler Handel in ökonomischen Kreisen als sehr vorteilhaft bezeichnet werden. Wie gezeigt wird, ist es dabei keineswegs der Fall, dass arme Länder von Reichen ausgebeutet werden. Viel-

---

[13]Die Welthandelsorganisation ist die WTO, World Trade Organisation. Das T in der Abkürzung steht also nicht für Tausch, macht aber im Deutschen ungewollt deutlich, dass Tausch und Handel vom Prinzip her das Gleiche sind.

mehr profitieren beide Seiten an einem Handel.[14] Doch zunächst zurück zur Theorie. Tausch hat zwei Vorteile:

1. Tausch kann den Nutzen aller Personen, die am Tausch teilnehmen, erhöhen, ohne dass die Gesamtmenge der vorhanden Güter steigt.

2. Tausch ermöglicht eine **arbeitsteilige Produktion**. Jeder Produzent kann sich bei der Produktion auf das beschränken, was er am besten kann. Durch späteren Tausch können die anfänglichen Güterbündel diversifiziert werden.

Dieses Kapitel wird sich ausschließlich mit dem ersten Punkt befassen. Der zweite Punkt wird erst in einem späteren Kapitel erläutert. Wie kann es sein, dass der Nutzen von zwei Personen steigt, obwohl die gesamte vorhandene Gütermenge gar nicht größer wird? Diese Tatsache ergibt sich aus dem Gesetz des abnehmenden Grenznutzens. Angenommen es gibt zwei Konsumenten, eine Schwester und einen Bruder. Geschwister streiten sich manchmal, weil sie egoistisch sind. Solche Streits können vermieden werden, wenn man tauscht. Im alltäglichen Leben wird dabei die Theorie, die dem Akt des Tauschens zugrunde liegt, eher weniger wahrgenommen. Statt dessen ist Intuition häufig ein guter Führer.

Angenommen im Kühlschrank der Familie gibt es frische Erdbeeren und Milch. Beides ist nur in begrenzter Menge vorhanden. Die ältere Schwester kennt ihren Bruder als kleines Schlitzohr und versteckt daher die Erdbeeren, um sicher zu gehen, dass ihr Bruder sie nicht alleine isst. Als nun der Bruder in der Hoffnung an den Kühlschrank geht, die Erdbeeren alleine aufessen zu können, findet er nur die Milch vor. Die Situation ist in Abbildung 7.11 dargestellt.

Die Ausstattung der Schwester ist S_0, die des Bruders ist B_0. Die Geschwister sind indifferent zwischen den beiden Anfangsausstattungen. Es wird angenommen, dass beide die gleichen Präferenzen haben. Beide könnten sich in ihr Zimmer zurückziehen und das essen bzw. trinken, was sie haben. Die ältere Schwester hat aber gerade angefangen, VWL zu studieren. Sie schlägt daher vor zu tauschen. Die Schwester gibt einen Teil der Erdbeeren in ihrem Besitz auf (ΔErdbeeren), die der Bruder erhält. Gleichzeitig gibt der Bruder einen Teil der Milch in seinem Besitz auf (ΔMilch),

---

[14]Anti-Globalisierungsdemonstrationen sollten daher von Politik, Wirtschaft und Gesellschaft nicht zur Entmutigung beim Handel an sich führen. Fehlentwicklungen in der Handels- und Entwicklungspolitik, die arme Länder benachteiligen, sollten beseitigt werden und eine Kultur des fairen Handels entwickelt werden. Die Globalisierung ist nicht insgesamt falsch. Die Qualität, mit der sie betrieben wird, ist dagegen in vielen Bereichen sicher zu recht zu hinterfragen.

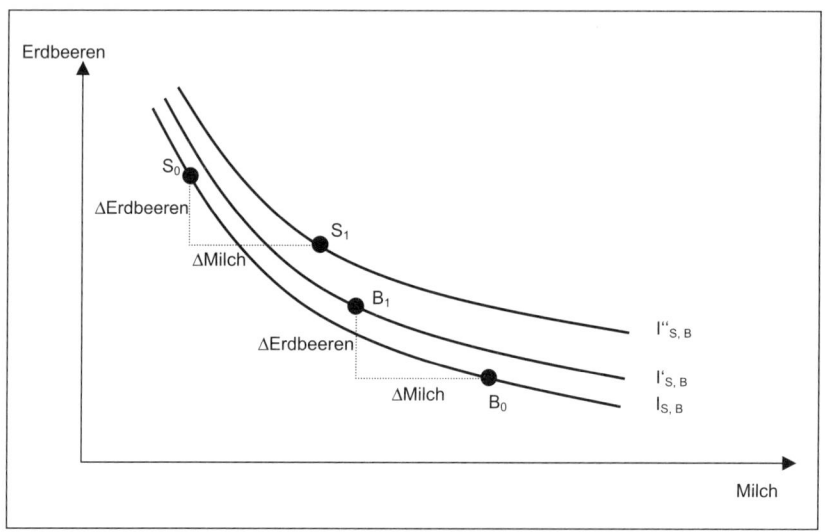

Abbildung 7.11: Nutzengewinn durch Tausch; unterschiedliche Ausstattung und gleiche Präferenzen

die wiederum die Schwester erhält. Beide erreichen durch den Tausch eine höhere Indifferenzkurve. Die ältere Schwester erreicht zwar eine noch höhere als der Bruder, aber warum soll sie dem kleinen Bruder alles verraten. Theoretisch wäre es denkbar, dass die Geschwister weiter tauschen, um am Ende auf der gleichen Indifferenzkurve zu landen. Diese läge zwischen $I_{S,B}$ und $I''_{S,B}$.

Es kann ein weiterer, ähnlicher Fall mit gleichem Ergebnis konstruiert werden. Angenommen die Mutter kennt ihre beiden Kinder sehr gut, eine wirklich realistische Annahme. Um Streit zu vermeiden, teilt die Mutter die Erdbeeren und die Milch auf beide Kinder gleichmäßig auf und stellt jedem eine eigene Schüssel bereit. Schwester und Bruder haben die gleiche Anfangsausstattung. Wenn die Geschwister weiterhin die gleichen Präferenzen haben, können sie in dieser Situation durch Tausch nicht auf ein höheres Nutzenniveau gelangen. Bei gleicher Anfangsausstattung führt Tauschen nur zu einer Nutzensteigerung, wenn die Kinder unterschiedliche Präferenzen und daher verschiedene Indifferenzkurven haben. Dieser Fall ist in Abbildung 7.12 dargestellt.

Zu Beginn befinden sich die Kinder in Punkt A. Die Schwester befindet sich auf ihrer Indifferenzkurve I_S, der Bruder auf seiner I_B. Durch die

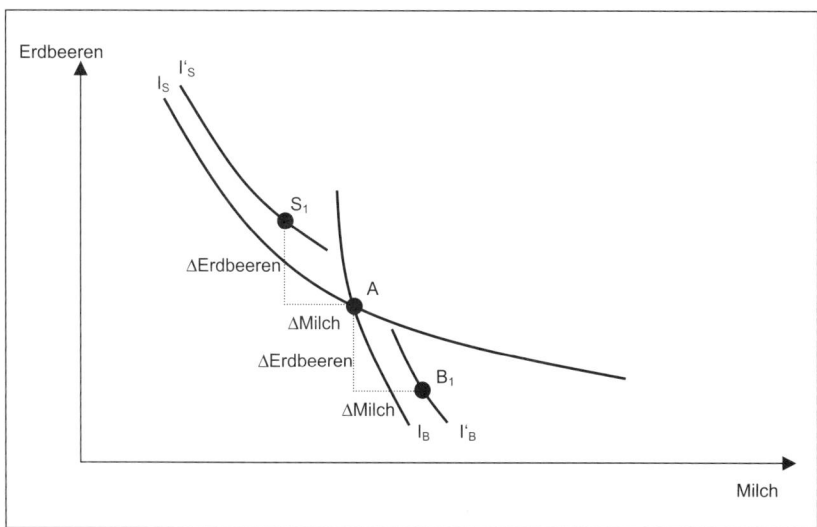

Abbildung 7.12: Nutzengewinn durch Tausch; gleiche Ausstattung und unterschiedliche Präferenzen

unterschiedlichen Präferenzen bewerten die Kinder Milch und Erdbeeren verschieden. Wenn die Schwester ihrem Bruder ΔMilch im Tausch gegen ΔErdbeeren gibt, erreichen beide eine höhere Indifferenzkurve. Die Schwester hat lieber mehr Erdbeeren in der Milch und wird daher die zusätzlichen Erdbeeren von ihrem Bruder zu schätzen wissen. Umgekehrt freut sich der Bruder über die zusätzliche Milch bei weniger Erdbeeren. Die gleiche Verteilung von Erdbeeren und Milch auf je eine Schüssel ist für die Kinder also gar nicht optimal. Die Gleichmacherei mag zwar Streit am Anfang vermeiden, dabei wird aber das Ziel der Nutzenmaximierung missachtet.

7.2.2 Die Edgeworth-Box

Können zwei KonsumentInnen ihren Nutzen wie zuvor gezeigt steigern, muss die neu entstandene Situation nach dem ersten Tausch allerdings noch nicht optimal sein. Was fehlt, ist ein Konzept zur Beantwortung der folgenden zwei Fragen: 1. Ist die vorhandene Situation optimal? 2. Ist sie es nicht, welche Situationen sind optimal?

Beide Fragen können mit der **Edgeworth-Box** beantwortet werden. Die Edgeworth-Box geht von der gleichen Ausgangssituation aus, die bereits

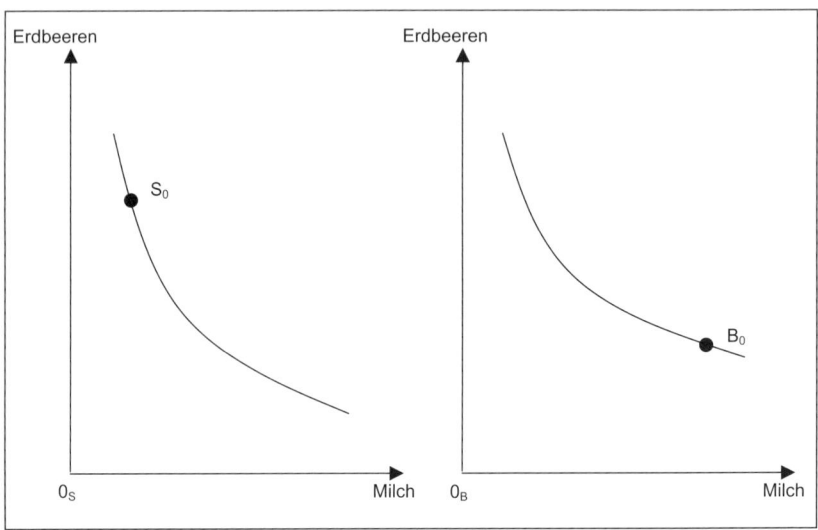

Abbildung 7.13: Präferenzen zweier Konsumenten

im vorherigen Kapitel beschrieben wurde. Es gibt zwei Konsumenten mit unterschiedlichen Präferenzen oder unterschiedlicher Ausstattung. Von diesem Grundkonzept aus wird die Edgeworth-Box in mehreren Schritten konstruiert. Die grundlegenden Annahmen zur Konstruktion der Box sind: es gibt nur zwei Güter, nur eine konstante Gesamtmenge von diesen Gütern und zwei Konsumenten; es herrscht kein Zwang zum Tausch, d.h. die Konsumenten werden tauschen, wenn es für sie mindestens nicht nachteilig ist und es unterlassen, wenn es nachteilig ist. Die Präferenzen und die Ausstattung der beiden Konsumenten, die Schwester und der Bruder aus dem vorherigen Kapitel, sind noch einmal in Abbildung 7.13 dargestellt. Die Schwester besitzt eine große Menge an Erdbeeren und nur wenig Milch, Ausstattung S_0. Der Bruder hat eine gegensätzliche Ausstattung B_0 mit viel Milch.

Zur Konstruktion der Edgeworth-Box wird eines der beiden Diagramme um 180° gedreht. Hier soll das des Bruders gedreht werden. Das Ergebnis ist in Abbildung 7.14 zu erkennen. Man beachte, dass durch diese Drehung die gewöhnliche Richtung des Nutzenniveaus auf dem Kopf steht. Der Ursprung des Bruders, der Punkt, an dem sein Nutzenniveau minimal ist, liegt jetzt in der oberen rechten Ecke. Für gewöhnlich befindet sich der Ur-

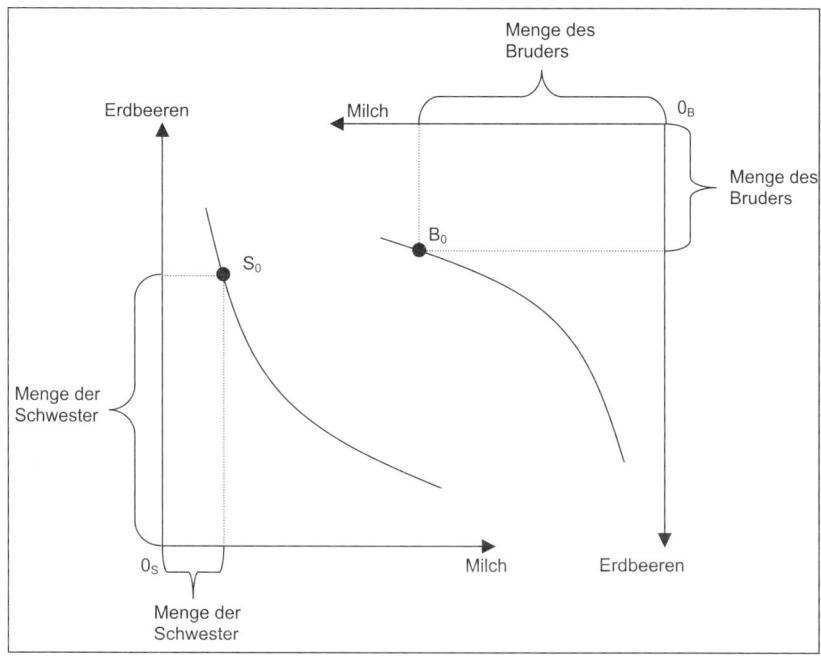

Abbildung 7.14: Konstruktion einer Edgeworth-Box I

sprung eines zweidimensionalen Koordinatenkreuzes in der linken unteren
Ecke. Dies ist im Diagramm der Schwester (linkes Diagramm) weiterhin der
Fall. *Allgemein gilt bei normalen Präferenzen: das Nutzenniveau steigt, je
weiter die Indifferenzkurven vom Nullpunkt entfernt sind.* Im Diagramm
der Schwester wächst das Nutzenniveau nach oben rechts. Im Diagramm
des Bruders, das sozusagen auf dem Kopf steht, wächst das Nutzenniveau
nach unten links.

Der nächste Schritt hin zur Edgeworth-Box ist die Zusammenführung
beider Diagramme. Dabei ist darauf zu achten, dass die Gesamtmenge
nicht zunehmen darf. Dies ist eine der Annahmen zur Konstruktion der
Edgeworth-Box gewesen. Es soll der Nutzengewinn zweier Konsumenten
durch Tausch bestimmt werden, ohne die Gesamtmenge des Güterange-
botes zu erhöhen. Auf den vertikalen Achsen beider Diagramme wird die
Menge an Erdbeeren gemessen. Die Menge an Erdbeeren nimmt bei der
Schwester zu, wenn man mit dem Finger auf der vertikalen Achse nach

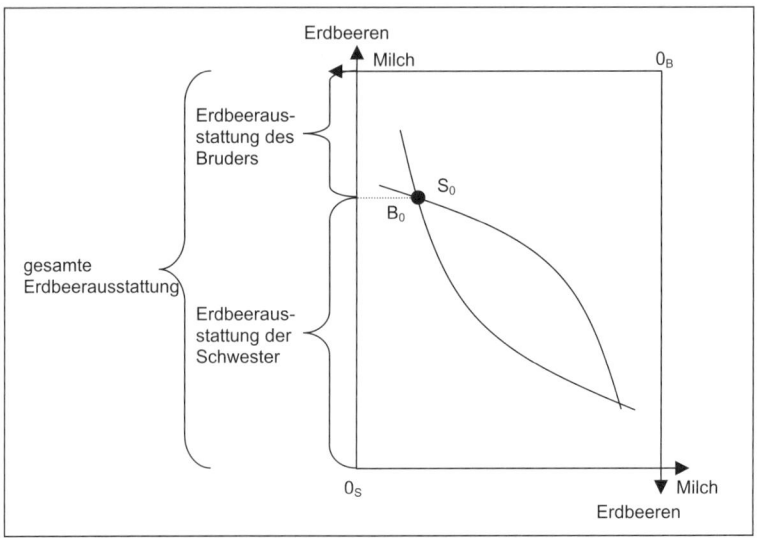

Abbildung 7.15: Konstruktion einer Edgeworth-Box II

oben fährt. Im Falle des Bruders nimmt die Menge an Erdbeeren zu, wenn man auf seiner vertikalen Achse nach unten fährt.

Die senkrechte Seite des entstehenden Rechtecks soll die Gesamtmenge an Erdbeeren wiedergeben. Vom Ursprung der Schwester nach oben bis zum Punkt ihrer Ausstattung ergibt die Menge Erdbeeren, die im Besitz der Schwester sind. Vom Ursprung des Bruders nach unten bis zum Punkt seiner Ausstattung ergibt die Menge Erdbeeren im Besitz des Bruders (Abbildung 7.14). Legt man die Ausstattungen genau aufeinander, ergibt sich die Gesamtmenge Erdbeeren zwischen den zwei horizontalen Seiten des neuen Rechtecks. Auf die gleiche Weise ergibt sich die Gesamtmenge an Milch der beiden Geschwister zwischen den beiden senkrechten Seiten des Rechtecks (Abbildung 7.15). In der Regel werden noch einige grafische Vereinfachungen vorgenommen, um die Grafik übersichtlicher zu gestalten. Die Pfeile der Achsen werden weggelassen, die Achsenbeschriftung häufig zentriert und die beiden Ausstattungen, die nun direkt übereinander liegen, werden einfach mit A_0 bezeichnet. Dieser dritte Schritt vollendet die Edgeworth-Box (Abbildung 7.16), die nun übersichtlich ist und zur Analyse der unterschiedlichen Optima benutzt werden kann.

So elegant wie das Konzept der Box an sich, so merkwürdig mutet der

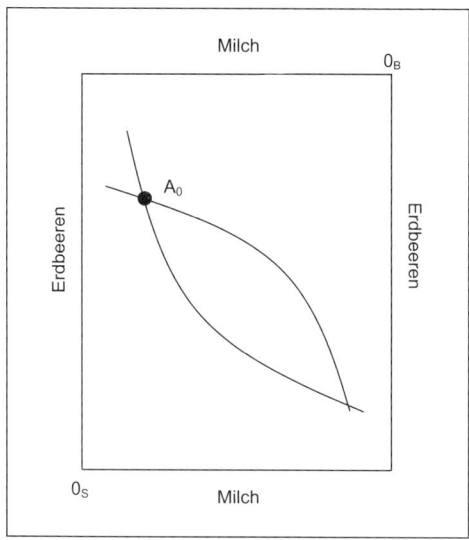

Abbildung 7.16: Konstruktion einer Edgeworth-Box III - die Edgeworth-Box

Name an. Erstens ist offensichtlich, dass es sich nicht um eine Box handelt, denn es fehlt die dritte Dimension. Zweitens, zwar nicht so offensichtlich, aber dennoch unter Ökonomen bekannt, ist die Tatsache einer falschen Namensgebung. Die Edgeworth-Box oder auch **Edgeworth-Bowley-Box** geht eigentlich nicht auf **Francis Y. Edgeworth**[15] zurück. Auch **Arthur L. Bowley**[16] hat die Box nur auf eine andere Weise benutzt. Eingeführt wurde die Edgeworth-Box durch Vilfredo Pareto[17]. Um diese fälschliche Na-

---

[15]Francis Ysidro Edgeworth (1845-1926) war der fünfte von sechs Söhnen einer Grundbesitzerfamilie in Irland. Geboren wurde Edgeworth in Edgeworthstown, Irland. Er lehrte an zahlreichen Universitäten in zahlreichen Fächern. 1888 erhielt er seine erste Professur, 1891 wechselte er als Professor nach Oxford, wo er bis zur Pension blieb. Im gleichen Jahre wurde Edgeworth zum Herausgeber des ‚The Economic Journal‘ ernannt. Ab 1919 war er Mitherausgeber zusammen mit John M. Keynes. Die Anzahl seiner eigenen Veröffentlichungen ist lang und umfasst unterschiedlichste ökonomische Themen. Im Zusammenhang mit der *Edgeworth-Box* ist Edgeworth 1881, S. 28 zu erwähnen.

[16]Sir Arthur L. Bowley (1869-1957) war Professor an der London School of Economics. Er verfasste das erste statistische Lehrbuch überhaupt in England, „Elements of Statistics" (1901). In seinem Werk „The Mathematical Groundwork of Economics" (1924) befasst Bowley sich in weiten Teilen mit den Arbeiten von Edgeworth. Unter anderem auch mit der Edgeworth-Bowley-Box (vgl. Arthur Bowley 1924).

[17]Vilfredo Pareto (1848-1923) wurde als Kind einer italienischen Familie in Paris geboren. Er gehörte der Lausanner Schule an. Übernahm den Stuhl in politischer Ökonomie an der Universität von Lausanne von Léon Walras 1893. Im Jahre 1906 veröffentlichte Pareto sein „Manual of Political Economy", ein mathematisches Werk über ökonomische Theorien. Hier wurde zum ersten Mal die Edgeworth-Box präsentiert. In diesem Werk stellte Pareto auch sein Optimalitätskriterium, das heute als Pareto-Optimum oder Pareto-Effizienz bekannt ist. Zur Edgeworth-Box vgl. Vilfredo Pareto 1971, S. 138.

mensgebung zu umgehen, tauchen auch andere Namen für diese Box auf: **Pareto-Box, Tauschbox**. Im Weiteren wird hier der geläufigste Name, Edgeworth-Box, verwendet. Zunächst sollte man einfach mal ein Beispiel betrachten, um zu lernen, wie die Edgeworth-Box arbeitet.[18] Angenommen die Schwester gibt ein wenig von ihren Erdbeeren und der Bruder von seiner Milch auf. Die Schwester tauscht Erdbeeren gegen Milch und der Bruder Milch gegen Erdbeeren. Das Ergebnis ist Punkt A_1 in Abbildung 7.17. Die ursprünglichen Indifferenzkurven, von denen die Analyse ausgeht, sind dicker gezeichnet. Im Punkt A_1 befindet sich die Schwester auf einer höheren Indifferenzkurve als am Anfang. Sie befindet sich oberhalb ihrer ursprünglichen Indifferenzkurve, was ein höheres Nutzenniveau bedeutet. Der Bruder befindet sich auf einer Indifferenzkurve unterhalb seiner ursprünglichen Indifferenzkurve. Aber die Indifferenzkurven des Bruders stehen auf dem Kopf. Die untere Indifferenzkurve bedeutet ein höheres Nutzenniveau für den Bruder. Nach dem Tausch ist der Nutzen der Geschwister jeweils höher. Der Tausch wird mit Sicherheit stattfinden, es gibt keinen Grund, warum einer der beiden ein höheres Nutzenniveau ablehnen sollte.

Tatsächlich gilt dies für jedes Tauschergebnis innerhalb der Fläche, die von den ursprünglichen Indifferenzkurven eingeschlossen wird. Diese Fläche wird aufgrund ihrer Form auch **Linse** oder **Mandel** genannt. *Alle Tauschergebnisse innerhalb der Linse würden von beiden Konsumenten gegenüber der Anfangsaustattung A_0 vorgezogen werden.* Alle Tauschergebnisse, die sich auf dem Rand der Linse ergeben und nicht eines der Kreuze sind, werden nur von einem der beiden Konsumenten bevorzugt, der andere ist indifferent. Beide Punkte, in denen sich die Indifferenzkurven schneiden, sind indifferente Ergebnisse des Tausches für beide Tauschpartner. *Alle Punkte innerhalb der Linse und auf dem Rand der Linse stellen keinen der beiden Tauschpartner schlechter im Vergleich zur Ausstattung A_0.*

Kann ein Tausch außerhalb der beschriebenen Grenzen stattfinden? Abbildung 7.18 zeigt deutlich, dass dies nicht möglich ist. Der Punkt A_K (K - wie *k*ein Tausch) kann unter den gemachten Annahmen nicht zustande kommen. Die Schwester ist besser gestellt im Vergleich zur Ausstattung A_0, sie hätte sicher nichts gegen den Tausch einzuwenden. Der Bruder würde allerdings nicht auf diesen Handel eingehen, denn er fällt auf ein niedrigeres Nutzenniveau zurück. *Ein Tauschergebnis wie der Punkt A_K in Abbildung*

---

[18]Die University of California, Los Angelos, bietet unter http://www.sscnet.ucla.edu/ssc/labs/cameron/ e1f98/imapedge.html ein Edgeworth-Box Applet (Java-Script). Dieses Applet eignet sich sehr gut, um die folgenden Analysen interaktiv nachzuvollziehen. Es wird eine kurze Bedienungsanleitung geboten.

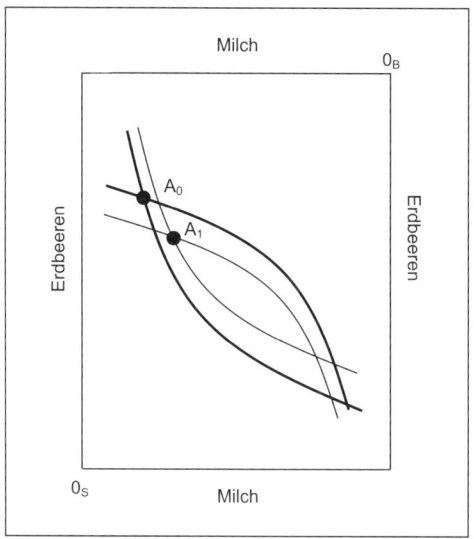

Abbildung 7.17: Tauschen in der Edgeworth-Box I - eine mögliche Lösung

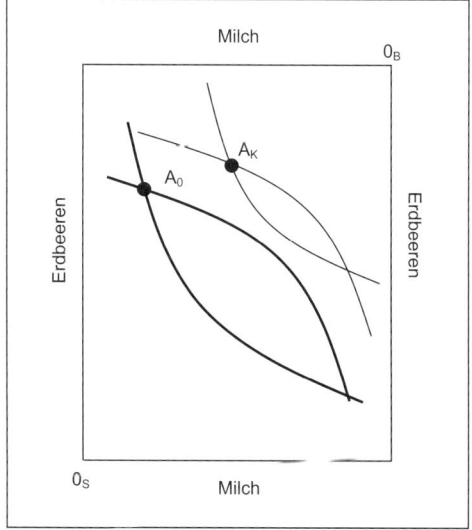

Abbildung 7.18: Tauschen in der Edgeworth-Box II - keine mögliche Lösung

7.18 kann sich unter der Annahme freiwilligen Tauschens nicht ergeben.
Zur Beschreibung von möglichen optimalen Tauschmöglichkeiten ist das
Pareto-Kriterium[19] entwickelt worden. *Nach diesem Kriterium ist eine*
*Allokation von Gütern **pareto-optimal**, wenn es keine weitere Alloka-*
tion gibt, bei der mindestens eine Person besser gestellt wird und keine
schlechter. Umgekehrt ist eine Allokation nicht pareto-optimal, wenn es ei-
ne andere Allokation gibt, bei der mindestens eine Person besser gestellt
wird, ohne eine andere schlechter zu stellen. Eine pareto-optimale Situation
nennt man auch **pareto-effizient**. Eine nicht pareto-optimale Allokation
heißt auch **pareto-ineffizient**. Das Pareto-Kriterium ist gut geeignet, um
zwei verschiedene Allokationen zu vergleichen.

Das Pareto-Kriterium soll nun einmal in Abbildung 7.17 angewendet
werden. Das Tauschergebnis A_1 liegt innerhalb der Linse und ist daher
ein mögliches Ergebnis. Ist es aber pareto-effizient? Die Tatsache, dass
sich vom Punkt A_1 ausgehend eine weitere Linse öffnet, lässt vermuten,
dass dies nicht so ist. Alle Punkte innerhalb der kleineren, inneren Linse
sind wiederum Punkte, die beide Konsumenten gegenüber A_1 besserstellen.
Damit erfüllt A_1 nicht das Pareto-Kriterium. Man sagt, A_1 ist **pareto-**
superior gegenüber der Ausgangsaustattung A_0. Dies gilt wiederum für
alle Punkte innerhalb der Linse. Die gegenüber der Ausgangsausstattung
A_0 pareto-superioren Allokationen sind in Abbildung 7.19 durch die graue
Fläche dargestellt.

Offensichtlich ist die Linse, die von A_1 ausgeht kleiner als die von A_0
ausgehende. Je näher die Indifferenzkurven zusammenrücken, desto kleiner werden die Linsen und damit auch die Fläche mit pareto-superioren
Punkten. Rücken die Indifferenzkurven nur nahe genug aneinander, ergibt
sich am Ende keine Fläche mehr, sondern nur noch eine Berührung der
beiden Kurven, ein Tangentialpunkt. Diese tangentiale Lösung ist pareto-
effizient. Es gibt keine weitere Allokation, bei der nicht mindestens einer
der beiden Konsumenten schlechter gestellt ist als bei der pareto-effizienten
Lösung. Ein solches **Pareto-Optimum** ist in Abbildung 7.20 im Punkt A_P
dargestellt. Diese Lösung scheint relativ in der Mitte der ursprünglichen
Linse zu liegen. Ein Ergebnis, dass intuitiv richtig scheint. Allerdings gibt
es auch andere Pareto-Optima. Auch die Punkte A_{PS} und A_{PB} sind pareto-
effiziente Lösungen. Das tatsächliche Tauschergebnis hängt vom Verhandlungsgeschick der beiden Partner ab. Im Punkt A_{PS} hat die Schwester offensichtlich das größere Verhandlungsgeschick bewiesen. Sie hat ein höheres

---

[19]Das Parteo-Kriterium ist von Vilfredo Pareto entwickelt worden (Pareto 1971, S. 261).

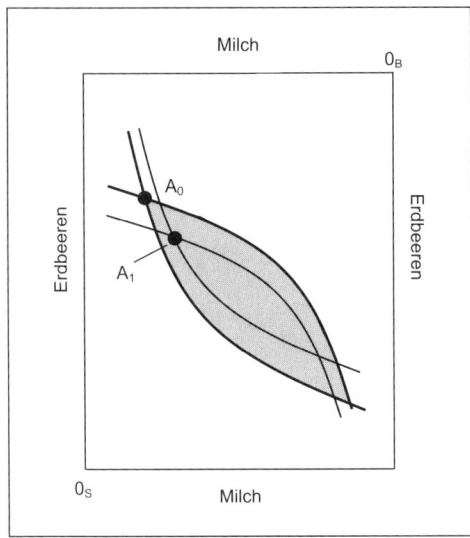

Abbildung 7.19: Tauschen in der Edgeworth-Box III - pareto-superiore Lösungen

Nutzenniveau erreicht, ihr Bruder verharrt hingegen noch immer auf dem anfänglichen Nutzenniveau. Die Allokation ist pareto-effizient. Jede Allokation links unterhalb von A_{PS} würde die Schwester gegenüber A_{PS} wieder schlechter stellen. Das Pareto-Kriterium erlaubt dies aber nicht. Ein Punkt rechts oberhalb von A_{PS} würde wiederum den Bruder schlechter stellen. Die gefundene Lösung muss daher pareto-effizient sein. Gleiches gilt für A_{PB}. Allerdings hat sich hier der Bruder in der Verhandlung durchgesetzt. Die beiden Randpunkte des Kerns werden auch **Ausbeutungspunkte** genannt. Einer der beiden Tauschpartner bleibt immer ohne Nutzengewinn in diesen Punkten.

Das Pareto-Kriterium bietet zwar die Möglichkeit, sämtliche Allokationen auf Effizienz zu prüfen, jedoch fordert es keine Gleichbehandlung aller Beteiligten. *Das Pareto-Kriterium ist kein Maßstab für die gerechte Verteilung von vorhandenen Gütern.* Für eine gegebene Ausstattung A_0 existieren daher unendlich viele pareto-optimale Tauschergebnisse.[20] Sie befinden sich auf der Strecke $A_{PB}A_{PS}$. Diese Strecke wird der **Kern** genannt. *Alle Punkte auf dem Kern sind pareto-optimale Punkte im Verhältnis zur Ausstattung A_0.*

---

[20]Es sei denn, die Ausstattung ist selbst pareto-effizient.

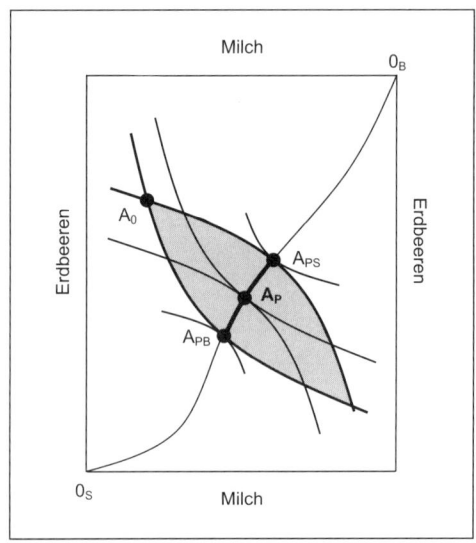

Abbildung 7.20: Tauschen in der Edgeworth-Box IV - Pareto-Optima

Angenommen die Schwester besitzt am Anfang die gesamte Warenmenge, d.h. der Bruder besitzt gar nichts. Die Allokation befindet sich im Ursprung des Bruders im Punkt 0_B. Der Bruder hat minimalen Nutzen und die Schwester hat den höchsten Nutzen erreicht, der überhaupt mit der vorhandenen Gütermenge erreicht werden kann (Abbildung 7.21). Diese Allokation ist zwar auf irgendeine Weise ungerecht, aber sie ist paretoeffizient. Es gibt keine Allokation, mit der man den Bruder besser stellen könnte, ohne die Schwester schlechter zu stellen.

Bei der Beschreibung des Kerns sollte die Betonung daher auf *im Verhältnis zur Anfangsausstattung A_0* liegen. *Jeder Punkt in der Edgeworth-Box, der einen Tangentialpunkt der beiden Indifferenzkurven darstellt, kann ein Pareto-Optimum im Verhältnis zu einer bestimmten Anfangsausstattung sein.* Alle möglichen Tangentialpunkte liegen auf der Linie $0_S 0_B$. Diese Linie heißt **Kontraktkurve** oder **Pareto-Kurve**. Beide Ursprünge müssen Bestandteil und daher Anfangs- und Endpunkt der Kontraktkurve sein, sie sind pareto-optimale Allokationen. Die Kurve muss weiterhin in der gesamten Edgeworth-Box monoton steigen. Würde die Kurve irgendwo in der Edgeworth-Box einen fallenden Verlauf aufweisen, müssten sich die Indifferenzkurven eines Tauschpartners irgendwo schneiden. Dies würde jedoch

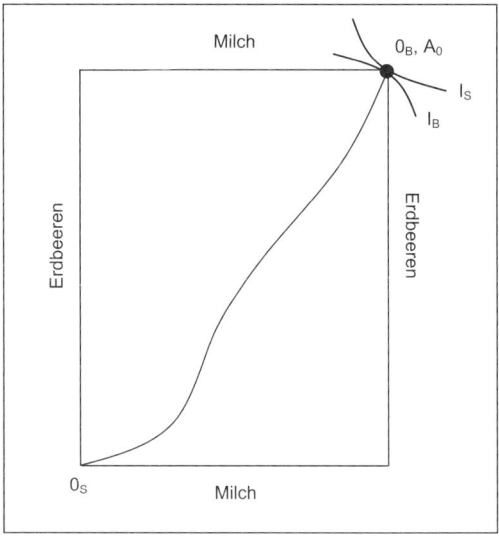

Abbildung 7.21: Eine ungleiche aber pareto-optimale Allokation

die Annahme der Transitivität[21] verletzen.

Alle Tangentialpunkte der beiden Indifferenzkurven sind potentielle Pareto-Optima. Im Punkt der Berührung der beiden Kurven müssen die Steigungen beider Kurven gleich sein. Die Steigung einer Indifferenzkurve gibt das Austauschverhältnis zweier Güter an, die Grenzrate der Substitution[22]. Im Pareto-Optimum, d.h. je nach Ausstattung auf der gesamten Kontraktkurve, muss daher gelten:

$$MRS_S = MRS_B.$$

Mit der Annahme einer bestimmten Ausstattung gibt es unendlich viele pareto-optimale Situationen. Sie bilden den Kern und sind ein Teil der Kontraktkurve. Die alltägliche Praxis sieht aber anders aus. Es sind nicht nur zwei Personen in eine Transaktion eingebunden, sondern viele, die sich Konkurrenz machen. Tatsächliche Tauschverhandlungen können kaum beobachtet werden, statt dessen bilden sich Märkte, auf denen gehandelt wird. Auf diesen Märkten existieren Preise. Die Handelnden können in den meisten Fällen den Preis nicht mehr bestimmen, sondern sind Preis-

---

[21]vgl. Kap. 5.2.1
[22]vgl. Kap. 5.2.1.2

nehmer. Im Verhältnis zur gesamten Marktnachfrage ist die individuelle Nachfrage meist so gering, dass keine Verhandlung stattfindet, weil sich die Verhandlung für den Verkäufer nicht rechnet. In einem Supermarkt erhält eine Kundin für gewöhnlich keinen Rabatt, auch wenn sie fragt. Bis Sommer 2001 waren in Deutschland solche Rabatte oder Preisnachlässe auch gar nicht oder nur in engen Grenzen zugelassen.[23] Doch auch mit dem Fall des Rabattgesetzes ist das Verhandeln an der Ladentheke, zumindest bei alltäglichen Gütern, nicht zur Regel geworden. Es bleibt weiterhin eher die Ausnahme. Der durchschnittliche Kunde wird den auf das Gut aufgedruckten Preis akzeptieren. Damit reduzieren sich die möglichen pareto-optimalen Allokationen erheblich. Es gibt nur noch eine einzige. Die folgende Abbildung macht dies deutlich.

Mit gegebenen Marktpreisen für Milch und Erdbeeren steht auch das relative Preisverhältnis dieser beiden Güter fest. In Abbildung 7.22 ist dieses Preisverhältnis durch die Gerade P dargestellt. Der Schnittpunkt der Preisgeraden mit dem Kern bestimmt das einzige Pareto-Optimum der Geschwister bei gegebenen Preisen. Der Punkt A_M repräsentiert dieses Optimum. A_M ist gleichzeitig der Tangentialpunkt der beiden Indifferenzkurven. In diesem Spezialfall können die Geschwister ihre Güter zum Marktpreis tauschen und erreichen damit ein Pareto-Optimum. Dies ist aber tatsächlich nur ein Spezialfall. Es gibt unendlich viele Schnittpunkte der Indifferenzkurven der Geschwister auf dem Kern. Der vorher dargestellte Fall tritt nur dann auf, wenn die Preisgerade durch den selben Punkt verläuft, der das Ergebnis der Tauschverhandlungen der Geschwister ist. Abbildung 7.23 zeigt die Situation, in der die Preisgerade zwar einen Punkt auf dem Kern schneidet, dieser aber nicht das Ergebnis der Tauschverhandlungen der Geschwister ist.

In Abbildung 7.23 haben die Geschwister zu den gegebenen Marktpreisen kein Pareto-Optimum gefunden. Eine Konsequenz ist die Suche eines anderen Tauschpartners. Es wurde angenommen, dass die Marktpreise dadurch entstehen, dass viele Tauschpartner für die Preisbildung sorgen. Wenn n Tauschpartner am Markt sind, kann sich sowohl die Schwester als auch der Bruder einen der $n-2$ anderen Tauschpartner suchen, um einen aus ihrer Sicht besseren Tausch zu machen.

Da das Tauschergebnis nicht mehr vom eigenen Verhandlungsgeschick

---

[23]Am 01. August 2001 wurde das Rabattgesetz und die Zugabeverordnung aufgehoben. Damit liegt es im Ermessen der Verhandlungspartner den tatsächlichen Kaufpreis eines Gutes festzusetzen. Weiterhin müssen natürlich andere gesetzliche Restriktionen eingehalten werden, so sind zum Beispiel Preise unter den eigenen Kosten, sogenannte Dumpingpreise, verboten.

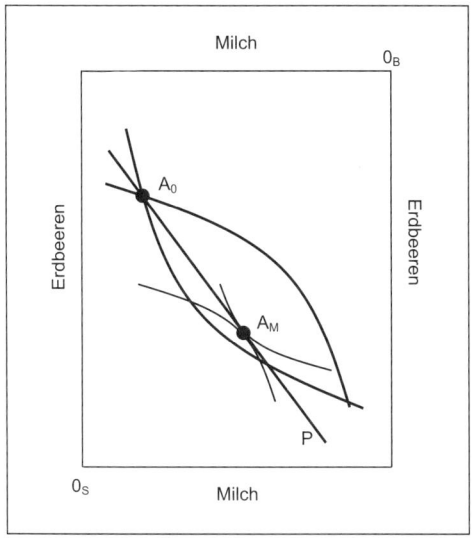

Abbildung 7.22: Pareto-Optimum mit gegebenen Marktpreisen; ein Spezialfall

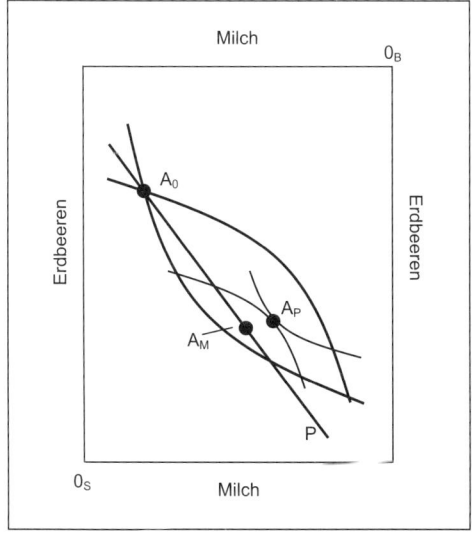

Abbildung 7.23: Pareto-Optimum mit gegebenen Marktpreisen

abhängt, sondern vom Marktpreis, wird jede Person den Marktpreis suchen, der für sie am besten ist. Ist dies möglich in der Praxis? Der Marktpreis wurde gerade als gegeben angenommen. Doch bestehen zum Beispiel
teilweise erhebliche Preisunterschiede zwischen einzelnen Supermarktket-
ten, Kaufhäusern und unterschiedlichsten Markenwaren. Jede KonsumentIn sucht sich für gewöhnlich ein Produkt und damit einen Tauschpartner, der für sie selbst möglichst vorteilhaft ist. Bei dieser Analyse hilft die
Edgeworth-Box allerdings nicht mehr viel weiter. Hierbei dient die Optimierung anhand individueller Indifferenzkurven wesentlich besser. Die Konsumentin sucht sich ein Preisgefüge und optimiert anhand dieses Preisgefüges
ihren Nutzen. Diese Art der Analyse wurde bereits in einem früheren Kapitel beschrieben.[24]

Um dieses Kapitel abzurunden, wird noch eine andere Art der Darstellung für die Kontraktkurve erläutert. Diese Art der Darstellung wird in
folgenden Kapiteln eine bedeutende Rolle spielen. Man betrachte die Entwicklung des Nutzens aus Sicht einer der beiden Tauschpartner in der
Edgeworth-Box, zum Beispiel aus der Sicht der Schwester. Im Ursprung
der Schwester ist ihr Nutzen offensichtlich minimal. Gleichzeitig stellt dieser Punkt das Nutzenmaximum des Bruders dar. Schließlich gibt es nicht
mehr Güter, die er besitzen könnte. Fährt man nun mit dem Finger die
Kontraktkurve hinauf, nimmt der Nutzen der Schwester kontinuierlich zu.
Der Nutzen des Bruders fällt hingegen, ebenfalls kontinuierlich. Erreicht
man schließlich den Ursprung des Bruders, d.h. die rechte obere Ecke
der Edgeworth-Box, hat sich das Verhältnis, verglichen zum Ursprung der
Schwester in der linken unteren Ecke, umgedreht. Die Schwester hat ihr
höchstes Nutzenniveau erreicht, der Bruder hat minimalen Nutzen. Stellt
man diese Entwicklung in einem zweidimensionalen Koordinatenkreuz dar,
ergibt sich eine fallende Kurve. Der exakte Verlauf ist nicht zu bestimmen,
da er von den Präferenzen der Tauschpartner abhängt. In der Regel wird
der Verlauf aber ähnlich dem in Abbildung 7.24 sein. Auf der horizontalen
Achse wird der Nutzen der Schwester U^S abgetragen. Auf der vertikalen
Achse der des Bruders U^B. Der Schnittpunkt der Kontraktkurve mit der
vertikalen Achse stellt den Ursprung der Schwester in der Edgeworth-Box
dar. Der Nutzen der Schwester ist minimal und der des Bruders maximal.
In dieser Abbildung muss man mit dem Finger auf der Kontraktkurve
nach unten fahren, um ein höheres Nutzenniveau der Schwester zu erreichen. Im Schnittpunkt der Kontraktkurve mit der horizontalen Achse ist

---

[24]vgl. Kap. 5.4

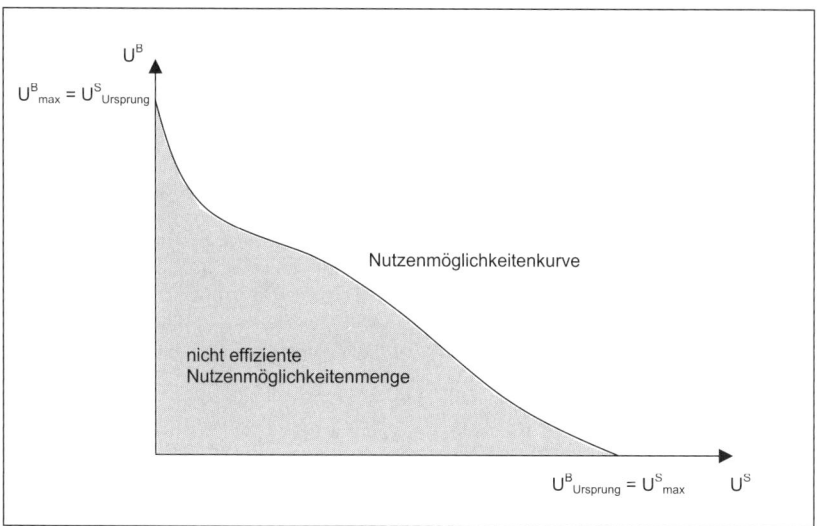

Abbildung 7.24: Die Nutzenmöglichkeitenkurve

der Ursprung des Bruders in der Edgeworth-Box erreicht. Die dargestellte Kurve wird als **Nutzenmöglichkeitenkurve** oder **Utility-Possibility-Frontier** bezeichnet. Entlang der Kurve sind alle Allokationen effizient im Sinne des Pareto-Kriteriums. Hier wird noch einmal die Beschränkung des Pareto-Kriteriums deutlich. Obwohl alle Punkte auf der Nutzenmöglich-keitenkurve effizient sind, wird nicht unbedingt Gleichheit zwischen den Tauschpartnern erreicht. Am deutlichsten zeigen dies die beiden Schnitt-punkte mit den Achsen. In jedem Schnittpunkt besitzt einer der beiden Tauschpartner alles und der andere nichts. Dies ist zwar effizient, aber in der Regel wird es als ungerecht bezeichnet. Es ergibt sich ein Ansatz zur Umverteilung. Eine Begründung zur Entwicklung von Transfersyste-men. Die gepunktete Fläche in der Abbildung repräsentiert die sogenannte **Nutzenmöglichkeitenmenge**. Diese Allokationen sind allerdings im Sin-ne des Pareto-Kriteriums nicht effizient. Sie umfassen zum Beispiel die in den vorherigen Abbildungen zur Edgeworth-Box verwendeten Schnittpunk-te der beiden Indifferenzkurven sowie auch die Anfangsausstattung.

7.3   Appendix

Es lässt sich mathematisch zeigen, dass im Pareto-Optimum die Grenzrate der Substitution aller Tauschpartner gleich sind. An dieser Stelle wird dies für zwei Tauschpartner gezeigt. Die Gleichheitsbeziehung gilt allerdings auch für mehr als zwei Tauschpartner. Es wird noch einmal der Lagrange-Ansatz verwendet. Jeder Punkt auf der Kontraktkurve kann als ein Nutzenmaximum der Schwester unter drei Nebenbedingungen dargestellt werden. Erstens können nicht mehr Erdbeeren verteilt werden als vorhanden sind. Zweitens gibt es auch nur eine vorgegebene Menge Milch. Drittens der Nutzen des Bruders muss konstant bleiben. Die ersten beiden Nebenbedingungen leuchten sicher unmittelbar ein. Sie ergeben sich aus der Annahme für die Edgeworth-Box, dass nur eine vorhandene Menge an Gütern umverteilt werden kann. Die dritte Nebenbedingung ergibt sich aus den Anforderungen des Pareto-Kriteriums. Mit der Annahme eines konstanten Nutzenniveaus des Bruders wird sichergestellt, dass dieser nicht schlechter gestellt wird. Maximiert die Schwester ihren eigenen Nutzen unter dieser Bedingung, ergibt sich automatisch ein Pareto-Optimum. Auf der Kontraktkurve befinden sich unendlich viele verschiedene Nutzenniveaus des Bruders. Zu jedem kann die Schwester ihr eigenes Nutzenmaximum bestimmen und so eine pareto-effiziente Allokation erreichen. Die vier Gleichungen zur Bestimmung der Herleitung der Kontraktkurve lauten wie folgt:

Nutzenfunktion der Schwester: $\max \quad u_S(M_S, E_S)$

Nebenbedingungen: I. $\bar{u}_B = u_B(M_B, E_B)$

II. $M = M_S + M_B$

III. $E = E_S + E_B$.

Die Schwester maximiert ihren Nutzen unter den Nebenbedingungen eines konstanten Nutzenniveaus des Bruders von $\bar{u}_B$, einer Gesamtmenge Milch M und einer Gesamtmenge Erdbeeren E. Die Gesamtmengen der Güter setzen sich aus den Anteilen der Schwester m_S und E_S sowie den Anteilen des Bruders m_B und E_B zusammen. Folgende Lagrangefunktion kann aufgestellt werden:

$$L(M_S, E_S, M_B, E_B) = u_S(M_S, E_S) + \lambda_1(u_B(M_B, E_B) - \bar{u}_B) + \lambda_2(M_S + M_B - M) + \lambda_3(E_S + E_B - E).$$

Dabei sind λ_i mit $i = 1, 2, 3$ die Lagrangemultiplikatoren. Die partiellen Ableitungen nach allen vier Variablen lauten:

$$\frac{\partial L}{\partial M_S} = \frac{\partial u_S(M_S, E_S)}{\partial M_S} + \lambda_2 = 0 \quad \Rightarrow \quad -\lambda_2 = \frac{\partial u_S(M_S, E_S)}{\partial M_S} \tag{7.13}$$

$$\frac{\partial L}{\partial E_S} = \frac{\partial u_S(M_S, E_S)}{\partial E_S} + \lambda_3 = 0 \quad \Rightarrow \quad -\lambda_3 = \frac{\partial u_S(M_S, E_S)}{\partial E_S} \tag{7.14}$$

$$\frac{\partial L}{\partial M_B} = \frac{\lambda_1 \partial u_B(M_B, E_B)}{\partial M_B} + \lambda_2 = 0 \quad \Rightarrow \quad -\lambda_2 = \frac{\lambda_1 \partial u_B(M_B, E_B)}{\partial M_B} \tag{7.15}$$

$$\frac{\partial L}{\partial E_B} = \frac{\lambda_1 \partial u_B(M_B, E_B)}{\partial E_B} + \lambda_3 = 0 \quad \Rightarrow \quad -\lambda_3 = \frac{\lambda_1 \partial u_B(M_B, E_B)}{\partial E_B}. \tag{7.16}$$

Gleichsetzen von 7.13 mit 7.15 und 7.14 mit 7.16:

$$\frac{\partial u_S(M_S, E_S)}{\partial M_S} = \frac{\lambda_1 \partial u_B(M_B, E_B)}{\partial M_B}$$

$$\Leftrightarrow \frac{\frac{\partial u_S(M_S,E_S)}{\partial M_S}}{\frac{\lambda_1 \partial u_B(M_B,E_B)}{\partial M_B}} = 1 \qquad\qquad (7.17)$$

$$\frac{\partial u_S(M_S, E_S)}{\partial E_S} = \frac{\lambda_1 \partial u_B(M_B, E_B)}{\partial E_B}$$

$$\Leftrightarrow \frac{\frac{\partial u_S(M_S,E_S)}{\partial E_S}}{\frac{\lambda_1 \partial u_B(M_B,E_B)}{\partial E_B}} = 1 \qquad\qquad (7.18)$$

Gleichsetzen von 7.17 mit 7.18:

$$\frac{\frac{\partial u_S(M_S,E_S)}{\partial M_S}}{\frac{\lambda_1 \partial u_B(M_B,E_B)}{\partial M_B}} = \frac{\frac{\partial u_S(M_S,E_S)}{\partial E_S}}{\frac{\lambda_1 \partial u_B(M_B,E_B)}{\partial E_B}}$$

$$\Leftrightarrow \frac{\frac{\partial u_S(M_S,E_S)}{\partial M_S}}{\frac{\partial u_S(M_S,E_S)}{\partial E_S}} = \frac{\frac{\lambda_1 \partial u_B(M_B,E_B)}{\partial M_B}}{\frac{\lambda_1 \partial u_B(M_B,E_B)}{\partial E_B}}.$$

Dieser Ausdruck sieht recht kompliziert aus, ist aber bereits bekannt und lässt sich stark vereinfachen. Der Lagrangemultiplikator λ_1 auf der rechten Seite kürzt sich raus. Zähler und Nenner beider Brüche enthalten jeweils die Ableitung des Nutzens nach einer der vier Variablen. Die Ableitung des Nutzens ist jedoch nichts anderes als der Grenznutzen. Die linke Seite stellt das Verhältnis der Grenznutzen beider Produkte der Schwester dar. Die rechte Seite beschreibt das Verhältnis der Grenznutzen des Bruders. Es folgt:

$$\frac{MU_{M_S}}{MU_{E_S}} = \frac{MU_{M_B}}{MU_{E_B}}$$

$$\Leftrightarrow MRS_S = MRS_B \qquad\qquad q.e.d.$$

Die Kontraktkurve ist tatsächlich eine Ansammlung von Punkten auf unendlich vielen Nutzenniveaus, bei der die Grenzraten der Substitution beider Tauschpartner gleich sind.

8

Die Wohlfahrt der Konsumenten

Lernziele:

- Zur Wohlfahrtsmessung bzw. Wohlfahrtsanalyse stehen drei miteinander verbundene Konzepte zur Verfügung: die Konsumentenrente, die kompensatorische Variation und die äquivalente Kompensation.

- Die Konsumentenrente ist die positive Differenz zwischen den Reservationspreisen der Konsumenten und dem Marktpreis.

- Die kompensatorische Variation ist die Einkommensveränderung, die stattfinden muss, damit ein Haushalt nach einer Preisänderung seinen Nutzen aufrechterhalten kann.

- Die äquivalente Variation ist die Einkommensveränderung, die stattfinden muss, damit der Haushalt den gleichen Nutzen erreichen kann, den er erreicht hätte, wenn sich die Preise verändert hätten.

Es ist nun bekannt, wie Konsumenten ihren Nutzen maximieren und wie sie in jeder Situation alleine oder im Austausch mit anderen Konsumenten ihre optimale Konsumentscheidung treffen. In diesem Kapitel wird untersucht, wie hoch ihre Wohlfahrt ist. Die bisherige Analyse des Nachfrageverhaltens einer Konsumentin durch die Beobachtung ihrer Präferenzen und die Ableitung ihrer Indifferenzkurven hatte das Ziel, den Nutzen zu maximieren. Bei empirischen Untersuchungen sowie bei wirtschaftspolitischen Entscheidungen steht diese Möglichkeit allerdings gar nicht zur Verfügung. Es sei darauf hingewiesen, dass die Nachfragefunktion jeder Konsumentin nur eine Schätzung ist. Dass eine Konsumentin genaue Kenntnisse über ihre Nachfragefunktion für ein bestimmtes Gut hat, ist nur eine theoretische Annahme. Man beobachtet das am besten an sich selbst. Der Konsum ist geleitet von Gewohnheiten und Wünschen und nicht von aktuellen Preisen. Dies ist zumindest im Alltag so. Die meisten Konsumenten kaufen die Güter des alltäglichen Gebrauchs immer im gleichen Supermarkt, auch wenn es gerade ein Angebot für ein bestimmtes Gut in einem anderen

Supermarkt gibt. Es fehlt schlicht die Kenntnis über alle Angebote. Dieser Tatbestand wird in der Ökonomie mit unvollkommenen Informationen bezeichnet. Eine Familie bekommt Besuch, als Nachspeise sind Erdbeeren mit Sahne geplant. In der Regel wird dann die entsprechende Menge Erdbeeren gekauft und nicht auf den aktuellen Tagespreis geguckt. Unter Umständen sucht man sich den günstigsten Stand auf dem Markt und kauft nicht am Erstbesten. Doch wird man die Nachfrage nur in den seltensten Fällen tatsächlich vom Preis abhängig machen. Der Käufer bittet für gewöhnlich um zwei Kilo Erdbeeren zum Beispiel. Der andere Fall, dass der Käufer um zwei Kilo Erdbeeren zum Preis a oder um 2,5 Kilo Erdbeeren zum Preis b bittet, ist eher unwahrscheinlich. Die tatsächliche Nutzenmaximierung findet nicht auf dem Papier mit Hilfe von Diagrammen statt, sondern wird überschlagen und abgeschätzt. Je größer die Entscheidungen allerdings werden, desto genauer werden die Gedanken darüber sein. Unter Umständen findet dann auch eine Kalkulation statt. Beim Bau eines Hauses wird sehr genau überlegt, ob man lieber außerhalb der Großstadtgrenze leben möchte. Die Grundstücke sind billiger und das Haus kann großzügiger gebaut werden. Dafür ist der Weg zur Arbeit weiter und eventuell umständlicher. Oder baut man lieber in der Stadt, gibt sich mit einem kleineren Grundstück und einem kleineren Haus zufrieden, genießt aber den Vorteil kurzer Wege? Die ökonomische Theorie wird offensichtlich auch bei Kenntnis der Theorie nicht tagtäglich und bei jeder Entscheidung eingesetzt. Umgekehrt kann man sicher behaupten, dass die stärkere Anwendung der theoretischen Werkzeuge rational wäre und den Nutzen unter Umständen steigern kann. Diese Gedanken sollen hier nicht weiter ausgeführt werden. Tatsache ist, eine Konsumentin kennt ihre tatsächliche Nachfragefunktion nicht. Daraus folgt, dass auch eine Marktnachfragefunktion nicht definitiv bekannt ist. Sie kann nur geschätzt werden. In diesem Kapitel soll daher einfach angenommen werden, dass die Konsumenten im Durchschnitt den vorher beschriebenen Modellen folgen und ihren Nutzen wie gezeigt maximieren.

Für wirtschaftspolitische Entscheidungen, zum Beispiel ob eine Steuer eingeführt werden soll oder eine bestehende erhöht oder gesenkt werden soll, ist es darüber hinaus unmöglich, den Nutzen aller einzelnen Haushalte mit in Betracht zu ziehen. Es geht sicher schon an die Grenzen einer leistungsfähigen Bürokratie, den Nutzen unterschiedlicher Bevölkerungsgruppen bei wirtschaftspolitischen Konzepten zu beachten. Vielmehr wird man den Nutzen der gesamten Gesellschaft maximieren wollen. Dabei nimmt man in Kauf, dass einige Mitglieder vielleicht schlechter gestellt werden als vorher. Die Frage der gesamtgesellschaftlichen Nutzenmaximierung wird in einem späteren Kapitel untersucht.[1]

Im Mittelpunkt steht in diesem Kapitel daher nicht das Erreichen des Nutzenmaximums der einzelnen Personen, dieses wird als vorhanden angenommen, sondern die Frage wie dieses Nutzenmaximum bewertet werden kann. Diese Vorgehensweise nennt man die **Wohlfahrtsmessung** oder **Wohlfahrtsanalyse**. Es stehen drei miteinander verbundene Konzepte hierfür zur Verfügung: die **Konsumentenrente**, die **kompensatorische Variation** und die **äquivalente Kompensation**. Diese drei Konzepte werden im Folgenden erläutert. Zunächst wird die Konsumentenrente betrachtet.

8.1 Die Konsumentenrente

Das Konzept der Konsumentenrente geht auf Alfred Marshall zurück, der es in seinen *Principles*[2] einführte. Marshall hat die Konsumentenrente für eine einzelne Konsumentin definiert. In diesem Fall wird in der Regel von der **Rente der Konsumentin** gesprochen. Die Konsumentenrente wird als ein aggregiertes Maß für mehrere KonsumentInnen genutzt. Der Unterschied liegt hierbei lediglich in der Tatsache, welche Nachfragefunktion zur Analyse herangezogen wird. Es handelt sich um eine Analyse der Rente einer Konsumentin, wenn die individuelle Nachfragefunktion einer bestimmten Konsumentin benutzt wird. Wird die Marktnachfragefunktion herangezogen, bestimmt man die Konsumentenrente. Im Folgenden wird die Marktnachfrage bemüht, um die Konsumentenrente zu bestimmen.

Zur Bestimmung der Konsumentenrente wird der Unterschied zwischen dem **Brutto-** und dem **Nettonutzen** eines Gutes wichtig. Der Bruttonutzen eines Gutes wird durch die marginale Zahlungsbereitschaft einer Konsumentin repräsentiert. Ist eine Konsumentin bereit, für ein Gut den Preis p zu bezahlen, wird die Konsumentin den Nutzen des Gutes mit p bewerten. Man stelle sich eine Auktion vor. Es gibt zwei Teilnehmer, die um ein Gut bieten. Die Konsumentin wird bereit sein, den Preis zu bezahlen, der ihrer Ansicht nach den Nutzen des Gutes widerspiegelt. Ist der Nutzen des Gutes für sie höher als der aktuell gebotene Preis, wird sie einen höheren Preis bieten. Übersteigt der Preis hingegen bereits den

---

[1]vgl. Kap. 15
[2]vgl. Alfred Marshall 1890

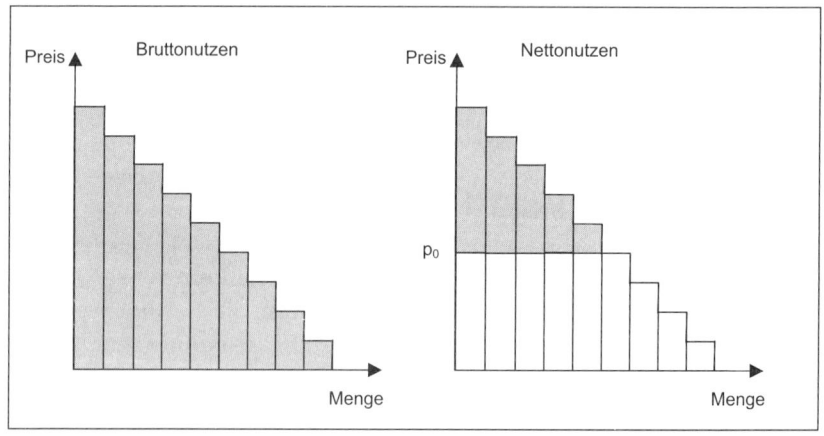

Abbildung 8.1: Brutto- und Nettonutzen unterhalb einer diskreten Marktnachfrage

Wert, den die Konsumentin dem Gut zuordnet, wird sie nicht weiter bieten und aus der Auktion aussteigen. Was für eine einzelne Konsumentin gilt, muss im Durchschnitt auch für alle Marktteilnehmer gelten. Die marginale Zahlungsbereitschaft am Markt wird durch die Marktnachfragefunktion repräsentiert. Wenn der Bruttonutzen gleich der marginalen Zahlungsbereitschaft ist und diese durch die Marktnachfrage dargestellt wird, dann muss der Bruttonutzen die Fläche unter der Marktnachfragekurve sein. Dies ist grafisch dargestellt in Abbildung 8.1 auf der linken Seite.

Zieht man vom Bruttonutzen die Kosten der Beschaffung ab, erhält man den Nettonutzen. Die Marktnachfrage ist dadurch gekennzeichnet, dass es unterschiedliche marginale Zahlungsbereitschaften bei den unterschiedlichen Marktteilnehmern gibt. Der Marktpreis wird irgendwo unterhalb der höchsten Zahlungsbereitschaft liegen. In Abbildung 8.1 auf der rechten Seite wird ein Marktpreis von p_0 angenommen. Mit dieser Annahme kann man den Nettonutzen grafisch bestimmen.

Der Nettonutzen ergibt sich aus dem Bruttonutzen abzüglich der Beschaffungskosten. Dies ist die Summe der weißen Säulen auf der rechten Seite in Abbildung 8.1. Die grauen Säulen in Abbildung 8.1 zählen bei einem Preis p_0 weder zum Bruttonutzen noch zum Nettonutzen. Die Nachfrage tritt gar nicht erst am Markt auf. Der Nettonutzen wird durch die grauen Säulen auf der rechten Seite von Abbildung 8.1 repräsentiert.

Um das Konzept zunächst zu erläutern, ist die Darstellung anhand einer

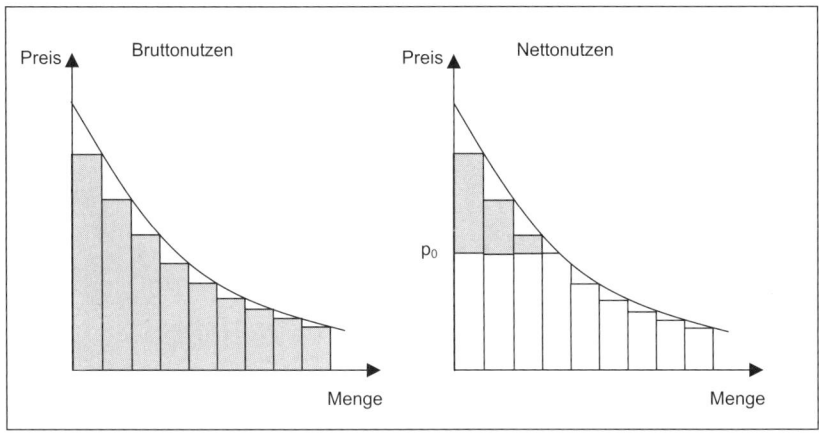

Abbildung 8.2: Brutto- und Nettonutzen unterhalb einer stetigen Marktnachfrage

diskreten Nachfragefunktion in Form einer Treppenfunktion gut geeignet. Nimmt man ein unendlich teilbares Gut an, was bisher immer unterstellt wurde, entwickelt sich die Nachfragefunktion zu einer glatten Kurve, einer stetigen Funktion (Abbildung 8.2).

Der Nutzen wird nach wie vor von den grauen Säulen dargestellt. Der Bruttonutzen auf der linken Seite, der Nettonutzen auf der rechten Seite. Wenn man eine stetige Nachfragefunktion zugrunde legt, kann der Nutzen, sowohl Brutto als auch Netto, nicht mehr exakt durch die Säulen dargestellt werden. Zwischen dem oberen Rand einer Säule und der Nachfragekurve ergibt sich immer ein kleiner Zwischenraum, der zum Nutzen gehört. Je größer die Anzahl der aggregierten Marktteilnehmer ist, desto schmaler werden die weißen Zwischenräume oberhalb der Nutzensäulen. Bei unendlich vielen Marktteilnehmern ergibt sich schließlich eine stetige Nachfragekurve. Der Nettonutzen ergibt sich weiterhin aus dem Bruttonutzen abzüglich der Beschaffungskosten. Die folgende Abbildung soll das Gesagte noch einmal zusammenfassend präsentieren. Der Nettonutzen, die Fläche zwischen Nachfragekurve und Preis, ist gleich der Konsumentenrente. Die Konsumentenrente wurde von Marshall definiert als

"der Überschuss des Preises, den er [der Konsument] bereit wäre zu bezahlen bevor er ohne das Ding gehen müsste, über dem Preis, den er tatsächlich bezahlen muss."[3]

---

[3]Marshall 1890, Buch III. Kap. VI.

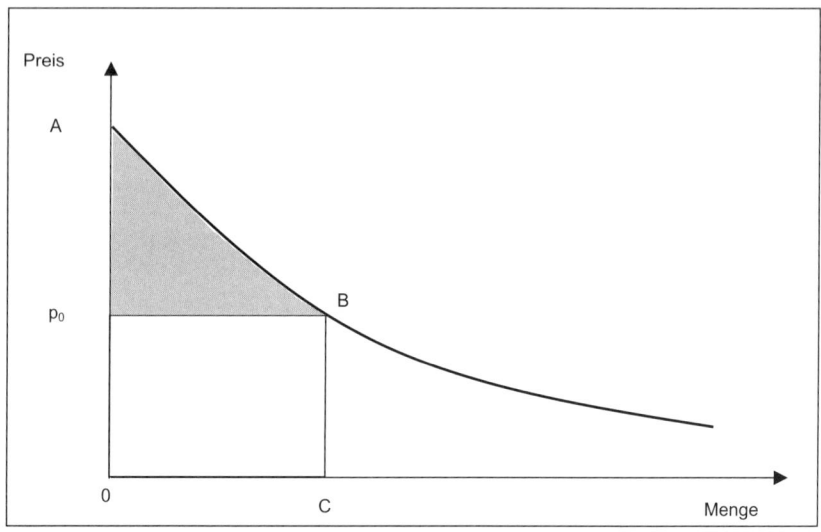

Abbildung 8.3: Die Konsumentenrente

In etwas anderen Worten ist *die Konsumentenrente die positive Differenz zwischen den Reservationspreisen der Konsumenten und dem Marktpreis.* Der Bruttonutzen wird in Abbildung 8.3 durch die Fläche $0CBA$ repräsentiert. Die Beschaffungskosten betragen $0CBp_0$. Die Differenz aus diesen Flächen, der Nettonutzen bzw. die Konsumentenrente, ist die Fläche p_0BA.

Die grafische Bestimmung der Konsumentenrente ist zwar einfach und häufig ein gutes Mittel, um verschiedene Marktsituationen miteinander zu vergleichen, doch lässt sie sich auf diese Weise nicht genau bestimmen. Die mathematische Bestimmung ist allerdings auch recht einfach. Hierbei sei zunächst der Spezialfall einer linearen Nachfragekurve betrachtet:

$$KR = \frac{1}{2} * (p_h - p_0) * x_0.$$

Wobei p_h der Reservationspreis der Marktnachfrage ist. Dies ist gleichzeitig der Punkt, an dem die Nachfragekurve die vertikale Achse eines Koordinatenkreuzes schneidet, der Achsenabschnitt. Der Preis p_0 ist der Marktpreis, x_0 die abgesetzte Menge zu diesem Preis.

Die lineare Nachfragekurve ist ein Spezialfall. Für eine beliebige Nachfragekurve kann die Konsumentenrente wie folgt berechnet werden:

$$KR = \int_0^{x_0} (d(x) - p_0)dx.$$

Dabei ist $d(x)$ die Nachfragefunktion. Die Lösung des Integrals lautet:

$$\begin{aligned}
KR &= \int_0^{x_0} (d(x) - p_0)dx \\
&= [D(x) - p_0 x]_0^{x_0} \\
&= D(x_0) - p_0 x_0 - (D(0) - p_0 * 0).
\end{aligned}$$

Wobei $D(x)$ die Stammfunktion der Nachfragefunktion ist. Da der Wert des Integrals durch die Integrationsgrenzen eindeutig bestimmt ist, es handelt sich um ein bestimmtes Integral, hat die Stammfunktion keinen konstanten Term. Daher muss $D(0) = 0$ gelten:[4]

$$KR = D(x_0) - p_0 x_0.$$

8.2   Die kompensatorische Variation

In einem früheren Kapitel wurde der Effekt einer Preisänderung in zwei Einzeleffekte zerlegt, den Substitutionseffekt und den Einkommenseffekt.[5] Die bisher verwendete Nachfragekurve wurde aus der unterschiedlichen Nachfrage bei unterschiedlichen Nutzenniveaus hergeleitet. Durch die Veränderung der Preise wurde ein immer neues Nutzenniveau erreicht. Es ergab sich der Preis-Expansionspfad aus dem die Nachfragekurve mit negativer Steigung hergeleitet wurde.[6] Diese Nachfragekurve wird auch die **Marshall-** bzw. **nicht-kompensierte Nachfragekurve** genannt. Diese Kurve wird weiterhin einfach Nachfragekurve genannt. Generell wird die Marshall-Nachfragekurve in der ökonomischen Analyse genutzt, sofern eine andere Art der Nachfragekurve Verwendung findet, wird dies gekennzeichnet.

Die Entwicklung der Nachfrage nach einem Gut umfasst den Substitutionseffekt sowie den Einkommenseffekt. Der Substitutionseffekt wird unter

---

[4]Die Stammfunktion eines bestimmten Integrals hat z.B. die Form: $D(x) = ax^b + bx^c$ (dies ist nur ein Beispiel, es könnten noch beliebig viele Terme enthalten sein) d.h. jeder Term ist von x abhängig. Setzt man in eine solche Funktion den Wert Null ein, wird jeder Term der Funktion mit Null multipliziert. Das Ergebnis ist also Null.

[5]vgl. Kap. 6.2

[6]vgl. Kap. 6.1.1

Die Wohlfahrt der Konsumenten

der Annahme eines konstanten Nutzens bestimmt. Der Einkommenseffekt ergibt sich dagegen aus einer Nutzenänderung. Der Nutzen ist ein subjektives Maß, daher ist die Bestimmung der Effekte nicht einfach. Tatsächlich können sie nur abgeschätzt werden. In der Regel ist Schätzen fehlerhaft.[7] Die Konsumentenrente kann folglich als Wohlfahrtsmaß nicht exakt sein. Im Folgenden wird ein anderes Wohlfahrtsmaß vorgestellt.

Die Marshall-Nachfragekurve erfüllt die Annahme eines konstanten Grenznutzen des Einkommens.[8] **John R. Hicks**[9] hat dagegen die sogenannte **kompensierte Nachfragekurve** hergeleitet (auch **Hicks-Nachfragekurve**). Hicks geht bei dieser Nachfragekurve davon aus, dass jede Preisänderung durch eine Einkommensänderung kompensiert wird, d.h. er gleicht den Einkommenseffekt aus. Mit anderen Worten, der Einkommenseffekt bei einer kompensierten Nachfragekurve immer Null.

Zunächst soll die kompensierte Nachfragekurve hergeleitet werden. Hierbei wird die Marshall-Nachfragekurve zugrunde gelegt. Der Verlauf der kompensierten Nachfragekurve unterscheidet sich prinzipiell nicht von einer normalen Nachfragekurve, d.h. die Steigung ist negativ. Mit abnehmendem Preis wird die Nachfrage auch in diesem Konzept zunehmen. Wichtig zur Unterscheidung ist daher nur die Tatsache, ob die Steigung größer oder kleiner ist als bei der nicht-kompensierten Nachfrage. Das Konzept der kompensierten Nachfrage untersucht ausschließlich die Wirkung des Substitutionseffektes und klammert den Einkommenseffekt aus. Der Einkommenseffekt ist bei einem normalen Gut positiv. Die Nachfrage wird bei einem fallenden Preis erstens aufgrund des Substitutionseffektes zunehmen, das besagte Gut ist relativ günstiger. Zweitens wird die Nachfrage aufgrund des Einkommenseffektes zunehmen. Der Haushalt hat ein höheres reales Einkommen. Der zweite Effekt wird nun bei der kompensierten Nachfrage herausgerechnet. Dem Haushalt wird der Gegenwert der realen Einkommensverbesserung weggenommen. Theoretisch kann man sich dies

---

[7]Schätzungen mit Hilfe der Ökonometrie enthalten daher immer einen Störterm. Dieser Störterm bildet die Fehler der Schätzung zum tatsächlichen Wert ab. Dabei wird angenommen, dass der Ökonometriker zwar einen Fehler bei einer einzelnen Schätzung macht, jedoch im Durchschnitt richtig liegt. Das Modell besitzt keinen strukturellen Fehler, was zu einer konsequenten Über- oder Unterschätzung führen würde. Die Annahme, dass eine Schätzung im Durchschnitt richtig ist, wird durch die Modellannahme: Störterm $\sim NV(0,1)$, begründet. Der Störterm folgt der Normalverteilung oft mit einem Erwartungswert von 0.

[8]Marshall hat noch weitere Annahmen getroffen, die an dieser Stelle aber nicht von Bedeutung sind.

[9]Sir John Richard Hicks (1904-1989), erhielt 1972 zusammen mit Kenneth J. Arrow den Nobelpreis in Wirtschaftswissenschaften. Hicks war Professor an der London School of Economics, wo er seine wissenschaftliche Karriere in den späten 1920er Jahren begann. Weitere Stationen verbrachte er in Cambridge und an der Universität von Manchester bevor er 1946 bis zu seinem Ruhestand 1971 nach Oxford wechselte. Hauptwerk: Value and Capital (1939).

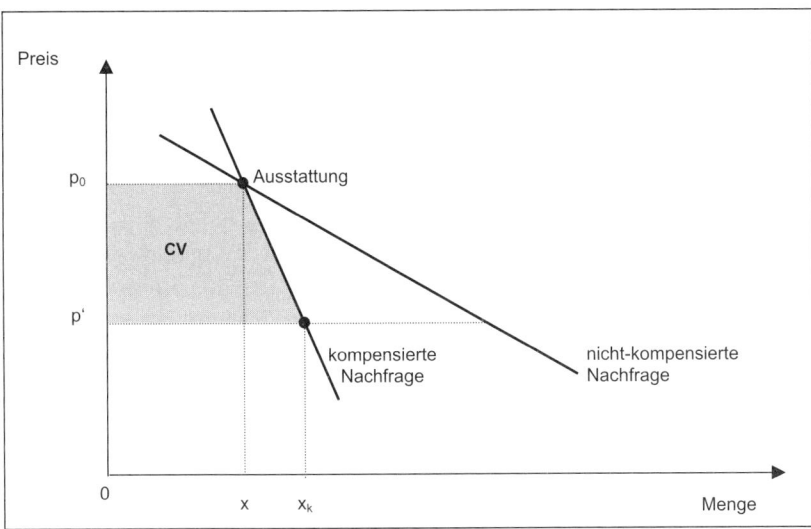

Abbildung 8.4: Kompensierte und nicht-kompensierte Nachfrage bei einem normalen Gut

leicht vorstellen, zum Beispiel durch eine Steuererhöhung. Durch die Einkommenskompensation fällt die Zunahme der nachgefragten Menge aufgrund einer Preissenkung kleiner aus. Eine Preissenkung um eine Geldeinheit Δp führt im Falle einer nicht-kompensierten Nachfrage zu einer
Mengenänderung von Δx. Die gleiche Preisänderung führt bei einer Einkommenskompensation zu einer Mengenänderung Δx_k, wobei für ein normales Gut gelten muss: $\Delta x > \Delta x_k$. Die kompensierte Nachfragekurve muss
im Falle eines normalen Gutes immer steiler sein als die nicht-kompensierte
Nachfragekurve. Abbildung 8.4 zeigt dies anhand einer einfachen linearen
Nachfragefunktion. Durch die Preissenkung von p_0 auf p' geht es einem bestimmten Haushalt sicher besser als vorher, sein reales Einkommen steigt.
Die Größe der Kompensation kann als ein Wohlstandsmaß des Konsumenten verwendet werden. Man stellt dabei die Frage, um wie viel besser steht
der Konsument nach einer Preissenkung dar? Zur Beantwortung der Frage
zäumt man das Pferd von hinten auf. Wie viel könnte man einem Konsumenten wegnehmen, damit dieser nach der Preissenkung genauso gut gestellt wäre wie vorher? Die Antwort ist aus Abbildung 8.4 ersichtlich. Man
könnte dem Konsumenten die Fläche CV wegnehmen. Diese Fläche nennt
man die **kompensatorische Variation** (engl.: compensating variation).

Dieses Konzept kann bei der Entscheidung über die Veränderung der Sozialhilfe von Nutzen sein. Die Sozialhilfe wird gezahlt, um Armut zu verhindern. Die Definition von Armut kann ganz unterschiedlich von Gesellschaft zu Gesellschaft ausfallen (siehe Kasten "Was ist Armut?"). In Deutschland wird ein relatives Maß angelegt. Jeder Haushalt, der weniger als ein bestimmtes Einkommen zur Verfügung hat, wird als arm bezeichnet. Daher erhalten diese Haushalte Sozialhilfe, um sie vor der Armut zu bewahren. Das Maß ist deshalb relativ, weil die Grenze zur Zahlung von Sozialhilfe mit der allgemeinen Einkommensentwicklung nach oben angepasst wird.[10] Die Sozialhilfe soll im Verhältnis zum allgemeinen oder durchschnittlichen Einkommensniveau einen bestimmten Lebensstandard sichern. Wenn die Preise für bestimmte Güter fallen, zum Beispiel die Wohnungsmieten, würden Sozialhilfeempfänger eine reale Einkommenssteigerung erhalten. Eine zu hohe Sozialhilfe kann aber für Fehlanreize sorgen. Geringverdienende Haushalte könnten sich veranlasst sehen, ihre Arbeit aufzugeben, denn der Lebensstandard durch die Sozialhilfe wäre vergleichbar mit ihrer Situation bei geringem Verdienst. Solche Fehlanreize sollten möglichst vermieden werden. Daher ist bei einem relativ starken Preisverfall bestimmter Güter, vor allem, wenn diese Güter einen hohen Anteil an den Ausgaben der Sozialhilfeempfänger haben, eine Einkommenskompensation gesellschaftlich gerechtfertigt und unter Umständen erforderlich. So wird das reale Einkommensniveau aufrechterhalten.

---

[10]Theoretisch kann natürlich auch eine Anpassung nach unten stattfinden, wenn sich das durchschnittliche Einkommen negativ entwickelt, d.h. sich reduziert. Diese Situation hat es nur seit Gründung der Bundesrepublik im Hinblick auf das nominale Einkommen nicht gegeben.

Was ist Armut?

Fernsehbilder von hungernden Kindern und auch Erwachsenen, von Bürgerkriegsflüchtlingen und Bewohnern von Elendsvierteln in einer der riesigen Metropolen wie Mexiko Stadt, Sao Paulo oder Mumbay lassen eine einfache Antwort erwarten auf die Frage: Was ist Armut? Es ist offensichtlich, dass Menschen, die um das tägliche Überleben kämpfen und dieses an vielen Tagen nur mühsam erreichen, arm sind. Tatsächlich werden aber Unterschiede zwischen Armut und Armut gemacht. Generell kann man zwei Arten der Messung von Armut unterscheiden.

1. Absolute Armut

2. Relative Armut (Sozialer Ausschluss)

Im engsten Sinne kann absolute Armut als eine Situation bezeichnet werden, in der sich eine Person die nötigsten Güter zum Überleben nicht sichern kann. Auch bei dieser Definition gibt es durchaus Differenzen. Ist mit Überleben das kurzfristige Überleben gemeint? In diesem Fall würde eine bestimmte Menge Wasser ausreichen, um das Überleben zu sichern. Ein Mensch kann mehrere Tage ohne Essen auskommen. Langfristig ist ein Überleben ohne Nahrung allerdings nicht möglich. Vielleicht ist mit Überleben auch die gesunde Fortführung des Lebens bis hin zur durchschnittlichen Lebenserwartung im jeweiligen Land gemeint. Ein Mensch, der mit weniger als einem US-Dollar am Tag leben muss, ist arm nach der Definition der Weltbank.[a] Nach dieser Definition sind etwa 1.2 Milliarden Menschen arm, das ist etwa ein Fünftel der Weltbevölkerung.[b] Nach dieser Definition gäbe es allerdings keine Armut in Deutschland. Auch andere Industrienationen, die sogenannte entwickelte Welt, wären nicht im Entferntesten von Armut betroffen. Dennoch kennen diese Nationen den Begriff Armut und wenden ihn in der eigenen Gesellschaft an. In Deutschland betrug die Armutsgrenze 2005 EUR 781.[c] Eine Person mit einem monatlichen Einkommen unterhalb der Armutsgrenze wird als arm bezeichnet. Die Grenze bezieht sich auf ein statistisches Durchschnittsmaß aller Haushaltseinkommen und folgt einer EU-weit vergleichbaren Statistik. Nach dieser Definition lebten 2005 13% aller Personen in Deutschland in Armut. 1973 betrug der Anteil der in Armut lebenden Personen, nach der damaligen Definition, 3,6% und ist seit dem tendenziell gestiegen. Die schlichte Zahl mag Zweifel an der Definition von Armut aufkommen lassen. Viele Studenten leben durchaus mit einem geringeren monatlichen Einkommen, haben aber trotzdem in der Regel keinen Anspruch auf Sozialhilfe. Dies liegt wiederum daran, dass die Eltern mindestens bis zur Ausbildung der Kinder aufkommen müssen und daher das Einkommen der Eltern die Grenze zwischen Sozialhilfe und nicht Sozialhilfe beeinflusst. Lebt ein Student in einer Wohngemeinschaft, wird der Betrag ausreichen um mehr als nur das pure Überleben zu sichern. Auch kleine Annehmlichkeiten können durchaus bezahlt werden. Das entscheidende Kriterium ist hier der soziale Vergleich. Ein großer Teil der Studenten führt diese Art von Leben, weshalb kein sozialer Ausschluss stattfindet. Eine Person mit einer abgeschlossenen Berufsausbildung im Alter von 45-50 Jahren lebt bei gleichem Einkommen jedoch erheblich unterhalb des durchschnittlichen Lebensstandards. Im Verhältnis zu vergleichbaren Personen muss die Person an der Armutsgrenze erhebliche Einschnitte im sozialen Leben hinnehmen. Als Kriterium für relative Armut dient daher der soziale Vergleich. Kann eine Person das soziale Niveau vergleichbarer Personen nicht mindestens bis zu einem bestimmten Niveau erreichen, gilt diese Person als arm.

a Neben der 1-US-Dollar-am-Tag Armutsgrenze verfolgt die Weltbank auch regelmäßig umfassende soziale Indikatoren für Armut, z.B. Bildungs- und Gesundheitsstandards. Die strikte Definition der Weltbank ist Mittelpunkt einer kritischen Diskussion (vgl. z.B. Reddy, Pogge 2003, siehe auch www.socialanalysis.org).
b vgl. Christopher Flavin 2001, S. 4 und 7; Weltbank 2003.
c Bundesregierung 2008; die Angabe bezieht sich auf die 60% Grenze des Median des Nettoäquivalenzeinkommens (Datenbasis: EU-SILC 2006).

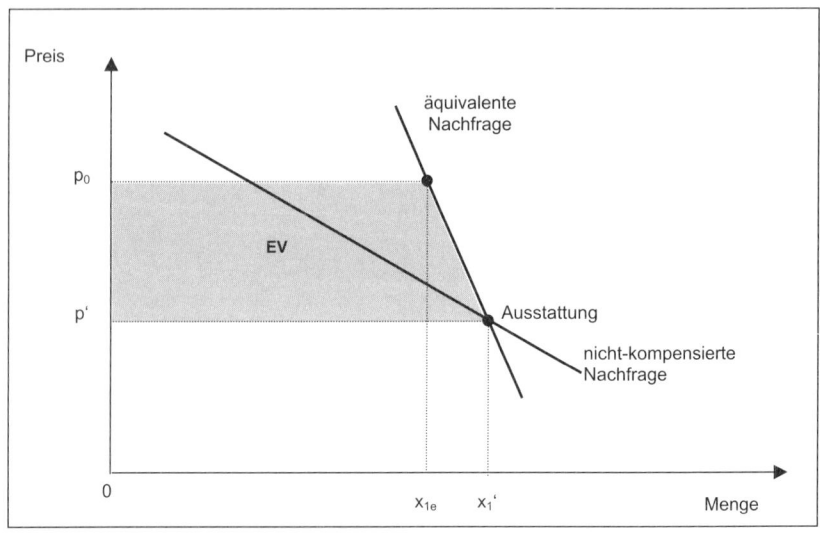

Abbildung 8.5: Äquivalente und nicht-äquivalente Nachfrage bei einem normalen Gut

8.3 Die äquivalente Kompensation

Die kompensatorische Variation ermöglicht es zu bestimmen, wie das ursprüngliche Nutzenniveau durch eine Einkommensänderung erhalten werden kann. Betrachtet man den umgekehrten Fall, d.h. wie könnte ein zukünftiges Nutzenniveau durch eine Einkommensänderung erreicht werden, spricht man von der **äquivalenten Kompensation** (auch: äquivalente Variation). Durch einen Preisanstieg wird ein Haushalt von seinem aktuellen Nutzenniveau auf ein niedrigeres Nutzenniveau fallen. Bei steigenden Preisen wird einerseits weniger von einem Gut konsumiert werden, da dieses Gut relativ teurer wird. Darüber hinaus wird noch eine weitere Reduzierung der Nachfrage stattfinden, weil das reale Einkommen sinkt. Der negative Einkommenseffekt bei einem normalen Gut, der sich aufgrund einer Preiserhöhung ergibt, wird bei der äquivalenten Variation herausgerechnet.

Ausgangspunkt sei die nachgefragte Menge x_1'. Erhöht sich der Preis des Gutes wird die Nachfrage des Haushaltes erstens aufgrund des Substitutionseffektes zurückgehen und zweitens aufgrund des Einkommenseffektes. Die Nachfrageänderung besteht bei der normalen Nachfragekurve aus zwei Effekten. Der negative Einkommenseffekt wird bei der äquivalenten Nachfrage durch zusätzliches Einkommen kompensiert. Die äquivalente Nachfragekurve muss daher immer steiler sein als die normale Nachfragekurve. Abbildung 8.5 zeigt dies anhand einer einfachen linearen Nachfragefunktion.

Das Konzept der äquivalenten Variation ist dem der kompensatorischen Variation sehr ähnlich. Es kommt daher auch zu ähnlichen Einsätzen. Angenommen der Staat erhöht die Mehrwertsteuer. Diese Steuererhöhung dient für sich allein genommen dazu, die Einnahmen des Staates zu erhöhen.[11] Dabei ist sich die Politik der einschneidenden Konsequenzen auf den Lebensstandard der Steuerzahler wohl bewusst. Mittlere und obere Einkommensklassen können eine Steuererhöhung objektiv gesehen tragen. Haushalte der unteren Einkommensklasse oder Haushalte ohne Einkommen bedürfen jedoch einer Kompensation, die äquivalent zur Steuererhöhung ist. Die Sozialhilfe und auch andere Instrumente der sozialen Sicherung werden in der Regel zeitnah mit einer Steuererhöhung variiert. Zur Bestimmung der Höhe der Variation kann das Konzept der äquivalenten Variation dienen. Im Folgenden sollen die beiden Konzepte zunächst zusammengeführt werden. Anschließend wird die Verbindung zum Konzept der Konsumentenrente hergestellt.

8.4 Zusammenführung der Wohlfahrtsmaße

Bei der grafischen Zusammenführung der kompensatorischen und äquivalenten Variation wird die Verbindung schon recht deutlich. Aus diesem Grunde sind beide kompensierten Nachfragekurven in den vorherigen Abschnitten mit der normalen Nachfragekurve verglichen worden. Beide Konzepte wurden allerdings von unterschiedlichen Blickwinkeln aus betrachtet. Die kompensatorische Variation wurde aus einer Preissenkung hergeleitet, die äquivalente Variation aus einer Preiserhöhung. Es ist nicht notwendig, diese unterschiedlichen Blickwinkel aufrechtzuerhalten. Zur Zusammenführung wird die äquivalente Variation einmal bei fallendem Preis hergeleitet. Das Entscheidende bei diesem Ansatz ist die Was-Wäre-Wenn-Betrachtung. Man nimmt an, der Preis eines Gutes sei auf einem geringeren Niveau. Damit würde ein Haushalt ein höheres Nutzenniveau erreichen.

---

[11]Die Mehrwertsteuer macht nur einen Teil der staatlichen Einnahmen aus. Ob die Einnahmen des Staates insgesamt steigen oder nicht, hängt vom gesamten Steuerkonzept ab. Eine Erhöhung der Mehrwertsteuer muss nicht zu höheren Staatseinnahmen führen, wenn andere Steuern gleichzeitig gesenkt werden. Der Nettoeffekt einer Steuererhöhung ist daher ungewiss. Brutto wird eine Steuererhöhung allerdings immer zu höheren Einnahmen bei gleicher Nachfrage führen.

Welche äquivalente Variation müsste dem Haushalt geboten werden, damit er beim aktuell höheren Preis das gleiche höhere Nutzenniveau erreicht? Die Antwort ist die äquivalente Variation. *Das Konzept der kompensatorischen Variation baut auf aktuelle Preise auf, während die äquivalente Variation ihren Ausgangspunkt in zukünftigen Preisen hat.* Den Unterschied zwischen der Definition beider Variationen kann man auch noch anders ausdrücken. *Die kompensatorische Variation ist die Einkommensveränderung, die stattfinden muss, damit ein Haushalt nach einer Preisänderung seinen Nutzen aufrechterhalten kann. Die äquivalente Variation ist die Einkommensveränderung, die stattfinden muss, damit der Haushalt den gleichen Nutzen erreichen kann, den er erreicht hätte, wenn sich die Preise verändert hätten.*

Es sollen nun zwei Vereinfachungen vorgenommen werden, die zum leichteren Verständnis der folgenden Grafik beitragen. Die Vereinfachungen wurden bereits von Hicks[12] vorgenommen, um seine beiden vorgestellten Konzepte anschaulich darstellen zu können. Erstens seien weiterhin lineare Nachfragekurven angenommen, die einen vereinfachten Spezialfall darstellen. Zweitens wird angenommen, dass der Substitutionseffekt und der Einkommenseffekt bei der kompensatorischen und äquivalenten Variation gleich sind.[13] Durch diese Annahme liegen die kompensatorische und die äquivalente Nachfrage parallel zueinander. Auch diese Vereinfachung stellt keine konzeptionelle Änderung dar, sondern einen Spezialfall. Der Fall tritt bei quasilinearem Nutzen auf.[14] Mit diesen zwei Annahmen lassen sich die kompensatorische und äquivalente Variation in einem Diagramm wie in Abbildung 8.6 darstellen. Zusätzlich ist die Veränderung der Rente einer Konsumentin abgebildet.

---

[12]vgl. John Hicks 1956, S. 81

[13]Diese zweite Annahme ist keine konzeptionelle Vereinfachung, sondern erleichtert lediglich die grafische Darstellung. Die beiden Variationskonzepte gehen von unterschiedlichen Nutzenniveaus aus. Die kompensatorische von einem niedrigeren und die äquivalente von einem höheren. Diese Tatsache macht es sehr wahrscheinlich, dass die Substitutions- und Einkommenseffekte unterschiedlich sind, da die Grenznutzen unterschiedlich sind. Man kann sich dies sehr gut durch ein Beispiel von Prozentzahlen veranschaulichen. Ein Betrag von 100 Euro erhöht sich bei einer 100%igen Steigerung auf 200 Euro (Differenz 100 Euro). Reduziert man diesen hohen Betrag allerdings um 100%, ergeben sich 0 Euro (Differenz 200 Euro). Die Zahl 100% hat in diesem Fall eine ganz unterschiedliche Bedeutung. Die vereinfachende Annahme, die hier getroffen wird, lässt sich mit geringeren Prozentzahlen veranschaulichen. Erhöht man 100 Euro um 1%, ergeben sich 101 Euro. Reduziert man diesen Betrag um 1%, ergeben sich 99,99 Euro. Die Zahl 1% bedeutet hier einerseits 1 Euro und andererseits 1,01 Euro. Diese Zahlen liegen so dicht beieinander, dass der Unterschied vernachlässigt werden kann.

[14]Eine lineare Nutzenfunktion ist zum Beispiel $u(x_1, x_2) = x_1 + x_2$. Wenn der Nutzen nur in einem Gut, zum Beispiel x_2, linear ist und in x_1 nicht linear, dann verlaufen die Indifferenzkurven parallel zueinander. Der Nutzen ist dann nur teilweise oder quasilinear. Beispiele sind: $u(x_1, x_2) = x_1^2 + x_2$ oder $u(x_1, x_2) = \ln x_1 + x_2$.

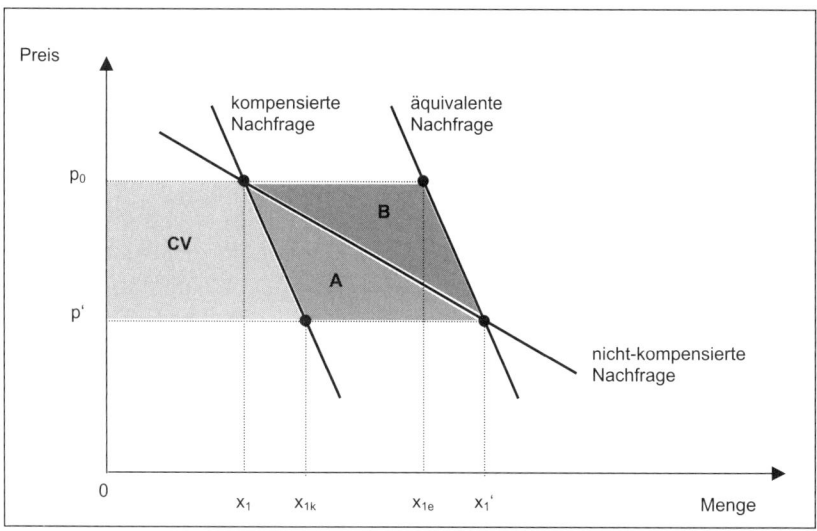

Abbildung 8.6: Kompensatorische und äquivalente Variation sowie die Veränderung der Rente einer Konsumentin (normales Gut)

Die hellgraue Fläche (CV) stellt die kompensatorische Variation dar. Zusammen mit Fläche A ergibt sich die Veränderung der Rente einer Konsumentin. Alle drei markierten Flächen repräsentieren die äquivalente Variation. Die kompensatorische Variation sei CV, kr_V sei die Veränderung der Rente einer Konsumentin und EV die äquivalente Variation. Es gilt:

$$kr_V = CV + A$$
$$EV = CV + A + B = kr_V + B.$$

Die bisherige Darstellung in einem Preis-Mengen-Diagramm ist geeignet, um die Verbindung der kompensatorischen und äquivalenten Variation zur Veränderung der Rente einer Konsumentin herzustellen. Die drei unterschiedlichen Wohlstandsmaße können auf diese Art in einem Diagramm dargestellt werden. Mit einem weiteren Schritt können die beiden Variationen in ein $x_2 - x_1$-Diagramm übertragen werden. Dieses Diagramm (Abbildung 8.7) dient dazu, die kompensatorische und äquivalente Variation mit Hilfe der Indifferenzkurvenanalyse bestimmen zu können. Hiermit wird eine direkte Verbindung zu dem Konzept des Nutzens gezogen. Die vorherige Argumentation, dass das Nutzenniveau eines Haushaltes mit unterschiedlichen Preisen variiert, wird hiermit noch einmal unterstrichen.

Der Einkommenseffekt einer Preisänderung bei Gut 1 wird ausgedrückt in einer Veränderung der nachgefragten Menge von Gut 2. In Abbildung 8.7 ist das Beispiel einer Preissenkung bei Gut 1 dargestellt. Die ursprüngliche Budgetgerade verläuft durch den Punkt a. Dies stellt auch gleichzeitig die Ausstattung des Haushaltes dar. Der Haushalt befindet sich auf der niedrigeren Indifferenzkurve. Durch die Preissenkung klappt die Budgetgerade auf und verläuft nun durch den Punkt b. Die Punkte a und b stellen den Anfangs- und den Endpunkt der Nachfrageveränderung auf einer normalen Nachfragekurve dar. Zu erkennen ist dies im oberen Teil der Grafik. Punkt a repräsentiert den Punkt (x_1, p_0), b den Punkt (x'_1, p'). Der Haushalt befindet sich im Punkt b auf einer höheren Indifferenzkurve und damit auf einem höheren Nutzenniveau. Gemäß der kompensatorischen Variation wird nun der positive Einkommenseffekt der Preissenkung herausgerechnet. Grafisch gesprochen wird die neue Budgetgerade soweit nach unten verschoben, bis sich ein Tangentialpunkt mit der ursprünglichen Indifferenzkurve ergibt. Dies ist im Punkt c der Fall. *Die kompensatorische Variation ist die Menge des Einkommens*[15], *die dem Haushalt nach einer Preissenkung weggenommen werden kann, ohne ihn gegenüber der Situation vor der Preissenkung schlechter zu stellen.* Der Haushalt befindet sich in Punkt c wieder auf der ursprünglichen Indifferenzkurve. Aufgrund der Preisänderung ist Gut 1 relativ billiger geworden, weshalb der Haushalt gegenüber der Ausstattung in Punkt a mehr konsumiert. Die kompensatorische Variation kann man an der vertikalen Achse ablesen. In der Grafik ist sie mit CV gekennzeichnet.

Der Ausgangspunkt zur Bestimmung der äquivalenten Variation ist wieder die Ausstattung im Punkt a. Eine hypothetische Preissenkung würde den Haushalt auf die höhere Indifferenzkurve im Punkt b befördern. Die gleiche Indifferenzkurve soll nun mit einer äquivalenten Einkommensveränderung bei konstanten Preisen erreicht werden. *Die äquivalente Variation ist die Menge des Einkommens, die einem Haushalt gegeben werden muss, um ihn genauso gut wie bei einer Preissenkung zu stellen.* Hierzu wird die ursprüngliche Budgetgerade durch den Punkt a nach oben verschoben, bis sich ein Tangentialpunkt mit der höheren Indifferenzkurve ergibt. Dieser Punkt ist d. Die äquivalente Variation ist auf der vertikalen Achse des Diagramms mit EV gekennzeichnet.

Noch zwei letzte Anmerkungen, bevor die formale Berechnung der beiden Variationen in den Mittelpunkt rückt. Bei einem normalen Gut gilt

---

[15]Es wird an dieser Stelle von einer *Menge* des Einkommens gesprochen, weil das Einkommen anhand der nachgefragten Menge des zweiten Gutes gemessen wird.

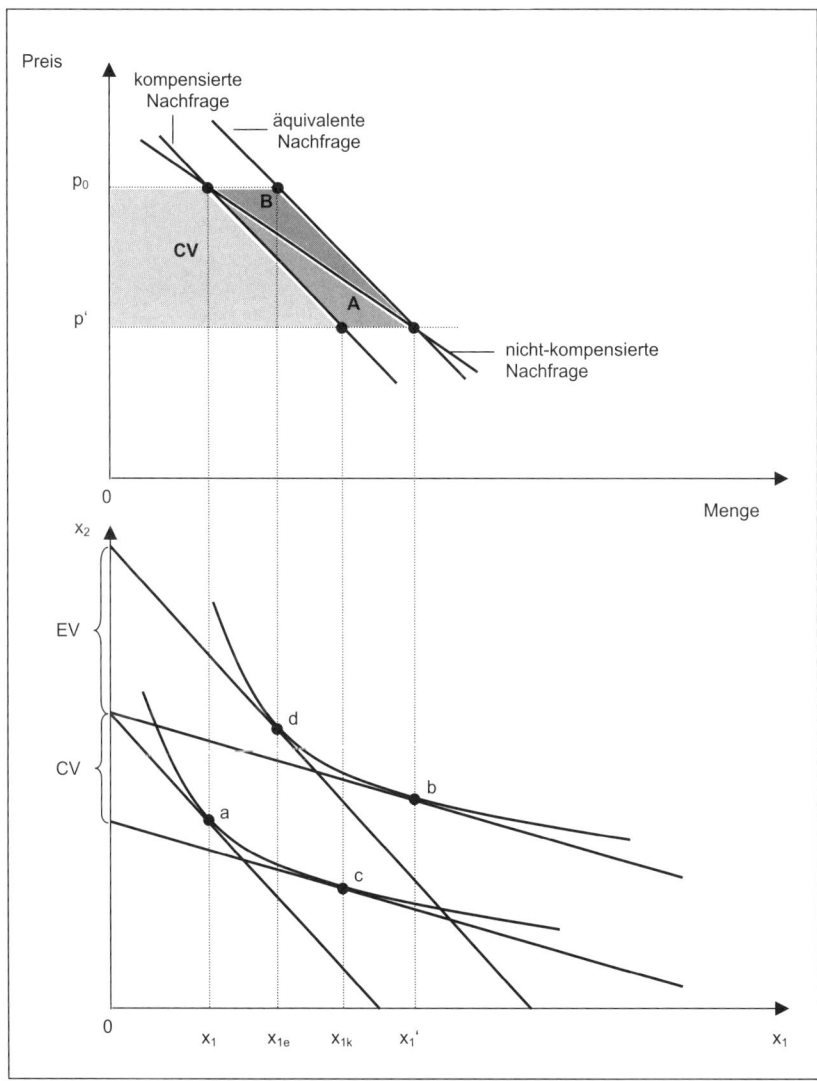

Abbildung 8.7: Kompensatorische und äquivalente Variation in einem $x_2 - x_1$-Diagramm

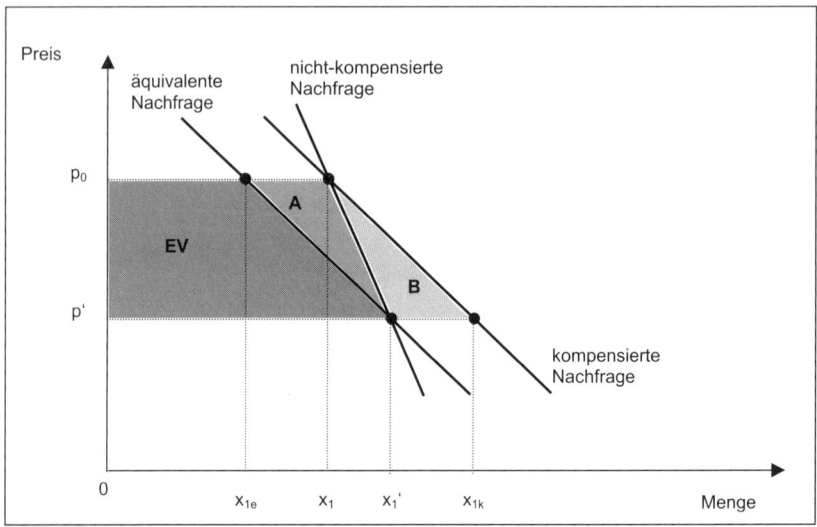

Abbildung 8.8: Kompensatorische und äquivalente Variation und Konsumentenrente (inferiores Gut)

folgende Ungleichung:

$$EV > kr_V > CV.$$

Ein normales Gut hat einen positiven Einkommenseffekt. Mit steigendem Einkommen wird mehr von dem Gut konsumiert, mit fallendem Einkommen weniger. Ein inferiores Gut hat hingegen einen negativen Einkommenseffekt. Mit steigendem Einkommen wird weniger, mit sinkendem Einkommen mehr von einem inferioren Gut konsumiert. Der Substitutionseffekt wird bei einem inferioren Gut durch den Einkommenseffekt nicht verstärkt, sondern abgeschwächt. Die kompensatorische und äquivalente Variation wechseln bei einem inferioren Gut ihre Plätze. Die vorherige Ungleichung kehrt sich um. Für ein inferiores Gut gilt, wie in Abbildung 8.8 zu sehen ist:

$$CV > kr_V > EV.$$

8.5 Ein Beispiel mit einer Cobb-Douglas Nutzenfunktion

In diesem Abschnitt soll die Berechnung der kompensatorischen und äquivalenten Variation erläutert werden. Es wird ein kleines Beispiel anhand einer Cobb-Douglas Nutzenfunktion vorgestellt. Ein Konsument habe die Nutzenfunktion $u(x_1, x_2) = x_1^{3/4} x_2^{1/4}$. Zur Vereinfachung werden Einheitspreise, d.h. beide Güter kosten 1 Euro, in der Ausgangssituation und ein Einkommen von 100 Euro angenommen. Die Nachfragefunktionen bei einer Cobb-Douglas Funktion lauten:

$$x_1 = \frac{3m}{4p_1}; \qquad x_2 = \frac{m}{4p_2}.$$

Es soll nun untersucht werden, welchen Effekt eine Preiserhöhung um 1 Euro auf 2 Euro beim ersten Gut auf die Nachfrage hat. Die ursprüngliche Nachfrage bei Einheitspreisen ist $(x_1, x_2) = (75; \ 25)$ und der Nutzen ist $u(75; 25) = 56,99$. Durch die Preiserhöhung wird sich die Nachfrage des Haushaltes auf $(x_1', x_2') = (37,5; \ 25)$ mit einem Nutzen von $u(37,5; 25) = 33,89$ ändern.

Zur Berechnung der kompensatorischen Variation ist nun dasjenige Einkommen gesucht, mit dem der Haushalt genauso gut gestellt ist wie vor der Preiserhöhung. Mit der neuen Preiskombination $(2, 1)$ soll es ermöglicht werden, das gleiche Nutzenniveau wie mit der Mengenkombination $(75, 25)$ zu halten. Die neuen Preise eingesetzt in die Nachfragefunktionen ergibt:

$$x_1' = \frac{3m}{8}; \qquad x_2' = \frac{m}{4}.$$

Der Nutzen des Haushaltes soll sich nicht ändern gegenüber der Ausgangssituation. Um nun das Einkommen zu finden, dass diese Anforderung erfüllt, setzt man die Nachfragefunktionen in die Nutzenfunktion ein und setzt diese mit dem ursprünglichen Nutzenniveau gleich:

$$u(x_1', x_2') = u(x_1, x_2)$$

$$\Leftrightarrow \left(\frac{3m}{8}\right)^{3/4} \left(\frac{m}{4}\right)^{1/4} = 75^{3/4} 25^{1/4}$$

$$\Leftrightarrow \left(\frac{3}{8}\right)^{3/4} \left(\frac{1}{4}\right)^{1/4} m = 75^{3/4} 25^{1/4}$$

$$\Leftrightarrow m \approx 168,18.$$

Die kompensatorische Variation $CV = 168,18 - 100 = 68,18$.

Die Berechnung der äquivalenten Variation ist nun nicht weiter schwierig. Man suche das Einkommen, dass dem Haushalt bei den ursprünglichen Preisen weggenommen werden kann, um ihn gleich schlecht wie nach der Preisänderung zu stellen:

$$u'(x_1, x_2) = u'(x_1', x_2')$$

$$\Leftrightarrow \left(\frac{3m}{4}\right)^{3/4} \left(\frac{m}{4}\right)^{1/4} = 37,5^{3/4}25^{1/4}$$

$$\Leftrightarrow \left(\frac{3}{4}\right)^{3/4} \left(\frac{1}{4}\right)^{1/4} m = 37,5^{3/4}25^{1/4}$$

$$\Leftrightarrow m \approx 59,46.$$

Die äquivalente Variation ist: $EV = 100 - 59,46 = 40,54$.

Nach diesem Beispiel soll eine **indirekte Nutzenfunktion** vorgestellt werden, mit der die kompensatorische und die äquivalente Variation und damit die Veränderung der Wohlfahrt eines Haushaltes berechnet werden kann. Das indirekte Nutzenkonzept dreht die bisherigen Beziehungen der Entscheidungstheorie um. Der Haushalt hat seine optimale Entscheidung bisher durch die Nutzenmaximierung unter Einhaltung einer Budgetbeschränkung bestimmt. Diese Entscheidung kann auch durch Kostenminimierung unter Einhaltung eines bestimmten Nutzens getroffen werden. Die bisherige direkte Nutzenfunktion und die hier vorzustellende indirekte Nutzenfunktion beschreiben nur unterschiedliche Wege zum gleichen Ziel. Beiden Nutzenfunktionen liegt die gleiche Präferenzordnung zugrunde. Diese Tatsache wurde von **Lionel McKenzie**[16] bewiesen und ist als das **Duality Theorem**[17] bekannt.

Eine indirekte Nutzenfunktion ist im Gegensatz zur direkten Nutzenfunktion nicht von x_1 und x_2 abhängig, sondern vom Preis der beiden Güter p_1, p_2 und vom Einkommen m. Zur Herleitung wird der Lagrangeansatz verwendet.[18] Es sei die Nutzenfunktion $u(x_1, x_2) = x_1^{3/4} x_2^{1/4}$ gegeben. Die Preise der beiden Güter x_1 bzw. x_2 betragen p_1 bzw. p_2. Das Einkommen sei m. Hieraus ergibt sich eine Budgetrestriktion von $x_1 p_1 + x_2 p_2 = m$. Die

---

[16]Lionel W. McKenzie (1919), Wilson Professor Emeritus an der Universität von Rochester, US Bundesstaat New York, dort lehrte er seit 1958.

[17]vgl. Lionel McKenzie 1957, S. 458f

[18]Siehe Kap. 5.5; die ausführliche Berechnung ist im Appendix zu diesem Kapitel veranschaulicht.

indirekte Nutzenfunktion $v(p_1, p_2, m)$ lautet:

$$v(p_1, p_2, m) = \left(\frac{3m}{4p_1}\right)^{3/4} \left(\frac{m}{4p_2}\right)^{1/4}.$$

Aus der hergeleiteten indirekten Nutzenfunktion lassen sich nun im Anschluss auch die kompensatorische und äquivalente Variation leicht ermitteln.[19] Wird die indirekte Nutzenfunktion nach m aufgelöst erhält man:

$$m = 4 \cdot \sqrt[4]{\frac{1}{27}p_1^3 p_2} \cdot v = D(p_1, p_2, v).$$

Die Nachfragefunktion D des Haushaltes ist nun abhängig von p_1, p_2 und v. Die kompensatorische Variation ist bekanntlich das Einkommen, dass einen Haushalt für veränderte Preise kompensiert. Die kompensatorische Variation ergibt sich als:

$$CV = D(p_1, p_2, v) - D(p_1', p_2', v).$$

Es ist sichergestellt, dass der Haushalt nach der Veränderung der Preise das Nutzenniveau v erhalten kann.

Die äquivalente Variation ist das Einkommen, dass man einem Haushalt bei steigenden Preisen wegnehmen kann, um ihn auf das gleiche Nutzenniveau zu bringen, auf das er bei einer Preisänderung gekommen wäre. Das heißt in der Form der indirekten Nutzenfunktion:

$$EV = D(p_1, p_2, v') - D(p_1', p_2', v').$$

Nach all den Formalitäten ist eine Überprüfung am vorherigen Zahlenbeispiel wohl angebracht. Die bekannten Angaben sind: $Preise_{Alt}(1, 1)$; $Preise_{Neu}(2, 1)$; $m = 100$; Nutzenniveau bei alten Preisen $v = 56,99$; Nutzenniveau bei neuen Preisen $v' = 33,89$. Mit diesen Angaben kann einfach in die beiden Gleichungen CV und EV eingesetzt werden.

$$
\begin{aligned}
CV &= D(p_1, p_2, v) - D(p_1', p_2', v) \\
&= 4 \cdot \sqrt[4]{\tfrac{1}{27} \cdot 1^3 \cdot 1} \cdot 56.99 - 4 \cdot \sqrt[4]{\tfrac{1}{27} \cdot 2^3 \cdot 1} \cdot 56.99 \\
&= -68,18 \\
EV &= D(p_1, p_2, v') - D(p_1', p_2', v') \\
&= 4 \cdot \sqrt[4]{\tfrac{1}{27} \cdot 1^3 \cdot 1} \cdot 33,89 - 4 \cdot \sqrt[4]{\tfrac{1}{27} \cdot 2^3 \cdot 1} \cdot 33,89 \\
&= -40,54.
\end{aligned}
$$

---

[19]Die Berechnung ist im Appendix zu diesem Kapitel dargestellt.

Die hier gefundenen Größen für CV und EV stimmen mit den vorher bestimmten überein.

Auf den ersten Blick mag der Weg über die indirekte Nutzenfunktion wesentlich komplizierter aussehen. Im Falle einer Cobb-Douglas Nutzenfunktion, die diesem Beispiel zugrunde gelegt wurde, ist das sicher auch so. Allerdings ist zu beachten, dass die Bestimmung der Nachfragefunktionen bei einer Cobb-Douglas Funktion sehr einfach ist. Dies ist nicht immer der Fall. Wenn sich die Nachfragefunktionen bei komplizierteren Nutzenfunktionen nicht so leicht bestimmen lassen, ist der Weg über die indirekte Nutzenfunktion eine gute Alternative. Das Duality Theorem beweist, dass beide Wege zum Ziel führen. Was noch wichtiger ist: beide führen zum gleichen Ziel. Die indirekte Nutzenfunktion zur Bestimmung der kompensatorischen und äquivalenten Variation mag zunächst kompliziert erscheinen. Die Mathematik, auf der sie basiert, ist allerdings relativ zugänglich. Es handelt sich um keine außergewöhnlichen Rechenoperationen. Letzten Endes erweist sich dieser Weg in bestimmten Situationen als geradliniger. An dieser Stelle sollte das Konzept ausführlich erläutert werden, um eine Alternative zu bieten. Welches Konzept Anwendung findet, sollte von Situation zu Situation bzw. von Aufgabe zu Aufgabe entschieden werden.

8.6   Appendix

Eine indirekte Nutzenfunktion ist im Gegensatz zur direkten Nutzenfunktion nicht von x_1 und x_2 abhängig, sondern vom Preis der beiden Güter p_1, p_2 und vom Einkommen m. Zur Herleitung wird der Lagrangeansatz verwendet.[20] Es sei die Nutzenfunktion $u(x_1, x_2) = x_1^{3/4} x_2^{1/4}$ gegeben. Die Preise der beiden Güter x_1 bzw. x_2 betragen p_1 bzw. p_2. Das Einkommen sei m. Hieraus ergibt sich eine Budgetrestriktion von $x_1 p_1 + x_2 p_2 = m$. Die Lagrangefunktion lautet:

$$L(x_1, x_2, \lambda) = x_1^{3/4} x_2^{1/4} - \lambda(x_1 p_1 + x_2 p_2 - m).$$

Als partielle Ableitungen ergeben sich:

$$\frac{\partial L}{\partial x_1} = \frac{3}{4} x_1^{-1/4} x_2^{1/4} - \lambda p_1 \tag{8.1}$$

$$\frac{\partial L}{\partial x_2} = \frac{1}{4} x_1^{3/4} x_2^{-3/4} - \lambda p_2 \tag{8.2}$$

$$\frac{\partial L}{\partial \lambda} = x_1 p_1 + x_2 p_2 - m \tag{8.3}$$

Gleichung 8.1 und 8.2 gleich Null setzen und jeweils nach λ auflösen:

$$\frac{\partial L}{\partial x_1} = \frac{3}{4} x_1^{-1/4} x_2^{1/4} - \lambda p_1 \overset{!}{=} 0 \quad \Leftrightarrow \quad \lambda = \frac{3}{4} \frac{x_1^{-1/4} x_2^{1/4}}{p_1} (1a) \tag{8.4}$$

$$\frac{\partial L}{\partial x_2} = \frac{1}{4} x_1^{3/4} x_2^{-3/4} - \lambda p_2 \overset{!}{=} 0 \quad \Leftrightarrow \quad \lambda = \frac{1}{4} \frac{x_1^{3/4} x_2^{-3/4}}{p_2} (2a) \tag{8.5}$$

Gleichsetzen von 8.4 und 8.5, auflösen nach x_1:

$$\frac{3}{4} \frac{x_1^{-1/4} x_2^{1/4}}{p_1} = \frac{1}{4} \frac{x_1^{3/4} x_2^{-3/4}}{p_2} \qquad | \cdot \frac{4}{3} | \cdot p_1 | : x_2^{1/4} : x_1^{3/4}$$

$$\Leftrightarrow \frac{1}{x_1} = \frac{1}{3} \frac{p_1}{x_2 p_2}$$

$$\Leftrightarrow x_1 = \frac{3 x_2 p_2}{p_1} \tag{8.6}$$

Gleichung 8.6 einsetzen in 8.3, auflösen nach x_2:

$$p_1 \frac{3 x_2 p_2}{p_1} + x_2 p_2 - m \overset{!}{=} 0$$

$$\Leftrightarrow x_2 = \frac{1}{4} \frac{m}{p_2}$$

Den Ausdruck für x_2 einsetzen in 8.6:

$$x_1 = \frac{3}{4} \frac{m}{p_1}.$$

Die beiden erhaltenen Ausdrücke für x_1 und x_2 sind bereits bekannt. Es handelt sich um die beiden Nachfragefunktionen, die sich aus der ursprünglichen Cobb-Douglas Nutzenfunktion ergeben haben. Im Zahlenbeispiel in Kapitel 8.5 waren lediglich die Preise p_1

---

[20]vgl. Kap. 5.5

und p_2 auf eins normiert. Damit vereinfachen sich die Nachfragefunktionen noch einmal ein wenig. Die gesuchte indirekte Nutzenfunktion ist abhängig von den Preisen p_1 und p_2 sowie vom Einkommen. Tatsächlich kann sie jetzt ganz einfach errechnet werden. Hierzu setzt man lediglich die beiden Nachfragefunktionen in die Nutzenfunktionen u ein. Es ergibt sich die indirekte Nutzenfunktion $v(p_1, p_2, m)$:

$$v(p_1, p_2, m) = \left(\frac{3m}{4p_1}\right)^{3/4} \left(\frac{m}{4p_2}\right)^{1/4}.$$

Aus der hergeleiteten indirekten Nutzenfunktion lassen sich nun im Anschluss auch die kompensatorische und äquivalente Variation leicht ermitteln. Auflösen der indirekten Nutzenfunktion nach m:

$$v = \left(\frac{3m}{4p_1}\right)^{3/4} \left(\frac{m}{4p_2}\right)^{1/4} \qquad\qquad | \wedge 4$$

$$\Leftrightarrow v^4 = \left(\frac{3m}{4p_1}\right)^{3} \frac{m}{4p_2}$$

$$\Leftrightarrow v^4 = \frac{27m}{4^3 p_1^3} \frac{m}{4p_2}$$

$$\Leftrightarrow m^4 = \frac{4^4}{27} p_1^3 p_2 v^4 \qquad\qquad\qquad | \sqrt[4]{\ }$$

$$\Leftrightarrow m = 4 \cdot \sqrt[4]{\frac{1}{27} p_1^3 p_2} \cdot v = D(p_1, p_2, v).$$

Die Nachfragefunktion D des Haushaltes ist nun abhängig von p_1, p_2 und v. Die kompensatorische und äquivalente Variation ergeben sich aus:

$$CV = D(p_1, p_2, v) - D(p_1', p_2', v)$$

$$EV = D(p_1, p_2, v') - D(p_1', p_2', v').$$

Teil III
Die Firma
(Unternehmenstheorie)

9

Die Investitionsentscheidung und ihre Grundlagen

Lernziele:

- Die wesentlichen Produktionsfaktoren sind die klassischen Boden und Arbeit sowie der abgeleitete Kapital.

- Die relativen Kosten der Produktionsfaktoren bestimmen die Intensität ihrer Nutzung.

- Fixkosten sind unabhängig, variable Kosten abhängig von der Beschäftigung.

- Stückkosten sind eine durchschnittliche Kostengröße, die Grenzkosten sind die Kosten der jeweils zusätzlichen Einheit.

- Das Gewinnmaximum ist erreicht, wenn gilt: Grenzerlöse gleich Grenzkosten und die Grenzkosten für die nächste Einheit steigen.

Die Grundlagen einer Volkswirtschaft sind Angebot und Nachfrage. Nachdem die Nachfrage ausführlich vorgestellt wurde, wird in diesem Kapitel die Angebotsseite beschrieben. Das Warenangebot, auch Dienstleistungen, ist nicht von vornherein in einer Gesellschaft vorhanden, es muss produziert werden. Mehrere Dinge sind hierfür notwendig. Erstens bedarf es eines **Unternehmers**, auch **Entrepreneur** genannt. Zweitens muss dieser Unternehmer eine **Idee** haben oder besser noch als eine Idee eine **Vision**. Drittens muss ein **Unternehmen**, die **Firma**[1], gegründet werden. Viertens muss ein **Ziel** definiert werden. Fünftens kommen Produktionsfaktoren wie Rohstoffe und Arbeitskraft zum Einsatz, um mit Hilfe von Technologien ein Produkt herzustellen. Im Folgenden werden zunächst die Grundlagen

---

[1]Die Unternehmung oder das Unternehmen wird in der Volkswirtschaft häufig *Firma* genannt. Zu beachten ist der Unterschied zu dem juristischen Begriff der Firma. In der Volkswirtschaftslehre versteht man die Firma als einen produzierenden Betrieb. Es handelt sich daher um eine Ansammlung von Produktionsfaktoren, die Produkte herstellen. Juristisch handelt es sich bei der Firma um die Bezeichnung eines kaufmännischen Betriebes. Der Name eines Unternehmens wie *Musterbetrieb GmbH* ist die Firma.

einer Firma vorgestellt. Was ist ein Unternehmer und welche Bedeutung hat er für das Wachstum der Volkswirtschaft. Wie wichtig sind Ideen, Visionen und Innovation? Welche Produktionsfaktoren kommen zum Einsatz und welche Charaktereigenschaften haben sie? Wie sollten die Ressourcen eingesetzt werden, um ein optimales Ergebnis zu erzielen? Welche Unternehmensziele können gesetzt werden. Wie kann ein Unternehmer seine Chancen in einem neu zu erschließenden Markt bestimmen? Wie maximiert man den Nutzen einer Firma, d.h. den Gewinn?

9.1 Bedarf eines Unternehmens

9.1.1 Der Unternehmer

In einer Gesellschaft lebt ein gewisses Bild von einem Unternehmer. Dies reicht von der geachteten Erscheinung eines alten Hamburger Kaufmanns im blauen Nadelstreifenanzug über den jungen forschen Existenzgründer im Bereich Technologie und Neue Medien bis hin zum mittelständischen Fabrikbesitzer oder selbstständigen Handwerksmeister. Diese **Unternehmertypen** unterscheiden sich in der Regel sicher durch viele alltägliche Dinge wie Kleidung, Sprache und gesellschaftliches Auftreten. Allerdings haben alle Unternehmer viele Gemeinsamkeiten. Hierzu zählen eine gewisse Risikofreude, Entscheidungsfähigkeit, eine schnelle Auffassungsgabe, ein analytischer Geist, ein Hang zur Flexibilität und immer auch ein Gespür für die Wünsche der Konsumenten und damit letztlich für die Gesellschaft. Eine frühe ökonomische Definition eines Unternehmers liefert **Joseph A. Schumpeter**[2]. Sein **Schumpeterscher Unternehmer**[3] ist dynamisch, innovativ und der Motor für einen neuen wirtschaftlichen Wachstumsprozess. Der Schumpetersche Unternehmer setzt neue Inputkombinationen durch und setzt seine Fähigkeiten auf diese Weise für die Gesellschaft ein.

Die Entwicklung einer Gesellschaft hängt wesentlich von der Allokation ihrer **Talente** ab. Grob können zwei Wirtschaftsbereiche einer Gesellschaft

---

[2]Joseph Alois Schumpeter (1883-1950), geboren in Österreich, lehrte an zahlreichen Universitäten im Laufe seiner wechselhaften Karriere. Wechselhaft deshalb, weil er immer wieder die Lehre und Forschung verließ, um andere Aufgaben zu übernehmen. 1919 war Schumpeter für kurze Zeit Finanzminister in Österreich, von 1921 an leitete er ein kleines Bankhaus in Wien, welches 1924, noch immer unter seiner Leitung, die Pforten schließen musste. Schumpeter ging zurück in die Lehre, zunächst nach Bonn und später nach Havard.

[3]Schumpeter erwähnt diese besondere Art von Unternehmer, dessen absolute Anzahl in der Gesellschaft sehr gering sein kann, zuerst in seiner "Theorie der wirtschaftlichen Entwicklung". Später in seinem umfassenden Werk über Konjunkturtheorie (Business Cycles) und in "Kapitalismus, Sozialismus und Demokratie".

ausgemacht werden, der private Sektor und der öffentliche Sektor. In der Regel wird der Staatssektor als unproduktiv und der private Sektor als produktiv angenommen.[4] Je mehr demnach die Talente einer Gesellschaft vom Staatssektor angezogen werden, desto geringer ist die Wachstumsrate der Volkswirtschaft. Es lässt sich argumentieren, dass sehr talentierte Menschen, durch die Gründung eines Unternehmens die Entwicklung neuer Techniken vorantreiben. Hierdurch steigt die Produktivität aller Angestellten dieses Unternehmens und letztlich die Produktivität der gesamten Volkswirtschaft. Zieht nun der Staatssektor viele Talente einer Gesellschaft an, sinkt die Produktivität.[5] Dieser Effekt kann in gewissem Maße in einigen Entwicklungsländern beobachtet werden. Insbesondere dann, wenn die politische Situation instabil ist. Nicht vorhandene Eigentumsrechte führen zu Unsicherheit darüber, dass Unternehmer die Früchte ihrer Arbeit ernten können. In politisch instabilen Ländern kann oft Korruption im staatlichen Bereich beobachtet werden. Talentierte Personen versuchen daher in politische Machtpositionen zu gelangen, um dies auszunutzen. Hingegen können moralisch fragwürdige Einkommensquellen in gefestigten Demokratien deutlich schwerer erschlossen werden. Ihre Aufdeckung birgt außerdem das Risiko, von der Gesellschaft ausgeschlossen und auch strafrechtlich verfolgt zu werden. Talentierte Personen werden Unternehmer und nutzen ihre persönlichen Fähigkeiten im privaten Sektor.

Die Talente einer Gesellschaft sollten im produktiven Sektor eingesetzt werden. Hierzu müssen Anreize geschaffen werden. Was macht einen Wirtschaftssektor interessant? Hier sind drei Dinge zu nennen:[6]

1. Größe des Marktes;

2. Langsam abnehmender Grenznutzen;

3. Kompensation (z.B. Gewinne, Anerkennung).

---

[4]Die Annahme eines nicht produktiven Staatssektors lässt sich darauf zurückführen, dass die staatlichen Aktivitäten keinen direkten Einfluss auf das Wachstum der Gesellschaft haben. Diese Annahme ist etwas vereinfachend, da der Staatssektor unter Umständen in Eigenregie bestimmte Güter produzieren kann und dies in der Praxis auch tut. Der überwiegende Teil der staatlichen Tätigkeiten bewegt sich allerdings im Rahmen von Gesetz und Ordnung. Das Rechtssystem eines Staates, zum Beispiel das Eigentumsrecht, trägt nicht direkt zum Wachstum einer Gesellschaft bei. Indirekt ermöglicht ein verlässliches Rechtssystem allerdings erst die Produktion im privaten Sektor im großen Stil.

[5]vgl. Murphy u.a. 1991; in ihrem Modell weisen die Autoren nach, dass die Wachstumsrate einer Volkswirtschaft von dem produktivsten Unternehmer bestimmt wird. Der Fall, dass die talentiertesten Personen einer Volkswirtschaft beim Staat arbeiten, führt dazu, dass die Wachstumsrate sinkt, da die verbleibenden Unternehmer weniger talentiert sind und den technischen Fortschritt nur in einem geringeren Maße vorantreiben.

[6]vgl. Murphy u.a. 1991, S. 504

Ein Mensch mit besonderen technischen Fähigkeiten, ein talentierter Erfinder, wird sich heute eher auf eine Entwicklung im Bereich der Informationstechnik konzentrieren, denn eine neue Kaffeemaschine zu entwickeln. Der Markt für Kaffeemaschinen beschränkt sich inzwischen fast ausschließlich auf den Verkauf von Ersatzmaschinen, d.h. alte Geräte, die in die Tage gekommen sind, werden durch neue Geräte ersetzt. Eine bahnbrechende neue Erfindung in der Informationstechnik kann ein viel größeres Marktpotential entfalten. Ein Mensch mit hohen athletischen Fähigkeiten wird es vorziehen der zehntbeste Fussballer zu sein, als der beste Wasserballspieler.[7] Ganz einfach, weil die Verdienstmöglichkeiten im Fussball sehr viel besser sind. Auch die Entscheidung für einen Studienbereich hängt nicht ausschließlich vom Interesse ab, sondern ebenfalls von den späteren Anstellungs- und Verdienstmöglichkeiten.

Talente wählen lieber einen Bereich, in dem der Grenznutzen nur langsam abnimmt. Ein Mensch mit gleichermaßen schauspielerischem Talent als auch Talent für Zahlen und logisches Denken wird sich beruflich eher auf die zweite Eigenschaft konzentrieren. Einkommen erhält ein Theaterschauspieler nur aus seiner eigenen Arbeitskraft, d.h. langfristig maximal 16 Stunden am Tag. Andere Personen zu unterrichten und diese gegen eine Provision durch eine Agentur zu vermitteln wird zu einem starken Abfall des Grenznutzens führen. Schauspielerisches Talent ist nicht ohne große Verluste auf andere Menschen zu übertragen. Mit dem Ausbau des Talents für Zahlen und logisches Denken kann aber zum Beispiel eine Maklerfirma aufgebaut werden. Hieraus kann langfristig eine sehr gewinnbringende Investmentbank mit vielen produktiven Mitarbeitern werden. Auch hier kann nicht das Talent an sich leicht weitergegeben werden. Dennoch können Softwareprogramme entwickelt, Formeln aufgestellt werden, die generelle Entscheidungen fällen. Geschulte Mitarbeiter müssen daher nicht die gleichen Fähigkeiten besitzen wie der Gründer, da sie von ihm entwickelte

---

[7]Bei dieser Schlussfolgerung wird angenommen, dass das Einkommen den größten Effekt bei der Entscheidung hat, welche Sportart man wählt. Tatsächlich entscheiden Sportler sich sicher nicht nach der Schule, ob sie eine Lehre im Fussball antreten oder lieber eine Ausbildung zum Wasserballer. Die Entscheidung entwickelt sich in diesem Fall sicher seit der Kindheit und wird häufig nicht einmal alleine vom Sportler getroffen. Man kann dieses Beispiel allerdings auch aus einer anderen Sicht betrachten. Ob ein Sportler tatsächlich der Beste in seinem Metier werden kann, entscheidet sich erst im Höhepunkt seiner Karriere. Die Verdienstmöglichkeiten im Fussball können allerdings bei einem älteren Jugendlichen dazu führen, sich gegen eine Ausbildung oder ein Studium zu entscheiden und seine Karriere als Fussballer aufzubauen. Selbst wenn er nicht die absolute Spitze erreichen sollte, kann er ein Einkommen erreichen, dass mit einem Universitätstitel nicht leicht zu erreichen ist. Im Falle eines Wasserballers sieht die Entscheidung womöglich anders aus. Eine gute Ausbildung und ein Studium können die Verdienstmöglichkeiten im Wasserball schnell übersteigen.

Hilfsmittel verwenden und im Notfall Weisungen befolgen.

Der dritte Punkt ist eine ausreichende Kompensation, die eine Person für ein Talent verlangt. Ein talentierter Unternehmer wird vielleicht mit einem Jahresgewinn von einer Million Euro zufrieden sein. Er kann diesen Gewinn über viele Jahre erwirtschaften. Ein Sportler hingegen hat eine viel kürzere Karriere. Je älter er wird, desto schwieriger wird es werden, die gleichen Leistungen zu bringen. Für die relativ kurze Zeit, in der er sein Talent verwenden kann, wird er eine relativ höhere Bezahlung fordern. Zusammenfassend bleibt zu sagen, dass eine Person nur dann Unternehmer wird, wenn sowohl die persönlichen Voraussetzungen vorhanden sind als auch die wirtschaftlichen Rahmenbedingungen stimmen.

Jedes Jahr entscheiden sich hunderttausende Menschen in Deutschland Unternehmer zu werden. Abbildung 9.1 zeigt die Entwicklung von Unternehmensgründungen in Deutschland seit 1991.

Unternehmer entscheiden über Investitionen und schaffen damit Arbeitsplätze. Die gegründeten Unternehmen sind dabei nicht erst von Wichtigkeit für die Volkswirtschaft, wenn es große globaloperierende Konzerne geworden sind. Mehr als 50% der sozialversicherungspflichtig Beschäftigten arbeiteten 2001 in Deutschland in Unternehmen mit weniger als 100 Beschäftigten. Tatsächlich boten die Unternehmen mit bis zu 9 Angestellten fast einem Fünftel der Beschäftigten eine Anstellung.[8] Die Investitionstätigkeiten der verschiedenen Unternehmen machen ebenfalls deutlich, wie wichtig kleine und mittelständische Unternehmen in einer Volkswirtschaft sind. Abbildung 9.2 stellt die Investitionstätigkeit nach Unternehmensgrößenklassen dar. Auch wenn die einzelnen Investitionen der großen Unternehmen mit mehr als 1000 Beschäftigten absolut erheblich größer sind als die der kleineren Unternehmen, machen die Investitionen der Unternehmen mit bis zu 500 Beschäftigten knapp 40% der gesamten Investitionssumme aus. Unternehmen entstehen nur dort, wo Unternehmer sind. Allerdings bedarf es noch etwas mehr als nur ein guter Unternehmer zu sein, um ein Unternehmen aufzubauen und gesetzte Ziele zu erreichen.

Insbesondere muss die Wirtschaftsverwaltung einer Gesellschaft das Wirtschaften von Unternehmen ermöglichen. Hierzu zählt der Aufbau einer Infrastruktur und die Bereitstellung von Informationen, die zum Wirtschaften erforderlich sind. Darüber hinaus muss die Wirtschaft in einer Gesellschaft gesteuert, d.h. geplant, überwacht, gelenkt und gefördert werden.[9]

---

[8]Quelle: Institut für Mittelstandsforschung

[9]Die Anforderungen an die Wirtschaftsverwaltung einer Gesellschaft sind ein wirtschaftsrechtliches

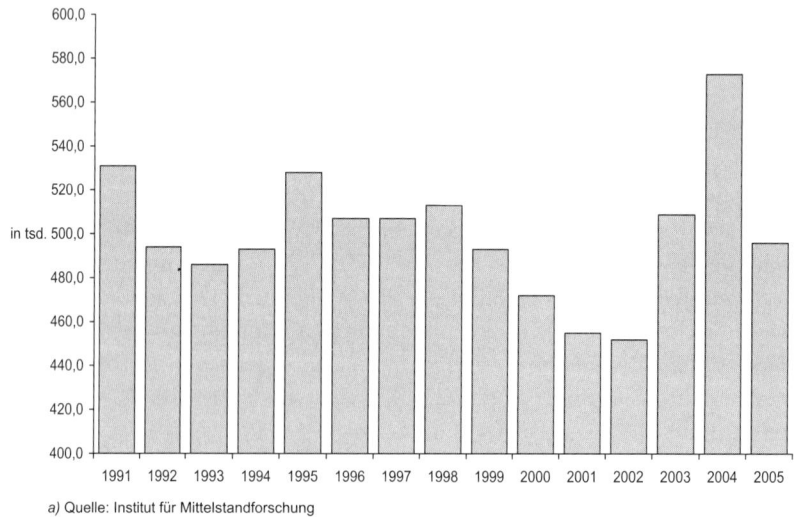

a) Quelle: Institut für Mittelstandforschung

Abbildung 9.1: Unternehmensgründungen in Deutschland seit 1991

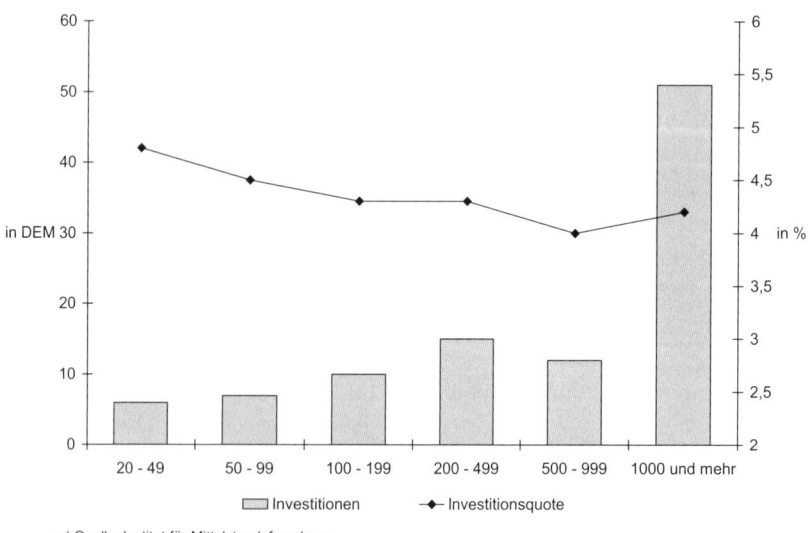

a) Quelle: Institut für Mittelstandsforschung

Abbildung 9.2: Investitionen und Investitionsquote nach Unternehmensgröße (nach Beschäftigten) in Deutschland 1999

Eine effiziente Wirtschaftsverwaltung ist eine Notwendigkeit für optimale unternehmerische Rahmenbedingungen in einer Gesellschaft.

9.1.2 Die Idee - das Produkt

Stimmen die Rahmenbedingungen einer Wirtschaft und findet sich eine Person mit den persönlichen Voraussetzungen wie sie im vorherigen Kapitel genannt wurden, ist eine gute Grundlage für ein Unternehmen gelegt. Das alleine reicht aber noch nicht. Es fehlt ein **Produkt**. Ein Produkt entwickelt sich aus einer Idee. Dies ist meistens eine recht genaue Vorstellung eines technischen Produktes oder einer zu erbringenden Dienstleistung. Optimal ist es, wenn die Idee eines Produktes einer großen Vision folgt. *Während die Idee meistens eine kurzfristige Entwicklung betrifft, ist die Vision eine langfristig orientierte Wunschvorstellung. Die Entwicklung eines Personalcomputers ist beispielsweise eine Idee. Vor dreißig Jahren war es allerdings eine Vision, dass in der Zukunft jeder Haushalt mit einem Personalcomputer ausgestattet ist.* (Die Dichte an Schreibmaschinen war 1970 wahrscheinlich kleiner als die Dichte an Personalcomputern heute.) Die Idee einen Computer zu entwickeln, bringt noch lange nicht die Chance auf einen großen Absatzmarkt. Doch die Vision, dass jeder Haushalt einen besitzen wird, schafft ein enormes Marktpotential. Eine Vision bietet die Grundlage für die langfristige Ausrichtung eines Unternehmens. Wird sich ein Unternehmen in einem Nischenmarkt bewegen? Wird das zukünftige Produkt vielleicht sogar nur in einer sehr geringen Stückzahl hergestellt werden oder ist an eine Massenproduktion zu denken? Heute beschäftigen sich nur wenige Unternehmen im Bereich der Weltraumforschung. Der Absatzmarkt ist einfach zu klein als dass dort viele Unternehmen überleben könnten. Dies könnte sich schlagartig ändern, wenn Lebensräume außerhalb der Erde im Universum entdeckt werden. Damit entstünde eine Vision von Weltraumtourismus.[10] In eingeschränktem Maße besteht diese Vision vielleicht sogar bereits, doch ist der Weltraumtourismus weit entfernt von

Thema. Die hier angeführten Punkte können vertiefend in Rolf Stober 2000 nachgelesen werden.

[10]Erste Anfänge von *Weltraumtourismus* sind von den Russen gestartet worden. Im Jahr 2001 ist ein amerikanischer Millionär von den Russen in den Weltraum befördert worden. Ein Jahr später folgte ihm ein Südafrikaner. Beide bezahlten ca. 22 Mio. Euro. Nach Aussage des *The Economist* wurden damit die Kosten beider Flüge fast vollständig gedeckt. Ob dies erste Anzeichen eines sich verbreitenden Tourismus sind oder von russischer Seite eher aus Verlegenheit entstanden sind, weil die finanziellen Beiträge zur Internationalen Raumstation ISS andererseits nicht hätten werden können, ist unklar. Auch die NASA fährt ein Programm namens: ISS Commercial Development. Hierbei geht es allerdings weniger um Tourismus als um die kommerzielle Nutzung von Forschung und Entwicklung im Weltraum: ISS als kommerzielles Forschungslabor. (NASA 2001, NASA 2002)

einem Massenmarkt. Aus heutiger Sicht ist die Vision dennoch wahrscheinlich weiter als die Vision des Personalcomputers in den siebziger Jahren.

Neben einer Vision, die eine langfristige **Strategie**[11] unterstützen kann, kommt es bei einem neuen Produkt vor allem auf eine kurzfristige, möglichst präzise **Planung** an. Bei der Entwicklung neuer Produkte sind mehrere Punkte zu beachten. Erstens muss das zukünftige Produkt einen Nutzen für den Käufer haben. Handelt es sich um ein neues Produkt, stellt sich diese Frage generell. Stiftet ein automatischer Frühstückseiaufschlager zum Beispiel einen Nutzen? Soll das Produkt ein bereits bestehendes ersetzen oder gegen ein Konkurrenzprodukt antreten, muss der Nutzen größer sein als bei den bestehenden Produkten oder das neue Produkt muss günstiger sein. Nur eine weitere bunte Taste auf einem Mobiltelefon ist dazu sicher nicht ausreichend. Die zusätzlich gebotene Funktion muss das neue Mobiltelefon gegenüber dem alten einfach besser machen, um Nachfrage generieren zu können. Zweitens muss das zukünftige Gut einen Gebrauchswert haben, d.h. der Marktpreis darf nicht oberhalb des Nutzens liegen. Wahrscheinlich lassen sich viele neue Zusatzfunktionen für Mobiltelefone erdenken, aber lassen sie sich auch zu einem vernünftigen Preis realisieren? Ist der Marktpreis oberhalb des Nutzens eines Konsumenten, wird das Produkt nicht gekauft. Am besten ist es, wenn das Produkt zu einem Preis angeboten werden kann, der unterhalb des Nutzens eines Konsumenten liegt. Damit ergibt sich eine Rente für den Konsumenten. Das Produkt wird mit Sicherheit gekauft werden. Drittens muss der potentielle Kunde noch von all dem erfahren. Eine Aufgabe des Marketings. Ohne die Information über ein neues Produkt kann ein Konsument gar nicht kaufen, selbst wenn er wollte.

Letztlich ist bei einem Produkt der voraussichtliche **Produktlebenszyklus** von großer Bedeutung. Dieser Zyklus beschreibt den Verlauf der Umsätze, d.h. der Einnahmen, die durch ein Produkt generiert werden können. Die Umsätze aus einem gesamten Lebenszyklus müssen zur Deckung aller Kosten ausreichen, auch zur Deckung des Unternehmerlohns. Unter Umständen kann sogar ein ökonomischer Gewinn, d.h. ein Gewinn oberhalb des Marktdurchschnittes, erzielt werden. Der Produktlebenszyklus wird generell in fünf einzelne Phasen aufgeteilt: Einführungsphase, Wachstumsphase, Reifephase, Sättigungsphase und Degenerationsphase.

Die **Einführungsphase** ist durch steigende Umsätze aber negativen Ge-

---

[11]Eine Strategie ist ein langfristiger Aktionsplan, der aufzeigt, auf welche Weise Erfolgspotentiale aufgebaut bzw. erhalten werden können (vgl. Frank Keuper 2001).

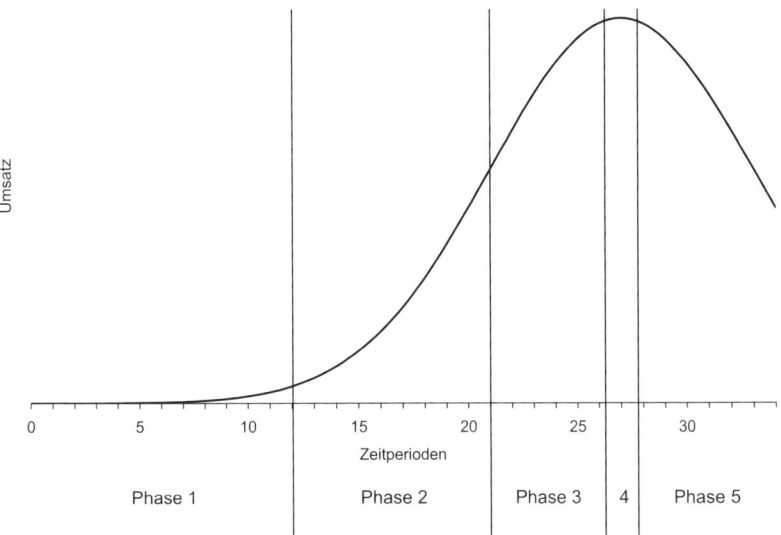

Abbildung 9.3: Schematischer Produktlebenszyklus

winn gekennzeichnet. Die Kosten der Produktion können noch nicht gedeckt werden. In der **Wachstumsphase** steigen die Umsätze exponentiell
an. Der Verlust sinkt zumindest, ob ein Gewinn erzielt werden kann, ist unklar ohne weitere Angaben. In der dritten Phase, der **Reifephase**, ist der
Verlauf des Umsatzes degressiv, d.h. die Steigerung wird immer kleiner. In
der Regel sind hier betriebswirtschaftliche Gewinne zu erwarten aber das
muss nicht so sein. Erst in der **Sättigungsphase**, in der die Umsätze stagnieren, muss ein betriebswirtschaftlicher Gewinn erwirtschaftet werden.
Andererseits wird das Produkt nie seine Kosten einbringen und ein Verlustgeschäft werden. Unter Umständen können sogar ökonomische Gewinne
erzielt werden. In der letzten Phase, der **Degenerationsphase**, gehen die
Umsätze schließlich wieder zurück. Das Produkt hat sozusagen ausgedient.
Spätestens zum Zeitpunkt wenn die Umsätze gleich den Kosten sind, sollte
die Produktion eingestellt werden. Der Produktlebenszyklus ist beendet.
Der normale Verlauf eines solchen Lebenszyklus ist glockenförmig wie in
Abbildung 9.3 dargestellt.

9.1.3 Inputs

Nach dem Ob kommt die Entscheidung des Wie. Nachdem ein Unternehmer sich entschieden hat ein Produkt zu produzieren, stellt er sich die Frage wie er dies tun wird. Die Antwort ist generell natürlich einfach: optimal. Um einen gewissen Output zu produzieren, wird Input, auch Produktionsfaktoren oder Ressourcen, benötigt. *Produktionsfaktoren sind die Mittel einer Gesellschaft, die zur Herstellung von Gütern eingesetzt werden können.* Die klassischen Inputs sind die originären, **Arbeit** und **Boden**, und der abgeleitete Produktionsfaktor **Kapital**. Unterschieden werden die Ressourcen auch nach fixen und variablen sowie physischen und nicht physischen. Letztere Unterscheidungen werden später noch erläutert, zunächst aber zu den klassischen Produktionsfaktoren Arbeit, Boden und Kapital.

9.1.3.1 Die klassischen Produktionsfaktoren

Die **originären Produktionsfaktoren** sind Arbeit und Boden. *Arbeit ist jede Tätigkeit, die darauf ausgerichtet ist, die Bedürfnisse eines Fremden zu befriedigen.* Ein Gärtner, der zum Mähen des Rasens und Jäten des Rosenbeetes bestellt wird, verrichtet Arbeit. Er befriedigt das Bedürfnis des Auftraggebers. Geht ein Hausbesitzer aus Spaß an der Freud selbst am Samstag in den Garten, so verrichtet er im engeren Sinne keine Arbeit, da er nur sein eigenes Bedürfnis befriedigt. Grundsätzlich wird Arbeit in **ausführende** und **dispositive Arbeit** eingeteilt. Ausführende Arbeit ist Arbeit, die einer Weisung folgt und in der Regel direkt im Zusammenhang mit der Produktion eines Gutes steht. Dispositive Arbeit ist übergeordnete, verwaltende Arbeit. Beispiele sind der Vorstand einer Aktiengesellschaft oder auch die Führungskraft auf einer niedrigeren Ebene. Im zweiten Fall kann die Definition nicht mehr exakt eingehalten werden. Eine Führungskraft innerhalb eines größeren Unternehmens fällt in einen Graubereich. Sie verrichtet dispositive Arbeit zum Beispiel in der Abteilungsleitung, aber auch ausführende wenn Weisungen von einer höheren Ebene befolgt werden müssen. Nur der Anteil der Arbeitszeit, der für die Organisation und die Führung des Teams oder des Arbeitsbereiches eingesetzt wird, ist dispositive Arbeit. Der andere Teil ist der ausführenden Arbeit zuzuordnen.

Der Produktionsfaktor Arbeit wird in unterschiedliche **Arbeitsarten** eingeteilt. Alle Tätigkeiten, die gleichartig sind und sich somit gegenseitig ersetzen können, sind eine Arbeitsart. Aus Vereinfachungsgründen wird Wettbewerb nur innerhalb einer Arbeitsart, nicht jedoch zwischen den Arbeitsarten angenommen. Infolgedessen konkurrieren Bankangestellte um einen Arbeitsplatz. Zwischen Bankangestellten und Versicherungsangestellten gibt es jedoch keine Konkurrenz. Diese Annahme ist für die zu untersuchenden Modelle sinnvoll und bei einer kurzfristigen Betrachtung realistisch. Natürlich könnte ein Bankangestellter langfristig durch eine Fortbildung oder Umschulung auch Angestellter einer Versicherung werden, zumal die beiden Berufe sehr ähnlich sind. Langfristig besteht selbstverständlich Konkurrenz zwischen zwei Arbeitsarten.

Der Input Boden umfasst sowohl landwirtschaftlich nutzbare Flächen als auch wirtschaftlich genutzte Grundstücke. Landwirtschaftlicher Boden unterteilt sich wiederum in Agrarflächen und **Abbauboden**, d.h. **Rohstoffe**. Boden kann sowohl passiv an der Produktion teilnehmen, d.h. er dient einfach als Untergrund für Fabriken und Werkhallen oder er ist aktiv an der Produktion beteiligt. Letzteres ist in der Agrarwirtschaft und bei der Rohstoffgewinnung der Fall. Gegenüber den anderen beiden klassischen Produktionsfaktoren weist Boden drei Nachteile auf. Erstens verursacht er aufgrund seiner räumlichen Ausdehnung Transportkosten. Zweitens ist er nicht mobil, sondern immobil. Drittens ist die Größe im engeren Sinne fix. Der zweite Punkt ist ein großer Nachteil bei der Standortwahl.

Ein großes Rohstoffvorkommen ist an die Bedingungen des Standortes gebunden. Das Bundesministerium für Wirtschaft und Technologie sieht die deutsche Steinkohle aufgrund ihrer hohen Abbaukosten nur bedingt als Reserve zur zukünftigen Energiegewinnung an.[12] Ob eine Kohlegrube ein ertragreicher Boden ist, hängt daher von der Leichtigkeit des Abbaus, aber auch vom Lohn der Arbeiter, von Sicherheitsvorschriften und Umweltstandards ab.

Zum dritten Punkt bleibt die zeitliche Perspektive anzumerken. Der Boden einer Volkswirtschaft ist im Gegensatz zu Arbeit und Kapital auch langfristig fix.[13] Zwar kann ein einzelner Betrieb seinen Boden durch Zukauf erweitern, aber die Fläche einer Volkswirtschaft ist begrenzt. Dies ist bei Arbeit nicht der Fall. Die Ausweitung des Produktionsfaktors Arbeit kann durch erhöhte Arbeitsleistung des einzelnen Arbeiters und durch das

---

[12]vgl. BMWi 1999, S. 21.

[13]Hinzugewinnung von Ackerflächen und Abbauböden ist nur möglich, wenn eine Volkswirtschaft in den Besitz anderen Landes kommt. Früher wie heute ist dies in der Regel nur durch Krieg möglich (in einem kleineren Rahmen auch durch Landgewinnung an den Küsten). Ein hervorragendes Beispiel für die letzte friedliche Landgewinnung ist die Deutsche Wiedervereinigung. Durch die Wiedervereinigung wurden sowohl die Agrarflächen in Deutschland als auch vorhandener Abbauboden erheblich ausgeweitet. Deutschland ist seit der Wiedervereinigung weltgrößter Förderer von Braunkohle, die zur sogenannten Weichbraunkohle zählt (siehe BMWi 1999).

generelle Wachstum der Bevölkerung statt finden. Beiden Möglichkeiten sind langfristig zwar natürliche Grenzen gesetzt, aber eine erhebliche Ausdehnung ist dennoch zunächst möglich. Das Wachstum der Erdbevölkerung wird nach Schätzungen erst bei ca. 11 Milliarden Menschen stagnieren. Das ist fast eine Verdoppelung gegenüber dem Anfang des dritten Jahrtausends.[14]

Durch die Zusammenführung von Arbeit und Boden entsteht Kapital. Der volkswirtschaftliche Kapital-Begriff beschreibt dabei im Wesentlichen produzierte Güter, die wiederum selbst zur Produktion von Gütern und Dienstleistungen eingesetzt werden, **Investitionsgüter**. Güter, die nach der Produktion direkt konsumiert und nicht zur weiteren Produktion eingesetzt werden, nennt man **Konsumgüter**. Ein Gut kann durchaus beides sein. Kauft eine Familie ein Auto, so dient es für ein bequemeres Leben, es wird nicht zur weiteren Steigerung des Wohlstandes eingesetzt. Kauft jedoch ein Taxiunternehmen ein Auto und setzt dieses als Taxi ein, handelt es sich um ein Investitionsgut. Das Taxi wird zur Produktion der Dienstleistung *Taxifahrten* eingesetzt. Der volkswirtschaftliche Kapital-Begriff umfasst allerdings auch den umgangssprachlichen Kapital-Begriff, das **Finanzkapital** oder Geld. Geld entsteht nur durch die Einsetzung von mindestens einem originären Produktionsfaktor. Im engeren Sinne ist Geld also ein abgeleiteter Produktionsfaktor.[15]

Kapital an sich und der Kapitalzuwachs sind direkt an **Investitionen** gekoppelt. Zwei Gesetzmäßigkeiten lassen sich ableiten. Erstens ist der Kapitalbestand am Ende einer Periode K_1 gleich dem Kapitalbestand am Anfang der Periode K_0 plus der Kapitalveränderung während der Periode ΔK:

$$K_1 = K_0 + \Delta K.$$

Investitionen unterscheiden sich nach **Bruttoinvestitionen** und **Nettoinvestitionen**. Wobei Bruttoinvestitionen I_{Brutto} aus der Summe der Nettoinvestitionen I und den **Ersatzinvestitionen** I_{Ersatz} entstehen. Schafft ein Unternehmen eine neue Maschine an, die eine alte Maschine ersetzt, handelt es sich um eine Ersatzinvestition. Wird die neue Maschine zusätzlich zu bereits vorhandenen Maschinen genutzt, handelt es sich um eine Nettoinvestition. Formal lässt sich der Zusammenhang als $I = \Delta K$ und

---

[14]vgl. Bjorn Lomborg 2001, Kap. 3.

[15]Diese Erläuterung unterscheidet sich von der makroökonomischen Erklärung der Geldentstehung. Die Makroökonomie definiert die Geldentstehung mit der Bereitstellung von Zentralbankgeld an Geschäftsbanken (vgl. Dennis Paschke 2007, Kap. 9.3.2).

$I_{Brutto} = I_{Ersatz} + I$ darstellen.

9.1.3.2 Nicht klassische Produktionsfaktoren und weitere Unterscheidungen

Neben den klassischen Produktionsfaktoren gibt es weitere Produktionsfaktoren. Die Liste, die aufgestellt werden könnte, ist sehr lang. Die Diskussion um einzelne Inputs führt in der grundlegenden mikroökonomischen Analyse jedoch nicht weiter. Es sollen an dieser Stelle daher nur noch ein paar Beispiele aufgeführt werden, die nicht weiter vertieft werden.

Für die Produktion ist sicherlich die **Organisation** einer Unternehmung sehr wichtig. Je nach Ausrichtung eines Unternehmens kann die Organisation **funktional** oder objektbezogen sein. Ein funktionaler Aufbau schafft unterschiedliche Abteilungen für Einkauf, Produktion und Absatz. Eine objektbezogene Gestaltung baut ein Unternehmen in mehreren Bereichen auf, die jeweils Einkauf, Produktion und Absatz für ein Produkt bearbeiten. Ein Beispiel könnte ein großer Warenkonzern sein, der Organisationen für Kleidung, Möbel und elektronische Geräte schafft.

Ein weiterer Produktionsfaktor ist das **Management** eines Unternehmens. Die Entscheidung über den Aufbau des Management gehört mit zur Organisation. Die Ausübung kann sich allerdings an unterschiedlichen **Managementstrategien** ausrichten.

Der vielleicht entscheidende nicht klassische Input, der auch in vielen ökonomischen Modellen eine Rolle spielt, ist das **Wissen**. Es wird häufig mit dem Begriff **Humankapital** belegt. Die Ausbildung einer Person trägt zur Erweiterung ihres Humankapitals bei, d.h. ihrer geistigen Fähigkeiten. Das Studium ist in diesem Sinne eine Investition in das Humankapital der Studierenden.

Letztlich sollte das **Sozialkapital** nicht unerwähnt bleiben. Dieser vielfältig diskutierte Begriff beschreibt den ökonomischen Gewinn in einer Gruppe. Hierunter fallen zum Beispiel private Sportclubs. Erst durch die Gründung eines Clubs ist es für viele Clubmitglieder möglich, eine bestimmte Sportart zu betreiben. Hierunter fallen auch Religionen im weiteren Sinne. Durch den Austausch von Gedanken wird eine Religion geistig häufig schneller wachsen. Je mehr Menschen an der Religion teilnehmen, desto schneller kann ein Zusammenhalt entstehen. Der geistige Nutzen aus dem Glauben kann so größer sein. Das Sozialkapital ist ein **Kollektivgut**. Produktionsfaktoren werden nach Möglichkeit in physischen Größen gemessen, d.h. Anzahl der Arbeiter, Anzahl der Arbeitsstunden, Größe der Rohstoffvorkommen in Kubikmetern und so weiter. Solche Maßeinheiten sind im Falle klassischer Inputs ohne Schwierigkeiten anzugeben. Schwieriger wird es bei den nicht klassischen Inputs. Die Bewertung einer Organisation, der Managementqualitäten und des Humankapitals sind nicht ganz klar. Ein Studium trägt zur Erhöhung des Humankapitals einer Studentin bei. Bis zu einem gewissen Grad ist auch unstrittig, dass das Humankapital einen positiven Bezug zu der Anzahl der Studienjahre hat. Eine kurze zweijährige Business-School wird weniger Wissen vermitteln als ein fünfjähriges Universitätsstudium.[16] Ein Zweit- und Drittstudium ist hingegen viel schwerer zu bewerten. Sicher wird das Wissen der Studentin wesentlich erweitert. Aber angenommen das Studium dauert bis zum 65. Lebensjahr, dann ist dieses Wissen für die Gesellschaft wertlos, da keine wirtschaftliche Leistung mehr vollbracht wird.[17] Sicherer ist wiederum die Aussage, dass ein volkswirtschaftliches Studium mit 15 Semestern kein höheres Humankapital heranbildet als eines mit 10 Semestern sofern der fachliche Studienumfang der Gleiche war.

Inputs können auf verschiedene Art und Weise unterschieden werden. Es wurde bereits eine Aufteilung in physische und nicht physische sowie fixe und variable erwähnt.[18] Die Unterscheidung zwischen physisch und nicht physisch ist offensichtlich, Rohstoffe kann man anfassen, Humankapital nicht. Etwas unklarer kann der Unterschied zwischen fixen und variablen Inputs sein. *Fix werden Produktionsfaktoren genannt, die während einer bestimmten Periode nicht in beliebigem Ausmaße zur Verfügung stehen. Produktionsfaktoren nennt man variabel, wenn sie innerhalb einer bestimmten Periode in beliebigem Maße beschafft werden können.* Als ein Nachteil des Bodens wurde bereits seine fixe Größe genannt. Die an dieser Stelle erläuterte und im Weiteren benutzte Unterscheidung bezieht sich allerdings immer nur auf ein Unternehmen. Dieses kann sein Grundstück grundsätzlich durch Zukauf erweitern aber nicht notwendigerweise in beliebigem Maße. Selbst dann nicht, wenn unendlich viel Geld zur Verfügung stehen würde. Die Nachbargrundstücke in einem Industriegebiet könnten zum Beispiel bereits belegt sein. Eine Ausweitung des Betriebes würde daher einen kompletten Umzug zu einem neuen Standort bedeuten. Dies

---

[16]Allerdings sind schon in diesem Fall Zweifel angebracht. Die Menge an Wissen sagt schließlich nichts über eine spätere praktische Nutzung in der Wirtschaft aus.

[17]Dies schließt allerdings nicht aus, dass die Studentin ihren Nutzen maximiert hat. Sie kann unter Umständen den größten Nutzen aus einer nicht endenden wissenschaftlichen Ausbildung gewinnen.

[18]vgl. Kap. 9.1.3

ist nicht jederzeit möglich. Ein weiteres Beispiel für einen fixen Input ist das Gebäude eines Unternehmens, zum Beispiel eine Fabrikhalle. Die Halle hat eine feste Größe, die nicht beliebig erweiterbar ist. Auch die Maschinen sind ein fixer Input. Variabel sind hingegen alle Rohstoffe, die bei der Produktion zum Einsatz kommen. Eine Papierfabrik kann sich mehr Holz zur Produktion kaufen, wenn dies nötig ist. Mit vorhandener Maschinenkapazität können unterschiedliche Mengen ausgebracht werden. Je nachdem wie hoch die Nachfrage ist. Sollte zum Ablauf der nächsten Woche zum Beispiel noch eine größere bestellte Menge produziert werden, kann der Einkauf und die Tagesproduktion in gewissem Ausmaß erhöht werden.

Wichtig bei dieser Unterscheidung ist der zeitliche Horizont. *Bei einer kurzfristigen Betrachtung unterscheidet man zwischen fixen und variablen Inputs.* Denn kurzfristig treffen die vorherigen Erklärungen zu. Aber wie sieht das langfristig aus? Vorausgesetzt es ist genügend Geld da, kann langfristig jeder Produktionsfaktor verändert werden. *Langfristig kann daher nicht zwischen fixen und variablen Faktoren unterschieden werden. Langfristig sind alle Faktoren variabel. Der Unterschied einer kurzfristigen und langfristigen Betrachtung ist nicht in einer festen zeitlichen Periode anzugeben. Eine Betrachtung ist langfristig, wenn die betrachtete Periode unter vernünftigen Voraussetzungen ausreicht, jeden Produktionsfaktor variieren zu können.* Bei einem Einzelhändler kann eine Periode von einem Jahr schon eine langfristige Betrachtung sein. Von der Planung einer Ladenerweiterung bis zur tatsächlich Fertigstellung muss es nicht länger dauern. Ein Einzelhändler baut seinen Laden häufig nicht selbst, sondern hat die Möglichkeit zum Beispiel innerhalb eines Einkaufszentrums in einen größeren Laden umzuziehen. Eine langfristige Betrachtung eines Stromkonzerns ist dagegen sicherlich erst ab zehn Jahren oder länger sinnvoll. Von der Planung bis zur Fertigstellung eines neuen Kraftwerkes können schnell zehn Jahre verstreichen.

Um Missverständnissen bei der Analyse vorzubeugen, wird bei Modellen immer eine Annahme über die Länge des betrachteten Zeitraumes getroffen. Eine Analyse wird immer als kurzfristig oder langfristig betitelt.

9.2 Produktion und Transformation

9.2.1 Die Produktionsfunktion

Der entschlossene Unternehmer hat eine Idee, eine Vision und den Plan eines Produktes im Kopf. Er ist nun auch ausführlich über die Produktionsfaktoren unterrichtet und will endlich loslegen. Mit den möglichen Inputs kann eine **Produktionsfunktion** aufgestellt werden. Dabei hängt der Output y von sämtlichen Inputs f_i ab.[19] Die Produktionsfunktion mit zwei Inputs lautet:

$$y = f(f_1, f_2).$$

Die Anzahl der Inputs kann selbstverständlich beliebig erweitert werden, was zunächst aber nur die Erklärungen erschweren würde und das gerade erläuterte Humankapital nur unwesentlich steigert. Die obige Produktionsfunktion kann immer noch in einem dreidimensionalen Diagramm abgebildet werden.[20] Es entstünde ein dreidimensionales **Produktionsgebirge**. Auf der vertikalen Achse wird dabei der Output abgebildet. Ein senkrechter Schnitt durch das Produktionsgebirge, d.h. man schneidet praktisch eine Scheibe ab, ergibt ein einfaches zweidimensionales Diagramm. Auf der horizontalen Achse ein Input, dies sei f_1, und dem Output weiterhin auf der vertikalen Achse. Das durch den Schnitt entstandene Diagramm bildet eine Produktionsfunktion der folgenden Form ab:

$$y = f(f_1).$$

Die Produktionsfunktion grenzt die Menge aller Produktionsmöglichkeiten ab. Diese Menge wird sinnvollerweise **Produktionsmöglichkeitenmenge** genannt. Dabei gehört die Produktionsfunktion selbst noch in die Menge. Sie stellt zu jeder Inputmenge die größtmögliche Outputmenge dar.

Wie auch schon bei der Nutzenfunktion werden zwei Annahmen bei der Produktionsfunktion getroffen. Beide sind aus Abbildung 9.4 leicht ersichtlich. Erstens, das **Grenzprodukt** ist positiv. Zweitens, das Grenzprodukt nimmt ab. Bevor diese zwei Annahmen näher erläutert werden, soll zunächst ein anderer Punkt angeführt werden. Für die vorherige Grafik wurde aus dem Produktionsgebirge eine Scheibe herausgeschnitten. Zur Gewinnung der nächsten Grafik wurde kein senkrechter Schnitt, sondern

---

[19]f_i steht hier und im Folgenden für die vorher beschriebenen Produktionsfaktoren wie Arbeit, Boden, Kapital etc. Dies gilt, solange die Erläuterungen unabhängig von bestimmten Produktionsfaktoren sind.

[20]Auf eine solche Abbildung wird hier verzichtet. Es sei auf Abbildung 5.3 verwiesen. Die Produktionsfunktion ist der dort abgebildeten Nutzenfunktion sehr ähnlich.

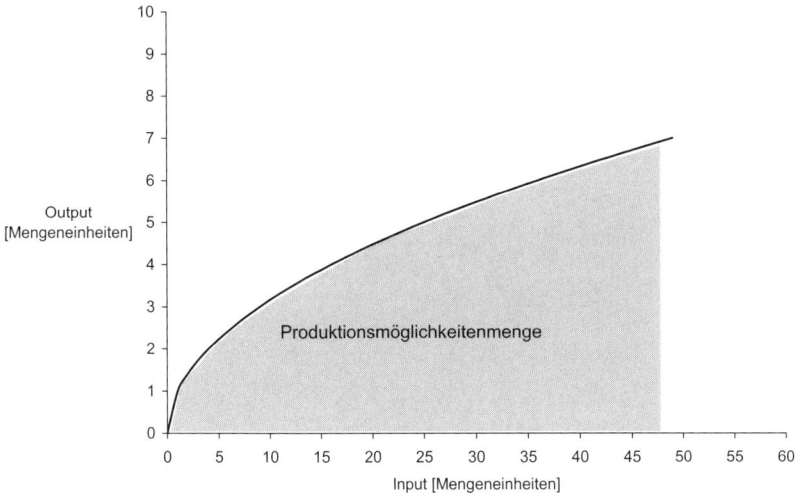

Abbildung 9.4: Produktionsfunktion mit einem Input

ein horizontaler Schnitt vorgenommen. Dabei wird das Gebirge abgetragen und zweidimensional betrachtet. Ein solcher Schnitt durch das Produktionsgebirge ergibt eine Kurve (Abbildung 9.5), die als **Isoquante** bezeichnet wird.

Die Isoquante gleicht einer Indifferenzkurve. *Sie repräsentiert den geometrischen Ort aller Inputkombinationen, die das gleiche Outputniveau erzeugen.* Zurück zu den zwei vorgestellten Annahmen. Das Grenzprodukt MP (engl. marginal product) wird repräsentiert durch die Ableitung der Produktionsfunktion. Im Falle einer Produktionsfunktion mit zwei oder mehr Inputs handelt es sich dabei um eine partielle Ableitung nach einem bestimmten Faktor. Das Grenzprodukt des ersten und zweiten Faktors lautet:

$$MP_1 = \frac{\partial y}{\partial f_1} = \frac{\partial f(f_1, f_2)}{\partial f_1}$$
$$MP_2 = \frac{\partial y}{\partial f_2} = \frac{\partial f(f_1, f_2)}{\partial f_2}.$$

Die erste getroffene Annahme war ein **positives Grenzprodukt**. Wenn bei einem gegebenen Input (f_1, f_2) der Output y ist, was passiert dann bei der Erhöhung eines Faktors? Wird der Input f_2 konstant gehalten, aber der

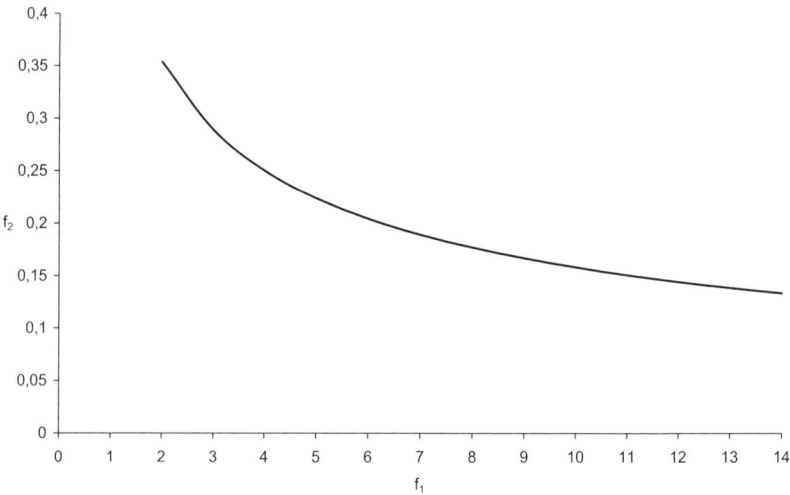

Abbildung 9.5: Die Isoquante

Unternehmer erhöht den Input von Faktor eins um Δf_1, wird mindestens der gleiche Output erwartet. Genau das besagt die Annahme eines positiven Grenzproduktes.[21] Wird der Input eines Faktors erhöht, wird der Output mindestens gleichbleiben.[22] Formal gesprochen bedeutet die Annahme eines positiven Grenzproduktes eine monoton steigende Produktionsfunktion.[23] Die zweite Annahme eines fallenden oder **abnehmenden Grenzproduktes** verlangt, dass die Steigung des Grenzproduktes abnimmt. Anders ausgedrückt, die zweite Ableitung der Produktionsfunktion soll negativ sein.[24]

Die gemachten Annahmen über das Grenzprodukt fordern eine konvexe Isoquante. Konvexität bedeutete, dass Durchschnitte besser sind als Extre-

---

[21]Streng mathematisch bedeutet diese Annahme, dass MP > 0. Somit muss der Output strenggenommen steigen, wenn ceteris paribus mindestens ein Input erhöht wird. Der vorherige Satz besagt allerdings, dass der Output *mindestens konstant bleibt*, d.h. er könnte auch konstant bleiben. Der Grenzfall ($MP = 0$) ist nur dann in dem Begriff *positives Grenzprodukt* integriert, wenn gilt: $MP = y$ mit $y \in \Re_0^+$, d.h. für y gilt: $y \in \Re$ und $y \geq 0$.

[22]Auch das Konzept des Grenzproduktes sollte bereits etwas vertraut sein. Es ist dem Grenznutzenkonzept vergleichbar. Eine Ausnahme ist die Maßeinheit. Das Grenzprodukt wird basierend auf der Produktionsfunktion in physischen Einheiten gemessen.

[23]Wird die Zahl Null als positive Zahl definiert, steigt die Funktion des Grenzproduktes monoton. Dies bedeutet, dass die Steigung nie negativ werden kann, sehr wohl aber Null. Wird die Null hingegen nicht in die Definition für ein positives Grenzprodukt mit einbezogen, muss die Funktion des Grenzproduktes streng monoton steigen, was immer eine positive Steigung verlangt.

[24]Die Annahme eines abnehmenden Grenzproduktes eines Faktors gilt nur unter der Voraussetzung, dass alle anderen Faktoren konstant gehalten werden.

me.[25] Ein Unternehmer habe zwei Fabriken, a und b. Den Output y eines bestimmten Gutes kann er entweder durch die Inputkombination (a_1, a_2) oder durch die Inputkombination (b_1, b_2) erzeugen. Dabei handelt es sich um jeweils zwei Inputs, die ihm in beiden Fabriken zur Verfügung stehen, zum Beispiel jeweils zwei Arbeiter. Die Annahme der Konvexität besagt nun, dass Folgendes gelten soll:

$$y_a = f(a_1, a_2)$$
$$y_b = f(b_1, b_2)$$
$$y_{a,b} \leq f(\lambda a_1 + (1 - \lambda)b_1; \lambda a_2 + (1 - \lambda)b_2) \qquad \text{mit } \lambda \in [0; 1].$$

Wenn der Unternehmer die beiden Arbeiter einer Fabrik zum Beispiel acht Stunden am Tag arbeiten lässt, kann er y erzeugen. Es sollte daher mindestens möglich sein y zu erzeugen, wenn die beiden Arbeiter in Fabrik a 4 Stunden arbeiten und die Arbeiter in Fabrik b ebenfalls 4 Stunden arbeiten. In der Regel ist eine Isoquante sogar streng konvex. Dies verlangt eine *kleiner als*-Beziehung in der vorherigen Gleichung anstatt einer *kleiner gleich*-Beziehung. Die gemischten Inputkombinationen $(\lambda a_1 + (1 - \lambda)b_1;$ $\lambda a_2 + (1 - \lambda)b_2)$ erzeugen dann einen größeren Output als die reinen Kombinationen (a_1, a_2) und (b_1, b_2). Dies ist durchaus sinnvoll anzunehmen. Wenn die Arbeiter nur die Hälfte der Zeit arbeiten, sind sie ausgeruhter und können konzentrierter arbeiten. In der Hälfte der Zeit können sie daher unter Umständen mehr produzieren als nur die Hälfte des Outputs.

Es gibt noch eine weitere Ähnlichkeit zum Nutzenkonzept. Die Steigung der Indifferenzkurve wurde als die Grenzrate der Substitution vorgestellt. Auch der Unternehmer, kann seine Produktionsfaktoren in einem bestimmten Verhältnis tauschen. Dieses Verhältnis wird durch die Isoquante dargestellt. Nutzt der Unternehmer zum Beispiel mehr von Input eins, braucht er weniger von Input zwei und wird trotzdem noch die gleiche Menge produzieren. Eine solche Substitution von Produktionsfaktoren ist im realen Wirtschaftsleben häufig zwischen Kapital, d.h. Maschinen, und Arbeit zu beobachten. Durch den Einsatz von Automation und Robotertechniken konnte die Autoindustrie den Einsatz an Arbeitskräften erheblich zurückfahren. Dies geschieht vor allem aus Kostengründen. Der Einsatz von Maschinen ist bei einer gewissen Lohnhöhe günstiger.[26]

---

[25]vgl. Kap. 5.2.1.2

[26]Es gibt aber auch andere Gründe. Maschinen arbeiten konstanter als Menschen, d.h. ihr Output ist immer von gleicher Qualität, während die Qualität, die ein Mensch über das Jahr gesehen täglich erzeugt, von seiner Konzentration abhängt. Diese schwankt von Tag zu Tag. Auch müssen bei Maschinen keine Kündigungsfristen beachtet werden, keine Gesundheitsvorschriften, die nur eine bestimmte Anzahl

Das Verhältnis, mit dem die Produktionsfaktoren gegeneinander ausgetauscht werden, nennt man die **Grenzrate der technischen Substitution** oder die **technische Rate der Substitution**. Das totale Differential, d.h. die gleichzeitige Veränderung beider Inputs, muss entlang einer Isoquante Null ergeben (man verlässt die Isoquante dabei nicht). In diesem Fall ist $dy = 0$ und es folgt:

$$dy = MP_1 * df_1 + MP_2 * df_2 = 0$$
$$\Leftrightarrow \quad MP_1 * df_1 = -MP_2 * df_2$$
$$\Leftrightarrow \quad \frac{MP_1}{MP_2} = -\frac{df_2}{df_1}.$$

Genau dieses Verhältnis wurde vorher als die Grenzrate der technischen Substitution definiert. Formal wird diese definiert als:

$$MTS = -\frac{df_2}{df_1}.$$

9.2.2 Produktionscharakteristika

Ein Unternehmer besitzt eine Fabrik und produziert bei einer Inputkombination (f_1, f_2) einen Output von y. Baut nun eben dieser Unternehmer eine zweite Fabrik in der gleichen Weise wie die erste, d.h. die beiden Fabriken sind identisch, wäre zu erwarten, dass der Output sich verdoppelt. Formal ist Folgendes passiert:

$$f(2f_1, 2f_2) = 2 * f(f_1, f_2)$$

oder allgemein:

$$f(af_1, af_2) = a * f(f_1, f_2).$$

Eine solche Funktion nennt man homogen vom Grade eins. Erhöht man jeden Input in einem bestimmten Verhältnis, wird sich der Output im gleichen Verhältnis erhöhen.[27] Ökonomisch repräsentiert eine solche Produktionsfunktion **konstante Skalenerträge**.[28] Konstante Skalenerträge spie-

---

Stunden an täglicher Arbeit zulassen und so fort.

Allerdings gibt es bei Maschinen auch Vorschriften zu erfüllen. Bestimmte Umweltstandard müssen berücksichtigt werden, Lärm muss sich in vorgeschriebenen Grenzen halten, es gibt Vorschriften zur regelmäßigen Wartung etc. Die Substitution von Arbeit durch Kapital muss letztenes alle Einzelheiten gegeneinander abwägen. Es entscheidet der Kostenfaktor.

[27]Man beachte, dass die allgemeine Gleichung die Form $f(af_1, af_2) = a^\lambda f(af_1, af_2)$ hat. Im Falle einer Funktion homogen vom Grade eins ist $\lambda = 1$ und die Gleichung vereinfacht sich auf $f(af_1, af_2) = a * f(af_1, af_2)$

[28]Das Konzept der Skalenerträge wurde zuerst von Alfred Marshall definiert. Die Definition durch Marshall ist zwar die erste wirkliche Definition in der ökonomischen Literatur, aber dass Konzept blieb Jahrzehnte umstritten. Die genaue Definition hat sich über die Jahre erst entwickelt. (vgl. Piero Sraffa 1926; Robertson u.a. 1930).

geln sich in konstanten variablen Kosten wider. Bleiben die Preise konstant und kann eine immer größere Menge mit den gleichen Kosten hergestellt werden, wird die Veränderungsrate der Erträge eines Unternehmens konstant sein.

Um den Output einer Firma zu erhöhen muss aber nicht unbedingt eine neue Fabrik gebaut werden. Ein Unternehmer besitzt eine Fabrik, in der ein Arbeiter mit Hilfe einer Maschine einen Output von y erzeugt. Bei genauerer Betrachtung fällt dem Unternehmer auf, dass der Arbeiter während die Maschine läuft immer Pause machen kann. In der Tat hat der Arbeiter einen halben Tag Pause. Der Unternehmer schafft also eine zweite Maschine an, die der Arbeiter auch noch bedienen soll. Der Output wird sich hiermit verdoppeln. Aber im Unterschied zum vorherigen Beispiel wird der Input weniger als verdoppelt. Der gesamte Input bestand am Anfang aus einem Arbeiter und einer Maschine. Die Anzahl der Arbeiter wird nicht erhöht, lediglich die Anzahl der Maschinen wird verdoppelt. Obwohl der Input weniger als verdoppelt wurde, verdoppelt sich der Output. Mit anderen Worten, die Verdoppelung der Inputs ergibt mehr als eine Verdoppelung des Outputs. Formal bedeutet dies nichts anderes als:

$$f(af_1, af_2) = a^\lambda * f(f_1, f_2) \qquad \text{mit } \lambda > 1.$$

Eine solche Funktion nennt man homogen vom Grade größer eins, sie weist **steigende Skalenerträge** auf. Diese Art der Skalenerträge beschreibt Effizienzsteigerungen im realen Wirtschaftsleben. Ein gutes Beispiel hierfür ist Arbeitsteilung. Arbeitsteilung wurde schon in der frühen Phase der ökonomischen Theorie von Adam Smith beschrieben.[29] Hierbei wird nicht ein einziger Arbeiter damit beschäftigt ein Gut vom ersten bis zum letzten Produktionsschritt zu bearbeiten, sondern es wird für jeden Produktionsschritt ein einzelner Arbeiter eingesetzt, so wird jeder Arbeiter in seinem Produktionsabschnitt besondere Fähigkeiten erlernen und diesen Arbeitsschritt aufgrund seiner Erfahrung und Übung schon nach kurzer Zeit schneller und gründlicher ausüben können, verglichen zu der Zeit, in der er alle Arbeitsschritte ausführen musste.

Natürlich kann es auch die andere Situation geben, in der eine Verdoppelung der Inputs gleich ist mit weniger als einer Verdoppelung des Outputs. Formal bedeutet dies:

$$f(af_1, af_2) = a^\lambda * f(f_1, f_2) \qquad \text{mit } \lambda < 1.$$

[29]vgl. Adam Smith 1996; S. 9-15

Die Funktion ist homogen vom Grade kleiner eins und repräsentiert **sinkende Skalenerträge**.

9.2.3 Die Transformationskurve

In einer Gesellschaft gibt es nicht nur ein Unternehmen, sondern eine Vielzahl von Unternehmen. In Deutschland gab es 2006 etwas mehr als 3 Millionen Unternehmen.[30] Jedes dieser Unternehmen ist in seiner Tätigkeit für gewöhnlich auf einen einzelnen Wirtschaftsbereich beschränkt. Einige gar nur auf ein einzelnes Produkt.[31] Der Bäcker wird Brötchen produzieren. Zum Leben benötigt er vielleicht auch Fleischspeisen. Kann er sicher sein, dass sich immer ein Schlachter findet, der bereit ist Fleisch anzubieten? Ja, denn ein Vorteil motiviert das Handeln des Schlachters. Dies ist übrigens ein gegenseitiger Vorteil. Auch der Bäcker hat einen Vorteil nur seine Brötchen anzubieten und das geschlachtete Fleisch zu kaufen.

Beide haben den Vorteil der Spezialisierung. Der Bäcker ist besser beim Backen der Brötchen und der Schlachter besser beim Schlachten. Würde jeder beides tun, um sich selbst zu ernähren, müssten sie insgesamt sicher eine längere Arbeitszeit aufwenden. Durch die Arbeitsteilung und Spezialisierung auf ihr Fachgebiet können beide die Gesamtmenge, die nötig ist, damit beide überleben können, in einer kürzeren Zeit herstellen und gewinnen damit an Wohlfahrt. Der Bäcker und der Schlachter verteilen ihre Produktionsfaktoren, um gemeinsam ein besseres Ergebnis zu erzielen. Je mehr Unternehmen an diesem Prozess teilnehmen, desto größer wird die Menge an möglichen Inputkombinationen. Für jede mögliche Kombination aller Faktoren gibt es jeweils einen Gesamtoutput der Volkswirtschaft. Es ergibt sich die **Transformationskurve**, auch **Produktionsmöglichkeitenkurve**. *Die Transformationskurve ist der geometrische Ort des maximalen Outputs für jede mögliche Inputkombination.* Sie beschreibt das Austauschverhältnis der Outputs. Setzt die Volkswirtschaft alle Produktionsfaktoren zur Produktion des Gutes y_1 ein, wird logischerweise nur y_1 produziert. Es wird nichts von y_2 produziert. Umgekehrt verhält es sich, wenn alle Inputs zur Produktion von y_2 eingesetzt werden. Dies sind zwei

---

[30]Institut für Mittelstandsforschung

[31]Durch diese Spezialisierung kann nicht mehr gewährleistet werden, dass jedes Unternehmen alles bekommt was es braucht. Es geht ein gewisses Risiko ein, dass ein benötigtes Zwischengut zeitweilig oder überhaupt nicht auf dem Markt angeboten wird. Der Bäcker backt zwar Brötchen und kann daher mit hundertprozentiger Sicherheit von ihrem Angebot ausgehen. Es sei denn das Mehl wird nicht geliefert. Das Problem einer nicht vorhandenen Ressource soll an dieser Stelle außen vor bleiben. Es geht lediglich um die Frage der Produktion.

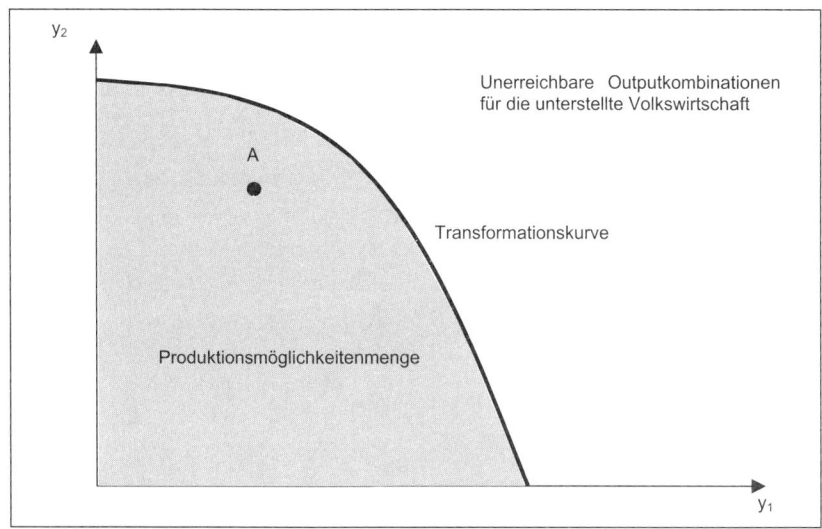

Abbildung 9.6: Eine typische Transformationskurve

Extremfälle. In der Regel wird die Gesellschaft einen Teil ihrer Inputs für y_1 und den Rest für y_2 einsetzen. Mehr Produktion von y_2 bedeutet weniger von y_1. Die Transformationskurve hat typischerweise das Aussehen wie in Abbildung 9.6.

Die Transformationskurve umschließt die Produktionsmenge. Genau wie beim Budget eines Haushaltes muss nicht notwendigerweise eine Inputkombination gewählt werden, deren Output auf der Transformationskurve liegt. Es könnte auch der Output in Punkt A erzeugt werden. Punkt A ist jedoch eine ineffiziente Kombination. Teile der Produktionsfaktoren in der Volkswirtschaft sind ungenutzt. Würde man sie zur Produktion einsetzen, könnte die Gesellschaft ein höheres Outputniveau erreichen und damit auch einen höheren Wohlstand. *Nur die Inputkombinationen, die zu einem Output auf der Transformationskurve führen, sind effiziente Kombinationen in einer Volkswirtschaft.* Alle Punkte außerhalb der Transformationskurve sind für die hier unterstellte Volkswirtschaft unerreichbar. Die Tatsache, dass es Outputs gibt, die von der Gesellschaft nicht erreicht werden können, deutet auf die Knappheit der Güter einer Gesellschaft hin. *Die Menge aller knappen Güter wird durch die Produktionsmenge repräsentiert.*

Die Transformationskurve beschreibt das Austauschverhältnis der Inputs

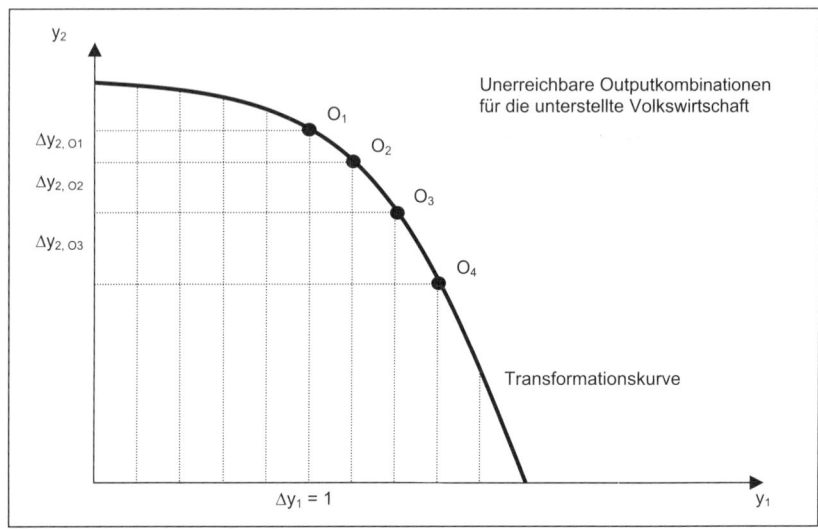

Abbildung 9.7: Die Grenzrate der Transformation entlang der Transformationskurve

innerhalb einer Gesellschaft. Dieses Austauschverhältnis wird **Grenzrate der Transformation** (MRT) genannt:

$$MRT = -\frac{dy_2}{dy_1}.$$

Wie bereits erwähnt, muss die Grenzrate der Transformation negativ sein. Auf der Transformationskurve kommen alle Produktionsfaktoren, in deren Besitz die Gesellschaft ist, zum Einsatz. Wenn die Gesellschaft sich von Output O_2 zu Output O_1 in Abbildung 9.7 bewegen will, erhöht sich die Menge y_2. Es muss notwendigerweise weniger von y_1 produziert werden. Die Grenzrate der Transformation beschreibt ein schon vorher eingeführtes Konzept in der Ökonomie, die **Opportunitätskosten der Gesellschaft**. Was muss eine Gesellschaft aufgeben, d.h. welche Kosten verursacht es, die Produktion von y_2 zu erhöhen? Es verursacht Kosten in Form von einer geringeren Menge y_1. Durch die Grenzrate der Transformation wird man in die Lage versetzt, die Opportunitätskosten eines Gutes genau zu berechnen.[32] Es sollen zum Abschluss noch einige Worte über das Aussehen der

---

[32]An dieser Stelle sollte auf die Schwierigkeiten in der Praxis hingewiesen werden. Erstens kann es sich innerhalb einer Gesellschaft immer nur um einen Kompromiß handeln. Es wird immer Personen geben, für die hohe Opportunitätskosten entstehen und welche, für die niedrige Opportunitätskosten entste-

Transformationskurve verloren werden. Das nach außen gewölbte Aussehen ist typisch für die Transformationskurve. In Abbildung 9.7 wurde ein kleines Netz aus gepunkteten Linien hinzugefügt. Diese Linien zeigen die Veränderung von y_2 bei der Produktion von einer zusätzlichen Einheit von y_1. Vereinfacht ausgedrückt wird die Grenzrate der Transformation entlang der Transformationskurve aufgezeigt.[33]

Die Gesellschaft muss im Punkt O_1 weniger von y_2 aufgeben, um eine Einheit von y_1 zu erhalten. Je näher die Gesellschaft dem Punkt O_4 kommt, desto größer werden die Opportunitätskosten des Gutes y_1. Die Gesellschaft muss immer mehr von y_2 aufgeben, um eine Einheit y_1 zu erhalten. Wenn sich die Gesellschaft von O_2 nach O_3 bewegt, sind die Kosten schon erheblich größer als im Punkt O_1.

Diese Veränderung der Opportunitätskosten kann von zwei Seiten betrachtet werden. Erstens, wird y_1 wertvoller, je näher die Gesellschaft Punkt O_4 kommt. Die Gesellschaft ist bereit, immer mehr für y_1 zu bezahlen, d.h. das Gut muss für die Gesellschaft einen höheren Wert bekommen. Andersherum wird y_2 entlang der Transformationskurve hin zu O_4 immer weniger wert. Am Ende kann kaum noch etwas mit y_2 gekauft werden. Selbst eine Einheit y_1 bedeutet eine große Veränderung in der produzierten Menge y_2. Diese relative Wertsteigerung spielt auch im **Außenhandel** eine große Rolle (siehe Kasten "Der Vorteil des Außenhandels"). Zweitens, wird der Verlauf der Produktionsfunktion anhand der Transformationskurve deutlich. Hierzu fährt man am besten mit dem Finger in die andere Richtung auf der Transformationskurve, d.h. von O_4 nach O_1. Mit jeder Veränderung von y_1 wird eine Einheit des Gutes aufgegeben. Es wird eine konstante Menge an Inputs frei zur Produktion von y_2. Mit dieser konstanten Menge wird aber mit zunehmender Menge y_2 immer weniger produziert.

---

hen. Wird durch einen Autobahnbau zum Beispiel ein kleines Gehölz in einer Gemeinde abgeholzt, geht der Gemeinde womöglich das sonntägliche Ausflugsziel verloren. Die Opportunitätskosten der Gemeinde werden hoch sein, die vieler Autofahrer, vor allem der Berufspendler werden sehr niedrig sein oder gar keine Kosten bedeuten. Ihr Arbeitsweg verringert sich zeitlich zum Beispiel, was ihre Freizeit verlängert. Für sie entsteht ein Gewinn. Zweitens sind die alternativen Produktionsmöglichkeiten innerhalb einer Gesellschaft sehr groß. Selbst wenn auf die Autobahn verzichtet wird, wo sollen die Produktionsfaktoren eingesetzt werden. In der Praxis bleibt die Bestimmung der Opportunitätskosten daher immer schwierig (siehe auch Kasten "Die Zahlungsbereitschaft einer Volkswirtschaft").

[33]Man beachte, dass diese Verwendung der Grenzrate der Transformation mathematisch nicht einwandfrei ist. In Abbildung 9.7 wird eine diskrete Mengenänderung von y_2 im Verhältnis zu einer diskreten Mengenänderung bei y_1 veranschaulicht. Dabei ist die Mengenänderung von y_1 auf eins standardisiert. Tatsächlich handelt es sich daher um den Bruch $-\Delta y_2/\Delta y_1$. Dies ist der sogenannte Differenzenquotient. Die Grenzrate der Transformation ist allerdings durch den Differentialquotienten $(-\partial y_2/\partial y_1)$ definiert. Hierbei handelt es sich um eine unendlich kleine Mengenänderung. Der Differentialquotient ist der Grenzwert des Differenzenquotienten, es handelt sich daher nur um eine Annäherung, die an dieser Stelle ausreichend, aber dennoch ungenau ist.

Das Grenzprodukt von y_2 ist zwar im gesamten Verlauf der Transformationskurve positiv aber abnehmend. Damit werden die zwei Annahmen der Produktionsfunktion erfüllt.

Die Zahlungsbereitschaft einer Volkswirtschaft[a]

Um die Opportunitätskosten einer Volkswirtschaft messen zu können, kann die *Zahlungsbereitschaft der Verhinderung* der Gesellschaft gemessen werden. Präziser gesagt muss herausgefunden werden, welchen maximalen Betrag eine Gesellschaft bereit wäre zu zahlen, um eine bestimmte Änderung nicht eintreten zu lassen. Dies Konzept wird auch **Willingness To Pay** (WTP) genannt. Beim Bau einer Autobahn gibt es Gewinner, die Pendler und Reisenden, und Verlierer, die Anwohner. Die Anwohner werden zum Beispiel einen Teil ihres Naherholungsgebietes verlieren und von mehr Lärm belästigt. Durch eine Umfrage kann hypothetisch herausgefunden werden, welchen Betrag die Gemeinde bereit ist zu bezahlen, um den Autobahnbau zu verhindern. Ist die Gemeinde insgesamt der Meinung, dass ihr keine Kosten entstehen, wird der WTP-Betrag Null sein. Entstehen hingegen hohe Kosten, wird die Gemeinde einen hohen Betrag zu zahlen bereit sein.

Auf der anderen Seite können die Gewinner des Autobahnbaus befragt werden, welchen minimalen Betrag sie bereit wären zu akzeptieren, um auf den Autobahnbau zu verzichten. Dieser Betrag entspricht ihrem voraussichtlichen Gewinn durch die Autobahn (genannt: **Willingness To Accept Compensation**; WTAC). Eine Gesellschaft muss beide Angaben gegenüberstellen und damit Gewinne gegen Kosten verrechnen. Überwiegen die Gewinne wird die Autobahn gebaut andererseits selbstverständlich nicht.

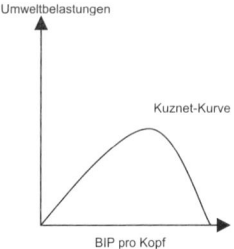

Umweltbelastungen

Kuznet-Kurve

BIP pro Kopf

Ein häufiger Kritikpunkt am Modell der Zahlungsbereitsschaft bzw. Kompensation ist die vermutete Abhängigkeit der Angabe von der Einkommensverteilung. Reiche Menschen sind eher bereit, einen hohen Preis zu bezahlen, um bestimmte Projekte zu verhindern. Dies ist auch insgesamt am unterschiedlichen Niveau der Umweltschutzausgaben von Industrieländern und Entwicklungsländern zu erkennen. Die armen Länder haben, um es einfach auszudrücken, andere Sorgen als die Belastung der Umwelt. Diese Tatsache wird durch die Theorie der **Kuznet-Kurve**[b] unterstrichen. Die Kuznet-Kurve besagt, dass die Umweltverschmutzung mit steigendem pro-Kopf-Einkommen zunächst zunimmt. Ab einem gewissen Einkommen pro Kopf sinkt die Umweltbelastung allerdings wieder. Dies nicht nur relativ, sondern absolut. Je reicher die Menschen werden, desto mehr sorgen sie sich um ihre Gesundheit und damit auch um die Umwelt.

Das WTP Konzept hängt daher stark an der Einkommensverteilung. Es ist notwendig, das Konzept auf die tatsächliche Zahlungsfähigkeit zu erweitern. Damit wird verhindert, dass ein Haushalt eine Summe nennen kann, die er nicht bezahlen kann. Ein Haushalt könnte als Ausdruck seiner Wertschätzung eines bedrohten Waldstückes zwar den Willen haben, eine hohe Summe zu zahlen, aber gar nicht die Mittel besitzen. Es ist durchaus sinnvoll anzunehmen, dass die Opportunitätskosten irgendeiner Maßnahme nicht höher sein können als das gesamte Vermögen einer Person. Hierzu zählt das zukünftige abgezinst auf heute genauso.

a Zum Konzept der Zahlungswilligkeit und der Bereitschaft zur Akzeptanz einer Kompensation vgl. Hanley u.a. 2001, Kapitel 3. Die Kuznet-Kurve wird ebenda in Kapitel 6 ausführlich diskutiert.

b Benannt nach dem Wirtschaftsnobelpreisträger Simon Kuznet (1901-1985). Der in Russland geborene Kuznet war Mitglied des National Bureau of Economic Research in den USA von 1927 bis Anfang der 1960er Jahre und lehrte an der University of Pennsylvania, der Johns Hopkins University und der Harvard University. Er war President der American Statistical Association und der American Economics Association.

Spezialfälle einer Transformationskurve könnten eine Gerade sein oder eine in Richtung Ursprung des Koordinatenkreuzes gewölbte Kurve. Der erste Fall steht im Einklang mit einem positiven und konstanten Grenzprodukt. Der zweite mit einem positiven und zunehmenden Grenzprodukt. Diese beiden Fälle sollen aber im Folgenden keine Rolle spielen.

Die Vorteile des Außenhandels (komparative Kostenvorteile)

Tagesproduktion Land A:	Tagesproduktion Land B:
40 Anzüge	120 Anzüge
oder	*oder*
8 DVD-Player	40 DVD-Player

Land A benötigt 80 DVD-Player, es möchte diese aber nicht selbst produzieren, sondern sie von Land B kaufen. Als Preis bietet Land A 320 Anzüge. Sollte Land B diesen Handel eingehen? So oder so ähnlich sehen viele Handelsgeschäfte zwischen Industrie- und Entwicklungsländern aus. Land B ist in diesem Beispiel offensichtlich das Industrieland. Die Gesamtproduktion ist höher. Können beide Länder aus diesem Handel Vorteile ziehen? Oder werden die Entwicklungsländer von den reichen Industrienationen ausgebeutet? Land B kostet die Produktion von 80 DVD-Playern genau zwei Tagesproduktionen an Anzügen, d.h. 240 Stück. Verkauft Land B die 80 DVD-Player jedoch an Land A erhält es 320 Anzüge. Land B würde bei diesem Geschäft einen Gewinn von 80 Anzügen machen. Auf der anderen Seite kostet Land A die Eigenproduktion von 80 DVD-Playern zehn Tagesproduktionen an Anzügen, d.h. 400 Stück. Kauft Land A hingegen die 80 DVD-Player von Land B, fallen nur Kosten von 320 Anzügen an. Auch Land A macht einen Gewinn von 80 Anzügen. Ein weiteres Argument mit dem gleichen Ergebnis sind die unterschiedlichen Opportunitätskosten und die relativen Wertverhältnisse der beiden Güter in Land A und Land B.

Land A:	8 DVD = 40 Anzüge	⇔	DVD = 5 Anzüge
Land B:	40 DVD = 120 Anzüge	⇔	DVD = 3 Anzüge

Die Produktion von DVD-Playern ist in Land B relativ günstiger als in Land A. Ein DVD-Player kostet in Land B nur 3 Anzüge, hingegen 5 in Land A. Das Verhältnis ist genau umgekehrt im Falle der Anzüge. Aus diesem Grund sollte Land B möglichst viele DVD-Player produzieren und Land A möglichst viele Anzüge. Dieses Beispiel verdeutlicht den beiderseitigen Nutzen des Außenhandels, es handelt sich hierbei nicht um eine Ausbeutung armer Länder durch die reichen Länder. Dieser Schluss trifft jedenfalls dann zu, wenn der Handel, was angenommen wird, fair ist. Im Beispiel besitzt Land A einen **komparativen Vorteil** bei der Produktion von Anzügen und Land B einen bei der Produktion von DVD-Playern. Bei dem jeweils anderen Gut besitzen die Länder einen **komparativen Nachteil**. Durch den Handel können beide Länder von ihrem Vorteil profitieren. **Internationale Arbeitsteilung** kann daher die Produktionsfaktoren länderübergreifend optimieren, was den globalen Wohlstand erhöht. In diesem Sinne ist Globalisierung etwas Gutes. Land B sollte auf den Handel eingehen!

9.3 Die Break-Even-Analyse und die ideale Unternehmensgröße

Im Rahmen der Erläuterungen zur Produktionsfunktion wurde ein stets positives Grenzprodukt angenommen. Im Zusammenhang mit steigenden Skalenerträgen muss eine immer größere Firma einen immer größeren Gewinn pro Stück generieren. Mit anderen Worten, die Kosten pro Stück sinken mit steigendem Output bei konstanten Preisen. Dies berücksichtigt allerdings nur die Produktionsseite. Ist ein Werk eines großen Autokonzerns beispielsweise gewinnbringend, gibt es keinen offensichtlichen Grund, warum die Fabrik nicht eins zu eins kopiert werden kann und hinterher weniger gewinnbringend ist.[34] Unter Berücksichtigung der Nachfrage muss man eine andere Kalkulation durchführen. Ein zweites Werk kann unter Umständen mit den gleichen Kosten die gleiche Menge an Autos produzieren. Doch muss bei einer Steigerung des Angebots und unveränderter Nachfrage der Preis fallen. Unter Umständen fällt der Preis unter die Produktionskosten, im Extremfall gibt es überhaupt keine Nachfrage mehr. Das zweite Werk kann daher möglicherweise einen Verlust bringen. Bevor ein Unternehmer über die tatsächliche Produktionstechnologie zur Gewinnmaximierung entscheidet, muss die **optimale Betriebsgröße** gefunden werden. Hierzu muss der Markt abgeschätzt werden. Eine von zwei Fragen muss der Unternehmer beantworten:

1. Welches ist der zu erwartende Absatzpreis?

2. Welches ist die zu erwartende Absatzmenge?

Erwartet ein Unternehmer gar nicht erst einen Gewinn, wird er kaum die Produktion anfahren. Nur wenn es realistisch erscheint die Gewinnschwelle zu erreichen, wird produziert werden. Der Break-Even-Preis bzw. die Break-Even-Menge helfen bei dieser Entscheidung.

Zur Bestimmung eines **Break-Even-Preis** muss die **erwartete Absatzmenge** bekannt sein. Diese Größe kann zum Beispiel durch Marktumfragen gewonnen werden, durch den Vergleich mit ähnlichen Produkten der Konkurrenz[35] oder durch bereits vorhandene Vorläuferprodukte. Die

---

[34]Das Kopieren der Produktionsanlagen sollte dabei keine Schwierigkeit sein. Problematisch ist das Kopieren des Humankapitals. Unterschiedliche Menschen sind unterschiedlich produktiv. Dennoch sollte eine genaue Kopie eines Werkes, d.h. in Aufbau und Ablauf, trotz unterschiedlicher Arbeitskräfte weiterhin zu einem Gewinn führen.

[35]Hierzu ist wiederum die Größe des zukünftigen Marktanteils abzuschätzen.

Durchführung einer **Break-Even-Analyse** wird dann zu einem Break-Even-Preis führen. Durch die Kenntnis der Produktionstechnologie muss anschließend bestimmt werden, welche Technologie die Beste zur Produktion ist und ob überhaupt eine Technologie die vorgegebene Menge mit Kosten produzieren kann, die unterhalb des Break-Even-Preises liegen.[36] Tabelle 9.1 stellt eine beispielhafte Break-Even-Analyse vor.

Tabelle 9.1: Ermittlung eines Break-Even-Preises

erwartete Absatzmenge	40 Stück	50 Stück	60 Stück
Fixkosten	12	12	12
variable Kosten	$0,5y = 20$	$0,5y = 25$	$0,5y = 30$
Gesamtkosten	$20 + 12 = 32$	$25 + 12 = 37$	$30 + 12 = 42$
Erlöse	$40p$	$50p$	$60p$
Gewinne (E-K$_g$)	$40p - 32$	$50p - 37$	$60p - 42$
Gewinne gleich "0" setzen und nach p auflösen	$40p - 32 = 0$ $40p = 32$ $p = 0,8GE$	$50p - 37 = 0$ $p = 0,74GE$	$60p - 42 = 0$ $p = 0,7GE$

Bei den gegebenen Kostenfunktionen, diese ergeben sich aus der Produktionsplanung, muss der Break-Even-Preis je nach tatsächlich abgesetzter Menge zwischen 0,7 und 0,8 GE liegen. Erscheint es realistisch diesen Preis am zukünftigen Markt erzielen zu können, wird die Firma gegründet werden bzw. die Produktion anlaufen. Zu beachten ist, dass die Ausgangsgröße, die erwartete Absatzmenge nur eine Schätzung ist. Aufgrund einer geschätzten Absatzmenge wird ein Preis ausgerechnet. Ob dieser Preis realistischer Weise erzielt werden kann, muss wiederum abgeschätzt werden. Diese Problematik wird gleich noch einmal aufgegriffen. Zunächst zur **Break-Even-Menge**.

Tabelle 9.2: Ermittlung eines Break-Even-Menge

erwarteter Preis	0,9 GE	1,0 GE	1,1 GE
Fixkosten	12	12	12
variable Kosten	$0,5y$	$0,5y$	$0,5y$
Gesamtkosten	$0,5y + 12$	$0,5y + 12$	$0,5y + 12$
Erlöse	$0,9y$	$1y$	$1,1y$
Gewinne (E-K$_g$)	$0,9y - (0,5y + 12)$	$y - (0,5y + 12)$	$1,1y - (0,5y + 12)$
Gewinne gleich "0" setzen und nach y auflösen	$0,9y - 0,5y - 12 = 0$ $0,4y = 12$ $y = 30$	$y - 0,5y - 12 = 0$ $y = 24$	$1,1y - 0,5y - 12 = 0$ $y = 20$

---

[36]Dies ist ein notwendiges, nicht hinreichendes, Kriterium um eine Produktion zu beginnen. Notwendig deshalb, weil nie ein Gewinn erzielt werden kann mit zu erwartenden Produktionskosten oberhalb des Preises. Nicht hinreichend, da auch die Fixkosten durch die abgesetzte Menge in Verbindung mit dem Preis gedeckt werden müssen. Dieses Problem wird später genauer erläutert (vgl. Kap. 9.4).

In diesem Fall wird die Schätzung eines Preises als Startpunkt benötigt. Dies ist realistisch im Falle eines Nachfolgeproduktes oder eines Konkurrenzproduktes. Ein möglicher Preis kann auch durch Kundenbefragungen ermittelt werden. Durch das Einsetzen eines Preises in die nach der Planung errechnete Angebotsfunktion ergibt sich eine zu erwartende Absatzmenge. Es wird nun wie im Falle der Ermittlung des Break-Even-Preises die Technologie ermittelt, die zu den geringsten Herstellungskosten führt. Kann keine der geplanten Technologien die erwartete Menge zu dem erwarteten Preis mit Gewinn verkaufen, wird die Produktion nicht anfahren. Tabelle 9.2 zeigt beispielhaft eine Break-Even-Analyse deren Ergebnis eine Break-Even-Menge ist.

Ob der zu erwartende Preis nun 0,9 GE, 1 GE oder 1,1 GE beträgt, verändert die Menge, die zum erreichen eines Gewinns produziert werden muss, in einem Intervall von 20 bis 30 Stück. Es gilt nach der Durchführung der Analyse wiederum abzuschätzen, ob die benötigte Absatzmenge realistisch am zukünftigen Markt erreicht werden kann. Auch die Ermittlung einer Break-Even-Menge basiert auf Schätzungen.

Obwohl die tatsächliche Bestimmung des Break-Even-Preises und der Break-Even-Menge einem genauen mathematischen Konzept folgt, sind ihre Ergebnisse sehr ungewiss. Mit Fehlern kann bereits die jeweilige Ausgangsgröße behaftet sein. Kundenbefragungen führen sicher nicht zu einem gewinnmaximierenden Preis. Zukünftige Kunden haben einen Anreiz ihren Reservationspreis für ein neues Produkt möglichst gering anzusetzen. Geben Kunden bei einer Befragung einen geringeren als ihren tatsächlichen Reservationspreis an, steigt ihre Konsumentenrente, wenn das Produkt tatsächlich mit dem geringeren Preis auf den Markt kommt. Andererseits kann argumentiert werden, dass die Kunden einen Anreiz haben ihren richtigen Reservationspreis zu nennen, um die Wahrscheinlichkeit des Angebotes zu erhöhen. Bei einem zu niedrigen Preis besteht immer die Gefahr, dass das Produkt gar nicht erst angeboten wird. Durch ihre unehrliche Aussage bezüglich des Reservationspreises haben die potentiellen Kunden mit zu einer solchen Entscheidung beigetragen. Darüber hinaus ist die Aussage über einen Reservationspreis an sich schon zweifelhaft. Welcher Konsument kennt wirklich seine Reservationspreise für sämtliche aktuelle und zukünftige Produkte? In der Regel handelt es sich eher um eine Bauch-Entscheidung. Wird der Preis eines vorherigen Modells oder eines Konkurrenzproduktes zur Ermittlung der Break-Even-Menge genutzt, bestehen ebenfalls erhebliche Probleme. Das neue Produkt ist häufig qualitativ besser. Es sollte daher einen höheren Preis als das vorhandene Produkt haben. Aber werden die Konsumenten die Qualitätssteigerung spüren und auch bereit sein zu bezahlen? Bei vorhandenen Konkurrenzprodukten wird die Konkurrenz nachdem das neue Produkt erschienen ist größer. In der Regel müssen dadurch die Preise fallen.[37] Ein fallender Endpreis wird wiederum die Break-Even-Menge bei gleichbleibenden Kosten erhöhen.

Die Break-Even-Analyse birgt viele Fehlerquellen. Einzelne Quellen mögen unerheblich sein. Die Summe von Fehlern führt allerdings zu teilweise starken Veränderungen in der Kalkulation und manchmal zum Scheitern relativ junger Unternehmen. Trotz ihrer Unzulänglichkeiten ist die Break-Even-Analyse anhand von Schätzungen eine häufig genutzte Möglichkeit, eine grundlegende Unternehmensgröße für die Gründung eines Unternehmens zu ermitteln.

Es ist nicht die einzige Möglichkeit. Eine gute Möglichkeit zur Ermittlung der Unternehmensgröße sind feste Auftragsbestände. Der Produktionsanlauf sehr großer und teurer Objekte, die zwar keine Einzelgüter darstellen, aber auch nicht für den Massenmarkt bestimmt sind, wird häufig von einem festen Auftragsbestand abhängig gemacht. Dadurch wird das Verlustrisiko minimiert. Ein Beispiel ist die gerade aktuelle Baureihe des deutschen ICE. Das produzierende Konsortium hat mit der Produktion erst nach Erhalt einer bestimmten Anzahl von Bestellungen begonnen. Ein weiteres Beispiel ist der neue Superairbus A380. Der endgültige Startschuss zum Aufbau eines tatsächlichen Produktionsprogrammes wurde erst nach dem Eingang von einer Mindestanzahl an Bestellungen gegeben. Das ein Unternehmen schon vor dem Beginn der Produktionsplanung und dem Aufbau der Produktionsanlagen einen festen Auftragsbestand hat, ist jedoch eher die Ausnahme. Eine relativ sichere Abschätzung kann häufig bei Nachfolgeprodukten gemacht werden. Viele Autokäufer fahren die gleiche Marke und auch die gleiche Baureihe über Jahrzehnte. Ein neues Modell hat daher schon immer eine gewisse sichere Käuferschicht. Zwar reduziert dies das Verlustrisiko großer Autokonzerne, aber dennoch bleiben Risiken bestehen.

---

[37]Das die Preise bei zunehmender Konkurrenz, d.h. bei größerem Angebot und konstanter Nachfrage fallen müssen, ist ein Ergebnis des vollkommenen Marktes. In einem späteren Kapitel werden die Auswirkungen von Produktdifferenzierung in einem Oligopol untersucht werden. In einem Oligopol muss ein größeres Angebot faktisch gleichartiger Güter nicht zu einem fallenden Preis führen (vgl. Kap. 12 und speziell 12.4).

9.4   Kostenarten

9.4.1   Fixe Kosten

Es gibt fixe **Produktionsfaktoren**. *Fixe Produktionsfaktoren, sind Faktoren, die während einer bestimmten Periode nicht in beliebigem Ausmaße zur Verfügung stehen. Auf der anderen Seite bedeuten fixe Produktionsfaktoren aber auch, dass sie nicht beliebig innerhalb einer Periode reduziert werden können.* Es handelt sich eben um eine fixe Größe. Sie kann bei einer kurzfristigen Betrachtung weder vergrößert noch verkleinert werden. *Die für fixe Produktionsfaktorenfixe anfallenden Kosten nennt man **fixe Kosten**. Fixe Kosten sind unabhängig von der Beschäftigung eines Unternehmens.*

Der Begriff **Beschäftigung** wird volkswirtschaftlich häufig als Synonym für die Arbeitsnachfrage genutzt. Ist die Arbeitslosigkeit in einer Volkswirtschaft gering, spricht man von hoher Beschäftigung. *Beschäftigung* ist aber auch ein betriebswirtschaftlicher Begriff. Gutenberg unterscheidet fünf Einflussfaktoren: die Beschäftigung, die **Faktorqualität**, die **Faktorpreise**, die **Betriebsgröße** und das **Fertigungsprogramm**.[38] Das Fertigungsprogramm und auch die Betriebsgröße wird an dieser Stelle nicht näher betrachtet. Die Betriebsgröße spielt in der Volkswirtschaft zwar eine Rolle, wie die vorherigen Ausführungen zur Break-Even-Analyse gezeigt haben, aber die dynamische Erweiterung eines Betriebes um Kosten zu senken, ist nachrangig. Die Betriebsgröße spielt im Rahmen von Wettbewerbsbedingungen eine viel größere Rolle.[39] An dieser Stelle sind die wesentlichen Kosteneinflussfaktoren die Beschäftigung, die Faktorqualität und die Faktorpreise. *Die Beschäftigung gibt die **Kapazitätsauslastung** eines Unternehmens an. Die **Kapazität** beschreibt dessen Produktionsmöglichkeiten.*

Fixe Kosten sind unabhängig von der Beschäftigung. Ihre Höhe ist konstant, egal ob das Unternehmen etwas produziert oder nicht. Beispiele sind die Miete einer Werkhalle oder die Finanzierungskosten eines Kredites, mit dem eine Maschine gekauft wurde. Viele Unternehmen machen Werksferien in den Sommermonaten oder über die weihnachtlichen Festtage. Während der Zeit wird nichts produziert. Die Miete muss allerdings trotzdem bezahlt werden und die Zinsen für Kredite werden weiterberechnet. Die fixen Kosten oder auch Fixkosten werden hier und im Folgenden mit K_f bezeichnet. Fixkosten werden auch indirekte oder unvermeidbare Kosten genannt.

---

[38]vgl. Carl-Christian Freidank 1997, S. 34
[39]vgl. Kap. 10.1 und 12.3

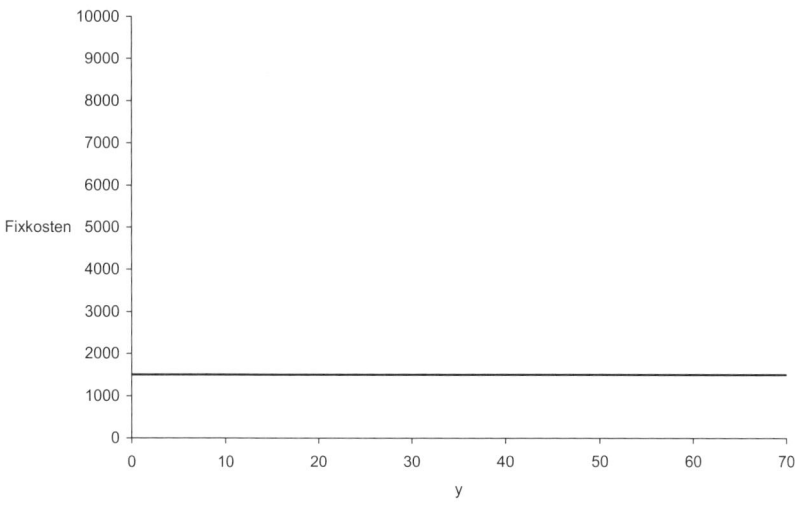

Abbildung 9.8: Fixkosten

Die Betriebsgröße wird durch die Anzahl der fixen Faktoren festgelegt. Die fixen Faktoren bestimmen wiederum die Höhe der Fixkosten. Die Kosten sind nach der Errichtung einer bestimmten Betriebsgröße unvermeidbar. Auf der anderen Seite fallen sie bei der Produktion nur indirekt an. Grafisch stellen sie sich sehr einfach durch eine Gerade parallel zu der vertikalen Achse eines Koordinatenkreuzes dar. Unabhängig von der Beschäftigung bedeutet übersetzt in Abbildung 9.8, dass eine beliebig große Outputmenge y zu den gleichen Fixkosten hergestellt werden kann.[40]

9.4.2 Variable Kosten

Fixkosten werden mit fixen Faktoren assoziiert. Es gibt eine weitere Kostenart, die mit variablen Faktoren assoziiert wird. Welcher Name wäre sinnvoller für diese Art von Kosten als **variable Kosten**. *Variable Ko-*

---

[40]Es ist an dieser Stelle noch einmal wichtig sich an die kurzfristige Betrachtung zu erinnern. Unter dieser Annahme kann die zu bestimmten Fixkosten hergestellte Menge y_1 niemals wirklich beliebig groß sein. Kurzfristig sind bestimmte Inputs fix. Dadurch wird eine Produktionsgrenze gesetzt. Spätestens wenn jeder Quadratmeter in einem Fabrikgebäude mit Produktionsmaschinen vollgestellt ist, die Maschinen bei maximaler Leistung 24 Stunden am Tag laufen und die maximale Anzahl von Arbeitskräften zu ihrer Bedienung eingesetzt wird, ist die Kapazitätsgrenze erreicht, y_1 kann nicht weiter steigen, ohne die Fixkosten zu erhöhen. Die Aussage *eine beliebig große Menge* muss daher genauer heißen: eine beliebig große Menge innerhalb der Produktionskapazitäten.

sten fallen bei der Beschäftigung von variablen Faktoren an. Die variablen Kosten sind immer abhängig von der Beschäftigung eines Unternehmens. Beispiele für variable Kosten sind Energiekosten, Rohstoffe, Akkordlöhne oder auch die Telefonrechnung. Während der sommerlichen oder winterlichen Betriebsferien fallen all diese Kosten in der Regel nicht an. Bei einer sehr engen Definition gibt es auch hier Schwierigkeiten. Die Telefonrechnung enthält meistens mindestens einen Teil fixe Kosten, die sogenannte Grundgebühr. Diese kann ebenso bei Energiekosten anfallen. Außerdem wird aufgrund der Notbeleuchtung oder einer Alarmanlage auch in den Ferien Energie verbraucht. Solche peniblen Unterscheidungen führen aber an den in diesem Buch zu diskutierenden wirtschaftlichen Problemen vorbei. Das Konzept der fixen und variablen Kosten ist insgesamt schlüssig und leicht verständlich. Bei bestimmten Inputs gibt es allerdings in der Praxis immer wieder Bestimmungsschwierigkeiten.

Variable Kosten werden manchmal auch direkte oder vermeidbare Kosten genannt. Ein typisches Beispiel sind die Rohstoffe. Rohstoffe werden benötigt, um ein bestimmtes Produkt herzustellen. Je weniger von dem endgültigen Produkt erzeugt wird, desto weniger Rohstoffe werden benötigt. Die variablen Kosten können durch eine geringere Produktion vermieden werden. Andererseits entstehen sie direkt bei der Produktion eines Gutes. Die variablen Kosten K_v stellen sich grafisch ebenfalls sehr einfach dar. Es handelt sich immer um eine mit der Outputmenge y steigende Funktion.[41] Ein Beispiel, dass im Weiteren Verwendung finden wird, ist die variable Kostenkurve in Abbildung 9.9.

9.4.3 Gesamtkosten

Die Summe aus variablen und fixen Kosten wird sinnvoller Weise **Gesamtkosten** genannt. Der Verlauf der Gesamtkostenkurve hängt vom Verlauf der variablen Kostenkurve ab. Da es sich bei den Gesamtkosten um eine Summe handelt und die Fixkosten konstant sind, verändert sich der Grad der Kostenfunktion nicht. Der einfachste Fall ist eine Gesamtkostenkurve ersten Grades, eine aufsteigende Gerade. In diesem Fall sind die variablen Kosten je Einheit konstant. Der typische Verlauf einer variablen Kosten-

---

[41]Die variablen Kosten steigen mit der Outputmenge. Die Funktion ist in der Regel streng monoton steigend. Ob es sich um eine lineare variable Kostenkurve oder um eine Kurve höheren Grades handelt, hängt von der Produktionstechnologie ab. Die häufigsten Beispiele einer einführenden mikroökonomischen Vorlesung beziehen sich auf eine variable Kostenkurve dritten Grades, man nennt diese auch s-förmig. Eine solche Kostenkurve hat den didaktischen Vorteil eines Minimums in den Stückkosten (vgl. Kap. 9.4.4).

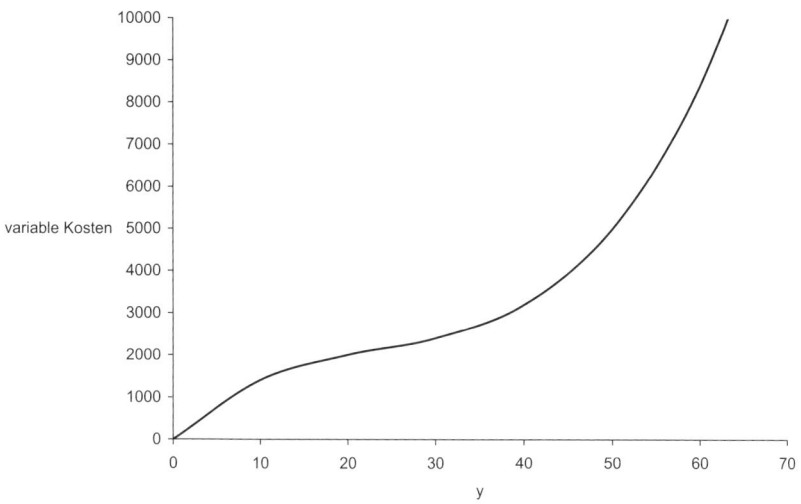

Abbildung 9.9: Variable Kosten

kurve ist allerdings s-förmig, d.h. die Funktion ist vom Grade drei. Die variablen Kosten bestimmen den Verlauf der Gesamtkostenkurve, welchen Einfluss haben die Fixkosten? Die Fixkosten sind innerhalb einer Funktion als eine Konstante zu behandeln. Mit der Veränderung einer Konstanten einer Funktion ändert sich der Achsenabschnitt. Dies ist der Schnittpunkt der Funktion mit der senkrechten Achse eines Koordinatenkreuzes. Der Schnittpunkt ergibt sich dort, wo die auf der horizontalen Achse abgetragene Größe Null ist. Man setzt einfach Null in die Gesamtkostenfunktion ein und erhält als Ergebnis die Fixkosten. Mit dem Begriff Kosten ausgedrückt bedeutet das, die variablen Kosten sind Null. Wenn die variablen Kosten Null sind und die Gesamtkostenfunktion die Summe der variablen und der fixen Kosten ist, können die Gesamtkosten nur noch aus den Fixkosten bestehen.

Die Gesamtkosten werden mit K_g bezeichnet. Grafisch ergeben sie sich aus einer Parallelverschiebung der variablen Kostenkurve. Der Schnittpunkt der Gesamtkostenkurve mit der senkrechten Achse eines Koordinatenkreuzes fällt mit dem Schnittpunkt der Fixkosten zusammen. Da Kosten nicht negativ sein können, sondern immer als größer oder gleich Null angenommen werden, kann man hier vom Ursprung der Gesamtkostenkurve

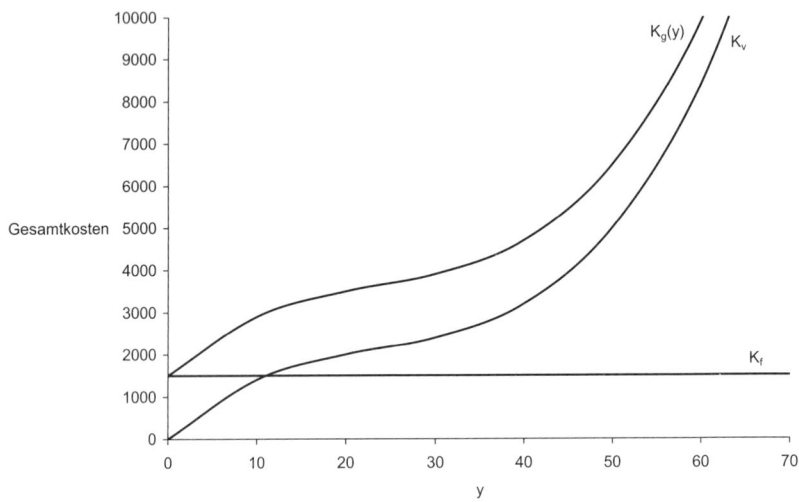

Abbildung 9.10: Gesamtkosten

sprechen. In Abbildung 9.10 sind neben der Gesamtkostenkurve noch einmal die variable Kostenkurve und die Fixkostengerade eingezeichnet. Die Parallelverschiebung wird deutlich. Die Gesamtkosten hängen vom Output y ab, ebenso die variablen Kosten. Die formale Darstellung der Kostenfunktion lautet:

$$K_g\left(y\right) = K_v\left(y\right) + K_f.$$

9.4.4 Stückkosten

Die bisherigen Kostengrößen bezogen sich jeweils auf die gesamte Outputmenge. Die **Kosten pro Stück** werden sich bei folgenden Analysen als sehr nützlich herausstellen. Sie ergeben sich aus den jeweiligen Kosten für die gesamte Outputmenge geteilt durch den Output. Die **fixen Stückkosten** k_f[42] ergeben sich aus dem Bruch K_f/y. Entsprechend ergeben sich die **variablen Stückkosten** k_v aus K_v/y. Zur Ermittlung der **gesamten Stückkosten**, auch **Durchschnittskosten** genannt, werden die variablen

---

[42]Es ist darauf zu achten, dass es sich hierbei um ein kleines k handelt. Stückkostengrößen werden hier und im Folgenden immer mit einem kleinen k, Gesamtkostengrößen mit einem großen K symbolisiert.

und fixen Stückkosten summiert. Die Durchschnittskosten ergeben sich als:

$$k_g(y) = k_v(y) + k_f = \frac{K_v(y)}{y} + \frac{K_f}{y} = \frac{K_g(y)}{y}.$$

Die Durchschnittskosten ergeben sich sowohl aus der Summe der variablen und fixen Stückkosten als auch aus den Gesamtkosten geteilt durch den Output. Ausgehend von einem Beispiel dritten Grades für eine Gesamtkostenkurve sind die Durchschnittskostenkurve und die Kurve der variablen Stückkosten nur noch Kostenkurven zweiten Grades und damit u-förmig.[43] Die fixen Stückkosten ergeben sich aus einer Konstanten, den Fixkosten, geteilt durch den Output. Eine Funktion dieser Art nennt man Hyperbel. Die Ökonomie betrachtet dabei nur den Arm der Hyperbel, der im Bereich positiver Kosten und positiver Mengen liegt.[44] Der Verlauf der fixen Stückkostenkurve ist streng monoton fallend. Je größer der Output wird, desto kleiner werden die Fixkosten pro Stück. Mit einem unendlich großen Output konvergieren die fixen Stückkosten gegen Null und spielen bei den Durchschnittskosten keine Rolle mehr. Dieser Zusammenhang wird als **Fixkostendegression** bezeichnet. *Das sogenannte Gesetz der Massenproduktion beschreibt den degressiven Verlauf der Fixkosten pro Stück. Je größer die Produktionsmenge, desto kleiner sind die fixen Stückkosten.*

Die unterschiedlichen Stückkosten sollen nun anhand einer Grafik betrachtet werden. Die Fixkosten pro Stück sind bei einem Output von Null unendlich. Definitionsgemäß kann in der Mathematik nicht durch Null geteilt werden. Je kleiner allerdings die Zahl unter einem Bruchstrich, der Nenner, wird, desto größer ist das Ergebnis des Bruches. Erreicht der Nenner fast Null ist der Bruch sehr groß. Diese Größe kann nicht in einer Grafik dargestellt werden. Aus offensichtlichen Platzgründen wird die Funktion der fixen Stückkosten daher erst ab einem Output von 10 Einheiten in der folgenden Abbildung eingezeichnet. Die variablen Stückkosten haben einen positiven Schnittpunkt mit der senkrechten Achse eines Koordinatenkreuzes und fallen von dort zunächst. Die variablen Stückkosten einer einzigen Outputeinheit sind einfach die variablen Kosten der gesamten Produktion. Hierzu zählt zum Beispiel das Einrichten und Anfahren einer Maschine.

---

[43]Allgemein ergibt sich aus einer Funktion dritten Grades $A = y^3 - y^2 + y$ eine Funktion zweiten Grades, wenn durch y geteilt wird: $A = y^3 - y^2 + y \mid : y \Leftrightarrow \frac{A}{y} = \frac{y^3}{y} - \frac{y^2}{y} + \frac{y}{y} \Leftrightarrow a = y^2 - y + 1$.

[44]Einer Hyperbel ist eine spezielle gebrochenrationale Funktion. Für weitere Informationen über dieses mathematische Thema und für eine beispielhafte Grafik einer einfachen Hyperbel $f(x) = 1/x$ siehe Dörsam 2002, S. 148.

Für die erste Outputeinheit werden die Kosten relativ hoch sein. Wird nun aber der Output verdoppelt oder verdreifacht, können sich die variablen Stückkosten höchstens verdoppeln oder verdreifachen. In der Regel tun sie dies aber nicht. Das Einrichten einer Druckmaschine kann zum Beispiel sehr lange dauern und einige Arbeitsstunden verschlingen. Der eigentliche Druck dauert am Ende nur kurze Zeit. Wird die Maschine eingerichtet und angefahren zum Druck eines einzelnen Posters zum Beispiel, sind die variablen Kosten der Produktion verhältnismäßig hoch. Zum Druck eines zweiten Posters muss die Maschine nicht verändert werden, sondern nur etwas länger laufen. Die variablen Kosten der Produktion erhöhen sich nur um relativ geringe Energiekosten und die Druckmaterialen wie der zusätzliche Farbverbrauch und das Papier. Die variablen Stückkosten fallen erheblich.

Nach dem Erreichen der optimalen Geschwindigkeit werden die variablen Stückkosten schließlich steigen. Was hat die optimale Geschwindigkeit hiermit zu tun? Läuft eine Maschine zu schnell, erzeugt sie mehr Ausschuss und nutzt sich schneller ab. Beides erhöht die variablen Stückkosten.

Die Durchschnittskosten bzw. die Durchschnittskostenkurve ergeben sich aus der Summe der variablen und fixen Stückkosten. Da beide Kurven anfänglich fallen, fällt die Durchschnittskostenkurve am Anfang stärker. Das Minimum der Durchschnittskosten liegt bei einem leicht größeren Output als das Minimum der variablen Stückkosten. Dies ergibt sich aus dem Einfluss der ständig fallenden Fixkosten pro Stück. Die drei Kurven haben im Falle einer Gesamtkostenkurve dritten Grades einen Verlauf wie in Abbildung 9.11.

9.4.5   Grenzkosten

Es gibt noch einen weiteren Kostenbegriff, der bei weiteren Analysen sehr wichtig sein wird, insbesondere zur Bestimmung des Angebots, die **Grenzkosten**. *Die Grenzkosten beschreiben die zusätzlichen Kosten der Produktion bei einer Veränderung des Outputs. Sie werden häufig beschrieben als die zusätzlichen Kosten bei der Produktion einer Einheit.* Die Grenzkosten gleichen konzeptionell dem Grenznutzen und dem Grenzprodukt und sollten daher eine vertraute Größe sein. Da sie die Veränderung der Gesamtkosten bei einer Veränderung des Outputs beschreiben, ergeben sie sich aus der Steigung der Gesamtkosten. Formal werden die Grenzkosten

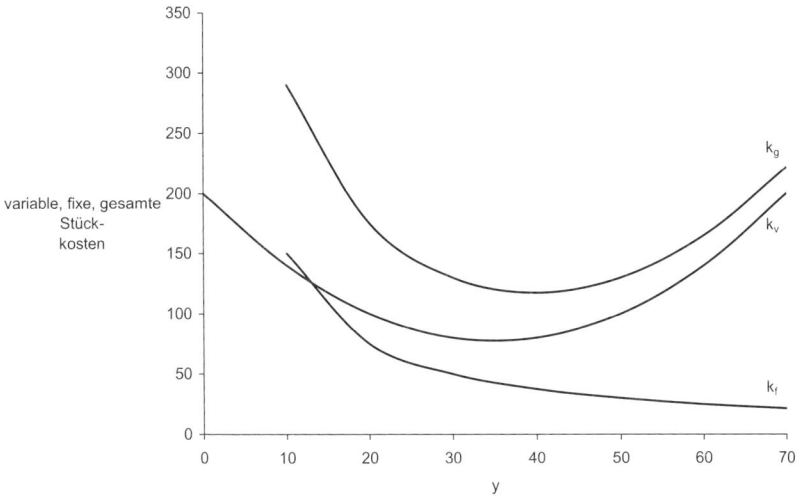

Abbildung 9.11: Variable Stückkosten, fixe Stückkosten und Durchschnittskosten

K' durch die erste Ableitung der Gesamtkosten repräsentiert:

$$K'(y) = \frac{dK_g(y)}{dy}.$$

Die Gesamtkosten enthalten neben den Termen der variablen Kosten, die vom Output abhängen, auch den konstanten Term der Fixkosten. Bei der Ableitung einer Funktion nach einer bestimmten Variablen fällt ein konstanter Term weg. Die Grenzkosten sind daher unabhängig von den Fixkosten. Was repräsentieren die Grenzkosten dann genau? Bei der Produktion einer Einheit repräsentieren sie die zusätzlichen Kosten dieser Einheit. Die Fixkosten sind unabhängig von der Produktion dieser Einheit, die variablen Kosten sind es aber nicht. Die Grenzkosten stellen bei der Produktion einer zusätzlichen Einheit die zusätzlichen variablen Kosten der Produktion dar. Bei der Produktion einer zweiten Einheit stellen sie wiederum die zusätzlichen Kosten dieser Einheit dar, die variablen Kosten. Diese Reihe kann immer weitergeführt werden und ist nicht weiter überraschend. Die Grenzkosten wurden schließlich als die zusätzlichen Kosten der Produktion einer Einheit definiert.

Interessant ist eine Tatsache, die mit der Definition in Zusammenhang steht. Jeder Punkt auf der Grenzkostenkurve repräsentiert die Höhe der va-

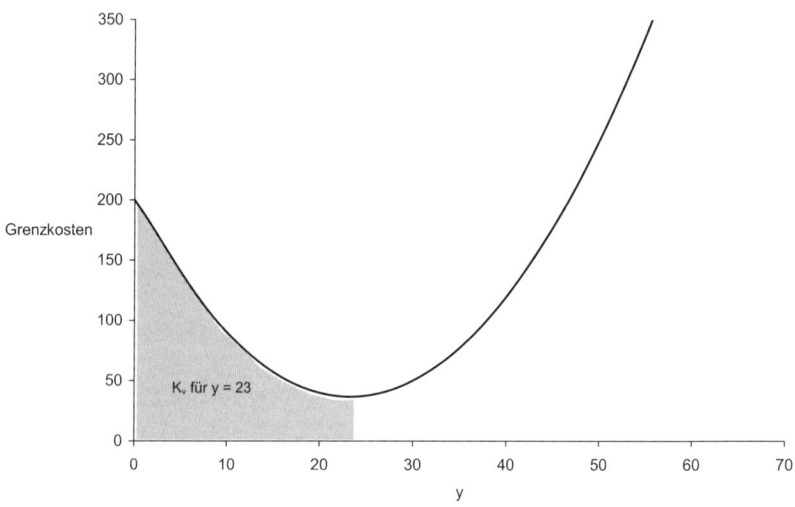

Abbildung 9.12: Grenzkostenkurve und variable Kosten

riablen Kosten einer bestimmten Einheit. Die Fläche unterhalb der Grenzkostenkurve repräsentiert bei jeder produzierten Einheit also die variablen
Kosten für diese Outputeinheit. Die Summe der variablen Kosten aller Out-
puteinheiten ist aber wiederum gleich mit den gesamten variablen Kosten.
Die gesamte Fläche unterhalb der Grenzkostenkurve bis zu einem bestimmten Output ist daher nichts anderes als die gesamten variablen Kosten der
Produktion.

Basierend auf einer Gesamtkostenfunktion dritten Grades ist die Grenzkostenfunktion u-förmig. Abbildung 9.12 zeigt sowohl eine beispielhafte
Grenzkostenkurve als auch den Zusammenhang zwischen Grenzkosten und
den gesamten variablen Kosten (in der Abbildung für einen Output von 23
Einheiten).

Zum Abschluss der Betrachtung von Kostenarten sollte noch ein Zusammenhang zwischen den Grenzkosten und den Stückkosten hergestellt
werden. Hierzu wird Abbildung 9.11 auf Abbildung 9.12 gelegt.[45]

Auf den ersten Blick sieht es so aus, als würde die Grenzkostenkurve
die variable Stückkostenkurve und die Durchschnittskostenkurve in ihren

---

[45]Auf die Markierung der variablen Kosten unterhalb der Grenzkostenkurve wird in Abbildung 9.13
verzichtet. Für den Zusammenhang zwischen den Grenzkosten und den Stückkosten ist diese Tatsache
nachrangig.

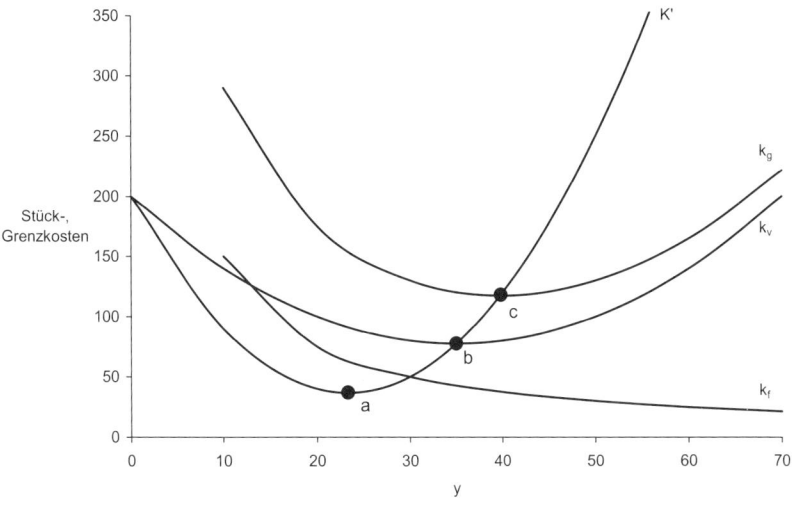

Abbildung 9.13: Grenzkosten und Stückkosten

Minima schneiden. Der Blick täuscht nicht, dies ist tatsächlich der Fall.
Außerdem ist dies eine allgemeine Gesetzmäßigkeit, es ist also immer der
Fall. Warum ist das so? Noch einmal zur Erinnerung, die Grenzkosten sind
die Kosten einer zusätzlichen Einheit. Während die variablen Stückkosten
durchschnittliche Kosten sind. Bis Punkt a, dem Minimum der Grenzkosten, in Abbildung 9.13 fallen die Grenzkosten, d.h. die variablen Stückkosten müssen ebenfalls fallen, das ist die Charakteristik eines Durchschnitts.
Wird zu einem bestehenden Durchschnitt etwas kleineres hinzugezählt,
sinkt der Durchschnitt. Rechts von Punkt a steigen die Grenzkosten zwar,
sind aber noch immer kleiner als die variablen Stückkosten. Der Durchschnitt kann daher nicht steigen. Erst wenn die Grenzkosten größer sind
als die variablen Stückkosten, wird der Durchschnitt steigen. Rechts von
Punkt b werden zu den bestehenden variablen Stückkosten Kosten hinzugezählt, die größer sind als die variablen Stückkosten selbst. Zu einem
vorhandenen Durchschnitt wird nun etwas Größeres addiert. Der Durchschnitt muss steigen. Gleiches gilt für das Minimum der gesamten Stückkosten. Aufgrund des abschwächenden Effekts der degressiven Fixkosten
liegt das Minimum der gesamten Stückkosten rechts vom Minimum der
variablen Stückkosten.

Das eben Erläuterte lässt sich mathematisch zeigen. Der Beweis wird im Appendix zu diesem Kapitel dargestellt.

9.4.6 Die langfristige Betrachtung der Kostenarten

Bei der langfristigen Betrachtung von Kosten verändert sich der Charakter der variablen Kosten nicht. In der langfristigen Betrachtung gibt es definitionsgemäß keine fixen Produktionsfaktoren mehr. Es gibt daher auch keine fixen Kosten. Sämtliche Kosten sind vom Output abhängig. Welche Veränderungen werden damit bei den Kostenkurven hervorgerufen? Die vorherige Fixkostenkurve gibt es nicht mehr. Der Verlauf der variablen Kostenkurve ist nach wie vor s-förmig.[46] Wie sehen die Gesamtkosten aus? Der Verlauf, so ist bekannt, hängt vom Verlauf der variablen Kosten ab. Die **langfristige Gesamtkostenkurve** ist s-förmig. Welchen Achsenabschnitt hat sie? Da es langfristig nur variable Faktoren gibt, sind die langfristigen Kosten bei einer Produktion von Null Einheiten ebenfalls gleich Null. Die langfristige Gesamtkostenkurve verläuft durch den Ursprung. Dies ist vom prinzipiellen Aussehen her der einzige Unterschied zwischen der kurzfristigen und der langfristigen Gesamtkostenkurve. Die langfristigen Kosten werden symbolisiert mit LK_v für die langfristigen variablen Kosten und LK_g für die langfristigen Gesamtkosten. Wobei in einer langfristigen Betrachtung immer gilt:

$$LK_g = LK_v.$$

Aus den langfristigen Gesamtkosten lassen sich dann auch **langfristige Stückkosten** ableiten. Es muss nicht wie bei der kurzfristigen Analyse zwischen verschiedenen Stückkosten unterschieden werden. Die langfristigen Stückkosten fassen sich zusammen in den langfristigen Durchschnittskosten oder langfristigen gesamten Stückkosten lk_g. Nach dem vorherigen Beispiel einer langfristigen Gesamtkostenkurve dritten Grades ist das u-förmige Aussehen der **langfristigen Durchschnittskostenkurve** schnell ersichtlich. Interessanter ist der Zusammenhang zwischen kurzfristigen und langfristigen Durchschnittskosten. Die kurzfristigen Durchschnittskosten k_g hängen vom Output ab. Sie hängen aber auch von einer weiteren Größe ab, die bisher nicht explizit genannt wurde, sondern die Annahme einer kurzfristigen Betrachtung war, der Betriebsgröße. Die Betriebsgröße soll mit

---

[46] An dieser Stelle sei noch einmal daran erinnert, dass es sich bei einer s-förmigen variablen Kostenkurve nur um ein Beispiel handelt. Dieses Beispiel kann in der Realität häufig beobachtet werden, ist aber kein muss.

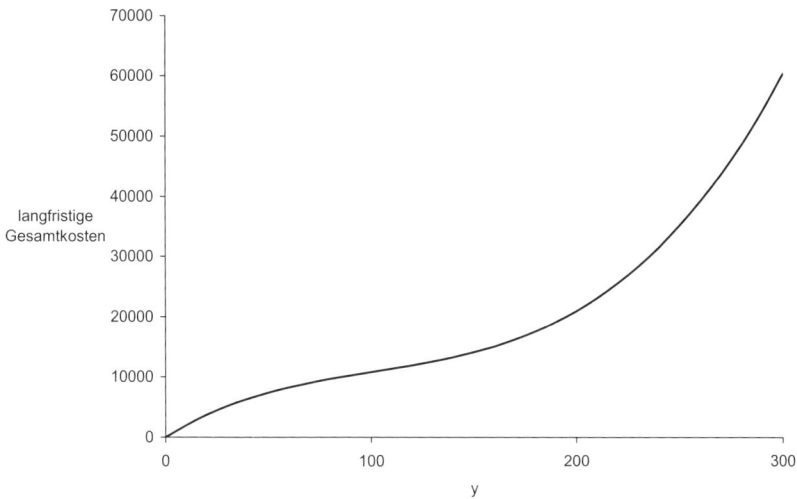

b symbolisiert werden. Tatsächlich sind die kurzfristigen Durchschnittskosten eine Funktion in Abhängigkeit vom Output und von der Betriebsgröße. Man kann daher schreiben:

$$k_g = f(y, b).$$

Diese Gleichung ist allgemein und gilt für alle Betriebsgrößen. Bei den Erläuterungen der kurzfristigen Durchschnittskosten wurde eine bestimmte Betriebsgröße angenommen, dies sei b^*. Die Betriebsgröße b^* ist zur Herstellung eines bestimmten Outputs y^* optimal. Der Unternehmer kennt diese optimale Betriebsgröße für einen bestimmten Output anhand von Kostenanalysen. Er wird daher langfristig immer die optimale Betriebsgröße herstellen, um diesen bestimmten Output zu produzieren. Abbildung 9.15 zeigt die unterschiedlichen kurzfristigen Durchschnittskostenkurven bei unterschiedlichen Betriebsgrößen b_i.

Es sind die Durchschnittskostenkurven von 5 verschiedenen Betriebsgrößen eingezeichnet. Je nachdem ob die Menge y_1^* oder eine der anderen Mengen produziert werden soll, wird der Unternehmer die jeweils optimale Betriebsgröße wählen. In jedem Punkt (y_i^*, b_i^*) befindet sich der Unternehmer in einem Produktionsoptimum. Ist das im Punkt a auch der Fall? Im Punkt a hat der Unternehmer immer noch die Betriebsgröße b_2^* beibehal-

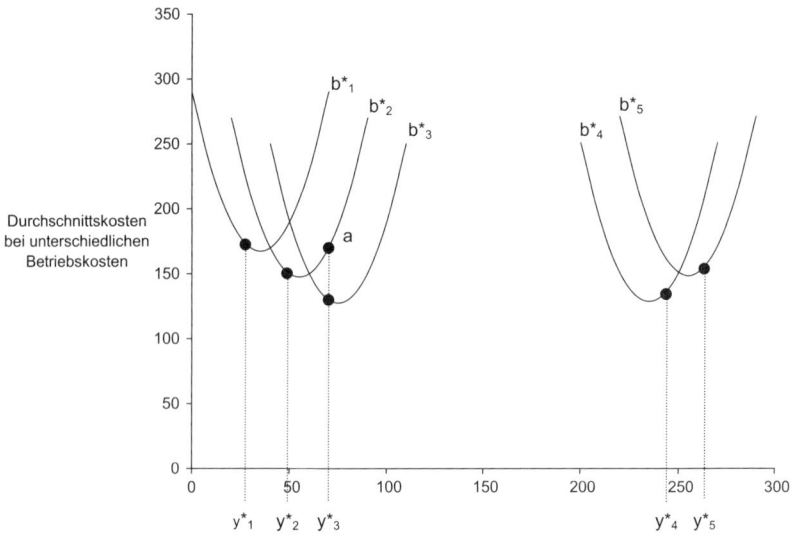

Abbildung 9.15: Kurzfristige Durchschnittskosten bei unterschiedlichen Betriebsgrößen

ten und produziert die Menge y_3^*. Kurzfristig bleibt dem Unternehmen gar nichts anderes übrig, wenn diese Menge produziert werden soll. Langfristig kann das Unternehmen vergrößert werden und die gleiche Menge zu geringeren Durchschnittskosten bei einer Betriebsgröße b_3^* produziert werden. In der Grafik sind nur fünf verschiedene Betriebsgrößen mit ihren jeweiligen Durchschnittskostenkurven eingezeichnet. Theoretisch gibt es unendlich viele Betriebsgrößen. Es gibt langfristig nur eine einzelne optimale Produktionsmenge je Betriebsgröße. Langfristig wird der Unternehmer zu jeder Produktionsmenge die einzige optimale Betriebsgröße wählen.

Die langfristige Durchschnittskostenkurve muss daher jedes Optimum auf jeder kurzfristigen Durchschnittskostenkurve schneiden. Zeichnet man eine Kurve durch die Punkte y_1^* bis y_5^*, die jeweiligen Optima, und nutzt man weitere kurzfristige Optima um eine komplette und gleichmäßige Kurve herleiten zu können, erhält man eine langfristige Durchschnittskostenkurve wie in Abbildung 9.16.

Die langfristige Durchschnittskostenkurve eines Unternehmens ist die untere Umhüllende der kurzfristigen Durchschnittskosten des gleichen Unternehmens bei unterschiedlichen Betriebsgrößen. Kurzfristig wird jeder Unternehmer nach Möglichkeit in einem Optimum produzieren. Subopti-

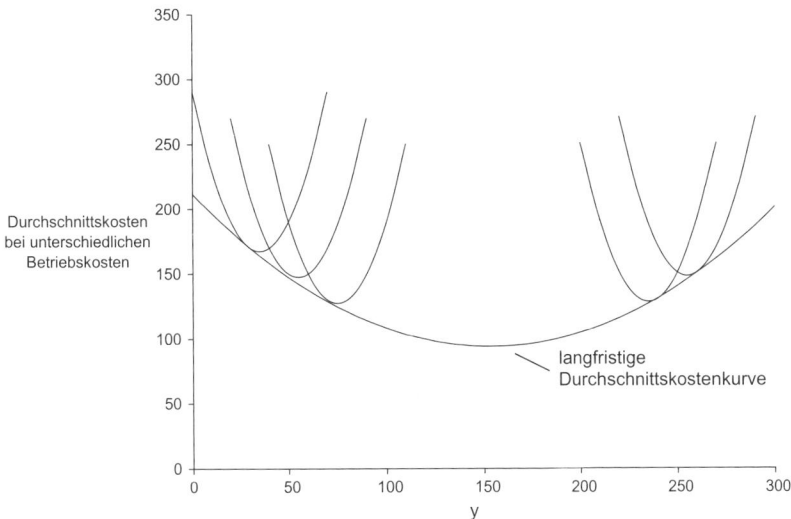

Abbildung 9.16: Kurzfristige Durchschnittskosten bei unterschiedlichen Betriebsgrößen und die langfristige Durchschnittskostenkurve

ma sind kurzfristig aber möglich, zum Beispiel Punkt a in Abbildung 9.15. Auf der langfristigen Durchschnittskostenkurve ist jeder Punkt ein Optimum für eine bestimmte Betriebsgröße. Da langfristig alle Inputs variabel sind, wird der Unternehmer langfristig immer die optimale Betriebsgröße wählen.

Es gibt zwei Varianten, die **langfristige Grenzkostenkurve** herzuleiten. Erstens die Bildung der ersten Ableitung der langfristigen Gesamtkostenfunktion:

$$LK'(y) = \frac{dLK_g(y)}{dy}.$$

Zweitens kann ein Zusammenhang zwischen den kurzfristigen und langfristigen Grenzkosten hergestellt werden. Es ist die wohl leichtere Variante, da die tatsächliche Ableitung der langfristigen Gesamtkostenfunktion nicht berechnet werden muss. Doch ist zu beachten, dass es sich nur um eine grafische Annäherung handelt.

Aus den Erläuterungen zur langfristigen Durchschnittskostenkurve ist bekannt, dass langfristig jedes kurzfristige Optimum erreicht werden kann. In Abbildung 9.15 wurden die kurzfristigen Durchschnittskosten bei unterschiedlichen Betriebsgrößen dargestellt. Zu jeder Betriebsgröße lässt sich

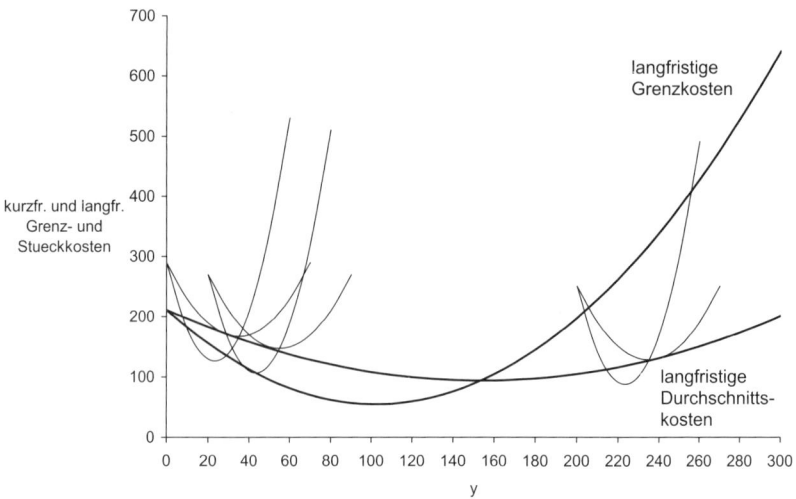

Abbildung 9.17: Kurzfristige und langfristige Grenzkosten

eine Grenzkostenkurve finden. In Abbildung 9.15 wurde ebenfalls für einige Outputs y_i^* die optimale Betriebsgröße eingezeichnet. Zu jedem Optimum gehören dann auch bestimmte Grenzkosten. Bei den kurzfristigen Grenzkosten wurde bereits gezeigt, dass diese die kurzfristigen Durchschnittskosten in ihrem Minimum schneiden. Der Beweis ist unabhängig von der Betriebsgröße b und muss daher für jede Betriebsgröße gelten. Die langfristigen Durchschnittskosten werden ebenso in ihrem Minimum von den langfristigen Grenzkosten geschnitten. Wenn außerdem gilt, dass langfristig jedes kurzfristige Optimum erreicht werden kann, muss die langfristige Grenzkostenkurve alle kurzfristigen Grenzkostenkurven schneiden. Die beiden Kurven müssen sich in dem Punkt schneiden, der die Grenzkosten des optimalen Outputs bei einer optimalen Betriebsgröße repräsentiert. Daraus ergibt sich eine langfristige Grenzkostenkurve wie in Abbildung 9.17.

Um die Übersichtlichkeit der Grafik zu bewahren, ist die Anzahl der Betriebsgrößen gegenüber dem vorherigen Beispiel etwas reduziert worden. Es sind zwei beispielhafte Betriebsgrößen vor dem Minimum der langfristigen Durchschnittskosten und eine danach eingezeichnet. Man kann erkennen, dass die kurzfristigen Grenzkostenkurven der beiden kleineren Betriebsgrößen ihren Schnittpunkt mit der langfristigen Grenzkostenkurve unterhalb der langfristigen Durchschnittskostenkurve haben. Der Schnittpunkt der kurzfristigen und langfristigen Grenzkostenkurve des größten Betriebes liegt oberhalb der langfristigen Durchschnittskosten. Die Betriebsgrößen rechts vom Minimum der langfristigen Durchschnittskosten sind zwar bezogen auf die Kostenanalyse für einen Unternehmer unter bestimmten Voraussetzungen optimal. Sie werden aber nie an einem Wettbewerbsmarkt überleben können. Eine Begründung hierfür wird in einem späteren Kapitel nachgeliefert.[47] Eine gleichbleibende Nachfrage verlangt bei einer steigenden Menge einen immer geringeren Preis. Die Betriebsgrößen rechts vom Durchschnittskostenminimum erzeugen aber wieder höhere Kosten und können daher bei einem geringeren Preis nicht gewinnträchtig sein.[48] Langfristig ist die Betriebsgröße im Minimum der Durchschnittskosten die optimale Betriebsgröße.

9.5 Das Prinzip der effizienten Produktion

Eine Unternehmung kann die unterschiedlichsten Ziele haben. Alle nur denkbaren Variablen könnten an dieser Stelle maximiert werden. Andere Variable könnten minimiert werden. Stiftungen haben in der Regel das Ziel, die Anzahl der erfolgreichen Stipendiaten mit gegebenen Mitteln zu maximieren oder die Zukunftschancen einer festen Anzahl von Stipendiaten zu maximieren. Kirchliche Missionsunternehmen haben das Ziel der maximalen Verbreitung ihres Glaubens. Nicht-Regierungs-Organisationen, sogenannte Non-Governmental-Organisations (NGOs), haben alle ihre eigenen Ziele. Dies kann bedeuten, den Anteil der armen Bevölkerung in einem Entwicklungsland zu minimieren, den maximalen Schutz für die Umwelt zu sichern oder den Tierschutz zu maximieren. Die Ökonomie erscheint bei der Betrachtung von unternehmerischen Zielen auf den ersten Blick etwas einfach. Bei genauerem Hinsehen aber rational. Alle oben genannten Ziele maximieren letztlich den Nutzen von Personen. Jede Unternehmung, egal ob sie nach Gewinn strebt oder nicht, wird von einer Person oder einem Personenkreis geführt. Die Gründung der Unternehmung basiert darauf, die Ziele dieser Personen zu erreichen. Dabei spricht die Ökonomie immer von einer gewollten Nutzenmaximierung. Jegliches Unternehmensziel lässt sich durch das Nutzenkonzept sinnvoll abbilden. Bevor also viele Spezialfälle

---

[47]vgl. Kap. 10.3

[48]Genau muss es heißen, sie können nicht die maximalen Gewinne erwirtschaften. Dennoch können sie Gewinne abwerfen. Das ist ohne weitere Angaben nicht zu bestimmen.

untersucht werden, wird ein einfaches und plausibles Beispiel betrachtet, die **Gewinnmaximierung**.

Der Gewinn errechnet sich aus der Differenz der Erlöse und der Kosten. Dabei ergeben sich die Erlöse aus dem Marktpreis mal der abgesetzten Menge. Die Kosten entstehen durch den Einsatz von Produktionsfaktoren. Vor diesem Hintergrund gibt es zwei Möglichkeiten den Gewinn zu maximieren. Einerseits eine Maximierung der Erlöse bei gegebenen Kosten oder eine Minimierung der Kosten bei konstanten Erlösen. Im ersten Fall spricht man einfach von der Gewinnmaximierung, im zweiten von der **Kostenminimierung**. Das Ziel bleibt aber das Gleiche.

9.5.1 Die Minimierung der Kosten

Bisher wurde eine Gesamtkostenfunktion unterstellt, die vom Output abhängig ist. Die Abhängigkeit kann auch anders ausgedrückt werden. Der Output hängt wiederum vom Input ab. Letztlich von den Produktionsfaktoren f_1 und f_2. Dabei wird ähnlich wie in der Haushaltstheorie angenommen, dass f_1 ein bestimmter Input ist und f_2 die Menge aller anderen Inputs. Der Output eines Gutes ergibt sich aus einer Funktion f in Abhängigkeit der Inputs:

$$y = f(f_1, f_2).$$

Dies ist die bereits vorher eingeführte Produktionsfunktion. Die Gesamtkostenfunktion kann daher auch geschrieben werden als:

$$K_g(y) = K_g(f(f_1, f_2)).$$

Die Gesamtkosten ergeben sich somit aus sämtlichen Inputkosten. Jeder Input hat seinen Preis w_i. Aus dem Preis der einzelnen Produktionsfaktoren und deren Menge können dann die Gesamtkosten wie folgt angegeben werden:

$$K_g = w_1 f_1 + w_2 f_2.$$

Diese Gleichung wird **Isokostengerade** genannt. Sie gleicht der Budgetgeraden in der Haushaltstheorie. Genaugenommen handelt es sich bei der Isokostengeraden im Allgemeinen um eine **Isokostenkurve**. Nur unter der Annahme konstanter Preise für jede Einheit der Produktionsfaktoren ist die Kurve eine Gerade. Das Preisverhältnis der beiden Faktoren ist dann konstant entlang der Isokostengeraden. Stellt man einen Zusammenhang zwischen der Isokostengeraden und einer Isoquanten her, kann durch ei-

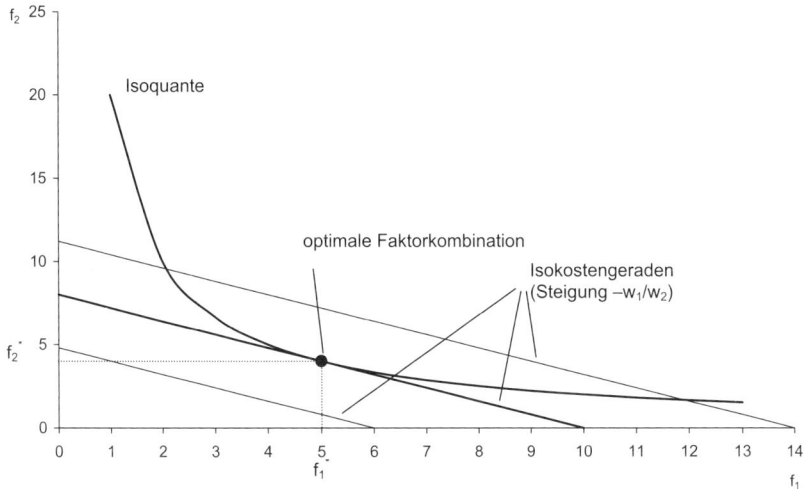

Abbildung 9.18: Minimalkostenkombination

ne einfache grafische Analyse die **Minimalkostenkombination** eines bestimmten Outputniveaus ermittelt werden.

Abbildung 9.18 zeigt eine Isoquante und drei Isokostengeraden. Sowohl
die Isoquante als auch die Isokostengerade hängen von den Produktionsfaktoren f_1 und f_2 ab. Der zweite Produktionsfaktor wurde als die Menge aller
Inputs außer f_1 angenommen. Die Isoquante repräsentiert ein bestimmtes
Outputniveau. Dieser Output kann allerdings durch verschiedene Inputkombinationen erzeugt werden. Die Kombination im Tangentialpunkt von
Isoquante und Isokostengerade ist eine optimale Kombination für gegebene
technologische Restriktionen.[49] Je niedriger die Gesamtkosten bei konstantem Outputniveau sind, desto effizienter ist die Produktion. Die absolut
kostenminimale Inputkombination befindet sich im Ursprung des Koordinatenkreuzes. Es entstehen keine Kosten, weil kein Input zur Produktion
eingesetzt wird. Dieses absolute Kostenminimum kann bei der Produktion
von positiven Mengen natürlich nie erreicht werden. Ohne den Einsatz von
Inputs, kann kein Output hergestellt werden.

Welche mathematischen Bedingungen gelten bei der Minimalkostenkombination? Im Tangentialpunkt der Isoquante und der Isokostengerade sind

---

[49]Man beachte, dass in Abbildung 9.18 ein bestimmtes Outputniveau durch die eingezeichnete Isoquante angenommen wird. Nur für dieses Outputniveau ist (f_1^*, f_2^*) die optimale Faktorkombination.

die Steigungen der beiden Kurven gleich. Die Steigung der Isoquante ist das Verhältnis der beiden Grenzprodukte. Das Verhältnis der Faktorpreise repräsentiert die Steigung der Isokostengerade. Im Minimum gilt:

$$\frac{MP_1}{MP_2} = \frac{w_1}{w_2} = MTS.$$

Die Grenzrate der technischen Substitution ist im Minimum der Kosten eines bestimmten Outputs gleich dem Verhältnis der Faktorpreise.[50] Diese Tatsache kann auch ökonomisch hergeleitet werden. Angenommen das Grenzprodukt des ersten Faktors sei 20, d.h. durch den Einsatz von einer zusätzlichen Einheit des ersten Faktors können 20 Einheiten Output produziert werden. Weiter sei angenommen, das Grenzprodukt des zweiten Faktors sei 5. Daraus ergibt sich eine Grenzrate der technischen Substitution von 4. Durch den Einsatz einer zusätzlichen Einheit von Faktor eins können 4 Einheiten von Faktor zwei substituiert werden. Das Verhältnis der Marktpreise der zwei Faktoren sei 2, d.h. der erste Faktor ist doppelt so teuer wie der zweite Faktor. Zwei Einheiten des zweiten Faktors können am Markt gegen eine Einheit des ersten Faktors eingetauscht werden. Allerdings könnte man vier Einheiten des zweiten Faktors einsparen, wenn man eine Einheit des ersten Faktors zusätzlich einsetzt. Jeder Unternehmer würde daher substituieren und die günstigere Faktorkombination zur Produktion wählen. In diesem Beispiel betrug die Grenzrate der technischen Substitution 4 und das Preisverhältnis zwei. Durch Substitution der Faktoren konnte eine günstigere Faktorkombination erreicht werden. In der Ausgangssituation kann der Unternehmer somit nicht effizient produziert haben. Ist die Grenzrate der technischen Substitution gleich dem Preisverhältnis, zum Beispiel beide 2, dann reduziert eine Substitution der beiden Faktoren die Produktionskosten nicht. Eine Grenzrate der technischen Substitution von 2 bedeutet, dass man eine Einheit des ersten Faktors gegen zwei Einheiten des zweiten Faktors substituieren kann und trotzdem den gleichen Output produzieren kann. Da ein Preisverhältnis von zwei aber auch bedeutet, dass der erste Faktor doppelt so teuer ist wie der zweite, spart der Unternehmer nichts, wenn er zwei Einheiten des zweiten Faktors aufgibt und dafür eine Einheit des ersten einsetzt. Seine Produktion muss bereits effizient sein.

---

[50]Der Zusammenhang wird im Appendix zu diesem Kapitel mathematisch hergeleitet.

9.5.2 Die Maximierung der Gewinne

Ziel des Unternehmers ist die Maximierung seiner Gewinne. Die Kostenminimierung führt bei gegebenem Umsatz dazu. Die Minimierung der Kosten folgt daher dem Minimierungsprinzip. Dieses wurde definiert als die Minimierung des Inputs bei gegebenem Output. Das Prinzip der effizienten Produktion kann allerdings auch durch Maximierung des Umsatzes bei gegebenen Kosten erreicht werden. Zunächst sind ein paar Definitionen wichtig. *Der Umsatz bzw. Erlös (R, engl. revenue) eines Unternehmens ergibt sich aus dem Marktpreis der Produkte multipliziert mit der abgesetzten Menge (R = py).* Die Errechnung der Kosten ist an dieser Stelle bereits bekannt. *Die Differenz aus Umsatz und Kosten ist der Gewinn eines Unternehmens. Der Gewinn eines Unternehmens ist also der Überschuss der Einnahmen über die Gesamtkosten.* Formal ergibt sich der Gewinn Π aus der Gleichung:

$$\Pi_1 = p_1 y_1 - w_1 f_1.$$

Dies ist der Gewinn eines bestimmten Produktes, das in dieser speziellen Situation auch nur mit einem Input hergestellt wird. In der Regel wird ein Unternehmer bei der Produktion mindestens mehrere Inputs einsetzen, d.h. die Kosten ergeben sich aus der Summe der Faktorkosten. Sehr häufig stellt ein Unternehmer dazu nicht nur ein Produkt, sondern mehrere Produkte her. Der Umsatz ergibt sich somit aus der Summe der Umsätze aller einzelnen Produkte. Im Allgemeinen wird sich der Gewinn eines Unternehmens bei insgesamt F Produktionsfaktoren und N verschiedenen Produkten aus der Gleichung

$$\begin{aligned} \Pi &= \sum_{i=1}^{N} p_i y_i - \sum_{j=1}^{F} w_j f_j \\ &= R - K_g \end{aligned}$$

ergeben.

Zunächst sollen die Umsatzfunktion und die Gewinnfunktion in die bereits bekannten Grafiken der Gesamtkosten und Stückkosten eingearbeitet werden.[51] Um alle Zusammenhänge zwischen den einzelnen Kurven erläutern zu können, werden noch zwei weitere Kurven bzw. eine Kurve und eine Gerade benötigt. Dies sind die Grenzerlösgerade und die Stückkostenkurve. Die **Grenzerlösfunktion** ist die erste Ableitung der Erlös-

---

[51]vgl. Abbildung 9.10, Abbildung 9.13

bzw. Umsatzfunktion. Mit einer linearen Erlösfunktion ergeben sich **konstante Grenzerlöse** in Höhe des Preises.

Eine wie in Abbildung 9.19 dargestellte **Kosten-, Umsatz-** und **Gewinnanalyse** liefert den **gewinnmaximalen Output** bzw. **Preis**. Punkt a ist das Minimum der Grenzkosten. Dieser Punkt ist von untergeordneter Bedeutung. Viel wichtiger ist Punkt b. Dieser repräsentiert das Minimum der variablen Stückkosten. Der Preis, der diesem Output zugeordnet ist, wird der kurzfristige Angebotspreis genannt. Bei diesem Preis wird ein Unternehmen kurzfristig weiter anbieten und den Markt nicht verlassen. Warum? Aufgrund erhöhter Konkurrenz sei der Preis für die produzierten Güter stark gefallen. Er sei so niedrig, dass gerade die variablen Stückkosten in Höhe von EUR 2 gedeckt werden. Das Unternehmen habe insgesamt Fixkosten in Höhe von EUR 10.000. Beträgt der Erlös pro verkauftem Stück bei diesen Annahmen nur EUR 2, bleibt dem Unternehmen keine Möglichkeit, die Fixkosten zu decken. Am Ende der Periode wird ein Verlust in Höhe der Fixkosten entstehen. Über eine längere Zeit muss ein Unternehmen natürlich die Fixkosten decken. Langfristig würde das Unternehmen ceteris paribus im Punkt a nicht anbieten.

Der **kurzfristige Angebotspreis** markiert gleichzeitig die Schwelle zum sogenannten **Deckungsbeitrag**. Erzielt das Unternehmen statt EUR 2 einen Preis von EUR 2,10, können 10 Cent pro Stück zur Deckung der Fixkosten eingesetzt werden. Dies ist der **Deckungsbeitrag pro Stück** bzw. **Stückdeckungsbeitrag**. *Welcher sich aus dem Überschuss des Preises, d.h. des Grenzerlöses, über die variablen Stückkosten eines Produktes ergibt. Multiplikation des Stückdeckungsbeitrages mit der Anzahl der produzierten Stücke ergibt den Deckungsbeitrag.*

Zurück zur Grafik. Steigt der Preis und mit ihm der Output weiter, wird Punkt c erreicht. Ein Preis in dieser Höhe bringt das Unternehmen an die Gewinnschwelle. Es gilt: Deckungsbeitrag gleich Fixkosten. Der Preis ist in Verbindung mit der abgesetzten Stückzahl hoch genug, um sowohl die variablen Stückkosten als auch die Fixkosten zu decken. Dieser Punkt repräsentiert den **langfristigen Angebotspreis**. Sollte der Preis langfristig auf diesem Niveau verharren, wird das Unternehmen dennoch den Markt nicht verlassen. Es macht zwar keinen ökonomischen Gewinn, denn die Kosten werden gerade gedeckt, aber es erwirtschaftet die durchschnittliche Marktrendite. Ist der Preis nur marginal höher, kann ein ökonomischer Gewinn erzielt werden. Der Deckungsbeitrag ist dann größer als die Fixkosten.

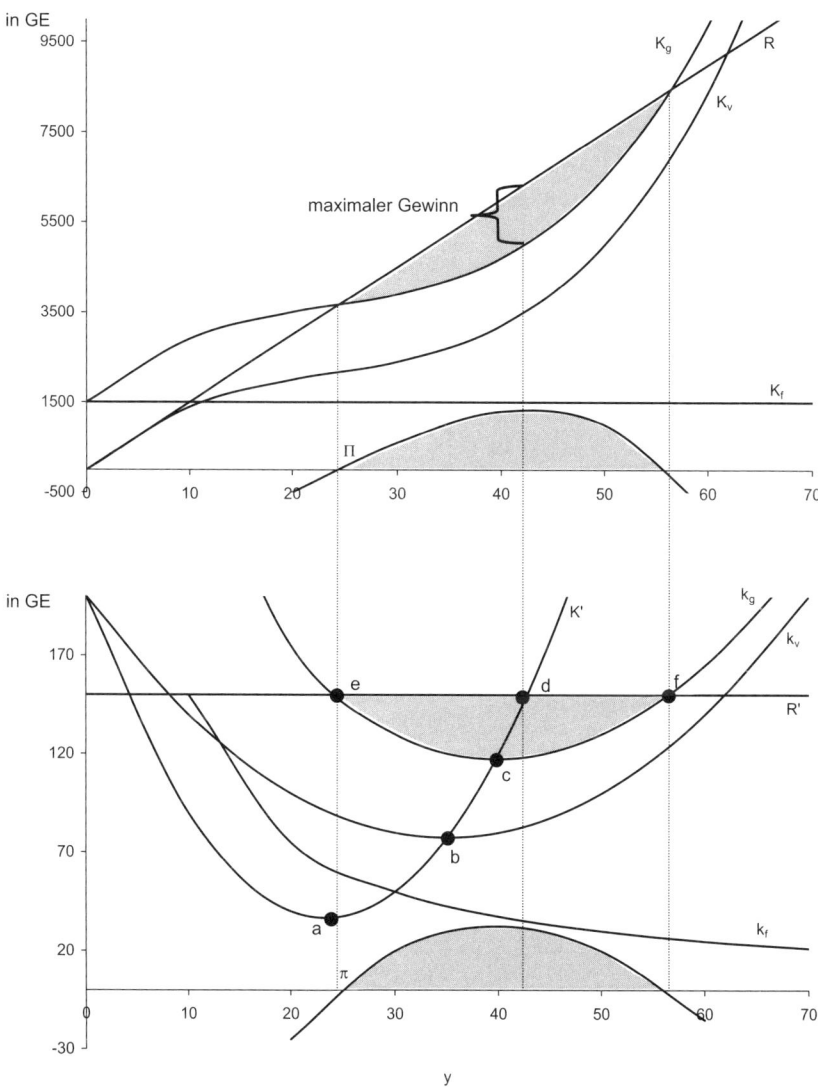

Abbildung 9.19: Zusammenhang von Erlösen, Kosten und Gewinnen - insgesamt und je Stück

Angenommen der Preis betrage R'. Das **Gewinnmaximum** ist in dem Fall im Punkt d erreicht. Hier ist der Abstand zwischen Gesamtkosten- und Erlöskurve maximal. Auch ist es der Schnittpunkt zwischen Grenzkosten und Preis bzw. Grenzerlös. Allgemein gilt: *ein Unternehmen kann seinen Gewinn dann maximieren, wenn die Grenzerlöse gleich den Grenzkosten sind.* Abbildung 9.19 weist indes zwei Schnittpunkte von Grenzkostenkurve und Grenzerlösgerade auf. Die Definition des Gewinnmaximums muss daher genau lauten: *der Gewinn ist dort maximal, wo die Grenzerlöse gleich den Grenzkosten sind* **und** *die Grenzkosten anschließend steigen.* Unter den Bedingungen eines Konkurrenzmarktes gilt zusätzlich: *die Grenzerlöse sind gleich dem Preis, d.h. das Gewinnmaximum ist erreicht, wenn der Preis gleich den Grenzkosten ist und die Grenzkosten anschließend steigen.*

Ein kurzes Beispiel. Liegen die gesamten Stückkosten eine Einheit vor dem Gewinnmaximum bei EUR 3,99 und sei der Gleichgewichtspreis bei EUR 4, bedeutet dies einen Grenzerlös in Höhe von EUR 4. Erlös minus Kosten ergibt 1 Cent Grenzgewinn für die zusätzliche Einheit. Beim Erreichen des Gewinnmaximums betragen die Grenzkosten EUR 4, d.h. der Grenzgewinn ist Null. Die erste produzierte Einheit nach überschreiten des Gewinnmaximums kostet EUR 4,01. Der Grenzerlös verharrt bei EUR 4. Es wird ein Verlust von 1 Cent für diese Einheit erzielt. Der bereits erwirtschaftete Gesamtgewinn wird nicht vermehrt, sondern um 1 Cent zurückgehen. Der Unternehmer muss erkennen, dass er sein Gewinnmaximum überschritten hat, d.h. er hatte es schon vorher erreicht. Als Konsequenz würde die Produktion der letzten Einheit in diesem Beispiel in der Zukunft ausbleiben. Mit anderen Worten wird ein Unternehmer solange eine zusätzliche Einheit produzieren, wie diese ihm mehr einbringt als sie kostet. Übersteigen die Grenzkosten den Grenzerlös ist dies nicht mehr der Fall.

Der Vollständigkeit halber sollen noch die Punkte e und f erwähnt werden. Sie markieren auf der einen Seite den Eintritt des Unternehmens in die **Gewinnzone** und auf der anderen Seite den Austritt aus dieser bei Grenzerlösen von R'. Hier schneiden sich sowohl die Erlös- und Gesamtkostenkurve als auch die Grenzerlösgerade und die Durchschnittskostenkurve. Im Punkt f werden die Gesamtkosten größer als die Erlöse. Das Unternehmen steht an der Schwelle zum Verlust.

Das Gewinnmaximum kann durch eine Kosten-, Umsatz- und Gewinnanalyse ermittelt werden. Interessant ist herauszufinden, welche Bedingungen in einem Gewinnmaximum erfüllt sein müssen. Es wurde bereits betont, dass ein Unternehmer so lange produzieren wird, so lange das Produkt mehr bringt als es kostet. Ein kleines Unternehmen produziere nur ein Produkt mit einem einzigen Input. So lange der Wert des Outputs den Wert des Inputs übersteigt, wird das Unternehmen den Input weiter erhöhen. Mit anderen Worten, ist der Wert des Grenzproduktes größer als die Grenzkosten, wird der Input nachgefragt und das zusätzliche Produkt produziert. Umgekehrt kann dann festgehalten werden, dass die Nachfrage nach einem Input so lange steigen wird, bis die Grenzkosten gleich dem Grenzprodukt sind. Die Kosten würden ab hier größer werden als der Wert des Grenzproduktes. Im Gewinnmaximum gilt:

$$pMP = w.$$

Die linke Seite der Gleichung beschreibt den **Wert des Grenzproduktes**, der Preis multipliziert mit dem Grenzprodukt selbst. Die rechte Seite stellt die Kosten des Inputs dar. Dies ist der Preis des Inputs. Die Bedingung soll in einer Output-Input-Grafik veranschaulicht werden. Das kleine Unternehmen erreicht sein Gewinnmaximum durch:

$$\max \quad \Pi = py - wf.$$

Um diese Gleichung als eine Funktion in eine zweidimensionale Grafik einzeichnen zu können (Abbildung 9.20), wird sie nach y aufgelöst. Der Output ist dann abhängig von einem gegebenen Gewinn, dem Preis des Produktes und dem Preis des Inputs. Auflösen nach y führt zu:

$$y = \frac{\Pi}{p} + \frac{wf}{p}.$$

Diese Funktion des Outputs wird **Isogewinnfunktion** bzw. unter bestimmten Voraussetzungen auch **Isoerlösfunktion**[52] genannt. Im Folgenden wird der Begriff Isogewinnfunktion Verwendung finden. Gewinn- und Umsatzmaximum können auch beim Einsatz von fixen und variablen Faktoren zusammenfallen, in der Regel wird dies aber nicht der Fall sein.

Es gibt eine unendlich große Anzahl von parallelen Isogewinnlinien. Nur eine hat einen Tangentialpunkt mit der Produktionsfunktion. Im Tangentialpunkt ist die Bedingung für ein Gewinnmaximum erfüllt. Der Wert des Grenzproduktes ist gleich dem Preis des eingesetzten Inputs. Dies kann

---

[52]In diesem Fall ist die Funktion nicht abhängig vom Gewinn und den Faktorpreisen, sondern vom Erlös und den Faktorpreisen die als konstant angenommen werden. Mit der Annahme konstanter Gesamtkosten, kann der Gewinn maximiert werden, wenn die Erlöse maximiert werden.

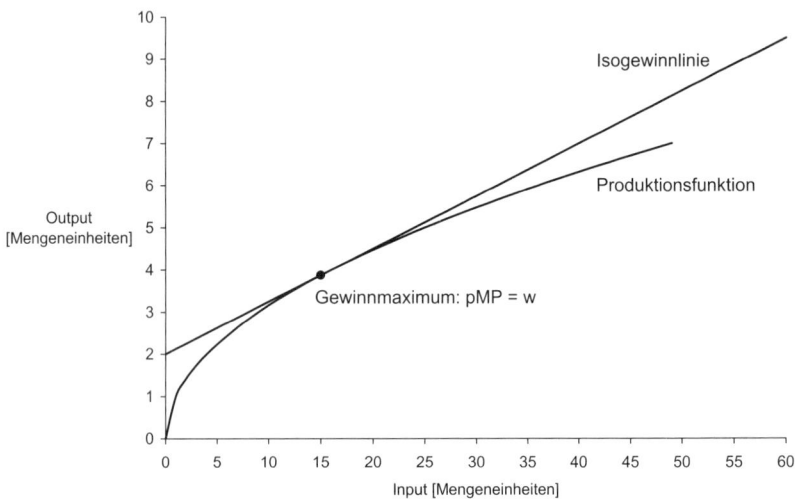

Abbildung 9.20: Bedingungen der Gewinnmaximierung

man durch eine leichte Umformung erkennen. Offensichtlich ist das Grenzprodukt im Gewinnmaximum so groß wie die **Steigung der Isogewinn-
linie**. Die Steigung beträgt w/p. Es gilt:

$$MP = \frac{w}{p}$$
$$\Leftrightarrow\ pMP = w$$
$$\Leftrightarrow\ MPV = w$$
$$\Leftrightarrow\ \frac{MPV}{w} = 1.$$

Das Produkt pMP, der Wert des Grenzproduktes, soll symbolisiert werden
durch MPV (engl. marginal product value). Im Gewinnmaximum ist der
Wert des Grenzproduktes gleich dem Preis des Faktors, der zur Produktion
eingesetzt wurde. Das Verhältnis des Grenzproduktwertes zum Preis des
Faktors muss daher eins sein. Das Beispiel des kleinen Unternehmens mit
nur einem Faktor, ist vergleichbar mit einer kurzfristigen Analyse. Es kann
noch weitere Faktoren geben, die als fix angenommen wurden und daher
keinen Einfluss auf den Output haben.[53]

---

[53]Genauer gesagt haben fixe Faktoren keinen Einfluss auf die Veränderung des Outputs. Sehr wohl
aber auf den Output insgesamt, denn fixe Faktoren machen eine Produktion in der Regel erst möglich.
Das Beispiel einer Fabrikhalle ist hier noch einmal zu nennen. Erst mit der Halle wird die Produktion
möglich. Wie groß der tatsächliche Output ist, wird dennoch kurzfristig nicht von der Größe der Halle
beeinflusst.

Welche Bedingungen müssen im Gewinnmaximum gelten, wenn es mehrere oder nur variable Faktoren gibt? Dies bezieht sich auf ein Beispiel eines größeren Unternehmens bzw. einer komplizierteren Produktion. Für jeden Faktor gilt, dass seine Menge so lange erhöht wird, wie das erzeugte Grenzprodukt einen größeren Wert als die Grenzkosten des Faktors hat. Das Gewinnmaximum ist erreicht, wenn für alle Inputs gilt:

$$p_i M P_i = w_i$$
$$\Leftrightarrow M P V_i = w_i.$$

Ein Unternehmen mit drei Inputs wird sein Gewinnmaximum erreichen, wenn alle Inputs optimal eingesetzt werden. Es bedeutet:

$$M P V_1 = w_1$$
$$M P V_2 = w_2$$
$$M P V_3 = w_3.$$

Jede der drei Gleichungen kann durch w_i geteilt werden. Die Terme können dann gleichgesetzt werden und werden alle gleich eins sein. Um ein Maximum bestimmen zu können, gibt es eine notwendige Bedingung und eine hinreichende Bedingung. Die notwendige Bedingung lautet:

$$\frac{M P V_1}{w_1} = \frac{M P V_2}{w_2} = \frac{M P V_3}{w_3}.$$

Allgemein:

$$\frac{M P V_i}{w_i} = \frac{M P V_j}{w_j} \quad \text{mit } i, j = 1, 2, 3, \dots \text{ und } i \neq j.$$

Allerdings ist diese Bedingung nicht hinreichend. Sie könnte erfüllt sein, aber jeder Bruch hätte zum Beispiel den Wert -1. Dies wäre kein Gewinnmaximum. Die hinreichende Bedingung für ein Gewinnmaximum ist:

$$\frac{M P V_i}{w_i} = \frac{M P V_j}{w_j} = 1 \quad \text{mit } i, j = 1, 2, 3, \dots \text{ und } i \neq j.$$

Die Summe aller Grenzproduktwerte eines einzelnen Inputs eines Unternehmens ist gleich dem Wert des Grenzproduktes des Unternehmens. In der obigen Bedingung spiegelt w_i die Kosten einer Einheit eines Inputs wider. w_i kann gleichgesetzt werden mit den Grenzkosten eines Faktors. Es gilt:

$$K_i(f_i) = w_i f_i$$
$$K_i'(f_i) = w_i.$$

Die Summe der Grenzkosten aller einzelnen Inputs ist wiederum gleich den Grenzkosten des Unternehmens. Für ein Unternehmen mit F Inputs gilt im Gewinnmaximum:

$$\frac{\sum_{i=1}^{F} MPV_i}{\sum_{i=1}^{F} w_i} = \frac{MPV}{K'} = 1.$$

9.6   Appendix

9.6.1   Schnittpunkt der Durchschnittskosten mit den Grenzkosten

Es lässt sich mathematisch zeigen, dass der Schnittpunkt der Durchschnittskosten mit den Grenzkosten im Minimum der Durchschnittskosten liegt. Die Durchschnittskosten ergeben sich aus:[54]

$$k_g = \frac{K_g}{y}.$$

Für das Minimum gilt:

$$k_g' = 0$$

$$\Leftrightarrow \frac{dk_g}{dy} = 0$$

$$\Leftrightarrow \frac{d\left(\frac{K_g}{y}\right)}{dy} \qquad |(\text{Anwendung der Quotientenregel auf } \frac{K_g}{y})$$

$$\Leftrightarrow \frac{\frac{dK_g}{dy} * y - 1 * K_g}{y^2} = 0$$

$$\Leftrightarrow \frac{K'y - K_g}{y^2} = 0 \qquad |(\text{ausklammern von } y \text{ im Zähler})$$

$$\Leftrightarrow \frac{K' - \frac{K_g}{y}}{y} = 0 \qquad |(\frac{K_g}{y} \text{ ist aber wiederum } k_g)$$

$$\Leftrightarrow \frac{K' - k_g}{y} = 0 \qquad |(\text{Gleichgewichtsbedingung durch Zähler erfüllt})$$

$$\Leftrightarrow K' - k_g = 0$$

$$\Leftrightarrow K' = k_g \qquad\qquad\qquad q.e.d.$$

9.6.2   Die Grenzrate der technischen Substitution

Mathematisch können die minimalen Kosten einer bestimmten Produktion durch den Lagrangeansatz berechnet werden. Im Falle des Haushaltsoptimums wurde der Nutzen maximiert. Im Falle des Produktionsoptimums werden die Kosten bei konstantem Output minimiert.

Der Lagrangeansatz lautet: $\min \quad w_1 f_1 + w_2 f_2$

Unter der Nebenbedingung: $y = f(f_1, f_2)$

Lagrangefunktion: $L(f_1, f_2, \lambda) = w_1 f_1 + w_2 f_2 - \lambda(f(f_1, f_2) - y)$

Partielle Ableitungen: $\frac{\partial L}{\partial f_1} = w_1 - \lambda MP_1$

$\frac{\partial L}{\partial f_2} = w_2 - \lambda MP_2$

$\frac{\partial L}{\partial \lambda} = f(f_1, f_2) - y$

---

[54]Zur besseren Übersicht werden die Kostenfunktionen ohne ihre abhängige Variable y geschrieben, $k_g(y) = k_g$ etc.

Setzt man die partiellen Ableitungen nach f_1 und nach f_2 gleich Null und setzt die beiden Ausdrücke gleich, erhält man die folgende Gleichung:

$$\frac{w_1}{w_2} = \frac{MP_1}{MP_2} = MTS.$$

10

Das Angebot eines Unternehmens im Wettbewerb

Lernziele:

- Im Konkurrenzmarkt gilt im Gewinnmaximum: Marktpreis gleich Grenzkosten, wenn die Grenzkosten für die nächste Einheit steigen.

- Im Konkurrenzmarkt kann langfristig kein ökonomischer Gewinn erzielt werden, wohl aber ein betriebswirtschaftlicher.

- Der kurzfristig bzw. langfristig minimale Angebotspreis bei konstanter Betriebsgröße ist das Minimum der variablen Stückkosten bzw. der gesamten Stückkosten.

- Langfristig wird es in einem vollkommenen Markt keine Produzentenrente geben.

10.1   Der Konkurrenzmarkt

Der vollkommene Markt wurde bereits beschrieben. Der Konkurrenzmarkt, auch Polypol genannt, wird in der Theorie in der Regel als vollkommener Markt betrachtet. In der vertiefenden Theorie werden einzelne Annahmen des vollkommenen Marktes ausgeblendet, um die Auswirkungen auf das Verhalten der Marktteilnehmer zu untersuchen. Sehr häufig wird die sechste Annahme der vollkommenen Transparenz aufgegeben. An dieser Stelle sollen zunächst alle sechs Annahmen eines vollkommenen Marktes gelten. Um lästiges Umblättern zu vermeiden werden die sechs Annahmen noch einmal aufgelistet:

1. unendlich viele Marktteilnehmer auf beiden Seiten;

2. Homogenität der Güter;

3. keine örtlichen Präferenzen;

4. keine zeitlichen Präferenzen;

5. keine persönlichen Präferenzen;

6. vollkommene Transparenz.

Andere als objektive Auswahlkriterien eines Konsumenten werden ausgeschlossen. Anders ausgedrückt, die Konsumenten verhalten sich nicht loyal gegenüber einem Unternehmen. Es gibt keine Variablen wie Kundentreue. Ist das Produkt eines Unternehmens objektiv schlechter bzw. teurer als das eines Konkurrenten, wechseln die Konsumenten den Anbieter. Auch die Annahme homogener Güter steht für die folgenden Untersuchungen nicht im Vordergrund. Im Hinblick auf diese Annahme ist es unerheblich welches Unternehmen innerhalb eines Marktes, d.h. einer Branche, untersucht wird. Alle haben die gleichen Produkte im Angebot. Ein analysiertes Unternehmen ist gleich dem nächsten und daher auch als ein repräsentatives Unternehmen zu verstehen. Der Begriff der **repräsentativen Firma** geht auf Alfred Marshall zurück. Besonders wichtig im Zusammenhang mit den kommenden Analysen sind die erste und sechste Annahme eines vollkommenen Marktes.

Mit unendlich vielen Konsumenten wird sichergestellt, dass einzelne Konsumenten keinen Einfluss auf den Marktpreis haben. Die nachgefragte Menge einzelner Konsumenten ist im Verhältnis zur Marktnachfrage verschwindend gering. Auf der anderen Seite werden unendlich viele Anbieter für den möglichst geringsten Preis und die höchste Qualität sorgen. Wie das? Die Konsumenten suchen die Produkte, die sie kaufen, nach objektiven Kriterien aus. Stellen zwei Unternehmen ein identisches Produkt her, werden sie sich den Markt teilen.[1] Bei tatsächlich identischen Produkten können neue Kunden nur über die Preise gewonnen werden. In der Realität werden Preisunterschiede von nur geringem Ausmaß keine allzu große Wirkung haben. Häufig kennen die Kunden die Preise einzelner Produkte nur in circa Angaben. Kaum eine Person fährt von einem Supermarkt in

---

[1]In der Realität gibt es Transportkosten. Die Unternehmen werden sich aber dennoch den Markt teilen, wenn sowohl die beiden Anbieter als auch die Konsumenten gleichmäßig im Marktgebiet verteilt sind und keine örtlichen Präferenzen haben. Ein bestimmter Markt kann einfach als eine Hauptstraße innerhalb eines Ortes betrachtet werden. Der Ort sei groß genug, dass sich zwei Kaufleute dort betätigen können. Optimal ist es, wenn sich die beiden Kaufleute den Markt genau teilen. Der eine Kaufmann ist zum Beispiel auf der linken Straßenseite, der andere auf der rechten. Die angebotenen Produkte beider Kaufleute sind identisch. Die Konsumenten wählen ihren Kaufmann nach Präferenzen. Im engsten Sinne erzeugt das Einkaufen Kosten im Sinne von vergangener Zeit. Je weiter die Konsumenten laufen müssen, desto teurer wird der Einkauf. Alle Konsumenten werden daher jeweils bei dem Kaufmann einkaufen, der auf ihrer Straßenseite liegt, da das Überqueren der Straße Zeit braucht und somit Kosten verursacht. Wohnen nun 50% des Dorfes auf der einen und der Rest auf der anderen Straßenseite, wird der Gewinn der beiden Kaufleute gleich sein. Die Annahme einer gleichmäßigen Verteilung von Angebot und Nachfrage ist essentiell in einem Wettbewerbsmarkt (vgl. Steven Salop 1979).

den Nächsten, nur weil sie 10 Cent beim Liter Milch, bei der Butter oder beim Yoghurt sparen kann. In der Theorie tun die Konsumentinnen genau das. Der Einfachheit halber wird angenommen, dass weder die Information noch der Transport irgendwelche Kosten verursacht. Jede Konsumentin ist zu jedem Zeitpunkt über alle Preise für jedes Produkt informiert. Das Zusammensuchen der Informationen verursacht keine Kosten.[2] Diese Annahme ist durchaus vernünftig. Es ist zwar unsinnig anzunehmen, dass die absoluten Kosten der Informationsbeschaffung einer Konsumentin Null sind, aber wiederum sehr sinnig anzunehmen, dass alle KonsumentInnen im Durchschnitt die gleichen Kosten haben. Wenn aber alle durchschnittlich die gleichen Kosten bei der Informationsbeschaffung haben, können diese Kosten im Vergleich vernachlässigt werden. Gleiches gilt für die Annahme von Transportkosten. Selbstverständlich können einzelne Preise in einem Supermarkt höher sein, wenn die Kunden mit Angeboten angelockt werden. Es tritt dann der wo-ich-schon-mal-da-bin Effekt ein. Fährt eine Kundin zu einem Supermarkt, um ein besonders günstiges Angebot zu kaufen, wird sie gleichzeitig die 10 Cent teurere Milch kaufen. Würde sie sich erst wieder ins Auto setzen und zu einem anderen Supermarkt fahren, würde das Kosten verursachen. In der Realität sind auch diese Kosten durchschnittlich für einzelne Konsumenten ähnlich und können bei einer vereinfachenden Analyse vernachlässigt werden. Die Theorie nimmt Transportkosten von Null an.

Auf der Basis dieser Annahmen für einen vollkommenen Markt entscheidet nur der tatsächliche Produktpreis über Kauf oder Nicht-Kauf. In der Theorie können zwei Unternehmen identische Produkte nur zum gleichen Preis verkaufen. Sie werden sich den Markt teilen. Reduziert ein Unternehmen den Preis um eine kleine Einheit, werden alle Konsumentinnen nur noch bei diesem Unternehmen kaufen. Der Konkurrent wird kein einziges Produkt mehr absetzen können. Eine solche Situation wurde bereits als vollkommen elastisches Angebot definiert.[3]

Bei unendlich vielen Anbietern auf dem Markt hat der einzelne Anbieter keinerlei Macht um Preise zu setzen. Das Unternehmen ist ein Preisnehmer, so werden Unternehmen bezeichnet, die einen vorhandenen Marktpreis akzeptieren müssen. Der Marktpreis und damit der Grenzerlös ist in diesem Falle konstant. Ein Unternehmen kann ausschließlich die Men-

---

[2]Durch das Internet kann die theoretische Annahme, dass die Beschaffung von Informationen kostenlos ist, zwar nicht exakt erfüllt werden aber Preisvergleiche sind erheblich vereinfacht worden, kosten weniger Zeit und Geld.
[3]vgl. Kap. 4.2.2

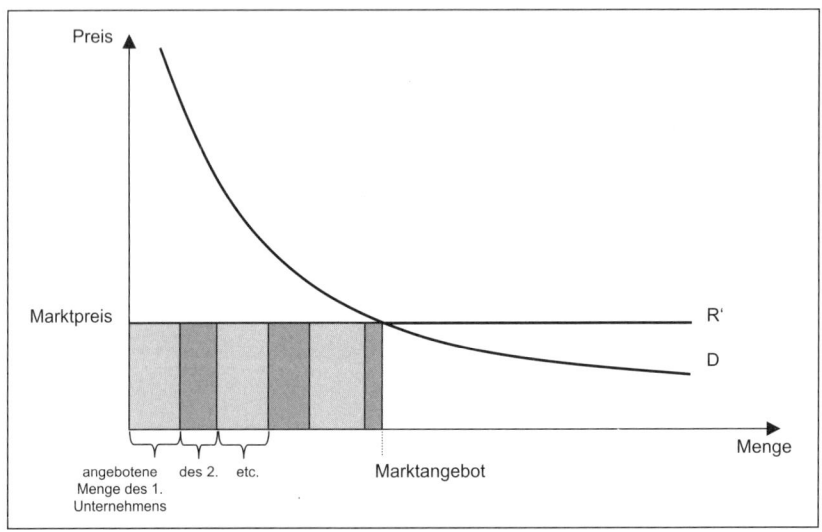

Abbildung 10.1: Marktanteile in einem Konkurrenzmarkt

ge definieren, die es produzieren möchte. Dies hängt wiederum von der Produktionstechnologie, d.h. vom optimalen Einsatz der Produktionsfaktoren ab. Hierbei spielt die Betriebsgröße eine entscheidende Rolle. Die gesamte Angebotsmenge, das Marktangebot, teilt sich auf die einzelnen Unternehmen nach ihrer Betriebsgröße und ihrer Produktionstechnologie auf. Hiernach bestimmt sich der Marktanteil eines Unternehmens. Die Idee eines Konkurrenzmarktes ist in Abbildung 10.1 verdeutlicht.

Dabei ergibt sich aus dem Schnittpunkt der Nachfragefunktion D mit dem Marktpreis die Gleichgewichtsmenge bzw. das Marktangebot. Dieses Marktangebot ist wie erläutert unter mehreren Unternehmen aufgeteilt. Es handelt sich in der Regel nicht um eine gleichmäßige Verteilung in absoluten Mengen. Ein großer Konzern wird meistens ein absolut größeres Angebot haben als ein mittelständischer Betrieb.

10.2   Der Erlös eines Konkurrenzunternehmens

Wie im vorherigen Abschnitt erläutert, ist ein Unternehmen bei vollständiger Konkurrenz, ein Konkurrenzunternehmen oder Wettbewerbsunternehmen, ein Preisnehmer. Das Unternehmen sieht sich einem konstanten Grenzerlös für seinen Output gegenüber. Welchen Output wird das Unternehmen wählen. Die Antwort ist ganz einfach: den gewinnmaximalen Output. Aber wo liegt der? Gibt es eine generelle Regel für jedes Wettbewerbsunternehmen?

Zunächst ein nachträglicher Nachweis. Es wurde bereits vorher behauptet, dass der Grenzerlös eines Wettbewerbsunternehmens gleich dem Preis eines Produktes ist. Der Erlös ergibt sich aus:

$$R(y) = py.$$

Die Erlöse, abhängig vom Output y, sind gleich dem Produkt Output mal Preis. Die Grenzerlöse, d.h. die erste Ableitung der Erlösfunktion, liefert:

$$\frac{dR(y)}{dy} = R'(y) = p.$$

Im Falle vollkommener Konkurrenz sind die Grenzerlöse tatsächlich gleich dem Preis eines Produktes, dies leitet sich aus der **Amoroso-Robinson-Beziehung**[4] ab. Auf den ersten Blick mag es so aussehen, als wäre dies eine generelle Regel und würde auch bei anderen Marktformen, zum Beispiel in einem monopolistischen Markt, gelten. Dies ist nicht der Fall. In einem Konkurrenzmarkt gilt immer, dass die Grenzerlöse gleich dem Preis sind. In einem monopolistischen Markt beschreibt diese Gleichung einen Spezialfall.[5] Es kann festgehalten werden: *Allgemein liegt der gewinnmaximale Output eines Unternehmens dort, wo die steigenden Grenzkosten der Produktion dieses Outputs gleich den Grenzerlösen sind. Unter der Annahme vollkommener Konkurrenz sind die Grenzerlöse dabei gleich dem Marktpreis.*[6]

Der Erlös eines Unternehmens oder auch der Umsatz, enthält sämtliche Geldflüsse. Aus dem Umsatz müssen sämtliche Kosten gedeckt werden und nach Abzug aller Kosten ist das Ergebnis entweder eine schwarze Null oder es verbleibt ein Rest, ein ökonomischer Gewinn. Die folgende Grafik bricht den Umsatz in seine einzelnen Bestandteile herunter. Dies sind die Fixkosten, die variablen Kosten und gegebenenfalls die Gewinne.

Das Produkt aus Marktpreis und Output ergibt den Umsatz. In der Grafik ist dies die markierte Fläche. Der Umsatz lässt sich nun aufspalten

---

[4]Auch: Amoroso-Robinson Relation, Amoroso-Robinson Theorem; benannt nach Luigi Amoroso (1886-1965) und Joan Robinson (1903-1983).

[5]In einem monopolistischen Markt gilt die Gleichung im Allgemeinen nicht, weil der Preis von der angebotenen Menge abhängt. Bei vollkommener Konkurrenz ist der Preis unabhängig von der angebotenen Menge konstant. Für weitere Ausführungen zum Monopol und Oligopol vgl. Kap. 11 und 12.

[6]Die formale Herleitung dieses Zusammenhangs ist im Appendix zu diesem Kapitel dargestellt.

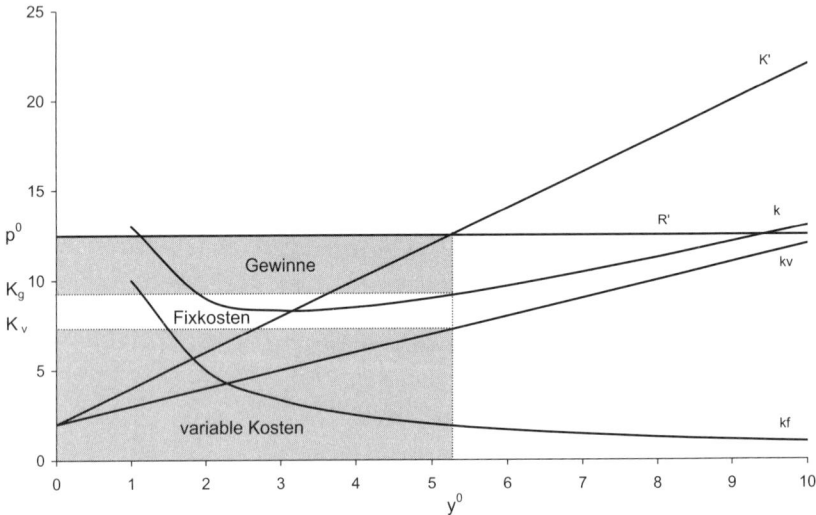

Abbildung 10.2: Der Erlös und seine Komponenten I

in Gewinne und Kosten. Die Kosten, die bei einem Output y^0 anfallen, werden durch das Produkt $y^0 K_g$ repräsentiert. Ist der Preis höher als K_g wird ein Gewinn anfallen. Der Gewinn ergibt sich im Beispiel der Grafik aus $(p^0 - K_g)y^0$. Das ist gleich dem Umsatz minus der Kosten. Der Kostenblock lässt sich weiter unterteilen in variable Kosten, repräsentiert durch das Produkt $y^0 K_v$, und die Fixkosten. Die Fixkosten lassen sich anhand der Grafik durch $(K_g - K_v)y^0$ errechnen.

Der gleiche Zusammenhang zwischen Erlösen, Kosten und Gewinnen lässt sich auch noch auf eine etwas andere Weise darstellen. Es wurde bereits erläutert, dass die Fläche unterhalb der Grenzkostenkurve bis zur abgesetzten Menge gleich den variablen Kosten ist.[7] Die Fläche unterhalb der Grenzerlöse bis zur abgesetzten Menge ist der Erlös. Die Differenz aus Erlösen und variablen Kosten ergibt eine weitere bereits bekannte Größe, den Deckungsbeitrag. Der Deckungsbeitrag dient der Deckung der Fixkosten. Ist der Deckungsbeitrag größer als die Fixkosten, ergibt sich ein Gewinn. Wenn sich der Erlös aus den variablen Kosten und dem Deckungsbeitrag zusammensetzt und die variablen Kosten durch die Fläche unterhalb der Grenzkostenkurve dargestellt werden, dann muss die Fläche ober-

---

[7]vgl. Kap. 9.4.5

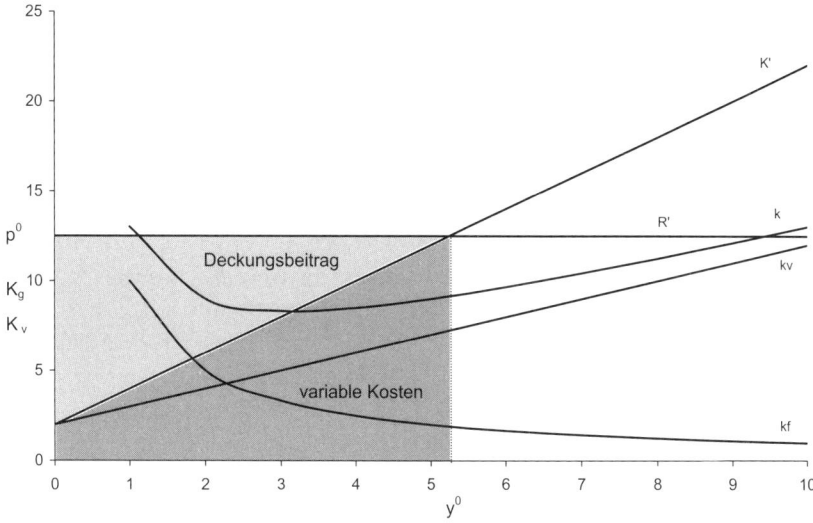

Abbildung 10.3: Der Erlös und seine Komponenten II

halb der Grenzkostenkurve bis zum Marktpreis gleich dem Deckungsbeitrag sein. Abbildung 10.3 zeigt diesen Zusammenhang.

10.3 Die Angebotskurve im Wettbewerb

10.3.1 Das kurzfristige Angebot eines Konkurrenzunternehmens

Ein Unternehmen kann seinen Gewinn maximieren, wenn der Preis gleich den Grenzkosten ist. Wie hoch wird kurzfristig, d.h. bei einer bestimmten Unternehmensgröße, der Output eines Konkurrenzunternehmens sein? Der Output wird genau so groß sein, dass die Grenzkosten der letzten Einheit gleich dem Preis sind.

Ein Wettbewerbsunternehmen hat mit seiner Grenzkostenkurve eine Angebotskurve gegeben. Die Grenzkostenkurve ermöglicht es für jeden Marktpreis einen bestimmten Output vorzugeben. Dabei wird in der Regel das Angebot mit steigendem Preis zunehmen. Die Grenzkostenkurve liegt teilweise unterhalb der variablen Stückkostenkurve. Kann das Unternehmen bei einem Grenzerlös unterhalb der variablen Stückkosten anbieten? Was würde geschehen? Die Antwort ist klar. Erlöst ein Unternehmen durch den

Verkauf eines Produktes weniger als es für dieses Produkt aufgewendet hat, macht es einen **negativen Gewinn**, d.h. einen Verlust. Mit dem Erlös aus einem verkauften Stück kann das Unternehmen in diesem Falle nicht einmal die variablen Kosten der Produktion decken. Ein Unternehmen mit dem Ziel der Gewinnmaximierung wird nicht anbieten. Es könnten höchstens die Verluste maximiert werden.

Die **kurzfristige Angebotskurve** ist tatsächlich nur ein Teil der Grenzkostenkurve eines Unternehmens. Sie ist der Teil oberhalb des Schnittpunktes mit der variablen Stückkostenkurve. Streng genommen nicht nur oberhalb des Schnittpunktes, sondern den Schnittpunkt mit eingeschlossen. Aber macht ein Unternehmen nicht dennoch Verlust? Es werden doch nur die variablen Stückkosten, nicht jedoch die Fixkosten gedeckt? Das Unternehmen erwirtschaftet keinen Deckungsbeitrag. Das ist zwar richtig, dennoch wird ein Unternehmen einen Preis, der die variablen Stückkosten deckt, kurzfristig akzeptieren. Denn was wäre die Alternative? Die Alternative bedeutet den Markt zu verlassen. Die Fabrik aufzugeben, die Leute zu entlassen und auch in der Zukunft nichts mehr zu produzieren. Eventuell ist der Preis aber nur durch äußere Einflüsse so niedrig, die nicht lange anhalten werden. Wenn ein Unternehmen einen Markt verlässt, wird es so schnell nicht wieder zurückkommen können. Es müsste erst wieder eine neue Fabrik errichtet werden. Neue Leute müssten eingestellt werden. Diese brauchen Schulungen unter Umständen und können nicht sofort ihre volle Produktivität, d.h. den maximalen Output je Input, entfalten. Das Unternehmen hätte Kunden an die Konkurrenz verloren, wichtige Entwicklungen am Markt verpasst und müsste erhebliche Anstrengungen betreiben, um frühere Marktanteile zurückzugewinnen. Kurzfristig wird ein Unternehmen bei einem Preis, der ausschließlich die variablen Stückkosten deckt weiter produzieren.[8] Es wird entweder weitere Anstrengungen unternehmen, um die Kosten weiter zu reduzieren und in der Zukunft einen positiven Deckungsbeitrag und eventuell auch Gewinn zu erwirtschaften oder aber auf eine Erholung des Marktpreises warten bzw. hoffen. Die nächste Abbildung zeigt die kurzfristige Angebotskurve eines Unternehmens. Die kurzfristige Angebotskurve eines Wettbewerbsunternehmens ähnelt der dicken schwarzen Linie in der Grafik. Das Angebot ist Null, wenn der Preis kleiner

---

[8]In der wirtschaftlichen Realität wird ein Unternehmen sogar noch einen Preis leicht unterhalb der variablen Stückkosten akzeptieren. Dies geschieht aus strategischen Gründen, um bestehende Kundenbeziehungen nicht zu verlieren und damit den Marktanteil relativ konstant halten zu können. Es ist eher ein gleitender Übergang in der Wirtschaft zu beobachten, denn ein abrupter Produktionsstopp wie ihn die Theorie annimmt.

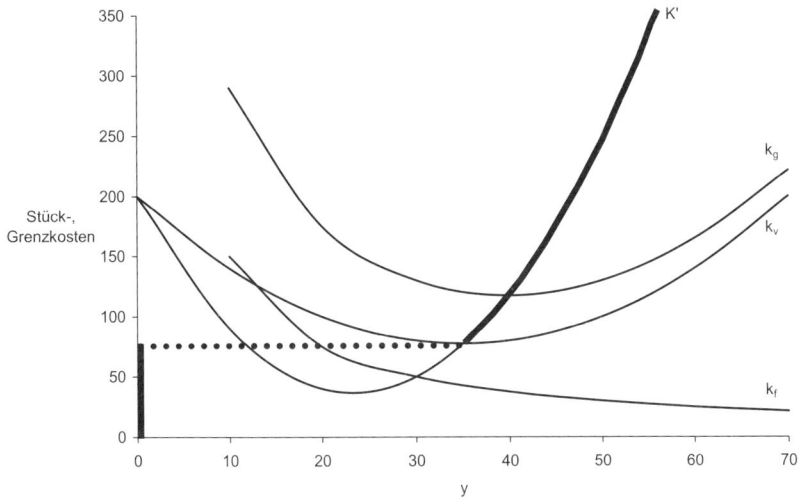

Abbildung 10.4: Die kurzfristige Angebotskurve eines Wettbewerbsunternehmens

als die minimalen variablen Stückkosten ist. Oberhalb des Minimums ist die kurzfristige Angebotskurve identisch mit der Grenzkostenkurve.

10.3.2 Das langfristige Angebot bei konstanter Betriebsgröße eines Konkurrenzunternehmens

Angenommen der Preis verharrt langfristig auf dem Niveau der minimalen variablen Stückkosten. Was passiert, wenn das Unternehmen nichts an der eigenen Produktionstechnologie ändert? Für jedes verkaufte Stück wird gerade soviel erlöst, dass die variablen Kosten pro Stück gedeckt werden können. Es verbleibt nicht ein einziger Cent Deckungsbeitrag. Selbst wenn die abgesetzte Menge unendlich groß wäre, könnten die Fixkosten nicht gedeckt werden. Das Unternehmen würde langfristig einen Verlust in Höhe der Fixkosten machen. Langfristig müsste das Unternehmen die Produktion in einem solchen Fall ganz aufgeben. Wie kann das verhindert werden? Erstens, indem der Marktpreis wieder steigt. Zweitens, indem die Kosten gesenkt werden. Auf welches Niveau müsste der Marktpreis steigen bzw. die Kosten gedrückt werden? Welcher Preis würde für das langfristige Überleben des Unternehmens sorgen? Langfristig muss dass Unternehmen mindestens alle Kosten decken. Die Erwirtschaftung eines Gewinn

ist nicht notwendigerweise erforderlich. Zur Erinnerung, Gewinn bedeutet
in der Volkswirtschaft überdurchschnittliche Renditen gegenüber anderen
Anbietern. Vereinfacht gesprochen, der Unternehmerlohn wäre überdurch-
schnittlich hoch. Sicher würde sich jeder Unternehmer über eine möglichst
lange Phase überdurchschnittlicher Gewinne freuen, sie sind jedoch nicht
notwendig, um ein Unternehmen langfristig am Leben zu erhalten. Hierzu reicht es aus, alle Kosten durch den Verkauf des produzierten Outputs zu decken. Im vorletzten Kapitel wurde bereits gezeigt, wann dies der
Fall ist. Die Gesamtkosten beinhalten die variablen Kosten und die Fixkosten. Sind diese Kosten gedeckt, wird das Unternehmen auch langfristig
im Markt verbleiben. Wenn der Preis den minimalen Durchschnittskosten
entspricht, d.h. den minimalen gesamten Stückkosten, können alle Kosten
gedeckt werden. Die **langfristige Angebotskurve** eines Unternehmens
bei einer bestimmten Betriebsgröße ist daher die Grenzkostenkurve oberhalb des Schnittpunktes mit der Durchschnittskostenkurve. Wie im Falle
des kurzfristigen Angebots ist der Schnittpunkt selbst bereits ausreichend.
Links der minimalen Durchschnittskosten wird das Unternehmen bei einer festen Betriebsgröße nichts produzieren. Die formal exakte langfristige
Angebotskurve eines Unternehmens im Wettbewerb setzt sich daher ebenso aus zwei Teilen zusammen wie die kurzfristige. Diese Tatsache wird in
Abbildung 10.5 dargestellt.

In diesem Abschnitt ist bisher etwas ungenau mit den Bezeichnungen
umgegangen worden. Langfristig soll es definitionsgemäß keine Fixkosten
geben. Langfristig sollen alle Faktoren variabel und daher auch alle Kosten
variabel sein. Die hier beschriebene langfristige Angebotskurve ist daher
eher eine **mittelfristige**. Langfristig kann sie nur in dem Fall sein, dass
eine Änderung der Betriebsgröße nicht mehr möglich ist. Daher wurde bei
der vorherigen Beschreibung auch der Zusatz *bei konstanter Betriebsgröße*
verwendet.

Die Bezeichnung langfristige Angebotskurve für eine tatsächlich mittelfristige Kurve ist im Einklang mit der Bezeichnung des Schnittpunktes
der Grenzkostenkurve und der Durchschnittskostenkurve als langfristiger
Angebotspreis. Auch dies gilt nur bei konstanter Betriebsgröße.

Wie sieht die tatsächliche **langfristige Grenzkostenkurve** aus? Sie
beschreibt einen etwas weiteren Bogen als die kurzfristige Grenzkostenkurve. Für sich betrachtet ist der Verlauf der langfristigen Grenzkosten
dem der kurzfristigen sehr ähnlich. Tatsächlich ist das Ergebnis auch sehr
ähnlich. Ausschlaggebend für die langfristige Betrachtung ist der Schnitt-

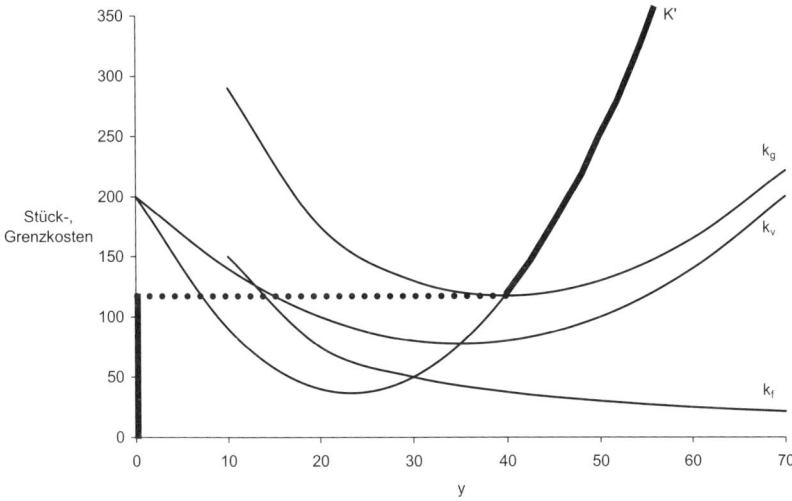

Abbildung 10.5: Die langfristige Angebotskurve eines Wettbewerbsunternehmens bei konstanter Betriebsgröße

punkt mit der langfristigen Durchschnittskostenkurve. Ist der Grenzerlös, d.h. der Preis, so hoch wie die minimalen langfristigen Durchschnittskosten, werden langfristig alle Kosten gedeckt. Zur Erinnerung, die langfristige Durchschnittskostenkurve ist die untere Umhüllende aller kurzfristigen Durchschnittskostenkurven und unabhängig von den Fixkosten, die es langfristig nicht gibt. Schematisch verändert sich die Grafik einer langfristigen Angebotskurve gegenüber Abbildung 10.5 nicht. Lediglich die Größenangaben auf den Achsen werden andere Niveaus erreichen bzw. größere Mengen repräsentieren. Langfristig wird eine größere Menge zum gleichen Preis hergestellt werden. Zumindest solange der Markt nicht gesättigt ist.

Der Unterschied zwischen den langfristigen und kurzfristigen Angebotskurven kann auch formal veranschaulicht werden. Kurzfristig wird ein Unternehmen höchstens einen Verlust in Höhe der Fixkosten erzeugen. Denn unterhalb der variablen Stückkosten wird es nicht anbieten. Kurzfristig muss gelten:

$$py \geq K_v(y)$$
$$\Leftrightarrow p \geq K_v(y)/y = k_v.$$

Der Umsatz muss mindestens so groß sein wie die gesamten variablen Kosten K_v. Nun wird noch durch den Output y geteilt und man erhält die

Mindestanforderung an den Preis, der kurzfristig mindestens so groß sein muss wie die variablen Kosten pro Stück. Langfristig sieht die formale Herleitung etwas anders aus. Langfristig kann überhaupt kein Verlust entstehen, denn das Unternehmen kann sich langfristig immer dazu entscheiden überhaupt nichts zu produzieren. Es werden dann keine Kosten erzeugt, es entsteht kein Umsatz und der Gewinn ist eine schwarze Null. Dies ist allerdings nur die Mindestanforderung, denn es kann schließlich auch ein Gewinn erzeugt werden. Formal bedeutet dies:

$$py - K_g(y) \geq 0$$
$$\Leftrightarrow \ py \geq K_g(y)$$
$$\Leftrightarrow \ p \geq K_g(y)/y = k_g.$$

Langfristig muss der Preis wie bereits erläutert, mindestens so hoch sein wie die Durchschnittskosten.

10.3.3   Das kurzfristige und langfristige Angebot in einer Branche

Mit den Kenntnissen über die kurzfristigen und langfristigen Angebotskurven eines Wettbewerbsunternehmens wird nun ein weiterer Schritt getan. Wie verhält sich das **Angebot einer ganzen Branche**? Hierzu wird eine Gesamtkostenfunktion zweiten Grades für jedes einzelne Unternehmen der Branche und somit für die Branche insgesamt angenommen. Diese Annahme erleichtert das Zeichnen von Grafiken, weil die entscheidenden Angebotskurven, die Grenzkostenkurven, Geraden sind. Das Angebot einer Branche ist nichts anderes als das Marktangebot eines bestimmten Gutes oder einer Güterart. In einem früheren Kapitel[9] wurde bereits eine Marktangebotskurve durch horizontale Aggregation der einzelnen Unternehmensangebotskurven hergeleitet. Um das Lesen etwas komfortabler zu gestalten, wird die Grafik an dieser Stelle noch einmal abgebildet.

Die einzelnen Angebotsgeraden von Unternehmen I und II sind die Grenzkostengeraden oberhalb der variablen Stückkosten. Bei einer Gesamtkostenfunktion zweiten Grades, ist auch die Funktion der variablen Kosten eine Funktion zweiten Grades. Die variablen Stückkosten müssen daher eine Funktion ersten Grades, d.h. eine Gerade sein. Da die Grenzkostenkurve und die Kurve der variablen Stückkosten immer im gleichen Punkt beginnen, die Grenzkostenkurve aber die kumulierten Werte der variablen

---

[9]vgl. Kap. 4.2.2

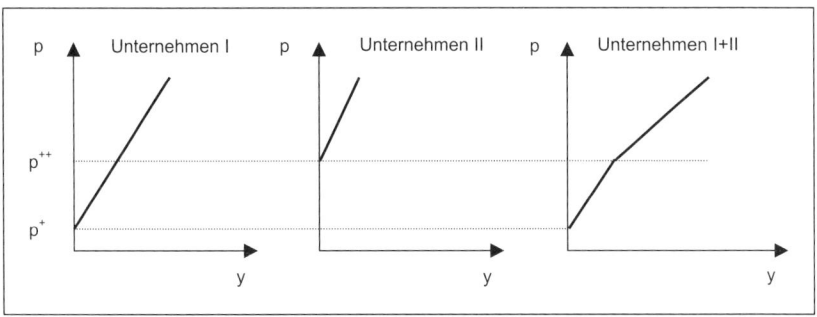

Abbildung 10.6: Das kurzfristige Markt- bzw. Branchenangebot

Kosten pro Stück abbildet, ist die Grenzkostengerade nur im Schnittpunkt mit der senkrechten Achse des Koordinatenkreuzes gleich mit der Geraden der variablen Stückkosten. Anschließend befindet sich die Grenzkostengerade oberhalb der variablen Stückkosten.

Bezogen auf Abbildung 10.6 muss ein Preis leicht oberhalb von p^+ für ein Angebot von Unternehmen I ausreichen. Unternehmen zwei wird in dem Fall nicht einmal kurzfristig anbieten, denn der Grenzerlös wäre unterhalb der variablen Stückkosten von Unternehmen II. Das Unternehmen würde mit jedem verkauften Stück einen negativen Deckungsbeitrag erzielen. Wenn nun der Preis auf p^{++} steigt, wird Unternehmen II ebenfalls anbieten. Verharrt der Preis langfristig auf diesem Niveau, müssen beide Unternehmen ihre Fixkosten decken. Ist dies möglich, werden sie im Markt verbleiben und sonst den Markt verlassen. Wie sieht es mit den mittelfristigen Gewinnen aus?

Hierzu wird schematisch in die beiden ersten Grafiken der obigen Abbildung jeweils die Durchschnittskostenkurve der einzelnen Unternehmen eingezeichnet. Die Durchschnittskostenkurve setzt sich aus den degressiven Fixkosten pro Stück und den linear steigenden variablen Kosten pro Stück zusammen. Es ergibt sich eine u-förmige Kurve wie in der nächsten Abbildung für beide Unternehmen eingezeichnet. Der Marktpreis sei p^0. Dieser liegt zwar oberhalb von p^{++}, aber unterhalb des Minimums der Durchschnittskosten von Unternehmen II. Unternehmen I macht bereits einen Gewinn, sogar einen ökonomischen, Unternehmen II fährt allerdings Verluste ein. Die Gewinne von Unternehmen I bzw. die Verluste von Unternehmen II sind jeweils durch die schraffierte Fläche in beiden Grafiken gekennzeichnet.

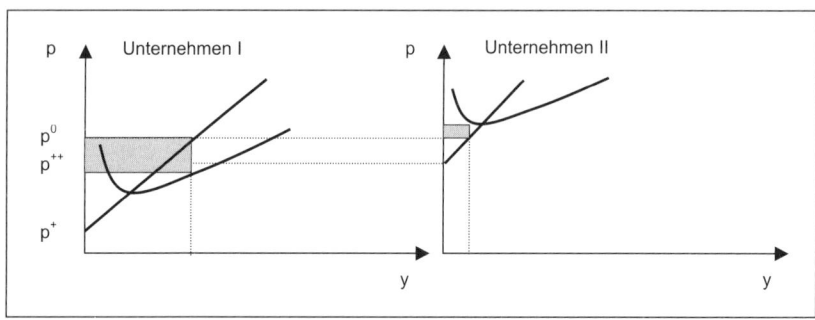

Abbildung 10.7: Gewinne und Verluste von Unternehmen bei einem bestimmten Marktpreis

Wie wird die Reaktion von Unternehmen II aussehen? Kurzfristig wird das Unternehmen im Markt verbleiben. Langfristig muss es bei unveränderter Situation den Markt verlassen. Wenn Unternehmen zwei jetzt Verluste macht und angenommen, dies ist schon seit dem Eintritt in den Markt so, was kann Unternehmen II bewegt haben, in diesen Markt einzutreten? Die Antwort ist recht offensichtlich, die Gewinne des ersten Unternehmens am Markt. Ein Blick auf das linke Diagramm zeigt, dass Unternehmen I nicht unerhebliche Gewinne in diesem Markt macht.

Angenommen es handelt sich um Pharmazeutika. Unternehmen I stellt Medikamente her und macht hohe Gewinne mit dem Verkauf. Unternehmen II bzw. der Unternehmer, der Unternehmen II gründen wird, beobachtet dies. Er sagt sich was die können, kann ich doch auch. Er gründet ein Unternehmen und nennt dieses sehr einfallsreich Unternehmen II. Beim Erstellen des ersten Jahresabschlusses freut sich der zweite Unternehmer bereits auf seine Gewinne und ist sehr enttäuscht als er feststellen muss, Verluste gemacht zu haben. Wie kommt das? Durch das erhöhte Angebot an Medikamenten am Markt wird der Preis gesunken sein, zum Beispiel auf p^0. Unternehmen I ist bereits lange genug am Markt, hat sehr viel Erfahrung in der Produktion und kann auf den gesunkenen Preis reagieren. Außerdem ist Unternehmen I viel größer als Unternehmen II und genießt den stärkeren Vorteil des Gesetzes der Massenproduktion. Unternehmen II hat bei den Planungen mit einem höheren Preis kalkuliert und konnte sich aufgrund fehlender Erfahrungen nicht so schnell auf den niedrigeren Preis bei der Produktion einstellen. Darüber hinaus wird es Reibungsverluste beim Starten der Produktion gegeben haben.

Der Gründer von Unternehmen II habe genügend Kapital und wird die Durststrecke überstehen, kurzfristig produziert er also weiter. Dabei muss er versuchen, die Kosten unter den jetzigen Preis zu drücken oder mindestens auf den jetzigen Preis senken. Die Gewinne von Unternehmen I geben ihm dabei Zuversicht, dass er seine Produktion noch etwas straffen und in Zukunft mindestens die Kosten decken kann, vielleicht aber auch einen Gewinn erwirtschaftet.

Zusammenfassend kann Folgendes festgehalten werden. Die Entscheidung eines Unternehmens in einen Markt einzutreten, orientiert sich an den Gewinnen der Unternehmen, die sich bereits im Markt befinden. Erwirtschaftet ein altes Unternehmen Gewinne, wird es neue Unternehmen geben, die in den Markt drängen. Umgekehrt werden Unternehmen den Markt verlassen, wenn langfristig die Kosten nicht gedeckt werden können. Die eigentliche Entscheidung der Unternehmen ist von drei Dingen abhängig.

1. Ist eine Preisveränderung nur temporär oder permanent?

2. Ist eine Kostenveränderung nur temporär oder permanent?

3. Gibt es externe Effekte?

Ein Unternehmen in einem Markt mache Gewinne. Denkt ein Unternehmer darüber nach, aufgrund der Gewinne des alten Unternehmens ein neues in diesem Markt zu gründen, muss er den Preis beachten. Vielleicht resultieren die Gewinne des alten Unternehmens nur aus einer kurzfristigen Preissteigerung. Im vorherigen Beispiel eines pharmazeutischen Betriebes können die Preise eines bestimmten Medikamentes aufgrund einer Grippewelle und dadurch höherer Nachfrage steigen. Die Preissteigerung ist aber nicht nachhaltig, denn die Grippewelle wird wieder abflauen. Unter gewöhnlichen Umständen erwirtschaftet das alte Unternehmen aber gar keine Gewinne. Der Aufbau der Produktion dauert zu lange, um an einer kurzfristigen Preissteigerung partizipieren zu können. Zumal der Preis durch den Einstieg des neuen Unternehmens voraussichtlich fallen wird. Bei gleichbleibender Nachfrage aber steigendem Angebot, fallen die Preise. *Ein Unternehmen wird vor dem Hintergrund einer Preissteigerung auf einem bestimmten Markt nur dann in diesen Markt eintreten, wenn die Preissteigerung von permanenter Natur ist.* Ein Unternehmen, dass sich bereits in einem Markt befindet, wird diesen, wie schon erläutert wurde, bei einem Preisverfall nicht unbedingt verlassen. Ist der Preisverfall nur temporär, wird das Unternehmen versuchen, die Durststrecke mit Kapitalmitteln zu überstehen. Erst wenn der Preisverfall permanenter Natur ist, wird ein Unternehmen, vorausgesetzt die Kosten lassen sich nicht im gleichen Maße reduzieren, den Markt verlassen. *Erst ein permanenter Preisverfall wird dazu führen, dass bereits bestehende Unternehmen einen Markt verlassen. Eine temporäre Preisreduzierung wird nicht dazu führen. Je länger allerdings der geringere Preis anhält, desto wahrscheinlicher wird es, dass Unternehmen den Markt verlassen.* Verlassen mehrere Unternehmen einen Markt, reduziert sich das Angebot und der Preis wird bei gleicher Nachfrage nach oben tendieren. Langfristig muss das Unternehmen mit der ineffizientesten Technologie mindestens die Kosten decken können.

Beim zweiten Aspekt handelt es sich ebenfalls um den temporären bzw. permanenten Charakter einer Variablen, in diesem Fall der Kosten. Einerseits können hiermit die innerbetrieblichen Kosten gemeint sein, die ein Unternehmen beeinflussen kann. Andererseits aber auch die Kosten der Inputs am Markt, die ein einzelnes Unternehmen nicht beeinflussen kann.[10] Die innerbetrieblichen Kosten können kurzfristig höher sein, weil Umbau- bzw. Modernisierungsmaßnahmen in einem Unternehmen umgesetzt werden. Diese Maßnahmen können den Produktionsablauf kurzfristig stören. Die Produktion läuft dann nicht optimal und die Kosten steigen. Hierauf hat das Unternehmen allerdings Einfluss und in der Regel auch einen Durchführungsplan erarbeitet, der mit entsprechenden Kosten kalkuliert wurde. Die Firma wird wissen, ob sie diese Maßnahmen finanzieren kann oder nicht. Andere kurzfristige Maßnahmen, die zu Kostensteigerungen führen können, sind Gehaltssonderzahlungen und höhere Werbeausgaben in einem Jubiläumsjahr. Die tatsächlichen Erlöse werden im Jubiläumsjahr vielleicht gar nicht steigen. Die Unternehmensleitung will aber die Angestellten und Kunden, die dazu beigetragen haben, das Unternehmen so lange erfolgreich führen zu können, durch Sonderzahlungen oder spezielle Rabatte über eine befristete Zeit teilhaben lassen. Auch diese Ausgaben sind geplant und werden vom Unternehmen sicher nur in einer Höhe stattfinden, die finanzierbar ist. Neben solchen und anderen innerbetrieblichen Veränderungen kann es generelle Preisänderungen bei einem oder mehreren Inputs geben. Diese können von einem einzelnen Unternehmen nicht beeinflusst werden. Verwendete Rohstoffe könnten im Preis steigen. Eine Raffinerie, deren Rohstoff Erdöl ist, sieht sich zum Beispiel einer Ölpreis-

---

[10]Auch für die Inputmärkte soll vollkommene Konkurrenz angenommen werden. Die Nachfrage nach einem Input durch ein einzelnes Unternehmen hat somit nicht die entsprechende Größe, um den Preis des Inputs beeinflussen zu können. Die Unternehmen akzeptieren den Marktpreis der von ihnen nachgefragten Inputs.

steigerung ausgesetzt. Die gleiche Ölpreissteigerung wird auch Speditionen nicht begeistern. Ein großer Teil des Transportgewerbes wird negativ von einer Ölpreissteigerung betroffen sein. Eine kurzfristige Verknappung des Angebots führt zu einem kurzfristigen Anstieg der Preise, einem Ölpreisschock. Ein Schock wird kein Unternehmen dazu veranlassen, die Produktionsplanung erheblich zu ändern, d.h. langfristige Investitionen in effizientere Technologien zu tätigen. Das Unternehmen wird abwarten.[11] Ist die Ölpreissteigerung von Dauer, werden Investitionen getätigt werden, um die Produktionstechnologie an das neue Preisgefüge möglichst anzupassen. Kann ein Unternehmen auch langfristig die Kosten bei einer permanenten Preiserhöhung eines Inputs nicht senken, wird das Unternehmen den Markt verlassen. Dadurch sinkt das Angebot und der Preis wird bei gleicher Nachfrage steigen. Damit wird der Druck zur Umstrukturierung, der auf den noch verbliebenen Unternehmen lastet, etwas geringer.

Ob eine Preisveränderung temporär oder permanent sein wird, und ob die generelle Preisveränderung der Inputs temporär oder permanent sein wird, ist ungewiss. Die Entscheidung eines Unternehmens hängt hier von den Erwartungen der entscheidenden Personen ab. Dies sind Geschäftsführungen, die Empfehlungen von Analysten und Experten berücksichtigen. Werden die Veränderungen als temporär angesehen, wird ein Unternehmen entlang der kurzfristigen Angebotskurve reagieren. Die Reaktion wird in diesem Fall wesentlich geringer ausfallen als bei der Erwartung einer permanenten Veränderung. Sinkt der Preis zum Beispiel permanent, wird ein Unternehmen den Markt unter Umständen verlassen. Der Output reagiert damit viel stärker als bei der Erwartung einer temporären Preisveränderung, wenn der Output nur leicht entlang der Grenzkostenkurve bzw. der Angebotskurve reduziert wird.

Externe Effekte oder **Externalitäten** ergeben sich bei der Veränderung einer Branche. Diese Effekte werden auch **externe Ökonomien** oder **externe Disökonomien** genannt. Je nachdem ob es sich um **positive** oder **negative Effekte** handelt. Eine typische externe Disökonomie, d.h. ein negativer externer Effekt, ergibt sich in einer jungen Branche häufig beim Eintritt eines neuen Unternehmens. Eine junge Branche hat häufig Schwierigkeiten gut ausgebildete Fachkräfte zu finden. Viele Unternehmen

---

[11]Das klingt sicher etwas zu einfach. Die zwei bisherigen Ölkrisen 1973/74 und 1980 in Deutschland haben zu einem erheblichen Einbruch der Produktionstätigkeit geführt. Viele Unternehmen sind in Mitleidenschaft gezogen worden. Ob ein Unternehmen auf einen Schock reagieren muss oder nicht, kann daher eigentlich nicht pauschal beantwortet werden. Ein sehr kurzfristiger Ölpreisanstieg wird aber sicher keine langfristigen Auswirkungen haben.

bilden selbst noch nicht aus, einen speziell auf die Branche ausgerichteten Studiengang gibt es noch nicht und die Aussichten der Branche sind noch zu unsicher, als dass viele junge Menschen den Schritt in diese Richtung wagen würden. Durch die Gründung eines weiteren Unternehmens kann sich die Situation noch erheblich verschärfen. Das neue Unternehmen wird in Form seiner Gründer häufig ein gewisses Know How mitbringen. Darüber hinaus wird das Unternehmen aber versuchen, die Arbeitskräfte, die bei anderen Unternehmen beschäftigt sind, abzuwerben. Meistens geschieht dies durch höhere Lohnzahlungen. Die Arbeitskräfte werden durch die Gründung des Unternehmens insgesamt teurer und die Lohnkosten der älteren Unternehmen werden ebenfalls steigen. Durch den Eintritt eines neuen Unternehmens kann sich aber auch eine externe Ökonomie ergeben. Dies ist typischerweise im Forschungsbereich der Fall. Mehrere Unternehmen zusammen können zum Beispiel ein Forschungsinstitut für Grundlagenforschung gründen. Je mehr Unternehmen sich daran beteiligen, desto günstiger wird die Grundlagenforschung für jedes einzelne Unternehmen. Spezielle Forschung werden die Unternehmen lieber im Geheimen machen, um einen Produktionsvorteil generieren zu können. Dennoch geht auch solches Forschungswissen auf andere Unternehmen über. Die Möglichkeit eines Industriespions sei nur am Rande erwähnt. Durch das Abwerben von Forschern eines Konkurrenzunternehmens kauft sich der neue Arbeitgeber auch das Wissen des Forschers. Nicht nur unter Umständen seine eigene Brillanz, sondern auch das Wissen über die Forschung des Konkurrenzunternehmens. Auch auf diese Weise erhöht sich das Wissen, verbessert sich die Forschung und die Effizienz der Produktion kann gesteigert werden. Das wiederum steigert die Qualität der Produkte oder senkt die Kosten. Im ersten Fall wird der Marktpreis ceteris paribus steigen. Konsumentinnen zahlen mehr für ein qualitativ höherwertiges Gut. Im zweiten Fall steigen die Gewinne ebenfalls, wenn der Preis konstant gehalten werden kann oder mindestens weniger stark fällt als die Kosten gefallen sind.

Ob ein Unternehmen in einen Markt eintritt oder nicht, hängt zusammenfassend in erster Linie davon ab, ob die bereits existierenden Unternehmen Gewinne machen oder nicht. Bei einer tiefergehenden Analyse der Situation muss der Neueinsteiger dann beachten, ob die Verhältnisse bei den Preisen oder bei den Kosten temporär oder permanent sind. Drittens ist zu beachten, ob externe Effekte entstehen werden. Sind diese positiv, wird der Markteintritt wahrscheinlicher, sind negative zu erwarten, wird der Eintritt unwahrscheinlicher.

Was passiert mit der Marktangebotskurve, wenn neue Unternehmen in einen Markt eintreten.[12] Drei generelle Annahmen werden gemacht: die Nachfrage verändere sich nicht, der Markt sei nicht gesättigt und alle Unternehmen haben eine identische Technologie.

Durch ein neues Unternehmen wird der Output steigen. Zu Beginn wird die Qualität der Produkte dabei nicht wesentlich steigen. Es kann ruhig angenommen werden, dass die Qualität der Produkte unverändert ist. Ceteris paribus führt der Eintritt eines Unternehmens zu einem größeren Angebot bei geringerem Preis. Der Entscheidung eines Markteintrittes liegt eine langfristige Betrachtung zugrunde. Es gibt keine fixen Faktoren. Wie bekannt, beginnt die langfristige Gesamtkostenkurve im Ursprung eines Koordinatenkreuzes. Die langfristige Grenzkostenkurve beginnt dann ebenfalls im Ursprung. Die Grenzkosten sollen linear steigen. Dies gilt für alle Unternehmen am Markt, da diese die gleiche Technologie bei der Produktion verwenden. Die Situation kann aussehen wie in Abbildung 10.8. Die Gerade $S(1)$ ist die Marktangebotsgerade, wenn nur ein Unternehmen am Markt ist. Die Gerade $S(2)$ beschreibt das Marktangebot bei zwei konkurrierenden Unternehmen. Beide Geraden beginnen im Ursprung. Die Marktangebotsgerade $S(2)$ ist flacher als die Gerade $S(1)$. *Durch den Eintritt des neuen Unternehmens in den Markt wird zu jedem Preis ein größerer Output angeboten. Die Marktangebotskurve von zwei Unternehmen muss daher ceteris paribus flacher sein als die eines einzelnen Unternehmens. Je mehr Unternehmen das Marktangebot zur Verfügung stellen, desto flacher wird die Marktangebotskurve.* Die Kurve D repräsentiert die Marktnachfrage. Der Gleichgewichtspreis ergibt sich im Schnittpunkt der jeweiligen Marktangebotsgeraden mit der Marktnachfragekurve. Ist nur ein Unternehmen am Markt, ist der Gleichgewichtspreis p_1^0 und die Gleichgewichtsmenge y_1^0. Die Größen verändern sich auf p_2^0 und y_2^0 mit zwei anbietenden Unternehmen.

Die Marktgleichgewichte ergeben sich in den Punkten G_1 bzw. G_2 je nachdem wie viele Unternehmen am Markt sind. Es wurde angenommen, dass alle Unternehmen die gleiche Technologie verwenden. Der Preis p^0 sei der langfristige minimale Angebotspreis. Er ist demnach gleich mit dem Minimum der langfristigen Durchschnittskosten. Jeden Preis unterhalb des Minimums der Durchschnittskosten kann kein Unternehmen langfristig akzeptieren.

Angenommen das erste Unternehmen habe am Markt einen Gewinn er-

---

[12]Es wird hier nur die Situation eines Markteintrittes betrachtet. Verlässt ein Unternehmen einen Markt, sind die zu erläuternden Effekte einfach umzukehren.

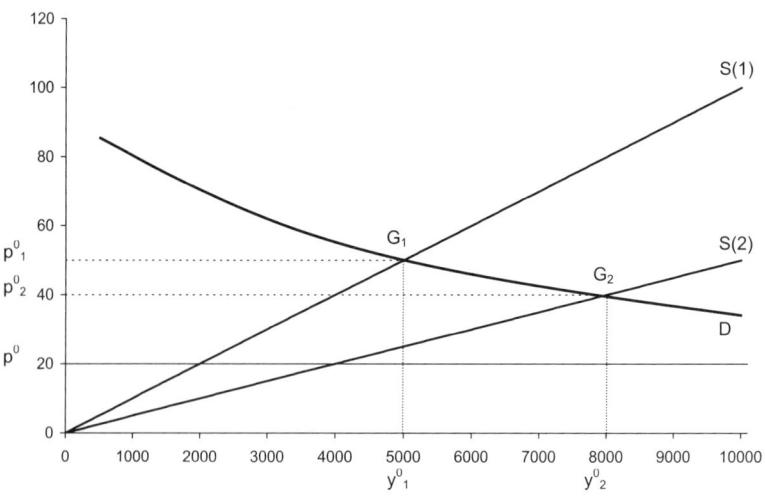

Abbildung 10.8: Das Verhalten einer Marktangebotsgeraden bei der Veränderung der Anzahl der Unternehmen

zielt, als es der einzige Anbieter war. Das zweite Unternehmen hatte folglich einen Anreiz in den Markt einzusteigen. Dies hat den Output der Branche erhöht und den Preis gesenkt. Machen beide Unternehmen trotz des niedrigeren Preises noch einen Gewinn, d.h. die Branche macht Gewinn, werden weitere Unternehmen in den Markt eintreten. Mit jedem Eintritt eines neuen Unternehmens wird der Output steigen und der Preis sinken. Die Schnittpunkte der Marktangebotsgeraden und der Nachfragekurve nähern sich mit zunehmender Anzahl von Unternehmen dem Niveau p^0.

In der folgenden Abbildung sind weitere Marktangebotsgeraden mit vier und acht Unternehmen eingezeichnet. Die sich ergebenden Gleichgewichte sind G_3 bzw. G_4. Im Gleichgewicht G_4 ist der Preis p^0 erreicht. Würde ein weiteres Unternehmen in den Markt eintreten, würde der Preis unter p^0, d.h. unter das Minimum der langfristigen Durchschnittskosten sinken. Die Branche insgesamt würde Verluste machen. Da alle Unternehmen annahmegemäß die gleiche Technologie verwenden, würde auch jedes einzelne Unternehmen Verluste machen. Eines der Unternehmen würde langfristig wieder aus dem Markt aussteigen. Welches Unternehmen das sein wird, kann an dieser Stelle nicht beurteilt werden.

Ergibt sich nun nach dem Eintritt des achten Unternehmens der Preis

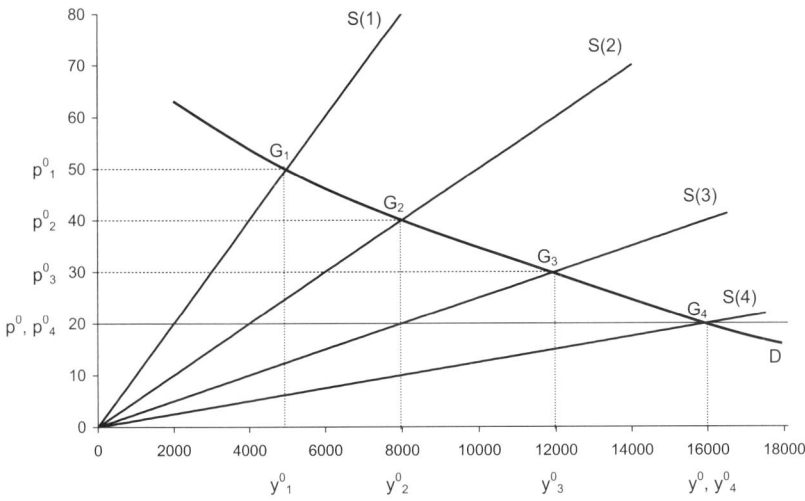

Abbildung 10.9: Das langfristige Marktangebot

p^0, wird Unternehmen eins nicht mehr die Menge y_1^0 produzieren, denn dafür müsste der Preis weiterhin p_1^0 betragen. Unternehmen eins wird eine Menge produzieren, bei der die Gewinnmaximierung zu einem Preis p^0 gewährleistet ist. Diese Menge wird kleiner sein als y_1^0. Wie groß wird genau der Output der einzelnen Unternehmen sein? Aus der Angebotskurve von Unternehmen eins kann abgelesen werden, dass bei einem Preis p^0 2.000 Einheiten produziert werden. Da alle Unternehmen die gleiche Technologie verwenden, werden alle den gleichen Output produzieren. Dies stimmt mit dem Gesamtoutput der Branche von 16.000 Einheiten überein (8 Unternehmen mal 2.000 Einheiten).

Je größer die Anzahl der Unternehmen an einem Markt ist, desto kleiner ist unter den gemachten Annahmen der Marktanteil eines einzelnen Unternehmens. Bei sehr vielen Unternehmen wird jedes einzelne Unternehmen nur eine sehr kleine Menge produzieren und diese zum Preis p^0 anbieten. Die langfristige Angebotsfunktion einer Branche mit unendlich vielen Unternehmen wäre eine Gerade parallel zur horizontalen Achse eines Koordinatenkreuzes auf der Höhe der minimalen Durchschnittskosten. Übertragen auf Abbildung 10.9 wäre die Gerade p^0 die langfristige Angebotskurve einer solchen Branche. *Die langfristige Angebotskurve einer*

Branche ist im Grenzfall mit unendlich vielen Unternehmen eine horizontale Gerade auf der Höhe der minimalen Durchschnittskosten. Je weniger Unternehmen am Markt sind, desto ungenauer wird die Beschreibung eines Branchenangebotes durch diese Gerade.

Damit ist die Herleitung einer langfristigen Angebotskurve bzw. –geraden einer Branche abgeschlossen. Im nächsten Kapitel wird noch einmal zusammenfassend das Angebot einer Branche im Zeitablauf dargestellt.

10.3.4   Das Branchenangebot im Zeitablauf

Es wurde bisher die Angebotskurve in drei verschiedenen Zeiträumen betrachtet, kurzfristig, mittelfristig bei gleicher Betriebsgröße und langfristig. Der Vollständigkeit wegen sollte der vierte und letzte Zeitraum nicht unerwähnt bleiben, das momentane oder **ultrakurzfristige Angebot**. Die Erwähnung dieses Angebots ist zu diesem späten Zeitpunkt der Erläuterungen immer noch ausreichend, weil es intuitiv verständlich ist. Eine ultrakurzfristige Betrachtung ist durch ausschließlich fixe Faktoren definiert. Im Zusammenhang mit dem häufig verwendeten Erdbeer-Beispiel wurde das momentane Angebot bereits erwähnt. Es handelt sich um die Auslage eines Marktstandes, eines Einzelhändlers oder auch um die Vorräte eines Warenlagers, die tägliche oder stündliche Produktion usw. Eine genaue Abgrenzung kann es auch hier nicht geben, da das Angebot von der Produktionstechnologie abhängt. Der Erdbeerverkäufer hat nur ein festes Angebot an einem Tag auf dem Wochenmarkt. Seine Erdbeerfelder sind außerhalb der Stadtgrenzen. Die Erdbeeren, die heute gepflückt werden, sind für den morgigen Verkauf bestimmt. Eine besonders hohe Nachfrage an einem Tag kann daher zum Ende eines Markttages manchmal zum Ausverkauf führen, bevor die Marktzeit tatsächlich vorbei ist. Der Händler kann dies nicht beeinflussen und auch nicht verhindern, sein Angebot ist konstant. In der technischen Produktion gibt es ebenfalls meistens konstante Produktionsmengen pro Tag oder pro Stunde, je nachdem, wie lange die Umstellung der vorhandenen Maschinen dauert. Unter Umständen kann eine Maschine innerhalb einer Stunde umgerüstet werden und der Ausstoß aufgrund einer höheren Maschinenleistung um einige Prozent gesteigert werden. Die großen und genau aufeinander abgestimmten Fließbandanlagen einer Autofabrik können erst über Nacht umgestellt werden, um die Tagesproduktion des nächsten Tages etwas zu erhöhen oder zu senken. Die Tagesproduktion ist kurzfristig als konstant zu betrachten. Wie lang ein ultrakurzer

Zeitraum ist, bleibt von der Technologie abhängig. Die Übergangsphase ist hier genauso vorhanden wie zwischen einem mittelfristigen Angebot bei gleicher Betriebsgröße und einem langfristigen Angebot. Ein Einzelhändler kann seine Ladenfläche in der Regel viel schneller erweitern und sein Personal aufstocken als ein Energieunternehmen die Kraftwerkskapazitäten. Der Bau eines Stromkraftwerkes nimmt viele Jahre in Anspruch.

Insgesamt können nun am Ende aller Erläuterungen zum Angebot vier unterschiedliche Zeiträume festgehalten werden.

1. momentanes oder ultrakurzfristiges Angebot (alle Inputs fix);

2. kurzfristiges Angebot (mind. ein Input variabel);

3. mittelfristiges Angebot bei konstanter Betriebsgröße (mind. ein Input fix);

4. langfristiges Angebot (alle Inputs variabel).

Gleiches gilt natürlich auch für eine Branche insgesamt. Dabei ist nicht in einzelnen Inputs, sondern in ganzen Unternehmen zu denken. Ultrakurzfristig ist das Angebot einer gesamten Branche konstant. Kurzfristig kann mindestens eine Firma ihr Angebot variieren. Mittelfristig können alle Unternehmen ihren Output erhöhen oder senken, die Branche insgesamt vergrößert sich jedoch nicht im Sinne von neuen Unternehmen, die in den Markt eintreten. Langfristig werden allerdings neue Unternehmen die Möglichkeit haben, an den Gewinnen einer bestehenden Branche partizipieren zu können bzw. ihre Verluste bei einem Preis, der die Durchschnittskosten nicht deckt, zu vermeiden, indem sie den Markt verlassen. Die vier Angebotszustände im Zeitablauf sind in Abbildung 10.10 veranschaulicht.

Ausgegangen wird von einer permanenten Nachfrageverschiebung aufgrund eines externen Einflusses.[13] Das momentane bzw. ultrakurzfristige Angebot kann nicht variiert werden. Ein neues Gleichgewicht entsteht im Punkt (y_{uk}, p_{uk}). Der Preis muss steigen, um die erhöhte Nachfrage mit dem Angebot zum Ausgleich zu bringen. Ein einzelnes Unternehmen wird bei dem erhöhten Preis höhere Gewinne machen und den Output kurzfristig durch die Erhöhung variabler Inputs vergrößern. Gleiches gilt für eine Branche. Der Branchenausstoß wird größer werden. Der Preis fällt bei

---

[13]Da sich die Nachfragekurve verschiebt, muss der Einfluss auf die Nachfrage von einer exogenen Variablen ausgehen. Es kann sich zum Beispiel um eine Steuersenkung handeln, die dazu führt, dass die Konsumentinnen mehr Einkommen zum Konsum zur Verfügung haben.

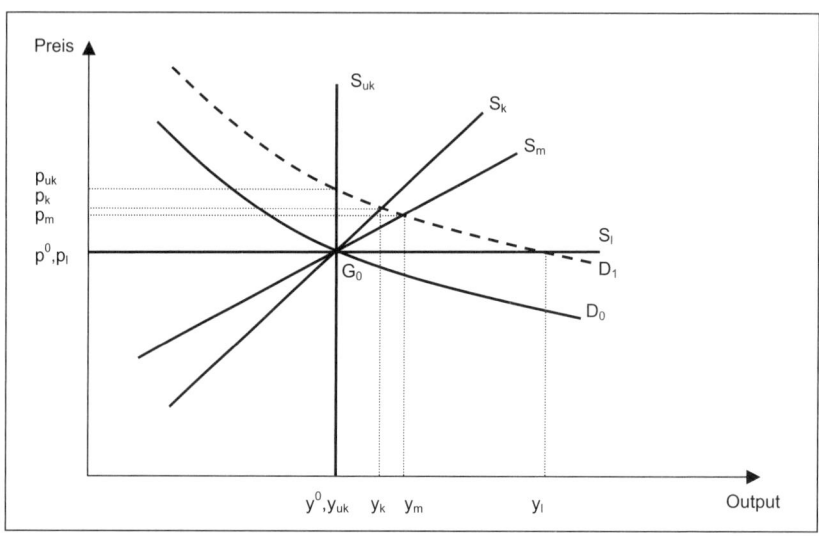

Abbildung 10.10: Das Angebot im Zeitablauf

gleichbleibender Nachfrage auf p_k. Zu diesem Preis wird die Menge y_k abgesetzt. Mittelfristig wird es zu weiteren Investitionen kommen, der Output wird weiter gesteigert auf y_m und zu einem Preis p_m angeboten. Langfristig kann ein einzelnes Unternehmen eine zweite Fabrik bauen oder die bestehende erheblich ausweiten. In einer Branche können neue Unternehmen eintreten oder bestehende ihren Marktanteil durch einen größeren Betrieb erheblich ausbauen. Auf welche Weise auch immer, der Output wird langfristig auf y_l steigen und der Marktpreis nur noch p_l betragen. Dies ist der gleiche Marktpreis wie vor der Einführung. Das ist keine Wunder, denn das vorherige Gleichgewicht G_0 war auf Basis der Nachfrage D_0 ein langfristiges Gleichgewicht. Die Situation hat sich aufgrund eines externen Effektes auf die Nachfrage und Unternehmenseintritte in den Markt verändert. Der Auslöser, weshalb sich die beispielhafte Unternehmung bzw. Branche von ihrem ursprünglichen Gleichgewicht weg bewegt hat, war die höhere Nachfrage. Durch die permanent höhere Nachfrage ist der Marktoutput insgesamt größer geworden.

An dieser Stelle sei noch einmal darauf hingewiesen, dass die Annahme einer langfristig waagerechten Grenzkostenkurve und damit waagerechten Angebotskurve ein Grenzfall ist. Dieser Grenzfall stellt eine sogenannte

constant-cost-industry dar. Jeder beliebige Output kann zu konstanten Grenzkosten erzeugt werden. Diese Tatsache beruhte im Verlauf dieser Erläuterungen auf dem Argument, dass ein Unternehmen, welches in einer bestimmten Situation kostendeckend arbeitet, die vorhandene Fabrik kopieren kann und somit den Output bei konstanten Grenzkosten verdoppelt. Respektive ein neues Unternehmen könnte die vorhandene Technologie kopieren und eine Fabrik eröffnen.

Die Realität wird nur wenige Beispiele für eine solche Branche bieten. Natürlich kann ein Unternehmer eine vorhandene Fabrik kopieren, aber erstens ist der tatsächliche Output der neuen Fabrik von den Mitarbeitern abhängig. Diese werden keine genauen Kopien der alten Mitarbeiter sein, sofern man den Fall des Klonens einmal ausschließt. Die Motivation und die Zusammenarbeit einer neuen Gruppe von Menschen kann effizienter sein als die Zusammenarbeit der bestehenden Mitarbeiter in der alten Fabrik. Genauso kann die neue Gruppe natürlich auch ineffizienter sein.

Ein Unternehmen mit zwei Fabriken kann als kleiner Konzern bezeichnet werden. Es wird nur eine Führungsetage geben. Dafür werden weitere Verwaltungsabteilungen eingesetzt werden. Bis zu einer bestimmten Größe können so Synergien aus der größeren Masse generiert werden. Tatsächlich würden die Kosten bei einer größeren Menge pro Stück daher sinken. Solche Industrien werden **decreasing-cost-industries** genannt. Ab einer bestimmten Größe und Komplexität des Systems wird die Überwachung des Systems im Verhältnis zum Output indes wieder teurer. Mehr Output ist dann mit höheren Stückkosten verbunden. Solche **increasing-cost-industries** führen dazu, dass bestehende Großkonzerne bestimmte Bereiche der Produktion oder auch einfache Dienstleistungen wie das Mahnwesen oder die Lagerführung, outsourcen, d.h. auslagern und in Form von Auftragsarbeit an Fremdfirmen vergeben. Sowohl decreasing-cost-industries als auch increasing-cost-industries weisen keine horizontale Grenzkostenkurve und damit Angebotskurve auf. Die Angebotskurve ist negativ geneigt bei der ersten Form und leicht positiv bei der letzteren.

10.4   Die Produzentenrente

Das Konzept der **Produzentenrente** ist identisch mit dem der Konsumentenrente. Zunächst wird auch unterschieden zwischen der **Rente eines einzelnen Produzenten** und der Produzentenrente, die ein aggregiertes Maß ist. *Die Produzentenrente ist der Erlös der Produzenten, der nicht für* *die Deckung der variablen Kosten benötigt wird. Im Allgemeinen ist die Produzentenrente die Fläche zwischen der Angebotskurve und dem Preis.* Auch auf der Seite des Produzenten muss zwischen **Bruttoerlösen** und **Nettoerlösen** unterschieden werden. Der Bruttoerlös ist die Größe, die bisher immer Umsatz oder Erlös genannt wurde. Der Nettoerlös ergibt sich aus dem Bruttoerlös abzüglich der variablen Kosten. Die nächste Abbildung veranschaulicht den Brutto- und Nettoerlös und die Produzentenrente.

Der erste Produzent wäre bereit, seinen Output zu einem Preis p^1 anzubieten. Er erhält aber den Gleichgewichtspreis p^0. Seine Erlöse sind folglich größer als seine Grenzkosten, die für seinen gesamten Output die variablen Kosten repräsentieren. Der zweite Produzent wird zwar schon einen höheren Preis verlangen, aber auch er erhält einen Erlös weit oberhalb seiner Kosten. Der Bruttoerlös ergibt sich aus dem Produkt p^0 mit dem jeweiligen Output und wird durch die Summe der weißen und gepunkteten Säulen in der Grafik repräsentiert. Unterhalb der Grenzkostenkurve des Marktes liegen die variablen Kosten der Branche. Diese werden durch die weißen Säulen in der Grafik für eine diskrete Angebotsfunktion repräsentiert. Wie bei der Konsumentenrente wird bei der stetigen Angebotskurve in Abbildung 10.11 ein Fehler begangen, wenn eine endliche Anzahl von Anbietern betrachtet wird. Steigt die Anzahl der Anbieter ins Unendliche, werden die einzelnen Säulen unendlich schmal und die kleinen weißen Flächen zwischen den gepunkteten Säulen und der Angebotskurve verschwinden.

Die Produzentenrente berechnet sich ähnlich einfach wie die Konsumentenrente.

1. Produzentenrente bei linearer Angebotskurve:

$$PR = \frac{1}{2} \cdot (p^0 - p^1) \cdot y^0.$$

2. Produzentenrente bei nicht-linearer Angebotskurve:

$$
\begin{aligned}
PR &= \int_0^{y^0} (p^0 - s_0(y)) dy \\
&= \left[p^0 y - S_0(y) \right]_0^{y^0} \\
&= p^0 y^0 - S_0(y^0) + S_0(0) \\
&= p^0 y^0 - S_0(y^0) + p^1.
\end{aligned}
$$

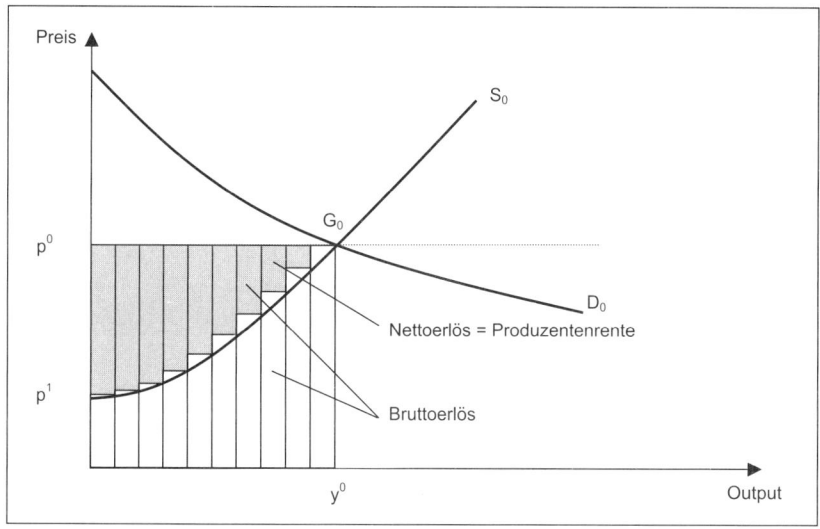

Abbildung 10.11: Die Produzentenrente

Wobei $s_0(y)$ die Angebotsfunktion ist und $S_0(y)$ die Stammfunktion von
dieser. Die Lösung von Integralen ist vielleicht nicht die Lieblingsaufga-
be eines Studenten oder einer Studentin der Volkswirtschaftslehre, aber
notwendig für einige Aufgaben. Das Konzept sollte verinnerlicht werden.

Die Produzentenrente ist identisch mit einer Größe, die bereits vorher
erläutert wurde, mit dem Deckungsbeitrag. Die Produzentenrente kann
kurzfristig nicht identisch sein mit den Gewinnen einer Unternehmung,
denn kurzfristig fallen Fixkosten an, die nicht in den variablen Kosten
stecken. Vom Erlös wird aber nur die Fläche unterhalb der Grenzkostenkurve abgezogen. Diese Fläche repräsentiert die Summe der variablen Kosten, die bei der Produktion des Marktoutputs anfallen. Langfristig ist
die Betrachtung anders, weil keine Fixkosten anfallen. Wenn keine Fixkosten anfallen, müssen sämtliche Kosten gedeckt sein, wenn die variablen
Kosten, d.h. die Kosten unterhalb der Grenzkostenkurve gedeckt sind. Verbleibt dann eine Produzentenrente ist diese identisch mit dem Gewinn eines
Unternehmens bzw. einer Branche.

Gemäß der Argumentation in diesem Kapitel wird es langfristig unter
vollkommener Konkurrenz daher keine Produzentenrente geben. Die langfristige Marktangebotskurve ist unter perfekten Bedingungen auf einem

vollkommenen Markt eine horizontale Gerade auf der Höhe des Gleichgewichtspreises. Damit kann die vorher unter erstens genannte Gleichung zur
Berechnung der Produzentenrente herangezogen werden. Die beiden Preise
p^0 und p^1 sind dann identisch und das Ergebnis der Klammer ist Null und
damit auch die Produzentenrente. Dies wird auch deutlich, wenn man sich
die Abbildung eines langfristigen Marktgleichgewichts vor Augen hält und
dazu die allgemeine Definition der Produzentenrente. Diese ist die Fläche
zwischen der Angebotskurve und dem Preis. Im langfristigen Marktgleichgewicht fällt die Angebotskurve allerdings mit dem Preis zusammen und
es entsteht überhaupt keine Fläche zwischen diesen beiden Größen.

10.5   Appendix

Es wurde in diesem Kapitel behauptet, dass im Gewinnmaximum der Preis gleich den Grenzkosten ist, dies kann formal aus der Gewinnfunktion hergeleitet werden.

Der Gewinn ist definiert als: $\Pi = R - K_g(y)$ 9.1
Die Kosten sind: $K_g(y) = K_v(y) + K_f$ 9.2
Der Erlös ergibt sich aus: $R = py$ 9.3

Einsetzen von 9.2 und 9.3 in 9.1 ergibt:

$$\Pi = py - K_v(y) - K_f.$$

Das Maximum einer Funktion wird über die erste Ableitung bestimmt. Die erste Ableitung der Gewinnfunktion nach dem Output lautet:

$$\frac{d\Pi}{dy} = p - \frac{dK_v(y)}{dy} = 0$$
$$\Leftrightarrow p = \frac{dK_v(y)}{dy}.$$

Der Term auf der rechten Seite stellt die Veränderung der variablen Kosten bei der Veränderung einer Outputeinheit dar. Das sind die Grenzkosten. Es gilt:

$$p = K'.$$

Formal muss nun nur noch nachgewiesen werden, dass die zweite Ableitung der Gewinnfunktion kleiner als Null ist. Erst damit ist ein hinreichendes Kriterium für ein Maximum gegeben. Die zweite Ableitung der Gewinnfunktion lautet:

$$\frac{d^2\Pi}{dy^2} = -\frac{d^2 K_v(y)}{dy^2} < 0.$$

Die zweite Ableitung ist kleiner als Null. Es handelt sich um ein Gewinnmaximum, in dem der Preis gleich den Grenzkosten ist.

11

Das Angebot eines Monopolisten

Lernziele:

- Ein Monopol kann unterschiedliche Ausprägungen haben, regelmäßig ist das reine Angebots-monopol (ein Anbieter, viele Nachfrager) mit *Monopol* gemeint.

- Ein Monopol kann unter verschiedenen Bedingungen vorteilhaft für das Angebot bzw. die Nachfrage bzw. die Gesellschaft sein.

- Der Monopolist erreicht sein Gewinnmaximum, wenn der Grenzerlös gleich den Grenzkosten ist.

- Ein natürliches Monopol besteht aufgrund der herrschenden Produktionstechnologie und wird sich behaupten so lange diese effizient ist.

- Preisdiskriminierung beruht auf monopolistischer Marktmacht, ist aber nicht immer von Nachteil für die Nachfrage.

- Regelmäßig bedeutet ein Monopol Verlust an Sozialer Wohlfahrt.

Dieses Kapitel des Buches wird klären, warum es Monopole gibt. Warum sie unter bestimmten Voraussetzungen entstehen und teilweise nicht zu verhindern sind bzw. die einzig sinnvolle Marktform sind. Es wird ebenfalls erläutert werden, wie ein Monopolist seine Marktmacht als einziger Anbieter ausnutzen kann und seine Preise setzt. Welche Auswirkungen hat das Verhalten eines Monopolisten auf die Wohlfahrt einer Volkswirtschaft? Wie können Monopole von staatlicher Seite verhindert werden, wenn ihre Existenz die volle Entfaltung eines effizienten Marktes und damit die größte Soziale Wohlfahrt verhindern? Diese und andere Fragen werden in den nächsten Abschnitten behandelt.

11.1 Das Monopol

Das **Monopol** ist so etwas wie das Gegenteil eines Konkurrenzmarktes. Sicherlich ist es schwer das Gegenteil von Konkurrenz so richtig greifbar beschreiben zu können, aber das Monopol wäre in einem gewissen Sinne ein guter Start. Es können grob fünf verschiedene Monopole unterschieden werden.

1. bilaterales Monopol;

2. beschränktes Nachfragemonopol;

3. Nachfragemonopol (Monopson);

4. beschränktes Angebotsmonopol;

5. Angebotsmonopol.

Alle Monopole wurden bereits in einem früheren Kapitel erwähnt und mit einem Beispiel mehr oder weniger belegt.[1] Ein Monopol ist kein Unternehmen, obwohl der Begriff umgangssprachlich häufig dafür verwendet wird. Ein Monopol ist eine Marktform, die nach der Anzahl der Nachfrager bzw. Anbieter definiert ist. Ein bilaterales Monopol ist ein Markt mit nur einem Nachfrager und nur einem Anbieter. Der Markt für Spaceshuttles kann mit Einschränkungen als ein bilaterales Monopol betrachtet werden. Mit Einschränkungen deshalb, weil zweifelhaft ist, dass es sich beim Erbauer des Spaceshuttles um einen regulären Anbieter handelt. Hierunter muss man sich ein Unternehmen bzw. ein Joint-Venture oder eine Arbeitsgemeinschaft von Unternehmen vorstellen, die ein Produkt entwickeln und später anbieten bzw. eventuell bereits vor der Produktion anbieten. Im Falle des Spaceshuttles gab es bereits einen Auftrag zur Entwicklung von der US-Regierung, bevor überhaupt mit den ersten Zeichnungen begonnen wurde. Zweitens ist fraglich, dass die NASA bzw. die US-Regierung weitere Nachfrager überhaupt zulassen würde oder ob es sich nicht vielmehr um ein Produkt der nationalen Sicherheit handelt. Die *Massenproduktion* eines Spaceshuttles in ähnlicher Größenordnung wie Spezialflugzeuge zum Beispiel der Super Groby ist bisher sicher nicht gewollt. Ein weiteres Beispiel eines bilateralen Monopols ist aktuell der Markt für einen Transrapid. Es gibt nur einen Anbieter, die entwickelnde und dank des chinesischen Auftrages nun auch produzierende Arbeitsgemeinschaft bestehend aus mehreren

---
[1]vgl. Tabelle 3.2

internationalen Großunternehmen. Bisher gibt es auch nur einen Nachfrager, die chinesische Regierung, die den Transrapid zwischen der Shanghaier Innenstadt und dem dortigen Flughafen einsetzt.[2] Im engeren Sinne, d.h. ohne Beachtung der potentiellen Nachfrage ist der Transrapid-Markt ein bilaterales Monopol. Damit sollte die Suche nach weiteren Monopolen dieser Art abgeschlossen werden. Ein bilaterales Monopol kommt nur selten vor.

Ein beschränktes Nachfragemonopol liegt dann vor, wenn es einen Nachfrager gibt und nur wenige Anbieter. Der Autobahnbau ist ein Beispiel eines beschränkten Nachfragemonopols. Alleiniger Nachfrager ist der Staat. Auf der Angebotsseite gibt es nur einige Bauunternehmen, die sich auf den Autobahnbau spezialisiert haben.

Der Schritt zu einem Nachfragemonopol ist nicht mehr weit. Lediglich die Anzahl der Anbieter erhöht sich weiter. Es sind nicht mehr nur wenige Anbieter, sondern viele. Beispiele sind sämtliche Staatsaufträge. Der Staat ist alleiniger Nachfrager. Es findet eine Ausschreibung statt, zum Beispiel für die laufende Belieferung von Toilettenpapier in einer Behörde, den Einkauf von Bleistiften in großen Mengen etc. Diese Klein- und Kleinstartikel werden von vielen Unternehmen in der Privatwirtschaft hergestellt. Die Anzahl der Anbieter ist groß.

Alle bisher genannten Monopolarten hatten genau einen Nachfrager. Die absolute Anzahl von Nachfragemonopolen ist äußert gering, sie werden im weiteren keine Rolle spielen. Auf der anderen Seite gibt es Monopolarten, bei denen die Anzahl der Nachfrager variiert von wenigen bis hin zu vielen und die Zahl der Anbieter konstant bei einem bleibt.

Bei einem beschränkten Angebotsmonopol stehen wenige Nachfrager einem Anbieter gegenüber. Auch hierfür gibt es Beispiele, die mehr oder weniger klar in die Definition hineinpassen. Die Stationierung von Satelliten ist ein beschränktes Angebotsmonopol. Nur die Raumfahrtbehörde kommt dafür in Frage. Um etwas genauer zu sein, gibt es nun auch hier nicht nur eine. Die amerikanische Raumfahrtbehörde steht in Konkurrenz mit zum Beispiel der europäischen und der russischen. Aufgrund der Vielzahl von Flügen wird die NASA allerdings einen großen Marktanteil haben. Ein

---

[2]Der kommerzielle Betrieb auf dieser ca. 30 km langen Strecke wurde Ende 2003 aufgenommen. Für eine erste deutsche Anwendungsstrecke von der Münchner Innenstadt zum dortigen Flughafen ist von 2000 bis 2008 ein Planfeststellungsverfahren gelaufen und bereits ein Vertrag für die Systemtechnik Ende 2003 unterzeichnet worden. Das Verfahren wurde im April 2008 mit negativem Ausgang beendet. Ein weiterer potentieller Nachfrager, das Land Nordrhein-Westfalen, hat Mitte 2003 auf den Bau eines Metrorapid zwischen Dortmund und Düsseldorf verzichtet.

weiteres beschränktes Angebotsmonopol besteht beim Global Positioning System (GPS), bei dem es in der Tat auch 2008 nur einen einzigen Anbieter gibt.[3] GPS ermöglicht es, den Standort eines Autos, eines Flugzeuges oder eines Schiffes bis auf wenige Meter genau zu bestimmen. Das System ist ein vom amerikanischen Verteidigungsministerium und der Central Intelligence Agency (CIA) ersonnenes, aufgebaut und betriebenes System aus geplanten 24 Satelliten. Die Anzahl der Nachfrager ist dabei relativ gering aber wachsend. Es handelt sich um Werften, Automobilkonzerne und Flugzeugbauer.[4]

Stehen einem Anbieter viele Nachfrager gegenüber, handelt es sich um ein reines Angebotsmonopol. Das Angebotsmonopol wird im Folgenden im Mittelpunkt der Erklärungen stehen. Dies hat zwei Gründe. Erstens ist es am leichtesten auszumachen. Die vorherigen Erläuterungen haben die vorhandenen fließenden Übergänge sicher deutlich gemacht. Ein Angebotsmonopol besteht überall dort, wo ein einzelner Anbieter (relativ standardisierte) Produkte anbietet, die von der breiten Masse der Konsumentinnen nachgefragt werden. Beispiele hierfür waren vor wenigen Jahren noch das Telefon und bis Ende 2007 noch die Beförderung von Briefen bis zu einem bestimmten Gewicht in Deutschland. Zweitens ist die Anzahl der Monopole bzw. potentiellen Monopole so umfangreich, der betreffende Markt so groß und die Machtstellung der Monopole so umfänglich, dass erhebliche Nachteile für eine ganze Volkswirtschaft bestehen können. Alle anderen Angebotsmonopole, die vorher genannt wurden, bedienen Märkte mit verhältnismäßig geringen Gesamtumsätzen und haben daher nur eine nachrangige Bedeutung für eine gesamte große Volkswirtschaft. Der Begriff **Monopol** wird denn auch in der Literatur meistens als Synonym für ein Angebotsmonopol genutzt. Diese Verwendung findet auch hier im Folgenden statt.

---

[3]Konkurrenz für das amerikanische GPS ist allerdings in Sicht. Neben dem GPS gibt es bereits ein weiteres Satelliten Navigationssystem, das russische Global Navigation Satellite System (GLONASS). Dieses System hat allerdings im Gegensatz zum amerikanischen GPS kaum zivile Anwendungsmöglichkeiten hervorgebracht, soll aber in der Zukunft ausgebaut und ab 2009 zivil genutzt werden können. Zur Sicherung einer strategischen Unabhängigkeit baut die EU in Zusammenarbeit mit der Europäischen Weltraumorganisation ein eigenes Satellitennavigationssystem mit dem Namen GALILEO auf. Die Entwicklungsphase von GALILEO soll 2010 abgeschlossen sein. Bis 2013 soll die Errichtung (Stationierung) aller 30 Satelliten) abgeschlossen sein und das System insgesamt betriebsbereit.

[4]Vermehrt sind es aber auch Computer- und Telekommunikationsunternehmen, die GPS Services bei Handheld-Computern und Mobiltelefonen einbauen.

11.2   Die Existenz von Monopolen

Bevor geklärt wird wie sich ein Monopolist verhält, sollte geklärt sein, warum Monopole entstehen. Die **Entstehung von Monopolen** hat mehrere Gründe. Gesetzeswidrige Methoden können ebenso zu Monopolen beitragen wie wirtschaftliche oder politische Gründe. Zu den gesetzeswidrigen Methoden, die hier nur kurz angerissen werden sollen, zählen **Preisdumping**, **Knebelung** von Zulieferern, **Marktaufteilung** und auch kriminelle Handlungen, die nicht vor Gewaltanwendung zurückschrecken. Die drei zuerst genannten Methoden sind zwar illegal, führen aber in der Regel nicht dazu, dass Personen körperlich zu schaden kommen.

Werden Güter unterhalb der Selbstkosten angeboten, d.h. unterhalb der variablen Stückkosten, wird dies Preisdumping genannt. Das Unternehmen könnte nicht von dem Verkauf der Produkte zu einem Preis unterhalb der variablen Stückkosten leben. Für einen Monopolisten kann Preisdumping allerdings kurzfristig eine geeignete Preisstrategie sein. Natürlich wird ein Monopolist gewillt sein, seine Stellung als Monopolist zu verteidigen. Angenommen ein Monopolist hat erhebliche Kapitalrücklagen während der Zeit als Monopolist aus den Gewinnen bilden können. Ein zweites Unternehmen tritt in den Markt ein und bietet ein Substitut des bisherigen Produktes zu einem niedrigeren Preis an. Der Monopolist wird alles in seiner Macht stehende tun, um diesen Konkurrenten, der aus der Sicht des Monopolisten den Preis kaputt macht, aus dem Markt zu treiben. Für eine Zeit lang kann der Monopolist das Produkt unterhalb der variablen Kosten anbieten und so den Konkurrenten dazu treiben das gleiche zu tun. Beide werden Verluste erwirtschaften. Aufgrund der längeren Existenz und der damit höheren Kapitalrücklagen wird der Monopolist in der Regel den längeren Atem haben. Er kann das neue Unternehmen sozusagen am ausgestreckten Arm verhungern lassen. Eine solche Preisstrategie unter der Ausnutzung von Dumpingpreisen ist in Deutschland nicht zulässig.[5]

Unter Knebelung von Zulieferern werden zum Beispiel Lieferverbote verstanden. Ein großer Abnehmer, der bisherige Monopolist, untersagt seinem Hauptzulieferer, der ein sehr wichtiges Element des angebotenen Produktes liefert, ein neues Unternehmen am Markt zu beliefern. Unter Umständen wird der Zulieferer auf einen solchen Vertrag eingehen, denn er verliert

---

[5]Das Gesetz gegen unlauteren Wettbewerb (UWG) untersagt das Angebot von Gütern zu Preisen, die unterhalb der Herstellungskosten liegen. Die Definition von Herstellungskosten ist nicht direkt in die variablen Stückkosten umzusetzen. Die Herstellungskosten sind durch die Betriebswirtschaftslehre definiert. Das Prinzip ändert sich jedoch nicht.

sonst seine eigenen Überlebenschancen. Auch wenn es sich um eine straf-
bare Handlung handelt, kann die Macht des Monopolisten so groß sein,
dass der Zulieferer dem Vertrag zustimmt. Das neue Unternehmen kann
das Produkt aufgrund des fehlenden Elements nicht bauen und wird den
Markt wieder verlassen. Dies setzt voraus, dass das neue Unternehmen
nicht genügend Kapital besitzt, um das entsprechende Element in Eigenregie zu bauen. Diese Annahme ist realistisch.

Wenn sich mehrere Unternehmen ein bestimmtes Marktgebiet untereinander aufteilen, entstehen **regionale Monopole**. Auch eine solche Strategie ist in Deutschland verboten. Unternehmen, die sich bezüglich bestimmter Parameter absprechen, werden Kartelle genannt. Ein Kartell für sich
genommen ist ebenfalls ein Monopol, auch wenn es aus mehreren Unternehmen besteht. Zum Beispiel können mehrere Unternehmen den gleichen
Preis für ein Produkt verlangen. In der Regel wird ein abgesprochener Preis
oberhalb der Grenzkosten liegen, denn sonst macht eine Preisabsprache keinen Sinn. Verlangen alle Unternehmen den gleichen Preis, gibt es hinsichtlich des Preises keine Konkurrenz mehr. Der höhere Preis eines Kartells
hat die gleichen Auswirkungen auf die Soziale Wohlfahrt einer Gesellschaft
wie der höhere Preis eines Monopolisten.[6] Die einzelnen Nachteile werden
später noch genauer aufgeführt. Kartelle sind generell in Deutschland verboten.[7]

Auch gewalttätige Handlungen können für die Entstehung oder den Fort-
bestand eines Monopols sorgen. Solche Methoden sind wohl eher selten
oder zumindest nicht im großen Maßstab, in legalen Wirtschaftsbereichen

---

[6]Ein internationales Kartell ist die Organisation der Erdöl exportierenden Länder, OPEC
(Organisation for Petrol Exporting Countries). Die OPEC spricht Förderquoten unter allen Mit-
gliedsländern ab. Alle Mitgliedsländer verpflichten sich die zugeteilten Quoten einzuhalten und das
geförderte Öl nicht unter dem Weltmarktpreis zu verkaufen. Aufgrund ihrer Machtstellung ist es der
OPEC in der Vergangenheit zeitweise gelungen, den internationalen Ölpreis stark zu beeinflussen.

Die OPEC ist ein internationales Kartell und bewegt sich mehr oder minder in einem gesetzesleeren
Raum. Die europäische und auch die amerikanische Wettbewerbsbehörde können internationale Kartell-
bildungen in gewisser Weise verbieten und strafrechtlich verfolgen. Die OPEC fällt nicht darunter. Ein
internationaler Gerichtshof, der auch von OPEC Ländern anerkannt ist, könnte entsprechende Befugnisse
erhalten und diese Situation ändern. Auf dieser Basis wird die Zustimmung der OPEC Länder zu einem
internationalen Gerichtshof aber ausbleiben. Darüber hinaus ist die OPEC kein internationales Monopol.
Wichtige Erdölförderländer wie die USA, Russland und auch sämtliche europäische Staaten gehören nicht
der OPEC an. Entscheidungen der OPEC die Fördermengen zu erhöhen (senken) und damit den Preis zu
senken (erhöhen) führen regelmäßig zu Richtungsänderungen der Preise an den Rohölmärkten. Es kann
trotzdem nur von einer gewissen Preismacht, nicht aber von Preisbeherrschung der OPEC gesprochen
werden.

[7]Das Gesetz gegen Wettbewerbsbeschränkungen (GWB) verbietet sämtliche Arten von Kartellen.
Hiervon können bestimmte Kartelle ausgenommen werden: Normen-, Typen- und Konditionenkartelle
(§2), Spezialisierungskartelle (§3), Mittelstandskartelle (§4), Rationalisierungskartelle (§5) und Struktur-
krisenkartelle (§6). Darüber hinaus bieten die Paragraphen 7 und 8 weitere Ausnahmen.

zu finden. Häufiger kommen sie allerdings in Wirtschaftsmärkten vor, die sich ohnehin auf illegalem Terrain bewegen. Der Drogenhandel ist zum Beispiel von Bandenkriegen und Familienfehden geprägt. Solche territorialen Kämpfe dienen dem Erhalt von Monopolen oder Kartellen.[8]

Es sollen nun die wichtigeren Gründe für die Entstehung von Monopolen in den Mittelpunkt rücken, die wirtschaftlichen und politischen Gründe:

1. hohe Fixkosten bei zu geringer Nachfrage;

2. hohe Fixkosten und nicht steigende Grenzkosten;

3. Patente;

4. staatlich gewährte Monopole.

Der erste Punkt ergibt sich aus einem Zusammenspiel von Angebot und Nachfrage. Hohe Fixkosten alleine wären noch kein Grund für die Entstehung eines Monopols. Wirken hohe Fixkosten allerdings zusammen mit einer geringen Nachfrage, wird unter Umständen ein sehr großer Teil der gesamten Marktnachfrage benötigt, um die Fixkosten zu decken. In diesem Fall wird nur ein Unternehmen an einem Markt überleben können.

Ein Unternehmen kann bei einer gegebenen Produktionstechnologie für jeden Marktpreis die optimale Outputmenge bestimmen, d.h. die Menge, bei der die Durchschnittskosten minimiert werden. Diese Menge wird die **minimale effiziente Menge (MEM)** oder die **minimale notwendige Menge (MNM)** genannt. Ist die minimale notwendige Menge klein im Verhältnis zu einem hypothetischen[9] Marktangebot, ist ein Konkurrenzmarkt sehr wahrscheinlich. Ist die Menge allerdings groß im Verhältnis zum Markt, wird es wahrscheinlicher, dass ein Monopol entsteht (Abbildung 11.1 und Abbildung 11.2). Es ist zu beachten, dass es sich um eine

---

[8]Im Bereich des Drogenhandels und der Drogenkriminalität im weiteren Sinne wird man wirtschaftlich gesehen auf Monopole und Kartelle treffen. Da diese Aktivitäten aber ohnehin verboten sind, spielt der Verstoß gegen die Wettbewerbsvorschriften durch Drogenkartelle eine nachrangige Rolle. In diesem Zusammenhang geht es um den Schutz der Gesellschaft und sofern bereits eine Abhängigkeit besteht, um den Schutz der Opfer. Dieses Thema ist vorrangig ein ethisches und moralisches denn ein wirtschaftliches. Ohnehin hat die von staatlicher Seite teilweise eingeführte kontrollierte Abgabe von Drogen an Süchtige bereits die Macht vorhandener Monopole oder Kartelle verringert. Interessant, an dieser Stelle aber zu weitgehend, ist trotzdem die wirtschaftliche Arbeitsweise von Drogenhändlern und Banden. Unter anderem für seine ökonomischen Analysen im Bereich Kriminalität und Sucht ist Gary S. Becker 1992 mit dem Nobelpreis für Wirtschaftswissenschaften ausgezeichnet worden (siehe z.B. Becker, Becker 1998, S. 184-189; Überblick seiner Veröffentlichungen: http://home.uchicago.edu/~gbecker/index.html). Weitere einführende Literatur in diesem Bereich vgl. Jochen Hippler 1990, Bruce M. Bagley 1988.

[9]Hypothetisch deshalb, weil in der folgenden Betrachtung immer eine Konkurrenzsituation vorausgesetzt wird. Die MNM wird sich unter einer anderen Marktsituation ändern.

relative Größenangabe handelt. Hohe Fixkosten führen zu einer minimal notwendigen Menge, die im Verhältnis zur Marktnachfrage sehr groß sein kann, es aber nicht sein muss. Die Errichtung einer Autofabrik ist zum Beispiel mit sehr hohen Fixkosten verbunden. Die Nachfrage nach Automobilen in den heutigen Industriegesellschaften und den aufstrebenden Ökonomien in Südostasien, Lateinamerika und Osteuropa ist ausreichend, um mehreren Automobilkonzernen das Überleben zu gewährleisten. Dabei sind beispielsweise die großen südkoreanischen Autobauer erst in den letzten drei Jahrzehnten entstanden.[10] Die Markenvielfalt hat aufgrund der steigenden Nachfrage über die Zeit zugenommen.

Ein Monopol entsteht auch dann, wie es der zweite Punkt beschreibt, wenn hohe Fixkosten bestehen und die Grenzkosten nicht steigen. In der Literatur werden regelmäßig öffentliche Güter als Beispiele für Güter angeführt, die keine Grenzkosten erzeugen.[11]

Konstante Grenzkosten entstehen bei einer linearen Gesamtkostenkurve, d.h. auch linearen variablen Kosten. Sind die variablen Kosten linear müssen die variablen Stückkosten wie die Grenzkosten konstant sein. Mehr noch, die beiden Kostenarten fallen zusammen. Ein kurzes formales Beispiel:

Gesamtkosten: $\qquad$ $K_g(y) = 10y + 100;$
variable Kosten: $\qquad$ $K_v(y) = 10y;$
variable Stückkosten: $\qquad$ $K_v(y)/y = 10;$
Grenzkosten: $\qquad$ $dK_g(y)/dy = 10.$

Die Grenzkostenfunktion wird durch eine waagerechte Gerade repräsentiert. In einem Wettbewerbsmarkt würde die langfristige Angebotskurve

---

[10]Zum Beispiel ist die Hyundai Motor Corporation 1967 gegründet worden, der Export der ersten Automobile begann im Jahre 1977. Kia Motors Corporation wurde bereits 1944 (Kyongseong Precision) gegründet. Die Autoproduktion wurde aber erst in den 1970er Jahren aufgenommen. Der Export der ersten Automobile begann 1975. Daewoo Motor Corporation wurde 1937 gegründet. Die weltweite Expansion startete 1972.

[11]Das Argument hat einen gewissen Reiz. Ein öffentliches Nahverkehrsunternehmen hat Fixkosten durch die Bereitstellung eines Busses inklusive Fahrer und Kraftstoff. Der Bus fährt eine bestimmte Strecke und verbraucht dabei eine bestimmte Menge an Kraftstoff. Die Kosten, die durch den Einsatz des Busses auf einer bestimmten Strecke anfallen sind unabhängig von der Anzahl der Passagiere. Während der Stoßzeiten ist ein Bus häufig überfüllt, erzeugt allerdings die gleichen Kosten wie in Nebenzeiten. Genaugenommen ist dieses Argument aber mit Vorsicht zu genießen, denn auch das Gewicht eines Fahrgastes sorgt für einen höheren Kraftstoffverbrauch. Es entstehen also tatsächlich variable Kosten, die aber so gering sind, dass sie vernachlässigt werden können. Besser ist es von geringen Grenzkosten zu sprechen.

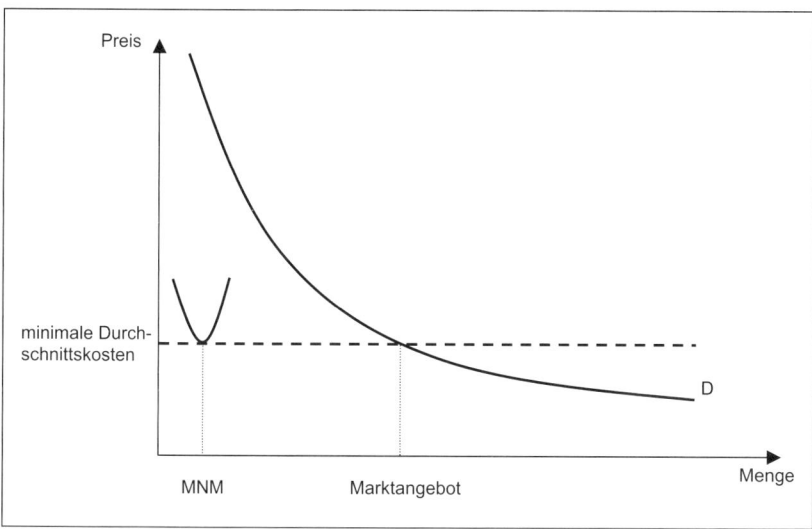

Abbildung 11.1: Voraussetzungen für ein Polypol

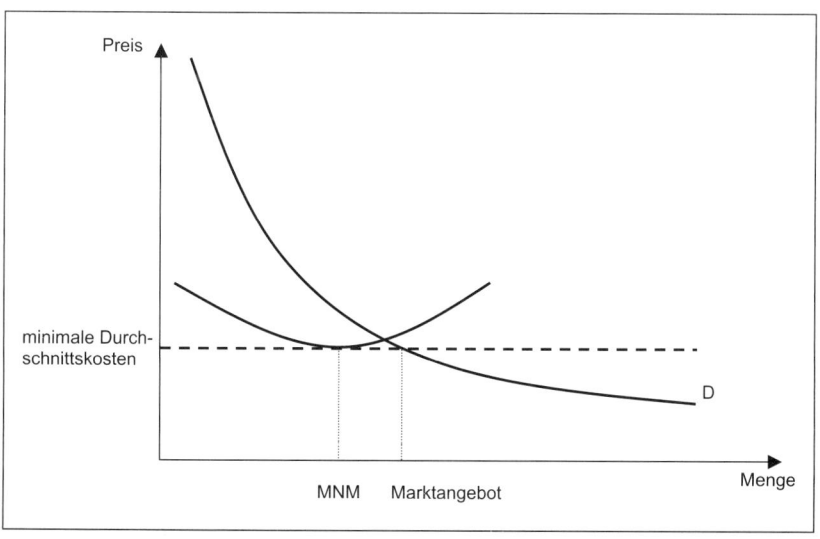

Abbildung 11.2: Voraussetzungen für ein Monopol

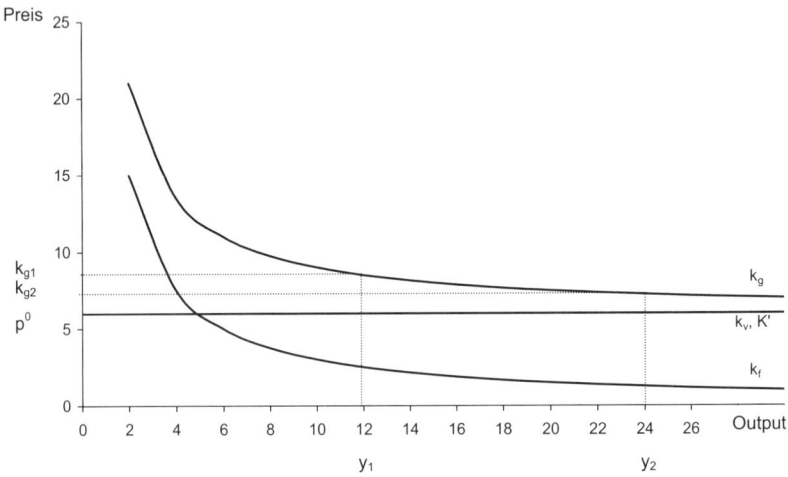

Abbildung 11.3: Der Spezialfall eines natürlichen Monopols

also eine Gerade auf der Höhe der variablen Stückkosten sein. Jeder Anbieter, der einen höheren Preis verlangt, würde von einem Konkurrenten
unterboten werden und in einem vollkommenen Markt alle seine Kunden
verlieren. Es kann argumentiert werden, dass deshalb auch ein Wettbewerbsmarkt entstehen würde. Dem ist aber nicht notwendigerweise so. Ein
rationaler Monopolist, der eine solche Produktionstechnologie für ein Produkt besitzt, müsste ebenfalls einen Preis in Höhe der Grenzkosten wählen,
um zu verhindern, dass ein neues Unternehmen in den Markt eintritt.

Unter produktionswirtschaftlichen Aspekten ist ein Monopol bei konstanten Grenzkosten sogar sinnvoll. Der Monopolist würde alleine die gesamte Marktnachfrage produzieren und so die damit verbundene Fixkostendegression am Besten ausnutzen können. *Je mehr ein Anbieter bei
konstanten Grenzkosten produziert, desto geringer sind die Durchschnittskosten.* Der Zusammenhang wird durch Abbildung 11.3 veranschaulicht.
Einen Markt, der hohe Fixkosten bei konstanten bzw. fallenden Grenzkosten aufweist, wird als natürliches Monopol bezeichnet. Ein solcher Fall ist
aber nur ein Spezialfall eines natürlichen Monopols. Es wird dabei vorausgesetzt, dass überhaupt nur ein Unternehmen am Markt ist.

Angenommen an einem Markt gibt es zwei Unternehmen. Der Konkurrenzkampf zwingt jedes Unternehmen in neue Produktionstechnologien zu

investieren. Im noch neuen Markt sind die Grenzkosten vielleicht noch nicht konstant. Sie werden es aber im Laufe der ständig weiterentwickelten Technik. Die konstanten Grenzkosten stellen sich also erst ein, nachdem der Markt eine gewisse Reife erreicht hat. Jetzt wäre es sinnvoll, wenn nur ein Unternehmen produzieren würde, doch welches der beiden Unternehmen würde seine Stellung im Markt freiwillig aufgeben? In der Regel wohl keines. Obwohl in dem konstruierten Beispiel Bedingungen für ein Monopol vorliegen, wird unter Umständen keines entstehen, es sei denn die beiden Firmen können sich zu einer Fusion entschließen. Relativ hohe Fixkosten und niedrige Grenzkosten sind daher nur eine notwendige, jedoch keine hinreichende Bedingung für ein Monopol. Der Fall eines natürlichen Monopols wird später noch einmal aufgegriffen.

Patente sind ein weiterer Grund für die Entstehung eines Monopols. *Ein Patent ist ein vom Staat erteiltes ausschließliches Recht zur Nutzung einer Erfindung, die gewerblich anwendbar ist.* Insbesondere der zweite Teil ist sehr wichtig. Es werden nach dem deutschen **Patentrecht**[12] nur diejenigen Erfindungen geschützt, die gewerblich genutzt werden können. Hierzu zählen ganz eindeutig keine Entdeckungen, wissenschaftliche Theorien oder mathematische Verfahren. Die Entdeckung eines neuen chemischen Elements kann nicht patentiert werden. Auch entdeckte Tierarten oder Pflanzengattungen kann der Entdecker sich nicht rechtlich schützen lassen. Das vorliegende Buch profitiert ebenfalls davon, dass wissenschaftliche Theorien der Allgemeinheit zugänglich und nicht rechtlich geschützt sind. Alle hier dargestellten Theorien sind bereits entwickelt worden. Einige von ihnen vor Jahrhunderten und einige erst in der neueren Zeit. Es werden in diesem Buch keine neuen Theorien entwickelt, sondern bereits bestehende auf eine andere, für jeden Leser hoffentlich anschauliche Art, dargestellt.

Ein Patent muss beim zuständigen Patentamt schriftlich beantragt werden und gilt nach Erteilung wie im Patent beschrieben. Zwei Kriterien sind ausschlaggebend bei der Erteilung eines Patentes, die **Laufzeit** und die **Patentweite**. Der Begriff Laufzeit dürfte wohl eindeutig sein, es handelt sich um die Dauer des Patentschutzes, d.h. um die Länge der Periode, in der es anderen Unternehmen untersagt ist, die im Patent beschriebene Erfindung zu nutzen. Der Begriff Patentweite ist sicher nicht sofort verständlich. Als Beispiel kann das Produkt *Tennisschläger* dienen.

---

[12]In Deutschland ist das Patentrecht durch das Patentgesetz (PatG) geregelt. In §1 Abs. 1 wird definiert: "Patente werden für Erfindungen erteilt, die neu sind, auf einer erfinderischen Tätigkeit beruhen und gewerblich anwendbar sind." Abs. 2 beschreibt, was keine Erfindungen sind und §2 PatG befasst sich mit den Ausnahmen von der Patentierbarkeit.

338 Das Angebot eines Monopolisten

Angenommen ein innovativer Schlägerproduzent entwickelt einen Tennisschläger mit einer leicht größeren Schlagfläche aus flexiblerem Material. Der Schläger bringt im richtigen Treffmoment eine höhere Geschwindigkeit auf den Ball. Das beantragte Patent wird zugelassen. In der Beschreibung der Erfindung kommt es nun darauf an, wie weit der Schläger geschützt wird. Der vorgelegte Prototyp kann hundertprozentig vermessen werden und diese Maße könnten in die Beschreibung des Patentes einfließen. Damit wäre es jedem anderen Produzenten verboten, einen Tennisschläger mit diesen Maßen herzustellen. Sehr wohl könnte ein Konkurrent aber einen Schläger mit leicht kleineren oder leicht größeren Maßen herstellen. Der Patentschutz wäre verschwindend gering. Statt dieser genauen Maße könnte auch ein bestimmtes Intervall im Patent angegeben werden. Lautet das Patent zum Beispiel auf Schläger mit 5 cm bis 100 cm Durchmesser[13], wäre der Patentschutz sehr wirkungsvoll. Welcher Produzent könnte schon noch einen Schläger außerhalb des Patentes herstellen, den ein Tennisspieler nachfragen würde? Ein Tennisschläger mit mehr als einem Meter Durchmesser in seiner Schlagfläche wirkt recht unhandlich. Es wird schwer sein, das Spiel darauf einzustellen. *Als die Patentweite wird die Mindestabweichung eines außerhalb des Patentes produzierten Gutes vom patentierten Gut verstanden. Je spezifischer die Patentangaben sind, d.h. je geringer die Abweichungen eines Produktes außerhalb des Patentes sein müssen, desto geringer ist die Patentweite. Sind die Mindestanforderungen an die Abweichungen vom Patentprodukt groß, liegt ein weites Patent vor.* Grundsätzlich stehen sich die beiden Kriterien diametral gegenüber. In der Regel gilt, je länger die Laufzeit eines Patentes, desto geringer ist die Weite. Die optimale Laufzeit eines Patentes ist nicht so leicht zu bestimmen und wie viele Fragen in der Volkswirtschaftslehre füllt es ein ganzes Forschungsgebiet.[14] Es können aber ein paar generelle Aussagen über Patente getroffen werden. Zunächst ist zu klären, warum es Patente eigentlich geben muss.

Einem Unternehmen, dass Forschung und Entwicklung (FuE) betreibt, entstehen Kosten. Die Kosten von FuE sind als Fixkosten zu betrachten, denn sie sind unabhängig von der später produzierten Menge. Das innovative Tennisschläger Unternehmen aus dem vorherigen Beispiel muss die Mit-

---

[13]Der Durchmesser ist eigentlich ein Kreismaß und die Schlagfläche eines modernen Tennisschlägers kein Kreis mehr. Der Durchmesser soll hier als ein anders definiertes Maß zur Bestimmung der Größe der Schlagfläche eines Tennisschlägers verstanden werden, zum Beispiel der Abstand zwischen dem linken und dem rechten Rand in der Mitte der Schlagfläche.

[14]Für eine tiefergehende Diskussion um die optimale Laufzeit von Patenten unter Beachtung der Patentweite vgl. Manfredi La Manna 1992 und Hopenhayn, Mitchell 2001.

tel zur Forschung aufwenden, bevor es produzieren kann. Ob der neue Tennisschläger jemals in die Produktion geht, ist fraglich. FuE Kosten erhöhen die Fixkosten eines Unternehmens. Um dies deutlich zu machen, sind in den folgenden beiden Gleichungen die Fixkosten aufgeteilt in Fixkosten zum Aufbau des Betriebes und FuE Kosten. Das erste Unternehmen hat eine FuE Abteilung, das zweite Unternehmen hofft, von den Erfindungen des ersten Unternehmens leben zu können.

Unternehmen 1:	$K_1(y) = K_v(y) + K_f + K_{FuE}$
Unternehmen 2:	$K_2(y) = K_v(y) + K_f$
Grenzkosten und Angebotskurve:	$K'_{1,2}(y) = K'_v(y)$

Beide Unternehmen haben die gleiche Angebotskurve. Unter dieser Voraussetzung würden beide Unternehmen ihren Gewinn beim Ausstoß der gleichen Menge maximieren. Das ist doch merkwürdig. Unternehmen eins produziert in seinem Gewinnmaximum den gleichen Output wie Unternehmen zwei. Das erste Unternehmen hat aber höhere Fixkosten und daher muss das Minimum der Durchschnittskosten, d.h. der langfristig minimale Preis, den das Unternehmen akzeptieren kann, bei einem größeren Output liegen. Unternehmen zwei wäre in der Lage einen geringeren Preis zu verlangen und Unternehmen eins vom Markt zu verdrängen. Da Unternehmen eins die ganze innovative Forschungsleistung geleistet hat, ist das sicher nicht effizient. *Patente schaffen Anreize für Investitionen in Forschung und Entwicklung. Ohne die Aussicht auf den Schutz der Erfindung und damit die Möglichkeit die Forschungs- und Entwicklungskosten wieder zu verdienen, werden Investitionen in neue Entwicklungen zurückgehen.* Als grundlegende Regel für die Länge bzw. die Weite eines Patentes gilt: das Patent muss einem Unternehmen so lange ein Monopol einräumen, bis die Monopolgewinne die FuE Kosten des Patentproduktes und die Kosten für vorherige Fehlschläge decken.

Der letzte Punkt, der zur Entstehung von Monopolen beiträgt, sind staatliche Verordnungen. Dies ist insbesondere bei hoheitlichen Aufgaben und bei Aufgaben, die im besonderen Interesse einer Gesellschaft liegen, der Fall.

Produktdifferenzierung bei Patenten

Wird einem Unternehmen ein Patent für eine Erfindung erteilt, wird dem Unternehmen für eine begrenzte Zeit für ein bestimmtes Produkt ein Monopol eingeräumt. Das Unternehmen wird die Möglichkeit haben, seine Marktmacht zu nutzen, um einen Preis oberhalb eines Preises bei vollkommener Konkurrenz festzulegen. Es wurde bereits herausgearbeitet, dass ein Unternehmen in einem Polypol langfristig keine Gewinne machen kann. Solange Gewinne in einem Markt erwirtschaftet werden, so lange werden neue Unternehmen in diesen Markt streben. Die Preise werden sinken und die Gewinne schwinden.

In einem Monopol, ob durch Patente geschützt oder nicht, passiert langfristig das Gleiche. Andere Unternehmen, die von der Produktion des patentierten Gutes ausgeschlossen sind, werden versuchen, mit dem Monopolisten in Konkurrenz zu treten. Dabei müssen diese Unternehmen das Patent und damit auch die Patentweite einhalten. Die Produkte müssen ein Mindestmaß an, Veränderung gegenüber dem Patentprodukt aufweisen um nicht gegen das Patentrecht zu verstoßen. Patente können in Deutschland bis zu 20 Jahre ihre Gültigkeit behalten. Einem Monopolisten würden erhebliche Gewinne in dieser Zeit zufallen. Andere Unternehmen können an diesen Gewinnen nur teilhaben, wenn sie ein Produkt herstellen, dass dem Patentprodukt möglichst ähnlich ist, aber eben nicht das Patent verletzt. Einerseits muss das Patentrecht beachtet werden, andererseits muss das Produkt so ähnlich wie möglich sein, um die Verbraucher davon zu überzeugen, dass es sich um das patentierte Gut handelt. Eine solche Produktstrategie ist eine Variante der Produktdifferenzierung. Das Konkurrenzprodukt muss gegenüber dem Patentprodukt differenziert werden. So weit, dass es nicht gegen das Patentrecht verstößt und so wenig, dass die Verbraucher bereit sind, das differenzierte Produkt statt dem Patentprodukt zu kaufen.

Die Verteidigung eines Landes ist eine solche Aufgabe. Es gibt in der Regel keine Privatunternehmen, die eine Landesverteidigung gewährleisten. Private Sicherheitsdienste sorgen sich um die Sicherheit von einzelnen Personen oder Unternehmen, nicht jedoch um die Landesverteidigung. Hierfür gibt es auch gute Gründe. Ein Unternehmen arbeitet in der Regel nach dem Prinzip der Gewinnmaximierung. Die Verteidigung eines Landes kann auf die Ziele eines Unternehmens aber keine Rücksicht nehmen.

Auch bestimmte Bereiche außerhalb der nationalen Sicherheit werden vom Staat als hoheitliche Aufgaben angesehen. Hierunter fallen klassischerweise die Bildung und die Kommunikation. Der Staat bezeichnet Aufgaben als hoheitlich, die besonders wichtig für die Entwicklung einer Gesellschaft sind und von denen keine Person aufgrund der persönlichen Situation ausgeschlossen werden sollte. Private Schulen könnten wohl einen Großteil der Bildung in Deutschland abdecken. Dabei ist aber nicht auszuschließen, dass einige Familien diese Art der Bildung nicht bezahlen könnten. Die Chancengleichheit verlangt daher ein staatliches Bildungssystem als Grundstein oder auch als Fall-Back-Lösung. In Deutschland sind die staatlichen Schulen und Universitäten das Rückgrat des Bildungssystems. Sie werden nur durch Privatschulen und Universitäten ergänzt. Die deutsche Regierung hat lange Zeit auch die Kommunikation als hoheitliche Aufgabe gesehen, glaubt aber inzwischen, dass privatwirtschaftlich organisierte Unternehmen die Dienstleistungen mindestens genauso gut erbringen können. Die Privatisierungen der Telekom und der Deutschen Post bestätigen dies.

Die Existenz von Monopolen ist nun ausreichend begründet worden. Im weiteren Verlauf dieses Kapitels werden positive und negative Seiten eines Monopols herausgestellt. Um ein Fazit vorwegzunehmen, Monopole stehen, wie auch die Argumente um das Patentrecht schon gezeigt haben, manchmal zu unrecht im Kreuzfeuer der Kritik.

11.3   Die Gewinnmaximierung eines Monopolisten

Um das Vorgehen eines Monopolisten bei der eigenen Gewinnmaximierung zu verstehen, wird ein Beispiel angeführt. Ein Monopolist sieht sich einer inversen Nachfragekurve $D(y) = -y + 5$ gegenüber. Seine Kostenfunktion lautet $K_g(y) = 0,5y^2 + y + 1,5$. Aus diesen beiden Angaben lässt sich das Monopolangebot bestimmen. Zunächst wird die Erlösfunktion hergeleitet. Die Gesamterlöse ergeben sich aus dem Produkt von Preis mal Menge. Die abgesetzte Menge ist einfach y, die absolute Größe ist noch unbekannt, aber auch nachrangig zu diesem Zeitpunkt. Der Preis ergibt sich aus der inversen Nachfragefunktion D. Zur Erinnerung, die inverse Nachfragefunktion drückt den Preis eines Gutes in Abhängigkeit von der nachgefragten Menge aus. $D(y)$ ist also gleich dem Preis. Nach der Herleitung der Erlösfunktion kann gleich die Gewinnfunktion aus der Differenz von Erlösen und Kosten dargestellt werden. Die Erlösfunktion lautet:

$$R(y) = py = D(y)y$$
$$\Leftrightarrow \ R(y) = (-y + 5)y$$
$$\Leftrightarrow \ R(y) = -y^2 + 5y.$$

Die Gewinnfunktion ist dann:

$$\Pi(y) = R(y) - K_g(y)$$
$$\Leftrightarrow \ \Pi(y) = -y^2 + 5y - (0,5y^2 + y + 1,5)$$
$$\Leftrightarrow \ \Pi(y) = -1,5y^2 + 4y - 1,5.$$

Mit der Gewinnfunktion kann nun auch schon auf mathematischem Wege das Gewinnmaximum errechnet werden. Hierzu wird die erste Ableitung der Gewinnfunktion gleich Null gesetzt und nach y aufgelöst. Dieses notwendige Kriterium für das Maximum der Gewinnfunktion wird anhand der zweiten Ableitung, die im Maximum kleiner Null sein muss, überprüft. Die

Ableitungen der vorherigen Gewinnfunktion lauten:

1. Ableitung

$$d\Pi(y)/dy = -3y + 4 \overset{!}{=} 0$$
$$\Leftrightarrow y = 4/3$$

2. Ableitung

$$d^2\Pi(y)/dy^2 = -3.$$

Die zweite Ableitung ist unabhängig vom Output immer negativ. Das Gewinnmaximum erreicht der Monopolist bei einem Output von $\frac{4}{3}$ Einheiten. Welchen Preis wird er dafür verlangen? Im Polypol galt das Gewinnmaximum als erreicht, wenn der Preis gleich den Grenzkosten ist. Gilt dies auch im Monopol? Nein, die Sache wäre damit auch zu einfach und das Monopol würde sich von einem Polypol bei der Preisfindung nicht unterscheiden. Es wurde schon mehrfach betont, dass ein Monopolist **Marktmacht** besitzt, wie sollte sich diese Macht anders zeigen als durch einen höheren Preis. Kurzes Nachdenken führt aber schnell zum Ergebnis. Der Monopolist will seinen Output, wie jedes andere Unternehmen auch, an seine Kunden verkaufen. Die Kunden bzw. Konsumentinnen folgen einer Nachfragefunktion, die in der Einleitung dieses Beispiels angegeben wurde. Was liegt näher als den Preis zu verlangen, den die Konsumentinnen bereit sind zu zahlen. Verlangt der Monopolist mehr als diesen Preis, wird er seinen Output nicht los, verlangt er weniger, nutzt er seine Marktmacht nicht komplett aus. Die Lösung muss korrekt sein. Der Monopolist muss nur wissen, was die Konsumentinnen für das Marktangebot, das nur aus dem Output des Monopolisten besteht, bereit sind zu zahlen. Die Zahlungsbereitschaft der Nachfrager bei $y = 4/3$ ist:

$$D(4/3) = -4/3 + 5 = 3,\bar{6}.$$

Bevor eine grafische Lösung zu diesem Beispiel geboten wird, soll überprüft werden, ob die Gleichung $p = R'$ im Gewinnmaximum eines Monopolisten tatsächlich nicht stimmt. Der Preis $p = 3,\bar{6}$. Wie groß sind die Grenzerlöse an der Stelle des gewinnmaximalen Outputs von $\frac{4}{3}$ Einheiten:

$$R'(4/3) = -2 * 4/3 + 5 = 7/3.$$

Die Grenzerlöse sind kleiner als der Preis. Dies gilt immer im Gewinnmaximum eines Monopols. Mit den hier getroffenen Annahmen einer linearen inversen Nachfragefunktion ist die Grenzerlöskurve genau doppelt so steil wie die Nachfragekurve. Die inverse Nachfragekurve hat wie bekannt eine negative Steigung, d.h. sie fällt. Wenn die Grenzerlöskurve doppelt so steil ist wie die Nachfragekurve bedeutet das nichts anderes, als das sie doppelt so schnell fällt. Dies wird in Abbildung 11.4 deutlich. Die inverse Nachfragekurve und die Grenzerlöskurve schneiden die senkrechte Achse des Koordinatenkreuzes bei 5. Der Schnittpunkt mit der horizontalen Achse ist 5 für die inverse Nachfragekurve, d.h. die Steigung ist -1 und 2,5 für die Grenzerlöskurve, d.h. die Steigung ist -2.[15] Allgemein gilt im Gewinnmaximum eines Monopolisten, dass die Grenzerlöse gleich den Grenzkosten sind. Diese Gleichung gilt für jede Marktform. Für das bisherige Beispiel sind die Grenzkosten an der Stelle $\frac{4}{3}$:

$$K'(4/3) = 4/3 + 1 = 7/3.$$

Genau wie unter vollkommener Konkurrenz kann der Zusammenhang logisch hergeleitet werden. Wäre der Grenzerlös im Optimum größer als die Grenzkosten, hätte der Monopolist einen Anreiz, den Output zu erhöhen. Wenn schließlich der Grenzerlös kleiner wird als die Grenzkosten, muss das Gewinnmaximum überschritten sein. Würde der Monopolist seinen Output in diesem Fall reduzieren, wird die Kosteneinsparung größer sein als der entgangene Erlös. Der Gewinn würde unter dem Strich steigen.

Alle notwendigen Kurven und Geraden sind in Abbildung 11.4 eingetragen und können anhand der gewohnten Bezeichnungen erkannt werden. Der Output y^m markiert den gewinnmaximalen Output des Monopolisten, den dieser für p^m verkaufen wird. In einem Polypol würde die gleiche Menge zum geringeren Preis p^0 angeboten werden. Die Differenz zwischen p^m und p^0 wird allgemein als die Marktmacht des Monopolisten bezeichnet. *Ein Monopolist bietet gegenüber einem Konkurrenzunternehmen eine geringere Menge zu einem höheren Preis an. Dabei generiert ein Monopolist in der Regel ökonomische Gewinne.*[16]

Für ein Konkurrenzunternehmen gilt im Gewinnmaximum, dass der Grenzerlös gleich dem Preis ist. Im Monopol gilt dies nicht. Der Gren-

---

[15]Der Zusammenhang lässt sich auch sehr einfach mathematisch verdeutlichen. Mit der hier getroffenen Annahme einer linearen Nachfragefunktion ist die Erlösfunktion des Monopolisten eine einfache quadratische Funktion; Nachfragefunktion: $D(y) = -y + 5$; Erlösfunktion: $R(y) = -y^2 + 5y$. Die Grenzerlösfunktion ergibt sich als die erste Ableitung der Erlösfunktion. Aufgrund des quadratischen Exponenten des ersten Faktors ist die Steigung der Grenzerlösfunktion zweimal, d.h. doppelt so steil wie die Nachfragefunktion; Grenzerlösfunktion: $R'(y) = -2y + 5$.

[16]Dies gilt nur für steigende Grenzkosten. Die Beschreibung eines natürlichen Monopols hat bereits gezeigt, dass ein Monopol die effizientere Marktform bei nicht steigenden Grenzkosten ist.

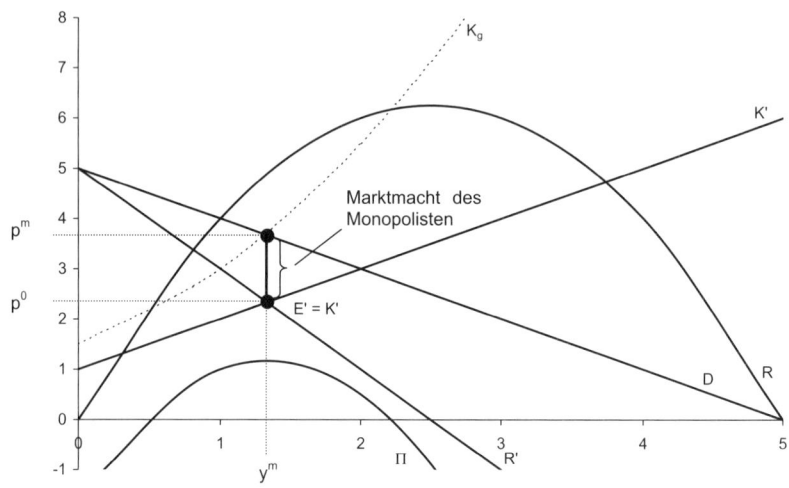

Abbildung 11.4: Das Gewinnmaximum eines Monopolisten

zerlös eines Monopolisten ist im Gewinnmaximum gleich den Grenzkosten. Zunächst ein paar grundsätzliche Überlegungen hierzu. Der Monopolist sieht sich in der Regel einer Nachfragekurve mit negativer Steigung gegenüber. Mit anderen Worten ein größerer Output muss zu einem geringeren Preis verkauft werden. Steigert ein Monopolist seinen Output, kann er seine Erlöse links vom Erlösmaximum steigern. Allerdings muss er den zusätzlichen Output zu einem niedrigeren Preis anbieten. Die Krux ist, der Monopolist muss in der Regel den niedrigeren Preis für den gesamten bisherigen Output ebenfalls akzeptieren. Einerseits kann also der Erlös aufgrund der gesteigerten Menge erhöht werden, andererseits muss aufgrund des niedrigeren Preises bei der bereits produzierten Menge auf Erlös verzichtet werden. Der Grenzerlös eines Monopolisten setzt sich folglich aus zwei Komponenten zusammen, die saldiert werden müssen. Um eine allgemeine Gleichung herleiten zu können, kann die folgende Grafik genutzt werden.

Ursprünglich verkauft der Monopolist y_1^m zum Preis von p_1^m. Nach der Outputsteigerung bietet er y_2^m zum Preis von p_2^m an. Die Differenz zwischen dem ursprünglichen Preis und dem neuen Preis soll Δp genannt werden bzw. Δy für die Differenz zwischen altem und neuem Output. Der

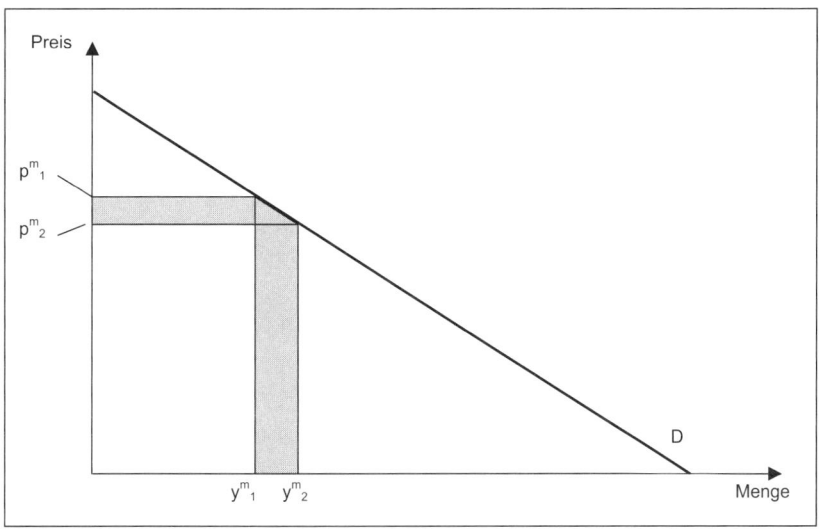

Abbildung 11.5: Der Grenzerlös eines Monopolisten und seine Komponenten

Monopolist steigert bei der Erhöhung des Outputs seine Erlöse um Δy mal p_2^m. Allerdings verzichtet er auf Erlöse in Höhe von Δp mal y_1^m. Der Grenzerlös[17] ΔR setzt sich somit zusammen aus:

$$\Delta R = \Delta y p_2^m + \Delta p y_1^m.$$

Ein Blick auf Abbildung 11.5 macht deutlich, dass die Berechnung des Grenzerlöses einem kleinen Fehler unterliegt. Es verbleibt ein kleines Dreieck unterhalb der Nachfragekurve zwischen den beiden Rechtecken. Bei einer absoluten Betrachtung ist das nicht auszuschließen. Die gewohnte Grenzbetrachtung, d.h. die Veränderung des Outputs und des Preises wird unendlich klein sein, führt zu folgender allgemeiner Gleichung für die Berechnung des Grenzerlöses eines Monopolisten:

$$dR = dy p^m + dp y^m.$$

Dabei symbolisiert p^m den **Monopolpreis** nach der Outputerhöhung und y^m die **Monopolmenge**. Man beachte, dass es sich bei der obigen Gleichung letztlich nicht um eine Summe handelt, sondern um eine Differenz.

---

[17]In diesem Fall wird für die Grenzerlöse zunächst die Bezeichnung ΔR anstatt wie gewohnt R' gewählt. Dies ist deshalb sinnvoll, weil es um absolute Größenveränderungen geht. Erst die Grenzbetrachtung führt zu den tatsächlichen Grenzerlösen R'. Hierauf wird in Kürze noch einmal hingewiesen.

Der erste Term auf der rechten Seite ist positiv, der zweite jedoch negativ. Der Preis geht zurück, damit ist dp kleiner Null. Division der vorherigen Gleichung durch dy ergibt:

$$\frac{dR}{dy} = p^m + \frac{dp}{dy} y^m$$

$$\Leftrightarrow R' = p^m + \frac{dp}{dy} y^m.$$

Im Gewinnmaximum des Monopolisten gilt:

$$R' = p^m + \frac{dp}{dy} y^m = K'.$$

Die Analyse eines Monopols wird **Cournot-Analyse**[18] und das Ergebnis, der **Angebotspunkt des Monopolisten** oder **Cournot-Punkt** genannt. Die dort angebotene Menge ist die **Cournot-Menge**, die wiederum zum **Cournot-Preis** verkauft wird.

Hier ergibt sich ein wichtiger Zusammenhang mit der eigenen Preiselastizität der Nachfrage. Zur Erinnerung, die eigene Preiselastizität gibt an, wie stark die Nachfrage auf eine Preisänderung bei einem bestimmten Gut reagiert. Diese Tatsache ist für einen Monopolisten wichtig im Gegensatz zu einem Unternehmen unter vollkommener Konkurrenz. In einem vollkommenen Markt gibt es annahmegemäß unendlich viele Anbieter. Ein einzelnes Unternehmen produziert eine Menge, die im Verhältnis zum Marktangebot klein ist. Das Konkurrenzunternehmen ist ein Preisnehmer und hat keinen Einfluss auf den Marktpreis, in diesem Sinne ist es unwichtig, wie die Nachfrage auf eine Preisänderung reagieren würde. Je weniger Anbieter allerdings an einem Markt sind, desto größer wird die Marktmacht eines einzelnen Anbieters und desto wichtiger wird auch die Reaktion der Nachfrage auf Preisänderungen.

Ein Monopolist kann seinen Preis unter Beachtung der Nachfragefunktion beliebig verändern und ist sicher daran interessiert, wie die Nachfrage

---

[18]Antoine Augustine Cournot (1801 - 1877), studierte zunächst Philosophie und Recht bevor er bemerkte, dass er ohne die Mathematik nicht weiter kam. Cournot war federführend bei der Einführung der Mathematik in die Sozialwissenschaften, er glaubte die Sozialwissenschaften könnten genau so exakt dargestellt werden wie die Naturwissenschaften und die Mathematik. Cournot lehrte in Lyon, Grenoble und Dijon. Hauptwerk: Researches into the Mathematical Principles of the Theory of Wealth. Erstveröffentlichung in Französisch im Jahre 1838, Übersetzung ins Englische im Jahre 1897.

reagiert. Ausgangspunkt ist vorherige Gleichung:

$$R' = p^m + \frac{dp}{dy}y^m \qquad\qquad |:p^m$$

$$\Leftrightarrow \frac{R'}{p^m} = 1 + \frac{dp}{dy}\frac{y^m}{p^m}.$$

Der zweite Term auf der rechten Seite hat Ähnlichkeit mit der Preiselastizität ε. Aber Vorsicht, es handelt sich nicht direkt um diese, sondern um den Kehrwert der Preiselastizität. Es gilt:

$$\frac{R'}{p^m} = 1 + \frac{dp}{dy}\frac{y^m}{p^m}$$

$$\Leftrightarrow \frac{R'}{p^m} = 1 + \frac{1}{\varepsilon} \qquad\qquad |\cdot p^m$$

$$\Leftrightarrow R' = p^m\left(1 + \frac{1}{\varepsilon}\right)$$

oder

$$R' = p^m\left(1 - \frac{1}{|\varepsilon|}\right).$$

Beide Gleichungen drücken dasselbe aus. Da die Preiselastizität bei normalen Gütern negativ ist, kann auch die zweite Beziehung mit dem Betrag von ε genutzt werden. Diese Gleichung wird **Amoroso-Robinson-Gleichung** genannt. Gibt es einen Zusammenhang zum vollkommenen Wettbewerb? Schließlich ist das Monopol nur ein Spezialfall eines Marktes. Für jede Marktform lautet das Optimalitätskriterium:

$$p^m\left(1 - \frac{1}{|\varepsilon|}\right) = K'.$$

Der Zusammenhang zum vollkommenen Wettbewerb wird deutlich. Die Nachfrage ist unter vollkommener Konkurrenz vollkommen elastisch.[19] Eine vollkommen elastische Nachfrage besitzt eine unendlich große eigene Preiselastizität. Einsetzen in die obige Gleichung ergibt:

$$p^0\left(1 - \frac{1}{|\infty|}\right) = K'$$

$$\Leftrightarrow p^0(1 - 0) = K'$$

$$\Leftrightarrow p^0 = K'.$$

---

[19]Die Marktnachfrage ist in der Regel nicht vollkommen elastisch, sondern hat eine negative Steigung. Unter den Bedingungen der vollkommenen Konkurrenz sieht sich ein einzelnes Unternehmen als Preisnehmer aber einer vollkommen elastischen Nachfrage gegenüber. Eine beliebig kleine Preiserhöhung eines Konkurrenzunternehmens im vollkommenen Wettbewerb führt zum Rückgang der Nachfrage auf Null für dieses Unternehmen.

Es ist darauf zu achten, dass für den Fall vollkommener Konkurrenz der Preis nicht der Monopolpreis p^m ist, sondern der Gleichgewichtspreis im Konkurrenzmarkt, hier symbolisiert mit p^0. Eins geteilt durch eine unendlich große Zahl ergibt Null. Folglich ist der Preis, wie nicht anders zu erwarten war, gleich den Grenzkosten in einem Polypol.

Die Amoroso-Robinson-Gleichung macht deutlich, dass das gewinnmaximale Angebot eines Unternehmens immer im Bereich einer elastischen Nachfrage ist. Warum muss das so sein? Allgemein gilt:

$$R' = p^0 \left(1 - \frac{1}{|\varepsilon|} \right)$$

$$\Leftrightarrow \quad R' = p^0 \left(\frac{|\varepsilon|}{|\varepsilon|} - \frac{1}{|\varepsilon|} \right)$$

$$\Leftrightarrow \quad R' = p^0 \left(\frac{|\varepsilon|-1}{|\varepsilon|} \right)$$

$$\Rightarrow \quad R' = -p^0 \qquad \text{für alle } |\varepsilon| < 1$$

$$\text{und} \quad R' = 0 \qquad \text{für alle } |\varepsilon| = 1.$$

Bei unelastischer Nachfrage sind die Grenzerlöse kleiner als Null. Das bedeutet nichts anderes, als dass die Unternehmung ihren Erlös steigern kann, wenn sie den Output reduziert. Eine Reduzierung des Outputs reduziert gleichfalls die Kosten. Was passiert mit dem Gewinn, wenn die Erlöse steigen und die Kosten sinken? Natürlich, der Gewinn steigt. Wenn sich der Gewinn noch steigern lässt, kann sich ein Unternehmen vorher noch nicht in einem Gewinnmaximum befunden haben. Ergo kann das Gewinnmaximum nie erreicht sein, so lange das Unternehmen eine Menge im Bereich einer unelastischen Nachfrage anbietet. Das gleiche Argument gilt für eine Elastizität gleich eins. Der Grenzerlös ist Null. Die Kosten sind aber aufgrund der zusätzlichen Einheit gestiegen. Der gleiche Erlös mit höheren Kosten führt zu einem geringeren Gewinn. Das Gewinnmaximum ist überschritten. Zur Veranschaulichung folgt noch ein Beispiel. Es sei $|\varepsilon| = 0,5$:

$$R' = p^0 \left(1 - \frac{1}{|0,5|} \right)$$

$$\Leftrightarrow \quad R' = p^0 \left(1 - 2 \right)$$

$$\Leftrightarrow \quad R' = -p^0.$$

11.4   Noch einmal das natürliche Monopol

Das natürliche Monopol wurde bereits beschrieben. Gesetzt den Fall, die Fixkosten für die Produktion eines Gutes sind sehr hoch und die variablen Kosten konstant. Ein einzelnes Unternehmen könnte den gesamten

Marktoutput billiger produzieren als zwei oder mehr Unternehmen. Zwei Unternehmen verdoppeln die Fixkosten, da diese den Großteil der Gesamtkosten ausmachen sollen, verdoppeln sich die Gesamtkosten nahezu. Ökonomisch wäre das unsinnig. Ist eine solche Situation nicht die allerbeste für ein Unternehmen? Es wäre ein Monopolist alleine aufgrund der vorhandenen Produktionstechnologie. Bis an das Ende aller Zeiten könnte sich dieses Unternehmen auf seinen Monopolgewinnen ausruhen. Ein herrliches Leben des Unternehmers. Der Eindruck kann täuschen.

Klassische Beispiele für natürliche Monopole sind der öffentliche Nahverkehr, die Stromversorgung, die Wasserversorgung, die Telekommunikation oder die Post.[20] Warum sind diese Unternehmen häufig in staatlicher Hand gewesen? Um zu verhindern, dass private Eigentümer hohe Monopolgewinne kassieren? Auf der anderen Seite würde der Staat diese dann erhalten. Tatsächlich sind die genannten Bereiche natürlicher Monopole häufig in der öffentlichen Diskussion, weil sie stark subventioniert werden. Viele der staatlichen Unternehmen waren oder sind durch hohe Verluste geprägt, die mit Steuergeldern ausgeglichen werden. Dafür wird die Führung der Unternehmen, das Beamtentum und die Schwerfälligkeit eines überdimensionierten Bürokratismus verantwortlich gemacht. Die Kritik an den genannten Stellen ist in mancherlei Hinsicht gerechtfertigt, aber nicht alleine Schuld an der Misere. Es gibt auch ökonomische Gründe, weshalb natürliche Monopole nicht die Goldesel sein müssen, für die sie gehalten werden könnten. Wie sehen die Kosten eines typischen natürlichen Monopols aus und wie passen diese zur Nachfrage?

Abbildung 11.6 macht gleichzeitig mehrere Dinge deutlich. Erstens gibt es einen Grund, warum natürliche Monopole häufig vom Staat betrieben werden. Zweitens bietet ein natürliches Monopol im Verhältnis zum Konkurrenzmarkt eine geringere Menge zu einem höheren Preis an. Dies gilt selbst dann noch, wenn der Monopolist nur seine Kosten decken will und auf die Maximierung seiner Gewinne verzichtet. Drittens werden Verluste eingefahren, wenn ein gesellschaftlich effizienter Output produziert wird.

Der erste Aspekt wird deutlich im Punkt (y^{m*}, p^{m*}). Ein natürlicher Monopolist ist aufgrund der vorhandenen Produktionstechnologie und der damit zusammenhängenden Kostenstruktur vor Konkurrenz fast vollkom-

---

[20]Viele dieser Unternehmen sind noch bis vor wenigen Jahren in vielen Industrienationen in der Form öffentlicher Körperschaften geführt worden. Sie waren Staatsunternehmen. Inzwischen werden die Märkte mehr oder weniger vorsichtig der Konkurrenz geöffnet. Die früheren staatlichen Monopole werden privatisiert und die Gründung neuer Unternehmen im Besitz privater Eigentümer wird möglich. Dabei gibt es Erfolgsmeldungen aber auch Rückschläge.

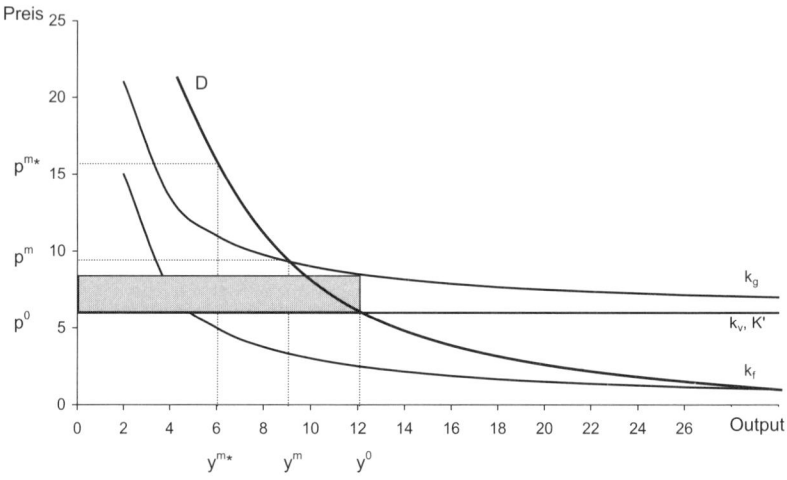

Abbildung 11.6: Ein natürliches Monopol und die Nachfrage

men sicher. Er könnte seine praktisch unantastbare Marktmacht ausspielen und einen sehr hohen Preis für einen geringen Output verlangen, zum Beispiel (y^{m*}, p^{m*}).[21] Die ökonomischen Gewinne wären sehr hoch. Dies hat mehrere Nachteile. Erstens bereichert sich ein privates Unternehmen auf Kosten der Gesellschaft.[22] Verhindert werden kann dies durch die **Verstaatlichung des Monopols**. Zweitens wird die Gesellschaft nicht mit der optimalen Menge eines bestimmten Gutes versorgt. Drittens werden knappe Ressourcen falsch verteilt.

Der zweite Aspekt wird deutlich im Punkt (y^m, p^m). In diesem Punkt produziert der Monopolist die Menge y^m und verkauft diese zu einem Preis p^m, der ausreicht, um die gesamten Kosten der Produktion zu decken. Der Monopolist macht keine ökonomischen Gewinne. Der erste vorher genannte Nachteil eines natürlichen Monopolisten ist damit ausgeräumt. Der Monopolist bereichert sich nun nicht mehr auf Kosten der Gesellschaft. Er erwirtschaftet nur noch eine durchschnittliche Marktrendite. Ein Monopolist

---

[21]Das tatsächliche Gewinnmaximum ist, wie bekannt, dort wo die Grenzerlöse gleich den Grenzkosten sind. In der Zeichnung wurde auf die Grenzerlöskurve verzichtet. Der gewählte Punkt (y^{m*}, p^{m*}) ist nur ein Beispiel. Deutlich wird, dass in diesem Punkt große Marktmacht ausgeübt wird.

[22]In einem späteren Kapitel wird deutlich, dass die Wohlfahrt im Verhältnis zu einem Konkurrenzmarkt kleiner ist, wenn ein Monopolist seine Marktmacht ausübt. Der Monopolist erhält zwar eine absolut größere Produzentenrente, aber die Gesellschaft insgesamt erleidet einen Wohlfahrtsverlust (vgl. Kap. 11.6).

wird diesen Punkt in der Regel nicht selbstständig wählen, sondern versuchen, einen gewissen ökonomischen Gewinn zu generieren. Dennoch kann
in diesem Punkt ein Gleichgewicht entstehen. Die Gründung einer Non-
Profit-Organisation, d.h. einem Unternehmen, dass laut Satzung nicht das
Ziel der Gewinnmaximierung verfolgt, sondern das Ziel der Kostendeckung,
könnte dies gewährleisten.[23]

Der dritte Aspekt ist im Punkt (y^0, p^0) zu beobachten. Durch eine **staatliche Preiskontrolle** könnte der Preis auf dem Niveau der Grenzkosten
festgesetzt werden. Folglich wird der gleiche Output produziert, der in einem Konkurrenzmarkt produziert werden würde. Der Monopolist stellt
eine Menge y^0 her und darf für diese nur noch den Preis p^0 verlangen. Es
können sich zwei Situationen ergeben.

Erstens der Monopolist macht in diesem Fall immer noch einen ökonomischen Gewinn bzw. deckt zumindest seine Kosten. Es ist kein weiterer Eingriff nötig. Die Monopolgewinne wurden lediglich auf eine bestimmte Höhe
begrenzt. Damit ökonomische Gewinne erzielt werden können, müsste der
Preis oberhalb der Durchschnittskosten des Monopolisten liegen. Für ein
natürliches Monopol ist dies nicht möglich. Die Durchschnittskosten liegen
immer oberhalb der Grenzkosten und der natürliche Monopolist wird bei
einer Bedingung $p^0 = K'$ einen Verlust machen. Ein solcher Fall ist mit
steigenden Grenzkosten möglich.

---

[23]Non-Profit-Organisationen haben den Nachteil, dass der Anreiz zur Kostenminimierung verloren
gehen kann. Der Preis wird zwar nur so hoch sein, dass die Kosten gedeckt werden, aber wenn die
Produktion nicht kosteneffizient ist, wird dennoch ein zu hoher Preis verlangt und der Output wird
geringer sein.

Privatisierung staatlicher Monopole

Der amerikanische Strommarkt generiert einen Umsatz von USD 220 Mrd. im Jahr. 1996 hat die Federal Energy Regulatory Commission (FERC), die amerikanische Regulierungsbehörde für Energie, den Wettbewerb auf dem Strommarkt eröffnet. Durch das Aufbrechen der staatlichen Monopole wurde erwartet, dass die Energiepreise für die privaten Haushalte um 5% - 20% kurzfristig sinken können. Effizienzsteigernde Investitionen in bestehende Kraftwerke und neue, dezentrale Anlagen zur Stromgewinnung sollten die Gewinne der Stromanbieter vergrößern. Es wurde ein beträchtlicher Wachstumsschub für die amerikanische Volkswirtschaft erwartet. Einer der Vorreiter bei der Liberalisierung des Strommarktes ist der Bundesstaat Kalifornien.
Am 7. Dezember 2000 wurde zum ersten Mal in Kalifornien Alarmstufe 3 ausgerufen. Dies ist die höchste Alarmstufe und besagt, dass mehr als 98% der Energiereserven im Staat verbraucht sind und das Stromnetz unter Umständen wegen Überlastung zusammenbrechen kann. Die Strompreise an der kalifornischen Strombörse sind im Jahr 2000 um mehr als 4500% im Jahresvergleich gestiegen. Die durchschnittliche Stromrechnung eines kalifornischen Haushaltes hat sich mehr als verdoppelt in dieser Zeit. Die Pacific Gas and Electric (PG&E), einer der beiden Hauptstromversorger in Kalifornien, ist überschuldet und meldet im März 2001 Insolvenz. Die Regierung des Bundesstaates kauft das Stromnetzwerk des Konkurrenten Southern California Edison für mehre Milliarden Dollar zurück, um die Zahlungsfähigkeit dieses Konzerns zu erhalten.
22 Ökonomen der Universität von Kalifornien, darunter zwei Nobelpreisträger, warnen vor einer nationalen Rezession als Folge der Energiekrise in Kalifornien. Das beschriebene Szenario entspringt nicht der Phantasie Hollywoods, sondern wirtschaftlicher Realität. Warum ist die Privatisierung eines staatlichen Monopols so nachteilig?
Die Antwort lautet: Sie ist es gar nicht. Die Privatisierung des kalifornischen Strommarktes unterlag falschen Prognosen und schlechter Regulierung. Es wurde eine nahezu konstante Nachfrage bei steigenden Kapazitäten vorausgesagt. Tatsächlich ist die Nachfrage aufgrund der boomenden Wirtschaft und demografischen Veränderungen in Kalifornien stärker gestiegen als die Kapazitäten. Die Nachfrage war größer als das Angebot und die Preise stiegen.
Für die privaten Haushalte wurden Preisspannen festgelegt, während die Einkaufpreise der Stromanbieter an der Strombörse nach Angebot und Nachfrage frei festgelegt wurden. Die steigenden Einkaufspreise konnten auf diese Weise nicht an die Verbraucher weitergegeben werden und die Stromkonzerne mussten den Strom unter ihren Einkaufspreisen anbieten. Abgesehen von den enormen Verbindlichkeiten, die sich bei den Stromanbietern aufbauten führten Stromausfälle zu geringerer Produktion und somit zu gesellschaftlichen Kosten. Aufgrund der enormen Wirtschaftskraft Kaliforniens (der Bundesstaat wäre als selbstständiger Nationalstaat Mitglied der G7[a]) kann eine Rezession starke Auswirkungen auf die gesamte USA und indirekt auf die Weltwirtschaft haben.
Ein anderes Beispiel für die Privatisierung eines staatlichen Monopols ist die Liberalisierung des deutschen Telekommunikationsmarktes zum Jahresbeginn 1998. Sie hat bis jetzt positive Auswirkungen auf den Markt insgesamt und auf die Preise. Die Zahl der Beschäftigten stieg von Ende 1998 bis Ende 2001 um ca. 20.000 Personen auf 241 Tausend. Zwar ist die Beschäftigung im Telekommunikationsmarkt in den letzten Jahren zurückgegangen, der Beschäftigungseffekt der Privatisierung ist war dennoch bis Ende 2005 leicht positiv. Ende 2007 meldet die Branche 214 Tausend Beschäftigte. Dies waren 7.000 weniger als 1998. Der Telekommunikationsmarkt setzte 2007 ca. 64 Mrd. Euro um (1998 44 Mrd.). Hiervon hatten die Wettbewerber der Deutschen Telekom einen erheblichen Anteil. Die Preise für inländische und ausländische Telefongespräche sind in der Spitze um mehr als 95% gegenüber den Monopolpreisen 1997 gefallen.[b]
Grundsätzlich sollte ein erhöhter Wettbewerb in einem etablierten Markt zu relativ niedrigeren Preisen und qualitativ höherwertigen Dienstleistungen führen. Die Liberalisierung des deutschen Telekommunikationsmarktes hat dies bisher gezeigt. Das kalifornische Beispiel führt allerdings vor Augen, dass der Umbruch eines großen Marktes durch Fehler in der Regulierung negative Auswirkungen haben kann. Die plötzliche vollkommene Öffnung eines Marktes für den Wettbewerb kann zu erheblichen Verwerfungen führen. Einbrechende Unternehmensgewinne können zu erhöhter Arbeitslosigkeit führen. Volkswirtschaftlich ist ein langsamer Umbruch häufig vorteilhaft. Die Regulierung darf aber nicht zu einseitigem Wettbewerb führen.

---

a Die G7 ist die Gruppe der sieben größten Wirtschaftsnationen der Welt. Ihre Mitglieder sind Canada, Deutschland, Frankreich, Großbritannien, Italien, Japan und die USA.
b Quelle: Bundesnetzagentur

Zweitens kann der Fall, der in Abbildung 11.6 veranschaulicht wird, auftreten. Der gesellschaftlich effiziente Output wird produziert, aber der Monopolist erwirtschaftet einen Verlust und muss vom Staat subventioniert werden. Diese Situation ist teilweise für die Verlustwirtschaft der typischen staatlichen Monopole verantwortlich.

Zusammenfassend sollten ein paar Punkte festgehalten werden. Ein natürlicher Monopolist kann seine Marktmacht unverhältnismäßig stark ausnutzen. Dies kann durch eine Verstaatlichung des Monopols verhindert werden. Das entstehende staatliche Monopol kann zwei Ziele verfolgen:

1. Non-Profit-Organisation;

2. Angebotsmaximierung (mit $p = K'$).

Beide Ziele können durch Preiskontrollen erreicht werden. Im ersten Fall wird der Preis dort festgesetzt, wo die Nachfragekurve die Durchschnittskostenkurve schneidet. Im zweiten Fall wird der Preis im hypothetischen Konkurrenzmarktgleichgewicht festgesetzt. Das Ergebnis ist Paretoeffizienz. Das staatliche Monopol muss in der Regel subventioniert werden.

Es gibt auch noch eine weitere Möglichkeit, ein natürliches Monopol von staatlicher Seite zu kontrollieren. Es kann eine **Gewinnsteuer** in Höhe des gesamten ökonomischen Gewinns eingeführt werden. Damit werden aber nicht alle Nachteile, die der Gesellschaft aus einem privat organisierten natürlichen Monopol entstehen, geheilt. Der Monopolist wird nach wie vor seine Position optimieren und den Output produzieren, mit dem die Grenzerlöse gleich den Grenzkosten sind. Der entstehende ökonomische Gewinn wird komplett durch eine Gewinnsteuer an den Staat abgeführt. Damit kann der Monopolist sich zwar nicht mehr unverhältnismäßig stark bereichern, aber der Output bleibt dennoch zu klein. Die Gesellschaft wird nicht mit der optimalen Menge des Monopolgutes versorgt.

11.5 Ausnutzen der Marktmacht - Preisdiskriminierung

Es wurde im Verlauf der Diskussionen in diesem Kapitel schon oft die Marktmacht eines Monopolisten festgestellt. Der einfache Monopolist wird eine Menge produzieren, bei der die Grenzkosten gleich den Grenzerlösen sind. Unter Beachtung der Nachfrage am Markt wird so ein gewinnmaximierender Preis gewählt. Dies ist die einfache Theorie aber nicht immer

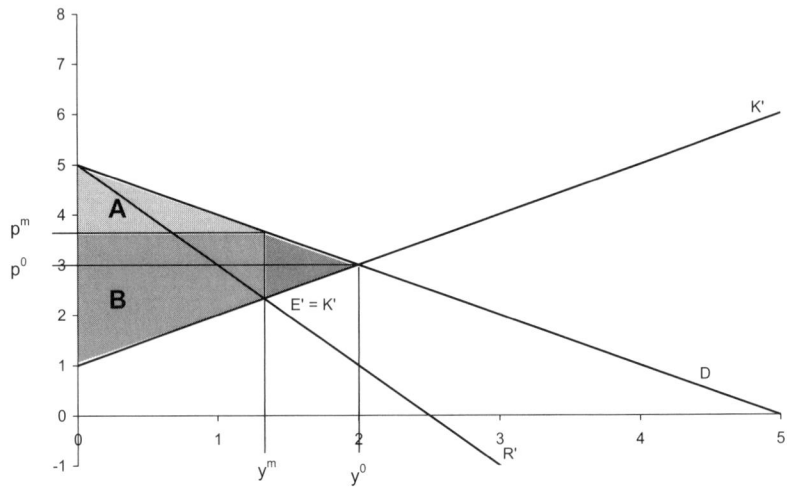

Abbildung 11.7: Konsumenten und Produzentenrente im Monopol

die Wirklichkeit. Wenn ein Unternehmen schon Marktmacht besitzt, kann es nicht noch höhere Gewinne von den Konsumentinnen abschöpfen? Dies wird jetzt untersucht.

Abbildung 11.7 zeigt die Soziale Wohlfahrt in einem monopolistischen Markt. Die Soziale Wohlfahrt setzt sich aus der Konsumentenrente und der Produzentenrente zusammen. Beide Konzepte wurden bereits erläutert. Die Konsumentenrente ist bildlich gesprochen die Fläche unterhalb der Nachfragekurve bis zum Preis (Fläche A). Die Produzentenrente ist die Fläche oberhalb der Angebotskurve bis zum Preis (Fläche B). Die Grafik zeigt erstens, dass die Soziale Wohlfahrt in einem Monopol kleiner ist als unter vollkommener Konkurrenz. Das graue Dreieck geht an Sozialer Wohlfahrt verloren. Diese Tatsache wird in einem späteren Kapitel noch einmal genauer aufgegriffen.[24] Zweitens und an dieser Stelle wichtig zu erkennen, ist die Konsumentenrente größer als Null. Zum Monopolpreis, bei dem der Monopolist bereits einen Teil seiner Marktmacht ausspielt, gibt es Konsumentinnen, die einen Reservationspreis oberhalb des Marktpreises haben. Die Konsumentinnen, bei denen dies der Fall ist, können eine Konsumentenrente größer als Null generieren. Mit anderen Worten,

---

[24]vgl. Kap. 11.6

verlangt der Monopolist einen einheitlichen Monopolpreis, gibt es immer noch Konsumentinnen, die bereit wären, einen höheren Preis zu zahlen. Die Produzentenrente ist gleich dem Deckungsbeitrag des Monopolisten. Und enthält in der Regel einen ökonomischen Gewinn, d.h. der Deckungsbeitrag ist größer als die Fixkosten des Monopolisten. Der Monopolist kann seinen Gewinn aber noch vergrößern, indem er Teile der restlichen Sozialen Wohlfahrt abschöpft. Um genau zu sein, hat der Monopolist zwei Möglichkeiten seinen Gewinn zu erhöhen. Erstens könnte er Teile oder die Gesamtheit der Konsumentenrente abschöpfen. Zweitens könnte er die in einem einfachen Monopol verlorengegangene Soziale Wohlfahrt bergen. Wie kann er das anstellen? Die Antwort lautet: Preisdiskriminierung.

Wenn ein Anbieter die Möglichkeit, d.h. die Marktmacht besitzt, unterschiedlichen Konsumentinnen unterschiedliche Preise zu berechnen, diskriminiert dieser Anbieter hinsichtlich der Preise. Ein solcher Anbieter wird **Preisdiskriminierer** *genannt.* **Preisdiskriminierung** ist nicht ausschließlich auf Monopole beschränkt, sondern kann auch zumindest in einem Oligopol und auch unter monopolistischer Konkurrenz beobachtet werden. Regelmäßig ist die Marktmacht eines Monopolisten wesentlich größer, weshalb eine Strategie der Preisdiskriminierung leichter am Markt durchzusetzen ist. Traditionell wird das Konzept der Preisdiskriminierung deshalb auch im Zusammenhang mit Monopolen und deren Marktmacht erläutert.

Obwohl der Begriff Preisdiskriminierung aufgrund des Wortlautes einen eher negativen Touch hat, können zahlreiche Fälle von Preisdiskriminierung beobachtet werden, in denen die Konsumentenrente steigt. Im Allgemeinen werden drei unterschiedliche Stufen von Preisdiskriminierung unterschieden.

1. Preisdiskriminierung ersten Grades;

2. Preisdiskriminierung zweiten Grades;

3. Preisdiskriminierung dritten Grades.

11.5.1   Preisdiskriminierung ersten Grades

Besitzt ein Anbieter die Macht von unterschiedlichen Konsumentinnen unterschiedliche Preise zu verlangen, liegt ein Fall von **Preisdiskriminierung ersten Grades** vor. Kann von jeder Konsumentin gar ein individueller Preis verlangt werden, wird dies **perfekte Preisdiskriminierung**

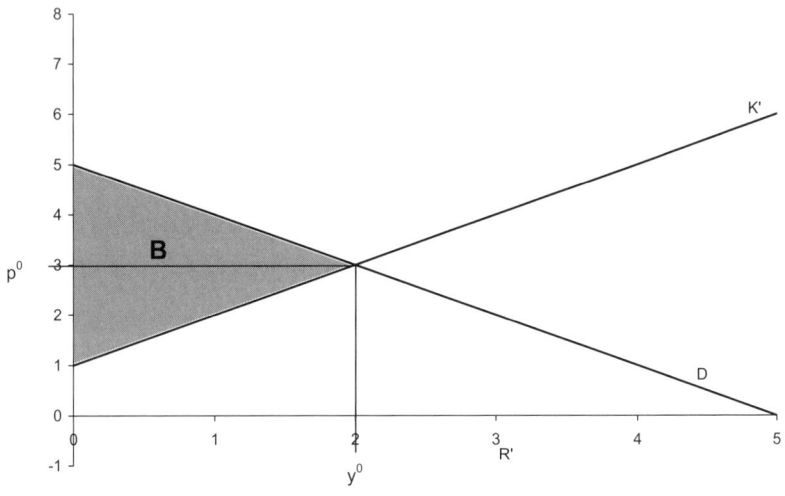

Abbildung 11.8: Preisdiskriminierung ersten Grades

genannt. Angenommen ein Monopolist kennt den Reservationspreis jeder Konsumentin, die sein Produkt kauft. Er ist Monopolist und somit der einzige Anbieter eines bestimmten Produktes. Was sollte ihn daran hindern, von jeder Konsumentin den Reservationspreis für das Gut zu verlangen? Die Antwort lautet: Nichts. Natürlich wird der Monopolist genau das tun. Die Konsumentinnen werden trotzdem das Gut kaufen, denn jede einzelne Konsumentin setzt den Wert des Gutes mit ihrem Reservationspreis fest. Was passiert mit dem Angebot?

Der Monopolist wird solange die Ware an einzelne Konsumenten verkaufen, solange er Konsumenten findet, die bereit sind, mindestens seine Grenzkosten zu bezahlen. Der Monopolist wird folglich genau so viel anbieten wie ein Konkurrenzmarkt. Es gibt keine Konsumentenrente bei perfekter Preisdiskriminierung und auch keinen Verlust an Sozialer Wohlfahrt. Allerdings ist die maximale Soziale Wohlfahrt ungleich verteilt. Nur der Produzent erhält eine Rente.

Perfekte Preisdiskriminierung ist sehr unrealistisch. Die Annahme, dass ein Monopolist die Reservationspreise aller seiner Konsumentinnen kennt, ist sehr unwahrscheinlich. Wie könnte er sie erfahren? Realistischerweise nur indem er fragt. Warum sollten aber die Konsumentinnen ihrem Anbieter einen richtigen Reservationspreis nennen? Wenn sie überhaupt einen Preis nennen können, sicherlich eher einen niedrigeren als die eigene maximale Zahlungsbereitschaft. Perfekte Preisdiskriminierung ist ein theoretischer Grenzfall.

11.5.2 Preisdiskriminierung zweiten Grades

Besitzt ein Anbieter die Macht unterschiedliche Mengen zu unterschiedlichen Preisen anzubieten, liegt **Preisdiskriminierung zweiten Grades** vor. Dies wird auch **nicht-lineare Preissetzung** genannt. Das einfachste Beispiel sind Mengenrabatte. Je mehr eine Konsumentin kauft, desto billiger bekommt sie das Gut je Stück. Weitere Beispiele für Preisdiskriminierung zweiten Grades sind zweistufige Tarife und Produktbündelungen. Zweistufige Tarife liegen immer dann vor, wenn es einen Fixpreis oder auch Grundpreis gibt, der unabhängig ist von der nachgefragten Menge und einen variablen Preis, der von der nachgefragten Menge abhängt. Ein Beispiel sind Telefonkosten eines Haushaltes. Unter Produktbündelung wird der gemeinsame Verkauf von Gütern verstanden. Zum Beispiel ein Fernseher zusammen mit einem Videorecorder.

Wie können Mengenrabatte vorteilhaft für den Monopolisten sein? Er gibt doch einen Rabatt und verzichtet so auf Erlöse? Die folgende Grafik zeigt dennoch, dass der Monopolist besser dran ist als vorher. Der Monopolist verkauft insgesamt die Menge y^h. Er verlangt von den Konsumenten aber zwei unterschiedliche Preise. Alle Konsumenten, die nur eine Menge kleiner oder gleich y^n nachfragen, zahlen den höheren Preis p^n. Erst wenn eine Menge größer y^n nachgefragt wird, senkt der Monopolist den Preis für diese Menge auf p^h. Eine Konsumentin, die eine große Menge abnimmt, erhält diese Menge zu einem geringeren Preis pro Stück. Bei einer solchen Preisstrategie gewinnt der Monopolist und die Konsumenten verlieren. Der Monopolist schöpft einen Teil der Konsumentenrente ab. Er erhält zusätzlich das kleine Rechteck b_1. Dieses Rechteck war bei einem einheitlichen Monopolpreis noch Konsumentenrente. Folglich müssen die Konsumenten eben diese Fläche verlieren. Die Konsumentenrente beträgt nur noch a_1 plus a_2. Die Konsumenten werden denn auch von dieser Preisstrategie des Monopolisten nicht sehr viel halten.

Es könnten auch noch weitere Preisdifferenzierungen eingeführt werden. Je mehr unterschiedliche Preise es für unterschiedliche Mengen gibt, desto kleiner wird die Konsumentenrente.

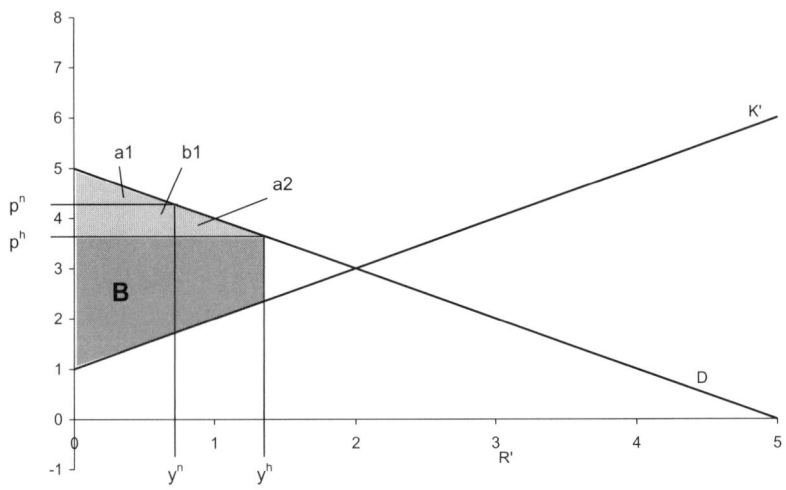

Abbildung 11.9: Mengenrabatte und die Konsumenten- und Produzentenrente ohne Veränderung des Outputs

Dies muss nicht immer der Fall sein. Im obigen Beispiel ist der gesamte Output konstant geblieben. Kurzfristig ist eine Ausweitung der Produktionskapazitäten unter Umständen nicht möglich und der Monopolist kann den Output nicht erhöhen. Ein Monopolist könnte einen noch größeren Gewinn machen, wenn er den Output insgesamt erhöht und für den erhöhten Output einen niedrigeren Preis verlangt. Dies muss er natürlich tun, denn es gibt keine Konsumentin, die bereit wäre, einen höheren Output zum gleichen Preis abzunehmen, sonst hätte sie es schon vor der Preisdiskriminierung getan. Angenommen ein Monopolist erhöht seinen Output wenn er die Möglichkeit hat, die Konsumentinnen hinsichtlich der Preise zu diskriminieren. Es entsteht dann eine Situation wie in der folgenden Abbildung. Die gesamte Wohlfahrt steigt. Der Monopolist gewinnt die Fläche b_1, die Konsumentinnen die Fläche a_1. Tatsächlich können die Konsumentinnen von der Preisstrategie des Monopolisten profitieren.

Selbstverständlich könnte eingewendet werden, dass die Konsumenten noch mehr profitieren, wenn der Monopolist seine Menge ausweitet und für die gesamte Menge den niedrigeren Preis p^h verlangt. Der Monopolist würde in diesem Fall darauf verzichten, seine gesamte Marktmacht auszuüben. Von der Seite des Monopolisten wäre eine solche Strategie nicht

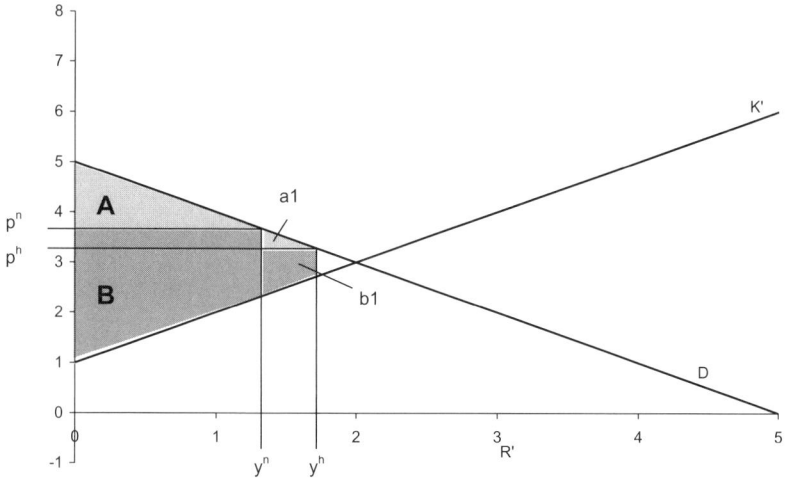

Abbildung 11.10: Mengenrabatte und die Konsumenten- und Produzentenrente bei Veränderung des Outputs

rational. Warum sollte er es also tun? Richtig, er wird es nicht tun. Die Tatsache, dass es den Konsumentinnen dabei schlechter geht als unter vollkommener Konkurrenz muss hingenommen werden. Einerseits ist dies ein Makel eines Monopols, andererseits kann, wie bereits gezeigt wurde, ein Monopol unter Umständen die effizienteste Marktform sein.

Es verbleiben zwei Fragen. Erstens, könnte es nicht eine Gesetzmäßigkeit sein, dass der Output unter Preisdiskriminierung wächst? Zweitens, wären die Konsumenten dann immer besser gestellt? Die Beantwortung dieser Fragen geht im Detail an dieser Stelle zu weit. Aber es sollen ein paar Hinweise gegeben werden. Schmalensee behauptet, dass der Output unter Preisdiskriminierung steigen oder fallen könnte und mit ihm die Soziale Wohlfahrt.[25] Eine notwendige Bedingung, damit die Soziale Wohlfahrt steigen kann, ist die Tatsache eines wachsenden Outputs. Mit anderen Worten, ohne eine Steigerung des Outputs kann die Soziale Wohlfahrt nicht wachsen.[26] Die Outputsteigerung ist aber ungewiss nach Schmalensee. Varian zeigt hierauf aufbauend, dass Preisdiskriminierung unter bestimmten Vor-

---

[25]vgl. Richard Schmalensee 1981
[26]Dies gilt nur vor dem Punkt eines Konkurrenzmarktgleichgewichtes, d.h. Preis > Grenzkosten. Ist der Preis kleiner als die Grenzkosten, führt eine Outputerhöhung zu einer Reduzierung der Wohlfahrt.

aussetzungen immer zu einer Steigerung des Outputs führen muss.[27] Daher folgt, dass Preisdiskriminierung unter bestimmten Voraussetzungen positiv für die Konsumenten ist. Es gilt aber nicht, dass sie immer positiv ist.

Man beachte, wenn der Output bei der Möglichkeit von Preisdiskriminierung bei einer negativ geneigten Nachfragekurve immer steigt, dass dann im Grenzfall perfekte Preisdiskriminierung vorliegt. Alle Konsumenten zahlen ihren Reservationspreis für die von ihnen nachgefragte Menge. In diesem Fall ist die Wohlfahrt maximal, aber es entsteht keine Konsumentenrente.

Man beachte weiter, für den Monopolisten muss jede durchgeführte Änderung einer Preisstrategie unabhängig von der Art und Weise der Änderung immer vorteilhaft sein. Aus dem einfachen Grunde, weil er sonst seine alte Preisstrategie beibehalten könnte.

Es sollen noch zwei weitere Preisstrategien eines Monopolisten beispielhaft betrachtet werden: zweistufige Tarife und ein **Preismenü**. Zweistufige Tarife können zum Beispiel in jedem durchschnittlichen Mobilfunkvertrag beobachtet werden. Der Nutzer zahlt meistens eine Grundgebühr und weitere Kosten pro Telefonminute. Andere Beispiele sind die Nutzung von Mietwagen und der Besuch von Freizeitparks. Mietwagen werden häufig pauschal für einen Tag angeboten. Darüber hinaus gibt es Preise für jede weitere Stunde. Auch bei längeren Mietzeiten werden solche Angebote gemacht. Freizeitparks, vornehmlich im Ausland und weniger in Deutschland, verlangen meistens ein fixes Eintrittsgeld[28] und Preise für die einzelnen Attraktionen innerhalb des Parks. Dieses Beispiel soll anhand einer Grafik veranschaulicht werden.

Der folgenden Grafik liegt die Nachfragekurve einer einzelnen Konsumentin zugrunde. Der Monopolist, denn mindestens innerhalb des Parks ist der Besitzer eines Freizeitparks ein solcher, hat konstante Grenzkosten pro Fahrt in seiner einzigen Attraktion. Er wird daher eine Menge y^m zu einem Preis p^m anbieten. Verlangt der Monopolist nur diesen Preis, entsteht eine Produzentenrente repräsentiert durch die Fläche B. Die Konsumentin hat eine Rente in der Größe von Fläche A. Die Konsumentin ist bei der Gesamtmenge an Karussellfahrten y^m nicht bereit, einen höheren Preis pro Fahrt zu bezahlen. Der Monopolist kann die Rente der Konsumentin

---

[27]Varian zeigt unter anderem, dass ein Monopolist bei konstanten Grenzkosten und einer linearen Nachfragekurve seinen Output bei der Möglichkeit der Preisdiskriminierung immer steigern wird (vgl. Hal R. Varian 1985).

[28]Auch beim Eintrittspreis kann häufig Preisdiskriminierung beobachtet werden. Schüler und Studenten sowie Rentner erhalten meistens eine Preisermäßigung gegenüber *normalen* Erwachsenen. Dieser Fall fällt unter das Stichwort der Preisdiskriminierung dritten Grades.

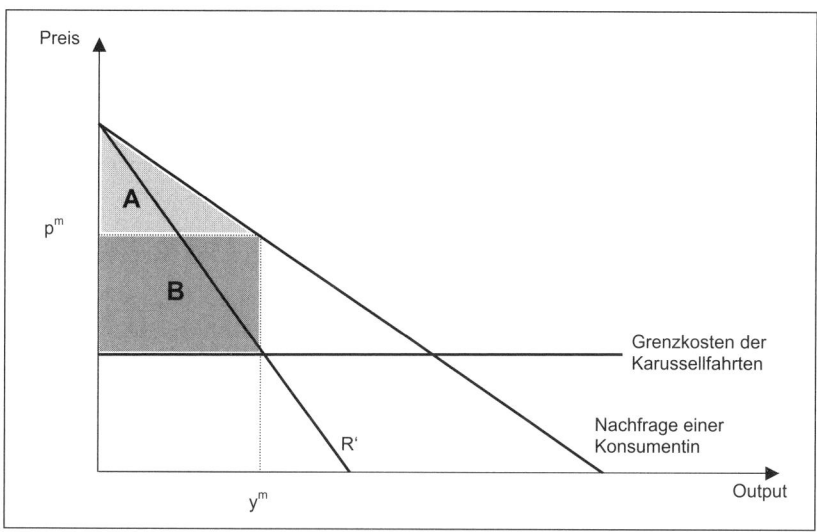

Abbildung 11.11: Optimale zweistufige Tarife

abschöpfen, indem er einen Eintrittspreis in Höhe der Fläche A verlangt. Die Konsumentin ist zwar nicht bereit für die gleiche Menge an Fahrten einen höheren Preis pro Fahrt zu bezahlen. Sie erhält durch die Summe aller Fahrten aber einen zusätzlichen Nutzen von der Fläche A. Wenn der Monopolist diese Fläche als Eintrittspreis verlangt, kann er die gesamte Rente der Konsumentin abschöpfen. Die Konsumentin ist bereit diesen Preis zu bezahlen.

Im Grenzfall kann der Monopolist sogar die gesamte Fläche zwischen der Grenzkostengeraden und der fallenden Nachfragegeraden abschöpfen. Hierzu muss er den Preis pro Karussellfahrt auf die Grenzkosten senken und den Eintrittspreis in der Höhe der entstehenden Rente der Konsumentin festsetzen.

Eine weitere Preisstrategie eines Monopolisten kann ein Preismenü sein. Angenommen ein Monopolist bietet zwei Güter an, die unter der Voraussetzung bestimmter Präferenzen gemeinsam konsumiert werden. Häufig kann ein Monopolist seinen Gewinn steigern, wenn er ein Preismenü einführt. Diese Tatsache soll anhand eines kleinen Zahlenbeispiels gezeigt werden. Ein Monopolist bietet wie bereits erwähnt zwei Produkte an, zum Beispiel einen Fernseher und einen Videorecorder. Der Monopolist hat nur vier Kunden und kennt die Reservationspreise seiner Kunden exakt. Die konstanten Grenzkosten für die beiden Güter betragen 200 Euro für den Videorecorder und 300 Euro für den Fernseher. Die Reservationspreise der Kunden lauten wie folgt:

Tabelle 11.1: Reservationspreis von vier beispielhaften Kunden für zwei Produkte

Kunde	Reservationspreis Videorecorder	Reservationspreis Fernseher
1	100	900
2	450	650
3	600	400
4	900	100

Wenn der Monopolist die beiden Güter ausschließlich getrennt verkauft und einen einfachen einheitlichen Monopolpreis dafür verlangt, welche Preise für die einzelnen Güter sind dann optimal? Optimaler Preis für den Videorecorder:

$$p = 100 \quad \Rightarrow \quad \Pi = 4 * 100 - 4 * 200 = -400.$$

Wenn der Monopolist einen Preis von 100 Euro für den Videorecorder verlangt, werden alle vier Kunden ein Gerät kaufen. Die Kosten in Höhe von 200 Euro werden dann viermal anfallen. Der Monopolist erwirtschaftet bei diesem Preis einen Verlust von 400 Euro. Auf die gleiche Art ergeben sich die weiteren Ergebnisse:

$$p = 450 \quad \Rightarrow \quad \Pi = 3 * 450 - 3 * 200 = 750$$
$$p = 600 \quad \Rightarrow \quad \Pi = 2 * 600 - 2 * 200 = 800$$
$$p = 900 \quad \Rightarrow \quad \Pi = 1 * 900 - 1 * 200 = 700.$$

Der gewinnmaximale Preis für den Videorecorder beträgt 600 Euro, dabei wird ein Gewinn von 800 Euro erwirtschaftet.

Optimaler Preis für den Fernseher:

$$p = 100 \quad \Rightarrow \quad \Pi = 4 * 100 - 4 * 300 = -800$$
$$p = 400 \quad \Rightarrow \quad \Pi = 3 * 400 - 3 * 300 = 300$$
$$p = 650 \quad \Rightarrow \quad \Pi = 2 * 650 - 2 * 300 = 700$$
$$p = 900 \quad \Rightarrow \quad \Pi = 1 * 900 - 1 * 300 = 600.$$

Der gewinnmaximale Preis für den Fernseher beträgt 650 Euro, dabei wird ein Gewinn von 700 Euro erwirtschaftet.

Wenn der Monopolist die Preise (600, 650) für die beiden einzelnen Güter verlangt, kann er seinen Gewinn maximieren. Er wird dabei zwei Videorecorder und zwei Fernseher verkaufen. Sein Gewinn wird 1500 Euro betragen. Wie sehen die Reservationspreise für beide Geräte zusammen aus?

Tabelle 11.2: Reservationspreis von vier beispielhaften Kunden für zwei Produkte und Bündelpreis

Kunde	Reservationspreis Videorecorder	Reservationspreis Fernseher	Reservationspreis des Bündels
1	100	900	1.000
2	450	650	1.100
3	600	400	1.000
4	900	100	1.000

Optimaler Preis für das Bündel:

$$p = 1000 \;\Rightarrow\; \Pi = 4 * 1000 - 4 * 200 - 4 * 300 = 2000$$
$$p = 1100 \;\Rightarrow\; \Pi = 1 * 1100 - 1 * 200 - 1 * 300 = 600.$$

Der gewinnmaximale Preis, wenn die Güter nur als Bündel angeboten werden, ist 1000 Euro, dabei wird ein Gewinn von 2000 Euro erwirtschaftet.

Der Monopolist wäre im vorliegenden Beispiel gut beraten, den Fernseher und den Videorecorder nur als ein Paket zu verkaufen und einen gemeinsamen Preis zu verlangen. Der Gewinn kann deutlich gesteigert werden. Dies ist nur ein Spezialfall und gilt nicht im Allgemeinen. Es kann auch der umgekehrte Fall auftreten oder die Gewinne können gleich groß sein. Die Einführung des Beispiels auf diese Weise dient lediglich der getrennten Beschreibung von Einzelpreisen und Bündelpreisen. In der Weiterführung dieses Beispiels werde beide Preise kombiniert.

Die Einführung eines Preismenüs kann den Gewinn des Monopolisten noch weiter erhöhen. Diese Preisstrategie ist aus dem Alltag bekannt. Unternehmen bieten Produkte häufig einerseits zu Einzelpreisen an und andererseits in einem Bündel mit einem gemeinsamen Preis. In der Regel ist der Preis für das Bündel verhältnismäßig billiger als die beiden Einzelpreise. Der Monopolist aus dem Beispiel sollte bei einer solchen Strategie folgende Preise verlangen:

Optimaler Preis für die Einzelgeräte analog der vorherigen Rechnung:

$$p_{Video} = 600 \;\Rightarrow\; \Pi = 2 * 600 - 2 * 200 = 800$$
$$p_{TV} = 650 \;\Rightarrow\; \Pi = 2 * 650 - 2 * 300 = 700$$
$$p_B = 1100 \;\Rightarrow\; \Pi = 1 * 1100 - 1 * 200 - 1 * 300 = 600.$$

Der Monopolist sollte folgendes Preismenü verlangen: Videorecorder 600 Euro, Fernseher 650 Euro, Bündel 1100 Euro. Mit diesem Preismenü wird er zwei Fernseher, zwei Videorecorder und ein Bündel verkaufen. Der gesamte Gewinn wird 2100 Euro betragen.

Besser kann der Monopolist seine Preise nicht gestalten. Warum verlangt er nicht einen Preis von 1000 Euro für das Bündel? Könnte er dann nicht zwei Bündel verkaufen? Nein, bei einem Preis von 1000 Euro für das Bündel würde er sogar, wie oben gezeigt, vier Bündel verkaufen, aber keine Einzelgeräte mehr. Der Gewinn würde nur 2000 Euro betragen und damit 100 Euro unter dem Gewinn des vorherigen Preismenüs liegen.

Die Preisstrategien sollen **Einzelpreisstrategie, Bündelpreisstrategie** und **gemischte Preisstrategie** genannt werden. Werden nur einzelne Komponenten angeboten, ist es eine Einzelpreisstrategie. Werden die Produkte ausschließlich in einem Bündel angeboten, ist es eine Bündelpreisstrategie. Folglich ist es eine gemischte Preisstrategie, wenn die Produkte sowohl separat als auch als Bündel angeboten werden.

Das vorherige Beispiel für die Vorteilhaftigkeit von Preismenüs für einen Monopolisten beweist noch keine Gesetzmäßigkeit. Es lässt sich aber zeigen: vorausgesetzt der Preis eines Bündels in einer Bündelpreisstrategie ist so gewählt, dass mindestens ein Käufer das Bündel kauft, existiert immer eine gemischte Preisstrategie, die ein Monopolist gegenüber der Bündelpreisstrategie bevorzugen wird.[29] Die genannte Voraussetzung ist hierbei sehr wichtig zu beachten. Natürlich könnte der Gewinn hypothetisch gesteigert werden, wenn in dem vorherigen Beispiel ein Bündelpreis leicht oberhalb von 1.250 Euro gewählt werden würde. Das ist leicht oberhalb der Summe der beiden Einzelpreise. Bei Kenntnis der Reservationspreise der Konsumenten wird der Monopolist einen solchen Preis aber nie verlangen, denn er würde alle seine Kunden vom Kauf des Bündels ausschließen. Kein Kunde wäre bereit, diesen Preis zu bezahlen.

11.5.3   Preisdiskriminierung dritten Grades

Preisdiskriminierung dritten Grades liegt immer dann vor, wenn ein Markt in irgendeiner Hinsicht **segmentiert** werden kann. Beispiele sind Preisdiskriminierung aufgrund des Alters, aufgrund der Nationalität oder aufgrund der Gesundheit. Viele Unternehmen im Kultur- und Freizeitbereich diskriminieren hinsichtlich des Alters. Es werden Schüler- und Stu-

---

[29]Adams, Yellen 1976

dentenrabatte vergeben, während *normale* Erwachsene den vollen Preis zahlen müssen. Der Nachweis zur Segmentierung kann hierbei durch ein objektives Dokument nachgewiesen werden, den Schüler- bzw. Studentenausweis. Fälschungen und sonstige Tricks sind hier natürlich möglich, sollen aber bei der Betrachtung außer Acht gelassen werden. Preisdiskriminierung aufgrund der Nationalität wird von einigen Universitäten verfolgt. In den USA zahlen Ausländer regelmäßig eine höhere Semestergebühr als ein amerikanischer Staatsbürger. Auch englische und schottische Universitäten verlangen höhere Studiengebühren von Studenten, die keine Staatsbürger eines EU-Landes sind. Versicherungen diskriminieren ihre Mitglieder häufig nach ihrer Gesundheit. Eine Person, die schon mehrere schwere Krankheiten hinter sich hat oder womöglich chronisch krank ist, zahlt bei einer privaten Krankenversicherung einen höheren Beitrag als eine Person, die nachweislich noch nie krank gewesen ist.

Grundsätzlich können viele Märkte in mindestens zwei Klassen geteilt werden. Es wird Konsumenten geben, die eine Nachfragekurve mit geringer Elastizität haben und es wird welche geben, die eine Nachfragekurve mit hoher Elastizität haben. Das einfachste Beispiel sind reiche und arme Menschen oder, um es überspitzt zu sagen, Geldverdienende und Studenten. Der typische Student heutzutage kann wohl kaum mehr pauschal als arm bezeichnet werden, dennoch hat er weniger Einkommen zur Verfügung als der bereits fertige Absolvent nach ein paar Berufsjahren. In der Regel wird der Student mit seinem geringeren Einkommen sensibler auf die Preise reagieren, seine Nachfragekurve wird flacher sein. Eine Preisveränderung ruft dann eine größere Mengenreaktion nach sich. Der Absolvent, der bereits ein vernünftiges Einkommen und einen gehobenen Lebensstandard hat, wird hingegen in der Regel eine weitaus weniger elastische Nachfragekurve haben. Seine Nachfragekurve wird steiler sein. Der Absolvent ist bereit, einen höheren Preis zu bezahlen als der Student, der Monopolist wird daher auch unterschiedliche Preise verlangen.

Preisdiskriminierung dritten Grades ist eine alltägliche Erscheinung. Ein Monopolist kann sogar darauf angewiesen sein. Teilweise kann es sogar ein Problem für einen Monopolisten sein, wenn Preisdiskriminierung vom Gesetzgeber verboten wird. Ein natürlicher Monopolist hat zum Beispiel sehr hohe Fixkosten. Um die Kosten zu decken, muss in der Regel der Output relativ groß sein. Unter Umständen ist die Nachfrage der Konsumentinnen, die bereit sind, einen hohen Preis für ein bestimmtes Gut zu zahlen, gar nicht ausreichend. Es werden Verluste erwirtschaftet. Der Monopolist ist dann angewiesen auf die Nachfrage derjenigen, die nur einen geringeren Preis bezahlen wollen, um überhaupt seine Kosten zu decken. Wer kommt dabei nicht gerne in den Genuss einer günstigen Schülerkarte, eines Studentickets oder einer Gruppenkarte? Wie bereits erwähnt wurde, hat der Monopolist meistens einen Anreiz, den Output bei Preisdiskriminierung zu erhöhen. Dabei entsteht auch Soziale Wohlfahrt für die Konsumenten. Preisdiskriminierung kann folglich für einen Monopolisten notwendig sein und muss nicht zum Nachteil der Konsumenten sein. Ein abschließendes Urteil über ein Monopol folgt aber erst später.

11.6   Die Wohlfahrt in einem Monopol

11.6.1   Das einfache Monopol

In einem einfachen Monopol wird gegenüber einem Konkurrenzmarkt eine geringere Menge zu einem höheren Preis verkauft. Diese Aussage ist hergeleitet und anhand von Beispielen belegt und erläutert worden.

Die folgende Abbildung verdeutlicht noch einmal den Verlust an Sozialen Wohlfahrt. Dabei ist die gepunktete Fläche die gesamte Soziale Wohlfahrt. An dieser Stelle ist es unerheblich, ob der Monopolist einen größeren Teil der Sozialen Wohlfahrt erhält als der Konsument oder gar die gesamte Soziale Wohlfahrt. Es wurde im Zusammenhang mit den Erläuterungen zur Preisdiskriminierung gezeigt, dass die Soziale Wohlfahrt im Extremfall dem Monopolisten alleine zufallen kann. In einem einfachen Monopol wird es aber einen monopolistischen Einheitspreis geben. Folglich wird der Monopolist zwar einen größeren Teil der Sozialen Wohlfahrt für sich beanspruchen, aber nicht die gesamte Konsumentenrente abschöpfen können. Die dunklere graue Fläche in der folgenden Abbildung ist der Teil, der an Sozialer Wohlfahrt verloren geht.

Die Tatsache, dass Soziale Wohlfahrt in einem einfachen Monopol verloren geht, ist allerdings noch kein Grund ein einfaches Monopol pauschal als ineffiziente Marktform abzulehnen. Die Gründe für die Entstehung des Monopols können vielfältig sein, wie in der Einführung dieses Kapitels beschrieben wurde. Auf Grund der Degression der Fixkosten hat ein Angebotsmonopolist einen Kostenvorteil je produzierter Einheit. Unter Umständen ist die Marktversorgung in einem Monopol daher besser als in einem Konkurrenzmarkt. Ein natürlicher Monopolist entsteht genau aus diesem Grunde, weil ein Konkurrenzmarkt weniger effizient ist. Auf

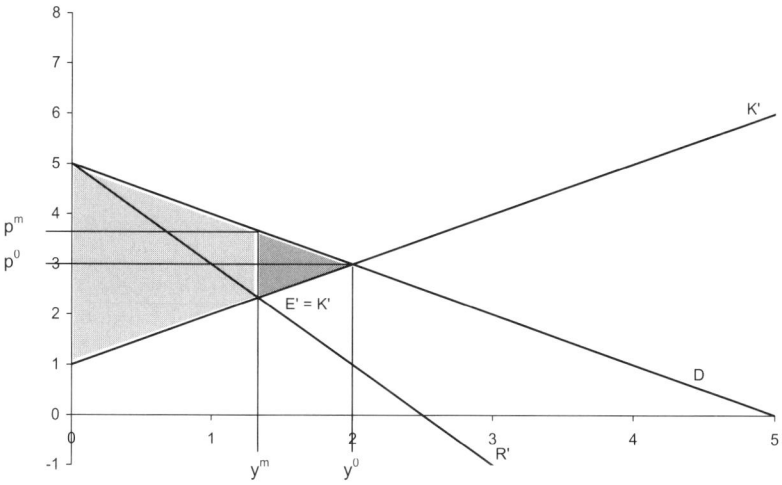

Abbildung 11.12: Die Soziale Wohlfahrt in einem einfachen Monopol

der anderen Seite hat ein Monopolist in einem bereits entwickelten Markt, in dem eine bestimmte Basis Technologie bereitsteht, häufig das Problem, weniger effizient in der Forschung und Entwicklung zu sein. Der Telefonmarkt in Deutschland war zu Zeiten des staatlichen Monopols wesentlich weniger innovativ als nach der Öffnung des Marktes für private Firmen und der Privatisierung der Deutschen Telekom. Wie der Kasten "Privatisierung staatlicher Monopole"[30] deutlich gemacht hat, ist die Konkurrenzsituation in manchen früher staatlichen Monopolen nicht immer die beste Wahl. Was nicht an der Konkurrenz an sich liegt, sondern daran, dass Regulierungen erforderlich sind, um den früheren staatlichen Monopolisten zum Wettbewerb zu zwingen. Die Regulierung großer Märkte ist nicht immer mit Erfolg gekrönt. Außerdem bleibt die Tatsache der hohen Fixkosten in Kombination mit nicht steigenden Grenzkosten ein Problem.

Es bleibt dennoch festzuhalten, dass ein Monopol, solange es ohne Marktzugangsbeschränkungen existieren könne, auf nichts anderem als auf seiner Leistungsfähigkeit beruhen könne.[31]

---

[30]vgl. Kap. 11.4
[31]vgl. Engelkamp, Sell 1998, S.95

11.6.2 Monopolistische Konkurrenz

Eine auffällige Erscheinung in einem Monopol und bei der Entwicklung eines solchen hin zu vollkommener Konkurrenz ist die Produktdifferenzierung. Produktdifferenzierung wurde bereits im Zusammenhang mit Patenten angesprochen.[32] Produktdifferenzierung kann in zwei Varianten beobachtet werden. Erstens werden Konkurrenten versuchen, ein Produkt möglichst ähnlich einem patentgeschützten Produkt herzustellen. Zweitens werden Konkurrenten in einem Konkurrenzmarkt versuchen, ihre eigentlich homogenen Produkte gegenüber der Konkurrenz mehr oder weniger einzigartig zu machen. Im ersten Fall handelt es sich bei Produktdifferenzierung daher um Gleichmacherei, die Produkte sollen dem Patentprodukt möglichst ähnlich sein. Im zweiten Fall handelt es sich um Unterscheidung, die Produkte sind objektiv betrachtet gleich, sollen es aber nicht sein. Welche Gründe gibt es für diese Strategien?

Beide Strategien dienen der Erwirtschaftung von ökonomischen Gewinnen. Im ersten Fall sollen eigentlich noch geschützte Monopolgewinne bereits vor Ablauf eines Patents mindestens teilweise von der Konkurrenz abgeschöpft werden. Im zweiten Fall sollen bereits verlorengegangene Gewinne, die aufgrund der Konkurrenzsituation nicht mehr erzielt werden können, wieder generiert werden. Mit anderen Worten, im ersten Fall wird eine Monopolsituation streitig gemacht, im zweiten Fall wird sie aufgebaut. Im Falle des patentgeschützten Gutes wandelt sich im Zeitablauf die Art und Weise der Produktdifferenzierung. Solange das Patent besteht, soll das Produkt diesem möglichst ähnlich sein, um überhaupt am Markt Käufer zu finden. Wenn das Patent dann ausläuft, entsteht eine offene Konkurrenzsituation und jedes Unternehmen wird bemüht sein, sein Produkt möglichst vom Konkurrenten zu unterscheiden. Es entsteht monopolistische Konkurrenz. Im engsten Sinne ist nämlich jeder Anbieter bei erfolgreicher Produktdifferenzierung ein Monopolist. Mindestens in einer kleinen Ecke des Marktes, kann er bei seinen Stammkunden einen Monopolgewinn erwirtschaften.

Monopolistische Konkurrenz ist häufig bei weitentwickelten Produkten zu beobachten. Alle Produkte, seien es Ski, Tennisschläger, Handys, Laptops etc. sind irgendwann einmal in gewisser Hinsicht revolutionär gewesen. Es waren Innovationen auf dem Produktmarkt. Einer oder einige wenige innovative Pionierunternehmen haben diese Produkte entwickelt

---

[32]vgl. Kap. 11.2

und an den Markt gebracht. Egal ob mit oder ohne Patent, für eine bestimmte Zeit haben diese Unternehmen hohe Gewinne gemacht. Andere Unternehmen wollten an diesen hohen Gewinnen partizipieren und sind in den Markt eingetreten. Zunächst sicher meist mit einem Produkt, dass dem bereits bekannten sehr ähnlich ist, um überhaupt Kunden gewinnen zu können. Nachdem sich der Markt etwas entwickelt hat und viele Anbieter am Markt vorhanden sind, brechen die Gewinne ein. Nun werden die Produkte wieder stärker differenziert, häufig nur durch Marketing. Es kristallisieren sich Markennamen heraus, die bei gleicher Qualität der Produkte häufig einen viel höheren Preis verlangen können. Durch die Produktdifferenzierung haben sie eine bestimmte Anzahl von Kunden überzeugt, die auch tatsächlich die Ansicht vertreten, dass nur das eine Unternehmen die richtigen Ski herstellt. Objektiv betrachtet sind die meisten Ski für jeden durchschnittlichen Skifahrer sicher gleich gut geeignet. Trotzdem schwören Skifahrer auf ihre Marke und sind bereit, einen höheren Preis dafür zu bezahlen. Innerhalb eines großen Marktes mit vielen Anbietern kann sich ein tatsächliches Konkurrenzunternehmen so eine gewisse Monopolstellung erarbeiten.

Eine ähnliche Entwicklung ist auch für ein ganzes Land zu beobachten. Jeong und Masson haben die industriellen Strukturen in Südkorea und die Politik des Landes in den 70er und 80er Jahren des 20. Jh. untersucht.[33] Nach ihren Ergebnissen hat die südkoreanische Regierung in den 70er Jahren absichtlich eine Strategie der wirtschaftlichen Konzentration verfolgt. Es war der Wunsch der Regierung große Konglomerate sogenannte *Chaebols*[34], d.h. große Unternehmensnetze entstehen zu lassen. Aufgrund eines nicht perfekt entwickelten Kapitalmarktes konnten die südkoreanischen Unternehmen in der wirtschaftlichen Aufbauphase nicht an genügend Kapital zur Finanzierung von Investitionen gelangen. Das rapide Wachstum in Südkoreas Industrie von durchschnittlich 20% pro Jahr in den Jahren 1966-1977 zog aber einen hohen Kapitalbedarf nach sich. Die Regierung förderte die Konzentration der Unternehmen in den einzelnen Märkten. Die großen Unternehmen, teilweise auch Monopole, hatten die Möglichkeit, höhere Gewinne zu erzielen und sich aus den eigenen Gewinnen zu finanzieren. Der Bedarf an Kapital vom Kapitalmarkt sank dadurch verhältnismäßig. Es wurden absichtlich Marktzugangsbeschränkun-

---

[33]vgl. Jeong, Masson 1990
[34]In Südkorea werden die großen Industriekonglomerate wie Daewoo, Hyundai und Samsung *Chaebols* genannt.

gen errichtet, um das Marktwachstum der vorhandenen Unternehmen zu beschleunigen. Nach den Ergebnissen von Jeong und Masson war die Politik erfolgreich. Die beiden Ökonomen fanden einen positiven Zusammenhang zwischen Wachstum und Unternehmenskonzentration für Südkorea.[35] Die hohe Konzentration im Inland führte letztlich international zu einem wichtigen Beitrag zur Beschleunigung globaler Konkurrenz, wie Westphal argumentiert.[36]

Sie fanden auch Nachweise dafür, dass die hohen Gewinne einen immer stärkeren Druck von neuen Unternehmen auf die Marktzugangsbeschränkungen erzeugten. Letztlich sind Unternehmen trotz der künstlichen Marktbarrieren in die Märkte eingetreten. Die Gewinne sind gesunken. Mit zunehmender Reife der südkoreanischen Volkswirtschaft wurde die Unternehmenskonzentration immer unerwünschter. Die Preise waren verhältnismäßig hoch und der technische Fortschritt nahm ab. Die Kehrtwende in der südkoreanischen Wirtschaftspolitik fand im Jahr 1981 statt, als das erste Gesetz zur Liberalisierung der Märkte und gegen die Unternehmenskonzentration erlassen wurde. Die hohe Unternehmenskonzentration, die bis heute besteht, ist mit ein Grund für die Schwierigkeiten, die aus der Asienkrise 1997 entstanden sind. Die Entflechtung und Restrukturierung der insgesamt 38 großen Konglomerate in Südkorea ist eine schwierige Aufgabe.

11.7   Abschließende Bemerkungen zum Monopol

Ein einfacher Monopolist erzielt ökonomische Gewinne. Sofern seine Monopolstellung nicht auf der Produktionstechnologie beruht, die ein natürliches Monopol begründet, wird er langfristig kaum ein Monopolist bleiben. Ein natürlicher Monopolist bleibt ein Monopolist, solange sich die Produktionstechnologie nicht ändert. Dies fordert schließlich die Natur des Marktes. Wenn das Monopol hingegen nur durch ein Patent auf Zeit geschützt ist, wird sich der Monopolist auf Konkurrenz einstellen müssen. Meistens wird

---

[35]Die These wird durch Untersuchungen unterstützt, die zeigen, das starke Wachstum in den Ländern Ostasiens ist viel stärker auf die Verbesserung der Investitionstätigkeit als auf den technologischen Fortschritt zurückzuführen (vgl. Alwyn Young 1995).

[36]Westphal argumentiert, dass die Unternehmenskonzentration und die selektiven Eingriffe der südkoreanischen Regierung in das Marktgeschehen zu dem enormen Wachstum der südkoreanischen Wirtschaft beigetragen haben. Dieses Wachstum ermöglicht es dem Land am internationalen Handel im großen Stil teilzunehmen. Bereits in den 1980er Jahren hatte Südkorea einige der international wettbewerbsfähigsten Technologien und das obwohl die Industrialisierung erst in den 1960er Jahren begann. Der Zeitraum der Industrialisierung war nur halb so lang wie zum Beispiel in Deutschland (vgl. Larry E. Westphal 1990).

die Konkurrenz schon während der Laufzeit des Patentes in den Markt eintreten. Mit Hilfe von Produktdifferenzierung wird der Konkurrent ein Produkt anbieten, das dem des Monopolisten ähnlich ist, ohne gegen die Vorschriften des Patentes zu verstoßen. Ein Monopolist, der seine Monopolstellung aufgrund seiner Leistungsfähigkeit in einem frei zugänglichen Markt besitzt, muss jederzeit mit Konkurrenz rechnen, die ihm seine Monopolgewinne streitig machen möchten.

Die neu in den Markt eintretenden Unternehmen erhöhen den Output und senken damit die Preise. Der Monopolist in einem freien Markt muss sofort darauf reagieren und seine Preise ebenfalls senken, möchte er seine Monopolstellung behaupten. Unter Umständen kann er die Preise wieder leicht anheben, wenn der Konkurrent erfolgreich aus dem Markt verdrängt wurde. Dabei läuft der leistungsfähige Monopolist aber immer Gefahr, wieder einen Anreiz für einen neuen Konkurrenten zu schaffen. Langfristig wird folglich auch ein leistungsfähiger Monopolist seine Monopolgewinne aufgeben müssen. Vielleicht nicht ganz, aber mindestens teilweise. Die geringeren Monopolgewinne verringern die Anreize von potenziellen Konkurrenten in den Markt einzutreten und die Preise noch weiter zu reduzieren. Ein Monopolist, der durch ein Patent geschützt ist, hat eine leicht komfortablere Situation. Unter Umständen erkennen die Konsumentinnen, dass das Produkt des Konkurrenten nicht identisch ist mit dem des Monopolisten. Sind die fehlenden Features des neuen, leicht differenzierten Produkts nachteilig in der Nutzung, werden die Konsumentinnen, mindestens einige von ihnen, weiter bereit sein, das patentgeschützte Produkt des Monopolisten zu kaufen. Der Monopolist mit einem Patent in der Hand muss daher nicht immer im gleichen Maße auf die neue Konkurrenz reagieren. Er sollte jedoch bedenken, dass sein Patent irgendwann ausläuft. Die Erfindung wird dann Allgemeingut und jeder Konkurrent kann sie nutzen. Spätestens dann muss der Monopolist, der nun auch keiner mehr ist, seine Preise auf das allgemeine Marktniveau senken. Ist das Patent von der Laufzeit und Weite optimal gewesen konnte er seine zusätzlichen Kosten aus Forschung und Entwicklung aufgrund seiner patentgeschützten Marktmacht decken und wird in Zukunft eine durchschnittliche Marktrendite erwirtschaften.

Tatsache ist, ein Monopol währt nicht ewig, wenn es nicht geschützt oder bzw. und verteidigt wird. In einem Markt ohne Zugangsbeschränkungen werden neue Konkurrenten eintreten, das Angebot wird steigen und der Preis bei gleichbleibender Nachfrage sinken. Die Gewinne werden zurückgehen.

Nach den Erläuterungen zum Monopol, den zahlreichen Gründen weshalb Monopole entstehen können und der Vielzahl der Beispiele sollte ein Fazit zu dieser Marktform gezogen werden. Sind Monopole Schrecken oder Segen für eine Volkswirtschaft? Die Antwort muss lauten: Je nach Art der Situation kann ein Monopol Schrecken oder Segen sein. Eine präzisere Antwort ist leider nicht zu geben. Der einfache Monopolist reduziert den Wohlstand einer Gesellschaft und sollte nicht existieren. Sofern der Markt, an dem dieser Monopolist operiert, offen ist, wird er auch nicht lange ein Monopolist bleiben. Das Problem löst sich also von selbst.[37] Im Rahmen von Forschung und Entwicklung ist ein Monopol, geschützt durch ein Patent oder in Form eines Staatsbetriebes, mindestens bis zu einem bestimmten Punkt der Marktreife in gewisser Weise vorteilhaft. Das Monopol ist also durchaus als Initiator eines neuen Produktes gewünscht und in dieser Weise auch von Vorteil für die Gesellschaft.

Auch staatliche Unternehmen, die häufig natürliche Monopole sind, können aufgrund ihrer Preisgestaltung vorteilhaft für die Gesellschaft sein. Wenn ein natürliches Monopol aufgrund der Nachfragestruktur ein Verlustgeschäft ist, kann die Form eines Staatsbetriebes zur Deckung der vorhandenen Nachfrage sinnvoll sein. Preisdiskriminierung kann dabei für den geringsten Wohlfahrtsverlust sorgen. Letztlich verbleiben spezielle hoheitliche Aufgaben, wie zum Beispiel die Landesverteidigung, die in Form eines Monopols organisiert werden sollten, um ein komplettes Angebot für die gesamte Gesellschaft sicherzustellen.

Monopole können beides sein, Schrecken und Segen für eine Gesellschaft. Dies ist von Fall zu Fall abzuwägen. Tatsache ist, dass eine liberale Marktordnung mit einer effizienten Kontrolle gegen die Auswüchse der Freiheit einzelner, die wiederum die Freiheit anderer einschränkt, in der Regel von selbst für ein Minimum an Monopolen sorgt. Eine solche Marktordnung sorgt auch dafür, dass innovative Monopolisten nur solange Monopolisten bleiben, wie die Monopolstellung auf ihrer Leistung beruht. Der Schrecken eines einfachen Monopolisten hätte wenigstens ein schnelles Ende.

---

[37]An dieser Stelle sei noch kurz das Rent-Seeking Konzept erwähnt. Als Renten werden in der Ökonomie die Einkommen bezeichnet, die durch ‚natürliche‘ oder künstlich geschaffene Knappheitszustände zustande kommen. Bei einem natürlichen Monopolisten entstehen Renten, dennoch ist das Monopol bei den bekannten Voraussetzungen die effizienteste Marktform und wird auch langfristig bestehen. Ein einfacher Monopolist erzeugt eine Rente aufgrund einer künstlich geschaffenen Knappheit, basierend auf seiner Marktmacht. Rent-Seeker, also Suchende, werden diese Renten entdecken und in den Monopolmarkt streben. Damit steigt die angebotene Menge und der Preis und auch die Renten sinken. Rent-Seeker werden einem einfachen Monopolisten immer die ökonomischen Gewinne streitig machen und dazu beitragen Wettbewerb zu generieren.

12

Das Angebot eines Oligopolisten

Lernziele:

- Ein Oligopolist muss für die eigene Gewinnmaximierng bei seinem Angebot die Reaktion der Konkurrenten berücksichtigen.

- In einem Oligopol wird gegenüber dem Monopol eine größere Menge zu einem geringeren Preis angeboten; das Oligopol ist gesellschaftlich vorteilhafter.

- Mit zunehmender Konkurrenz im Oligopol konvergieren die Marktgleichgewichte gegen das Konkurrenzmarktgleichgewicht.

- In einfachen Oligopolen ist ein vorhandenes Gleichgewicht häufig instabil.

12.1   Das Oligopol

Wie auch beim Monopol gibt es beim **Oligopol** mehrere unterschiedliche Formen des Oligopols. Hier sollen drei Formen zunächst unterschieden werden:

1. zweiseitiges oder bilaterales Oligopol;

2. Nachfrageoligopol;

3. Angebotsoligopol.

In einem **bilateralen Oligopol** stehen wenige Nachfrager wenigen Anbietern gegenüber. Ein Beispiel aus der Wirtschaftswelt ist der Markt für Hochgeschwindigkeitszüge mit herkömmlicher Technologie. Anbieter sind die Firmenkonsortien des ICE, des TGV, des ETR oder der verschiedenen Shinkansen.[1] Nachfrager sind die einzelnen Staaten, die auf der Suche nach einem Hochgeschwindigkeitszug sind. In Deutschland handelt es sich dabei

---

[1]Der ICE ist der deutsche, der TGV der französische und der ETR der italienische Hochgeschwindigkeitszug. Shinkansen werden die japanischen Hochgeschwindigkeitszüge genannt. Der Name bedeutet eigentlich „die neue Hauptstrecke" und bezieht sich auf die Strecke zwischen Tokio und Osaka, wo zum

auch nur um einen Nachfrager. Die Deutsche Bahn ist zwar inzwischen privatisiert und der Wettbewerb ist im Aufbau allerdings vorläufig ausschließlich auf regionale Strecken begrenzt. Nachfrager für Hochgeschwindigkeitszüge bleibt daher vorerst die Deutsche Bahn alleine. In anderen Ländern im europäischen Raum ist die Situation ähnlich. Insgesamt kann die Anzahl der Nachfrager nach Hochgeschwindigkeitszügen auf jeden Fall mit wenigen betitelt werden.

Ein **Nachfrageoligopol** ist durch wenige Nachfrager und viele Anbieter gekennzeichnet. Aufgrund dieser Kombination ist es relativ selten. Wenn sich viele Anbieter eine geringe Nachfrage auch noch teilen müssen, ist es fraglich, ob eventuelle Fixkosten überhaupt gedeckt werden können.

Dieses Kapitel wird sich im Wesentlichen mit dem **Angebotsoligopol** beschäftigen. Hier treffen wenige Anbieter auf viele Nachfrager. Eine Situation, die in vielerlei Märkten zu beobachten ist. Beispiele sind Fluggesellschaften, Autokonzerne und Tankstellen. In allen drei Beispielen gibt es eine riesige Anzahl von Nachfragern und nur wenige große Unternehmen als Anbieter. Der Wettbewerb unter den Fluggesellschaften ist zwar stark aber eine gewisse Preismacht können die Anbieter mindestens auf bestimmten Strecken ausüben. Auch im Automobilbereich sind die Gewinnmargen in schlechten ökonomischen Zeiten durchaus unter Druck und der Wettbewerb ist ohne Frage vorhanden, aber die Preise können zu einem Teil trotzdem bestimmt werden. Die Automobilkonzerne sind keine Preisnehmer. Dies gilt ebenso für den Tankstellenmarkt, der durch wenige große Konzerne beherrscht wird. Die Anzahl unterschiedlicher Tankstellen lässt sich in Deutschland an wenigen Fingern abzählen.

Im Unterschied zu einem Monopol hat jegliche Preis-Mengen-Entscheidung in einem Oligopol Auswirkungen auf ein oder mehrere andere Unternehmen. Bei der Produktion und der Preisgestaltung ist daher die Reaktion der anderen Marktteilnehmer zu berücksichtigen. *Je größer die Anzahl der Anbieter wird, desto näher kommt ein Oligopol dem Polypol und desto geringer werden die Auswirkungen der eigenen Entscheidung auf die Entscheidungen anderer Unternehmen.* Ein spezieller Fall des Oligopols ist das **Duopol** (auch **Dyopol**), hier gibt es genau zwei Anbieter.

In einem Oligopol ist es für jeden Anbieter wichtig, eine bestimmte Strategie zu verfolgen. Nur durch die Verfolgung einer Strategie kann langfristig

---

ersten Mal in den 1960er Jahren ein Zug eingesetzt wurde, der eine Geschwindigkeit von mehr als 200 km/h erreichte. Im Gegensatz zu den europäischen Beispielen ist in Japan ein Konkurrenzkampf der Anbieter auch innerhalb des Landes vorhanden. Es gibt unterschiedliche Shinkansen von verschiedenen Konsortien.

eine gewisse Wettbewerbsposition gehalten werden. Im Allgemeinen wird die Spieltheorie[2] zur Bestimmung der optimalen Preis-Mengen-Strategie in einem Oligopol verwendet. Die Modelle, die im Folgenden vorgestellt und analysiert werden befassen sich fast ausschließlich mit einem einfachen Duopol. Sie sind geschichtlich betrachtet schon lange vor der eigentlichen Spieltheorie entstanden und können als Vorläufer dieser betrachtet werden. Drei verschiedene Strategien werden vorgestellt:

1. simultane Mengen- bzw. Preisfestsetzung (Cournot-Modell, Bertrand-Modell);

2. Mengen- bzw. Preisführerschaft (von-Stackelberg-Modell);

3. Kooperation (Kartelle).

Im ersten Fall, bei simultaner Mengen- bzw. Preisfestsetzung, gibt es keinen Marktführer, d.h. kein **beherrschendes Unternehmen**. Beide Unternehmen fällen ihre Entscheidung unabhängig von einander. Wann kann eine solche Situation beobachtet werden? Wenn keine Informationen von dem Konkurrenten vorliegen, an denen sich ein Unternehmen orientieren kann. Auch besteht bei einem neuen Produkt die Möglichkeit, dass beide Anbieter praktisch gleichzeitig mit ihrem Produkt an den Markt gehen.

Im zweiten Fall gibt es einen Marktführer. Eines der beiden Unternehmen ist so groß, dass es zwar den Konkurrenten nicht verdrängen kann aber den Markt sehr stark beeinflusst.[3] Der Marktführer trifft seine Entscheidung vor dem **Anpasser**, so wird das nachfolgende Unternehmen genannt. Dabei muss er die Reaktion des Anpassers auf seine Entscheidung berücksichtigen. Der Anpasser wird seinen eigenen Gewinn unter der Berücksichtigung des Angebots des Marktführers maximieren. Es werden auch hier zwei Varianten untersucht, die Mengenführerschaft und die Preisführerschaft. Welche Strategie die bessere ist und ob es eine bessere gibt, wird im nächsten Kapitel geklärt.

---

[2]Die Spieltheorie untersucht wie Individuen Entscheidungen treffen, wenn ihnen bekannt ist, dass sämtliche Entscheidungen, die Individuen treffen, sich gegenseitig beeinflussen und dieser Einfluss bei der Entscheidung beachtet werden soll. Ein Spiel ist definiert als eine Situation, in der jede strategische Entscheidung nur unter Beachtung der strategischen Entscheidungen aller anderen Personen getroffen werden (vgl. Bierman, Fernandez 1998, S. 3f).

[3]Vielleicht ist auch eine Verdrängung des Wettbewerbers nur mit ungesetzlichen Mitteln möglich oder der Marktführer fühlt sich in dem Duopol am sichersten. Die Gewinne sind dadurch vielleicht schon so niedrig geworden, dass neue Unternehmen die Risiken eines Markteintritts nicht mehr in Kauf nehmen. Verdrängt der Marktführer seinen einzigen Wettbewerber, drängt womöglich ein viel stärkerer in den Markt und die Situation wird für den Marktführer schlechter als zuvor.

Der dritte Fall bezieht sich auf das bereits angesprochene Kartell. Eine Kooperation bezeichnet eine Absprache bei Preisen oder Mengen. Schließen sich alle Anbieter auf einem Markt zusammen, bilden sie ein Monopol und werden Monopolgewinne generieren.[4]

12.2 Gleichgewichte durch simultane Bewegungen

12.2.1 Simultane Mengenfestsetzung, das Cournot-Modell

Das **Cournot-Modell** ist, wie später noch genauer erläutert wird, durchaus in seinen Grundannahmen zu kritisieren. In der Einführung zu diesem Kapitel wurde bereits betont, dass völlige Unabhängigkeit der beiden Unternehmen angenommen wird. Die Annahme kann zwar in der Praxis konstruiert werden, kommt aber sicher eher selten vor. Trotzdem hat das Cournot-Modell seinen Reiz. Es ist das erste richtige Oligopolmodell, und ist, bezogen auf die Jahreszahl der Veröffentlichung des Modells im Jahre 1838, als eine erste Vorstufe der Spieltheorie zu betrachten.

Es wird ein Zwei-Perioden-Modell untersucht, bei dem die Anbieter nichts von der Entscheidung des anderen kennen. Beide treffen gleichzeitig ihre Outputentscheidung. Dabei müssen sie die Aktion des jeweils anderen Unternehmens abschätzen. Beide Unternehmen müssen ihren Gewinn maximieren ohne die tatsächliche Kenntnis über den Output des anderen Unternehmens. Wie sieht die Situation für ein Unternehmen aus? Unternehmen 1 zum Beispiel maximiert folgende Gewinnfunktion:

$$\max R(y_1, y_2) - K(y_1)$$
$$\Leftrightarrow \ \max p(y_1 + y_2)y_1 - K(y_1).$$

Der Gewinn ergibt sich natürlich aus der Differenz von Erlösen und Kosten. Die Erlöse hängen direkt nur vom Output des ersten Unternehmens ab. Der Erlös kann, wie in der zweiten Zeile, als Produkt von Preis und Menge geschrieben werden. Dabei ist der Preis abhängig vom gesamten Marktoutput, der sich zusammensetzt aus dem Output der ersten Firma y_1 und dem Output der zweiten Firma y_2. Im Gewinnmaximum des ersten Unternehmens müssen nun die Grenzerlöse gleich den Grenzkosten sein.

---

[4]Durch die Kooperation von einigen Unternehmen kann aber auch faktisch ein Duopol entstehen. Angenommen es gibt drei Unternehmen. Zwei von ihnen kooperieren und das dritte bleibt vollständig selbstständig. Zwischen dem dritten Unternehmen und dem Kartell der beiden anderen bleibt die Situation wie vorher. Die beiden Kartellmitglieder müssen aber eine gemeinsame Strategie für ihre Preis-Mengen-Entscheidung finden.

Im Gewinnmaximum der ersten Firma gilt:[5]

$$R' = p(y_1 + y_2) + \frac{\partial p(y_1 + y_2)}{\partial y_1} y_1 = K'.$$

Ein einfaches lineares Beispiel wird das Ganze besser veranschaulichen. Die Marktnachfrage sei linear, sie folge der Funktion:

$$D(y_1, y_2) = a - b(y_1 + y_2).$$

Die Erlösfunktion des ersten Unternehmens lautet:

$$R_1 = D(y_1, y_2)y_1$$
$$\Leftrightarrow R_1 = ay_1 - by_1^2 - by_2 y_1.$$

Die Grenzerlöse ergeben sich damit aus der Ableitung und lauten:

$$R_1' = a - 2by_1 - by_2.$$

Zur Vereinfachung werden Grenzkosten von Null angenommen. Da im Gewinnmaximum die Grenzerlöse gleich den Grenzkosten sein müssen, wird der Grenzerlös mit den Grenzkosten, in diesem Fall Null, gleichgesetzt und die Gleichung nach y_1 aufgelöst. Das Ergebnis ist die gewinnmaximale Menge:

$$a - 2by_1 - by_2 = 0$$
$$\Leftrightarrow y_1 = \frac{a - by_2}{2b}.$$

Diese Gleichung wird die **Reaktionsfunktion** *eines Unternehmens genannt. Die Reaktionsfunktion tritt auch in den anderen Preisstrategien in einem Duopol auf und ist daher eine sehr wichtige Funktion. Zu beachten ist, dass der Output von Unternehmen eins tatsächlich vom Output des zweiten Unternehmens abhängt.* Im Allgemeinen hat die Reaktionsfunktion folgendes Aussehen:

$$y_i = f_i(y_j) \quad \text{mit } i \neq j.$$

Im Cournot-Modell gibt es keinen Marktführer, d.h. keines der beiden Unternehmen hat die Möglichkeit, seinen Output zuerst festzulegen. Mit anderen Worten bedeutet das, beide Unternehmen haben eine Reaktionsfunktion. Unter der Annahme zweier identischer Unternehmen gibt es zwei

---

[5]Hierbei wurde einfach der Erlös nach y_1 abgeleitet. Es handelt sich jedoch nicht um ein einfaches Produkt, sondern jeder Term des Produkts ist von y_1 abhängig. Für eine korrekte Ableitung muss daher die Produktregel genutzt werden (Produktregel: $(g(y) * h(y))' = g'(y) * h(y) + g(y) * h'(y)$).

identische Reaktionsfunktionen. Außerdem erleichtert sich noch einiges andere. So muss in diesem Fall im Cournot-Gleichgewicht jedes Unternehmen das Gleiche produzieren, d.h. der Output der beiden Unternehmen
ist gleich. Es gilt: $y_1 = y_2$. Wie groß wird der gewinnmaximale Output
von Unternehmen eins in diesem Fall sein? Einsetzen von $y_1 = y_2$ in die
Reaktionsfunktion von Unternehmen 1:

$$y_1 = \frac{a - by_1}{2b}$$
$$\Leftrightarrow 2by_1 = a - by_1$$
$$\Leftrightarrow y_1 = \frac{a}{3b}.$$

Folglich gilt für Unternehmen 2:

$$y_2 = \frac{a}{3b}.$$

Der Marktoutput beträgt:

$$y_1 + y_2 = \frac{2a}{3b}.$$

*Dieses Gleichgewicht wird auch die Cournotsche-[2]/$_3$-Lösung genannt.
Beide Unternehmen bieten jeweils $^1/_3$ der Sättigungsmenge des Marktes
an. Die Sättigungsmenge des Marktes liegt dort, wo die inverse Nachfragekurve die horizontale Achse eines Koordinatenkreuzes schneidet.*[6]

Ist zu erwarten, dass die Lösung bereits in der ersten Periode erreicht
wird? Das ist eher unwahrscheinlich. Die Annahme des Cournot-Modells
besagt gerade, dass die Unternehmen nicht sehr viel über einander wissen.
Warum sollten sie dann wissen, ob sie gleich groß sind? In der Regel kennen sie die Kapazitäten des anderen nicht. Wie entwickelt sich ein Duopol?
Meistens aus einem Monopol. Der Monopolist generiert Monopolgewinne
und lockt damit andere Unternehmen in den Markt. Es entsteht ein Duopol. Diese Entwicklung soll einmal nachvollzogen werden. Hierbei wird auch
die Anlehnung des Cournot-Modells an die Spieltheorie sehr deutlich. Es
handelt sich im Wesentlichen um ein Spiel über mehrere Perioden oder
Runden. In jeder Runde haben beide Duopolisten einen Zug.

---

[6]Zur Erinnerung: die inverse Nachfragekurve stellt den Preis in Abhängigkeit der nachgefragten Menge
dar. Im Schnittpunkt mit der horizontalen Achse eines Koordinatenkreuzes ist der Preis für die nachgefragte Menge gleich Null. Die Menge, die zu einem Preis von Null nachgefragt wird, wird Sättigungsmenge
genannt.

- Periode 1:
  Der vorhandene Anbieter, Anbieter 1, hat keine Kenntnis darüber, dass ein zweiter Anbieter, Anbieter 2, zum ersten Mal in seinen Markt strebt. Er handelt immer noch wie ein Monopolist. Angenommen die Sättigungsmenge des Marktes y_s beträgt eins. Die Grenzerlösfunktion eines einfachen Monopolisten ist doppelt so steil wie die Nachfragekurve,[7] d.h. der Schnittpunkt mit der horizontalen Achse eines Koordinatenkreuzes ist bei $1/2$. Die horizontale Achse fällt bei Grenzkosten von Null mit der Grenzkostenkurve zusammen. Die gewinnmaximale Menge des Monopolisten ist unter den gemachten Annahmen $y_1 = 1/2$.
  Nun tritt der zweite Anbieter auf den Markt und entscheidet sich, die Hälfte der noch möglichen Absatzmenge anzubieten. Er bietet $y_2 = 1/4$ an. Das Marktangebot des Duopols beträgt $y = 3/4$.

- Periode 2:
  In der zweiten Periode wird Anbieter 1 nun mit dem Angebot des Konkurrenten rechnen. Es wird angenommen, er glaubt, der Anbieter 2 wird den gleichen Output wie in der vergangenen Periode erzeugen. Anbieter 1 wird folgende Menge anbieten: $y_1 = 1/2 * (1 - 1/4) = 3/8$. Anbieter 1 möchte von der vorhandenen Marktnachfrage die Hälfte anbieten. Da er glaubt Anbieter zwei wird sein Angebot aus der ersten Periode, was $1/4$ war, beibehalten, wird Anbieter 1 $y_1 = 3/8$ anbieten. Anbieter 2 vermutet was Anbieter 1 vermutet, nämlich dass er sein Angebot aus der ersten Periode beibehält. Mit anderen Worten, Anbieter 2 tut nicht das, was Anbieter 1 geglaubt hat. Im Gegenteil Anbieter 2 rechnet damit, das Anbieter 1 nur noch $3/8$ anbieten wird und verändert sein Angebot dementsprechend. Anbieter 2 legt seinen Output mit $y_2 = 1/2 * (1 - 3/8) = 5/16$ fest. Das Branchenangebot beträgt jetzt $y = 11/16$.

- Periode 3:
  In der dritten Periode passiert nichts anderes. Wieder vermutet Anbieter 1, dass Anbieter 2 seinen Output aus der vorherigen Periode konstant hält. Anbieter 2 vermutet, dass Anbieter 1 genau das von ihm denkt und wird seinen Output entsprechend anpassen. Die Er-

---

[7]Dieser Zusammenhang ist bereits in Kap. 11.3 erläutert worden. Die Ableitung einer einfachen quadratischen Erlösfunktion ergibt die Grenzerlösfunktion, deren Steigung betraglich doppelt so groß ist wie die der inversen Nachfragefunktion.

gebnisse lauten:

$$y_1 = \frac{1}{2} * \left(1 - \frac{5}{16}\right) = \frac{11}{32};$$

$$y_2 = \frac{1}{2} * \left(1 - \frac{11}{32}\right) = \frac{21}{64};$$

$$y = \frac{43}{64}.$$

• Periode 4:

$$y_1 = \frac{1}{2} * \left(1 - \frac{21}{64}\right) = \frac{43}{128};$$

$$y_2 = \frac{1}{2} * \left(1 - \frac{43}{128}\right) = \frac{85}{256};$$

$$y = \frac{171}{256}.$$

• Periode 5:

$$y_1 = \frac{1}{2} * \left(1 - \frac{85}{256}\right) = \frac{171}{512};$$

$$y_2 = \frac{1}{2} * \left(1 - \frac{171}{512}\right) = \frac{341}{1024};$$

$$y = \frac{683}{1024}.$$

Die Ergebnisse dieses Spiels können gut tabellarisch zusammengefasst werden, um die Gesetzmäßigkeiten noch besser erkennen zu können.

Tabelle 12.1: Die Entwicklung eines Cournot-Gleichgewichts

Periode	Output von Anbieter 1	Output von Anbieter 2	Branchenoutput
1	1/2	1/4	3/4
2	3/8	5/16	11/16
3	11/32	21/64	43/64
4	43/128	85/256	171/256
5	171/512	341/1024	683/1024
∞	1/3	1/3	2/3

Der Anpassungspfad zu einem Cournot-Gleichgewicht kann auch grafisch dargestellt werden. In der nächsten Grafik sind die beiden Reaktionsgeraden der Duopolisten eingezeichnet. Beide Geraden schneiden die jeweilige Achse des Koordinatenkreuzes, die den Output des Unternehmens misst, bei $\frac{1}{2}$. Darüber hinaus müssen beide Kurven durch den Punkt $(^1/_3, ^1/_3)$ verlaufen. Die bei den obigen Berechnungen gefunden Punkte können nicht alle in die Grafik eingetragen werden, dazu ist der Maßstab zu klein. Der Weg der Anpassung zum Gleichgewicht wird dennoch deutlich. Deutlich wird auch, dass es sich bei einem Cournot-Gleichgewicht um ein stabiles Gleichgewicht handelt.[8] Die Anpassung muss ihren Lauf in der dargestellten Art und Weise nehmen. Der exakte Pfad der Anpassung, der in diesem Beispiel nachgezeichnet ist, ist ein spezieller Pfad bei dem vorliegenden Verhalten der Duopolisten. Das Gleichgewicht wird aber auch bei einem leicht anderen Verhalten der beiden Unternehmen erreicht.

Das Cournot-Gleichgewicht ist zwar stabil, wenn es einmal erreicht ist, aber nicht optimal. Es ist nicht pareto-effizient.[9] Der gemeinsame Output des Duopols beträgt 2/3. Der gemeinsame Gewinn kann folglich nicht maximiert worden sein. Warum sollte er auch, die Unternehmen wissen annahmegemäß schließlich gar nichts über den Gewinn des anderen Unternehmens. Würden die beiden Unternehmen fusionieren oder in einer anderen Art und Weise zusammenarbeiten, wären sie wieder ein Monopol. Als Monopol würden sie einen Output von 1/2 produzieren und einen Umsatz, der in diesem Fall $(K' = 0)$ gleich dem Gewinn ist, von 1/4 erwirtschaften. Dies ist der maximale Umsatz und daher auch der maximale Gewinn, der in diesem Markt erzeugt werden kann. Das Cournot-Modell nimmt nun an, die beiden Duopolisten wüssten dies nicht oder hätten keine Möglichkeit es zu beeinflussen und geben sich mit einem geringeren Gewinn bei einem Branchenoutput von 2/3 zufrieden. Derartige Situationen werden in der Spieltheorie **Gefangenen-Dilemma** genannt. In der Situation zweier Unternehmen ist die Annahme, dass die Firmen nichts dagegen unternehmen

---

[8]Das es sich in dem vorgestellten Fall um ein stabiles Gleichgewicht handelt liegt an der relativen Steigung der beiden Reaktionskurven. Auch wenn die Unternehmen ein solches Gleichgewicht kurzfristig verlassen, zeigt der Anpassungspfad (Abbildung 12.1), dass sie immer wieder zu diesem Gleichgewicht zurückkehren werden. In einer Situation wo die Reaktionskurve von Unternehmen 2 steiler ist als die von Unternehmen 1, wird das Gleichgewicht nie durch einen Anpassungspfad erreicht. Es ist dennoch vorhanden, würde aber nur durch Zufall erreicht werden. In dem vorgestellten Cournot-Modell ist das Gleichgewicht aber nachweisbar stabil und einmalig. (Dies ist immer dann gegeben, wenn die Gewinnfunktionen der beiden Unternehmen in Abhängigkeit zum eigenen Output konkav sind und zusätzlich gilt: $\partial R_i'/\partial y_i < \partial K_i'/\partial y_i$; mit $i = 1, 2, ...$, d.h. die Grenzerlöskurve eines Unternehmens steigt langsamer bzw. fällt schneller als dessen Grenzkostenkurve.) (vgl. James Friedman 1989, S. 30f)

[9]vgl. James Friedman 1989, S.24f

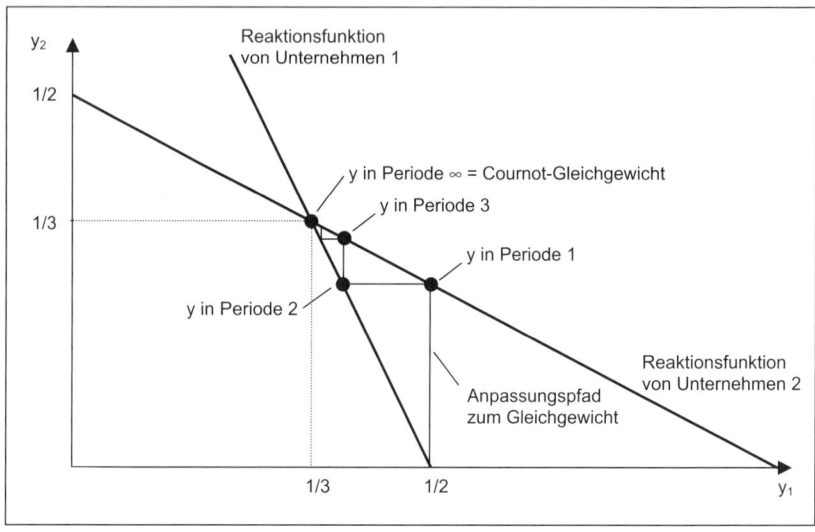

Abbildung 12.1: Die Entwicklung eines Cournot-Gleichgewichts

können oder wollen eher kritisch. Es wird unterstellt, dass die Unternehmen nicht kooperieren. Grundsätzlich kann diese Annahme in Frage gestellt werden. Allerdings lassen sich in der Praxis sicher Beispiele finden.

Das Cournot-Modell hat aber seinen Reiz. Es zeigt, dass zwei Unternehmen grundsätzlich einen Anreiz für eine Kooperation haben. Ganz offensichtlich kann der Gewinn der Unternehmen bei Kooperation erhöht werden. Dies geht auf den Fall eines einfachen Monopols zurück. Wenn zwei Unternehmen in einem Duopol kooperieren, ergibt sich ein einfaches Monopol und die Soziale Wohlfahrt wird nicht maximiert. Die Gesellschaft insgesamt ist benachteiligt. Hieraus kann die Notwendigkeit von sogenannten Kartellbehörden abgeleitet werden. Diese untersuchen die Konzentration von Unternehmen und stellen sicher, dass unerlaubte Absprachen oder zu starke Unternehmenskonzentrationen unterbleiben. Das Cournot-Modell zeigt, dass Unternehmen grundsätzlich einen Anreiz zu Kooperationen haben. Perfekte Kooperation würde allerdings zu reinen Monopolmärkten führen und damit zu geringerem Wohlstand. Der zweite wichtige Punkt, der aus dem Cournot-Modell mitgenommen werden kann, ist die Tatsache, dass sich die Menge in einem Duopol gegenüber einem Monopol erhöht und der Preis sinkt. *Je größer die Anzahl der Unternehmen in einem Markt wird, desto größer wird der Branchenoutput und desto niedriger wird der Preis. Die Marktgleichgewichte konvergieren gegen das Gleichgewicht unter vollkommener Konkurrenz.*

12.2.2 Simultane Preisfestsetzung, das Bertrand-Modell

Ein zentraler Kritikpunkt des Cournot-Modells ist die Tatsache, dass die Duopolisten nicht lernfähig sind. Für alle Perioden nehmen sie immer wieder an, dass der Konkurrent seinen Output aus der jeweils letzten Periode beibehält. Obwohl die vorherigen Perioden Outputanpassungen gezeigt haben. Eben dieser Kritikpunkt wird im **Bertrand-Modell**[10] aufgegriffen.

Es wird weiterhin eine Technologie angenommen, die es den Duopolisten ermöglicht, ohne Grenzkosten zu produzieren. Diese Annahme wird später noch aufgegeben, verändert aber das Ergebnis nicht entscheidend. Die Grenzkosten betragen also Null. Die Produkte der Konkurrenten seien identisch. Die Duopolisten konkurrieren in einem Bertrand-Modell nicht über die Menge, sondern über den Preis.[11] Es handelt sich um eine simultane Festlegung des Preises zweier Anbieter. Wie sieht das Gleichgewicht aus?

Wenn beide Unternehmen an den Markt kommen, kann zunächst ein beliebiger Preis angenommen werden. Vielleicht verlangen gar beide Duopolisten den Monopolpreis, weil sie glauben, sie seien alleine. Nun, sie sind es nicht. Jeder Duopolist kann seinen Gewinn erhöhen, wenn er mit seinem Preis nur eine Einheit unter dem des Konkurrenten ist. Angenommen Duopolist eins verlangt 50 Cent für das Produkt ebenso wie Duopolist zwei. Eins denkt sich, er reduziert den Preis auf 49 Cent und lockt damit alle Kunden zu sich. Zwei hätte damit keine Kunden mehr und müsste den Markt verlassen. Zwei denkt das Gleiche, zwei denkt aber auch, dass eins den Preis sicher auf 49 Cent senken wird und ihm, zwei, damit alle Kunden weglaufen. Um seinen Gewinn zu steigern setzt er den Preis also auf

---

[10]Joseph Louis François Bertrand (1822 - 1900), Mathematiker. Bertrand lehrte an der École Polytéchnique und am Collège de France. Er war Mitglied der französischen Akademie der Wissenschaften. Seine Hauptwerke beschäftigen sich mit der elementaren Algebra, der Differentialrechnung und der Integralrechnung. Seinen ökonomischen Beitrag lieferte er in einem Kommentar über Cournots "Research (1838)" im Jahre 1883.

[11]Diese Unterscheidung kann sinnvoll sein. Ein Händler, der Waren von Land A nach Land B liefert und selbst in Land C sitzt, kennt keine Kapazitätsgrenzen. Die Güter werden nicht von ihm produziert und nicht gelagert. Sofern der Handel finanziert werden kann, wird er auch zustande kommen. Auf der anderen Seite gibt es produzierende Unternehmen. Diese werden immer mit Kapazitätsgrenzen rechnen. Ein Produzent wird in der Regel über seine Kapazität, d.h. seinen Output, konkurrieren. Er möchte gerne seine Kapazitäten ausnutzen und wird den Preis entsprechend vom Markt bestimmen lassen. Ein Händler konkurriert über den Preis, weil er keine Kapazitätsgrenzen kennt.

48 Cent, lockt alle Kunden zu sich und eins verlässt den Markt. Eins hatte aber ebenfalls noch nicht zu Ende überlegt, weiß, dass zwei den Preis auf 48 Cent senkt und wird den Preis auf 47 Cent senken. Und so weiter und so fort. Der Preis wird so lange fallen, bis der niedrigste nur mögliche Preis erreicht ist, mit dem beide Duopolisten gerade noch keinen Verlust machen. Die Grenzkosten sind annahmegemäß konstant und Null. Der Preis wird so lange fallen, bis er Null beträgt. Das **Bertrand-Gleichgewicht** ist nichts weiter als das Gleichgewicht unter vollkommener Konkurrenz. *Der gewinn-maximale Preis ist der Preis, der gleich den Grenzkosten ist. Zu betonen ist, dass dies nur der gewinnmaximale Preis im Gleichgewicht ist. Beide Unternehmen könnten einen höheren Gewinn erwirtschaften, wenn sie bei-de einen höheren Preis verlangen würden. Das Entscheidende hierbei: beide müssten den gleichen Preis verlangen.*

Was passiert, wenn die vereinfachende Annahme der Grenzkosten in Höhe von Null wegfällt? Angenommen die Grenzkosten betragen 10 Euro. Es passiert auch nichts anderes, der Preis wird bis auf 10 Euro fallen. Das Bertrand-Gleichgewicht ist weiterhin ein Konkurrenzmarkt-Gleichgewicht. Solange die Technologien und die Produkte der beiden Unternehmen iden-tisch sind, so lange wird der Gleichgewichtspreis immer mit den Grenz-kosten identisch sein und die Duopolisten werden sich den Markt teilen. Unterscheiden sich die Technologien der beiden Anbieter, wird am En-de der Anbieter als Monopolist im Markt verbleiben, der die niedrigeren Grenzkosten hat. Dieser Monopolist wird dann aber nicht die vollkommene Marktmacht eines bisher vorgestellten einfachen Monopolisten haben. Die Preisobergrenze des Monopolisten liegt bei den Grenzkosten des Anbieters, der aus dem Markt ausgestiegen ist. Klar, wenn der Monopolist, der aus dem Duopol übrig geblieben ist, wieder einen Preis oberhalb der Grenz-kosten des anderen Duopolisten verlangt, wird dieser wieder in den Markt zurückkehren.

Der Preiswettbewerb in einem Bertrand-Duopol führt zu einem Kon-kurrenzmarktgleichgewicht. In diesem Fall wird auch von dem Bertrand-Paradox gesprochen. Obwohl nur zwei Unternehmen in einem Markt sind, existiert keine Marktmacht. Dieses Ergebnis hängt stark mit zwei gemach-ten Annahmen zusammen: identische Technologien und homogene Produk-te. Wie bereits erläutert entstünde ein Monopol mit eingeschränkter Markt-macht, wenn ein Unternehmen eine effizientere Technologie besitzt als das andere und folglich zu niedrigeren Preisen anbieten kann. Ebenso wichtig für das Ergebnis des Bertrand-Modells sind homogene Produkte. Sind die

Produkte tatsächlich vollkommen homogen, kann keine Marktmacht entstehen. Inhomogene Produkte würden auch in einem Preiswettbewerb zu Marktmacht führen. Ein Bertrand-Gleichgewicht entstehe daher praktisch nicht, weil Produkte in gewisser Hinsicht in der Realität nicht vollkommen homogen seien.[12]

Das Bertrand-Modell bietet einen Grund für Preisabsprachen, die in Deutschland verboten sind. Ein weiterer Grund also den Unternehmen, genau auf die Finger zu schauen. Allerdings funktionieren solche Absprachen in der Praxis nicht immer. Es hängt dabei vielleicht zu viel vom Vertrauen in den Konkurrenten ab. Jeder Partner in einer Kooperation hat einen individuellen Anreiz seine Partner zu betrügen und doch einen geringeren Preis zu verlangen. Erdölkonzerne zum Beispiel, die in der Öffentlichkeit im Wesentlichen mit Tankstellen in Verbindung gebracht werden, sind sich nicht immer einig über den Preis. Gerade in den Jahren 2000 und 2001, als es einen erheblichen Ölpreisanstieg gegeben hat, konnte beobachtet werden, dass eben erst erhöhte Preise an den Tankstellen schnell wieder fielen. Insgesamt war das Preisniveau für Benzin zwar hoch, aber die Preiserhöhungen einzelner Konzerne wurden teilweise nach kurzer Zeit wieder zurückgenommen, weil die Konkurrenz nicht mitgezogen hat. Das typische Verhalten von Unternehmen, die über den Preis konkurrieren, ist ein beständiges Auf und Ab auf einem bestimmten Preisniveau. Da offizielle Preisabsprachen verboten sind, wird auf diese Weise praktisch ein Angebot an die Konkurrenz gemacht. Denn wenn der eine seinen Preis erhöht und der andere mitzieht, geht es beiden besser. Es müssen aber eben alle mitziehen.

12.3   Gleichgewichte mit einem Marktführer

Die folgenden zwei Modelle gehen auf **Heinrich von Stackelberg**[13] zurück. Auch Stackelberg setzt am Kritikpunkt der fehlenden Lernfähigkeit der Duopolisten im Cournot-Modell an. Er geht davon aus, dass ein Duopolist lernfähig ist, und nennt ihn den Marktführer. Dieser trifft seine Entscheidung über die Menge oder den Preis zuerst. Dabei ist sich der Marktführer des Konkurrenten bewusst und bedenkt bei sei-

---

[12]vgl. James Friedman 1989, S. 48

[13]Heinrich von Stackelberg (1905 - 1946) geboren in der Nähe von Moskau, studierte in Köln und lehrte später ab 1943 in Madrid. Dort starb er an einer Lymphknotenkrankheit. Sein Hauptwerk im Zusammenhang mit der Marktformenlehre: Marktform und Gleichgewicht, 1934.

ner Entscheidung dessen Reaktion. Der Marktführer wird **Stackelberg-Führer** genannt. Der zweite Duopolist begibt sich in die Abhängigkeit zum Marktführer und wird **Stackelberg-Anpasser** genannt.

Ein Marktführer kann sich aus den unterschiedlichsten Gründen ergeben. Hierzu zählt die schiere Größe, dies wäre zum Beispiel bei einem früheren Monopolisten der Fall. Die Finanzkraft des Unternehmens führt häufig zu einer Beherrschung des Marktes. Der abhängige Duopolist begibt sich freiwillig in die Abhängigkeit, weil ein Überleben im offenen Preiskampf vollkommen ausgeschlossen ist. Marktbeherrschung kann auch durch eine glaubhafte Drohung entstehen. Ein Unternehmen droht zum Beispiel damit seine Kapazitäten so stark auszuweiten, dass der Marktpreis erheblich fallen würde. Das Unternehmen selbst wäre davon auch betroffen, daher droht es die Kapazitätsausweitung nur an. Die Drohung muss aber glaubhaft sein. Andererseits würde sich die Konkurrenz nicht in die Abhängigkeit begeben. In der Realität, wo die Annahmen des vollkommenen Marktes nicht bestehen, kann es weitere Gründe für eine Marktführerschaft durch ein Unternehmen geben. Der Marktführer kann einen Informationsvorsprung haben und daher eher reagieren als die Konkurrenz. Er ist vielleicht einfach schneller in der Entwicklung eines neuen Produktes oder besitzt bessere Kundenkontakte.

12.3.1 Der Mengenführer und sein Anpasser

Die vorherigen Annahmen bleiben bestehen. Die Grenzkosten sind Null und die Produkte sind identisch. Der Stackelberg-Führer legt den Output zuerst fest. In seiner Entscheidung muss er aber bedenken, dass der Anpasser ebenfalls irgendeine positive Menge auf den Markt bringen wird. Der Stackelberg-Führer wird seine Menge von der Reaktion des Anpassers abhängig machen. Zunächst muss daher bestimmt werden wie der Anpasser reagiert. Dieser wird seinen Gewinn auf der Basis der vom Führer gewählten Menge maximieren, für ihn gilt:

Gewinnmaximierung des Anpassers:

$$\max R(y_1, y_2) - K(y_2)$$
$$\Leftrightarrow \ \max p(y_1 + y_2)y_2 - K(y_2).$$

Diese Problemstellung ist bereits aus dem Cournot-Modell bekannt.[14] Bei

---

[14]vgl. Kap. 12.2.1, hier wurde der Gewinn eines der beiden Cournot-Duopolisten maximiert. Die Überlegungen stimmen mit dem Problem des Anpassers in einem Stackelberg-Duopol überein.

einer Marktnachfrage von $D(y_1, y_2) = a - b(y_1 + y_2)$ und Grenzkosten von Null hat der Anpasser im Stackelberg-Modell auch die gleiche Reaktionsfunktion wie ein Duopolist im Cournot-Modell. Diese lautete:

$$y_2 = \frac{a - by_1}{2b}.$$

Wie kann der Stackelberg-Führer herausfinden, welcher Output für ihn optimal ist? Ganz einfach, er berechnet ihn unter Beachtung der Reaktionsfunktion des Anpassers. Der Marktführer wird seinen Gewinn analog zu der eben genannten Form maximieren:

Gewinnmaximierung des Führers:

$$\max p(y_1 + y_2)y_1 - K(y_1).$$

Es wird angenommen, dass der Führer die Reaktionsfunktion des Anpassers kennt. Die Erlösfunktion des Stackelberg-Führers lautet:

$$R_1(y_1, y_2) = p(y_1 + y_2)y_1$$
$$\Leftrightarrow R_1(y_1, y_2) = [a - b(y_1 + y_2)]y_1$$
$$\Leftrightarrow R_1(y_1, y_2) = ay_1 - by_1^2 - by_2y_1.$$

In der Erlösfunktion des Stackelberg-Führers wird y_2 substituiert. Unter Beachtung der Reaktionsfunktion des Anpassers ergibt sich eine Erlösfunktion R_1^r, die direkt nur noch von y_1 abhängig ist:

$$\begin{aligned} R_1^r(y_1) &= ay_1 - by_1^2 - by_1\frac{a - by_1}{2b} \\ &= ay_1 - by_1^2 - \frac{1}{2}ay_1 + \frac{1}{2}by_1^2 \\ &= \frac{1}{2}ay_1 - \frac{1}{2}by_1^2. \end{aligned}$$

Der Grenzerlös lautet: $R_1^{\prime r}(y_1) = a/2 - by_1$.

Mit weiterhin angenommenen Grenzkosten von Null ergibt sich das Gewinnmaximum des Stackelberg-Führers dort, wo der Grenzerlös gleich Null ist. Die gewinnmaximale Menge lautet:

$$R_1^{\prime r}(y_1) = a/2 - by_1 = 0$$
$$\Leftrightarrow y_1 = \frac{a}{2b}.$$

Noch einmal zur Erinnerung. Die Sättigungsmenge des Marktes ergibt sich bei einem Preis von Null, d.h. wenn $a - b(y_1 + y_2) = 0$ bzw. die Nachfragefunktion gleich Null gesetzt wird. Das Ergebnis ist a/b. Die gewinnmaximale Menge des Stackelberg-Führers ist in diesem einfachen Beispiel die halbe Sättigungsmenge.

Der Anpasser hat seine Reaktionsfunktion berechnet und wird seinen optimalen Output auf der Basis des Outputs des Führers bestimmen. Er substituiert den Output y_1 des Führers in seine Reaktionsfunktion. Die gewinnmaximale Menge des Anpassers lautet dann:

$$y_2 = \frac{a - by_1}{2b}$$
$$\Leftrightarrow \ y_2 = \frac{a - b\frac{a}{2b}}{2b}$$
$$\Leftrightarrow \ y_2 = \frac{a}{4b}.$$

Der Anpasser wird im Optimum ein Viertel der Sättigungsmenge anbieten. Der Gesamtoutput der Branche beträgt $3/4$ der Sättigungsmenge.

Aus Sicht der Konsumenten ist ein Duopol mit von-Stackelberg-Wettbewerb vorteilhafter als mit Cournot-Wettbewerb. Im Cournot-Modell werden $\frac{2}{3}$ der Sättigungsmenge zum Preis von $\frac{1}{3}$ des höchsten Reservationspreises angeboten. Im von-Stackelberg-Modell hingegen $\frac{3}{4}$ zum Preis von $\frac{1}{4}$. Im letzteren ist die Menge also größer und der Preis geringer. Die Konsumentenrente ist größer und das Modell offensichtlich vorteilhaft aus der Sicht der Konsumenten.

Allerdings existiert im von-Stackelberg-Duopol, wie auch im Cournot-Modell, der Anreiz das System zu verlassen. Der Marktführer produziert eine größere Menge als der Anpasser und macht einen größeren Gewinn. Sofern der Anpasser ein kleineres Unternehmen ist und nur als Anpasser und nicht in einem offenen Preiskampf überleben kann, wird er sich anpassen. Was geschieht aber, wenn der Anpasser mit seiner Rolle im Markt nicht zufrieden ist und selber Führer werden will? Vier Entwicklungen sind denkbar. Erstens der Anpasser erreicht sein Ziel nicht und gibt sich nach einer oder mehr Perioden doch mit der Rolle des Anpassers zufrieden. Zweitens der Anpasser könnte Erfolg haben und den momentanen Führer in die Abhängigkeit zwingen. Drittens beide Unternehmen konvergieren zu einem Cournot-Gleichgewicht, da sich keines der Unternehmen als Führer durchsetzen kann. Viertens es wird kein Gleichgewicht mehr erreicht. Die Stabilität des von-Stackelberg-Gleichgewichts ist demzufolge entscheidend von der Klarheit über den Marktführer abhängig.

12.3.2   Der Preisführer und sein Anpasser

Entscheidet sich der Marktführer einen Preis statt eine Menge vorzugeben, kann dieser Preis nur unter Beachtung der Marktnachfrage festgelegt werden. Es wird weiterhin angenommen, dass die beiden Unternehmen identi-

sche Produkte verkaufen und die gleiche Technologie verwenden. Die Annahme von Grenzkosten von Null muss allerdings mindestens für den Anpasser aufgegeben werden. Gleich wird klar warum. Die beiden verkaufen
identische Produkte und müssen daher letztendlich im Marktgleichgewicht
den gleichen Preis verlangen, andererseits würde der Anbieter mit dem
günstigeren Preis den gesamten Markt beliefern können und der andere
Anbieter hätte keine Kunden. Bevor der Preisführer seinen Preis festlegt,
wird er überlegen, wie der Anpasser auf seine Entscheidung reagiert.

Für den Anpasser ergibt sich bei Preisführerschaft eine ähnliche Situation wie unter vollkommener Konkurrenz, das Unternehmen betrachtet den
Preis des Preisführers als gegeben. Auch ein Konkurrenzunternehmen betrachtet den Marktpreis als gegeben. Unter Beachtung des gegebenen Preises wird der Anpasser seinen Gewinn maximieren. Die Aufgabe des Anpassers lautet folglich:

$$\max R(y_2) - K(y_2)$$
$$\Leftrightarrow \max p y_2 - K(y_2).$$

Wichtig ist zu beachten, dass der Preis keinen Index hat. Es gibt keinen
Preis des Anpassers, es gibt im Gleichgewicht nur einen Preis für beide Unternehmen. Dieser wurde vom Preisführer festgelegt. Der Anpasser wird
seinen Output anhand der gewohnten Bedingung im Konkurrenzmarkt,
Preis gleich Grenzkosten, festlegen. Jetzt wird auch deutlich, warum für
den Anpasser keine konstanten Grenzkosten von Null angenommen werden können. Der Anpasser würde in diesem Fall jeden gegebenen Preis
akzeptieren. Da er aber über seinen Grenzkosten liegt, würde er auch die
gesamte Nachfrage zu diesem Preis produzieren. Für den Preisführer gäbe
es gar keine Nachfrage mehr. Eine einfache Grenzkostenfunktion, die für
den Anpasser angenommen werden kann, sind lineare Grenzkosten. Die
Angebotskurve des Anpassers, diese sei $S_a(p)$ ist in Abbildung 12.2
eingezeichnet. Für jeden Preis liefert sie den optimalen Output des Anpassers.

Wie sieht das Angebot des Marktführers aus? Die maximale Menge, die
der Preisführer bei jedem Preis p anbieten kann, ist die Marktnachfrage
abzüglich des Outputs des Anpassers zu diesem Preis p. Diese Differenz

heißt **Residualnachfrage**[15]:

$$D_R(p) = D(p) - S_a(p).$$

Unter Beachtung der Residualnachfrage kann der Preisführer nun seinen eigenen Gewinn maximieren. Der Preisführer habe weiterhin Grenzkosten in Höhe von Null. Der Anpasser habe eine Kostenfunktion $K_a(y_2) = y_2^2$. Die Grenzkosten betragen: $K_a'(y_2) = 2y_2$. Im Gewinnmaximum setzt der Anpasser den Preis gleich den Grenzkosten, es gilt: $p = 2y_2$. Auflösen der Gleichung nach der Angebotsfunktion des Anpassers ergibt: $S_a(p) = p/2$. Lautet die Marktnachfrage weiterhin $D(p) = a - bp$ ergibt sich die Residualnachfrage:

$$D_R(p) = D(p) - S_a(p)$$
$$\Leftrightarrow D_R(p) = a - bp - p/2$$
$$\Leftrightarrow D_R(p) = a - (b + 1/2)p.$$

Dieser Nachfrage sieht sich der Preisführer gegenüber. Das Gewinnmaximum wird er nach der bekannten Regel Grenzerlös gleich Grenzkosten bestimmen. Die inverse Residualnachfrage $D_R^{-1}(y_1)$:

$$y_1 = a - (b + 1/2)p$$
$$\Leftrightarrow (b + 1/2)p = a - y_1$$
$$\Leftrightarrow p = \frac{a}{b+1/2} - \frac{y_1}{b+1/2}.$$

Erlös des Preisführers:

$$R(y_1) = py_1$$
$$\Leftrightarrow R(y_1) = \left[\frac{a}{b+1/2} - \frac{y_1}{b+1/2}\right] y_1$$
$$\Leftrightarrow R(y_1) = \frac{a}{b+1/2}y_1 - \frac{1}{b+1/2}y_1^2.$$

Grenzerlös des Preisführers:

$$R'(y_1) = \frac{a}{b+1/2} - \frac{2}{b+1/2}y_1.$$

---

[15]Die Residualnachfrage ergibt sich allgemein aus der Differenz zwischen der gesamten nachgefragten Menge zum Preis p und der vom Anpasser angebotenen Menge zu diesem Preis. Die Residualnachfrage ist also eine Differenz von Mengen. Um die Differenz zu veranschaulichen sind in Abbildung 12.2 dargestellt: 1. Angebotsmenge des Anpassers y_2^* bei einem Preis p^* (Schnittpunkt der Grenzkostenfunktion des Anpassers mit dem Preis p^*); 2. Angebotsmenge des Führers y_1^* bei einem Preis p^* (Schnittpunkt der Residualnachfrage mit dem Preis p^*); 3. Gesamtmenge y^* bei einem Preis p^* (Schnittpunkt der Marktnachfrage mit dem Preis p^*). Wenn für die Residualnachfrage zum Preis p^* gilt: $y_1^* = y^* - y_2^*$, dann gilt ebenfalls (einfache Umformung): $y^* = y_1^* + y_2^*$. Aus diesem Grund ist y_2^* in der Abbildung dreimal verwendet worden; ganz links ist die Menge y_2^* abgetragen; unter der geschweiften Klammer, um deutlich zu machen, dass y_2^* die Menge zwischen y_1^* und y^* ist; rechts als Summand von y^*.

Grenzerlös gleich Grenzkosten $(K' = 0)$:

$$\frac{a}{b+1/2} - \frac{2}{b+1/2}y_1^* = 0$$
$$\Leftrightarrow \frac{2}{b+1/2}y_1^* = \frac{a}{b+1/2}$$
$$\Leftrightarrow y_1^* = \frac{a}{2}$$

Die gewinnmaximale Menge des Preisführers y_1^* ist die Hälfte der Sättigungsmenge der Residualnachfrage $D_R(p) = a - (b+1)p$. Die Sättigungsmenge ergibt sich in dem Punkt, wo der Preis gleich Null ist. Einsetzen von Null in die Residualnachfrage ergibt eine Sättigungsmenge von a. Der Preisführer bietet die Hälfte davon an.

Der Gleichgewichtspreis p^* ergibt sich durch einsetzen von y_1^* in die inverse Residualnachfrage. Gewinnmaximaler Preis:

$$p^* = \frac{a}{b+1/2} - \frac{a/2}{b+1/2}$$
$$\Leftrightarrow p^* = \frac{a/2}{b+1/2}.$$

Diese Rechnung dient nur noch der Vollständigkeit. Eigentlich muss sie nicht erfolgen, denn der Preis war schließlich der Ausgangspunkt der gesamten Analyse. Der Preisführer hatte ihn bereits am Anfang bestimmt.

12.4 Abschließende Bemerkungen zu oligopolistischen Gleichgewichten

Die Theorie der Preisbildung in einem Duopol bzw. einem Oligopol mit mehr als zwei Firmen ist sehr wichtig in der Ökonomie im Hinblick auf eine direkte Verbindung zur Praxis. Monopole, d.h. reine Angebotsmonopole, sind zwar keine Seltenheit in der Praxis, ihr tatsächliches Monopolverhalten ist aber stark abhängig von den gesetzlichen Gegebenheiten. Wird Preisdiskriminierung zum Beispiel erlaubt? Ist ein staatliches Monopol als Non-Profit-Organisation aufgebaut oder gar darauf ausgerichtet bei einem Preis gleich Grenzkosten anzubieten, obwohl bei diesem Preis Verluste gemacht werden? Eine solche Situation würde dauerhafte Subventionen nach sich ziehen. Die zweite Marktform, die schon früh im Studium der Mikroökonomie angesprochen wird, ist der vollkommene Markt mit vollkommener Konkurrenz. Dieser Markt ist tatsächlich nur ein theoretisches Gebilde. Einige Märkte, je nach der Anzahl der Anbieter und der Art ihrer Produkte, kommen dieser Situation nahe, aber perfekt wird die Theorie nie erfüllt. Ein Oligopol ist die wohl häufigste Marktform der Praxis.

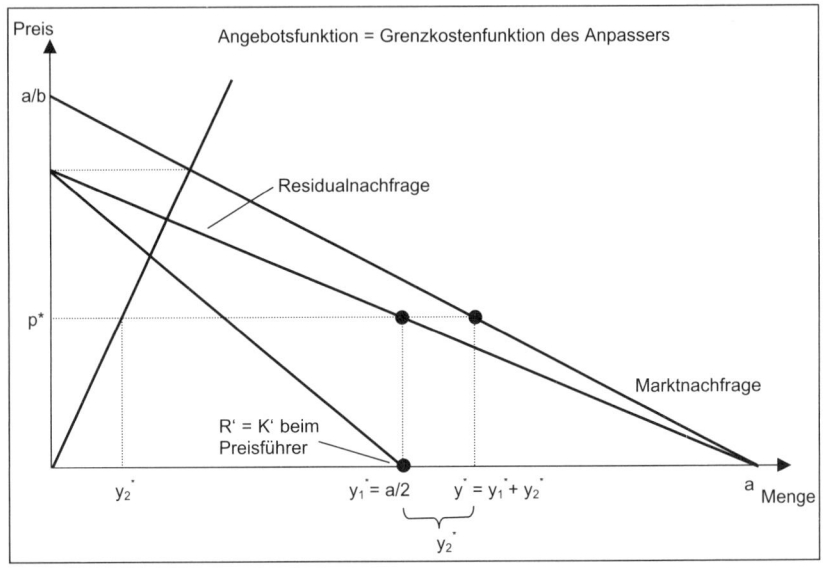

Abbildung 12.2: Das Gleichgewicht bei Preisführerschaft

Viele Branchen haben Unternehmen, die eine gewisse Marktmacht besitzen. Branchen sind durch Produktdifferenzierung, sowohl in der Art einer Angleichung der Produkte als auch in der Art der Unterscheidung von Produkten, geprägt. Monopolistische Konkurrenz ist aufgrund von Produktdifferenzierung, aber auch aufgrund von regionalen Märkten zu finden. Das Internet mag die Konkurrenz in einigen Bereichen vergrößert haben, aber viele Unternehmen besitzen eine gewisse Marktmacht.

Bei der Vorstellung der einzelnen Märkte wurde bereits darauf hingewiesen, dass die Grenzen mehr oder weniger fließend sind. Wie kann trotzdem ein Unterschied zwischen einem Monopol, einem Oligopol und einem Polypol erkannt werden? Der Unterschied zwischen einem Monopol und den beiden anderen Marktformen scheint recht offensichtlich. Ein Monopol wurde definiert als ein Markt, in dem es nur einen Marktteilnehmer auf mindestens einer Seite gibt. Jeder Markt, der mehr als einen Anbieter hat, kann kein Angebotsmonopol mehr darstellen. In der Theorie scheint dies ein einfaches Kriterium zu sein. Die Praxis sieht aber hier schon in einigen Fällen etwas anders aus. Die zähen Rechtsstreitigkeiten im Fall Microsoft machen dies deutlich. Handelt es sich bei diesem Unternehmen aufgrund seiner Marktdurchdringung um ein Monopol, dass noch dazu seine Stellung im Markt missbraucht hat? Nach rein theoretischen Gesichtspunkten handelt es sich eben nicht um ein Monopol. Dennoch ist die praktische Macht im Markt für Betriebssysteme so groß, dass hochrangige Richter und viele Experten argumentieren, dass Microsoft eben praktisch doch ein Monopol ist. Die Entscheidung ist nicht einfach. Wie viel schwieriger ist erst die Unterscheidung zwischen einem Oligopol und einem Polypol? Sie ist sehr viel schwieriger. Der Unterschied liegt hier zwischen wenigen und vielen Anbietern. Doch wann hören wenige auf und wann fangen viele an?

Ein Maß, das zur Unterscheidung genutzt werden kann, ist der **Triffin'sche Koeffizient**.[16] Dieser Koeffizient misst die relative Outputänderung eines Unternehmens im Verhältnis zu einer relativen Preisänderung eines Konkurrenten. Es handelt sich demnach um ein Elastizitätsmaß. Der Triffin'sche Koeffizient berechnet sich folgendermaßen:

$$TK = \frac{\text{prozentuale Veränderung des Outputs von Anbieter 1}}{\text{prozentuale Veränderung des Preises von Anbieter 2}}$$

$$\Leftrightarrow TK = \frac{\partial y_1}{y_1} : \frac{\partial p_2}{p_2} = \frac{\partial y_1}{\partial p_2} \cdot \frac{p_2}{y_1}.$$

Der Triffin'sche Koeffizient erinnert an die Gleichung für die Kreuzpreiselastizität.[17] Diese befasst sich mit der Reaktion der nachgefragten Menge eines bestimmten Gutes auf die Preisänderung eines anderen Gutes. In dieser Weise kann auch der Triffin'sche Koeffizient interpretiert werden. Wie reagiert die Nachfrage nach einem bestimmten Produkt, wenn der Preis eines vergleichbaren Produktes von einem Konkurrenten verändert wird?[18] Die Kreuzpreiselastizität der Nachfrage wird dann zu einer "firm-to-firm-elasticity"[19] und kann zur Abgrenzung der Marktformen genutzt werden.

Durch die Ähnlichkeit mit der Kreuzpreiselastizität ergeben sich auch hier drei mögliche Ergebnisse. Ist der Triffin'sche Koeffizient gleich Null, handelt es sich um ein Monopol. In einem Monopol muss gelten: $\partial y_1/\partial p_2 = 0$ und daher $TK = 0$. Wenn Unternehmen 2 seinen Preis ändert, wird dies keine Auswirkungen auf die Nachfrage von Unternehmen 1 haben. Unter der Annahme eines Monopols wäre Unternehmen 2 nur ein beliebiges Unternehmen, aber kein Konkurrent von Unternehmen 1.

---

[16]Der Koeffizient ist nach dem in Belgien geborenen Ökonomen Robert Triffin (1911-1993) benannt, dessen Forschungsschwerpunkte ,unvollkommene Konkurrenz' und ,internationale Geldpolitik' sind. Triffin lehrte ab 1951 an der Yale University.

[17]vgl. Kap. 6.1.3

[18]vgl. Alfred E. Ott 1997

[19]vgl. William Fellner 1965

Der zweite Extremfall ergibt sich, wenn der Triffin'sche Koeffizient gegen unendlich strebt. Dies beschreibt den Fall vollkommener Konkurrenz, in der gilt: $\partial y_1/\partial p_2 = \infty$ und daher $TK = \infty$. Eine beliebig kleine Preisänderung von Unternehmen 2 führt zu einer sehr großen Änderung der Nachfrage bei Unternehmen 1. Bei vollkommener Konkurrenz führt eine sehr kleine Preissenkung von Unternehmen 2 dazu, dass die Nachfrage bei Unternehmen 1 auf Null sinkt.

Am häufigsten ist der Triffin'sche Koeffizient nicht genau Null oder unendlich, sondern liegt irgendwo dazwischen. Ein solches Ergebnis beschreibt ein Oligopol bzw. monopolistische Konkurrenz. Die Mengenänderung ist im Verhältnis zur Preisänderung eines Konkurrenten mehr oder weniger von Bedeutung. Es wird eine Outputänderung aufgrund einer Preisänderung stattfinden, aber der Output wird nicht auf Null zurückgehen.[20] Der Triffin'sche Koeffizient gibt sicher keine allzu befriedigende Antwort auf die Frage, wann ein Oligopol und wann ein Polypol vorliegt. Ist denn nicht bereits von einem Polypol zu sprechen, wenn der Koeffizient sehr groß ist, auch wenn er nicht unendlich erreicht? Sicher, auch hier gibt es große Graubereiche. Der Koeffizient macht aber auf eine einfache Art und Weise deutlich, dass das Oligopol die wohl am Häufigsten anzutreffende Marktform ist.

Dies ist auch der Grund, weshalb sich viele Ökonomen mit der oligopolistischen Preistheorie befasst haben. Gerade die hier vorgestellten einfachen Modelle sind dabei einerseits nützlich, um die grundsätzlichen Mechanismen in einem Oligopol anhand der einfachsten Form eines solchen, dem Duopol, zu verstehen. Doch sind diese Theorien nicht unumstritten.

Bertrand hat bereits das Cournot-Modell kritisiert, weil die Unternehmen hierbei nicht lernfähig sind. Auf der anderen Seite ist zu bezweifeln, dass Unternehmen langfristig in einem Bertrand-Gleichgewicht verharren, wenn sie vor dem Hintergrund eines gesetzlichen Rahmens nicht müssen. Der Anreiz zu Kooperationen und damit zur Erzielung von Gewinnen ist sehr groß. Produktdifferenzierungen könnten vorgenommen werden, um eine bestimmte Marktmacht zu generieren. In einem Cournot-Gleichgewicht gibt es ebenfalls Anreize dieses zu verlassen. Es können außerdem realistische Bedingungen für ein instabiles Cournot-Gleichgewicht angenommen

---

[20]Die Beschreibungen zum Triffin'schen Koeffizienten sind an dieser Stelle meistens von einer Preissenkungen bei Unternehmen 2 ausgegangen. Eine Preiserhöhung hätte unter den Bedingungen des vollkommenen Wettbewerbs natürlich zur Folge, dass die Nachfrage bei Unternehmen 2, das den Preis erhöht hat, auf Null sinken würde und bei Unternehmen 1 stark ansteigt.

werden.[21]

Beide Modelle sind ohne Frage sehr wichtig im Einstieg der Mikroökonomie. In einem tiefergehenden Studium werden allerdings viele vereinfachende Annahmen aufgegeben und weitere spannende Situationen untersucht. Welchen Einfluss haben zum Beispiel teilweise nicht vollkommene Märkte auf die Preisbildung? Ein Kunde wird zum Beispiel häufig bereit sein, einen etwas höheren Preis für seine Lieblingsmarke zu bezahlen. Ein Markt, der sich mit zwei gleich großen Unternehmen entwickelt, wird zu einem anderen Gleichgewichtspreis finden als ein Markt, der sich mit einem großen und einem kleinen Unternehmen entwickelt. Im ersten Fall sind Kooperationen viel wahrscheinlicher als im Zweiten. Die Technologien von zwei Unternehmen können und werden sich in der Praxis häufig unterscheiden und vor allem über die Zeit verändern. Die Produkte sind mindestens leicht unterschiedlich.

Es könnten viele weitere Punkte aufgezählt werden, die an dieser Stelle aber nicht tiefer diskutiert werden könnten. Eines sollte bei der Betrachtung der drei vorgestellten Duopol-Modelle im Hinterkopf bleiben: alle haben einen einzelnen Gleichgewichtspreis. Umfassendere Modelle geben die Praxis besser wieder, in dem sie zeigen, dass viele Preise auf einem Markt bestehen können. Sie hängen eben von den hier zum Abschluss genannten Punkten ab.[22]

---

[21]vgl. R.D. Theocharis 1960; vgl. McManus, Quandt 1961.

[22]Für einen ersten Überblick siehe Alfred E. Ott 1997, insbesondere Teil 3, Kap. 4 und 5 und Teil 4. Für weitere Anregungen siehe auch Simon, Puig, Aschoff 1973.

Teil IV
Gleichgewicht, Staat und Gesellschaft

13

Das Marktgleichgewicht

Lernziele:

- In einem Marktgleichgewicht befindet sich sowohl die Haushaltsseite als auch die Unternehmensseite in einem Optimum, d.h. *MRS* ist gleich *MRT*.

- In einem Markt mit vollkommener Konkurrenz ohne Externalitäten und ohne das Angebot von öffentlichen Gütern ist jedes Marktgleichgewicht ein Pareto-Optimum.

- Wenn die Umverteilung in einer Gesellschaft auf einer Verschiebung der Ausstattung beruht und nicht auf künstliche Preisveränderungen zurückgeht, wird es keinen Effizienzverlust geben. Die Marktkräfte bleiben intakt und werden ein effizientes Gleichgewicht hervorbringen.

- Marktgleichgewichte müssen mindestens für eine bestimmte Zeit stabil sein.

- Marktgleichgewichte werden in einem dynamischen Anpassungsprozess nicht immer erreicht, d.h. das Erreichen eines Marktgleichgewichts kann rein zufällig sein.

13.1   Die Edgeworth-Box und Produktion

Die Edgeworth-Box wird noch einmal in den Mittelpunkt der Betrachtungen gerückt. In ihr konnten sämtliche pareto-effizienten Allokationen gefunden werden. Im Allgemeinen ist die Anzahl der pareto-effizienten Allokationen unendlich groß, in der Edgeworth-Box werden diese durch die Kontraktkurve repräsentiert. Im Hinblick auf eine bestimmte Ausstattung der Gesellschaft werden die pareto-effizienten Allokationen auf den Kern beschränkt. Ein wichtiges Merkmal erfüllen alle Pareto-Optima, in ihnen sind die Grenzraten der Substitution aller Personen in einer Gesellschaft gleich.[1]

Inzwischen wurde noch ein weiteres wichtiges Konzept eingeführt, die Transformationskurve. Diese beschreibt die Möglichkeit der Umwandlung

---

[1]Für nähere Ausführungen zur Edgeworth-Box vgl. Kap. 7.2.2. Die Grundlagen der Edgeworth-Box werden in diesem Kapitel zum richtigen Verständnis benötigt.

eines Gutes, d.h. die Transformation, in ein anderes. Es wird natürlich in der Regel nicht wirklich ein Gut in ein anderes umgewandelt, sondern die Produktionsfaktoren statt für das eine für das andere eingesetzt. Die Transformation bezieht sich nicht wirklich auf die Transformation eines Gutes, sondern auf die Transformation der Produktionsfaktoren, um ein anderes Gut herzustellen.[2] Die Transformationskurve repräsentiert alle möglichen Inputkombinationen, die den maximalen gesellschaftlichen Output produzieren können.

Die beiden Konzepte, die Edgeworth-Box und die Transformationskurve, sollen nun kombiniert werden. Die Edgeworth-Box bietet bereits optimale Tauschergebnisse zweier Personen ohne Produktion. Die Transformationskurve bietet optimale Produktionsmöglichkeiten. Um Effizienz in der gesamten Gesellschaft zu erreichen, muss alles optimiert sein. Sowohl jede Person der Gesellschaft als auch die Produktionsmittel müssen sich in einem Optimum befinden. Ein solcher Punkt ist in Abbildung 13.1 eingezeichnet. Das Optimum der Gesellschaft befindet sich im Punkt G_0. Allgemein gilt in diesem Gleichgewicht für eine Gesellschaft mit insgesamt I Mitgliedern:

$$MRS_i = MRT \quad \text{mit } i = 1, 2, ..., I.$$

Das Güterbündel (Y_1, Y_2) symbolisiert das aggregierte Konsumbündel der Gesellschaft. Insgesamt kann die Gesellschaft über Y_1 Einheiten von Gut 1 und Y_2 Einheiten von Gut 2 verfügen. Mit der Kenntnis dieses aggregierten Konsumbündels kann eine Edgeworth-Box unterhalb der Transformationskurve gezeichnet werden. Im Punkt G_0, einem Gleichgewicht der Gesellschaft,[3] liegt Nutzenmaximierung jeder Person in der Gesellschaft und technische Effizienz vor. Das Zusammentreffen von Nutzenmaximierung und technischer Effizienz wird **ökonomische Effizienz** genannt. Der Punkt G_0 muss dabei ein Pareto-Optimum sein, denn es ist bereits bekannt,

---

[2]Manchmal kann eine wirkliche Transformation eines Gutes vorkommen. Altmetalle werden zum Beispiel wieder eingeschmolzen und das Metall wird für ein neues Gut verwendet. Aus einer alten Maschine kann auf diese Weise eine neue entstehen.

[3]Einer der ersten Beweise der Existenz eines Konkurrenzmarktgleichgewichtes lieferten Kenneth J. Arrow und Gérard Debreu (vgl. Arrow, Debreu 1954).

Kenneth J. Arrow wurde 1921 in New York geboren, lehrte an der Stanford University und der Harvard University und war Mitglied und Präsident zahlreicher Gesellschaften (u.a. Econometric Society, National Academy of Science). Arrow erhielt die John Bates Clark Medaille der American Economic Association 1957 und teilte sich 1972 den Wirtschaftsnobelpreis mit Sir John R. Hicks. Dieser wurde ihm insbesondere für sein Unmöglichkeits-Theorem verliehen, dass er bereits 1951 (vgl. Kenneth J. Arrow 1951) bewies.

Gérard Debreu (1921-2004), geboren in Calais, lehrte die längste Zeit an der University of California. Seine Hauptforschungsgebiete waren zunächst das Vorhandensein eines Gleichgewichts, später differenzierbare Nutzenfunktionen und zuletzt quasi-konvexe Funktionen. 1983 erhielt Debreu den Wirtschaftsnobelpreis.

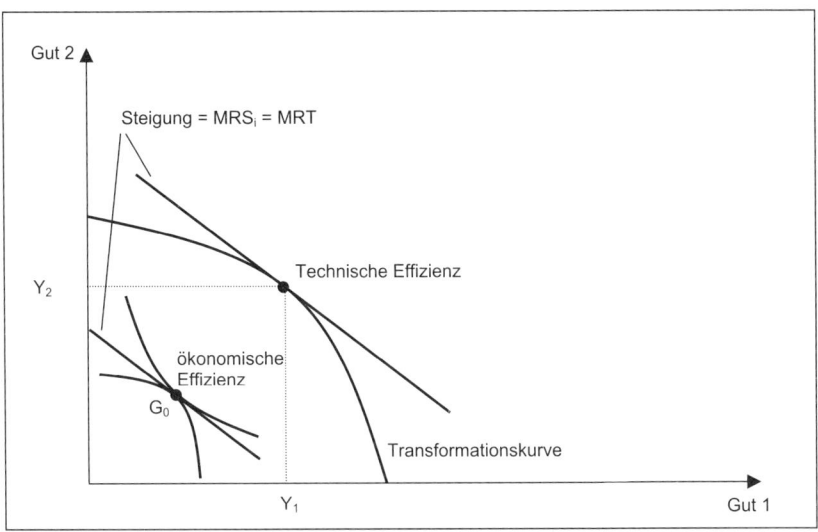

Abbildung 13.1: Ökonomische Effizienz in der Edgeworth-Box

dass der Tangentialpunkt zweier Indifferenzkurven in der Edgeworth-Box ein Pareto-Optimum sein muss. Ist es denn möglich, dass die technische Effizienz und das Nutzenmaximum jeder Person nicht zusammenfallen? Was wäre, wenn es nicht der Fall ist? Angenommen die Grenzrate der Substitution (MRS) der Gesellschaft ist -2. Die Gesellschaft ist bereit zwei Einheiten von Gut 2 aufzugeben, wenn sie eine Einheit von Gut 1 erhält ($MRS = -\partial Y_2/\partial Y_1 = -2/1$). Die Grenzrate der Transformation (MRT) der Gesellschaft sei -3/2. Die Gesellschaft kann zwei Einheiten von Gut 1 produzieren, wenn sie auf die Produktion von drei Einheiten von Gut 2 verzichtet ($MRT = -\partial Y_2/\partial Y_1 = -3/2$). Nun müssen nur die Zahlen genauer betrachtet werden, um die Gleichgewichtsbedingung zu verstehen. Die Produzenten der Gesellschaft könnten zum Beispiel die Produktion von Gut 2 um 6 Einheiten reduzieren. Die MRT besagt, dass sie hierfür 4 Einheiten von Gut 1 herstellen könnten. Was würden die Haushalte der Gesellschaft erwarten? Für den Verzicht auf 6 Einheiten von Gut 2 würden die Haushalte gemäß der gegebenen MRS 3 Einheiten von Gut 1 erwarten. Die Produzenten könnten den Haushalten ergo mehr von Gut 1 bieten als diese erwarten würden. Logischerweise würden die Haushalte dadurch ein höheres Wohlstandsniveau erreichen.

Weichen die MRS und die MRT in einer Gesellschaft voneinander ab, kann kein Gleichgewicht erreicht sein. Durch eine Umverteilung kann die Gesellschaft immer ein höheres Wohlstandsniveau erreichen. Es werden solange Tauschprozesse in der Gesellschaft stattfinden, bis: erstens die MRS von je zwei Gütern für alle Gesellschaftsmitglieder gleich sind und zweitens die MRS gleich der MRT ist. Ein solches Gleichgewicht ist ökonomisch effizient und heißt **Sozialökonomisches Optimum** *oder* **Allgemeines Gleichgewicht**. *Es ist pareto-optimal.*

Abbildung 13.1 kann noch um die Kontraktkurve erweitert werden, um alle möglichen Sozialökonomischen Optima darzustellen (Abbildung 13.2). Wie viele könnten es sein? Hierzu wird angenommen, es gebe nur zwei Personen in der Gesellschaft. Die folgenden Schlussfolgerungen gelten auch für Gesellschaften mit beliebig vielen Mitgliedern, aber die Erklärungen sind dann komplizierter. Die Anzahl Sozialökonomischer Optima für einen Produktionspunkt (Y_1, Y_2) kann Null bis unendlich erreichen.

Es gibt kein Optima, wenn beide Gesellschaftsmitglieder nur eines der beiden Güter nachfragen. Erfahren beide Mitglieder der Gesellschaft nur Nutzen aus dem Konsum von Gut 1, sind die Indifferenzkurven für beide Mitglieder senkrecht (die Menge von Gut 2 verändert ihren Nutzen nicht). Eine Tangente an den Berührungspunkt der beiden Indifferenzkurven ist ebenfalls senkrecht und die Konktrakt-"kurve" eine horizontale Gerade auf der Abszisse. Die Steigung der senkrechten Tangente, die MRS, ist unendlich. Eine solche MRT muss es nicht geben wie Abbildung 13.2 veranschaulicht. Die Gesellschaft würde eine Randlösung, den Schnittpunkt der Transformationskurve mit der Abszisse erreichen. Dies ist kein Optima, da die MRS ungleich der MRT ist.

Es gibt unendlich viele Optima, wenn beide Mitglieder der Gesellschaft die gleiche homogene Nutzenfunktion haben. Die Kontraktkurve wäre die aufsteigende Diagonale in der Edgeworth-Box, entlang derer die MRS konstant ist. Vorausgesetzt die MRT im Punkt (Y_1, Y_2) ist die gleiche, gibt es für diesen einen Produktionspunkt unendlich viele Optima. Die Verteilung der Güter auf die beiden Mitglieder der Gesellschaft ist in jedem Optima anders, aber dies ist unerheblich für die Definition eines Optima.

Die beiden beschriebenen Extremfälle sind eher selten zu erwarten. *Im Allgemeinen gilt, dass für einen gegebenen Produktionspunkt und die dazugehörige Edgeworth-Box jeder Punkt auf der Kontraktkurve, dessen Steigung identisch ist mit der Steigung im Produktionspunkt, ein Sozialökonomisches Optima sein kann.*

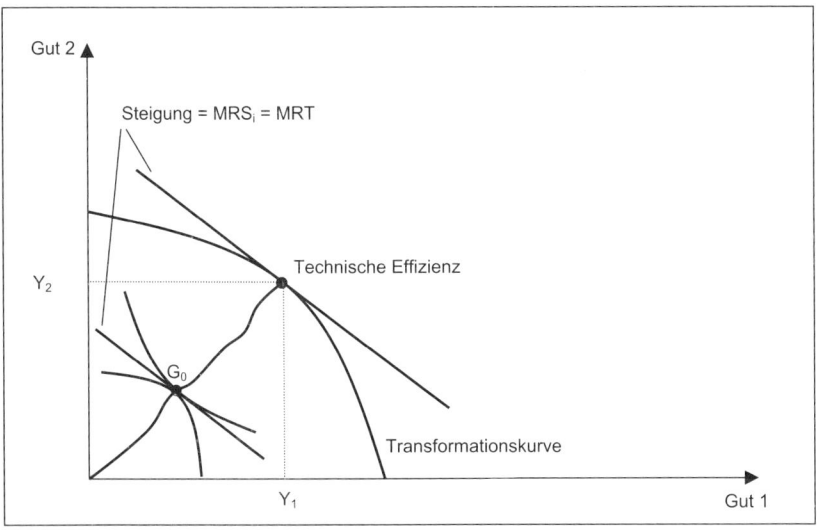

Abbildung 13.2: Sozialökonomische Optima in der EdgeworthBox

13.2 Die Bedeutung des Marktgleichgewichts

Was gilt zusammenfassend in einem Marktgleichgewicht? Im Marktgleichgewicht haben alle Konsumenten ihren Nutzen maximiert. Zur Erinnerung, die Nachfragekurve eines Gutes wurde bei einer bestimmten Präferenzordnung und einem bestimmten Budget zu unterschiedlichen Preisen hergeleitet. Jeder Punkt auf der Nachfragekurve eines Haushaltes ist ein Optimum zum jeweiligen Preis.[4] Weiterhin gilt im Marktgleichgewicht, dass die Grenzkosten gleich dem Grenzerlös sind. Auch das Angebot befindet sich in einem Optimum. Zusammenfassend kann festgehalten werden, dass unter bestimmten Bedingungen jedes Marktgleichgewicht eine Situation darstellt, in der niemand mehr besser gestellt werden kann ohne jemand anders schlechter zu stellen. Dies ist die Definition des Pareto-Kriteriums.

Wenn ein Marktgleichgewicht eine Situation darstellt, in der niemand besser gestellt werden kann, ohne jemand anders schlechter zu stellen, muss das Marktgleichgewicht ein Pareto-Optimum sein. Dies gilt unter drei Bedingungen:

1. vollkommene Konkurrenz;

---

[4]vgl. Kap. 6.1.1

2. keine Externalitäten;

3. keine öffentlichen Güter.

Externalitäten und öffentliche Güter werden noch genauer in diesem Teil besprochen werden.[5] Vollkommene Konkurrenz ist bereits bekannt. *In einem Markt mit vollkommener Konkurrenz, in dem keine Externalitäten vorhanden sind und keine öffentlichen Güter angeboten werden, ist jedes Marktgleichgewicht ein Pareto-Optimum.* Diese Erkenntnis ist ein zentraler Punkt der Mikroökonomie und wird als das **Erste Wohlfahrtstheorem**[6] bzw. der **Erste Hauptsatz der Wohlfahrtsökonomik** bezeichnet.

Das Erste Wohlfahrtstheorem stellt fest, dass jedes Gleichgewicht, das in einem Wettbewerbsmarkt erreicht wird, effizient ist. Damit ist ein wesentlicher Wunsch der Ökonomie in einem Konkurrenzmarkt wie von selbst erfüllt. Diese Tatsache ist heute immer noch von zentraler Bedeutung, wurde aber bereits vor weit mehr als 200 Jahren niedergeschrieben:

"Tatsächlich fördert [der einzelne] in der Regel nicht bewußt das Allgemeinwohl, noch weiß er, wie hoch der eigene Beitrag ist. Wenn er es vorzieht, die nationale Wirtschaft anstatt die ausländische zu unterstützen, denkt er eigentlich nur an die eigene Sicherheit und wenn er dadurch die Erwerbstätigkeit so fördert, daß ihr Ertrag den höchsten Wert erzielen kann, strebt er lediglich nach eigenem Gewinn. Und er wird in diesem wie auch in vielen anderen Fällen von einer unsichtbaren Hand geleitet, um einen Zweck zu fördern, den zu erfüllen er in keiner Weise beabsichtigt hat."[7]

Die Edgeworth-Box unterstreicht die Feststellung des Ersten Wohlfahrtstheorems. Es wurde anhand der Box gezeigt, dass das Gleichgewicht immer auf der Kontraktkurve liegen muss. Diese ist der geometrische Ort aller pareto-effizienten Tauschoptima. Das erste Wohlfahrtstheorem ist deshalb von so zentraler Bedeutung, weil es erhebliche wirtschaftspolitische Auswirkungen hat. Sorgt die Wirtschaftspolitik für zwei zentrale Voraussetzungen und gelten die zuvor genannten drei Bedingungen, wird immer ein effizientes Gleichgewicht entstehen.

---

[5]vgl. Kap. 14

[6]Das Erste Wohlfahrtstheorem sowie das später folgende Zweite Wohlfahrtstheorem wurde unabhängig von Kenneth J. Arrow (vgl. Kenneth J. Arrow 1951b) und Gérard Debreu (vgl. Gérard Debreu 1951) bewiesen.

[7]vgl. Adam Smith 1996

Erstens muss wirtschaftliche Freiheit herrschen.[8] Jeder Unternehmer und jeder Konsument muss selbst entscheiden können, was für ihn am besten ist. Zweitens muss die Freiheit jedes Wirtschaftsteilnehmers gewahrt bleiben. Dies sind zwei konträre Punkte. Einerseits wird absolute Freiheit gefordert, andererseits aber auch die Freiheit jedes einzelnen eingeschränkt, um wiederum die Freiheit aller anderen zu schützen.[9] In der aktuellen Wirtschaftspolitik und in der wirtschaftlichen Gesetzgebung bedeutet dies einen Spagat, der in der Praxis nicht in letzter Konsequenz vollbracht werden kann. Die Gesetzgebung in Deutschland folgt der Theorie insoweit, dass es das Gesetz gegen Wettbewerbsbeschränkungen (GWB) und das Gesetz gegen unlauteren Wettbewerb (UWB) gibt. Ersteres gewährt die Freiheit, letzteres beschränkt diese sofern die Freiheit eines anderen beeinträchtigt wird.

Mit dem ersten Wohlfahrtstheorem existiert ein Fundament für jede liberale Wirtschaftsordnung. Das Fundament ist die Freiheit der Wirtschaftsteilnehmer und die Freiheit der Märkte. Durch diese Freiheit wird prinzipiell der maximale Wohlstand einer Gesellschaft von selbst erreicht. Leider zeigt die Praxis, dass es hier einige Komplikationen gibt. Es wurde bereits erläutert, dass die häufigste Marktform aus der Sicht der Anbieter das Oligopol ist. Die Unternehmen haben daher zumeist eine gewisse Marktmacht und können einen höheren Preis verlangen. Der Informationsfluss wird im Allgemeinen ebenfalls nicht perfekt sein. Die Konsumenten sind in aller Regel nicht vollkommen über jedes Angebot informiert und können daher im theoretischen Sinne keine rationale Entscheidung treffen. Die oligopolistischen Preistheorien von Cournot und Bertrand haben gezeigt, dass Unternehmen einen Anreiz haben zu kooperieren. Auch in diesem Fall wird keine vollkommene Konkurrenz herrschen. Der Aspekt, der hier angesprochen wird, ist die nicht perfekte Praxis. In der Praxis kommt Marktversagen vor.

---

[8]Ökonomische Freiheit trägt zu Wachstum und Wohlstand einer Gesellschaft erheblich bei. Je geringer die ökonomische Freiheit, desto geringer ist tendenziell der Wohlstand einer Gesellschaft. Dies ist im groben das Ergebnis der *Economic Freedom Reports* (vgl. Gwartney, Lawson 2008). Dieser Report wird seit 1996 jährlich veröffentlicht. 2008 ist eine Rangordnung von 141 Ländern bezogen auf ihre ökonomische Freiheit erstellt worden. Das Projekt wird von insgesamt 54 Forschungsinstituten getragen. An den ursprünglichen Forschungen waren mehr als 100 Wissenschaftler beteiligt, darunter auch Milton Friedman und Michael Walker.

[9]Nach Immanuel Kant entspringt eine solche Situation der praktischen Vernunft eines jeden Menschen. Kant hat dies in seinem *Grundgesetz der reinen praktischen Vernunft* formuliert: "Handle so, daß die Maxime deines Willens jederzeit zugleich als Prinzip einer allgemeinen Gesetzgebung gelten könne." (Kant 1788; siehe Projekt Gutenberg-DE: http://gutenberg.spiegel.de/kant/kritikpr/krt11103.htm.) In einer etwas anderen Formulierung ist dieser Satz als *Kategorischer Imperativ* bekannt. Diesen hat Kant bereits 1785 in seinem Werk ‚Grundlegung der Metaphysik der Sitten' formuliert.

Das Erste Wohlfahrtstheorem besagt nichts über die Verteilung des Wohlstandes. Das Beispiel der perfekten Preisdiskriminierung wurde bereits angebracht. In einem solchen Fall ist der Markt effizient, auch wenn nur der Monopolist eine Rente erhält und alle KonsumentInnen leer ausgehen. Perfekte Preisdiskriminierung fällt nicht unter die Rubrik Marktversagen.

Abschließend bleibt festzuhalten, dass die hohen theoretischen Anforderungen in der Praxis nicht oft erfüllt werden. Es gibt Situationen, in denen sie erfüllt werden, der Markt aber trotzdem versagt. Dann ist ein regulierender Eingriff des Staates erforderlich.

Gibt es einen Ersten Hauptsatz der Wohlfahrtsökonomik gibt es sicher auch einen zweiten, sonst würde sich das Zählen kaum lohnen. Tatsächlich gibt es ihn. Das Erste Wohlfahrtstheorem besagt, dass jedes Konkurrenzmarktgleichgewicht effizient ist, pareto-effizient. Gilt das auch umgekehrt? Kann behauptet werden, dass es in jedem Pareto-Optimum ein Preisgefüge gibt, in dem alle Konsumentinnen ihren Nutzen maximieren und die Anbieter ihren Gewinn? Es stellt sich heraus, dass dies tatsächlich der Fall ist.

Jede pareto-optimale Allokation ist unter bestimmten Bedingungen notwendigerweise ein Konkurrenzmarktgleichgewicht. Welche Bedingungen sind zu erfüllen, damit die Aussage stimmt? Ein grafisches Beispiel kann dies relativ leicht klären.

Abbildung 13.3 zeigt zwei Edgeworth-Boxen. In der linken Box haben beide Konsumentinnen A und B jeweils konvexe, d.h. normale Präferenzen. Bei gegebenen Marktpreisen, dargestellt durch die Preisgerade P, kann es ein Pareto-Optimum im Tangentialpunkt der beiden Indifferenzkurven geben. Dieses Optimum ist ein Gleichgewicht. Keine der beiden Konsumentinnen kann dazu veranlasst werden diesen Punkt wieder zu verlassen.

In der rechten Edgeworth-Box in Abbildung 13.3 gibt es ebenfalls zwei Konsumentinnen, A und B. Konsumentin A hat nun allerdings nicht normale Präferenzen, sondern konkave Präferenzen. Die Indifferenzkurve I_A ist vom Ursprung der Konsumentin A aus gesehen nach außen gewölbt. Zur Erinnerung, konkave Präferenzen führen dazu, dass Extreme Durchschnitten vorgezogen werden. Konsumentin B hat nach wie vor normale Präferenzen. Gibt es in diesem Fall eine pareto-optimale Allokation, die kein Gleichgewicht ist? Die Antwort lautet: ja. Konsumentin A wird ihre Indifferenzkurve möglichst weit nach außen, d.h. in Richtung Ursprung von B, schieben und erreicht die Randlösung im Punkt G_A. Dieser Punkt ist ein

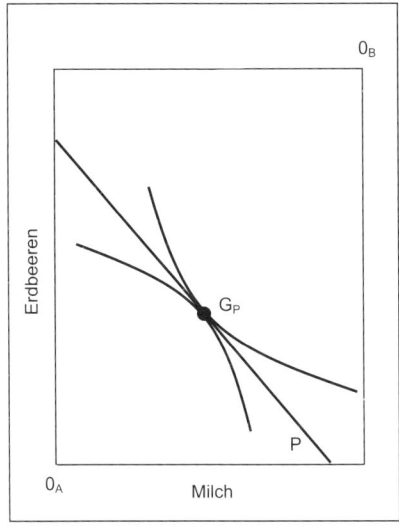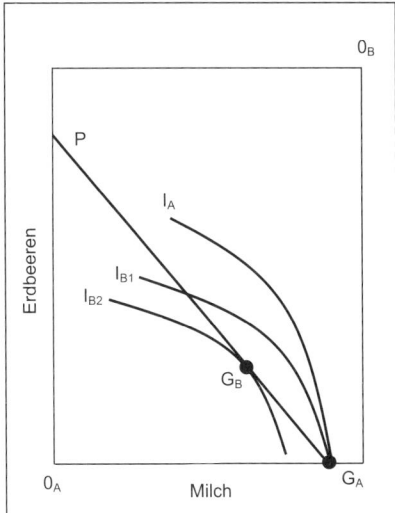

(a) Zweites Wohlfahrtstheorem erfüllt   (b) Zweites Wohlfahrtstheorem nicht erfüllt

Abbildung 13.3: Das Zweite Wohlfahrtstheorem in der Edgeworth-Box

Pareto-Optimum, denn weder A noch B kann besser gestellt werden, ohne die andere Konsumentin schlechter zu stellen. Auf einem Konkurrenzmarkt wird G_A aber nie erreicht werden. Bei den gegebenen Marktpreisen möchte Konsumentin B das Bündel G_B nachfragen. Die beiden Bündel G_A und G_B sind offensichtlich nicht identisch. In der dargestellten zwei Personen Tauschwirtschaft stimmt die Nachfrage nicht mit dem Angebot überein. Es liegt kein Gleichgewicht vor.

Man beachte, dass G_A und G_B pareto-effizient sind. Ist eines dieser Bündel erreicht, ist eine der KonsumentInnen in ihrem Optimum. Es kann von da an kein anderer Punkt in der Edgeworth-Box mehr erreicht werden, ohne diese Konsumentin schlechter zu stellen. Es existieren folglich pareto-effiziente Allokationen, die kein Gleichgewicht.

Zurück zum zweiten Wohlfahrtstheorem. Die Bedingung, die erfüllt sein muss, damit eine pareto-optimale Allokation gleichzeitig ein Marktgleichgewicht ist, sind normale Präferenzen. *Wenn auf einem Markt alle Konsumentinnen konvexe, d.h. normale Präferenzen haben, ist jede pareto-effiziente Allokation gleichzeitig ein Marktgleichgewicht.* Dies wird als das **Zweite Wohlfahrtstheorem** bzw. der **Zweite Hauptsatz der Wohl-**

fahrtsökonomik bezeichnet.

Auch das Zweite Wohlfahrtstheorem hat spezielle wirtschaftspolitische Auswirkungen. Erstens besagt es, dass ausschließlich durch die Preise ein effizientes Gleichgewicht gefunden werden kann. Zweitens besagt es, dass die Ausstattung etwas über die Verteilung des Wohlstandes im Gleichgewicht aussagt. Wirtschafts- und Sozialpolitik sind häufig darauf ausgelegt, einzelne Personengruppen in einer Gesellschaft besser zu stellen. Wohlstand wird daher umverteilt. Diese Umverteilung hat mit Robin Hood gesprochen zum Ziel, den Armen zu geben, was den Reichen genommen wurde.[10] Dieser Anspruch an sich ist nicht falsch, sondern in einer sozialen Gesellschaft in einem gewissen Ausmaß notwendig. Wenn bei dieser Umverteilung aber der Preismechanismus am Markt ausgeschaltet wird, wird ein verfälschtes Knappheitssignal nicht gesendet. Das auftretende Gleichgewicht wird nicht pareto-effizient sein. Hierzu wird in einem späteren Kapitel noch ein Beispiel gegeben. Wenn bei der Umverteilung der Preismechanismus intakt bleibt und statt dessen die Ausstattung, zum Beispiel das Einkommen, verändert wird, wird sich ein neues Gleichgewicht ergeben. Die ärmere Gruppe fragt nun nicht mehr nach, weil die Preise günstiger für ein bestimmtes Gut sind, sondern weil sie mehr Einkommen zur Verfügung hat. *Wenn die Umverteilung in einer Gesellschaft auf einer Verschiebung der Ausstattung beruht und nicht auf künstliche Preisveränderungen zurückgeht, wird es keinen Effizienzverlust geben. Die Marktkräfte bleiben intakt und werden ein effizientes Gleichgewicht hervorbringen.*

Diese Aussage beruht natürlich weiterhin auf der Annahme, dass die Präferenzen der KonsumentInnen konvex sind. In der wirtschaftspolitischen Debatte führt dies zu der Forderung, Einkommen anstatt einzelne Güter zu besteuern. Diese Forderung kann zwar theoretisch untermauert werden, hängt aber stark von den gemachten Annahmen ab. Außerdem ist ein optimales Einkommensteuersystem in der Regel mit hohen administrativen Kosten verbunden. Viele Staaten gehen deshalb dazu über, pauschale Steuern auf alle Güter (ähnlich der Mehrwertsteuer) zu erheben. Diese sind häufig vergleichsweise günstig in der Verwaltung, vernachlässigen aber die unterschiedlichen Effekte auf unterschiedliche Einkommensgruppen. Solche und weitere Punkte müssen in der praktischen Steuererhebung berücksichtigt werden.[11]

---

[10]Das Wort ‚Umverteilung' wird häufig in diesem Sinne aufgefasst. Die andere Richtung der Umverteilung von Arm zu Reich ist allerdings auch möglich. Sie ist ohne Zweifel in einigen absolutistischen Herrschaftssystemen praktiziert worden.

[11]Zu Steuersystemen werden noch genauere Erläuterungen folgen (vgl. Kap. 15.2)

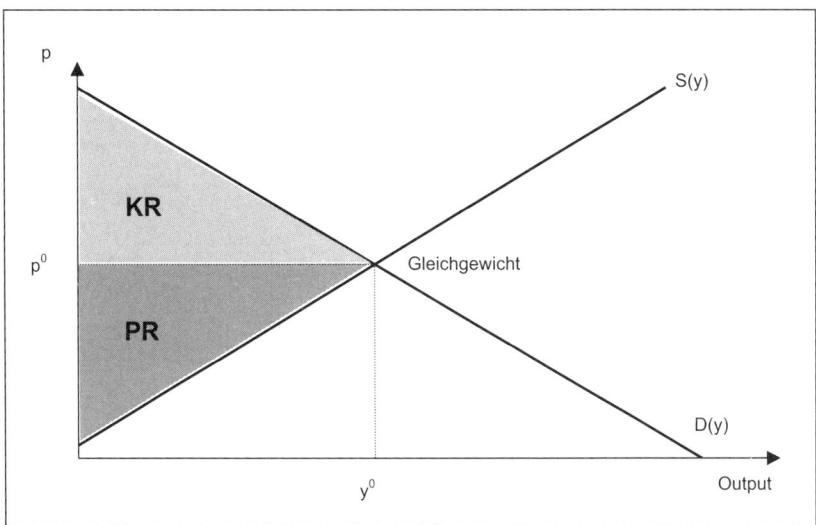

Abbildung 13.4: Marktgleichgewicht bei vollkommener Konkurrenz mit maximaler Sozialer Wohlfahrt

13.3 Das Marktgleichgewicht in der komparativ statischen Analyse

Ein Marktgleichgewicht ist erreicht, dass wurde bis hierher hoffentlich deutlich genug, wenn Angebot und Nachfrage übereinstimmen. Der Ausgleich von Angebot und Nachfrage erfolgt über den Marktpreis bzw. über den Output. Die Angebots- und Nachfragefunktion gibt die Menge in Abhängigkeit vom Preis an. Die inversen Funktionen bestimmen den Preis in Abhängigkeit von der Menge. Welcher Weg auch immer gewählt wird, im Gleichgewicht müssen Angebot und Nachfrage gleich sein. Abbildung 13.4 stellt ein solches Marktgleichgewicht mit der Konsumenten- und Produzentenrente noch einmal dar. Die Abbildung ist nur eine Wiederholung vom Beginn dieses Buches und muss sicher nicht mehr erläutert werden.[12]

Im Gleichgewicht sind die Grenzkosten der Anbieter so groß wie der Grenznutzen der Nachfrager. Die Gesellschaft insgesamt hält sich ebenso an die Devise eines jeden Produzenten, sie produziert so lange, wie ein Gut mehr bringt als es kostet. Im Marktgleichgewicht wird die Gleichgewichtsmenge y^0 zum Gleichgewichtspreis p^0 angeboten und selbstverständlich

---

[12]vgl. Kap. 4.3.2

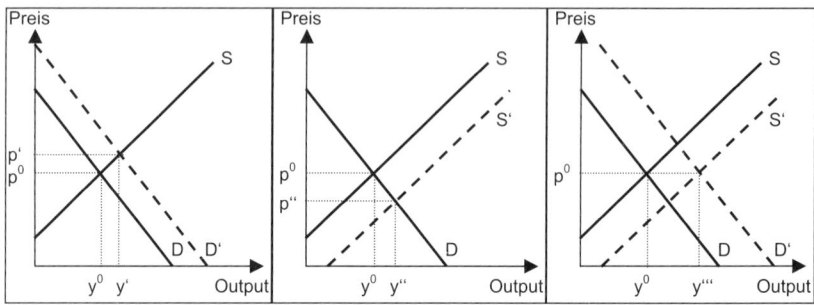

Abbildung 13.5: Komparative Statik: Marktgleichgewichte

auch nachgefragt. Die Soziale Wohlfahrt, die Summe aus Konsumenten- und Produzentenrente ist mindestens in diesem Teilmarkt maximiert. Ein Konkurrenzmarktgleichgewicht ist ein gesellschaftliches Optimum. Denn natürlich muss die gesamte Soziale Wohlfahrt einer Gesellschaft maximiert sein, wenn sich jeder einzelne Teilmarkt in einem Konkurrenzmarktgleichgewicht befindet.

An dieser Stelle soll nun noch einmal zusammenfassend gesagt und gezeigt werden, wie sich der Output und der Preis jeweils bei den unterschiedlichen Reaktionen verhalten. In Abbildung 13.5 gibt es drei Grafiken. Alle drei zeigen das ursprüngliche Marktgleichgewicht im Punkt (y^0, p^0).

In der linken Grafik ist des weiteren eine Verschiebung der Nachfragekurve eingezeichnet. Die Nachfrage erhöht sich von D auf D'. Diese Nachfrageverschiebung findet ihre Ursachen in einem exogenen **Schock**. Zur Erinnerung, die Nachfragekurve verschiebt sich in einem Preis-Mengen-Diagramm, wenn sich eine exogene Variable verändert. In der linken Grafik könnten zum Beispiel die Steuern allgemein gesenkt worden sein. Das Einkommen der KonsumentInnen steigt und mit dem Einkommen die Nachfrage. Das Angebot sei zunächst unverändert. Die Ausweitung der Nachfrage führt dann zu einer größeren Gleichgewichtsmenge y' und einem höheren Preis p'. Eine Nachfragereduzierung, d.h. die Nachfragekurve verschiebt sich nach links unten, führt bei konstantem Angebot zu einer geringeren Gleichgewichtsmenge und einem niedrigeren Preis. Auf eine Grafik wird in diesem Fall verzichtet.

Das Mittlere der drei Diagramme in Abbildung 13.5 zeigt die Auswirkungen eines positiven **Angebotsschocks**. Das Angebot erhöht sich aufgrund eines positiven exogenen Einflusses. Ein Beispiel wären Lohnsenkungen.

Hiervon profitiert jedes Unternehmen indem es geringere Kosten hat. Die geringeren Kosten müssen in einem Konkurrenzmarkt unverzüglich an die Verbraucher weitergegeben werden. Die Gleichgewichtsmenge steigt auf y'' und mit ihr fällt der Preis auf p''. Der Vollständigkeit halber sei erwähnt, dass ein negativer exogener Schock, zum Beispiel eine Lohnerhöhung oder neue Umweltauflagen, zu einer Verschiebung der Angebotskurve nach oben links führt. Die Gleichgewichtsmenge reduzierte sich und der Preis stiege. Auch hier ist auf eine Grafik verzichtet worden.

Der dritte und letzte Fall, der hier beschrieben werden soll, ist im rechten Diagramm in Abbildung 13.5 veranschaulicht. Sowohl das Angebot als auch die Nachfrage sind positiv beeinflusst worden. Die Gleichgewichtsmenge steigt auf y''', der Preis verharrt bei p^0. Dies gilt nur in dem hier dargestellten Spezialfall. In aller Regel wird sich bei der Veränderung von Nachfrage und Angebot sowohl eine neue Gleichgewichtsmenge als auch ein neuer Gleichgewichtspreis ergeben. Ob die neue Menge und der neue Preis höher oder niedriger sind als die ursprünglichen Größen y^0 und p^0 hängt von Art und Stärke der exogenen Einflüsse ab. Der Leser ist gerne eingeladen, unterschiedliche neue Gleichgewichte selbst nachzuvollziehen.

13.4   Das Marktgleichgewicht in der dynamischen Analyse

Wie im ersten Teil des Buches bereits erläutert wurde, ist die komparativ statische Analyse, die bisher im gesamten Text verwendet wurde, nur dazu geeignet unterschiedliche Gleichgewichte zu untersuchen. Ein Gleichgewicht kann mit einem anderen verglichen werden. Wie ein Markt dieses neue Gleichgewicht erreicht wird nicht untersucht. Der Pfad der Anpassung von einem Gleichgewicht zu einem nächsten kann nur durch eine dynamische Analyse nachvollzogen werden. Dynamische Analysen sind Thema tiefergehender Mikroökonomie. An dieser Stelle soll lediglich ein einfaches dynamisches Modell, das **Cobweb-Modell** bzw. **Spinnennetz**- oder **Spinngewebemodell** vorgestellt werden. Das Cobweb-Modell oder – Theorem geht auf drei Ökonomen zurück, Umberto Ricci (1879-1946), Henry Schultz (1893-1938) und **Jan Tinbergen** (1903-1994)[13]. Sie machten

---

[13]Jan Tinbergen, geboren in Den Haag, erhielt 1929 seinen Doktor in Physik und wurde 1933 Professor an der Netherlands School of Economics, an der er zunächst unterschiedliche Fachrichtungen lehrte. 1956 wurde Tinbergen Professor für Development Programming an dieser Schule. Ihm wurde der erste Wirtschaftsnobelpreis 1969 zusammen mit Ragna Frisch (1895-1973), University of Oslo, verliehen.

ihre Entdeckungen unabhängig voneinander in den 1930er Jahren.[14] Zwar
erläuterten alle drei das gleiche Modell, gingen aber in ihren Erläuterungen unterschiedlich weit. Bis heute ist das Cobweb-Modell das populärste
dynamische Modell.

Das Modell basiert auf drei Annahmen. Erstens, die Anbieter lassen sich
in ihrer Produktionsentscheidung von der gegenwärtigen Marktlage leiten.
Zweitens, die Produktion findet nicht ad-hoc statt, sondern benötigt gewisse Zeit. Drittens, der Anbieter wird auf jeden Fall sein gesamtes Angebot
zum Marktpreis verkaufen, egal ob er diesen Marktpreis wirklich gut findet
oder nicht. Der grundsätzlich wichtige Punkt für das Verständnis eines dynamischen Modells ist die Tatsache, dass Angebot und Nachfrage nicht eine
Momentaufnahme, sondern eine Zeitraum-Betrachtung sind. Die Nachfragefunktion beschreibt die Nachfrage zum Beispiel eines Tages, einer Woche,
eines Monats oder eines noch längeren Zeitraums. Ebenso verhält es sich
mit dem Angebot.

Es soll einmal mehr das Beispiel des Erdbeermarktes bemüht werden.
Wie bereits häufig angenommen ist das Angebot eines Tages konstant. Das
Erdbeerfeld des Anbieters ist zu weit weg vom Marktplatz, als dass sich eine
Nachlieferung lohnen würde. Beide Annahmen des Cobweb-Modells können
damit erfüllt werden. Das Tagesangebot, muss innerhalb einer Nacht gepflückt werden. Die Erdbeeren, die der Verkäufer heute auf dem Markt
anbietet, wurden in der letzten Nacht frisch gepflückt. Die Produktion bedarf also eines gewissen Zeitraums, in diesem Fall einer Nacht. Zweitens
lässt sich der Verkäufer bei der Produktion von der Nachfrage des vergangenen Tages leiten. Wenn die Nachfrage heute gut ist, wird er dies
heute Abend seinen Pflückern erzählen. Diese werden in der nächtlichen
Produktion mehr pflücken und somit das Angebot auf dem Markt morgen
erhöhen. Das typische Cobweb-Modell lässt sich durch die Abbildung 13.6
darstellen.

Der Verkäufer glaubt vor seinem ersten Marktbesuch in der neuen Saison, dass ein Preis von p^* zustande kommen wird. Er produziert die Menge
y_1 und bietet diese auch an. Als er morgens auf den Markt kommt, warten bereits viele Käufer auf ihn und drängen an seinen Erdbeerstand. Der
Verkäufer ist geschäftstüchtig und weiß, dass er bei diesem Ansturm seinen
Preis gegenüber seinen Erwartungen erhöhen kann. Er findet heraus, dass
die Käufer bereit sind p_1 zu bezahlen. Die gestrichelte Linie auf y_1 stellt das
konstante Angebot des Verkäufers am ersten Tag dar. Am Abend kommt

---

[14]Ricci 1930, Schultz 1930, Tinbergen 1930; siehe auch Hanau 1928 und 1930.

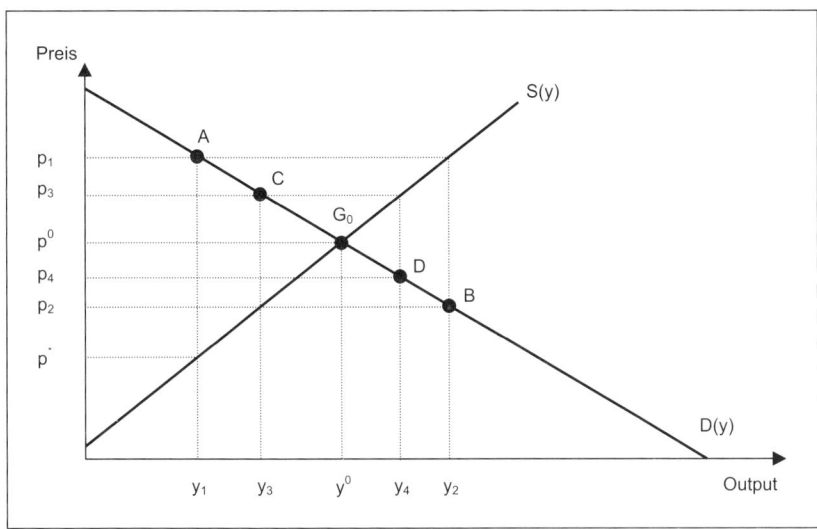

Abbildung 13.6: Ein Cobweb-Modell

der Verkäufer nach Hause. Er glaubt auch am nächsten Tag den gleichen Preis verlangen zu können und entscheidet sich, y_2 pflücken zu lassen. Am nächsten Tag fährt er mit diesem Angebot zum Markt. Der Verkauf läuft aber wesentlich schlechter als er gedacht hat. Zu dem hohen Preis p_1 wird er seine Ware nicht los. Er kann die Ware erst losschlagen, als er den Preis auf p_2 senkt. Am Abend, etwas ernüchtert von dem schlechten Tag, glaubt er wiederum, den gleichen Preis p_2 am nächsten Tag verlangen zu können. Er lässt die Menge y_3 pflücken. Diese bietet er an, aber er kann einen höheren Preis verlangen, ohne dass die Kunden murren. Erst bei einem Preis p_3 ist der höchste Preis der Nachfrage für seine Angebotsmenge erreicht. In Periode vier... usw., das Schema ist wohl deutlich geworden.

Der Verkäufer erlebt jeden Tag eine Abweichung im Preis zu seinen Erwartungen. Ein Vergleich über die drei Perioden macht deutlich, dass die Abweichung immer kleiner wird. Der Abstand von p_1 zu p^* ist wesentlich größer als die Abweichung von p_3 zu p_2. Schon die drei Perioden machen den Weg zum Gleichgewicht G_0 im Punkt (y_0, p_0) deutlich. Die jeweiligen Tagesgleichgewichte A, B, C und D kommen G_0 immer näher. Wie in einem Kreisel schiebt sich der im Beispiel dargestellte Erdbeermarkt an sein tatsächliches Gleichgewicht heran. Die erste Grafik zum Cobweb-Modell

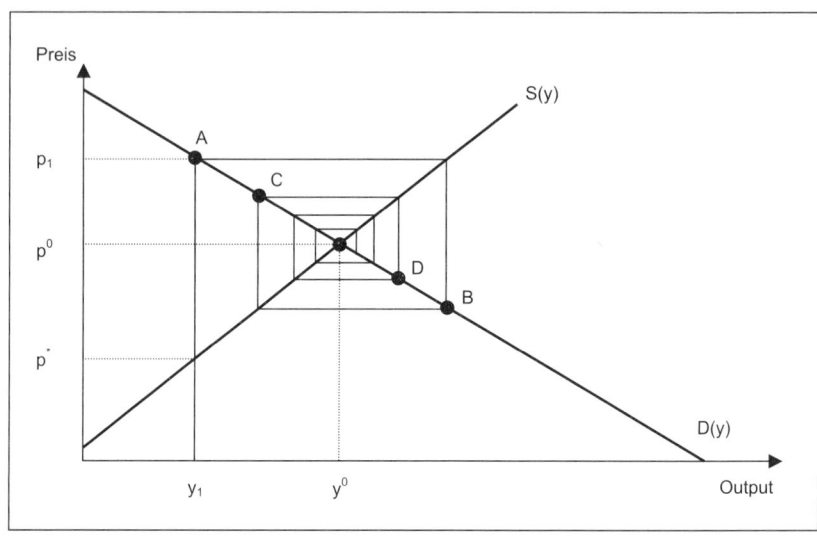

Abbildung 13.7: Der Anpassungspfad in einem stabilen Prozess in einem Cobweb-Modell

mag noch etwas verwirren, weil sämtliche Angebotskurven angedeutet sind und die Preise ebenfalls gekennzeichnet wurden. Eine vereinfachte Grafik (Abbildung 13.7), in der nur die entscheidenden täglichen Gleichgewichte und der Anpassungspfad eingezeichnet sind, macht zwei Dinge deutlich. Erstens warum das Modell *Cobweb* heißt, welches der englische Ausdruck für *Spinnennetz* ist - Abbildung 13.7 erinnert tatsächlich entfernt an ein Spinnennetz. Zweitens wird der spiralförmige Weg der dynamischen Anpassung an das Gleichgewicht sehr deutlich.

Der eigentliche Anpassungspfad in diesem einfachen dynamischen Modell sollte hinreichend deutlich sein. Klar wird, dass der Unterschied zwischen Erwartung und tatsächlichem Preis immer geringer wird. Im Tagesgleichgewicht A wird die Erwartung des Erdbeerverkäufers übertroffen, im Gleichgewicht B dagegen nicht einmal erreicht. In C wird sie wieder übertroffen, in D nicht erreicht und so weiter. Die Übertragung der jeweiligen Schwankungen um den Gleichgewichtspreis p^0 auf einen Zeitstrahl liefert die nächste Grafik. Der Strahl selbst stellt den Nullpunkt dar, d.h. keine Abweichung vom Gleichgewichtspreis. Zu Beginn der Erdbeersaison ist der Unterschied zwischen Erwartung und tatsächlichem Preis groß. Die größte Schwankung Δp_1 ergibt sich am ersten Tag. Der Verkäufer muss erst ler-

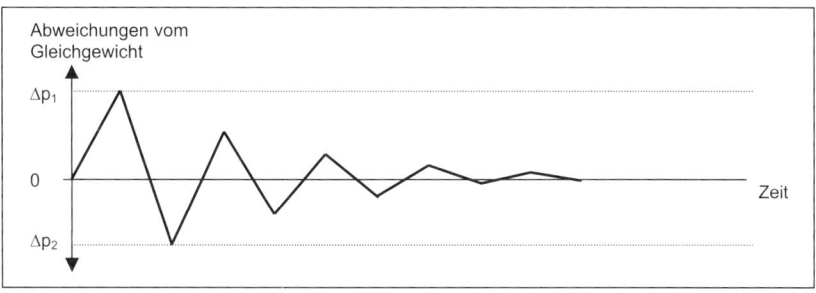

Abbildung 13.8: Die Entwicklung der Volatilität in einem stabilen Prozess

nen, seine Kunden einzuschätzen. Je länger die Saison und damit auch die Kundenbeziehung anhält, desto geringer werden die Schwankungsbreiten.

Die Schwankungen um einen bestimmten Wert, sei dies ein Durchschnitts-, ein Basis- oder ein Richtwert, wird auch **Volatilität** genannt. Im vorliegenden Erdbeer-Beispiel sind die Preise zu Beginn der Saison volatil. Die Volatilität nimmt mit zunehmender Erkenntnis über die Kunden ab.

Der Verlauf der Volatilität deutet im vorliegenden Fall eindeutig auf einen stabilen Prozess hin. Ist ein Gleichgewicht einmal erreicht, ist es stabil. Die Frage ist, was passiert, wenn äußere Einflüsse ein Gleichgewicht stören? Es gibt drei Möglichkeiten.

1. Der Markt konvergiert unmittelbar nach der aufgetretenen Störung wieder gegen ein Gleichgewicht (**stabiler Prozess**).

2. Der Markt kehrt nicht wieder zu einem Gleichgewicht zurück, sondern pendelt um eines in einer bestimmten Schwankungsbreite (**labiler Prozess**).

3. Der Markt kehrt nicht wieder zu einem Gleichgewicht zurück, sondern entfernt sich zunehmend je länger die Störung zurückliegt (**instabiler** bzw. **explodierender Prozess**).

Das erste Beispiel eines Cobweb-Modells zeigt einen stabilen Prozess. Die Wogen einer Störung glätten sich unmittelbar nach der Störung von selbst und der Markt konvergiert wieder gegen ein Gleichgewicht. Problematisch in der praktischen Betrachtung ist der Umstand, dass dieses Gleichgewicht erst in der Unendlichkeit wirklich erreicht werden kann.

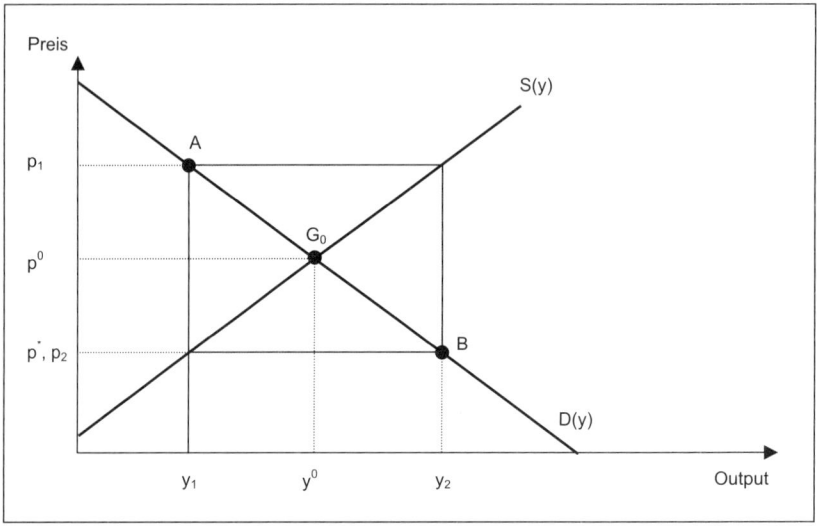

Abbildung 13.9: Der Anpassungspfad in einem labilen Prozess in einem Cobweb-Modell

Wie lassen sich die beiden anderen Prozesse in einem Cobweb-Modell beschreiben? Die Praxis zeigt, dass einige Märkte, obwohl bereits seit Jahren oder Jahrzehnten bestehend, nie ein Gleichgewicht zu finden scheinen. Viele Beispiele lassen sich insbesondere in der landwirtschaftlichen Produktion finden.[15] Die dynamische Anpassung in einem Cobweb-Modell wird häufig als **Schweinezyklus** bezeichnet, obwohl dies nur den speziellen Fall eines labilen Prozesses betrifft. Die Volatilität der Schweinepreise ist in der Vergangenheit, insbesondere in den Jahren der Entwicklung dieses Modells, relativ konstant gewesen.[16] Die Ausschläge vom Gleichgewicht sind über alle Perioden in etwa gleich groß.[17] Eine solche Situation wird als labiler Prozess bezeichnet.

Wie sieht ein labiler Prozess graphisch aus? Dies zeigt Abbildung 13.9.

---

[15]Für nähere Informationen zu Angebot und Nachfrage auf Agrarmärkten empfehlen sich unter anderem folgende Quellen, die alle mehr oder weniger umfangreich im Internet präsent sind: Risk Management Exchange, RMX (www.rmx.eu/cnt/); ZMP Zentrale Markt- und Preisberichtstelle für Erzeugnisse der Land-, Forst- und Ernährungswirtschaft (www.zmp.de); Bauernzeitung (Deutschland, www.bauernzeitung.de); Bauernzeitung (Schweiz, www.bauernzeitung.ch); Interessengemeinschaft der Schweinehalter Nord-Westdeutschland e.V., ISN (www.schweine.net).

[16]Die ISN (vergleiche vorherige Fußnote) verweist in einem Artikel (News aus der Industrie, Schweineproduktion im europäischen und globalen Wettbewerb - Chancen für die Veredelung in Westfalen und dem Rheinland) auf den regelmäßigen Schweinezyklus.

[17]vgl. ZMP 2002.

Der Anbieter, in diesem Fall vielleicht ein Schweinezüchter, erwartet den Preis p^* und produziert y_1. Tatsächlich kann er am Markt p_1 verlangen. In der nächsten Periode, in diesem Fall kann es sich nicht um einen Tag handeln, denn die Schweinezucht bedarf eines längeren Zeitraums, erwartet er nun p_1 und produziert y_2. Auf dem Markt stellt sich ein Preis von p_2 ein, der gleich seiner ursprünglichen Erwartung ist. Durch diese spezielle Situation beginnt der Zyklus in der gleichen Art und Weise wieder von vorn. Das Spinnennetz, d.h. der eigentliche Anpassungsprozess beschränkt sich auf einen einzelnen äußeren Faden, so als ob die Spinne beim Spinnen gestört wird.

Die Bezeichnung *Anpassungsprozess* ist im Falle eines labilen Prozesses eher argwöhnisch zu betrachten, schließlich passt sich der Markt an nichts an. Das Gleichgewicht G_0 wird nie erreicht. Es macht tatsächlich den Anschein, als wäre die Spinne bei etwas gestört worden. Ein labiler Prozess setzt in der Theorie voraus, dass die Anbieter nicht lernfähig sind. Wenn sich der Markt als solches nicht verändert hat, sollte klar sein, dass der Preis p_2, der gleich ist mit dem ursprünglichen Erwartungspreis p^*, und die dazugehörige Menge nicht optimal ist. In der Praxis werden die Anbieter dazu tendieren, ihre Erwartungen anzupassen. Die relativ konstanten Volatilitäten, die sich auf einigen Agrarmärkten beobachten lassen, ergeben sich nicht einzig und allein aus den Outputentscheidungen der Anbieter, sondern werden von weiteren Faktoren beeinflusst. Erstens ist der Ernteerfolg eines Getreides erheblich vom Wetter abhängig. Bei der Aussaat ist dies aber eine unbekannte Variable. Zweitens können externe Schocks erheblichen Einfluss auf den Zuchterfolg bei Ferkeln oder Kälbern haben. Beispiele sind die Schweinepest, BSE oder Maul und Klauenseuche. Erhöhte Unsicherheit ergeben sich an diesen Märkten auch aus der Nachfrage, die sensibel auf bestimmte Informationen reagiert. So haben zahlreiche Futtermittelskandale in der jüngeren Vergangenheit zu starken Veränderungen der Nachfrage bei bestimmten Fleischsorten geführt. Diese und weitere Aspekte erschweren es und machen es mithin nahezu unmöglich, Angebot und Nachfrage zum Ausgleich zu bringen.

Ein wichtiger theoretischer Punkt ist noch zu erwähnen. Warum kommt dieser Schweinezyklus zustande bzw. was unterscheidet ihn von einem stabilen Prozess? Vom theoretischen Standpunkt aus betrachtet ergeben sich die unterschiedlichen Situationen aufgrund der Steigung der Angebots- und Nachfragekurve. Insbesondere aufgrund der relativen Steigung der beiden Funktionen zueinander. In Abbildung 13.7 ist die Angebotsgerade steiler

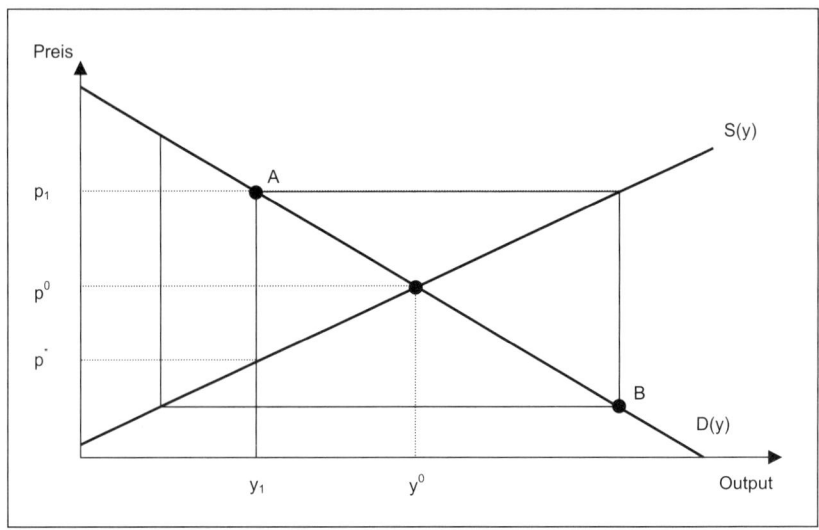

Abbildung 13.10: Der Anpassungspfad in einem instabilen Prozess in einem Cobweb-Modell

als die Nachfragegerade. Im zweiten Fall, dem labilen Prozess, ist die Steigung beider Geraden vom Betrag her identisch.

Dies wirft sofort eine neue Frage auf. Wie sieht das Gleichgewicht aus, wenn die Angebotsgerade flacher verläuft als die Nachfragegerade? Dieser Fall wird in Abbildung 13.10 dargestellt und beschreibt einen instabilen bzw. explodierenden Prozess. Der *Anpassungspfad*, dessen Bezeichnung sicherlich ebenfalls unglücklich ist, entfernt sich immer mehr und mit zunehmender Länge der Betrachtung immer schneller von einem bestimmten Punkt, dem Konkurrenzmarktgleichgewicht.

Kann es überhaupt einen explodierenden Prozess geben? Solange die Steigung einer Angebotsgeraden vom Betrag her flacher ist als die einer Nachfragegeraden, kann das tatsächlich der Fall sein. Die Anbieter würden sich durch ihre Preiserwartungen immer mehr vom Gleichgewicht entfernen. Wird die Nachfrage als gegeben angenommen, müsste sich eines von zwei Dingen ändern, damit ein explodierender Prozess durchbrochen wird. Erstens kann sich die Angebotskurve ändern. Dies geht aber nur dann, wenn sich die Produktionstechnologie und damit die Grenzkosten ändern. Zweitens könnten die Anbieter ihre Erwartungen anhand von anderen Kriterien bilden.

Voraussetzung des Cobweb-Modells war immer die Erwartungshaltung der Anbieter, dass der Preis der nächsten Periode gleich dem Preis der abgelaufenen Periode ist. In einem stabilen Prozess warf dies kaum Probleme auf außer dass der Anpassungsprozess unendlich lange dauert. Spätestens bei einem explodierenden Prozess kommen aber auch andere Möglichkeiten der Erwartungsbildung in den Kopf. Die Anbieter könnten zum Beispiel in der dritten Periode nicht den Preis unterhalb von p^* erwarten, den sie in der zweiten Periode verlangen konnten bzw. mussten. Sie könnten einen Durchschnittspreis der ersten und zweiten Periode, ein arithmetisches oder sonstiges Mittel, erwarten.

Eine zweite Voraussetzung für das Cobweb-Modell war, dass die Anbieter das gesamte Angebot in einer Periode verkaufen müssen. Diese Annahme ist in der Praxis kaum durchzuhalten. Sicherlich können bestimmte Güter nicht gelagert werden oder die Lagerung ist zu teuer als dass sie sich lohnen würde. Doch viele Güter können eben gelagert werden, sind dabei relativ preisbeständig oder wachsen gar noch in ihrem Wert aufgrund der Preisgestaltung in der nächsten Periode. Außerdem könnten immer Teile des Outputs vernichtet werden. Damit würde das Angebot sinken und der Preis steigen. Nicht selten kann ein solches Verhalten zum Beispiel im Agrarsektor der Europäischen Union beobachtet werden.

Die Cobweb-Prozesse sind in der Praxis daher niemals vollkommen anzutreffen. Es spielen viele andere Dinge eine Rolle, die in diesem einfachen Modell nicht beachtet werden. Labile und auch instabile Prozesse sind häufig auf Märkten anzutreffen, auf denen zwischen Produktion des Gutes und dem Angebot auf dem Markt ein relativ langer Zeitraum liegt. Neben der landwirtschaftlichen Produktion ist hier vor allem auch der Arbeitsmarkt zu nennen. Stichworte sind die sogenannte ehemalige Lehrerschwemme oder die mehr oder weniger aktuelle Knappheit an IT-Spezialisten.[18] In groben Zügen hat sich der Prozess in den vergangenen Jahren wie folgt abgespielt. Die Ausbildungszeiten erstrecken sich über mehrere Jahre. Die hohe Nachfrage nach IT-Fachleuten führte zu einer hohen Anzahl von Studenten. Als diese ihr Studium beendet hatten, überfluteten sie den Markt, drückten die Löhne und demotivierten neue Studenten. Die Zahl der Studenten ist relativ zur Nachfrage zurückgegangen und der Kreislauf kann wieder von vorne beginnen.

Während ein labiler Prozess beständig sein kann, d.h. die Situation pendelt dauerhaft am Gleichgewicht vorbei, wird ein instabiler Prozess nur

---

[18]Bzgl. der Knappheit von IT-Spezialisten vgl. Winkelmann et. al. 2001, Henkel, Kaiser 2003

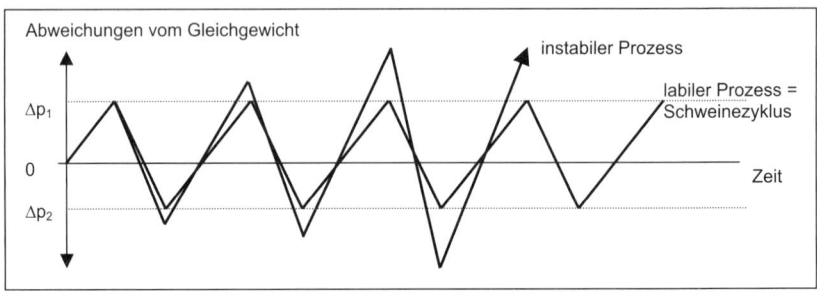

Abbildung 13.11: Die Entwicklung der Volatilität in einem labilen bzw. instabilen Prozess

eine mehr oder weniger vorübergehende Erscheinung sein. Wäre dies nicht der Fall, würde die Volatilität der Preise an einem solchen instabilen Markt nach einer gewissen Zeit ins Unendliche steigen. Es bestünde dann keinerlei Planungssicherheit mehr für die Anbieter und die meisten würden sich aus diesem Markt zurückziehen. Dadurch würde das Angebot soweit sinken, bis eventuell nur noch ein Monopolist am Markt verbleibt. Für eine bestimmte Zeit könnte dieser Monopolist mit stabilen Preisen und ökonomischen Gewinnen rechnen, bis andere Unternehmen gelockt von diesen Gewinnen wieder in den Markt eintreten würden. In einem instabilen Prozess werden sich die Erwartungen irgendwann, wenn die Volatilität zu groß wird, an anderen Variablen als nur an dem Preis der letzten Periode orientieren. Die abschließende Grafik zeigt die Entwicklung der Volatilitäten in einem labilen bzw. instabilen Prozess.

14

Marktversagen

Lernziele:

- Der direkte Einfluss, den die Produktion oder die Konsumtion eines Gutes durch eine Person auf den Nutzen einer anderen Person haben kann, wird externer Effekt genannt.

- Durch Eigentumsrechte erhält ein Gut, zum Beispiel auch ein externer Effekt, einen Wert und wird handelbar. Der externe Effekt wird internalisiert.

- Ein reines öffentliches Gut zeichnet sich dadurch aus, dass der Konsum des Gutes durch ein Individuum den Konsum des Gutes durch ein anderes Individuum nicht beeinflusst und kein Individuum vom Konsum ausgeschlossen werden kann.

14.1 Externe Effekte

Bis zu diesem Punkt waren alle Güter, die in den jeweiligen Analysen angenommen wurden, reine private Güter. Die jeweiligen Güter haben bei der Produktion Kosten verursacht, die alleine vom Produzenten getragen wurden. Der Nutzen der Güter fiel alleine der Konsumentin zu. Die Realität ist eine andere. Auch wurden bereits öffentliche Güter, d.h. **reine öffentliche Güter** kurz erwähnt.[1] Die Mehrheit aller Güter in der realen Wirtschaft sind allerdings weder das eine noch das andere. Weder werden die Kosten der Produktion der meisten Güter vom Produzenten in ihrer Gesamtheit allein getragen, noch bieten die Güter nur der jeweiligen Konsumentin einen Nutzen. Es handelt sich daher in der Mehrheit um gemischte, d.h. zum Teil private zum Teil öffentliche Güter.

In einer Partnerschaft oder Ehe stehen sich die beiden Partner bzw. Eheleute in der Regel sehr nahe. Sie freuen sich, wenn der andere sich freut. Sie freuen sich über ein Lächeln des anderen, über ein Lob oder eine Liebesbekundung. Erfüllt sich einer der Partner einen Wunsch, er kauft

---

[1]vgl. Kap. 6.3

zum Beispiel ein neues Fahrrad, dann wird er sich darüber freuen. Seine
Partnerin oder Ehefrau wird aber ebenfalls glücklich sein, weil sie weiß, dass
ihr Partner bzw. Ehemann glücklich ist. Nun, vielleicht klingt das ein wenig
wie in einer Märchenstunde, aber genau das ist ein **externer Effekt**. Nicht
die Märchenstunde, aber der gewisse Nutzen, den die Partnerin durch den
Kauf des Fahrrades hat, obwohl sie es nicht benutzen wird. Ein anderes
Beispiel ist ein hübscher Garten oder auch nur ein hübsches Haus oder die
Installation einer Solaranlage auf dem Dach eines Einfamilienhauses.

Ein Spaziergang in einer Stadt oder auf dem Lande vorbei an einem
hübschen Garten oder einem hübschen Haus, wird jeden Menschen mehr
oder weniger erfreuen. Viele hübsche Gärten und viele hübsche Häuser
machen eine hübsche Wohngegend aus, die viele Familien als ihr Zuhause
bezeichnen möchten. Eine grau in grau gehaltene Hochhaussiedlung bietet
weniger Lebenskomfort als eine gepflegte Einfamilienhaussiedlung oder ein
kleines Dorf. Jeder Hausbesitzer bemüht, sich um seinen Garten und die In-
standhaltung seines Hauses. Am Ende profitiert die gesamte Wohngegend
davon. Weil ein einzelner Mensch sich um seinen Garten bemüht steigt also der Nutzen der Nachbarn. Was hat eine Solaranlage damit zu tun? Die
Installation einer Solaranlage reduziert den Ausstoß von Kohlendioxid und
verringert damit die Luftverschmutzung, die zum menschlich verursachten
Treibhauseffekt führt. Die Qualität des Lebens steigt. Im weitesten Sinne
ist dies ein globaler externer Effekt. Wird in Hattstedt, einem kleinen Ort
an der deutschen Nordseeküste, eine Solaranlage zur Energiegewinnung in-
stalliert, steigert dies die Lebensqualität auf dem gesamten Planeten Erde.
Der einzelne Bewohner wird sicher nichts davon spüren.

Auf der Kostenseite verhält es sich nicht anders. Die Produktion der
meisten Güter verursacht externe Effekte. Wasser oder Luft können zum
Beispiel verschmutzt werden. Die Lärmbelästigung kann einen starken Einfluss auf die Lebensqualität umliegender Anwohner haben. Es kann aber
auch Abwärme erzeugt werden, die wiederum als Fernwärme eingesetzt
wird. Die erstgenannten Fälle haben einen negativen Einfluss und werden
daher auch **negative externe Effekte** genannt. Der zuletzt genannte Fall
und die Beispiele auf der Haushaltsseite haben positive Effekte und werden folglich **positive externe Effekte** genannt. Externe Effekte können
regelmäßig beides sein. Es hängt häufig von der Betrachtungsweise ab, ob
ein externer Effekt positiv oder negativ ist. Dieser Aspekt externer Effekte
wird als **immanente Reziprozität**[2] bezeichnet. Eine Fabrik in unmittel-

---

[2]vgl. Rosen, Windisch 1997, S. 226.

barer Nähe zu einem Dorf oder einer Stadt hat aus Sicht der Bewohner im Allgemeinen durchaus positive externe Effekte. Das Unternehmen, das die Fabrik betreibt hat in der Regel eine Gewinnerzielungsabsicht, wird daher Steuern zahlen und den Wohlstand in der Kommune steigern. Die direkten Nachbarn, deren Grundstücke an das neue Fabrikgelände grenzen, werden aber vor allem negative externe Effekte, zum Beispiel Lärm- oder Geruchsbelästigung, verspüren. Ein weiterer Aspekt, der die Bewertung externer Effekte schwierig macht, ist der **Wertewandel** innerhalb einer Gesellschaft. Versprüht ein Landwirt Pestizide auf einem seiner Felder, um Schädlinge zu bekämpfen, wird der Wind regelmäßig einen Teil der chemischen Mittel über den Rand der Felder hinaus tragen. Ein anderer Landwirt, der ein benachbartes Feld hat, wird über die vom Wind verteilten Pestizide vor einigen Jahren häufig glücklich gewesen sein, musste er doch auf seinem eigenen Feld weniger eigene Schädlingsbekämpfungsmittel einsetzen. Biologischer Anbau war vor einigen Jahren noch überhaupt nicht verbreitet. Heutzutage ist die Lage anders. Betreibt der Landwirt, auf dessen Feld die Pestizide zufällig landen, ökologische Landwirtschaft, wird er eher unzufrieden sein mit dem externen Effekt. Durch den Wertewandel innerhalb der Gesellschaft, also dadurch, dass Konsumenten heutzutage wesentlich bewusster und auch ökologisch bedachter einkaufen, hat sich ein früherer positiver externer Effekt bei einigen benachbarten Landwirten zu einem negativen gewandelt. Die genannten Schwierigkeiten bei der Einordnung externer Effekte sollen nicht weiter diskutiert werden. Zusammenfassend lassen sich externe Effekte wie folgt definieren:

Ein externer Effekt entsteht immer dann, wenn die Produktion oder die Konsumtion eines Gutes durch eine Person einen direkten Einfluss auf den Nutzen einer anderen Person hat. Der Produzent trägt nicht alle Kosten der Produktion bzw. die Konsumentin erhält nicht den gesamten Nutzen des Gutes für sich allein.[3]

Die Frage, die sich stellt, können externe Effekte ebenfalls Teil eines Tauschgeschäfts sein? Kann jede einzelne Person ihren Nutzen an sauberer Luft maximieren? Gibt es einen Markt für externe Effekte? Zunächst einmal muss dabei festgehalten werden, dass auf einem Markt Güter getauscht werden und nicht irgendwelche Effekte. Doch was passiert eigentlich beim Tausch von Gütern? Beim Tausch von zwei Büchern ist die Antwort noch recht einfach, die Bücher werden einfach übergeben. Sie wechseln den Eigentümer von A nach B bzw. umgekehrt. Wie ist das bei einem Haus?

---

[3]vgl. Baumol, Oates 1975, Hanley u.a. 2001.

Im Prinzip nicht anders. Die Übergabe darf man sich nur nicht körperlich vorstellen, sondern lediglich rechtlich. Die Eigentumsrechte des Hauses werden getauscht. Auf einem Markt werden letztlich also Eigentumsrechte getauscht. Können dann auch externe Effekte getauscht werden? Natürlich, solange geklärt ist, wer Eigentümer der Effekte ist. Die externen Effekte sollten daher zunächst als einfache Güter betrachtet werden.

In einem kleinen Ort mit nur zwei Einwohnern, von denen der eine sehr umweltbewusst ist und der andere das genaue Gegenteil, gibt es dauerhaften Streit um die Luftverschmutzung. Der Luftverschmutzer unter den beiden Bewohnern fährt ein Auto, der andere fährt Fahrrad. Der Autofahrer meint das Recht auf Luftverschmutzung zu haben. Der Fahrradfahrer glaubt andererseits ein Recht auf saubere Luft zu haben. Kann es zu einem Handel kommen? Nein, denn keiner besitzt wirklich eines der beiden Rechte. Die Luft ist für jeden da. Es gibt kein Gut *saubere Luft* oder eines das *Fahrspaß* heißt. In einem weiteren Dorf lebt der Bürgermeister des kleinen Zwei-Einwohner-Dorfes, weil dies eingemeindet wurde. Der Bürgermeister erteilt[4] nun dem Fahrradfahrer ein Recht auf saubere Luft, d.h. der Fahrradfahrer hat Anspruch auf saubere Luft für 24 Stunden am Tag. Er erhält ein **Eigentumsrecht**. Der Autofahrer darf nun nicht mehr fahren, ohne vorher vom Fahrradfahrer mindestens einen Teil dessen Rechtes zu erwerben. Sehr schön, es gibt also wieder einen Anbieter und einen Nachfrager. Welche Lösung kann sich ergeben?

Der Ausgangspunkt ist VL_0 in Abbildung 14.1. In diesem Punkt gibt es keine verschmutzte Luft, der Autofahrer darf kein Auto fahren. Der Ökofreak muss nichts erleiden, aber die Kosten des Verzichts für den Autofreak sind sehr hoch. Sie betragen B. Wenn der Autofreak sich besser stellen kann ohne den Ökofreak schlechter zu stellen, ergibt sich eine bessere Situation.

Angenommen der Autofreak biete dem Ökofreak einen Preis p_1, um wenigstens ein wenig Auto fahren zu können. Der Ökofreak würde zu diesem Preis die Menge VL_1 an schmutziger Luft ertragen. Dabei würden beide bessergestellt. Zur Beurteilung hilft die Konsumenten- bzw. die Produzentenrente. Der Ökofreak gäbe von seinem Recht etwas auf und trüge das Leid der verschmutzten Luft. Dieses Leid wäre die Fläche VL_0VL_1A. Hierfür erhielte er allerdings $p_1 * VL_1$ und generierte eine Produzentenrente von VL_0p_1A. Die Entschädigung, die der Ökofreak vom Autofreak erhielte, wäre größer als das Leid, dass der Ökofreak erführe. Der Autofreak gewönne

---

[4]Hierbei wird vorausgesetzt, der Bürgermeister habe eine entsprechende Vollmacht von einer übergeordneten Stelle wie der Landes- oder Bundesregierung.

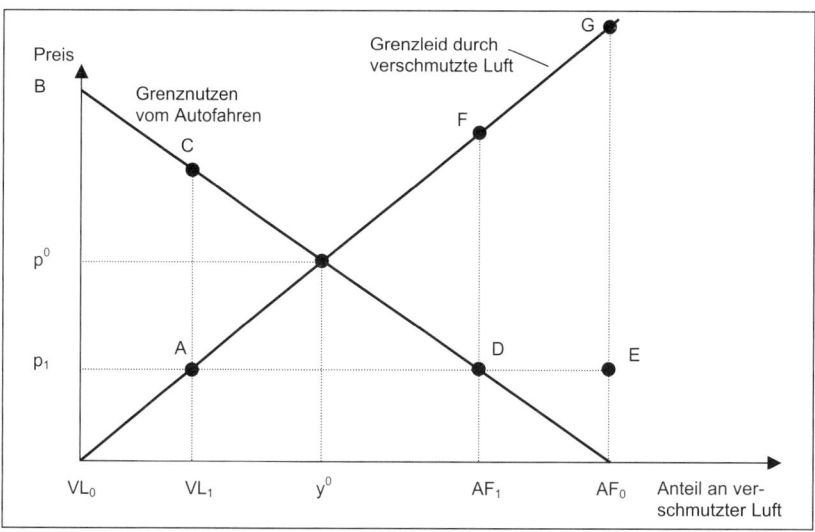

Abbildung 14.1: Der Handel mit sauberer Luft

die Fläche VL_0VL_1CB und zahlte $p_1 * VL_1$. Seine Konsumentenrente wäre p_1ACB. Die optimale Situation dieser zwei-Personen-Gesellschaft wäre allerdings noch nicht erreicht. Die maximale Soziale Wohlfahrt wird erst im Punkt (y^0, p^0) generiert.[5] Hier ist der Grenznutzen gleich dem **Grenzleid** und der Ökofreak würde sich verschlechtern, wenn er dem Autofreak mehr saubere Luft anböte und folglich den Anteil an verschmutzter Luft erhöhte.

Bisher war der Ökofreak im Besitz der Eigentumsrechte für das Gut *saubere Luft*. Wie sieht der umgekehrte Fall aus? Das Ergebnis wird das gleiche sein, lediglich der Ausgangspunkt ist ein anderer. Besitzt der Autofahrer die Eigentumsrecht, in diesem Fall für das Gut ,Auto fahren', befindet sich der Markt bei AF_0. Der Ökofreak muss ein hohes Leid ertragen und wird versuchen mit dem Autofreak zu verhandeln. Angenommen der Ökofreak bietet nun p_1. Der Autofreak wäre bereit, von seinem Recht die Menge $AF_0 - AF_1$ aufzugeben. Er erhielte für diesen Teilverkauf seines Rechtes die Fläche AF_1DEAF_0, er gäbe aber nur die Fläche unterhalb seiner Grenz-

---

[5]Man beachte, dass es sich in diesem kleinen Beispiel um einen Konkurrenzmarkt handelt. Der Ökofreak ist zwar der einzige, der die Eigentumsrechte besitzt, aber wenn er überhaupt eine Rente erzielen möchte, kann er dies nur im Handel mit dem Autofreak. Beide sind auf sich angewiesen. Der Punkt (VL_1, p_1) würde nie vom Ökofreak akzeptiert werden, wenn er die Grenznutzenkurve des Autofreaks kennt, da dieser eine größere Rente generieren würde. Das einzige Verhandlungsergebnis, dass beide Verhandlungspartner akzeptieren, ist das Konkurrenzmarktgleichgewicht im Punkt (y^0, p^0).

nutzenkurve, das ist AF_1DAF_0, auf. Der Autofreak wäre besser gestellt. Wie sehe es beim Ökofreak aus? Er würde ebenfalls bessergestellt. Der Ökofreak reduzierte sein Leid um die Fläche AF_1FGAF_0 und zahlte dafür nur AF_1DEAF_0. Auch in diesem Fall wären beide Marktteilnehmer bessergestellt. Das Optimum für beide ist aber erst im Gleichgewicht (y^0, p^0) erreicht.

Tatsächlich können externe Effekte auf einem Markt gehandelt werden. Dabei ist es entscheidend, dass mindestens ein Marktteilnehmer oder eine Gruppe von Marktteilnehmern Eigentumsrechte an einem Gut hält. Ohne den Besitz von Eigentumsrechten käme im vorherigen Beispiel kein Handel zustande und die Nachbarn würden sich weiter streiten. Durch die Eigentumsrechte erhält das Gut einen Wert und die externen Effekte werden in die Überlegungen der einzelnen Individuen mit einbezogen. Dies wird als die **Internalisierung externer Effekte** bezeichnet.

14.2 Öffentliche Güter

Nun sollen die öffentlichen Güter in den Mittelpunkt der Betrachtungen gerückt werden. Was sind öffentliche Güter? An dieser Stelle muss zunächst eine Unterscheidung gemacht werden. Öffentliche Güter sind einerseits **Nutzungsrechte** für eine bestimmte Gruppe und andererseits reine öffentliche Güter. Der erste Fall geht auf die Gedanken von **David Hume**[6] zurück. In Hume's Beispiel besitzt ein Dorf eine große Wiese. Jeder Bewohner des Dorfes darf diese Wiese für seine Kühe zum Grasen benutzen. Kosten fallen für den einzelnen Nutzer keine an. Da die Wiese kostenlos zu haben ist, folgerte Hume, dass die Individuen dazu tendieren würden, die Wiese zu übernutzen.[7] Der zweite Fall, reine öffentliche Güter, wurde von **Paul A. Samuelson**[8] definiert. *Es handelt sich nach dieser Definition um ein reines öffentliches Gut, wenn der Konsum des Gutes durch ein Individuum den Konsum des Gutes durch ein anderes Individuum nicht beeinflusst und kein Individuum vom Konsum ausgeschlossen werden kann.* Beispiele für reine öffentliche Güter sind die öffentliche Sicherheit, die Landesverteidigung, Straßenbeleuchtung und öffentlich rechtliche Fernseh- oder Radiosender.

---

[6] vgl. David Hume 1826

[7] Das Phänomen der Übernutzung mündete später in Garrett Hardin's berühmten Artikel ‚The Tragedy of the Commons', worunter das Phänomen heute auch bekannt ist (vgl. Garrett Hardin 1968).

[8] vgl. Paul A. Samuelson 1954

Die beiden Arten von öffentlichen Gütern nach Hume und nach Samuelson unterscheiden sich in einem wichtigen Punkt, dem **Ausschlusskriterium**. Nach der Definition von Hume können Gruppen von Menschen von der Nutzung des öffentlichen Gutes ausgeschlossen werden. Ein aktuelles Beispiel gerade in der Europäischen Union sind Fischfangrechte. Bestimmte Meeresgebiete werden den einzelnen Staaten zugeordnet. Innerhalb dieser Gebiete haben nur die jeweiligen nationalen Fischer das Recht zu fischen bzw. können dieses Recht an internationale Fischer verkaufen. In einem Gebiet, dass zum Beispiel zu Portugal zählt, dürfen grundsätzlich nur Portugiesen fischen. Hier sind alle nicht Portugiesen also ausgeschlossen. Nach der Definition von Samuelson kann nicht ein einziges Individuum von der Nutzung eines reinen öffentlichen Gutes ausgeschlossen werden. Für die folgenden einführenden Betrachtungen von öffentlichen Gütern ist die Unterscheidung nicht sonderlich wichtig und wird daher auch keine Rolle mehr spielen. Der Einfachheit halber werden nur reine öffentliche Güter betrachtet. Diese haben die folgenden Eigenschaften:

1. keine Ausschlussmöglichkeit von der Nutzung;

2. kein rivalisierender Konsum.

Ein sehr gutes Beispiel ist die Straßenbeleuchtung in einer Großstadt. Ein Ausschluss ist nicht möglich. Die Straßenbeleuchtung auf dem Hamburger Rathausmarkt steht jedem Besucher zur Nutzung frei. Ein Ausschluss ist folglich nicht möglich.[9] Zweitens ist der Konsum von Straßenlaternen nicht rivalisierend. Nur weil eine Person bereits das Licht der Beleuchtung nutzt, erhält eine andere Person nicht weniger davon. Eine einzelne Person oder auch eine Gruppe kann nicht die gesamte Lichtmenge konsumieren und so verhindern, dass andere dasselbe Licht konsumieren. Auch hier gibt es natürlich einen Grenzfall, indem die Gruppe bereits so groß ist, dass die letzte Person, die noch hinzukommt, keinen Lichtschein mehr verspürt, weil sie zu weit entfernt ist. Dieses Beispiel wurde bereits angeführt und sollte hier nur noch einmal aus Gründen der Vollständigkeit im Zusammenhang mit der Definition der reinen öffentlichen Güter dargestellt werden.

Können öffentliche Güter ebenfalls von einem gewinnmaximierenden Unternehmen hergestellt werden? Die Antwort lautet ganz klar nein. Es ist

---

[9]Denkbar ist nur ein temporärer Ausschluss oder ein Ausschluss durch Verbot. Ein temporärer Ausschluss von der Nutzung kann vielleicht bei einem Besuch eines hohen Staatsgastes stattfinden, wenn aus Sicherheitsgründen ein Teil des Platzes abgesperrt sein kann. Doch an dieser Stelle ist ausschließlich die grundsätzliche Möglichkeit des Ausschlusses von Interesse.

unmöglich für das Angebot eines solchen Gutes einen Preis zu verlangen.
In diesem Fall muss jedem Anbieter ein Verlust in der Höhe seiner Fixkosten entstehen. Woran liegt das? Es liegt an den Eigenschaften der öffentlichen Güter. Nachdem ein Anbieter ein öffentliches Gut in einer bestimmten
Menge zur Verfügung gestellt hat, besitzt er nicht die Möglichkeit Personen
von der Nutzung dieses Gutes auszuschließen. Darüber hinaus können nach
der Definition unendlich viele Personen das Gut nutzen, denn der Konsum
ist nicht rivalisierend. Doch werden trotzdem öffentliche Güter angeboten
und im Folgenden wird auch erläutert warum und wer der Anbieter ist.

14.3 Ein hypothetisches Gleichgewicht und Markt-versagen

Im Zusammenhang mit der Aggregation von individuellen Nachfragekurven wurde auch eine Marktnachfragekurve für ein öffentliches Gut durch
vertikale Aggregation der Einzelnachfragen generiert.[10] Ist nun neben der
Marktnachfrage auch die Grenzkostenkurve des öffentlichen Gutes bekannt,
kann ein **hypothetisches Marktgleichgewicht** konstruiert werden. Es
werden konstante Grenzkosten angenommen. Wie bekannt müssen diese
gleich den variablen Kosten sein. Je länger und häufiger eine Straßenlater-
ne brennt, desto häufiger muss sie zum Beispiel gewartet werden bzw. die
Neonröhre ausgewechselt werden.

In Abbildung 14.2 wird ein Gleichgewicht für ein öffentliches Gut dargestellt. Die Marktnachfrage D_M stellt dabei die vertikale Aggregation der
individuellen Grenznutzen dar.[11] Die Grenzkosten ergeben sich aus der
Produktion bzw. der zur Verfügungstellung von Straßenlaternen. Auch im
Falle eines öffentlichen Gutes gibt es wie in der Abbildung dargestellt ein
Optimum.[12] Dieses Optimum unterscheidet sich zwar formal vom Optimum eines reinen privaten Gutes, aber dennoch sind die formalen Vorschriften recht ähnlich. Im Gleichgewicht eines reinen privaten Gutes gilt
$MU = K'$. Die Nachfragekurve nach einem reinen öffentlichen Gut stellt
allerdings nicht den Grenznutzen eines Individuums dar, sondern die Sum-

---

[10]vgl. Kap. 6.3.2

[11]vgl. Abbildung 6.9

[12]Die Analyse einer effizienten Allokation von öffentlichen Gütern geht im Wesentlichen auf Pigou
zurück. Pigou nahm an, dass jede Person einen bestimmten Nutzen durch den Konsum eines öffentlichen
Gutes erhielt. Steuerzahlungen stellten hingegen eine Nutzenreduzierung dar. Nach Pigou sollte für jeden
Steuerzahler der Nutzengewinn aus dem öffentlichen Gut gleich der Nutzenreduzierung aus der Steuer-
zahlung sein. Jeder Steuerzahler sollte den geldlichen Wert seines Nutzens an den Staat zurückgeben (vgl.
Arthur C. Pigou 1928).

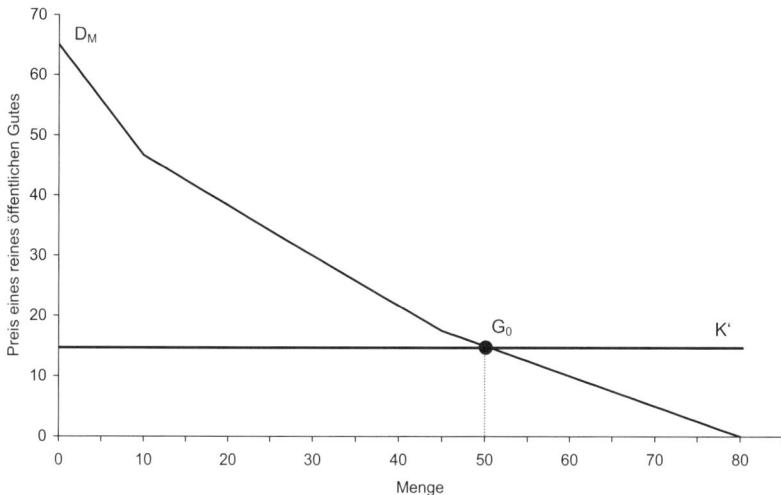

Abbildung 14.2: Ein hypothetisches Marktgleichgewicht für ein reines öffentliches Gut

me der Grenznutzen von mehreren Individuen. Im Gleichgewicht eines reinen öffentlichen Gutes gilt folglich was als die **Samuelson'sche Regel**[13] bekannt ist:

$$\sum MU = K'.$$

Warum wurde dann der Begriff hypothetisch für dieses Gleichgewicht von Anfang an verwendet? Das Gleichgewicht kommt in der Praxis nur unter sehr eingeschränkten Bedingungen vor. Es dürfen keine Transaktionskosten bestehen und die Anzahl von Individuen, die am Gleichgewicht beteiligt sind, muss gering sein. **Transaktionskosten** sind Kosten, die im Zusammenhang mit einem Tauschgeschäft entstehen. Im Grunde können die Kosten der Verhandlung bei einem Tauschgeschäft als Transaktionskosten bezeichnet werden. Ein Marktgleichgewicht kommt bei reinen öffentlichen Gütern nicht zustande, weil beide genannten Voraussetzungen nicht erfüllt sind.

Bei einem reinen öffentlichen Gut werden Hunderte, Tausende oder Millionen von Konsumentinnen und Konsumenten angesprochen. Dabei kann dieses Produkt nur zu einem Preis von Null auf einem privaten Markt angeboten werden. Ein privater Anbieter wird sich folglich nicht finden. Die

---

[13]vgl. Paul A. Samuelson 1954

einzige Möglichkeit die Kosten der Produktion zu decken, ist die Verteilung dieser auf alle Nutzer. Da niemand von dem Gut ausgeschlossen werden kann, muss jeder entsprechend seinem Nutzen für das Gut bezahlen. Jedes Mitglied einer Gesellschaft muss gefragt werden, wie viel ihr oder ihm dieses Gut wert ist und wie viel sie oder er dementsprechend bereit ist, für das Gut zu bezahlen. Die Summe dieser Zahlungsbereitschaften muss ausreichen, um die Kosten der Produktion des Gutes zu tragen. Ein Beispiel sollte betrachtet werden.

Die Kleinstadt Ökodorf sei im Wesentlichen von Ökofreaks bewohnt und liege in direkter Nachbarschaft zum MIVdorf[14]. Durch beide kleinen Städte soll eine Bundesstraße gebaut werden. Die Bewohner des MIVdorfes sind begeistert, weil die tägliche Zeit der Berufspendler auf dem Weg zur Arbeit erheblich sinken wird und sich nun auch ein Kurzbesuch der nächsten größeren Stadt am Abend auf ein Bierchen lohnt. Die Ökodorf Bewohner sind gegen das Bauvorhaben, weil sie alle, bis auf ein paar Außenseiter, die Eisenbahn in die Stadt benutzen. Einerseits brauchen sie selbst die Straße also nicht, andererseits befürchten sie, viel mehr Verkehr in ihrer kleinen Stadt zu haben, weil die Bewohner des MIVdorfes durch das Ökodorf fahren müssen, wenn sie in die Stadt wollen. Die Außenseiter im Ökodorf sind frühere Bewohner des MIVdorfes, die wegen der besseren Luft ins Ökodorf gezogen sind, selbst aber nicht auf ihr Auto verzichten wollen. Nach einer Stadtversammlung machen die Bewohner des Ökodorfes folgenden Vorschlag: es wird eine Umgehungsstraße um das Ökodorf gebaut, die Mehrkosten übernehmen die Bewohner des Ökodorfes. Der Bauherr der Bundesstraße ist damit einverstanden. Die Bewohner des Autodorfes wissen zwar, dass sie nun ein kleines Stück weiter fahren müssen als wenn die Straße direkt durch das Ökodorf führen würde, aber sie werden schneller fahren können und sind deshalb einverstanden. Die Kosten sollen durch eine Umlage auf alle Ökodorfbewohner getragen werden. Die Idee ist, alle Ökodorf Bewohner zu fragen, was die momentane Ruhe und Gemütlichkeit in ihrem Dorf jedem einzelnen Wert ist.

Theoretisch ist jeder Bewohner des Ökodorfes bereit, den Wert seines entgangenen Nutzens zu bezahlen. Der Bürgermeister zum Beispiel, ein Verfechter der öffentlichen Nahverkehrssysteme und Autohasser glaubt, dass ihm ein Nutzen von u GE entgehen würde, wenn die Straße durch sein geliebtes Ökodorf gebaut wird. Er ist bereit, maximal diesen Betrag

---

[14]Dies ist die benachbarte Kleinstadt, in der alle Bewohner den motorisierten Individualverkehr (MIV) bevorzugen.

u zu bezahlen, um den Bau zu verhindern bzw. den Bau der Umgehung zu ermöglichen. Jeder Bewohner des Ökodorfes gibt eben den Gegenwert seines Nutzens als Zahlungsbereitschaft für die Umgehungsstraße an. Aber es gibt ein paar Außenseiter, die ehemaligen MIVdorf Bewohner. Sie sind wesentlich unempfindlicher im Bezug auf Autos. Sie wollen die neue Straße zwar auch nicht durch das von ihnen bewohnte Ökodorf haben, aber sie wollen auch nichts bezahlen, um die Umgehung zu ermöglichen. Insgeheim wünschen sie sich, dass die anderen Bewohner des Ökodorfes bereits den notwendigen Betrag aufbringen. Da sie ehemalige Bewohner des MIVdorfes sind, können sie glaubhaft machen, dass die neue Straße durch das Ökodorf sie nicht in ihrem Nutzen beeinträchtigt. Sie wollen nichts bezahlen, aber von dem Vorteil der Umgehungsstraße am Ende profitieren. Nun haben die wirklichen Ökofreaks zwar alle ihren maximalen Betrag angegeben, den sie bereit wären zu zahlen, aber dieser reicht nicht aus, um die Umgehungsstrecke zu finanzieren. Am Ende ist der Bauherr der Bundesstraße sauer, weil er glaubt, die Ökodorf Bewohner haben den Bau der neuen Straße absichtlich hinausgezögert. Die Straße wird doch direkt durch das Dorf gebaut.

In dem Umgehungsstraßen Beispiel ist kein Gleichgewicht zustande gekommen. Die Nachfrage nach der Umgehungsstraße war nicht groß genug, um die Kosten des Angebots zu tragen. Die Umgehungsstraße wird folglich nicht angeboten. Es kommt zu einem Versagen des Marktes. Was ist der Grund für dieses Marktversagen? Der Grund ist das sogenannte **Trittbrettfahrer-** oder **Freifahrer-Problem**[15], welches eng mit dem Angebot von reinen öffentlichen Gütern verbunden ist. Das Problem kann sehr einfach grafisch veranschaulicht werden. Dazu wird lediglich ein neuer Begriff benötigt, **soziale Grenzkosten**. Der Grenzkostenbegriff ist bereits hinreichend bekannt. In der Regel wird dieser Begriff für Individuen oder einzelne Produkte genutzt. Soziale Grenzkosten sind hingegen die Grenzkosten einer zusätzlichen Einheit eines Gutes, die eine Gesellschaft oder soziale Gruppe aufwenden muss. Die sozialen Grenzkosten können als ein aggregiertes Maß privater Grenzkosten verstanden werden. Darüber hinaus umfassen soziale Grenzkosten eben auch negative externe Effekte, denn diese sind ebenfalls Kosten für die Gesellschaft. Ein Individuum trägt die Kosten der externen Effekte nicht, es sind eben externe Effekte. Eine Gesellschaft insgesamt muss die Kosten aber wohl oder übel tragen oder insgesamt auf die Maßnahme, welche die Kosten verursacht, verzichten.

---

[15]Im Englischen wird der Begriff des free-rider (Freifahrer) benutzt.

Abbildung 14.3 zeigt den Grenznutzen des Ökodorfes mit zunehmender Verschmutzung der Luft innerhalb des Dorfes. Die Menge an verschmutzter Luft wird jetzt auf der horizontalen Achse abgetragen. Der Schnittpunkt der Grenznutzenkurve mit der vertikalen Achse zeigt daher nichts anderes, als den maximalen Grenznutzen der Ökodorfbewohner, wenn überhaupt keine Veränderung des Straßenbildes stattfindet. Die Ökodorfbewohner bewerten mit anderen Worten unverschmutzte Luft in ihrem Dorf mit 65 Geldeinheiten. Die Kurve der privaten Grenzkosten (K') zeigt die ansteigenden Kosten jeder Bewohnergruppe, d.h. sowohl der Ökofreaks als auch der früheren Bewohner des MIVdorfes, die durch zusätzliche Verschmutzung entstehen. Das Gleichgewicht G_0, der Schnittpunkt der privaten Grenzkostenkurve mit der Grenznutzenkurve des Ökodorfes soll den Punkt darstellen, der erreicht wird, wenn keine Umgehungsstraße gebaut wird. Im Ökodorf entstehen 50 Einheiten verschmutzter Luft, wenn die Bundesstraße durch das Dorf gebaut wird. Diese Menge an Verschmutzung verursacht bei jeder Gruppe Kosten von 15 Geldeinheiten, d.h. für das Dorf insgesamt 30 Geldeinheiten. Punkt A zeigt die sozialen Grenzkosten bei 50 Einheiten verschmutzter Luft. Im vorher beschriebenen Beispiel würde das Gleichgewicht G_0 erreicht werden, da die früheren Bewohner des MIVdorfes ihre Kosten nicht offen legen. Die Kurve sK' würde fälschlicherweise mit der Kurve K' zusammenfallen. Der Markt versagt in diesem Beispiel in dem Sinne, dass kein effizientes Gleichgewicht erreicht wird. Ein effizientes Gleichgewicht wäre im Punkt G_1 gegeben. Dort hätte jede der beiden Gruppen einen Grenznutzen, der höher ist als die privaten Grenzkosten. Beide Gruppen würden sich besser stellen. Beide Gruppen hätten bei einer Verschmutzungsmenge von 38 Einheiten einen Grenznutzen in Höhe von G_1C und Grenzkosten in Höhe von BC. Der Grenznutzen ist eindeutig größer als die Grenzkosten. Würden folglich beide Gruppen ihre Kosten der Luftverschmutzung ehrlich offen legen, wäre klar, dass das Dorf insgesamt bereit wäre Kosten in Höhe von 22 Geldeinheiten für die Umgehungsstraße zu zahlen. Mit der Umgehungsstraße fiele das Niveau der Verschmutzung von 50 Einheiten auf unter 40 Einheiten.

Reine öffentliche Güter sind wie erwähnt nicht rivalisierend im Konsum. Es besteht daher für jedes Gesellschaftsmitglied[16] immer ein Anreiz, nicht

---

[16]Um das Freifahrer-Problem im vorherigen Umgehungsstraßen Beispiel plausibel zu machen wurden die ‚Außenseiter‘ im Ökodorf konstruiert. Vielleicht würde man diesen Außenseitern wirklich am ehesten glauben, dass sie von der neuen Straße durch das Ökodorf nicht beeinträchtigt wären, obwohl sie gerade wegen der ruhigen Umgebung dorthin gezogen sind. Die Konstruktion war vollkommen willkürlich und sollte nur das Problem vor Augen führen. Im Allgemeinen hat jedes Individuum einen Anreiz zum Frei-

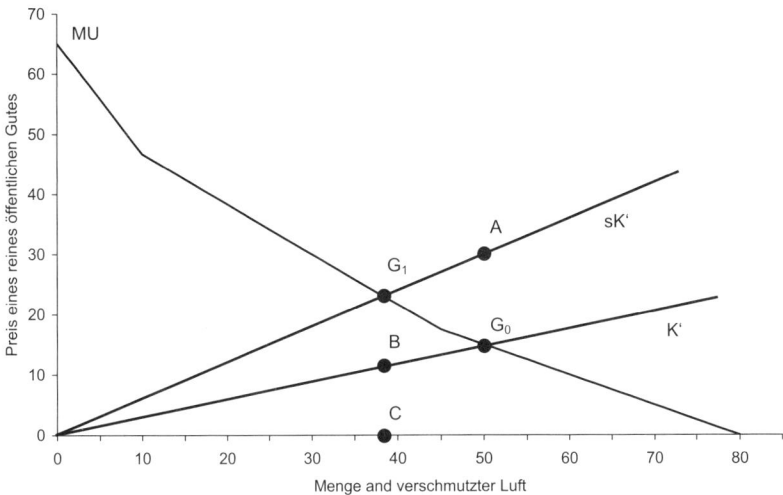

Abbildung 14.3: Marktversagen und soziale Grenzkosten

die Wahrheit über den tatsächlichen Nutzen des öffentlichen Gutes kund-
zutun. Wenn ein Individuum im vorherigen Beispiel den Nutzen aus der
Umgehungsstraße wahrheitsgemäß angibt, muss befürchtet werden, den genannten Preis auch tatsächlich bezahlen zu müssen. Jedes Individuum kann
den eigenen Nutzen daher potenziell maximieren, indem es einen Nutzengewinn durch das öffentliche Gut von Null angibt. Wird das Gut dennoch
angeboten, kommt dieses Individuum in den vollen Genuss des Gutes, ohne je etwas dafür bezahlt zu haben. Die Gefahr beim Trittbrettfahren, d.h.
auf Kosten der anderen Gesellschaftsmitglieder zu leben, ist, dass einige
öffentliche Güter gar nicht erst angeboten werden. Im Extremfall wird keines angeboten. Die Trittbrettfahrer kommen dann nicht in den Genuss des
Gutes, ebenso wenig wie alle anderen Gesellschaftsmitglieder. Der Nutzen
der gesamten Gesellschaft ist somit nicht pareto-optimal.

Märkte sind doch nicht perfekt. So enttäuschend die Einsicht auch ist,
sie war im Grunde zu erwarten. Viele Ergebnisse der vorher erläuterten

---

fahren also auch die Ökofreaks. Zu betonen ist auch, dass immer nur ein *Anreiz* zum Freifahren besteht.
Rosen, Windisch stellen fest, dass Freifahren keine Tatsache ist, sondern ein theoretische Schlussfolgerung aus der Hypothese der Nutzenmaximierung. Letztlich kann das Freifahren in der realen Welt nie
vorausgesetzt werden, sondern immer erst durch empirische Untersuchungen festgestellt werden. Für
einen näheren Einblick und weitere Referenzen siehe Rosen, Windisch 1997, Kap. 5. II. 3.

Modelle waren zu schön, um wahr zu sein. In den meisten Fällen wurden
kritische Punkte auch bereits angemerkt. In bestimmten Fällen kommt es
sogar zum Versagen des Marktes. Nicht nur zu unvollkommenen Märkten, in denen die Soziale Wohlfahrt nicht optimiert ist, sondern zu einem
kompletten Zusammenbruch. Was kann getan werden? Zwei Fälle müssen
hier unterschieden werden. Erstens, es kommt zum Marktversagen, weil
keine Eigentumsrechte gegeben sind (Beispiel *Handel mit sauberer Luft*).
Zweitens, es kommt zum Marktversagen, weil es Freifahrer gibt. Was sind
die Lösungen, um das Marktversagen zu heilen oder zumindest das Beste
daraus zu machen?

Wenn ein Markt in einer freiheitlichen Gesellschaft versagt, ist der Staat
als Regulierer gefordert. Im ersten Fall hilft das **Theorem von Coase**[17],
wonach Marktversagen nicht notwendigerweise dazu führen muss, dass der
Staat aktiv in das Marktgeschehen eingreift. Coase stellt fest, dass jeder
Markt mit geringen Transaktionskosten und vorhandenen Eigentumsrechten ein stabiles Gleichgewicht finden kann. Der Staat reguliert zwar, aber
nur insoweit, als dass er Eigentumsrechte zum Beispiel an sauberer Luft
vergibt. Diese Eigentumsrechte können dann gehandelt werden. Hierbei
ist wichtig, dass die Rechte an diejenigen Marktteilnehmer vergeben werden, die höhere Transaktionskosten haben. Was bedeutet das? Noch einmal zurück zum Beispiel der sauberen Luft. Ein realistischeres Beispiel ist
eine Müllverbrennungsanlage, die in der Nähe eines kleines Dorfes errichtet werden soll. Die Bewohner befürchten höhere Luftverschmutzung und
demonstrieren gegen die Anlage. In diesem Fall haben die Bewohner des
Dorfes höhere Transaktionskosten, denn sie müssen sich zunächst unter
sich abstimmen, wie ihre Verhandlungsposition aussieht. Dabei kann es zu
Interessenkonflikten kommen. Der Betreiber der Anlage hat hingegen geringe Transaktionskosten. In der Regel werden die Interessen durch einen
Geschäftsführer vertreten, der grundlegende Vollmachten hat. Besitzt nun
der Betreiber das Recht auf Luftverschmutzung, ist es für die Bewohner
des Dorfes schwierig sich zusammenzufinden, um eine Verhandlungslösung
anzustreben, mit der alle Seiten leben können. Stattdessen sollten die Bewohner das Recht auf saubere Luft besitzen. Der Anlagenbetreiber muss
dann die Initiative ergreifen, um die Anlage in Betrieb nehmen zu können.
Auf der Seite des Betreibers sind die Interessen aber klar.[18]

---

[17]vgl. Ronald H. Coase 1960

[18]Damit sind nicht alle Probleme beseitigt. Der Betreiber muss sich unter Umständen mit jedem einzelnen Bewohner auseinandersetzen. Der letzte noch verbleibende könnte dann einen sehr hohen Preis
erpressen und vielleicht das gesamte Projekt zu Fall bringen. Den Bewohnern die Eigentumsrechte zuzu-

Im zweiten Fall ist die Lösung ohne einen aktiven Staat nicht möglich. Der Markt scheitert hier, weil die Freifahrer zwar rational handeln aber das Ergebnis nicht kollektiv rational ist. Es gibt einen Unterschied zwischen den privaten und den sozialen Grenzkosten. Wenn dennoch eine große Mehrheit der Gesellschaftsmitglieder für das öffentliche Gut bereit ist zu bezahlen, muss das Gut von staatlicher Seite angeboten werden. Der Staat tritt folglich direkt als Marktteilnehmer auf der Angebotsseite auf. Die Kosten, die nicht gedeckt werden können, müssen dementsprechend aus dem Budget des Staates erbracht werden. Hierzu besitzt der Staat einige Möglichkeiten der Finanzierung, die im nächsten Kapitel betrachtet werden. Es sollte beachtet werden, dass der Staat als Anbieter nicht notwendigerweise der Produzent sein muss. Es muss daher kein staatliches Monopol für dieses öffentliche Gut entstehen. Folglich muss es nicht zu einem Verlust an Sozialer Wohlfahrt kommen. Der Staat kann wiederum ein gewinnmaximierendes Unternehmen mit der Produktion beauftragen. Der Vorteil des Staates ist die Finanzierung. Durch eine allgemeine Umlage mit Hilfe von Steuern oder Abgaben kann jedes Gesellschaftsmitglied zu einem Beitrag gezwungen werden. Davon sind erstens die Freifahrer betroffen und zweitens auch die, die das Gut wirklich nicht beanspruchen werden. Die Freifahrer sind keine Leidtragenden, denn sie werden nur gezwungen einen Preis zu entrichten, den sie sowieso bereit wären zu zahlen. Sie hatten lediglich gehofft, ihn nicht bezahlen zu müssen, indem sie ihren Nutzen verheimlichen. Leidtragende sind die Bürger, die tatsächlich keinen Nutzen aus dem Gut haben werden und folglich auch nicht bereit waren, auf einem privaten Markt einen Teil der Kosten zu übernehmen. Der Staat hat nur eingeschränkte Möglichkeiten auf besondere Härtefälle zu reagieren.[19]

Neben dem Angebot eines gewünschten Gutes hat der Staat auch die Möglichkeit Verbote auszusprechen. Dies können zum Beispiel Nachtfahrverbote sein, Fußgängerzonen oder Sperrstunden. Ohne ein zusätzliches Gut anzubieten, kann das Versagen des Marktes auf diese Weise behoben werden.

Interessant an dem Ökodorf Beispiel ist insbesondere, dass die vollständige Vermeidung von Umweltbelastungen regelmäßig ökonomisch gar nicht sinnvoll ist. Vielmehr muss das ökonomisch richtige Niveau der Umweltbelastungen gefunden werden. Dies ist ein starkes ökonomisches Argu-

---

sprechen kann aber auch anders begründet werden. Es herrscht eher gesellschaftlicher Konsens darüber ein ‚Recht auf saubere Luft' zu besitzen, denn ein ‚Recht auf Luftverschmutzung'.

[19]Für bestimmte staatliche Projekte werden Familien zum Beispiel geringer belastet, Berufspendler können durch die Finanzierung über die Mineralölsteuer stärker belastet werden, etc.

ment gegen extreme Forderungen von einigen Umweltgruppen, die nach vollständigen Verboten rufen. Vollständige Verbote von bestimmten Umweltbelastungen können ökonomisch sehr nachteilig sein. Ökonomisch ist hierbei im Sinne von Grenznutzen gegenüber Grenzkosten zu verstehen. Es sei darauf hingewiesen, dass im dargestellten Ökodorf Beispiel nicht einzelne Konzerne große Gewinne abschöpfen, was unter moralischen Gesichtspunkten verwerflich sein kann, wenn dabei Individuen ausgenutzt werden, sondern die Bewohner des Dorfes unter Beachtung all ihrer monetären und nicht monetären Kosten ein effizientes Gleichgewicht mit einer bestimmten Höhe an Luftverschmutzung wählen.

Eine Schwierigkeit, dies wurde auch bereits schon angedeutet, ist die Bewertung von externen Effekten. Dies gilt insbesondere bei qualitativen Gütern wie zum Beispiel sämtliche Umweltgüter. Was sind Güter wie *saubere Luft, weniger Krankheiten, Ruhe* oder andere Umweltgüter wirklich wert. Diese Frage ist nicht einfach zu beantworten. In der Literatur werden aber seit vielen Jahren unterschiedlichste Bewertungsmethoden diskutiert, die mindestens gute Anhaltspunkte liefern.[20]

---

[20]Für eine Einführung zu unterschiedlichen Bewertungsmethoden von Umweltgütern, Zahlungsbereitschafts-, hedonistische Preis- oder bedingte Preismethode, siehe zum Beispiels Hanley u.a. 2001. Siehe auch Braden, Kolstad 1991 und J.A. Hausman 1993.

15

Der Staat

Der Staat übernimmt in wirtschaftlicher Hinsicht in einer Gesellschaft mehrere Funktionen. Drei sollen an dieser Stelle genannt werden:

1. Schaffung eines Rechtssystems;

2. Angebot von öffentlichen Gütern;

3. Umverteilung.

Jede Wirtschaftsordnung baut auf einem Rechtssystem auf. Ohne ein rechtliches Gerüst kann eine Wirtschaft kaum funktionieren. Wesentliche rechtliche Grundlagen, die geschaffen werden müssen, sind die Freiheitsrechte und die Eigentumsrechte. Die Freiheitsrechte ermöglichen jedem Individuum in einer Gesellschaft sich frei zu bewegen und einer Tätigkeit nach freien Wünschen nachzugehen. Damit kann ein Einkommen überhaupt erst erworben werden. Die Eigentumsrechte billigen schließlich jedem

Individuum zu Erworbenes zu behalten und in der Zukunft zu nutzen. In ökonomischer Sprachweise bedeutet dies nichts anderes als die Freiheit gewonnenes Kapital behalten und für die weitere Nutzensteigerung einsetzen zu können.

Der zweite wichtige Punkt ist der Staat als Anbieter von öffentlichen Gütern, um Marktversagen zu heilen. Der Dritte oben genannte Punkt betrifft die Verteilung des Wohlstandes einer Gesellschaft. Die Ökonomie verneint nicht, dass einige Individuen im wirtschaftlichen Prozess gegenüber anderen benachteiligt sind. Um die Häufung von Wohlstand bei Einzelnen zu vermeiden, ein Beispiel ist ein Monopolist, der perfekte Preisdiskriminierung betreibt,[1] und Armut bei anderen zu verhindern, sind staatliche Eingriffe unter Umständen unvermeidlich, um einen gewissen gesellschaftlichen Ausgleich zu schaffen.

Die Schaffung eines Rechtssystems und die Folgen für die Wirtschaft eines Landes ist ein wirtschafts-rechtliches Thema und führt bei der Betrachtung der mikroökonomischen Grundlagen nicht weiter. Dieses Thema wird an dieser Stelle nicht weiter vertieft. Dagegen werden die beiden weiteren Punkte noch etwas genauer betrachtet. Im ersten Abschnitt tritt zunächst der Staat als Anbieter von öffentlichen Gütern auf. Damit verbunden ist vor allem die Finanzierung des Staates. Als Anbieter benötigt der Staat Kapital, um überhaupt produzieren zu können. In dem Zusammenhang werden auch die Auswirkungen der staatlichen Finanzierung auf den Arbeitsmarkt erläutert. Zum Abschluss wird noch die Wohlfahrtsökonomie in den Mittelpunkt der Betrachtungen gerückt. Dabei geht es vor allem um die Frage, wie der Staat durch Umverteilung zu einer angemessenen Verteilung von Einkommen und Wohlstand beitragen kann.

15.1   Das Angebot eines öffentlichen Gutes

Liegt Marktversagen vor, ist der Eingriff des Staates in den Markt auch aus ökonomischer Sicht gut zu heißen, sofern die Gesellschaft das dann angebotene öffentliche Gut verlangt. Zunächst muss daher überhaupt untersucht werden, ob der gesellschaftliche Nutzen durch das Angebot eines öffentlichen Gutes erhöht werden kann. Es gibt mehrere Möglichkeiten diese Frage zu beantworten. Drei sollen an dieser Stelle eingehender aufgezeigt werden. Erstens besteht die Möglichkeit der Wahl. Zweitens, die Möglich-

---

[1]vgl. Kap. 11.5.1

keit Kosten und Nutzen der Gesellschaft gegenüber zu stellen. Drittens die Nutzenoptimierung der Gesellschaft mit Hilfe von Wohlfahrtsfunktionen. Es wäre wieder einmal zu einfach, wenn eine der drei Möglichkeiten unkritisch wäre. Sie sind alle mehr oder weniger mit Problemen behaftet und führen nicht immer zu eindeutigen Ergebnissen. Gerade bei der demokratischen Möglichkeit, der Wahl, mag das etwas überraschen. Eine Mehrheit ist eine Mehrheit könnte man sagen.[2] Entscheidet sich die Mehrheit einer befragten Gruppe für ein Projekt, zum Beispiel den Bau einer Brücke, wird diese Brücke gebaut. Das Ergebnis kann aber leider manipuliert werden.

In Tabelle 15.1 sind die Wahlmöglichkeiten einer Gruppe von drei Personen über drei verschiedene Situationen dargestellt. Situation A kann zum Beispiel bedeuten, dass nur eine schmale Brücke für Autos gebaut wird. Situation B ist eine große Brücke für Autos und Eisenbahnen und Situation C ist der Status Quo, d.h. es wird gar keine Brücke gebaut. Die Reihenfolge in der sich die einzelnen Personen für die verschiedenen Situationen entscheiden spiegeln deren Präferenzen wider und diese sind in Abbildung 15.1 veranschaulicht. Zum Beispiel ordnet Person I der Situation A den höchsten Nutzen zu. Den zweithöchsten Nutzen ordnet Person I Situation B zu. Situation C ist die schlechteste aus Sicht von Person I. Die Präferenzordnungen entlang dieser eindimensionalen Skala von Person I und II werden **eingipflig** genannt. Beide dargestellten Präferenzordnungen weisen nur eine Spitze auf. Diese ist bei A für Person I und bei B für Person II. Die Präferenzordnung von Person III ist **zweigipflig**. Sie weist zwei Spitzen auf.

Tabelle 15.1: Das Wahlparadox

	Person I	Person II	Person III
1. Wahl	A	B	C
2. Wahl	B	C	A
3. Wahl	C	A	B

Die Mehrheitsentscheidung soll nun in mehreren Wahlgängen ermittelt werden. Bei der Abstimmung zwischen A und B gewinnt A, denn Person II

---

[2]Unabhängig von den hier folgenden Überlegungen können auch andere Mehrheiten, die sich aus demokratischen Entscheidungsprozessen ergeben, hinterfragt werden. Mehrheitliche Entscheidungen sind zum Beispiel dann fraglich, wenn sie gar nicht von der Mehrheit getragen werden. Eine Stimmenmehrheit im Deutschen Bundestag wird zum Beispiel in der Regel mit weniger als 50% der abgegebenen Stimmen erreicht. Darüber hinaus ist die Wahlbeteiligung in Deutschland traditionell zwar recht hoch, aber weit von 100% entfernt. Die Wahlbeteiligungen liegen in Deutschland für Bundestagswahlen bei ca. 80%. Die umgangssprachliche Bezeichnung der Regierungsmehrheit ist daher etwas paradox. Sie bezieht sich lediglich auf die Mehrheit der Stimmen im Bundestag, d.h. die Mehrheit der Mandate. Die Mehrheit der Wahlbeteiligten steht nicht notwendigerweise hinter jeder Entscheidung.

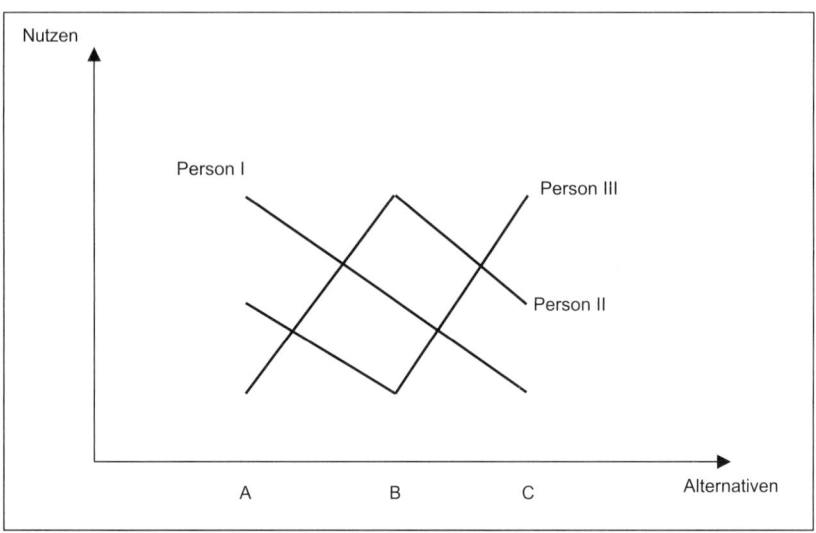

Abbildung 15.1: Graphische Darstellung des Wahlparadox

bevorzugt zwar B, doch die Personen I und III bevorzugen beide A. Die
Entscheidung fällt folglich zwei zu eins für A aus. Nun wird zwischen dem
ersten Gewinner A und der verbleibenden Lösung C abgestimmt. Hierbei
gewinnt C. Nach diesem Wahlverlauf wird C gewinnen. Ist C aber das
einzige Ergebnis?

Wie sieht es aus, wenn die Wahl anders verläuft? Wird zuerst zwischen B
und C abgestimmt, gewinnt B. Nach der weiteren Abstimmung zwischen B
und A gewinnt A.[3] Der Gesamtsieger der Wahl ist folglich A. Aber vorher
wurde doch C gewählt, die Mehrheitswahl fällt je nach Wahlfolge unterschiedlich aus. Geschickte Wahltaktiker können auf diese Weise fast immer
ihr gewünschtes Ergebnis erhalten. Das ist natürlich nicht Sinn und Zweck
einer Wahl. Die hier dargestellten Ergebnisse werden das **Condorcet**[4]-
Wahl-Paradox[5] genannt. Dieses Paradox, dass in einem demokratischen

---

[3]Aus Lust und Laune kann auch noch die dritte Möglichkeit durchgespielt werden. Wer gewinnt bei
der Wahl zwischen A und C und anschließend im Vergleich mit der dritten Situation? Kleiner Hinweis:
die Lösung ist bisher noch nicht vorgekommen.

[4]Marie Jean Antoine Nicolas de Caritat, der Marquis de Condorcet (1743-1794) wurde in Saint-
Quentin geboren und ist als ein Intellektueller der Aufklärung und Revolutionär zu bezeichnen. Condorcet
veröffentlichte Aufsätze und Bücher unter anderem in Philosophie, Mathematik und Ökonomie und war
Mitglied der Académie Française. Später war Condorcet eine führende Figur der französischen Revolution;
vgl. Marie J. Marquis de Condorcet 1785

[5]Das Wahlparadoxon tritt nur dann nicht auf, wenn sich die Präferenzen aller Individuen entlang einer

Prozess jede Situation ein Ergebnis sein kann, führte Kenneth J. Arrow zu seinem **Unmöglichkeits-Theorem**[6]. Die Frage, die beantwortet werden muss lautet: Gibt es einen demokratischen Prozess, der nicht manipuliert werden kann, d.h. können individuelle Präferenzen objektiv zusammengefasst werden? Arrow zeigt, dass dies nicht möglich ist. Ein eindeutiges Wahlergebnis ist unter bestimmten Annahmen nur dann möglich, wenn es sich um die Präferenzen eines einzelnen Individuums handelt. Wenn in einer Gesellschaft aber die Präferenzen eines einzelnen Individuums über die gesamtgesellschaftlichen Präferenzen entscheiden, handelt es sich um eine Diktatur. Nur in einer Diktatur kann es dann ein eindeutiges Wahlergebnis geben. Anders ausgedrückt, die Ergebnisse einer demokratischen Wahl müssen sich damit zufrieden geben nicht absolut *fair* zu sein.[7,8]

Auch bei der Gegenüberstellung von Kosten und Nutzen innerhalb einer Gesellschaft ist die Entscheidung nicht zweifelsfrei wie die nachfolgende Tabelle zeigt.

Tabelle 15.2: Gesellschaftlicher Nutzen und die Kosten

	Abgabe	Bruttonutzen	Nettonutzen	Entscheidung
Person I	100	150	+50	ja
Person II	100	110	+10	ja
Person III	100	20	- 80	nein
Ergebnis	300	280	- 20	

Die Wahl besteht in diesem Fall aus nur einer Möglichkeit. Soll eine neue Brücke gebaut werden oder nicht? Wenn die Brücke gebaut wird, müssen alle Personen in der Gesellschaft eine einmalige Abgabe von 100 GE zahlen, insgesamt 300 GE. Person I hat einen Nutzen von der Brücke, der größer ist als die individuellen Kosten. Die Person muss vielleicht fünf Mal in der Woche auf die andere Seite des Flusses zur Arbeit. Die Fährfahrt dauert viel zu lange, daher wird die Brücke so hoch eingeschätzt. Der Nettonutzen von Person I beträgt 50 und die Person wird mit *ja* stimmen. Person II wird die Brücke zwar nur dreimal in der Woche benutzen, hat aber einen

---

eindimensionalen Skala so anordnen lassen, dass sie **eingipflig** sind. Im obigen Beispiel müsste Person III die Präferenzordnung CBA an statt CAB haben, dann würde das Wahlparadox nicht auftreten. Für einen mathematischen Beweis siehe Duncan Black 1958.

[6]vgl. Kenneth J. Arrow 1951.

[7]Arrow hat insgesamt sechs Annahmen getroffen, die an dieser Stelle nicht weiter erläutert werden sollen (für eine kurze Einführung vgl. Dixit, Skeath 1999, S. 473-474). Umfangreiche Untersuchungen dieses Theorems von zahlreichen Ökonomen und Politikwissenschaftlern haben allerdings die Unerschütterlichkeit dieses Theorems gezeigt. Danach gibt es keine tatsächlich faire demokratische Wahlmethode.

[8]An dieser Stelle wurde nur ein Wahltheorem dargestellt. Für weitere interessante Wahltheoreme, Einstimmigkeitstheorem, Medianwählertheorem und Stimmentauschtheorem, siehe Rosen, Windisch 1997, Kap. 6. I.

positiven Nettonutzen und stimmt mit *ja*. Person drei wird die Brücke eigentlich gar nicht nutzen, vielleicht nur an einigen Tagen im Jahr, Ihr Nutzen vom Bau der Brücke ist deshalb gering. Der Nettonutzen ist negativ und die Person stimmt mit *nein*. Das Wahlergebnis ist zwei zu eins, die Brücke wird gebaut, obwohl die gesellschaftlichen Kosten größer sind als der gesellschaftliche Nutzen. Die Wahlentscheidung ist nicht optimal.

Die dritte Möglichkeit, die ein Staat hat, um sich für oder gegen das Angebot eines öffentlichen Gutes zu entscheiden, ist die Maximierung einer gesellschaftlichen Nutzenfunktion. Im Grunde ist dieses Prinzip sehr einfach und einleuchtend, aber auch hier sind die Ergebnisse erstens schwer zu ermitteln und zweitens nicht eindeutig. Was ist eine gesellschaftliche Nutzenfunktion? Die einfachste Nutzenfunktion einer Gesellschaft, die sogenannte **klassische Wohlfahrtsfunktion** oder **Bentham'sche Wohlfahrtsfunktion**[9] ist die Summe der individuellen Wohlfahrtsfunktionen aller Gesellschaftsmitglieder:

$$W = \sum_{i=1}^{n} u_i.$$

Hierbei ist u_i die Nutzenfunktion eines Individuums in einer Gesellschaft. Die soziale Wohlfahrtsfunktion W ergibt sich aus der Addition aller individuellen Nutzenfunktionen. Die klassische Wohlfahrtsfunktion ist dem Prinzip nach wirklich einfach. Problematisch ist allerdings weiterhin die Messung des Nutzens aller Individuen. Es tauchen auch hier sicherlich Freifahrer[10] auf. Eine weitere Schwierigkeit ist die Zusammenfassung der einzelnen Nutzen. In der angegebenen Funktion werden alle individuellen Nutzen gleich gewichtet. Ist das aber fair? Wenn es zum Beispiel um die Entscheidung einer neuen Umgehungsstraße geht, bei der ein Gemeindewäldchen verloren geht, sollten die Mitglieder dieser Gemeinde innerhalb der Gesellschaft nicht eine höhere Gewichtung ihres Nutzens erwarten können? Sie sind schließlich am stärksten von der zukünftigen Straße betroffen. Wenn ein öffentliches Gut aus Steuergeldern bezahlt wird und reiche Individuen höhere Steuern zahlen als arme, sollten dann nicht reiche Mitglieder einer Gesellschaft eine höhere Gewichtung ihres Nutzens erwarten können? Es geht zu einem größeren Teil schließlich um ihr Geld. Andererseits kann das Empfinden der steuerlichen Belastung in einem reichen Haushalt geringer

---

[9]vgl. Jeremy Bentham 1781

[10]In diesem Fall Leute, die ihren Nutzen zu hoch angeben und damit die Wohlfahrtsfunktion zu ihren Gunsten beeinflussen.

sein. Ein Haushalt mit einem Einkommen von 1000 GE zahlt zehn Prozent Steuern, 100 GE. Ein reicher Haushalt mit einem Einkommen von 10.000 GE zahlt zwar elf Prozent, 1100 GE, empfindet dies aber im Verhältnis zu seinem Einkommen als weniger belastend. Die Antwort zu den gestellten Fragen hängt einzig und allein von den Wertvorstellungen einer Gesellschaft ab. Aber wie werden diese ermittelt? Schon wieder ein Problem.

Eine andere Art von Nutzenmaximierung wurde von John Rawls[11] propagiert. Die nach ihm benannte Rawls'sche Wohlfahrtsfunktion maximiert die Wohlfahrt des am schlechtesten gestellten Mitglieds einer Gesellschaft.

Tabelle 15.3: Eine spezielle Nutzenmaximierung

	Person I	Person II	Person III
Projekt A	200	120	40
Projekt B	150	80	70
Projekt C	100	90	50

Es stehen wieder drei Projekte zur Auswahl, eine schmale Brücke (A), eine breite Brücke (B) und Status Quo (C). Person III hat bei allen Projekten den geringsten Nutzen. Die Mehrheit der Gesellschaft würde sich für eine schmale Brücke entscheiden. Person I und II haben mit einer schmalen Brücke den größten Nutzen. Die **Rawls'sche Wohlfahrtsfunktion** besagt nun, dass der Nutzen der Person maximiert wird, die den geringsten Nutzen hat. Der Nutzen von Person III muss folglich maximiert werden. Das Ergebnis ist eine breite Brücke. Es wird eine Brücke mit Eisenbahngleisen gebaut, obwohl das die schlechteste Variante für Person II und die zweit schlechteste für Person I ist. Dieses Konzept ist von sozialer Gerechtigkeit geleitet.[12]

Fazit dieses Abschnittes ist, dass die optimale Lösung für das Angebot von öffentlichen Gütern nicht immer einfach zu bestimmen ist. Unter der Annahme einer gesellschaftlichen Nachfragekurve, bei der jedes Gesellschaftsmitglied den wahren Nutzen angegeben hat, kann eine einfache Optimierung anhand der Gleichung $\sum MU = K'$ vorgenommen werden. Doch hierbei treten viele Schwierigkeiten auftreten.

---

[11]vgl. John Rawls 1972

[12]Das Konzept kann aber auch zu einem eigenartigen Ergebnis führen. Eine Situation in der alle wenig haben würde vorgezogen werden gegenüber einer Situation in der viele viel haben und nur einer wenig. Im angeführten Beispiel ist die Wohlfahrt der Gesellschaft insgesamt mit 360 Einheiten bei Projekt A am größten. Dennoch wird Projekt B vorgezogen, obwohl die gesamte Wohlfahrt nur 300 Einheiten beträgt. Es könnte doch auch Projekt A gewählt werden und die Personen I und II zu einer Abgabe gezwungen werden. Wenn Person I 18,75 Einheiten (200/320*30) und Person II 11,25 Einheiten (120/320*30) des eigenen Nutzens an Person III weitergeben würde, dann hätte Person III einen Nutzen von 70 Einheiten und wäre indifferent zwischen Projekt A und B. Die Gesellschaft insgesamt wäre besser gestellt.

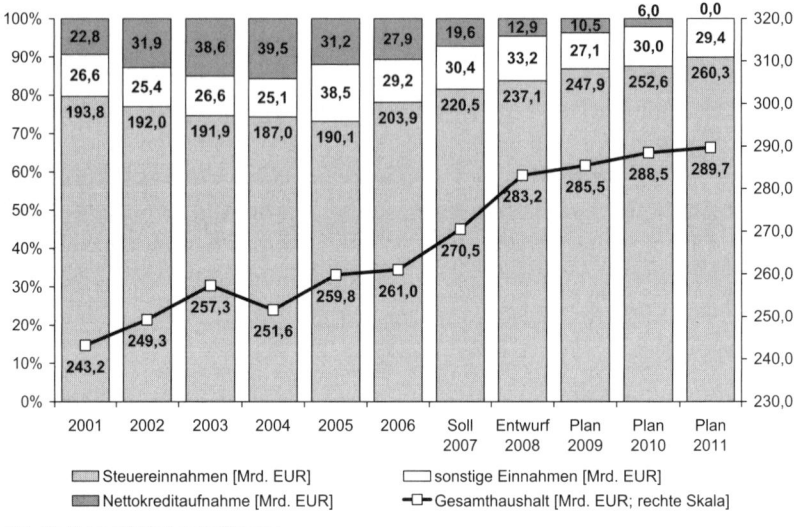

a) Quelle: Bundesministerium der Finanzen

Abbildung 15.2: Bundeshalte seit 2001 und Finanzplan des Bundes in Deutschland

15.2   Die Finanzierung des Staates

Der Staat tritt nun als Anbieter eines öffentlichen Gutes auf. Ob das Angebot optimal für die Nachfrage ist oder nicht, ist in diesem Abschnitt unerheblich. Wichtig ist die Frage der Finanzierung. Die Ausgaben finanziert der Staat auf drei Arten.

1. Erhebung von Steuern und Abgaben;[13]

2. Kreditaufnahme;

3. Privatisierungserlöse und sonstige Einnahmen.

Wie Abbildung 15.2 zeigt, finanziert sich der Staat in Deutschland größtenteils aus Steuern und Abgaben.[14] Das ursprüngliche Ziel der Bundesregierung unter Bundeskanzler Gerhard Schröder, bis 2006 einen ausgeglichenen Haushalt zu erreichen, ist nicht erreicht worden. Die Regierung

---

[13]Die Frage, ob ein Staat überhaupt Steuern und Abgaben erheben darf, wird im Rahmen der sogenannten Steuerbegründungslehre untersucht. Daneben existiert die sogenannte Steuerverteilungslehre, die untersucht, in welcher Höhe individuelle Steuern bemessen sein sollten, sofern sie überhaupt erhoben werden. (vgl. F.K. Mann 1937)

[14]Wenn die Betonung hier auch auf Deutschland liegt, ist Deutschland kein Ausnahmefall. Andere Industrienationen weisen ähnliche Finanzierungsanteile der drei genannten Quellen auf.

wollte dennoch im ersten Jahrzehnt des 21. Jahrhunderts einen Haushalt
ohne Neuverschuldung erreichen.[15] Der aktuelle Finanzplan des Bundes
2008 zeigt, dass auch dieses Ziel wohl nicht erreicht wird. Stattdessen wird
2011 angepeilt. Ohne Neuverschuldung in einem Staatshaushalt steigt der
steuerfinanzierte Teil natürlich weiter an. Deutlich wird wie nicht anders
zu erwarten war, dass die Steuererhebung sehr wichtig ist. Im Folgenden
soll gezeigt werden, dass Steuern negative Effekte auf den Wohlstand einer
Gesellschaft haben. Dabei haben unterschiedliche Steuern unterschiedliche
Effekte. Steuern haben auch einen erheblich Einfluss auf das Verhalten von
Individuen sowohl beim Konsum als auch beim Arbeitsangebot. Zunächst
soll ganz grundsätzlich der Nachteil der Erhebung von Steuern auf die gesellschaftliche Wohlfahrt aufgezeigt werden.

Der einfachste Fall ist die Erhebung einer Steuer pro verkaufter Einheit eines Gutes in Höhe von t. Eine solche **Mengensteuer** verteuert das
Angebot um genau den Betrag der Steuer. Der Preis, den die Nachfrager
bezahlen ist, der Bruttopreis p^B und setzt sich zusammen aus dem Nettopreis p^N plus der Steuer t. Es gilt daher:

$$p^B = p^N + t.$$

Der Nettopreis wird von Angebot und Nachfrage nach der nun bekannten
Manier bestimmt. Die Angebotskurve bestimmt eine bestimmte Angebotsmenge zu jedem Preis. Die Erhebung einer Steuer pro Mengeneinheit verschiebt die Angebotskurve nach links wie in Abbildung 15.3 dargestellt.
Die Steuer wird durch die senkrechte Linie zwischen Angebots- und Nachfragekurve bei der neuen Gleichgewichtsmenge bestimmt.

Durch die Erhebung der Steuer verschiebt sich die Angebotskurve um den
Betrag t nach oben. Die neue Gleichgewichtsmenge y^* ist selbstverständlich
geringer als die alte. Die Abbildung zeigt, dass die Konsumenten A und D
an Konsumentenrente und die Produzenten B und C an Produzentenrente
verlieren. Gesellschaftlich gehen diese Flächen allerdings nicht insgesamt
verloren, denn der Staat erhält A und B, die er für seine Nachfrage einsetzt
und auf diese Weise indirekt den Wohlstand der Gesellschaft erhöht. Die
Soziale Wohlfahrt verringert sich um die Flächen C und D.

Neben einer Mengensteuer kann auch eine Steuer auf den Wert der Nachfrage, eine **Wertsteuer** oder **Ad-Valorem-Steuer**, erhoben werden. Eine
solche Steuer ist die Mehrwertsteuer in Deutschland. Der Bruttopreis er-

---

[15]BMFi 2003, S. 10

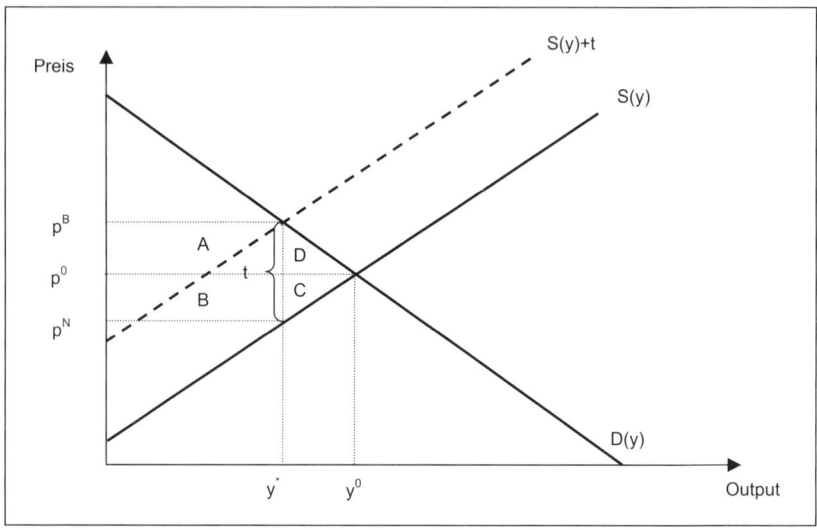

Abbildung 15.3: Der Wohlfahrtsverlust einer Mengensteuer

gibt sich dann wie folgt:

$$p^B = (1 + t)p^N.$$

Wie verändert eine Ad-Valorem-Steuer die Nachfrage und damit letztlich die Wohlfahrt in einer Gesellschaft (Abbildung 15.4)? Die Nachfrage wird sich nicht insgesamt verschieben, sondern um den Punkt b drehen. An diesem Punkt ist der Preis gleich Null. Die Erhebung einer Steuer auf den Wert des Einkaufs ist dann ebenfalls gleich Null und die nachgefragte Menge wird gleich sein mit der Nachfrage ohne Steuern. Die nachgefragte Menge wird immer mehr abnehmen im Verhältnis zu der Menge ohne Steuern, je höher der Preis des Gutes ist. Die stärkste Abweichung ist schließlich beim höchsten Reservationspreis des Gutes im Punkt a erreicht.

Das grundsätzliche Ergebnis ist identisch mit der Erhebung einer Mengensteuer. Die Flächen A + D und B + C repräsentieren den Verlust der Konsumenten- bzw. Produzentenrente. A + B sind die Steuereinnahmen des Staates. Die Soziale Wohlfahrt verringert sich um die Flächen C + D.

In den beiden vorher gewählten Beispielen hat die Steuer jeweils den gleichen Effekt auf den Output. Der Output bzw. die nachgefragte Menge geht nach der Erhebung der Steuer auf y^* zurück. *Wenn die Erhebung einer Ad-Valorem-Steuer den gleichen Effekt auf den Output hat wie die Erhebung*

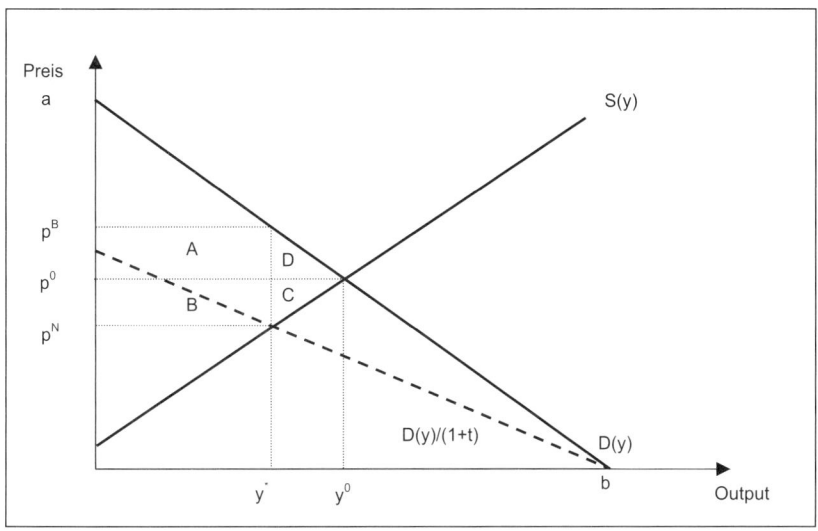

Abbildung 15.4: Der Wohlfahrtsverlust einer Wertsteuer

einer Mengensteuer, sind die Steuereinnahmen und der Wohlfahrtsverlust bei beiden Steuern identisch, sofern es sich um einen Konkurrenzmarkt handelt.

Dies ist ein sehr wichtiges Ergebnis. Es zeigt, dass die Art der Steuererhebung (Mengen- bzw. Wertsteuer) in einem Konkurrenzmarkt unerheblich ist sowohl für die Einnahmen des Staates als auch für die Wohlfahrt der gesamten Gesellschaft. Betont werden muss aber auch, dass dieses Ergebnis nur in einem Konkurrenzmarkt zustande kommt. In einem Monopol sieht das Ergebnis anders aus.

Abbildung 15.5 zeigt im linken Diagramm die Erhebung einer Mengensteuer und im rechten Diagramm die Erhebung einer Ad-Valorem-Steuer in einem Monopol. Mit der Erhebung einer Mengensteuer verschiebt sich die Nachfragekurve nach unten.[16] Die nachgefragte Menge geht von y^m auf $y*$ zurück. Die gestrichelten Linien sind jeweils die Nachfragegerade und die Grenzerlöskurve nach der Steuererhebung. Durch die Erhebung einer Mengensteuer nimmt der Staat die schraffierte Fläche im linken Diagramm ein. Die Soziale Wohlfahrt vor der Steuererhebung betrug $K'cba$. Nach der

---

[16]Im vorherigen Mengensteuer-Beispiel im Konkurrenzmarkt wurde argumentiert, dass sich die Angebotskurve nach oben verschiebt, dies ergab sich aus $p^B = p^N + t$. Umgekehrt gilt: $p^B - t = p^N$, was einer Verschiebung der Nachfragekurve nach unten gleichkommt.

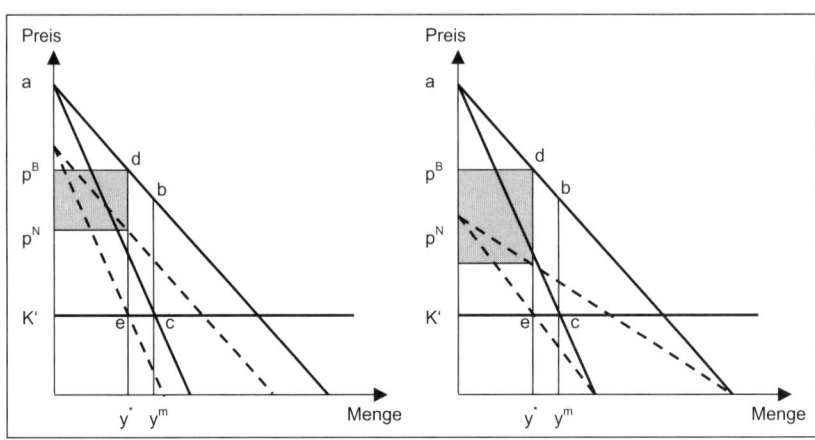

Abbildung 15.5: Mengen- und Wertsteuer in einem Monopol

Steuererhebung reduziert sich die Soziale Wohlfahrt um die Fläche *ecbd* auf *K'eda*. Mit der Erhebung einer Ad-Valorem-Steuer kann der Staat bei der gleichen Mengenreaktion der Nachfrager, d.h. Rückgang der Nachfrage von y^m auf $y*$, wesentlich größere Steuereinnahmen (schraffierte Fläche im rechten Diagramm) generieren. Der Einfluss auf die Soziale Wohlfahrt ist dabei der gleiche, es geht ebenfalls die Fläche *ecbd* verloren. *Wenn die Erhebung einer Ad-Valorem-Steuer in einem Monopol den gleichen Effekt auf den Output hat wie die Erhebung einer Mengensteuer, sind die Steuereinnahmen einer Ad-Valorem-Steuer höher als die einer Mengensteuer. Dabei wird die Soziale Wohlfahrt von beiden Steuern in identischer Höhe beeinflusst.* Mit anderen Worten, wenn die Steuereinnahmen einer Mengensteuer identisch sind mit den Einnahmen einer Ad-Valorem-Steuer, ist der Wohlfahrtsverlust bei letzterer kleiner.

Der Vergleich einer Mengensteuer mit einer Ad-Valorem-Steuer lässt sich für ein Oligopol nicht so anschaulich in eine Grafik packen. Zumal die Situation in einem Oligopol abhängig von der Anzahl der Anbieter ist. Es gibt unterschiedlichste Modelle für die Bewertung von Steuereinnahmen und Wohlfahrtsverlusten in unvollkommenen Märkten, die keine Monopole sind. Grundsätzlich gilt, je geringer die Anzahl der Anbieter ist, desto größer sind die Steuereinnahmen aus einer Ad-Valorem-Steuer gegenüber einer Mengensteuer. Je mehr Anbieter auf einem Markt auftreten, desto geringer wird der Unterschied in den Steuereinnahmen dieser beiden Steuerarten. Für jegliche Marktform gilt immer, dass eine Ad-Valorem-Steuer und eine Mengensteuer, sofern sie den gleichen Effekt auf den Output haben, den gleichen Einfluss auf die Soziale Wohlfahrt haben.

Bevor die Auswirkungen von Steuern auf das Arbeitsangebot und damit auf einen der wichtigsten Märkte einer Volkswirtschaft, den Arbeitsmarkt, untersucht werden, noch einige Worte zu den Grundregeln der Besteuerung durch den Staat, die schon auf Adam Smith zurückgehen.[17] Die Grundregeln der Besteuerung sind:

1. Gerechtigkeit;

2. Beständigkeit;

3. Flexibilität;

4. Kosten-Effizienz;

5. wirtschaftliche Effizienz.

Nur die ersten vier genannten Grundregeln gehen direkt auf Adam Smith zurück. Wenn der Staat Steuern erhebt, sollten die Steuern möglichst gerecht erhoben werden. Die Gerechtigkeit richtet sich nach der Zahlungskraft der Steuerzahler. Einfach ausgedrückt sollten Reiche mehr zahlen als Arme. Die Beständigkeit der Besteuerung soll die Steuerzahler vor der Gier des Staates schützen, die Steuern beliebig zu erheben.[18] Die Steuerzahler müssen bevor sie eine Entscheidung treffen die Steuerzahlungen berücksichtigen konnen. Plötzliche Steuererhöhungen sollten nicht möglich sein. Die Kontinuität der Besteuerung soll über die Zeit gewahrt sein. Flexibilität ist auf der anderen Seite notwendig, um sich an die Zahlungskraft der Steuerzahler anzupassen. Eine Investition darf nicht schon am Anfang mit hohen Steuern belastet werden, bevor sie zum Beispiel Gewinn abwirft. Wäre dies der Fall, könnten private Anbieter die Investition unter Umständen nicht tätigen, da neben der reinen Investition auch Steuerzahlungen vorfinanziert werden müssten. Die Steuern sollten darüber hinaus effizient erhoben werden. Kosten-Effizienz besteht aus zwei Teilen. Erstens muss die Erhebung der Steuer an sich günstig sein, d.h. die Prüfung wer welche Steuer in welcher Höhe zu bezahlen hat, sollte einfach und transparent sein. Zweitens sollte die Kontrolle der Steuerzahlung möglichst einfach

---

[17]vgl. Adam Smith 1996, S.703 - 781

[18]Ziel eines Staates darf nicht die Maximierung seiner Einnahmen sein, dies führt zu einem überdimensionierten Staat (Leviatan), der die ökonomische Freiheit der Gesellschaft einschränkt und Wachstum verhindert (vgl. Kap. 13.2)

sein. Je schwieriger es für den Staat ist, Steuerhinterziehung aufzudecken,
desto mehr Individuen werden einerseits Steuern hinterziehen, desto weniger lohnt sich andererseits für den Staat die Verfolgung von Steuerhinter-
ziehern. Das Steuersystem sollte daher so ausgerichtet sein, dass einerseits
die Erhebung der Steuern und andererseits die Kontrolle der Steuerzahler
möglichst günstig ist.

Der letztgenannte Punkt lässt sich aus Smith zwar ableiten, wurde aber
von ihm nicht explizit aufgeführt. Die Steuererhebung sollte selbstverständlich wirtschaftlich effizient sein. Verlangt der Staat zum Beispiel eine Steuer in Höhe der gesamten Gewinne einer Unternehmung oder in Höhe der
gesamten Einnahmen eines Individuums, könnten hohe Steuereinnahmen
erwartet werden. Das Gegenteil wird aber der Fall sein. Wenn ein Arbeitnehmer 100% seines Lohns an den Staat abgeben muss, wie viel werden die
meisten Menschen dann noch arbeiten? Die große Mehrheit der Bevölkerung wird überhaupt nicht mehr Arbeiten und daher auch überhaupt keine
Steuern zahlen. Grundsätzlich gilt bei der wirtschaftlichen Effizienz, dass
der Staat so viele Steuern wie nötig aber so wenig wie möglich erheben
sollte. Dieser Punkt wird im nächsten Abschnitt in den Mittelpunkt des
Interesses gezogen.

15.3   Steuern und das Arbeitsangebot

Die größte Einnahmequelle des Staates sind die Steuerzahlungen. Steuern
können auf die unterschiedlichsten Leistungen erhoben werden. Grundsätzlich gibt es Güter- bzw. Warensteuern, das sind Steuern, die auf den Verkauf von Gütern erhoben werden, und Lohn- bzw. Einkommensteuern. Für
Gütersteuern wurden Beispiele im vorherigen Abschnitt bereits ausführlich
erläutert. Die Steuern können auf die Menge oder den Wert der verkauften Güter erhoben werden. Die Mineralölsteuer in Deutschland ist eine
Mengensteuer. Ein fester Betrag pro Liter Mineralöl wird erhoben. Die
Mehrwert- bzw. Umsatzsteuer ist eine Wertsteuer. Die Gütersteuern machen ca. 43% der gesamten Staatseinnahmen aus. Weitere 31% erlöst der
Staat aus der **Einkommensteuer**.[19] Welche Auswirkungen Gütersteuern
auf Angebot und Nachfrage haben, wurde bereits ausführlich erläutert.
Welchen Einfluss haben Einkommensteuern auf das Angebot auf dem Arbeitsmarkt. Die Haushalte und Unternehmen tauschen auf diesem Markt

---

[19]Inklusive der Steuern auf Kapitalerträge (Quelle: BMFi 2003, S. 59).

ihre gewohnten Positionen. Die Haushalte sind die Anbieter von Arbeitskraft, die von den Unternehmen nachgefragt wird.

Zunächst sollten zwei Typen von Arbeitern unterschieden werden. Erstens der **Freizeitfreak**, Typ F, der jede weitere Geldeinheit in Freizeit
und nicht in Konsum umsetzt. Zweitens der **Konsumfreak**, Typ D, der
jede weitere Geldeinheit in Konsum umsetzt. Die nachfolgenden Abbildungen zeigen die jeweils optimale Entscheidung der beiden Typen. Dabei ist
w der ursprüngliche Nettolohnsatz pro Arbeitseinheit, $\bar{l}$ ist die insgesamt
zur Verfügung stehende Freizeit, d.h. 24 Stunden abzüglich einer durchschnittlichen Nachtruhe. Die Zeit, die einer der beiden Typen für seine
Arbeit opfert, ist $\bar{l} - l$. Es wird eine Budgetgerade dargestellt, bei der das
eine Gut der Konsum und das andere die gesamte Zeit ist. Es gilt:

$$px = w(\bar{l} - l)$$

$$\Leftrightarrow x = \frac{w\bar{l}}{p} - \frac{wl}{p}.$$

Der Wert des Konsums bzw. der Nachfrage ergibt sich aus der nachgefragten Menge x mal dem Preis p. Diese Gesamtausgaben für den Konsum müssen auf der anderen Seite verdient werden und sind daher gleich
dem Nettoarbeitslohn w mal dem Arbeitsangebot $\bar{l} - l$, d.h. zur Verfügung
stehende Zeit minus Freizeit. Mit der kleinen Umformung der ersten Gleichung ergibt sich eine Budgetgerade für den Konsum in Abhängigkeit von
der Zeit. Der Schnittpunkt der Budgetgeraden mit der vertikalen Achse
gibt den jeweils maximalen Konsum wieder. Auf der vertikalen Achse arbeitet jeder der beiden Typen die maximale Zeit. Von den 24 Stunden,
die ein Tag hat, werden zum Beispiel 16 gearbeitet. Unter Beachtung einer
vernünftigen Portion Schlaf entspricht das der maximal möglichen menschlichen Arbeitskraft auf längere Sicht. Der Schnittpunkt der Budgetgeraden
mit der horizontalen Achse repräsentiert den Konsumnullpunkt. Beide Typen arbeiten überhaupt nicht, haben folglich kein Einkommen und werden
nicht konsumieren. Der Startpunkt der Analyse ist der Punkt $(\bar{l} - l, x)$.
Dieser Punkt liegt auf der ursprünglichen Budgetgeraden (durchgezogene
Linie) mit einem Lohnsatz w. Wie reagieren die beiden Typen, wenn die
Besteuerung des Lohns zurückgeht und der Nettolohn w auf w' steigt?

Der Freizeitfreak in Abbildung 15.6 hat einen größeren Nutzen von seiner
vorhandenen Freizeit. Die abgebildeten Indifferenzkurven zeigen dies deutlich. Selbst wenn dem Freizeitfreak viel Konsum geboten wird, d.h. letztlich
ein hoher Lohn, ist er nur bereit einen kleinen Teil seiner Freizeit aufzuge-

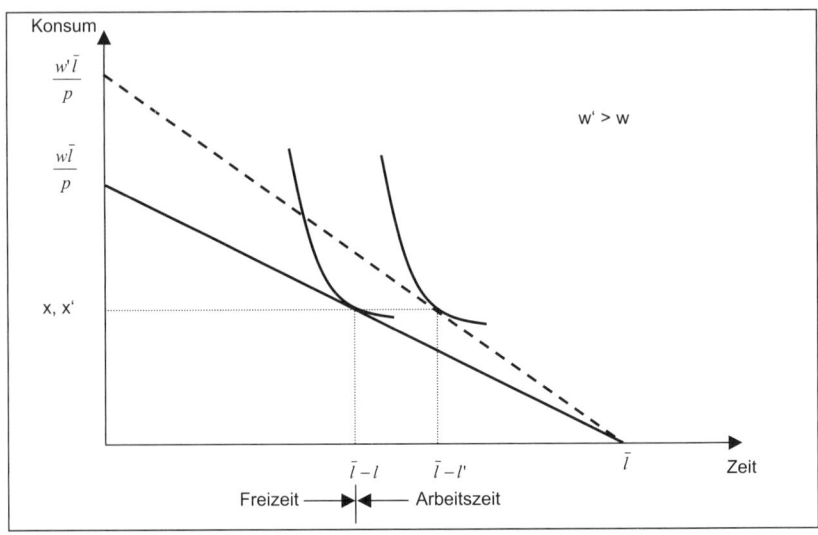

Abbildung 15.6: Das Arbeitsangebot des Freizeitfreaks

ben. Der Typ hat sich einen bestimmten Lebensstandard ausgesucht, mit dem er zufrieden ist. Steigt nun der Nettolohn auf Grund der reduzierten Steuer, wird der Freizeitfreak nichts weiter als die gleiche Menge wie vor der Steuersenkung konsumieren wollen. Aus diesem Grund liegen x und x' auf dem gleichen Niveau. Da der Lohn gestiegen ist, kann der Freizeitfreak eben dieses gleiche Konsumniveau mit weniger Arbeitsleistung erreichen. Nach der Steuersenkung wird sich der Freizeitfreak im Punkt $(\bar{l} - l',\ x')$ befinden. Er genießt dort das gleiche Konsumniveau für weniger Arbeitsleistung und folglich mehr Freizeit.

Der Konsumfreak in Abbildung 15.7 steigert seinen Nutzen mit immer mehr Konsum wie die flachen Indifferenzkurven zeigen. Der Konsumfreak gibt selbst für eine relativ kleine Menge zusätzlichen Konsum eine relativ große Menge seiner Freizeit auf. Steigt nun der Nettolohn auf Grund der reduzierten Steuer, wird der Konsumfreak nicht nur den Vorteil der höheren Lohnzahlung für seinen Konsum nutzen (senkrechter Punkt oberhalb von $\bar{l} - l$ auf der neuen (gestrichelten) Budgetgeraden), sondern seine Arbeitsleistung noch steigern. Er fühlt sich von dem höheren Lohn angespornt noch mehr Freizeit aufzugeben, um seinen Lebensstandard relativ stärker zur Steuerreduzierung zu erhöhen. Nach der Steuersenkung wird sich der

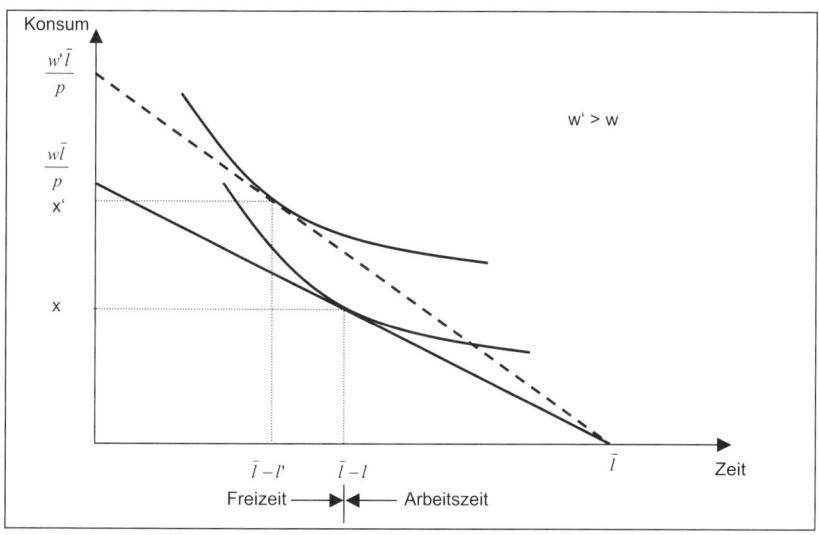

Abbildung 15.7: Das Arbeitsangebot des Konsumfreaks

Konsumfreak im Punkt $(\bar{l} - l', x')$ befinden. Er genießt dort ein höheres Konsumniveau bei mehr Arbeitsleistung und folglich weniger Freizeit. Er kann seinen Nutzen steigern.

Die Erhebung von Steuern hat unterschiedliche Effekte auf das Verhalten von Individuen. Die Auswirkungen hängen von den Präferenzen der einzelnen Personen ab. Steuern haben letzten Endes genau wie jeder andere Preis, Steuern sind indirekt ein Preis für öffentliche Güter, einen Einkommens- und einen Substitutionseffekt. Der Einkommenseffekt einer Steuererhöhung ist negativ. Wenn der Staat mehr Steuern verlangt, wird das Einkommen der Steuerzahler sinken. Dies führt tendenziell dazu, dass die Steuerzahler einen Anreiz haben, mehr Arbeitskraft anzubieten. Durch erhöhten Arbeitseinsatz kann das verlorene Einkommen wieder aufgeholt werden und die Individuen können ihren Lebensstandard aufrechterhalten. Auf der anderen Seite haben Steuererhöhungen auch einen Substitutionseffekt, sie wirken tendenziell demotivierend. Die geleistete Arbeit bringt netto weniger ein. Der fehlende Anreiz führt zu einem geringeren Arbeitsangebot. Der Gesamteffekt einer Steuererhöhung oder einer Steuersenkung ist interessant. Empirische Untersuchungen haben gezeigt, dass der Einkommenseffekt einer Steuererhöhung bei Männern und Paaren überwiegt.

und das Arbeitsangebot folglich steigt. Bei Single-Frauen überwiegt der Substitutionseffekt einer Steuererhöhung. Dies führt zu einer Reduzierung des Arbeitsangebotes.[20] Was bedeutet das für den Staat?

Erstens, solange das Arbeitsangebot bei höheren Steuern steigt und auch nachgefragt wird, so lange werden die Steuereinnahmen steigen. Zweitens, können die Steuersätze beliebig hoch sein und die Einnahmen steigen trotzdem weiter? Der erste Aspekt ist eine Tatsache, der zweite muss untersucht werden. Dieses Phänomen wurde bereits von Arthur Laffer[21] untersucht. *Der **Laffer-Effekt** besagt, dass die Steuereinnahmen ab einem bestimmten Steuersatz in absoluter Höhe sinken, wenn die Steuern erhöht werden. Umgekehrt bedeutet dies, wenn der Steuersatz nur hoch genug ist, führt eine Reduzierung des Steuersatzes zu höheren Steuereinnahmen.*[22] Die Erkenntnis an sich ist recht trivial und intuitiv leicht nachzuvollziehen. Der Verlauf der Steuereinnahmen folgt einem auf den Kopf gestellten U. Bei einem Steuersatz von 0% ist das Steueraufkommen des Staates Null. Bei einem Steuersatz von 100% ist das Steueraufkommen ebenfalls Null. Es besteht kein Anreiz etwas zu verdienen, wenn der gesamte Verdienst an den Staat abgeführt werden muss.[23] Irgendwo gibt es einen Steuersatz zwischen 0% und 100%, der das Steueraufkommen des Staates maximiert. Diese Tatsache ist mit der **Laffer-Kurve** in Abbildung 15.8 dargestellt. Darüber hinaus ist in der Zeichnung der Laffer-Effekt zu erkennen. Dieser tritt nach dem Maximum der Steueraufkommenskurve auf. Wird der Steuersatz von t^{**} auf t^* gesenkt, steigt das Steueraufkommen von T^{**} auf T^*. Vor dem Maximum führt eine Erhöhung des Steuersatzes zu einem höheren Steueraufkommen.

Welche Bedingungen müssen in dem Maximum herrschen? Ein Modell kann helfen, die Antwort zu finden. Das Arbeitsangebot folge der Funktion $S(w)$. Dabei ist w der Nettolohn pro Arbeitseinheit, der sich aus dem Bruttolohn $\bar{w}$ pro Arbeitseinheit abzüglich der Steuern ergibt. Bei einem Steuersatz von t zahlt jeder Steuerzahler pro Arbeitseinheit Steuern in

---

[20]vgl. Gary Burtless 1987; Brown u.a. 1986

[21]Arthur Laffer (geb. 1941) war von 1981 bis 1989 ökonomischer Berater von US-Präsident Ronald Reagan und später Mitglied des Finanzberatungsteams um George Bush, sen.

[22]vgl. Canto u.a. 1983, vgl. Hemming, Kay 1980

[23]Dies gilt zumindest generell. Nicht ausgeschlossen werden kann dabei, dass es Personen gibt, die einen Nutzen aus der Arbeit selbst ziehen. Das Einkommen aus der Arbeitsleistung und die damit verbundene Möglichkeit Bedürfnisse zu befriedigen, sind vollkommen nachrangig. Die Personen sind unglücklich ohne Arbeit. Folglich werden sie weiterhin arbeiten, 100% ihres Einkommens an den Staat abführen und glücklich sein. Die Mehrheit der Mitglieder einer Gesellschaft betrifft dies aber sicher nicht. Die meisten werden zwar weiter arbeiten, aber auf dem Schwarzmarkt oder gegen Naturalien anstatt Geld. Somit gibt es kein offizielles Einkommen, das besteuert werden kann.

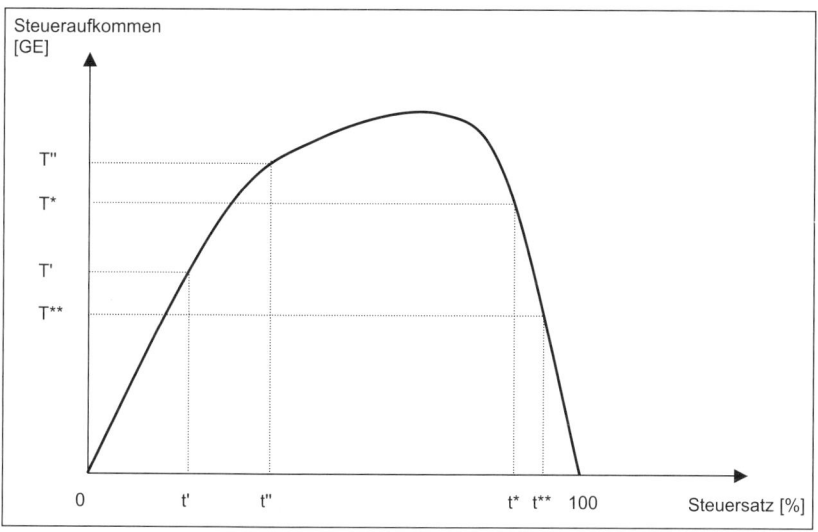

Abbildung 15.8: Die Laffer-Kurve

Höhe von $t\bar{w}$. Es gilt: $w = \bar{w} - t\bar{w} = (1 - t)\bar{w}$.

Das gesamte Steueraufkommen T ist das Ergebnis der Steuerzahlungen pro Arbeitseinheit multipliziert mit dem Arbeitsangebot, dass vom Nettolohn abhängig ist. Folglich: $T = t\bar{w} \cdot S(w)$ mit $w = (1 - t)\bar{w}$. Der Staat möchte nun wissen, wie die Steuereinnahmen auf eine Veränderung des Steuersatzes reagieren. Hierzu wird einfach die Steigung der Steuereinnahmen im Verhältnis zum Steuersatz berechnet, d.h. die erste Ableitung der Steueraufkommensfunktion nach t gebildet. Es ergibt sich (siehe Appendix zu diesem Kapitel):

$$\frac{\partial T}{\partial t} = \bar{w} \left[S(w) - t \cdot \frac{dS(w)}{dw}\bar{w} \right].$$

Welches Ergebnis hat diese Ableitung? Der Lohnsatz $\bar{w}$ ist positiv. In der Klammer ist das Ergebnis nicht eindeutig. Das Arbeitsangebot $S(w)$ ist positiv, der Steuersatz t ist positiv genau wie die Veränderungsrate des Arbeitsangebots im Verhältnis zum Nettolohn. Wenn der Nettolohn steigt, wird auch das Arbeitsangebot steigen, wenn der Nettolohn fällt, wird auch das Arbeitsangebot in der Regel fallen. Das Steueraufkommen reagiert folglich weder grundsätzlich positiv auf eine Erhöhung des Steuersatzes noch grundsätzlich negativ. Dieses Ergebnis ist konform mit der Laffer-Kurve, in der beide Situationen möglich sind, d.h.:

$$\frac{\partial T}{\partial t} = \underset{(+)}{\bar{w}} \left[\underset{(+)}{S(w)} - t \cdot \underbrace{\frac{dS(w)}{dw} \bar{w}}_{(+)} \right] \overset{?}{\underset{<}{>}} 0.$$

Ist der rechte Term in der Klammer größer als das Arbeitsangebot, ist die Klammer insgesamt negativ und das Steueraufkommen reagiert gegenläufig auf eine Veränderung des Steuersatzes. Mit einem rechten Term in der Klammer kleiner als das Arbeitsangebot ist das Ergebnis insgesamt positiv und das Steueraufkommen wird gleichläufig auf eine Veränderung des Steuersatzes reagieren. Der Laffer-Effekt besagt nun, dass das Steueraufkommen steigt, wenn der Steuersatz sinkt. In diesem Zusammenhang ist daher nur der negative Bereich von Interesse. Darüber hinaus ist nur die Klammer von Interesse, da diese das Vorzeichen des Ergebnisses bestimmt. Der Laffer-Effekt verlangt (siehe Appendix zu diesem Kapitel):

$$\frac{(1-t)}{t} < \frac{dS(w)}{dw} \cdot \frac{w}{S(w)}.$$

Der Ausdruck auf der rechten Seite der oberen Ungleichung ist der Ausdruck einer Elastizität. Er wird die **Elastizität des Arbeitsangebots** oder die **Elastizität der Leistungsbereitschaft** genannt. Wenn die Elastizität des Arbeitsangebots größer ist als $(1-t)/t$, dann tritt der Laffer-Effekt auf. Die obere Zeile in der Tabelle 15.4 listet bestimmte Steuersätze auf. Die untere Zeile zeigt den Wert des Terms $(1-t)/t$ für den jeweiligen Steuersatz. Wenn die Elastizität des Arbeitsangebotes größer ist als dieser Wert, dann tritt der Laffer-Effekt auf.

Tabelle 15.4: Steuersätze und der Laffer-Effekt

t [%]	10	20	30	40	50	60	70	80	90
$(1-t)/t$	9	4	2,33	1,5	1	0,67	0,43	0,25	0,11

In den meisten europäischen Ländern bewegen sich die Steuersätze heutzutage im Bereich 20% bis 50%. Damit der Laffer-Effekt hierbei zutage tritt, müsste die Arbeitsangebotselastizität bei einem Steuersatz von 50% größer als eins und bei einem Steuersatz von 20% bereits größer als vier sein. Dies wiederum würde einen Rückgang des Arbeitsangebotes von mindestens einem Prozent bedeuten, wenn der Steuersatz um ein Prozent steigt. Eine erhebliche Reaktion, die nicht zu beobachten ist. Geschätzte Elastizitäten liegen bei 0,2%, d.h. der Laffer-Effekt tritt erst bei einem Steuersatz von mehr als 80% auf. Der Laffer-Effekt ist aufgrund der hohen Steuersätze heute nicht mehr aktuell, in früheren Jahren in Schweden aber durchaus möglich gewesen.[24]

Der Reiz der Laffer-Kurve ist ihre Schlichtheit, ihre Einfachheit. Auf elegante Art und Weise regt sie zum Nachdenken an und rückt Themen in den Mittelpunkt, die intuitiv schnell einleuchten, aber in der öffentlichen Diskussion häufig wenig Beachtung finden. Auch wenn die Steuersätze nicht so hoch sind, dass der Laffer-Effekt tatsächlich auftreten wird, bleibt die Anreizwirkung von sinkenden Steuern auf das Verhalten von Individuen. Es geht dabei im vorherigen Modell zwar nur um das Arbeitsangebot jedes Einzelnen, dabei muss es allerdings nicht bleiben. Im Zuge des internationalen Steuerwettbewerbs von Nationalstaaten, hat die Höhe der **Unternehmenssteuersätze** großen Einfluss auf die Standortentscheidung. Je niedriger die Unternehmenssteuern sind, desto mehr Unternehmen werden sich tendenziell in einem Land ansiedeln und damit Arbeitsplätze schaffen. Selbstverständlich sind auch viele andere Faktoren wichtig bei der Standortentscheidung. Steuern haben aber mehrfachen Einfluss. Sie stellen direkte Kosten für Unternehmen dar und schmälern den Gewinn. Auf der anderen Seite erhöhen Steuern indirekt die Lohnkosten. Der einzelne Arbeitnehmer ist nur an seinem Nettolohn interessiert. Je höher die Steuern sind, die vom Lohn abgeführt werden müssen, je höher werden tendenziell die Bruttolöhne sein. Die sind wiederum der einzige wichtige Kostenfaktor für die Unternehmen im Bereich der Personalaufwendungen. Niedrige Gütersteuern haben wiederum geringe Bruttopreise zur Folge und fördern auf diese Weise die Nachfrage. Auf der anderen Seite darf natürlich nicht unerwähnt bleiben, dass der Staat mit den Steuereinnahmen öffentliche Güter finanziert. Letzten Endes entscheidet daher sicher nicht die absolute Höhe der Steuern, sondern die relative gegenüber anderen Ländern. Führen hohe Steuern zu einer guten Infrastruktur, werden Unternehmen und auch Arbeitnehmer eher bereit sein, diese zu bezahlen.

Der negative Punkt, der aus dem Laffer-Theorem hervorgeht, ist die Tatsache der Maximierung von Steuereinnahmen. Dies widerspricht den Grundregeln der Besteuerung. Ziel des Staates sollte nicht die Maximierung der Einnahmen sein, sondern die Optimierung der gesellschaftlichen Mittel.

---

[24]vgl. Charles E. Stuart 1981

15.4 Appendix

Die erste Ableitung der Steueraufkommensfunktion T nach t ergibt sich wie folgt:

$$\frac{\partial T}{\partial t} = \bar{w} \cdot S(w) + t\bar{w} \cdot \frac{dS(w)}{dw} \cdot \frac{\partial w}{\partial t}$$

$$= \bar{w} \left[S(w) + t \cdot \frac{dS(w)}{dw} \cdot (-\bar{w}) \right]$$

$$= \bar{w} \left[S(w) - t \cdot \frac{dS(w)}{dw} \bar{w} \right].$$

Bei der Ableitung von T ist zu beachten, dass zwei Ableitungsregeln benutzt werden müssen. Erstens die Produktregel, da es sich mit $t\bar{w} \cdot S(w)$ um ein Produkt handelt und zweitens die Kettenregel zur Ableitung von $S(w)$. Es handelt sich bei der Arbeitsangebotsfunktion nicht um eine Konstante, die nicht von t abhängig ist, sondern um eine Funktion, die indirekt von t abhängig ist, denn $w = (1 - t)\bar{w}$. Der Term $-\bar{w}$ ergibt sich aus der Ableitung von w nach t $(\partial w/\partial t = -\bar{w})$.

Der Laffer-Effekt verlangt:

$$\frac{\partial T}{\partial t} < 0$$

$$\Leftrightarrow S(w) - t \cdot \frac{dS(w)}{dw} \bar{w} < 0$$

$$\Leftrightarrow S(w) < t \cdot \frac{dS(w)}{dw} \bar{w} \qquad | : tS(w)$$

$$\Leftrightarrow \frac{1}{t} < \frac{dS(w)}{dw} \cdot \frac{\bar{w}}{S(w)} \qquad | \cdot (1 - t)$$

$$\Leftrightarrow \frac{(1-t)}{t} < \frac{dS(w)}{dw} \cdot \frac{(1-t)\bar{w}}{S(w)}$$

$$\Leftrightarrow \frac{(1-t)}{t} < \frac{dS(w)}{dw} \cdot \frac{w}{S(w)}.$$

Das Ergebnis ist die Elastizität des Arbeitsangebots oder die Elastizität der Leistungsbereitschaft. Wenn die Elastizität des Arbeitsangebots größer ist als $(1 - t)/t$, dann tritt der Laffer-Effekt auf.

Fazit

Adam Smith schreibt:

"Daß Gewinnchancen grundsätzlich überschätzt werden, können wir an Beliebtheit und Erfolg von Lotterien ablesen. Eine wirklich faire Lotterie, in der sich also Gewinne und Verluste völlig ausgleichen, hat die Welt bislang noch nicht gesehen, sie wird es auch in Zukunft nicht geben, da der Veranstalter sonst nichts daran verdienen würde. Die Lose der staatlichen Lotterien, zum Beispiel, sind tatsächlich nicht einmal den Preis wert, den Ersterwerber dafür bezahlen; sie werden dennoch gewöhnlich mit zwanzig, dreißig, mitunter vierzig Prozent Aufschlag im Handel verkauft. Die eitle Hoffnung, einen der Hauptgewinne zu ziehen, ist die einzige Erklärung für diese Nachfrage.[...] Und doch ist kein Satz der Mathematik so gesichert wie der, dass man um so eher verliert, je mehr Lose man riskiert. Wer alle Lotterielose kauft, der verliert mit Sicherheit, und je mehr Lose man erwirbt, desto mehr nähert sich man dem sicheren Verlust."[25]

Dieses Zitat führt mehrere Dinge vor Augen. Erstens, die Lose sind knapp und haben deshalb ihren Preis. Zweitens, die Betreiber von Unternehmen, die Veranstalter, wollen Gewinne erzielen. Drittens, das Verhältnis von Chancen und Risiken sollte rational bedacht werden. Viertens, optimiert jedes Individuum seine Ausgaben, wird keines ein Lotterielos zum Marktpreis nachfragen. Das Zitat steckt voller ökonomischer Wahrheiten, diese müssen nur erkannt werden. Der wohl wichtigste Punkt ist die Alltäglichkeit der Situation. Hier wird kein theoretisches Modell aufgeboten, sondern die tägliche Erfahrung beschrieben.

Vom Einkauf einer Cola Dose bis hin zur Arbeitssuche. Von der Unternehmensstrategie bis hin zum konkreten Marktangebot werden täglich von jedem Einzelnen wichtige ökonomische Entscheidungen getroffen. Das Leben findet in der Ökonomie statt, auch das muss erkannt werden. Dabei

---

[25]vgl. Adam Smith 1996, S. 93.

sind die beschriebenen Modelle für alle interessant. Personen, die das Studium der Ökonomie als zu trocken empfinden, leben vielleicht nach dem Motto *carpe diem*, nutze den Tag. Dabei tun sie nichts anderes als ihre knappe Zeit und ihre knappen Mittel nach ihren Vorstellungen optimal einzusetzen. Ökonomisch gesprochen optimieren sie ihren Nutzen unter Beachtung ihrer Präferenzen. Bei hoffentlich wenigen verbliebenen Verständnisschwierigkeiten hilft dieser Gedanke vielleicht. Die Ökonomie ist nichts Neues, sondern eine Optimierung des bisherigen.

Nach der Vorlesung tritt die Studentin wieder auf den Campus. Sie weiß, sie ist längst eine Ökonomin, aber sie kann noch viel lernen in der Ökonomie.

Literaturverzeichnis

Adams, William J.; Yellen, Janet L.: Commodity Bundling and the Burden of Monopoly. In: Quarterly Journal of Economics, 90. Jg. (1976), H. 3, S. 475-498.

Allen, R.G.D.: The Nature of Indifference Curves. In: The Review of Economic Studies, 1. Jg. (1934), H. 2, S. 110-121.

Arrow, Kenneth J.: Social Choice and Individual Value. New York, London 1951.

Derselbe: An Extension of the Basic Theorems of Classical Welfare Economics. In: Proceedings of the Second Berkeley Symposium on Mathematical Statistics and Probability, Berkeley 1951b, S. 507-532.

Derselbe; Debreu, Gérard: Existence of an Equilibrium for a Competitive Economy. In: Econometrica, 22. Jg. (1954), H. 3, S. 265-290.

Bagley, Bruce M.: Columbia and the War on Drugs. In: Foreign Affairs, Jg. 1988.

Ball, W. W. Rouse: A Short Account of the History of Mathematics. London, New York 1908.

Bass, Hans H.: Joseph A. Schumpeter (1883–1950). Innovation und schöpferische Zerstörung: der Unternehmer als Motor der Entwicklung. In: E+Z – Entwicklung und Zusammenarbeit, Jg. 1999, H. 7/8, S. 215-218.

Baumol, W.J.; Oates, W.E.: The Theory of Environmental Policy. Cambridge 1975.

Becker, Gary S.; Becker, Guity N.: Die Ökonomik des Alltags. Von Baseball über Gleichstellung zur Einwanderung: Was unser Leben wirklich bestimmt. Tübingen 1998.

Bentham, Jeremy: An Introduction to the Principles of Morals and Legislation. Nachdruck des Privatdrucks von 1781, o.O. 2000. Als Manuskript gedruckt.

Derselbe: Defence of Usury; Shewing the Impolicy of the Present Legal Restraints on the Terms of Pecuniary Bargains in a Series of Letters to a Friend to Which is Added a Letter to Adam Smith, Esq; LL.D. on the Discouragements opposed by the above Restraints to the Progress of Inventive Industry. Nachdruck der Ausgabe von 1787, London, Tokio 1992.

Berg, Hartmut; Rott, Armin: Ökonomische Experimente. Eine neue Lehrmethode in der Volkswirtschaftslehre. In: Wirtschaft und Statistik Jg. 2001, H. 2, S. 113-116.

Bernstein, Mark; Lempert, Robert; Loughran, David u.a.: The Public Benefit of California's Investment in Energy Efficiency. o.O. 2000. Als Manuskript gedruckt. www.rand.org.

Bierman, Scott H.; Fernandez, Luis: Game Theory with Economic Applications. New York 1998.

Black, Duncan: The Theory of Commitees and Elections. Cambridge 1958.

Bofinger, Peter: Monetary Policy. Goals, Institutions, Strategies, and Instruments. Oxford, New York 2001.

Bowley, Arthur L.: The Mathematical Groundwork of Economics. Oxford 1924.

Bowley, Marian: Nassau Senior's Contribution to the Methodology of Economics. In: Economica. New Series, 3. Jg. (1936), H. 11, S. 281-305.

Brown, Charles V.; Jackson, Peter M.: Public Sector Economics. Oxford, Malden 1998.

Brown, C. V.; Levin, E. J.; Rosa, P. J. u.a.: Taxation and Family Labour Supply in Great Britain: The Final Report of a Project on Direct Taxation and Cost-Run Labour Supply. London 1986. Als Manuskript des britischen Finanzministeriums gedruckt.

Bundesministerium für Wirtschaft und Technologie, BMWi (Hrsg.): Reserven, Ressourcen und Verfügbarkeit von Energierohstoffen. Zusammenfassung. Berlin 1999.

Bundesregierung der Bundesrepublik Deutschland: Lebenslagen in Deutschland. Der 3. Armuts- und Reichtumsbericht der Bundesregierung. Berlin 2008. Internetausgabe unter http://www.bmas.de, eingesehen 04.10.08.

Burtless, Gary: The work response to a guaranteed income: a survey of experimental evidence. In: Munnell, A. H. (Hrsg.): Lessons from the Income Maintenance Experiments. Boston 1987.

Canto, Victor A.; Joines, Douglas H.; Laffer, Arthur B.: Tax Rates, Factor Employment, Market Production, and Welfare. In: Canto, Victor A.; Joines, Douglas H.; Laffer, Arthur B. (Hrsg.): Foundations of Supply-Side Economics. Theory and Evidence. New York, London 1983, S. 1-24.

Canto, Victor A.; Joines, Douglas H.; Webb, Robert I.: The Revenue Effects of the Kennedy Tax Cuts. In: Canto, Victor A.; Joines, Douglas H.; Laffer, Arthur B. (Hrsg.): Foundations of Supply-Side Economics. Theory and Evidence. New York, London 1983, S. 72-103.

Cechetti, Stephen G.: The Case of the Negative Nominal Interest Rates: New Estimates of the Term Structure of Interest Rates during the Great Depression. In: The Journal of Political Economy, 96. Jg. (1988), H. 6, S. 1111-1141.

Clouse, James; Henderson, Dale; Orphanides, Athanasios; Small, David; Tinsley, Peter: Monetary Policy When the Nominal Short-Term Interest Rate is Zero. In: Finance and Economics Diskussion Series. Washington D.C. 2000; http://www.federalreserve.gov/pubs/feds/2000/index.html, eingesehen 27.04.02.

Coase, Ronald H.: The problem of social cost. In: The Journal of Law and Economics, 3. Jg. (1960), S. 1-44.

Condorcet, Marie J. Marquis de: Essai sur l'application de l'analyse a la probabilté des decisions rendues a la pluralité des voix. Paris 1785.

Dasgupta, Partha; Stiglitz, Joseph: Industrial Structure and the Nature of Innovative Activity. In: The Economic Journal, 90. Jg. (1980), H. 358, S.266-293.

D'Aspremont, Claude; Jacquemin, Alexis: Cooperative and Noncooperative R&D in Duopoly with Spillovers. In: The American Economic Review, 78. Jg. (1988), H. 5, S. 1133-1137.

Davies, Glyn: A History of Money. From Ancient Times to the Present Day. Cardiff 1996.

Debreu, Gérard: The Coefficient of Resource Utilization. In: Econometrica, 19. Jg. (1951), H. 3, S. 273-292.

Dixit, Avinash; Skeath, Susan: Games of Strategy. New York, London 1999.

Dörsam, Peter: Mathematik anschaulich dargestellt für Studierende der Wirtschaftswissenschaften. Heidenau 2006.

Edgeworth, Francis Y.: Mathematical Psychics: An Essay on the Application of Mathematics to the Moral Sciences. London 1881.

Engel, Ernst: Die Productions- und Consumptionsverhältnisse des Königreichs Sachsen. In: Zeitschrift des Statistischen Bureaus des Königlich Sächsischen Ministeriums des Innern, Jg. 1857, November.

Evans, Paul: What Does a Tax Cut Do? In: Canto, Victor A.; Joines, Douglas H.; Laffer, Arthur B. (Hrsg.): Foundations of Supply-Side Economics. Theory and Evidence. New York, London 1983, S. 207-223.

Fellner, Williams: Competition among the few: oligopoly and similar market structures. New York 1965.

Fisher, Irving: Appreciation and Interest. Originalveröffentlichung 1896. In: Barber, William J. (Hrsg.): The Works of Irving Fisher. The Pickering Masters Series. Volume 1, London 1997.

Flavin, Christopher: Rich Planet, Poor Planet. In: Linda Starke (Hrsg.): State of the World 2001. A Worldwatch Institute Report on Progress Toward a Sustainable Society. New York, London 2001, S. 3-20.

Fonseca, Gonçalo L.; Ussher, Leanne (Hrsg.): The History of Economic Thought Website; http://cepa.newschool.edu/het/home.htm

Freidank, Carl-Christian: Kostenrechnung. München, Wien 1997.

Friedman, James W.: Oligopoly Theory. New York 1989. (Cambridge Surveys of Economic Literature.)

Friedman, Milton: The Methodology of Positive Economics. In: Friedman, Milton (Hrsg.): Essays in Positive Economics. Chicago, London 1953, S. 3-43.

Gardner, Gary: Accelerating the Shift to Sustainability. In: Linda Starke (Hrsg.): State of the World 2001. A Worldwatch Institute Report on Progress Toward a Sustainable Society. New York, London 2001, S. 189-206.

Gorman, W.M.: Convex Indifference Curves and Diminishing Marginal Utility. In: The Journal of Political Economy, 65. Jg. (1957), H. 1, S. 40-50.

Gwartney, James; Lawson, Robert: Economic Freedom of the World. 2008 Annual Report. Vancouver 2008.

Hamouda, Omar F.; Rowley, Robin: Probability in Economics. London, New York 1996.

Hanau, Arthur: Die Prognose der Schweinepreise. In: Vierteljahreshefte zur Konjunkturforschung, Jg. 1928, Sonderheft 7.

Derselbe: Die Prognose der Schweinepreise. In: Vierteljahreshefte zur Konjunkturforschung, Jg. 1930, Sonderheft 18.

Hanley, Nick; Shogren, Jason F.; White, Ben: Introduction to Environmental Economics.Oxford 2001.

Hardin, Garrett: The tragedy of the commons. In: Science, 162. Jg. (1968), H. 3859, S. 1243-1248.

Hausman, Daniel M.: Economic Methodology in a Nutshell. In: The Journal of Economic Perspectives, 3. Jg. (1989), H. 2, S. 115-127.

Hemming, Richard; Kay, John A.: The Laffer Curve. In: Fiscal Studies, 1. Jg. (1980), H. 1, S 83-90.

Henkel, Joachim; Kaiser, Ulrich: Fremdvergabe von IT-Dienstleistungen aus personalwirtschaftlicher Sicht. In: Zeitschrift für Betriebswirtschaft (ZfB), Ergänzungsheft 04.2003, S. 137-161.

Herrmann-Pillath, Carsten; Lies, Jan J.: Sozialkapital. Begriffsbestimmung, Messung, Bereitstellung. In: Wirtschaft und Statistik, Jg. 2001, H. 7, S. 362-366.

Hicks, John R.: The Foundations of Welfare Economics. In: The Economic Journal, 49. Jg. (1939), H. 196, S. 696-712.

Derselbe: The Four Consumer's Surpluses. In: The Review of Economic Studies, 11. Jg. (1943), H. 1, S. 31-41.

Derselbe: A Revision of Demand Theory. London 1956.

Hippler, Jochen: Drogenhandel in den Nord-Süd-Beziehungen. In: Deutsches Übersee-Institute (Hrsg.): Jahrbuch Dritte Welt 1991. München 1990.

Hirsch, Fred: Social Limits to Growth. London 1995.

Hopenhayn, Hugo A.; Mitchell, Matthew F.: Innovation variety and patent breadth. In: RAND Journal of Economics, 32. Jg. (2001), H. 1, S. 152-166.

Houthakker, H.S.: Additive Preferences. In: Econometrica, 28. Jg. (1960), H. 2, S. 244-257.

Hume, David: A Treatise of Human Nature: Being an Attempt to introduce the experimental Method of Reasoning into Moral Subjects. Book III – Of Morals. In: Black, Adam; Tait, William; Tait, Charles (Hrsg.): The Philosopical Works of David Hume. Edinburgh 1826, Volume II, S. 215-404.

Jeong, Kap-Young; Masson, Robert T.: Market Structure, Entry, and Performance in Korea. In The Review of Economics and Statistics, 72. Jg. (1990), H. 3, S. 455-462.

Kaku, Michio: Hyperspace. A Scientific Odyssey Through Parallel Universes, Time Warps, and The Tenth Dimension. Diverse Städte 1994.

Kant, Immanuel: Kritik der praktischen Vernunft. In der Fassung von 1788 (Internetversion), Projekt Gutenberg-DE: http://gutenberg.spiegel.de/kant/kritikpr/kritikpr.htm.

Kemerling, Garth: www.philosophypages.com/index.htm.

Keuper, Frank: Strategisches Management. München 2001.

Keynes, John M.: Allgemeine Theorie der Beschäftigung, des Zinses und des Geldes. Berlin 1994.

Derselbe: Alfred Marshall, 1842-1924. In: Pigou, Arthur C. (Hrsg.): Memorials of Alfred Marshall, London 1925, Reprint New York 1966, S. 1-65.

Koch, Christoph: Preisdifferenzierung eines regionalen Monopolisten. Das Beispiel Borussia Dortmund. In: Wirtschaft und Statistik, Jg. 2001, H. 5, S. 285-288.

La Manna, Manfredi: New dimensions of the patent system. Aus: Norman, G.; La Manna, M. (Hrsg.): The New Industrial Economics.o.O. 1992. S. 159-185.

Lancaster, Kelvin J.: A New Approach to Consumer Theory. In: The Journal of Political Economy, 74. Jg. (1966), H. 2, S. 132-157.

Layson, Stephen: Third-Degree Price Discrimination, Welfare and Profits: A Geometrical Analyses. In: The American Economic Review, 78. Jg. (1988), H. 5, S. 1131-1132.

Lister, Richard P.: Marco Polo's Travels in Xanadu with Kublai Khan. London 1976.

Lomborg, Bjorn: The Skeptical Environmentalist. Measuring the Real State of the World. Cambridge, New York 2001.

Lührmann, Melanie: Mit Vollgas in den Freizeitpark: Konsum in Deutschland. In: Börsch-Supan, Axel; Schnabel, Reinhold (Hrsg.): Volkswirtschaft in fünfzehn Fällen: Studien in angewandter Mikro- und Makroökonomie. Wiesbaden 1998, S. 17-33.

Malthus, Thomas R.: Principles of Political Economy. In: Diehl, Karl und Mombert, Paul (Hrsg.): Ausgewählte Lesestücke zum Studium der politischen Ökonomie. Siebenter Band, Karlsruhe 1913, S. 33-54.

Derselbe: An Essay on the Principle of Population, as it affects the future improvement of society, with remarks on the speculations of Mr. Godwin, M. Condorcet, and other writers. In: Royal Economic Society (Hrsg.): First Essay on Population 1798. Nachdruck für die Royal Economic Society, London 1926.

Mann, F.K.: Steuerpolitische Ideale. Vergleichende Studien zur Geschichte der ökonomischen und politischen Ideen und ihres Wirkens in der öffentlichen Meinung 1600-1935. Jena 1937.

Marshall, Alfred: Principles of Economics. Faks.-Ausg. d. Erstausg. London, New York, Macmillan, 1890. Düsseldorf 1989.

McKenzie, Lionel: An Elementary Analysis of the Leontief System. In: Econometrica, 25. Jg. (1957), H. 3, S. 456-462.

McMagnus, M; Quandt, Richard E.: Comments on the Stability of the Cournot Oligopoly Model. In: The Review of Economic Studies, 28. Jg. (1961), H. 2, S. 136-139.

Meek, Ronald L.: Turgot on Progress, Sociology and Economics. In: Cowling, Maurice, Elton, G.R., Kedourie, E. u.a. (Hrsg.): Cambridge Studies in the History and Theory of Politics. Cambridge 1973.

Menger, Carl: Grundsätze der Volkswirtschaftslehre. In: The London School of Economics and Political Science (Hrsg.): The Collected Works of Carl Menger. Volume 1. In: Series of Reprints of Scarce Tracts in Economic and Political Science, No. 17. London 1934.

Möller Peter: www.p-moeller.de/philolex.htm.

Murphy, Kevin M.; Shleifer, Andrei; Vishny, Robert W.: The Allocation of Talent: Implications of Growth. In: Quarterly Journal of Economics, 106. Jg. (1991), H. 2, S. 503-530.

Nagel, Ernest: Assumptions in Economic Theory. In:The American Economic Review, 53. Jg. (1963), H. 2, S. 211-219.

NASA (Hrsg.): Non-Governmental Organization Concept Development for Management of International Space Station Utilization. Final Report of the International Study Team. Washington D.C. 2001, http://commercial.hq.nasa.gov/rnp.html, eingesehen 28.05.2002.

Derselbe: International Space Station Payload Operations Concepts and Architecture Assessment Study. Final Report. Washington D.C. 2001, http:// commercial.hq.nasa.gov/rnp.html, eingesehen 28.05.2002.

Nielen, Jochen: Das Leitbild des Laissez-faire in der Politischen Ökonomie von Smith bis Keynes, dargestellt anhand der Hauptwerke von Smith, Malthus, Ricardo, Mill, Marshall und Keynes. Bonn 2000. Als Manuskript gedruckt.

Ott, Alfred E.: Grundzüge der Preistheorie. Göttingen 1997 (Reihe: Grundriss der Sozialwissenschaft, Band 25).

Pareto, Vilfredo: Manual of Political Economy. Nach der französischen Auflage 1927, New York, London, Toronto u.a. 1971.

Paschke, Dennis: Grundlagen der Volkswirtschaftslehre anschaulich dargestellt. Heidenau 2007.

Philps, Louis: Applied Consumption Analysis. Amsterdam, Oxford 1974.

Pigou, A.C.: A Study in Public Finance. London 1928.

Posner, Richard A.: Nobel Laureate: Ronald Coarse and Methodology. In: The Journal of Economic Perspectives, 7. Jg. (1993), H. 4, S. 195-210.

Rawls, John: A Theory of Justice. Oxford 1972.

Reddy, Sanjay G.; Pogge, Thomas W.: How not to count the poor. Manuskript 2003.

Ricci, Umberto: Die "Synthetische Ökonomie" von Henry Ludwell Moore. In: Zeitschrift für Nationalökonomie, 1. Jg. (1930), H. 5, S. 649-668.

Robertson, Dennis H.; Sraffa, Piero; Shove, G.F.: Increasing Returns and the Representative Firm. In: The Economic Journal, 40. Jg. (1930), H. 157, S. 79-116.

Roll, Eric: A History of Economic Thought. London, Boston 1992.

Rosen, Harvey S.; Windisch, Rupert: Finanzwissenschaft I. München 1997.

Sah, Raaj K.: Queues, Rations, and Market: Comparisions of Outcomes for the Poor and the Rich. In: The American Economic Review, 77. Jg. (1987), H. 1, S. 69-77.

Salop, Steven C.: Monopolistic Competition with Outside Goods. In: Bell Journal of Economics, 10. Jg. (1979), H. 1, S. 141-156.

Samuelson, Paul A.: The pure theory of public expenditures. In: Review of Economics and Statistics, 36. Jg. (1954), H. 11, S. 387-389.

Schumpeter, Joseph A.: Theorie der wirtschaftlichen Entwicklung. Eine Untersuchung über Unternehmergewinn, Kapital, Kredit, Zins und den Konjunkturzyklus. München 1911.

Derselbe: Business Cycles: a theoretical, historical, and statistical analysis of the capitalist process. Philadelphia 1981.

Derselbe: Kapitalismus, Sozialismus und Demokratie. Tübingen 1993.

Schmalensee, Richard: Output and Welfare Implications of Monopolistic Third-Degree Price Discrimination. In: The American Economic Review, 71. Jg. (1981), H. 2, S. 242-247.

Schultz, Henry: Der Sinn der Statistischen Nachfragen. Jg. 1930, H. 10.

Schwartz, Marius: Third-Degree Price Discrimination and Output: Generalizing a Welfare Result. In: The American Economic Review, 80. Jg. (1990), H. 5, S. 1259-1262.

Sedillot, René: Muscheln, Münzen und Papier. Die Geschichte des Geldes. Frankfurt am Main 1992.

Siebert, Horst: Einführung in die Volkswirtschaftslehre. Stuttgart, Berlin, Köln 1996.

Simon, Julian L.; Puig, Carlos M.; Aschoff, John: A Duoploy Simulation and Richer Theory: An End to Cournot. In: The Review of Economic Studies, 40. Jg. (1973), H. 3, S. 353-366.

Smith, Adam: Der Wohlstand der Nationen. Eine Untersuchung seiner Natur und seiner Ursachen. Herausgegeben von Claus Recktenwald nach der vollständigen Ausgabe nach der 5. Auflage (letzter Hand), London 1789. München 1996.

Derselbe: The Theory of Moral Sentiments or an essay towards an analysis of the principles by which men naturally judge concerning the conduct and character, first of their neighbours, and afterwards of themselves. London 1853.

Spulber, Daniel F.: Bertrand Competition when Rivals' Costs are Unknown. In: Journal of Industrial Economics, 43. Jg. (1995), H. 1, S. 1-11.

Sraffa, Piero: The Laws of Return under Competitive Conditions. In: The Economic Journal, 36. Jg. (1926), H. 144, S. 535-550.

Stigler, George J.: The Development of Utility Theory. I. In: The Journal of Political Economy. 58. Jg. (1950), H. 4, S. 307-327.

Derselbe: The Development of Utility Theory. II. In: The Journal of Political Economy, 58. Jg. (1950), H. 5, S. 373-396.

Stober, Rolf: Allgemeines Wirtschaftsverwaltungsrecht. Grundlagen und Prinzipien, Wirtschaftsverwaltungsrecht. Stuttgart 2000.

Stuart, Charles E.: Swedish Tax Rates, Labor Supply, and Tax Revenues. In: The Journal of Political Economy, 89. Jg. (1981), H. 5, S. 1020-1038.

The Adam Smith Institute: http://www.adamsmith.org.uk.

Theocharis, R.D.: On the Stability of the Cournot Solution on the Oligopoly Problem. In: Review of Economic Studies, 27. Jg. (1960), H. 2, S. 133-134.

Thiel, Norbert: Grundlagen der beschreibenden Statistik. Dollern 1999.

Thurow, Lester C.: Education and Economics Equality. In: Levine, Donald M. und Bane, Mary Jo (Hrsg.): The "Inequality" Controversy: Schooling and Distributive Justice. New York 1975, S. 170-184.

Derselbe: Dangerous Currents. New York 1984.

Tinbergen, J.: Bestimmung und Deutung von Angebotskurven. In: Zeitschrift für Nationalökonomie, 1. Jg. (1930), H. 5, S. 669-679.

Varian, Hal R.: Price Discrimination and Social Welfare. In: The American Economic Review, 75. Jg. (1985), H. 4, S. 870-875.

Weltbank (Hrsg.): Global Economic Prospects. Realizing the Development Promise of the Doha Agenda. Washington 2003.

Westphal, Larry E.: Industrial Policy in an Export Propelled Economy: Lesson From South Korea's Experience. In: The Journal of Economic Perspectives, 4. Jg. (1990), H. 3, S. 41-59.

Willig, Robert D.: Consumer's Surplus Without Apology. In: The American Economic Review, 66. Jg. (1976), H. 4, S. 589-597.

Winkel, Harald: Die Volkswirtschaftslehre der neueren Zeit. Darmstadt 1994.

Winkelmann, R.; Kunze, A.; Locher, L.; Ward, M.: Die Nachfrage nach internationalen hochqualifizierten Beschäftigten. Ergebnisse des IZA International Employer Surveys 2000. Bonn 2001.

Young, Alwyn: The Tyranny of Numbers: Confronting the Statistical Reality of the East Asian Growth Experience. In: Quarterly Journal of Economics, 110. Jg. (1995), S. 641-680.

Zentrale Markt- und Preisberichtstelle für Erzeugnisse der Land-, Forst- und Ernährungswirtschaft, ZMP (Hrsg.): Mäßige Schlachtpreise – Großes Angebot und ruhige Nachfrage. In: ZMP-Nachrichten für die Agrarwirtschaft, Nr. 33 vom 26.04.2002.

Der **zweite Teil** dieser verständlichen Darstellung der Volkswirtschaftslehre, **Makroökonomie** anschaulich dargestellt, ist 2007 in der 2. Auflage erschienen:

Sebastian Braun
Dennis Paschke:

Makroökonomie
anschaulich dargestellt
ISBN 978-3-86707-492-6

Dieses Lehrbuch bietet eine systematische Einführung in alle relevanten Gebiete der Makroökonomie. Es eignet sich dabei insbesondere für Studenten im wirtschaftswissenschaftlichen Grundstudium sowie als grundlegendes Nachschlagewerk im Hauptstudium. Zunächst wird der Leser in übersichtlicher Form in Probleme und grundlegende Methodik der Makroökonomie eingeführt. Daran schließt sich eine umfassende und durch eine Vielzahl von Abbildungen besonders anschaulich gestaltete Darstellung der makroökonomischen Theorien an. Diese werden dann auf zentrale wirtschaftspolitische Zielsetzungen - wie Vollbeschäftigung oder stetiges wirtschaftliches Wachstum - angewendet. Abgerundet wird das Buch durch eine kompakte Einführung in einige wichtige fortgeschrittene Themen.

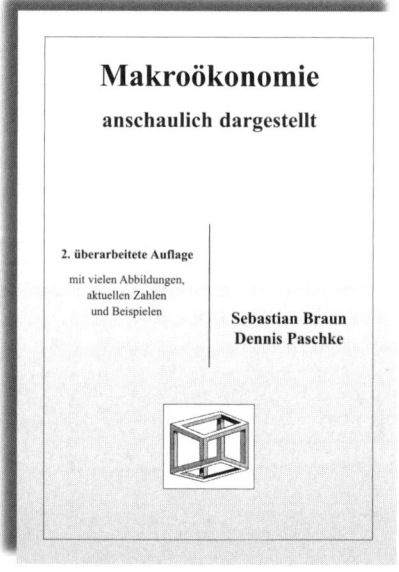

Makroökonomie

anschaulich dargestellt

2. überarbeitete Auflage

mit vielen Abbildungen, aktuellen Zahlen und Beispielen

Sebastian Braun
Dennis Paschke

Aktuelle Informationen, auch über unser weiteres Buchprogramm, finden Sie im Internet: **www.pd-verlag.de**

Stichwortverzeichnis